›Szenen aus einem Provinzleben‹ versammelt die drei Bücher, in denen J.M. Coetzee seine Biographie zum Vexierbild seines Lebens macht: ›Der Junge‹, ›Die frühen Jahre‹ und ›Sommer des Lebens‹.

In einer Kleinstadt in Südafrika lernen wir einen jungen Knaben kennen, mit seinem Vater über Kreuz und von seiner Mutter mit Liebe verfolgt. Trotz der rauen Mitschüler kämpft er sich durch, studiert Mathematik und kann seiner Heimat nach London entfliehen. Doch er wird kein Künstler, sondern Programmierer – ein Außenseiter, dessen Rückkehr nach Südafrika Jahre später im ironisch gebrochenen dritten Teil ein Biograph erforscht. ›Szenen aus einem Provinzleben‹ ist das bald rührende, bald komische Porträt des Künstlers als junger Mann von einem der gefeiertsten Autoren der Gegenwart.

J.M. Coetzee, der 1940 in Kapstadt geboren ist und von 1972 bis 2002 als Literaturprofessor in seiner Heimatstadt lehrte, gehört zu den bedeutendsten Autoren der Gegenwart. Er wurde für seine Romane und sein umfangreiches essayistisches Werk mit vielen internationalen Preisen ausgezeichnet, u.a. zweimal mit dem Booker Prize, 1983 für ›Leben und Zeit des Michael K.‹ und 1999 für ›Schande‹. 2003 wurde ihm der Nobelpreis für Literatur verliehen. Coetzee lebt seit 2002 in Adelaide, Australien.

Weitere Informationen, auch zu E-Book-Ausgaben, finden Sie bei www.fischerverlage.de

J. M. COETZEE

Szenen aus einem Provinzleben

Der Junge ◆ Die frühen Jahre ◆
Sommer des Lebens

Aus dem Englischen
von Reinhild Böhnke

FISCHER Taschenbuch

Erschienen bei FISCHER Taschenbuch
Frankfurt am Main, Februar 2015

Die Originalausgabe erschien 2011 unter dem Titel
›Scenes from Provincial Life‹ bei Harvill Secker, London

Für die deutschsprachige Ausgabe:
© S. Fischer Verlag GmbH, Frankfurt am Main 2015
Satz: Dörlemann Satz, Lemförde
Druck und Bindung: CPI books GmbH, Leck
Printed in Germany
ISBN 978-3-596-03108-5

In memoriam D. K. C.

Anmerkung des Autors

Die drei Teile von *Scenes from Provincial Life (Szenen aus einem Provinzleben)* erschienen ursprünglich als *Boyhood* (1997; *Der Junge. Eine afrikanische Kindheit*), *Youth* (2002; *Die jungen Jahre*) und *Summertime* (2009; *Sommer des Lebens*). Sie sind für die Wiederveröffentlichung überarbeitet worden.

Ich danke Marilia Bandeira für ihre Hilfe bei den Ausdrücken in brasilianischem Portugiesisch und dem Nachlass von Samuel Beckett für die Erlaubnis, aus *Warten auf Godot* zu zitieren (genau genommen fehlerhaft zu zitieren).

Inhalt

DER JUNGE

Sie wohnen in einer Vorortsiedlung von Worcester, zwischen der Bahnlinie und der Nationalstraße. Die Straßen in der Siedlung haben Baumnamen, aber noch keine Bäume. Ihre Adresse ist: Pappelallee Nr. 12. Alle Häuser der Siedlung sind neu, und eins gleicht dem anderen. Sie stehen auf großen Grundstücken, die mit Drahtzäunen voneinander getrennt sind. Es gibt dort nur roten Lehm, auf dem nichts wächst. In jedem Hinterhof ist ein kleines Gebäude mit einem Raum und einer Toilette darin. Obwohl sie keinen Diener haben, heißt das bei ihnen »das Dienstbotenzimmer« und »die Dienstbotentoilette«. Sie nutzen das Dienstbotenzimmer als Lager für Zeitungen, leere Flaschen, einen kaputten Stuhl, eine alte Kokosmatratze.

Hinten im Hof legen sie einen Geflügelauslauf an und setzen drei Hühner hinein, die Eier für sie legen sollen. Aber die Hühner gedeihen nicht. Regenwasser, das im Lehm nicht versickern kann, steht in Pfützen im Hof. Der Auslauf verwandelt sich in einen stinkenden Morast. Die Hühner entwickeln unförmige Geschwülste an den Beinen, als hätten sie Elephantiasis. Sie wirken krank und verdrießlich und hören auf zu legen. Die Mutter fragt ihre Schwester in Stellenbosch um Rat, und die sagt, sie würden erst wieder legen, wenn man ihnen die verhornten Stellen unter der Zunge herausgeschnitten habe. Seine Mutter nimmt also die Hühner eins nach dem anderen zwischen die Knie, drückt auf ihre Kiefer, bis sie die Schnäbel aufreißen, und stochert mit der Spitze eines Schälmessers unter ihren Zungen herum. Die Hühner krakeelen und kämpfen, die Augen quellen ihnen hervor. Schaudernd wendet er sich ab. Er denkt daran, wie seine Mutter ein Stück Schmorfleisch auf den Küchentisch wirft und es in Würfel schneidet; er denkt an ihre blutigen Finger.

Die nächsten Geschäfte sind eine Meile entfernt, und man kann sie nur über eine öde Eukalyptus-Chaussee erreichen. Da die Mutter in diesem Kasten von einem Haus in der Siedlung eingesperrt ist, bleibt ihr nichts anderes übrig, als den ganzen Tag sauberzumachen und aufzuräumen. Wenn es windig ist, wirbelt feiner ockerfarbener Staub unter den Türen hindurch in die Wohnung, dringt durch die Fensterritzen, unter dem Dachgesims und durch die Deckenfugen herein. Nach einem stürmischen Tag liegt der Staub zentimeterhoch an der vorderen Hauswand.

Sie schaffen einen Staubsauger an. Jeden Morgen zieht die Mutter den Staubsauger von Zimmer zu Zimmer hinter sich her und saugt den Staub in seinen brüllenden Bauch, auf dem ein grinsender roter Kobold in die Höhe springt wie ein Hürdenläufer. Warum ausgerechnet ein Kobold?

Er spielt mit dem Staubsauger, zerreißt Papier und beobachtet, wie die Schnitzel Blättern im Wind gleich in den Schlauch hinaufgesaugt werden. Er hält den Schlauch über eine Ameisenstraße und saugt die Ameisen in den Tod.

In Worcester gibt es Ameisen, Fliegen, eine Flohplage. Worcester liegt nur neunzig Meilen von Kapstadt entfernt, doch alles ist hier schlimmer. Über seinen Socken hat er einen Ring von Flohbissen und Narben vom Kratzen. Manchmal kann er nachts nicht schlafen, weil es so juckt. Er versteht nicht, warum sie überhaupt aus Kapstadt fortziehen mussten.

Auch die Mutter ist unruhig. Wenn ich nur ein Pferd hätte, sagt sie. Dann könnte ich wenigstens im Veld reiten. Ein Pferd! sagt der Vater. Du willst wohl Lady Godiva sein?

Sie kauft kein Pferd. Dafür kauft sie sich überraschend ein Fahrrad, ein Damenrad, gebraucht, schwarzlackiert. Es ist so groß und schwer, dass er die Pedale nicht bewegen kann, als er es im Hof ausprobieren will.

Sie kann nicht Rad fahren; vielleicht kann sie auch nicht reiten. Sie hat das Rad gekauft und angenommen, es wäre einfach, damit zu fahren. Jetzt findet sie niemanden, der es ihr beibringt.

Der Vater kann seine Schadenfreude nicht verbergen. Frauen fahren nicht Rad, sagt er. Die Mutter gibt nicht nach. Ich lasse mich nicht einsperren in diesem Haus, sagt sie. Ich will frei sein.

Zuerst hat er den Gedanken, dass die Mutter ein eigenes Fahrrad hat, toll gefunden. Er hatte sich sogar ausgemalt, wie sie zu dritt – die Mutter, er selbst und der Bruder – die Pappelallee hinunterradeln. Doch jetzt hört er sich die Witze des Vaters an, denen seine Mutter nur mit störrischem Schweigen begegnen kann, und er wird unsicher. Frauen fahren nicht Rad – was ist, wenn der Vater recht hat? Wenn seine Mutter niemanden findet, der ihr das Radfahren beibringt, wenn keine andere Hausfrau in Reunion Park ein Fahrrad besitzt, dann sollten Frauen vielleicht wirklich nicht Rad fahren.

Hinten im Hof versucht es sich die Mutter selbst beizubringen. Sie spreizt die Beine und rollt die Böschung hinunter zum Hühnerauslauf. Das Rad kippt um und hört auf zu rollen. Weil es keine Querstange hat, fällt sie nicht, sondern torkelt nur herum, albern den Lenker umklammernd.

Sein Herz wendet sich von ihr ab. Am Abend beteiligt er sich am Spott des Vaters. Es ist ihm nur zu bewusst, welchen Verrat das bedeutet. Jetzt ist seine Mutter ganz allein.

Trotzdem lernt sie Rad fahren, wenn auch unsicher und wacklig, mühsam die schweren Pedale bewegend.

Am Vormittag, wenn er in der Schule ist, macht sie ihre Ausflüge nach Worcester. Nur einmal bekommt er sie flüchtig auf ihrem Rad zu sehen. Sie trägt eine weiße Bluse und einen dunklen Rock und radelt die Pappelallee hinunter auf das Haus zu.

Ihre Haare fliegen im Wind. Sie sieht jung aus, wie ein Mädchen, jung und frisch und geheimnisvoll.

Immer wenn sein Vater das schwere schwarze Fahrrad an der Hauswand lehnen sieht, macht er Witze darüber. In seinen Witzen unterbrechen die Bürger von Worcester ihre Arbeit und starren der Frau, die sich auf dem Fahrrad vorüberquält, hinterher. *Trap! Trap!* rufen sie spöttisch: Feste treten! Die Späße sind überhaupt nicht lustig, obwohl er immer mit seinem Vater über sie lacht. Seine Mutter hat dem nichts entgegenzusetzen, sie ist nicht schlagfertig. »Lacht, so viel ihr wollt«, sagt sie.

Dann gibt sie eines Tages ohne Erklärung das Radfahren auf. Kurz darauf verschwindet das Fahrrad. Keiner sagt ein Wort, doch er weiß, dass sie eine Niederlage erlitten hat, in die Schranken gewiesen worden ist, und er weiß, dass auch er daran schuld ist. Ich mache es eines Tages wieder gut, gibt er sich das Versprechen.

Er vergisst seine Mutter auf dem Fahrrad nicht. Sie radelt die Pappelallee hinunter, weg von ihm, ihren eigenen Wünschen entgegen. Er will nicht, dass sie fortfährt. Er will nicht, dass sie eigene Wünsche hat. Er möchte, dass sie immer zu Hause bleibt und ihn erwartet, wenn er heimkommt. Nicht oft verbündet er sich mit seinem Vater gegen sie; sonst neigt er immer dazu, sich mit ihr gegen den Vater zu verbünden. Doch in diesem Fall schlägt er sich auf die Seite der Männer.

♦ Zwei ♦

Seiner Mutter verrät er nichts. Sein Schulleben hält er streng geheim vor ihr. Sie soll nichts wissen, beschließt er, als das, was in seinem Quartalszeugnis steht, und das soll makellos sein. Er wird immer der Klassenerste sein. Sein Betragen wird immer ›Sehr gut‹ sein, seine Fortschritte ›Ausgezeichnet‹. Solange das Zeugnis tadellos ist, hat sie kein Recht, Fragen zu stellen. Diese Regel stellt er für sich auf.

Was in der Schule passiert, ist, dass Jungen verprügelt werden. Jeden Tag passiert das. Den Jungen wird befohlen, sich zu bücken und die Zehen zu berühren, und dann werden sie mit einem Rohrstock verprügelt.

In der dritten Klasse hat er einen Schulkameraden, der Rob Hart heißt und den die Lehrerin besonders gern schlägt. Die Lehrerin der dritten Klasse ist eine reizbare Frau mit rotgefärbtem Haar, eine Miss Oosthuizen. Von irgendwoher ist sie seinen Eltern als Marie Oosthuizen bekannt – sie macht bei Theateraufführungen mit und war nie verheiratet. Offensichtlich hat sie ein Leben außerhalb der Schule, doch er kann es sich nicht vorstellen. Er kann sich bei keinem Lehrer vorstellen, dass er ein Leben außerhalb der Schule hat.

Miss Oosthuizen bekommt Wutanfälle, befiehlt Rob Hart, aus seiner Bank zu kommen und sich zu bücken, und versohlt ihm den Hintern. Die Schläge fallen dicht hintereinander, so dass der Stock kaum Zeit hat auszuholen. Wenn Miss Oosthuizen fertig mit ihm ist, hat Rob Hart ein gerötetes Gesicht. Doch er weint nicht; vielleicht ist er ja nur rot geworden, weil er sich gebückt hat. Miss Oosthuizens Brust andererseits hebt und senkt sich heftig, und sie scheint den Tränen nahe – den Tränen und anderen Ergüssen. Nach diesen Anfällen ungezügelter Leidenschaft ist die ganze Klasse gedämpft und bleibt so bis zum Klingeln.

Es gelingt Miss Oosthuizen nie, Rob Hart zum Heulen zu bringen; vielleicht ist das der Grund, warum sie solche Wutausbrüche seinetwegen hat und ihn so heftig schlägt, heftiger als alle anderen. Rob Hart ist der Klassenälteste, fast zwei Jahre älter als er (er ist der Jüngste); er spürt, dass zwischen Rob Hart und Miss Oosthuizen etwas vor sich geht, in das er nicht eingeweiht ist.

Rob Hart ist groß und hübsch auf verwegene Art. Obgleich Rob Hart nicht intelligent und vielleicht sogar versetzungsgefährdet ist, fühlt er sich zu ihm hingezogen. Rob Hart gehört zu einer Welt, zu der er noch keinen Zugang gefunden hat – einer Welt des Sex und der Prügel.

Er selbst hat kein Verlangen, von Miss Oosthuizen oder irgendeinem anderen geschlagen zu werden. Bei der bloßen Vorstellung, verprügelt zu werden, windet er sich vor Scham. Er ist bereit, alles zu tun, um sich das zu ersparen. In dieser Beziehung ist er unnormal und weiß das. Er kommt aus einer unnormalen Familie, für die man sich schämen muss, in der nicht nur die Kinder nicht geschlagen, sondern die älteren Familienmitglieder mit dem Vornamen angeredet werden, in der keiner in die Kirche geht und man jeden Tag Schuhe trägt.

Jeder Lehrer und jede Lehrerin an seiner Schule hat einen Rohrstock und darf ihn nach Belieben einsetzen. Jeder dieser Stöcke hat eine Persönlichkeit, einen Charakter, der den Jungen vertraut ist und endlosen Gesprächsstoff liefert. Kennerisch wägen die Jungen die verschiedenen Charaktere der Stöcke und die Art des Schmerzes, den sie zufügen, gegeneinander ab, sie vergleichen die Arm- und Handgelenktechnik der Lehrer, die sie schwingen. Keiner erwähnt die Schande, aufgerufen zu werden, sich bücken zu müssen und den Hintern versohlt zu bekommen.

Ohne eigene Erfahrungen kann er sich an diesen Gesprächen nicht beteiligen. Trotzdem weiß er, dass nicht der Schmerz das Wichtigste daran ist. Wenn die anderen Jungen den Schmerz aushalten können, dann kann er, der einen viel stärkeren Willen hat, das auch. Was er nicht ertragen könnte, ist die Schande. Die Schande wird so schlimm sein, fürchtet er, so schrecklich, dass er sich an sein Pult klammern und sich weigern wird, nach vorn zu kommen, wenn man ihn aufruft. Und das wird eine noch größere Schande sein: Es wird ihn absondern und auch die anderen Jungen gegen ihn aufbringen. Wenn der Fall je eintreten sollte, dass man ihn zur Prügelstrafe aufruft, wird es eine so beschämende Szene geben, dass er nie wieder in die Schule gehen kann; es wird schließlich keinen anderen Ausweg geben, als sich umzubringen.

Das also steht auf dem Spiel. Deshalb gibt er im Unterricht nie einen Mucks von sich. Deshalb ist er immer ordentlich gekleidet, hat immer seine Hausaufgaben erledigt, weiß immer die Antwort. Er traut sich nicht, einen Fehler zu machen. Wenn er einen Fehler macht, riskiert er, geschlagen zu werden; und ob er nun geschlagen wird oder sich dagegen sträubt, ist ganz gleich, er wird sterben.

Das Merkwürdige daran ist, dass nur eine Tracht Prügel genügen würde, um diesen Bann des Entsetzens, der ihn gefangen hält, zu brechen. Er weiß es nur zu gut: Wenn er die Tracht Prügel irgendwie schnell hinter sich bringen könnte, ehe er Zeit gehabt hätte, zu versteinern und Widerstand zu leisten, wenn die Schändung seines Körpers schnell und gewaltsam geschehen könnte, dann könnte er daraus als normaler Junge hervorgehen und sich wie selbstverständlich an der Diskussion über die Lehrer, ihre Rohrstöcke und die verschiedenen Grade und Nuancen des Schmerzes, den sie zufügen, beteiligen. Doch von sich aus kann er diese Hürde nicht überspringen.

Dafür macht er seine Mutter verantwortlich, weil sie ihn nicht schlägt. Er ist gleichzeitig dankbar dafür, dass er Schuhe trägt, Bücher aus der Bücherei ausleiht und nicht zur Schule geht, wenn er erkältet ist – für alles, was ihn von anderen unterscheidet –, und böse auf die Mutter, weil sie keine normalen Kinder hat, die sie für ein normales Leben erzieht. Der Vater würde aus ihnen eine normale Familie machen, wenn er das Sagen hätte. Der Vater ist in jeder Beziehung normal. Er ist seiner Mutter dankbar, dass sie ihn vor der Normalität des Vaters behütet, das heißt vor den gelegentlichen Zornausbrüchen, bei denen seine Augen blau funkeln und er damit droht, ihn zu schlagen. Gleichzeitig ist er böse auf die Mutter, weil sie ihn in ein unnatürliches Wesen verwandelt, das man schützen muss, wenn es weiterleben soll.

Unter den Rohrstöcken ist es nicht der von Miss Oosthuizen, der ihn am meisten beeindruckt. Der gefürchtetste Stock ist der von Mr Lategan, dem Lehrer für den Werkunterricht. Mr Lategans Stock ist nicht lang und federnd in der Art, wie ihn die meisten Lehrer bevorzugen. Stattdessen ist er kurz und dick, eher ein Knüppel oder Schlagstock als ein Rohrstock. Man munkelt, dass Mr Lategan ihn nur bei älteren Schülern zum Einsatz bringt, dass ein jüngerer ihn nicht verkraften würde. Man munkelt, dass Mr Lategan mit seinem Stock sogar Abiturienten so weit gebracht hat, dass sie heulten und um Gnade flehten, sich in die Hosen machten und sich unsterblich blamierten.

Mr Lategan ist ein kleiner Mann mit Igelschnitt und Schnurrbart. Ihm fehlt ein Daumen; den Stumpf schließt sauber eine dunkelrote Narbe ab. Mr Lategan sagt fast nichts. Er ist immer in unnahbarer, gereizter Stimmung, als sei die Aufgabe, kleine Jungen bei Holzarbeiten zu betreuen, unter seiner Würde und als führe er sie nur widerwillig aus. Den größten Teil der Stunde steht er am Fenster und starrt in den Hof hinaus, während die Jungen zaghaft messen und sägen und hobeln. Manchmal hat er den kurzen, dicken Stock dabei und schlägt müßig damit gegen sein Hosenbein, während er grübelt. Wenn er seine Inspektionsrunde macht, zeigt er verächtlich auf Mängel, dann geht er mit einem Schulterzucken weiter.

Die Jungen dürfen mit den Lehrern Scherze über deren Rohrstöcke austauschen. Das ist wirklich ein Gebiet, auf dem eine gewisse Frotzelei den Lehrern gegenüber gestattet ist. »Lassen Sie ihn singen, Sir!« sagen die Jungen, und Mr Gouws macht eine blitzschnelle Handbewegung und sein langer Rohrstock (der längste der Schule, obwohl Mr Gouws nur der Lehrer der fünften Klasse ist) pfeift durch die Luft.

Mit Mr Lategan scherzt keiner. Man fürchtet sich vor Mr Lategan und davor, was er Jungen, die fast Männer sind, mit seinem Stock antun kann.

Wenn der Vater zu Weihnachten auf der Farm mit seinen Brüdern zusammentrifft, kommt man immer auf die Schulzeit zu sprechen. Man schwelgt in Erinnerungen an die Lehrer und deren Rohrstöcke; man ruft sich kalte Wintermorgen ins Gedächtnis, wenn der Rohrstock blaue Schwielen auf den Hintern hervorrief und das Brennen noch tagelang zu spüren war. In ihren Worten schwingt Nostalgie und lustvolles Gruseln mit. Er hört begierig zu, verhält sich aber so unauffällig wie möglich. Er möchte nicht, dass sie sich ihm in einer Gesprächspause zuwenden und ihn nach der Rolle des Rohrstocks in seinem Leben fragen. Er ist nie verprügelt worden und schämt sich zutiefst dafür. Er kann nicht in der leichten und verständnisvollen Art über Rohrstöcke sprechen wie diese Männer.

Es kommt ihm so vor, als sei er beschädigt. Es kommt ihm vor, als sei in ihm die ganze Zeit über etwas am Zerreißen: eine Wand, eine Membran. Er versucht, sich so gut wie möglich zu beherrschen, um den Schaden zu begrenzen. Um ihn zu begrenzen, nicht um ihn zu verhindern – nichts wird ihn verhindern.

Einmal die Woche marschiert er mit seiner Klasse zum Sportunterricht über das Schulgelände in die Turnhalle. Im Umkleideraum ziehen sie weiße Turnhemden und -hosen an. Dann bringen sie unter der Anleitung von Mr Barnard, der auch in Weiß gekleidet ist, eine halbe Stunde mit Sprüngen über das Seitpferd zu, werfen den Medizinball oder hüpfen und klatschen die Hände über dem Kopf zusammen.

Das alles geschieht barfuß. Schon Tage vorher hat er Angst davor, seine Füße für den Sportunterricht zu entblößen, seine Füße, die immer bekleidet sind. Doch wenn die Schuhe und Socken ausgezogen sind, ist es plötzlich überhaupt nicht schwer. Er muss einfach seine Scham loswerden, sich zügig und flott entkleiden, dann werden seine Füße wie die aller anderen. Irgendwo in der Nähe lauert noch die Scham und wartet darauf, wieder zu ihm zurückzukehren, doch es ist eine private Scham, von der die anderen Jungen nichts zu wissen brauchen.

Seine Füße sind weich und weiß; sonst sind sie wie die aller anderen, sogar wie die der Jungen, die keine Schuhe haben und barfuß zur Schule kommen. Der Sportunterricht und das Auskleiden dafür machen ihm keinen Spaß, doch er sagt sich, dass er es ertragen kann, wie er auch anderes erträgt.

Dann gibt es eines Tages eine Abwechslung von der Routine. Man schickt sie aus der Turnhalle auf die Tennisplätze, um ihnen Softball-Tennis beizubringen. Die Tennisplätze befinden sich etwas weiter weg; auf dem steinigen Weg muss er vorsichtig gehen. Der Asphalt des Platzes ist dann so heiß in der Sommersonne, dass er von einem Fuß auf den anderen hüpfen muss, damit er sich nicht verbrennt. Es ist eine Erlösung, in den Umkleideraum zurückzukommen und die Schuhe wieder anzuziehen; doch nachmittags kann er kaum noch auftreten, und als die Mutter ihm zu Hause die Schuhe auszieht, stellt sie fest, dass seine Fußsohlen voller Blasen sind und bluten.

Er erholt sich drei Tage lang zu Hause. Am vierten Tag kehrt er mit einem Schreiben der Mutter in die Schule zurück, einem Schreiben, dessen zornigen Wortlaut er kennt und billigt. Wie ein verwundeter Krieger, der seinen Platz in den Reihen der Kameraden wieder einnimmt, humpelt er den Gang zu seinem Pult hinunter.

»Warum hast du gefehlt?«, flüstern seine Klassenkameraden.

»Ich konnte nicht laufen, ich hatte Blasen auf den Fußsohlen vom Tennis«, antwortet er flüsternd.

Er erwartet Verwunderung und Mitleid; stattdessen erntet er Heiterkeit. Sogar die Schuhträger unter seinen Klassenkameraden nehmen seine Geschichte nicht ernst. Irgendwie haben auch sie abgehärtete Füße, Füße, die keine Blasen bekommen. Nur er hat empfindliche Füße, und empfindliche Füße, so stellt sich heraus, bedeuten keine Auszeichnung. Urplötzlich ist er isoliert – er und durch ihn seine Mutter.

• Drei •

Aus der Stellung seines Vaters im Haushalt ist er nie schlau geworden. Es ist ihm eigentlich nicht klar, mit welchem Recht er überhaupt da ist. In einem normalen Haushalt ist der Vater das Oberhaupt, das gibt er gern zu – das Haus gehört ihm, Frau und Kinder leben unter seinem Regiment. Doch in ihrem Fall, und das trifft auch auf den Haushalt der beiden Schwestern seiner Mutter zu, bilden die Mutter und die Kinder das Zentrum, während der Mann nicht mehr als ein Anhängsel ist, einer, der zur Haushaltskasse beiträgt wie zum Beispiel ein zahlender Mieter.

So weit seine Erinnerung reicht, hat er sich als Prinz des Hauses gefühlt und seine Mutter als seine fragwürdige Gönnerin und besorgte Beschützerin – besorgt und fragwürdig, weil, wie er weiß, ein Kind eigentlich nicht Herr im Hause sein sollte. Wenn er auf jemanden eifersüchtig sein könnte, dann nicht auf den Vater, sondern auf den jüngeren Bruder. Denn seine Mutter fördert auch seinen Bruder – sie fördert ihn, und weil sein Bruder klug ist, doch nicht so klug wie er selbst, und auch nicht so kühn oder unternehmungslustig, zieht sie ihn sogar vor. Ja, seine Mutter scheint immer die Fittiche über ihn zu breiten, bereit, Gefahren abzuwenden; während sie bei ihm nur irgendwo im Hintergrund ist, abwartet und lauscht, bereit, auf seinen Ruf hin zu ihm zu eilen.

Er will, dass sie sich ihm gegenüber genauso verhält wie seinem Bruder gegenüber. Doch er wünscht sich das als Zeichen, als Beweis, nichts weiter. Er weiß, dass er einen Wutanfall bekäme, wenn sie ihn jemals bemuttern würde.

Er treibt sie immer wieder in die Enge und fordert, dass sie gesteht, wen sie mehr liebt, ihn oder seinen Bruder. Stets weicht sie der Falle aus. »Ich liebe euch beide gleich«, behauptet sie lächelnd. Selbst mit seinen genialsten Fragen (Was wäre, wenn zum Beispiel im Haus ein Feuer ausbrechen würde und sie nur einen von ihnen retten könnte?) gelingt es ihm nicht, sie einzufangen. »Beide«, sagt sie – »ich würde euch ganz bestimmt beide retten. Aber es wird kein Feuer ausbrechen.« Obwohl er sich über sie lustig macht, weil sie so nüchtern denkt, respektiert er doch ihre hartnäckige Treue.

Seine Wutausbrüche gegenüber seiner Mutter gehören zu den Dingen, die er vor der Welt draußen sorgfältig verborgen halten muss. Nur sie vier wissen, welche Zornesausbrüche er ihr zumutet, wie geringschätzig er sie behandelt. »Wenn deine Lehrer und Freunde wüssten, wie du mit deiner Mutter sprichst …«, sagt der Vater und droht ihm bedeutungsvoll mit dem Finger. Er hasst seinen Vater deswegen, weil er so deutlich den schwachen Punkt in seiner Rüstung sieht.

Er will, dass der Vater ihn schlägt und in einen normalen Jungen verwandelt. Und gleichzeitig weiß er, wenn sein Vater es wagen würde, ihn zu schlagen, dann würde er nicht ruhen, bis er sich gerächt hätte. Wenn ihn sein Vater schlüge, würde er überschnappen – besessen werden, wie eine in die Enge getriebene Ratte, die hin und her springt und die giftigen Zähne fletscht, zu gefährlich, um sich ihr zu nähern.

Zu Hause ist er ein unleidlicher Despot, in der Schule ein Lamm, zahm und fromm, in der zweiten Reihe von hinten sitzend, in der unauffälligsten Reihe, so dass niemand ihn beachtet, und vor Angst ganz starr, wenn das Prügeln losgeht. Durch das Führen dieses Doppellebens hat er sich die Last der Hochstapelei aufgeladen. Kein anderer muss so etwas ertragen, nicht einmal sein Bruder, der höchstens eine ängstliche, fade Imitation von ihm ist. Im Grunde genommen hat er den Verdacht, dass sein Bruder eigentlich normal ist. Er steht ganz allein da. Von keiner

Seite kann er Hilfe erwarten. Er muss sich selbst darum kümmern, dass er die Kindheit irgendwie hinter sich bringt, die Familie und die Schule, und ein neues Leben erreicht, in dem er nichts mehr vortäuschen muss.

Die Kindheit, steht in der *Enzyklopädie für Kinder*, ist eine Zeit der unschuldigen Freude, die man in den Wiesen zwischen Butterblumen und Häschen verbringt oder am Kamin, in ein Märchenbuch vertieft. Das ist eine Sicht auf die Kindheit, die ihm völlig fremd ist. Nichts was er in Worcester, zu Hause oder in der Schule, erlebt, bringt ihn auf den Gedanken, dass die Kindheit etwas anderes ist als eine Zeit, in der man die Zähne zusammenbeißen und durchhalten muss.

Weil es keine Wölflingsgruppe in Worcester gibt, bekommt er die Erlaubnis, sich den Pfadfindern anzuschließen, obwohl er erst zehn ist. Für die Aufnahme bereitet er sich peinlich genau vor. Mit seiner Mutter geht er zum Spezialgeschäft, um die Uniform zu kaufen: den steifen olivbraunen Filzhut und das silberne Hutabzeichen, Khakihemd und -shorts und Strümpfe, Ledergürtel mit Pfadfinderschnalle, grüne Achselklappen, grüne Strumpfabzeichen. Er schneidet sich einen fünf Fuß langen Stock von einer Pappel, schält die Rinde ab und bringt einen Nachmittag damit zu, das gesamte Morse- und Winkeralphabet mit einem erhitzten Schraubenzieher in das weiße Holz zu brennen. Zu seinem ersten Pfadfindertreffen geht er mit seinem Stock, den er an einer grünen Kordel, die er selbst aus drei Stricken geflochten hat, über der Schulter trägt. Er schwört mit dem zweifingrigen Gruß und ist der bei weitem am makellosesten ausstaffierte der neuen Pfadfinder, der »Grünschnäbel«.

Er stellt fest, dass es bei den Pfadfindern genau wie in der Schule darum geht, Prüfungen zu bestehen. Für jede bestandene Prüfung bekommt man ein Abzeichen, das man sich auf das Hemd näht. Die Prüfungen werden in einer vorbestimmten Reihenfolge abgelegt. Die erste Prüfung besteht im Knotenknüpfen: der Kreuz-knoten und der doppelte Kreuzknoten, der Trompetenstek, der Palstek. Er besteht die Prüfung, doch nicht mit Auszeichnung. Es ist ihm nicht klar, wie man diese Pfadfinder-Prüfungen mit Aus-zeichnung bestehen, wie man sich hervortun kann.

Die zweite Prüfung ist für ein Waldarbeiter-Abzeichen. Man verlangt dabei von ihm, dass er ein Feuer anzündet, ohne Papier und mit nicht mehr als drei Streichhölzern. Auf dem nackten Boden neben der anglikanischen Kirche schichtet er an einem Winterabend mit einem kalten Wind seinen Haufen aus Zweigen und Rindenstücken, und dann zündet er unter den Blicken seines Scharführers und des Gruppenführers seine Streichhölzer eins nach dem anderen an. Jedes Mal kommt kein Feuer zustande – je-desmal bläst der Wind die winzige Flamme aus. Der Gruppen-führer und der Scharführer gehen fort. Sie sprechen die Worte: »Du hast nicht bestanden« nicht aus, deshalb ist er unsicher, ob er wirklich durchgefallen ist. Was, wenn sie sich zu einer Bera-tung zurückziehen und zum Schluss kommen, dass die Prüfung wegen des Windes ungültig ist? Er wartet auf ihre Rückkehr. Er wartet darauf, dass ihm das Waldarbeiter-Abzeichen trotzdem überreicht wird. Doch nichts geschieht. Er steht neben seinem Haufen Zweige, und nichts geschieht.

Keiner erwähnt die Sache wieder. Das ist die erste Prüfung in seinem Leben, die er nicht bestanden hat.

Jede Juniferien fährt die Pfadfindertruppe in ein Zeltlager. Er ist nie von seiner Mutter weg gewesen, abgesehen von einer Wo-che, die er mit vier Jahren im Krankenhaus zugebracht hat. Doch er ist entschlossen, mit den Pfadfindern zu fahren.

Sie bekommen eine Liste mit Sachen, die sie mitbringen sol-len. Dazu gehört eine Zeltplane. Die Mutter hat keine Zeltplane, sie weiß nicht einmal genau, was eine Zeltplane ist. Sie gibt ihm dafür eine rote Luftmatratze. Im Lager entdeckt er, dass alle an-deren Jungen richtige khakifarbene Zeltplanen haben. Seine rote

Matratze isoliert ihn sofort von den anderen. Und das ist noch nicht alles. Er bringt es auch nicht fertig, sich über einer stinkenden Erdgrube zu entleeren.

Am dritten Tag des Zeltlagers gehen sie im Breede-Fluss schwimmen. Obwohl er und sein Bruder und ihr Cousin, als sie in Kapstadt wohnten, oft mit dem Zug nach Fish Hoek fuhren und dort ganze Nachmittage lang über die Felsen kletterten, Sandburgen bauten und in den Wellen herumplanschten, kann er nicht richtig schwimmen. Jetzt, als Pfadfinder, muss er über den Fluss und wieder zurückschwimmen.

Er hasst Flüsse, weil sie so schmutzig-trüb sind, weil ihm der Schlamm zwischen den Zehen durchquillt, weil er auf rostige Blechbüchsen und Scherben treten könnte; er zieht weißen Seesand vor. Doch er stürzt sich hinein und paddelt wild spritzend irgendwie hinüber. Am anderen Ufer klammert er sich an eine Baumwurzel, findet einen Fußhalt und steht bis zur Taille in trübbraunem Wasser, mit klappernden Zähnen.

Die anderen Jungen machen kehrt und schwimmen zurück. Plötzlich ist er allein. Es bleibt ihm nichts anderes übrig, als sich wieder ins Wasser zu werfen.

In der Mitte des Flusses ist er erschöpft. Er hört zu schwimmen auf und versucht, Grund zu finden, doch der Fluss ist zu tief. Sein Kopf taucht unter die Wasseroberfläche. Er versucht, wieder hochzukommen und zu schwimmen, aber die Kraft reicht nicht aus. Er geht ein zweites Mal unter.

Er hat eine Vision: Seine Mutter sitzt auf einem Stuhl mit hohem, geradem Rücken und liest den Brief, der von seinem Tod berichtet. Der Bruder steht neben ihr und liest über ihre Schulter mit.

Das Nächste, was er mitbekommt, ist, dass er am Ufer liegt und sein Scharführer, der Michael heißt und den er aus Schüchternheit nie angesprochen hat, breitbeinig über ihm steht. Er schließt die Augen und ihm ist wohl zumute. Er ist gerettet.

Noch Wochen danach denkt er an Michael, wie Michael sein Leben riskiert hat, in den Fluss gesprungen ist und ihn gerettet hat. Jedes Mal denkt er dann, wie wunderbar es doch ist, dass Michael es bemerkt hat – ihn bemerkt hat, bemerkt hat, dass er am Ende war. Verglichen mit Michael (der in Klasse sieben geht und alle Abzeichen hat, außer den höchsten, und bald Königspfadfinder sein wird) ist er unbedeutend. Es wäre ganz in Ordnung gewesen, wenn Michael ihn nicht untergehen gesehen hätte, ja, ihn nicht einmal vermisst hätte, bis alle wieder im Lager waren. Dann wäre Michaels Aufgabe einfach gewesen, den Brief an die Mutter zu schreiben, den kühlen, förmlichen Brief, der so anfing: »Wir bedauern, Ihnen mitteilen zu müssen …«

Von diesem Tag an weiß er, dass etwas Besonderes an ihm ist. Er hätte sterben sollen, doch er ist nicht gestorben. Trotz seiner Unwürdigkeit ist ihm ein zweites Leben geschenkt worden. Er war tot und ist doch lebendig.

Von dem Vorfall im Zeltlager verrät er der Mutter kein Sterbenswörtchen.

◆ Vier ◆

Das große Geheimnis seines Schullebens, das Geheimnis, das er keinem zu Hause verrät, besteht darin, dass er römisch-katholisch geworden ist, dass er tatsächlich römisch-katholisch »ist«.

Das Thema lässt sich zu Hause schlecht zur Sprache bringen, weil ihre Familie nichts »ist«. Sie sind natürlich Südafrikaner, doch das Südafrikanertum ist ein wenig peinlich, und man spricht deshalb nicht darüber, weil nicht jeder, der in Südafrika lebt, Südafrikaner ist, jedenfalls kein richtiger Südafrikaner.

Der Religion nach sind sie ganz bestimmt nichts. Nicht einmal in der Familie des Vaters, die viel zuverlässiger und normaler ist als die der Mutter, geht irgendeiner in die Kirche. Er selbst ist nur zweimal im Leben in einer Kirche gewesen: einmal, um getauft zu werden, und einmal, um den Sieg im Zweiten Weltkrieg zu feiern.

Die Entscheidung, römisch-katholisch zu »sein«, geschah ganz spontan. Am ersten Morgen in der neuen Schule werden er und die drei anderen neuen Schüler zurückgehalten, während die übrige Klasse zur Morgenandacht in die Aula geführt wird. »Welcher Konfession bist du?«, fragt die Lehrerin jeden von ihnen. Er blickt nach rechts und nach links. Wie lautet die richtige Antwort? Was gibt es für Konfessionen zur Auswahl? Ist es wie bei Russen und Amerikanern? Jetzt ist er an der Reihe. »Welcher Konfession bist du?«, fragt die Lehrerin. Er schwitzt, er weiß nicht, was er sagen soll. »Bist du evangelisch oder römisch-katholisch oder jüdisch?«, fragt sie ungeduldig. »Römisch-katholisch«, sagt er.

Als die Befragung vorbei ist, wird ihm und einem anderen Schüler, der sich als jüdisch bezeichnet hat, bedeutet, dazubleiben; die zwei, die gesagt haben, sie seien evangelisch, gehen fort zur Andacht.

Sie warten ab, was passiert. Doch nichts passiert. Die Korridore sind leer, im Gebäude ist es still, es sind keine Lehrer zu sehen.

Sie schlendern auf den Schulhof, wo sie sich dem Haufen der anderen zurückgebliebenen Jungen anschließen. Es ist Murmelsaison; in der ungewohnten Stille des leeren Hofes, wo Taubenrufe oben in der Luft und von fern Gesang zu hören sind, spielen sie mit Murmeln. Die Zeit verstreicht. Dann läutet es zum Ende der Morgenandacht. Die übrigen Schüler marschieren in Reihen aus der Aula, eine Klasse nach der anderen. Einige scheinen schlechter Laune zu sein. »*Jood!*«, zischt ihn ein Afrikaanerjunge im Vorbeigehen an: Jude! Als sie sich wieder ihrer Klasse anschließen, lächelt keiner.

Die Episode beunruhigt ihn. Er hofft, dass man ihn und die anderen neuen Schüler noch einmal zurückhält und auffordert, neu zu wählen. Dann kann er, der offensichtlich einen Fehler gemacht hat, sich korrigieren und evangelisch sein. Doch es gibt keine zweite Gelegenheit.

Zweimal die Woche wiederholt sich die Trennung der Schafe von den Geißböcken. Während Juden und Katholiken sich selbst überlassen bleiben, gehen die evangelischen Christen zur Morgenandacht, singen Kirchenlieder und bekommen eine Predigt zu hören. Als Rache dafür, und als Rache für das, was die Juden Christus angetan haben, fangen die Afrikaanerjungen – groß, brutal, bullig – manchmal einen Juden oder einen Katholiken und boxen ihm in den Bizeps, kurze, tückische Schläge mit den Knöcheln, oder stoßen ihm die Knie in die Eier oder drehen ihm die Arme auf den Rücken, bis er um Gnade fleht. »*Asseblief!*«, wimmert der Junge: Bitte! »*Jood!*«, zischen sie zur Antwort: »*Jood! Vuilgoed!*« Jude! Dreck!

Eines Tages nehmen ihn zwei Afrikaanerjungen in der Pause in die Zange und zerren ihn in die entlegenste Ecke des Rugbyfeldes. Einer von ihnen ist sehr groß und fett. Er fleht sie an. »*Ek is nie 'n Jood nie*«, sagt er: Ich bin kein Jude. Er bietet ihnen an, dass sie sein Fahrrad benutzen dürfen, bietet ihnen das Fahrrad für den Nachmittag an. Je mehr er plappert, desto breiter grinst der Fette. Das mag er offensichtlich: das Flehen, die Erniedrigung.

Der Fette holt etwas aus seiner Hemdtasche hervor, etwas, was allmählich erklärt, warum er in diesen ruhigen Winkel gezerrt worden ist: eine sich windende grüne Raupe. Der Freund dreht ihm die Arme auf den Rücken; der Fette presst ihm auf die Kiefergelenke, bis sich der Mund öffnet, dann stopft er ihm die Raupe in den Mund. Er spuckt sie aus, sie ist schon beschädigt, sondert schon ihre Körpersäfte ab. Der Fette zerquetscht sie und schmiert sie ihm über die Lippen. »*Jood!*«, sagt er und wischt sich die Hände im Gras ab.

Er hatte sich an diesem schicksalsträchtigen Morgen für römisch-katholisch entschieden wegen Rom, wegen Horatius und seinen beiden Kameraden, die mit Schwertern in der Hand, verzierte Helme auf dem Kopf, unbezähmbaren Mut im Blick, die Brücke über den Tiber gegen die etruskischen Horden verteidigten. Jetzt entdeckt er nach und nach durch die anderen katholischen Schüler, was römisch-katholisch wirklich bedeutet. Römisch-katholisch hat nichts mit Rom zu tun. Römisch-katholische Christen kennen Horatius nicht einmal vom Hörensagen. Römisch-katholische Christen gehen freitagnachmittags zum Katechismus; sie gehen zur Beichte; sie empfangen die Kommunion. Das machen die römisch-katholischen Christen.

Die älteren katholischen Schüler nehmen ihn beiseite und fragen ihn aus: Ist er zum Katechismus gewesen, ist er zur Beichte gewesen, hat er die Kommunion empfangen? Katechismus? Beichte? Kommunion? Er weiß nicht einmal, was die Worte bedeuten.

»Früher in Kapstadt bin ich hingegangen«, weicht er aus. »Wo?« fragen sie. Er kennt keine Kirche in Kapstadt mit Namen, doch sie auch nicht. »Komm am Freitag zum Katechismus«, befehlen sie ihm. Als er nicht erscheint, informieren sie den Priester, dass es in Klasse drei einen Apostaten gibt. Der Priester schickt eine Botschaft, die sie übermitteln: Er muss zum Katechismus kommen. Er hat den Verdacht, dass sie die Botschaft selbst erfunden haben, doch am nächsten Freitag bleibt er zu Hause und im Bett.

Die älteren katholischen Schüler machen ihm nun klar, dass sie ihm seine Geschichten, er sei in Kapstadt Katholik gewesen, nicht abnehmen. Aber er ist schon zu weit gegangen, er kann nicht mehr zurück. Wenn er jetzt sagt: »Ich habe mich geirrt, ich bin in Wirklichkeit evangelisch«, ist er blamiert. Und außerdem, auch wenn er die höhnischen Bemerkungen der Afrikaaner und die Verhöre der echten Katholiken ertragen muss, sind die zwei Freistunden pro Woche es nicht wert, freie Zeit, in der er auf den leeren Sportplätzen herumwandern und sich mit den Juden unterhalten kann?

An einem Samstagnachmittag, als ganz Worcester, von der Hitze betäubt, eingeschlafen ist, holt er sein Fahrrad hervor und fährt zur Dorp Street.

Für gewöhnlich macht er einen weiten Bogen um die Dorp Street, weil dort die katholische Kirche ist. Doch heute ist die Straße leer, kein Laut ist zu hören außer dem leisen Rauschen des Wassers in den Rinnen. Er fährt gleichgültig vorüber und tut so, als sehe er gar nicht hin.

Die Kirche ist nicht so groß, wie er sie sich vorgestellt hat. Sie ist ein niedriges, kahles Gebäude mit einer kleinen Statue über dem Säulenvorbau: die Jungfrau, mit verhülltem Haupt und Kind auf dem Arm.

Er kommt am Ende der Straße an. Er würde gern umdrehen und einen zweiten Blick riskieren, doch er hat Angst, dass er sein

Glück überstrapaziert, dass ein Priester in Schwarz auftaucht und ihm Halt gebietet.

Die katholischen Schüler setzen ihm zu und machen höhnische Bemerkungen, die evangelischen Christen verfolgen ihn, aber die Juden fällen kein Urteil. Die Juden tun so, als würden sie nichts bemerken. Auch die Juden tragen Schuhe. Bei den Juden fühlt er sich fast ein bisschen wohl. Die Juden sind ganz in Ordnung.

Trotzdem muss man sich bei den Juden vorsehen. Denn die Juden sind überall, die Juden erobern das Land. Er hört das überall, doch besonders von seinen Onkeln, den zwei unverheirateten Brüdern seiner Mutter, wenn sie zu Besuch sind. Norman und Lance kommen jeden Sommer, wie Zugvögel, wenn auch selten zur gleichen Zeit. Sie schlafen auf dem Sofa, stehen um elf Uhr vormittags auf, wandern stundenlang im Haus herum, halb angezogen, zerzaust. Beide haben Autos; manchmal können sie überredet werden, die Schwester und ihre Jungen auf eine nachmittägliche Spritztour mitzunehmen, doch sie scheinen ihre Zeit lieber mit Rauchen, Teetrinken und Gesprächen über die alten Tage zuzubringen. Dann essen sie zu Mittag, und nach dem Essen spielen sie bis Mitternacht mit jedem, den sie zum Aufbleiben überreden können, Poker oder Rommé.

Gern hört er zu, wenn die Mutter und die Onkel zum tausendsten Mal die Ereignisse aus ihrer Kindheit auf der Farm durchgehen. Nie ist er glücklicher, als wenn er diesen Geschichten lauscht, dem Necken und Gelächter, das sie begleitet. Seine Freunde in Worcester stammen nicht aus Familien mit solchen Geschichten. Das hebt ihn heraus: die beiden Farmen im Hintergrund, die Farm der Mutter, die Farm des Vaters und die Geschichten von diesen Farmen. Durch die Farmen hat er Wurzeln in der Vergangenheit; durch die Farmen hat er Substanz.

Es gibt noch eine dritte Farm: Skipperskloof, bei Williston. Die Familie hat dort keine Wurzeln, es ist eine Farm, in die eingeheiratet wurde. Trotzdem ist auch Skipperskloof wichtig.

Alle Farmen sind wichtig. Farmen sind Orte der Freiheit, des Lebens.

Durch die Geschichten, die Norman und Lance und die Mutter erzählen, huschen jüdische Gestalten, komisch, schlau, aber auch verschlagen und herzlos, wie Schakale. Juden aus Oudtshoorn besuchten jedes Jahr die Farm, um von ihrem Vater, seinem Großvater, Straußenfedern zu kaufen. Sie überredeten ihn, die Wollschafe aufzugeben und nur Strauße zu züchten. Strauße würden ihn reich machen, sagten sie. Dann brach eines Tages der Markt für Straußenfedern zusammen. Die Juden wollten keine Federn mehr kaufen, und der Großvater machte Bankrott. Alle in der Gegend gingen bankrott, und die Juden übernahmen ihre Farmen. So operieren die Juden, sagt Norman: Einem Juden darf man niemals trauen.

Sein Vater erhebt Einwände. Der Vater kann es sich nicht leisten, die Juden herunterzumachen, da sein Arbeitgeber Jude ist. *Standard Canners*, wo er als Buchhalter arbeitet, gehört Wolf Heller. Tatsächlich ist es Wolf Heller gewesen, der ihn von Kapstadt nach Worcester gebracht hat, als er seine Arbeit im öffentlichen Dienst verloren hat. Die Zukunft ihrer Familie ist an die Zukunft von Standard Canners gebunden, die Wolf Heller, in den wenigen Jahren seit der Übernahme des Betriebes durch ihn, zu einem Giganten der Konservenindustrie gemacht hat. Standard Canners hat großartige Perspektiven, sagt der Vater, für einen studierten Juristen wie ihn.

Wolf Heller unterliegt also nicht der Kritik an den Juden. Wolf Heller kümmert sich um seine Angestellten. Zu Weihnachten macht er ihnen sogar Geschenke, obwohl Weihnachten den Juden nichts bedeutet.

Es gehen keine Heller-Kinder in die Schule von Worcester. Wenn es überhaupt Heller-Kinder gibt, dann hat man sie vermutlich nach Kapstadt in die *SACS* geschickt, eine jüdische Schule in jeder Beziehung, nur nicht dem Namen nach. Es gibt auch keine jüdischen Familien in Reunion Park. Die Juden von Worcester wohnen im älteren, grüneren, schattigeren Stadtteil. Obwohl es jüdische Schüler in seiner Klasse gibt, wird er nie von ihnen nach Hause eingeladen. Er sieht sie nur in der Schule, rückt ihnen in der Zeit der Morgenandacht näher, wenn Juden und Katholiken isoliert und der Wut der evangelischen Christen ausgesetzt sind.

Doch hin und wieder wird die Befreiung von der Morgenandacht aus unklaren Gründen aufgehoben, und sie werden in die Aula befohlen.

Die Aula ist immer brechend voll. Ältere Schüler sitzen auf den Stühlen, während sich die Jungen aus den kleinen Klassen auf dem Fußboden zusammendrängen. Die Juden und Katholiken – vielleicht zwanzig insgesamt – bahnen sich zwischen ihnen den Weg, suchen einen Platz. Heimlich greifen Hände nach ihren Knöcheln und versuchen, sie zu Fall zu bringen.

Der *Dominee* ist schon auf dem Podium, ein blasser junger Mann im schwarzen Anzug und mit weißem Schlips. Er predigt mit hoher, eintöniger Stimme, die langen Vokale dehnt er, und seine Aussprache ist überdeutlich. Wenn die Predigt vorbei ist, müssen sie sich zum Gebet erheben. Wie verhält sich ein Katholik richtig während eines evangelischen Gebets? Schließt er die Augen und bewegt die Lippen, oder tut er so, als wäre er gar nicht da? Er kann keinen von den echten Katholiken sehen; er blickt ausdruckslos vor sich hin.

Der *Dominee* setzt sich. Die Gesangbücher werden ausgeteilt; jetzt ist Singen an der Reihe. Eine der Lehrerinnen tritt vor, um zu dirigieren. *»Al die veld is vrolik, al die voëltjies sing«*, singen die kleinen Schüler. Dann erheben sich die älteren Schüler. *»Uit die blou van onse hemel«*, singen sie mit ihren tiefen Stimmen, strammstehend, den Blick geradeaus: die Nationalhymne, ihre Nationalhymne. Vorsichtig, ängstlich, fallen die Jüngeren ein. Über sie gebeugt, mit den Armen wedelnd, als schaufle sie Federn, versucht die Lehrerin sie aufzurichten, zu ermuntern. »*Ons sal ant-woord op jou roepstem, ons sal offer wat jy vra*«, singen sie: Wir werden deinem Ruf folgen.

Endlich ist es vorbei. Die Lehrer steigen vom Podium, zuerst der Direktor, dann der *Dominee*, dann alle Übrigen. Die Jungen verlassen nacheinander die Aula. Eine Faust stößt ihn in die Nieren, ein kurzer, schneller Schlag, keiner sieht es. »*Jood!*«, flüstert eine Stimme. Dann ist er draußen, er ist frei, er kann wieder frische Luft atmen.

Trotz der Drohungen der echten Katholiken, trotz der über ihm schwebenden Möglichkeit, dass der Priester seine Eltern besucht und ihn entlarvt, ist er dankbar für die Inspiration, die ihn Rom wählen ließ. Er ist der Kirche dankbar, die ihm Unterschlupf gewährt; er bedauert nichts, wünscht sich nicht, kein Katholik mehr zu sein. Wenn Christ sein bedeutet, Kirchenlieder zu singen und Predigten anzuhören und danach herauszukommen und Juden zu quälen, dann hat er kein Verlangen, Christ zu sein. Es ist nicht seine Schuld, wenn die Katholiken von Worcester katholisch sind, ohne römisch zu sein, wenn sie nichts von Horatius und seinen Kameraden wissen, die die Brücke über den Tiber verteidigen (»Tiber, Vater Tiber, zu dem wir Römer beten«), nichts von Leonidas und seinen Spartanern, die den Pass bei Thermopylae verteidigen, von Roland, der den Pass gegen die Sarazenen verteidigt. Nichts Heroischeres kann er sich ausmalen, als einen Pass zu verteidigen, nichts Edleres, als sein Leben für andere zu opfern, die später über dem Leichnam weinen werden. So würde er gern sein: ein Held. Damit sollte der wahre römisch-katholische Glauben zu tun haben.

Es ist ein Sommerabend, kühl nach dem langen, heißen Tag. Er ist im Park, wo er mit Greenberg und Goldstein Cricket gespielt hat: Greenberg, der ein solider Schüler ist, aber kein guter Cricketspieler; Goldstein, der große braune Augen hat und Sandalen trägt und ziemlich flott ist. Es ist spät, halb acht ist längst vorbei. Der Park ist leer, abgesehen von ihnen. Sie müssen ihr Spiel abbrechen – es ist zu dunkel, um den Ball zu sehen. Also fechten sie Ringkämpfe aus, als wären sie wieder kleine Kinder, rollen im Gras herum, kitzeln sich, lachen und kichern. Er steht auf, holt tief Luft. Eine Woge des Glücks durchströmt ihn, er denkt: »Nie bin ich glücklicher im Leben gewesen. Ich würde gern immer mit Greenberg und Goldstein zusammen sein.«

Sie trennen sich. Es stimmt. Er würde gern immer so leben, mit seinem Fahrrad durch die breiten und leeren Straßen von Worcester fahren, in der Dämmerung eines Sommertages, wenn man alle anderen Kinder hereingerufen hat und nur er noch unterwegs ist, wie ein König.

◆ Fünf ◆

Dass er katholisch ist, gehört nur zu seinem Schulleben. Dass er die Russen mehr mag als die Amerikaner, ist ein Geheimnis, so düster, dass er es keinem anvertrauen kann. Russenfreundlichkeit ist eine ernste Sache. Sie kann dazu führen, dass man geächtet wird. Man kann dafür ins Gefängnis kommen.

In seinem Schrank hat er in einem Karton das Heft mit den Zeichnungen, die er 1947 auf dem Höhepunkt seiner Begeisterung für die Russen angefertigt hat. Die Zeichnungen, mit weichem Bleistift ausgeführt und mit Wachsstiften ausgemalt, zeigen russische Flugzeuge, die amerikanische vom Himmel schießen, russische Schiffe, die amerikanische versenken. Obwohl die Leidenschaft jenes Jahres, als im Radio plötzlich eine Hasskampagne gegen die Russen begann und jeder Stellung beziehen musste, abgeflaut ist, hält er fest an seiner heimlichen Treue – Treue den Russen gegenüber, doch noch mehr Treue sich selbst gegenüber, wie er war, als er diese Zeichnungen anfertigte.

Hier in Worcester gibt es keinen, der weiß, dass er die Russen mag. In Kapstadt hatte es Freund Nicky gegeben, seinen Gefährten bei Kriegsspielen mit Bleisoldaten und einer Kanone mit Sprungfeder, die Streichhölzer verschoß; doch als er mitbekam, wie gefährlich seine Bündnistreue war, was auf dem Spiel stand, ließ er sich erst von Nicky schwören, dass er nichts verraten würde, und dann, um ganz sicherzugehen, erzählte er ihm, er hätte die Seiten gewechselt und wäre jetzt für die Amerikaner. In Worcester gibt es außer ihm keinen Menschen, der für die Russen ist. Seine Treue zum roten Stern macht ihn zum absoluten Außenseiter.

Woher stammt nur diese Vernarrtheit, die sogar ihm seltsam

vorkommt? Seine Mutter heißt Vera – Vera, mit dem eisigen großen V, ein Pfeil, der nach unten schießt. Vera sei ein russischer Name, hat sie ihm einmal erzählt. Als man ihm die Russen und die Amerikaner zum ersten Mal als Gegner vorsetzte, zwischen denen er zu wählen hatte (»Für wen bist du, für Smuts oder Malan? Für wen bist du, für Superman oder Captain Marvel? Für wen bist du, für die Russen oder die Amerikaner?«), entschied er sich für die Russen, wie er sich für die Römer entschieden hatte – weil er den Buchstaben r mag, besonders das große R, den stärksten von allen Buchstaben.

Er entschied sich 1947 für die Russen, als alle anderen sich für die Amerikaner entschieden; und da er sich für sie entschieden hatte, verschlang er alles, was es über sie zu lesen gab. Sein Vater besaß eine dreibändige Geschichte des Zweiten Weltkrieges. Er liebte diese Bücher und studierte sie, studierte die Fotos von russischen Soldaten in weißen Skiuniformen, von russischen Soldaten mit Maschinenpistolen, die gebückt durch die Ruinen von Stalingrad huschten, von russischen Panzerkommandanten, die durch ihre Ferngläser starrten. (Der russische T-34 war der beste Panzer der Welt, besser als der amerikanische Sherman, besser sogar als der deutsche Tiger.) Immer wieder kam er zu einem Gemälde zurück, das einen russischen Piloten zeigte, der mit seinem Sturzkampfbomber über einer brennenden, vernichteten deutschen Panzerkolonne abdrehte. Er bekannte sich zu allem Russischen. Er bekannte sich zum strengen, doch väterlichen Feldmarschall Stalin, dem größten und weitsichtigsten Strategen des Krieges; er bekannte sich zum Barsoi, dem russischen Windhund, dem schnellsten aller Hunde. Er wusste alles Wissenswerte über Russland: seine Größe in Quadratmeilen, seine Kohleförderung und Stahlproduktion in Tonnen, die Länge seiner großen Flüsse: Wolga, Dnjepr, Jenissei, Ob.

Dann wurde ihm klar, durch die Missbilligung der Eltern, durch die Verwunderung der Freunde, durch das, was sie ihren

Eltern über ihn erzählten – die Parteinahme für die Russen war kein Spiel mehr, sie war nicht erlaubt.

Anscheinend läuft immer etwas schief. Was er will, was er mag, muss früher oder später zum Geheimnis werden. Allmählich hält er sich für eine dieser Spinnen, die in einem Loch im Boden leben, das mit einer Falltür abgedeckt ist. Immer muss die Spinne in ihr Loch zurückhuschen, die Falltür hinter sich schließen, die Welt aussperren, sich verstecken.

In Worcester hält er seine russische Vergangenheit geheim, versteckt das verwerfliche Heft mit den Zeichnungen, auf denen feindliche Kampfflugzeuge Rauchfahnen hinter sich herziehend ins Meer stürzen und Kriegsschiffe mit dem Bug voran in den Wellen versinken. Das Malen ersetzt er durch Phantasie-Cricketspiele. Er benutzt ein Strandschlagholz und einen Tennisball. Die Herausforderung besteht darin, den Ball so lange wie möglich in der Luft zu halten. Stundenlang umkreist er den Esszimmertisch und schlägt den Ball in die Luft. Alle Vasen und Nippes sind fortgeräumt; jedes Mal wenn der Ball gegen die Decke prallt, rieselt feiner roter Staub herab.

Er spielt ganze Spiele, elf Schlagmänner pro Mannschaft schlagen jeweils zweimal. Jeder Treffer zählt als ein Lauf. Wenn seine Aufmerksamkeit nachlässt und er den Ball verfehlt, scheidet ein Schlagmann aus, und er vermerkt den Spielstand auf der Anschreibekarte. Es ergeben sich gewaltige Summen: fünfhundert Läufe, sechshundert Läufe. Einmal erzielt England tausend Läufe, was noch keine wirkliche Mannschaft je geschafft hat. Manchmal gewinnt England, manchmal Südafrika; seltener Australien oder Neuseeland.

In Russland und Amerika spielt man kein Cricket. Die Amerikaner spielen Baseball; die Russen scheinen gar nichts zu spielen, vielleicht weil es dort immer schneit.

Er weiß nicht, was die Russen so machen, wenn sie nicht gerade Krieg führen.

Von seinen privaten Cricketspielen erzählt er den Freunden nichts, die sind nur für zu Hause. Als sie noch neu in Worcester waren, ist einmal ein Junge aus seiner Klasse zur offenen Haustür hereingekommen und hat ihn unter einem Stuhl auf dem Rücken liegend entdeckt. »Was machst du da?«, hat er gefragt. »Ich denke«, hat er ohne zu überlegen gesagt: »Ich denke gern.« Bald wussten alle in seiner Klasse davon: Der Neue war verrückt, er war nicht normal. Aus diesem Fehler hat er gelernt, vorsichtiger zu sein. Vorsichtig zu sein heißt zum Beispiel, eher weniger als mehr zu erzählen.

Er spielt auch richtiges Cricket mit jedem, der dazu bereit ist. Doch richtiges Cricket auf dem freien Platz im Zentrum von Reunion Park ist unerträglich langsam; der Ball wird ständig vom Schlagmann verfehlt, vom Torwächter verfehlt, verschwindet irgendwo. Er hasst es, nach verschwundenen Bällen zu suchen. Er hasst auch das Spiel als Fänger auf steinigem Boden, wo man sich beim Hinfallen jedes Mal Hände und Knie aufschrammt. Er will nur Schlagmann oder Werfer sein, das ist alles.

Er beschwatzt den Bruder, obwohl der erst sechs ist, verspricht ihm, dass er mit seinen Spielsachen spielen darf, wenn er für ihn im Hinterhof den Ball bowlt. Eine Weile bowlt der Bruder, dann verliert er die Lust, es langweilt ihn, und er huscht schutzsuchend ins Haus. Dann versucht er, seiner Mutter das Bowlen beizubringen, doch sie stellt sich ungeschickt an. Während er allmählich verzweifelt, schüttet sie sich aus vor Lachen über ihre Unbeholfenheit. Deshalb erlaubt er ihr, den Ball einfach zu werfen. Doch am Ende ist das Schauspiel zu peinlich, zu leicht von der Straße aus zu beobachten: eine Mutter, die mit ihrem Sohn Cricket spielt.

Er halbiert eine Marmeladenbüchse und nagelt die untere Hälfte an einen 60 Zentimeter langen hölzernen Arm. Er befestigt den Arm an einer Achse, die er durch die Wände einer mit Ziegelsteinen beschwerten Transportkiste steckt. Ein Stück Fahrradschlauch zieht den Arm nach vorn, und ein Seil, das durch einen Haken in der Kiste läuft, zieht ihn nach hinten. Er legt einen Ball in die Blechbüchse, geht zehn Schritte zurück, zieht an dem Seil, bis der Gummischlauch gespannt ist, klemmt das Seil unter seine Ferse, nimmt die Schlagposition ein und lässt das Seil fahren. Manchmal fliegt der Ball in den Himmel, manchmal ihm direkt an den Kopf; doch hin und wieder fliegt er in seine Reichweite, und er kann ihn schlagen. Das befriedigt ihn – er ist Werfer und Schlagmann zugleich, er hat es geschafft, nichts ist unmöglich.

Eines Tages fordert er Greenberg und Goldstein in einer vertrauensseligen Stimmung auf, ihre frühesten Erinnerungen hervorzuholen. Greenberg sträubt sich – das ist ein Spiel, auf das er sich nicht einlassen will. Goldstein bietet eine lange und witzlose Geschichte, wie er an den Strand mitgenommen wird, eine Geschichte, der er kaum zuhört. Denn er hat sich das Spiel natürlich ausgedacht, damit er seine erste Erinnerung erzählen kann.

Er beugt sich aus dem Fenster ihrer Wohnung in Johannesburg. Die Dämmerung bricht herein. Unten auf der Straße kommt ein Auto angerast. Ein Hund, ein kleiner Dalmatiner, läuft vor das Auto, das den Hund überfährt – die Räder fahren dem Hund mitten über den Leib. Mit gelähmten Hinterpfoten schleppt sich das Tier fort und jault vor Schmerz. Ganz bestimmt wird es sterben; doch in dem Moment zieht man ihn schnell von seinem Platz am Fenster weg.

Das ist eine großartige erste Erinnerung, sie stellt alles in den Schatten, was der arme Goldstein ausgraben kann. Aber ist sie auch wahr? Warum hat er sich aus dem Fenster gelehnt und auf eine leere Straße geschaut? Hat er wirklich gesehen, wie das Auto den Hund überfahren hat, oder hat er nur einen Hund jaulen hören und ist zum Fenster gerannt? Hat er vielleicht nur gesehen, wie ein Hund seine Hinterpfoten nachgeschleppt hat, und der Rest der Geschichte mit Auto und Fahrer ist von ihm frei erfunden?

Da gibt es noch eine frühe Erinnerung, eine, der er mehr traut, die er aber nie erzählen würde, ganz bestimmt nicht Greenberg und Goldstein, die sie in der Schule ausposaunen und ihn damit lächerlich machen würden.

Er sitzt neben seiner Mutter in einem Bus. Es muss kalt sein, denn er hat rote Wollhosen an und eine Wollmütze mit einer Bommel auf. Der Motor des Busses quält sich ab; sie fahren den wilden und einsamen Swartberg-Pass hinauf.

In der Hand hat er ein Bonbonpapier. Er hält das Papier aus dem Fenster, das einen Spalt offen steht. Es flattert und zittert im Wind.

»Soll ich es loslassen?«, fragt er die Mutter.

Sie nickt. Er lässt es los.

Das Stück Papier fliegt hoch in den Himmel. Dort unten ist nichts als der schreckliche Abgrund des Passes, umgeben von kalten Berggipfeln. Er verrenkt sich den Hals und erhascht nach hinten hinaus einen letzten Blick auf das Papier, das immer noch tapfer fliegt.

»Was wird aus dem Papier?«, fragt er die Mutter; doch sie versteht nicht.

Das ist die andere frühe Erinnerung, die geheime. Er denkt immerzu an das Stück Papier, allein in dieser unendlichen Weite, das er im Stich gelassen hat, als er es nicht hätte tun dürfen. Eines Tages muss er wieder zum Swartberg-Pass und es finden und retten. Das ist seine Pflicht: Er darf nicht sterben, bis er es getan hat.

Seine Mutter verachtet Männer, die »zwei linke Hände« haben, und zu denen zählt sie auch seinen Vater, doch ebenso ihre eigenen Brüder, und vor allem ihren ältesten Bruder Roland, der die Farm hätte behalten können, wenn er hart genug gearbeitet hätte, um die Schulden abzuzahlen, es aber nicht getan hat. Von den vielen Onkeln väterlicherseits (er zählt sechs blutsverwandte und weitere fünf angeheiratete) bewundert sie am meisten Joubert Olivier, der auf Skipperskloof einen Generator installiert hat und sich sogar selbst die Grundlagen der Zahnheilkunde beigebracht hat. (Bei einem seiner Besuche auf der Farm bekommt er Zahnschmerzen. Onkel Joubert setzt ihn auf einen Stuhl unter einen Baum und bohrt ohne Betäubung das Loch und füllt es mit Guttapercha. Noch nie in seinem Leben hat er so gelitten.)

Wenn etwas kaputtgeht – Teller, Nippes, Spielzeug –, repariert das die Mutter selbst: mit Strick, mit Leim. Die Dinge, die sie zusammenbindet, werden locker, weil sie keine Ahnung von Knoten hat. Die Dinge, die sie klebt, fallen auseinander; sie schiebt es auf den Leim.

Die Küchenschubfächer sind voller krummer Nägel, Strickenden, Bälle aus Stanniolpapier, alter Briefmarken. »Warum hebst du das auf?«, fragt er. »Man kann ja nie wissen«, antwortet sie.

Wenn die Mutter schlechte Laune hat, verunglimpft sie alle Bücherweisheit. Die Kinder sollte man in die Berufsschule schicken, sagt sie, und dann arbeiten lassen. Studieren ist sinnlos. Am besten lernt man Möbeltischler oder Zimmermann, wie man Holz bearbeitet. Von der Landwirtschaft ist sie enttäuscht; es gibt jetzt, wo die Farmer plötzlich reich geworden sind, zu viel Faulheit, zu viel Protzerei unter ihnen.

Denn der Wollpreis ist kräftig gestiegen. Laut Rundfunkmeldungen zahlen die Japaner für die beste Qualität ein Pfund pro Pfund. Schaffarmer kaufen neue Autos und leisten sich Urlaub am Meer. »Du musst uns etwas von deinem Geld abgeben, wo du jetzt so reich bist«, sagt sie zu Onkel Son bei einer ihrer Besuche auf Voëlfontein. Sie lächelt, als sie das sagt, und tut so, als sei es ein Scherz, aber es ist nicht lustig. Onkel Son sieht verlegen aus und erwidert leise etwas, das er nicht versteht.

Die Farm sollte eigentlich nicht an Onkel Son allein vererbt werden, erzählt ihm die Mutter; sie wurde allen zwölf Söhnen und Töchtern zu gleichen Teilen vermacht. Damit sie nicht an irgendeinen Fremden versteigert werden musste, kamen die Geschwister überein, ihre Anteile an Son zu verkaufen; von diesem Verkauf blieben allen Schuldscheine über ein paar Pfund. Nun ist die Farm wegen der Japaner Tausende Pfund wert. Son sollte sein Geld teilen.

Er schämt sich für seine Mutter wegen der Taktlosigkeit, mit der sie über Geld spricht.

»Du musst Arzt oder Rechtsanwalt werden«, sagt sie zu ihm. »Das sind die Leute, die Geld machen.« Bei anderen Gelegenheiten erzählt sie ihm jedoch, dass alle Anwälte Gauner sind. Er fragt nicht, wie sein Vater in dieses Bild passt, sein Vater, der Anwalt, der kein Geld gemacht hat.

Den Ärzten sind ihre Patienten gleichgültig, sagt sie. Sie verschreiben einfach Pillen. Die Afrikaans-Ärzte sind die schlimmsten, weil sie noch dazu inkompetent sind.

Sie macht zu verschiedenen Gelegenheiten so verschiedene Äußerungen, dass er nicht weiß, was sie wirklich denkt. Er und sein Bruder diskutieren mit ihr, sie weisen sie auf die Widersprüche hin. Wenn sie glaubt, dass Farmer besser als Rechtsanwälte sind, warum hat sie dann einen Rechtsanwalt geheiratet? Wenn sie findet, dass Schulwissen nichts taugt, warum ist sie dann Lehrerin geworden? Je mehr sie mit ihr diskutieren, desto mehr lächelt sie. Das Geschick ihrer Kinder, mit Worten umzugehen, macht ihr so viel Freude, dass sie alles zugibt, sich kaum verteidigt, weil sie ihnen den Sieg gönnt.

Er versteht ihre Freude nicht. Er findet diese Diskussionen nicht lustig. Ihm wäre lieber, wenn sie an etwas glauben würde. Ihre Pauschalurteile, aus vorübergehenden Launen geboren, regen ihn auf.

Er seinerseits wird wahrscheinlich Lehrer werden. Das wird sein Leben sein, wenn er erwachsen ist. Scheint eine ziemlich langweilige Sache zu sein, aber was gibt es sonst? Ziemlich lange wollte er Lokführer werden. »Was willst du einmal werden?«, fragten seine Tanten und Onkel immer. »Lokführer!«, krähte er, und alle nickten und lächelten. Jetzt begreift er, dass man von allen kleinen Jungen erwartet, dass sie »Lokführer« sagen, wie man von kleinen Mädchen erwartet, dass sie »Krankenschwester« sagen. Er ist nicht mehr klein, er gehört zur Welt der Großen; er wird sich vom Traum, ein großes Dampfross zu fahren, verabschieden und sich der Realität anpassen müssen. Seine schulischen Leistungen sind gut, er weiß sonst nichts, was er gut kann, deshalb wird er bei der Schule bleiben und sich hocharbeiten. Vielleicht wird er eines Tages sogar Schulrat. Aber er wird keine Büroarbeit machen. Wie kann man von früh bis spät arbeiten, mit nur zwei Wochen Urlaub im Jahr?

Was für eine Art Lehrer wird er werden? Er kann sich nur ein verschwommenes Bild von sich selbst machen. Er sieht eine Gestalt im sportlichen Sakko und in grauer Flanellhose (das ist offenbar die Lehrertracht) mit Büchern unterm Arm einen Korridor entlanggehen. Es ist nur ein flüchtiges Bild, das gleich wieder verblasst. Das Gesicht sieht er nicht.

Er hofft, dass er, wenn es so weit ist, nicht als Lehrer an einen Ort wie Worcester geschickt wird. Aber vielleicht ist Worcester ein Fegefeuer, durch das man hindurchmuss. Vielleicht schickt man Leute nach Worcester, um sie zu testen.

Eines Tages müssen sie in der Schule einen Aufsatz schreiben: »Was ich am Morgen mache.« Sie sollen beschreiben, was sie machen, ehe sie zur Schule gehen. Er weiß, was erwartet wird: wie er sein Bett macht, wie er das Frühstücksgeschirr abwäscht, wie er sich Pausenbrote abschneidet. Obwohl er in Wirklichkeit nichts dergleichen tut – das alles macht seine Mutter für ihn –, lügt er gut genug, um nicht entdeckt zu werden. Doch er geht zu weit, als er beschreibt, wie er seine Schuhe putzt. Er hat noch nie im Leben seine Schuhe geputzt. Im Aufsatz schreibt er, dass man die Bürste benutzt, um den Dreck abzubürsten, und danach trägt man die Schuhcreme auf. Miss Oosthuizen versieht den Heftrand neben der Schuhputzgeschichte mit einem dicken blauen Ausrufezeichen. Es ist ihm äußerst peinlich, er betet, dass sie ihn ja nicht auffordert, seinen Aufsatz der Klasse vorzulesen. An jenem Abend passt er genau auf, als die Mutter seine Schuhe putzt, damit er es nicht noch einmal falsch macht.

Er lässt die Mutter seine Schuhe putzen, wie er sie alles für sich tun lässt, was sie will. Das Einzige, was er ihr nicht mehr gestattet, ist, dass sie ins Bad kommt, wenn er sich ausgezogen hat.

Er weiß, dass er lügt, weiß, dass er schlecht ist, aber er lehnt es ab, sich zu ändern. Er ändert sich nicht, weil er sich nicht ändern will. Dass er sich von anderen Jungen unterscheidet, hat vielleicht etwas mit seiner Mutter zu tun und mit seiner unnatürlichen Familie, aber auch mit seinen Lügen. Wenn er aufhören würde zu lügen, müsste er seine Schuhe putzen und höflich sein und alles tun, was normale Jungen tun. Dann wäre er nicht mehr er selbst. Wenn er nicht mehr er selbst wäre, was hätte das Leben dann noch für einen Sinn?

Er lügt, und er ist hartherzig – er belügt die Welt im Allgemeinen und ist seiner Mutter gegenüber hartherzig. Es tut seiner Mutter weh, merkt er, dass er sich immer mehr von ihr entfernt. Trotzdem verhärtet sein Herz und will sich nicht erweichen lassen. Seine einzige Entschuldigung ist, dass er auch sich selbst gegenüber ohne Mitleid ist. Er lügt, aber er belügt sich nicht selbst.

»Wann wirst du sterben?«, fragt er seine Mutter eines Tages herausfordernd, erstaunt über seine eigene Kühnheit.

»Ich werde nicht sterben«, antwortet sie. Sie spricht in munterem Ton, aber es wirkt unecht.

»Und wenn du nun Krebs bekommst?«

»Krebs bekommt man nur durch einen Schlag vor die Brust. Ich bekomme keinen Krebs. Ich lebe ewig. Ich werde nicht sterben.«

Er weiß, warum sie das sagt. Sie sagt das ihm und seinem Bruder zuliebe, damit sie sich keine Sorgen machen. Es ist dumm, so etwas zu sagen, aber er ist ihr dankbar dafür.

Er kann sich nicht vorstellen, dass seine Mutter stirbt. Sie ist der Fixpunkt in seinem Leben. Sie ist der Fels, auf dem er steht. Ohne sie wäre er nichts.

Die Mutter passt gut auf, dass ihre Brust keinen Stoß abbekommt. Seine allererste Erinnerung, noch früher als die an den Hund, früher als die an das Bonbonpapier, ist die Erinnerung an ihre weiße Brust. Er vermutet, dass er ihr als Baby weh getan hat, mit den kleinen Fäusten gegen ihre Brust geschlagen hat, sonst würde sie ihm jetzt die Brust nicht so entschieden verweigern, sie, die ihm sonst nichts verweigert.

Krebs ist die große Angst ihres Lebens. Was ihn angeht, so hat man ihm beigebracht, auf Schmerzen in der Seite zu achten, jeden Stich als Anzeichen von Blinddarmentzündung zu deuten. Wird ihn der Krankenwagen ins Krankenhaus bringen können, bevor der Blinddarm platzt? Wird er aus der Narkose jemals wieder erwachen? Ihm gefällt der Gedanke nicht, dass ihn ein fremder Arzt aufschneidet. Andererseits wäre es ganz nett, hinterher eine Narbe zu haben, mit der man angeben könnte. Wenn in der Schulpause Erdnüsse und Rosinen verteilt werden, bläst er die papierdünnen roten Häute der Erdnüsse fort, die im Ruf stehen, sich im Blinddarm festzusetzen und dort Entzündungen hervorzurufen.

Er geht ganz in seinen Sammlungen auf. Er sammelt Briefmarken. Er sammelt Bleisoldaten. Er sammelt Bilder – Bilder von australischen Cricketspielern, Bilder von englischen Fußballern, Bilder von Autos aus aller Welt. Um an die Bilder zu kommen, muss man Packungen mit Zigaretten aus Nougat und Zuckerguss kaufen, die rosa bemalte Enden haben. Seine Hosentaschen sind voller schmelzender, klebriger Zigaretten, die er zu essen vergessen hat.

Viele Stunden bringt er mit seinem Meccano-Baukasten zu und beweist so seiner Mutter, dass auch er geschickte Hände hat. Er baut mit paarweise verbundenen Scheiben eine Windmühle, deren Flügel so schnell angekurbelt werden können, dass ein Luftzug durchs Zimmer streicht.

Er läuft um den Hof, wirft dabei einen Cricketball in die Luft und fängt ihn, ohne aus dem Tritt zu kommen. Was ist die wahre Flugbahn des Balles: Steigt er gerade in die Luft und fällt gerade herunter, wie er es sieht, oder beschreibt er im Aufsteigen und Fallen einen Bogen, wie es ein stillstehender Zuschauer sehen würde? Wenn er mit seiner Mutter darüber spricht, sieht er die Verzweiflung in ihren Augen – sie weiß, dass solche Dinge wichtig sind, und möchte verstehen, warum, kann es aber nicht. Er hingegen wünscht sich, dass sie an den Dingen um ihrer selbst willen interessiert ist, nicht nur weil sie ihn interessieren.

Wenn es etwas Handwerkliches zu tun gibt, was sie nicht tun kann, wie zum Beispiel einen tropfenden Hahn zu reparieren, ruft sie einen Farbigen von der Straße herein, irgendeinen, einen, der gerade vorbeikommt. Warum, fragt er sich verärgert, traut sie Farbigen in dieser Hinsicht so viel zu? Weil sie es gewöhnt sind, mit den Händen zu arbeiten, antwortet sie.

Zu glauben, dass einer, weil er keine Schule besucht hat, wissen muss, wie man einen Wasserhahn abdichtet oder einen Küchenherd repariert, erscheint ihm einfältig, doch es unterscheidet sich so von dem, was alle anderen glauben, ist so wunderlich, dass er es liebenswert findet, ohne es zu wollen. Es ist ihm lieber, dass seine Mutter von den Farbigen wahre Wunder erwartet, als wenn sie gar nichts von ihnen erwarten würde.

Er versucht immer, seine Mutter zu begreifen. Juden sind Ausbeuter, sagt sie; doch sie geht lieber zu jüdischen Ärzten, weil sie ihre Sache verstehen. Farbige sind das Salz der Erde, sagt sie, doch sie und ihre Schwestern machen sich immer lustig über vorgebliche Weiße mit geheim gehaltenen farbigen Vorfahren. Er versteht nicht, wie sie so viele widersprüchliche Meinungen gleichzeitig haben kann. Doch sie hat wenigstens Meinungen. Und auch ihre Brüder. Ihr Bruder Norman glaubt an den Mönch

Nostradamus und seine Prophezeiungen des Weltendes; er glaubt an fliegende Untertassen, die nachts landen und Leute entführen. Er kann sich nicht vorstellen, dass sein Vater oder dessen Familie über das Ende der Welt reden. Ihr einziges Ziel im Leben ist, Auseinandersetzungen zu vermeiden, niemanden zu verletzen, stets liebenswürdig zu sein; verglichen mit der Familie seiner Mutter ist die des Vaters farblos und langweilig.

Er steht seiner Mutter zu nahe, seine Mutter steht ihm zu nahe. Das ist der Grund, weshalb die Familie seines Vaters, trotz der Jagd und der anderen männlichen Betätigungen während seiner Besuche auf der Farm, nie warm mit ihm geworden ist. Vielleicht war seine Großmutter hart, als sie sich weigerte, die drei während des Kriegs aufzunehmen, als sie mit einem Anteil vom Gefreitensold auskommen mussten und zu arm waren, um Butter oder Tee zu kaufen. Doch ihr Instinkt war richtig gewesen. Seine Großmutter ist nicht blind, was das dunkle Geheimnis der Pappelallee Nr. 12 betrifft, nämlich dass der Erstgeborene die erste Geige im Haushalt spielt, der Zweitgeborene die zweite, und der Mann, der Ehemann, der Vater, zuletzt kommt. Entweder gibt sich seine Mutter nicht genug Mühe, vor der Familie des Vaters diese Perversion der natürlichen Ordnung zu verbergen, oder sein Vater hat sich insgeheim beschwert. Wie auch immer, die Großmutter missbilligt das und verbirgt ihre Mißbilligung nicht.

Wenn die Mutter mit dem Vater streitet und einen Punkt machen will, beschwert sie sich manchmal bitter darüber, wie seine Familie sie behandelt. Meist aber versucht sie – ihrem Sohn zuliebe, weil sie weiß, wie sehr ihm die Farm am Herzen liegt, weil sie nichts als Ersatz bieten kann –, sich bei ihnen auf eine Art einzuschmeicheln, die er genauso geschmacklos findet wie ihre Scherze über Geld, Scherze, die nicht lustig sind.

Er wünschte, seine Mutter wäre normal. Wenn sie normal wäre, könnte er auch normal sein.

Bei ihren beiden Schwestern ist es dasselbe. Jede von ihnen hat ein Kind, einen Sohn, den sie mit erstickender Besorgtheit bemuttern. Sein Cousin Juan in Johannesburg ist sein allerbester Freund – sie schreiben sich, sie freuen sich auf gemeinsame Ferien am Meer. Trotzdem gefällt es ihm nicht, wenn er sieht, dass Juan verschämt jede Vorschrift seiner Mutter befolgt, auch wenn sie gar nicht da ist, um ihn zu kontrollieren. Von allen vier Söhnen ist er der einzige, der nicht völlig unter dem Pantoffel seiner Mutter steht. Er hat sich gelöst oder halb gelöst: Er hat seine eigenen Freunde, die er sich selbst ausgesucht hat, er fährt mit der Rad fort, ohne zu sagen, wohin oder wann er zurückkommen wird. Seine Cousins und sein Bruder haben keine Freunde. Er denkt, dass sie blass und furchtsam sind, immer zu Hause unter den Augen ihrer starken Mütter. Der Vater nennt die drei verschwisterten Mütter die drei Hexen. »Sudel, sudel, treib und trudel«, sagt er, Macbeth zitierend. Amüsiert, boshaft, plappert er dem Vater nach.

Wenn seine Mutter besonders bittere Gedanken über ihr Leben in Reunion Park bewegen, beklagt sie, dass sie nicht Bob Breech geheiratet hat. Er nimmt das nicht ernst. Aber gleichzeitig traut er seinen Ohren nicht. Wenn sie Bob Breech geheiratet hätte, wo wäre er dann? Wer wäre er dann? Wäre er dann der Sohn von Bob Breech? Wäre dann der Sohn von Bob Breech er?

Von der Existenz eines echten Bob Breech ist nur ein Zeugnis geblieben. Er findet es zufällig in einem der Fotoalben seiner Mutter: ein unscharfes Foto von zwei jungen Männern in langen weißen Hosen und dunklen Blazern, die an einem Strand stehen, einer den Arm um die Schultern des anderen gelegt, und in die Sonne blinzeln. Einen davon kennt er: Juans Vater. Wer ist der andere Mann?, fragt er seine Mutter. Bob Breech, antwortet sie. Wo ist er jetzt? Er ist tot, sagt sie.

Angestrengt starrt er in das Gesicht des toten Bob Breech. Von sich selbst kann er darin nichts entdecken.

Er stellt ihr keine weiteren Fragen. Doch indem er den

Schwestern aufmerksam zuhört und zwei und zwei zusammenzählt, erfährt er, dass Bob Breech aus gesundheitlichen Gründen nach Südafrika gekommen war; dass er nach ein oder zwei Jahren nach England zurückgekehrt ist; dass er dort gestorben ist. Er starb an Tuberkulose, aber ein gebrochenes Herz, so wird angedeutet, hat vielleicht sein Ende beschleunigt – ein Herz, gebrochen wegen der dunkelhaarigen, dunkeläugigen jungen Lehrerin mit dem misstrauischen Blick, die er an der Bucht von Plettenberg kennengelernt hatte und die ihn nicht heiraten wollte.

Gern blättert er in den Fotoalben seiner Mutter. Ganz egal wie undeutlich die Bilder sind, er kann sie immer in der Gruppe ausmachen – sie ist die mit dem scheuen, abweisenden Blick, in dem er sich selbst wiedererkennt. Er verfolgt ihr Leben in den Alben durch die zwanziger und die dreißiger Jahre: zuerst die Mannschaftsbilder (Hockey, Tennis), dann die Bilder von ihrer Europareise: Schottland, Norwegen, die Schweiz, Deutschland; Edinburgh, die Fjorde, die Alpen, Bingen am Rhein. Unter ihren Andenken befindet sich ein Bleistift aus Bingen, mit einem winzigen Guckloch in der Seite, durch das man eine Burg auf einem Felsen sieht.

Manchmal blättern sie gemeinsam in den Alben, er und sie. Sie seufzt und meint, wie gern würde sie Schottland wiedersehen, die Heide, die Glockenblumen. Er denkt: Meine Mutter hatte ein Leben vor meiner Geburt, und das ist immer noch lebendig. Das freut ihn auf eine Art für sie, denn jetzt hat sie kein eigenes Leben mehr.

Die Welt seiner Mutter ist eine ganz andere als die Welt aus dem Fotoalbum seines Vaters, in dem Südafrikaner in Khakiuniformen sich vor den Pyramiden in Ägypten aufgebaut haben oder vor den Ruinen italienischer Städte. Aber beim Album seines Vaters verweilt er weniger bei den Fotos als bei den eingelegten faszinierenden Flugblättern, Flugblättern, die von deutschen Flugzeugen über den alliierten Stellungen abgeworfen wurden. Eins erklärt den Soldaten, wie sie Fieber bekommen können (indem sie Seife essen); ein anderes zeigt eine tolle Frau, die auf den Knien eines fetten, Champagner trinkenden Juden mit Hakennase sitzt. »Weißt du, wo deine Frau heute Abend ist?«, fragt die Unterschrift. Und dann gibt es den blauen Porzellanadler, den sein Vater in den Ruinen eines Hauses in Neapel gefunden und im Tornister mit nach Hause gebracht hat, den Reichsadler, der jetzt auf dem Kaminsims im Wohnzimmer steht.

Er ist unheimlich stolz auf den Kriegsdienst seines Vaters. Er ist überrascht – und befriedigt –, als er feststellt, wie wenige der Väter seiner Freunde im Krieg gekämpft haben. Wieso es sein Vater nur zum Gefreiten gebracht hat, weiß er nicht genau; er macht ihn stillschweigend zum Obergefreiten, wenn er seinen Freunden von den Abenteuern seines Vaters erzählt. Doch er hält das Foto in Ehren, aufgenommen in einem Studio in Kairo, auf dem sein hübscher Vater zu sehen ist, wie er ein Gewehr angelegt hat und mit einem zugekniffenen Auge zielt, sein Haar ist ordentlich gekämmt, sein Barett nach Vorschrift unter die Schulterklappe geschoben. Wenn es nach ihm ginge, befände es sich auch auf dem Kaminsims.

Vater und Mutter sind sich nicht einig, was die Deutschen betrifft. Der Vater mag die Italiener (sie waren nicht mit dem Herzen beim Kampf, sagt er; sie wollten nur kapitulieren und nach Hause gehen), doch er hasst die Deutschen. Er erzählt die Geschichte von einem Deutschen, der auf dem Klo sitzend erschossen wurde. Manchmal war er es, der in der Geschichte den Deutschen erschossen hat, manchmal einer seiner Freunde; aber in keiner der Versionen zeigt er das geringste Mitleid, nur Belustigung über die Verwirrung des Deutschen, der versucht hatte, die Hände zu heben und gleichzeitig die Hosen hochzuziehen.

Seine Mutter weiß, dass es nicht geraten ist, die Deutschen zu offen zu preisen, doch manchmal, wenn er und sein Vater sich gegen sie verbünden, vergisst sie alle Vorsicht. »Die Deutschen sind das beste Volk der Erde«, sagt sie dann. »Es war dieser schreckliche Hitler, der so viel Leid über sie gebracht hat.«

Ihr Bruder Norman ist nicht ihrer Meinung. »Hitler hat die Deutschen gelehrt, stolz auf sich zu sein«, sagt er.

Die Mutter und Norman sind in den dreißiger Jahren zusammen durch Europa gereist, nicht nur durch Norwegen und das schottische Hochland, sondern auch durch Deutschland, Hitlers Deutschland. Ihre Familie – die Brechers, die du Biels – stammt aus Deutschland oder zumindest aus Pommern, das jetzt zu Polen gehört. Ist es gut, aus Pommern zu stammen? Er weiß es nicht genau.

»Die Deutschen wollten nicht gegen die Südafrikaner kämpfen«, sagt Norman. »Sie mögen die Südafrikaner. Wenn Smuts nicht gewesen wäre, hätten wir nie gegen Deutschland Krieg geführt. Smuts war ein *skelm*, ein Gauner. Er hat uns an die Briten verkauft.«

Der Vater und Norman mögen sich nicht. Wenn der Vater seiner Mutter am Zeug flicken will, wenn sie sich spätnachts in der Küche streiten, ärgert er sie mit ihrem Bruder, der nicht eingerückt ist, sondern stattdessen mit der Ossewabrandwag marschiert ist. »Das ist eine Lüge!«, behauptet sie ärgerlich. »Norman war nicht in der Ossewabrandwag. Frag ihn selbst, er wird es dir sagen.«

Als er seine Mutter fragt, was die Ossewabrandwag ist, sagt sie, das sei nur Unfug, Leute, die Fackelumzüge auf den Straßen gemacht haben.

Die Finger von Normans rechter Hand sind gelb vom Nikotin. Er wohnt in einem Pensionszimmer in Pretoria, und das schon seit Jahren. Er verdient sein Geld mit dem Verkauf einer Broschüre, die er über Jiu-Jitsu verfasst hat, für die er in den Anzeigenseiten der Pretoria News wirbt. »Erlernen Sie die japanische Kunst der Selbstverteidigung«, heißt es in der Annonce. »Sechs einfache Lektionen.« Die Leute schicken ihm Postanweisungen über zehn Shilling, und er liefert ihnen dafür die Broschüre: eine einzelne, vierfach gefaltete Seite mit Zeichnungen von den verschiedenen Griffen. Wenn Jiu-Jitsu nicht genug einbringt, verkauft er auf Provisionsbasis Grundstücke für einen Makler. Bis mittags bleibt er jeden Tag im Bett, trinkt Tee, raucht und liest Geschichten in *Argosy* und *Lilliput*. Nachmittags spielt er Tennis. 1938, vor zwölf Jahren, war er der Sieger im Einzel der Westprovinz. Er hat immer noch den Ehrgeiz, in Wimbledon zu spielen, im Doppel, wenn es ihm gelingt, einen Partner zu finden.

Wenn Normans Besuch zu Ende geht, nimmt er den Neffen beiseite, ehe er nach Pretoria abreist, und steckt ihm einen braunen Zehn-Shilling-Schein in die Hemdtasche. »Für Eis«, murmelt er – jedes Jahr dieselben Worte. Er mag Norman nicht nur wegen des Geschenks – zehn Shilling sind viel Geld –, sondern auch, weil er daran denkt, weil er es nie vergisst.

Der Vater versteht sich mit dem anderen Bruder, Lance, besser, dem Lehrer aus Kingwilliamstown, der eingerückt ist. Es gibt noch den dritten Bruder, den ältesten, der für den Verlust der Farm verantwortlich ist, doch keiner erwähnt ihn außer seiner Mutter. »Der arme Roland«, murmelt die Mutter und schüttelt den Kopf. Roland hat eine Frau geheiratet, die sich Rosa Rakocka nennt, Tochter eines polnischen Grafen im Exil, deren richtiger Name aber, laut Norman, Sophie Pretorius ist. Norman und Lance hassen Roland wegen der Farm und verachten ihn, weil er unter der Fuchtel von Sophie steht. Roland und Sophie haben eine Pension in Kapstadt. Er ist einmal mit seiner Mutter dort gewesen. Sophie entpuppte sich als große blonde Frau, die vier Uhr nachmittags einen seidenen Morgenmantel trug und Zigaretten in einer Zigarettenspitze rauchte, Roland war ein stiller Mann mit traurigem Gesicht und einer roten Beulennase durch die Bestrahlung, die ihn vom Krebs geheilt hatte.

Es gefällt ihm, wenn der Vater, die Mutter und Norman politische Streitgespräche führen. Die Erregung und Leidenschaft machen ihm Spaß, die unbesonnenen Äußerungen. Es überrascht ihn, dass er seinem Vater recht geben muss, demjenigen, dem er den Sieg am wenigsten gönnt –, dass die Engländer gut waren und die Deutschen böse, dass Smuts gut war und die Nationalisten böse sind.

Sein Vater ist für die Einheitspartei, sein Vater mag Cricket und Rugby, doch er kann seinen Vater nicht leiden. Diesen Widerspruch versteht er nicht, hat aber kein Interesse daran, ihn zu verstehen. Sogar ehe er seinen Vater kannte, das heißt ehe sein Vater aus dem Krieg zurückkehrte, hatte er beschlossen, ihn nicht leiden zu können. Dieses Missfallen ist also gewissermaßen ein abstraktes: Er möchte keinen Vater haben, oder er will wenigstens keinen Vater, der im selben Haus wohnt.

Was er an seinem Vater am meisten hasst, sind seine Gewohnheiten. Er hasst sie so sehr, dass der bloße Gedanke an sie ihn vor Abscheu schaudern lässt: das laute Naseschnauben am Morgen im Bad, den dampfigen Geruch nach Lifebuoy-Seife, den er hinterlässt, zusammen mit einem Schaum- und Haarrand im Waschbecken vom Rasieren. Am allermeisten hasst er den Geruch seines Vaters. Andererseits gefallen ihm wider Willen die flotten Sachen seines Vaters, das kastanienbraune Tuch, das er statt einer Krawatte samstagmorgens trägt, seine propere Gestalt, sein forscher Gang, sein mit Brillantine gestriegeltes Haar. Auch er benutzt Brillantine und kultiviert eine Tolle.

Er verabscheut den Friseurbesuch, er verabscheut ihn so sehr, dass er sogar versucht, sich selbst das Haar zu schneiden, mit erbärmlichen Resultaten. Die Friseure von Worcester scheinen übereingekommen zu sein, dass Jungen kurzes Haar haben sollten. Die Sitzungen beginnen so brutal wie möglich damit, dass der elektrische Haarschneider sein Haar hinten und an den Seiten wegsäbelt, und es geht weiter mit gnadenlosem Geschnippel der Schere, bis nur noch bürstenähnliche Stoppeln übrig bleiben, vielleicht vorn mit einer rettenden Schmachtlocke. Noch ehe die

Prozedur fertig ist, windet er sich vor Scham; er zahlt seinen Shilling und rennt nach Hause, voller Angst vor der Schule am nächsten Tag, voller Angst vor dem rituellen Hohn, mit dem jeder Junge mit frisch geschnittenen Haaren begrüßt wird. Es gibt ordentliche Haarschnitte, und dann gibt es die Haarschnitte, die man in Worcester erleidet, geprägt von der Boshaftigkeit der Friseure; er weiß nicht, wo man hingehen muss, was man tun oder sagen muss, wie viel man zahlen muss, um einen ordentlichen Haarschnitt zu bekommen.

◆ Sechs ◆

Obwohl er jeden Samstagnachmittag ins Kino geht, fesseln ihn die Filme nicht mehr so wie damals in Kapstadt, wo ihn Albträume verfolgten, in denen er unter Fahrstühlen zerquetscht wurde oder von Felsen stürzte, wie die Serienhelden. Er weiß nicht, warum Errol Flynn, der immer gleich aussieht, ob er nun Robin Hood oder Ali Baba spielt, ein großer Schauspieler sein soll. Er hat Verfolgungsjagden zu Pferde satt, die immer das Gleiche sind. Die Drei Stooges wirken allmählich einfältig. Und es ist schwer, an Tarzan zu glauben, wenn Tarzan immer von einem anderen gespielt wird. Der einzige Film, der Eindruck auf ihn macht, ist der, in dem Ingrid Bergman in einen Eisenbahnwagen einsteigt, der mit Pocken infiziert ist, und stirbt. Ingrid Bergman ist die Lieblingsschauspielerin seiner Mutter. Ist denn das Leben so – könnte seine Mutter jederzeit sterben, nur weil sie ein Schild in einem Fenster übersehen hat?

Dann gibt es noch das Radio. Für die Kinderstunde ist er zu groß, doch den Serien bleibt er treu: Superman jeden Tag um fünf (»Up! Up and Away!«), Mandra, der Zauberer um halb sechs. Seine Lieblingsgeschichte ist »Die Schneegans« von Paul Gallico, die der A-Sender auf allgemeinen Wunsch immer wieder ausstrahlt. Das ist die Geschichte einer Wildgans, die den Schiffen den Weg vom Strand von Dünkirchen zurück nach Dover zeigt. Er lauscht mit Tränen in den Augen. Eines Tages möchte er so treu sein wie die Schneegans.

Sie bringen *Die Schatzinsel* in einer Hörspielfassung im Radio, jede Woche eine halbstündige Episode. Er hat sein eigenes

Exemplar der *Schatzinsel*; aber er hat sie gelesen, als er noch zu klein war und die Sache mit dem Blinden und dem schwarzen Fleck nicht verstehen konnte, nicht herausfinden konnte, ob Long John Silver gut oder böse war. Jetzt hat er nach jeder Radiofolge Albträume, die sich um Long John drehen – um die Krücke, mit der er Menschen umbringt, seine falsche, sentimentale Besorgtheit um Jim Hawkins. Er wünscht sich, Squire Trelawny würde Long John töten, anstatt ihn ziehen zu lassen – er ist gewiss, dass er eines Tages mit seinen halsabschneiderischen Meuterern zurückkommen wird, um Rache zu nehmen, so wie es in seinen Träumen geschieht.

Die Schweizer Familie Robinson ist viel tröstlicher. Er hat eine hübsche Ausgabe des Buches mit farbigen Illustrationen. Besonders gefällt ihm das Bild von dem Schiff, wie es unter den Bäumen auf Stapel liegt. Das Schiff, gebaut mit Werkzeugen, die von der Familie aus dem Wrack geborgen wurden, soll sie mit allen ihren Tieren wieder nach Hause bringen, wie Noahs Arche. Es ist ein Vergnügen, als gleite man in ein warmes Bad, wenn man die Schatzinsel hinter sich lässt und die Welt der Schweizer Familie betritt. In der Schweizer Familie gibt es keine bösen Brüder, keine mörderischen Piraten; in ihrer Familie arbeiten alle vergnügt zusammen unter der Leitung eines klugen, starken Vaters (die Bilder zeigen ihn mit gewölbtem Brustkasten und langem kastanienbraunem Bart), der von Anfang an weiß, was zu tun ist, um sie zu retten. Er fragt sich nur, warum müssen sie, wenn sie es so gemütlich haben auf der Insel und glücklich sind, überhaupt weg von dort.

Er besitzt noch ein drittes Buch, *Scott von der Antarktis*. Captain Scott ist einer seiner unbestrittenen Helden – deshalb hat er das Buch geschenkt bekommen. Es enthält Fotos, darunter eins von Scott, wie er in dem Zelt sitzt und schreibt, in dem er später erfroren ist. Er schaut sich die Fotos oft an, aber mit dem Lesen kommt er nicht weit – das Buch ist langweilig, es erzählt keine

Geschichte. Ihm gefällt nur das Stück über Titus Oates, den Mann mit den Erfrierungen, der in die Nacht hinausging, weil er seine Kameraden nicht aufhalten wollte. Er ging hinaus in Schnee und Eis und kam um, still, ohne Aufsehen. Er hofft, dass er eines Tages Titus Oates gleichen kann.

Einmal im Jahr kommt der Zirkus Boswell nach Worcester. Alle in seiner Klasse gehen hin; eine Woche vorher ist nur vom Zirkus die Rede und von nichts sonst. Sogar die farbigen Kinder gehen hin, auf ihre Art – sie drücken sich stundenlang draußen vor dem Zelt herum, hören der Band zu, linsen durch Ritzen in der Zeltleinwand.

Sie nehmen sich vor, am Samstagnachmittag zu gehen, wenn der Vater Cricket spielt. Die Mutter macht es zu einem Ausflug für sie drei. Doch an der Kasse hört sie erschrocken von den hohen Samstagnachmittags-Preisen: zwei Pfund sechs Shilling für Kinder, fünf Pfund für Erwachsene. Sie hat nicht genug Geld dabei. Sie kauft Eintrittskarten für ihn und seinen Bruder. »Geht rein, ich warte hier«, sagt sie. Er mag nicht, doch sie besteht darauf.

Drinnen im Zelt ist er unglücklich, hat an nichts Spaß; er vermutet, dass es seinem Bruder auch so geht. Als sie nach Ende der Vorstellung herauskommen, ist sie noch da. Selbst Tage danach wird er den Gedanken daran nicht los: wie die Mutter geduldig in der glühenden Dezemberhitze wartet, während er im Zirkuszelt sitzt und königlich unterhalten wird. Ihre blinde, überwältigende, aufopfernde Liebe für sie beide, ihn und seinen Bruder, doch für ihn besonders, beunruhigt ihn. Er wünschte, sie würde ihn nicht so lieben. Sie liebt ihn bedingungslos, daher muss er sie auch bedingungslos lieben – das ist die Logik, die sie ihm aufzwingt. Es wird ihm nie gelingen, all die Liebe, mit der sie ihn überschüttet, zurückzugeben. Der Gedanke an ein Leben, gebeugt unter der Schuldenlast von Liebe, irritiert ihn und macht ihn so wütend, dass er sie nicht küssen will, sich nicht von ihr anfassen lässt. Wenn sie sich schweigend und verletzt abwendet, verhärtet er ganz bewusst sein Herz gegen sie und weigert sich nachzugeben.

Manchmal, wenn sie verbittert ist, führt sie lange Selbstgespräche, vergleicht ihr Leben in der trostlosen Siedlung mit dem Leben, das sie vor ihrer Ehe geführt hat und das sie als ununterbrochene Folge von Partys und Picknicks schildert, von Wochenendbesuchen auf Farmen, von Tennis und Golf und Spaziergängen mit ihren Hunden. Sie spricht mit flüsternder Stimme, bei der nur die Zischlaute hervortreten; er und sein Bruder in ihren Zimmern spitzen die Ohren, und sie muss das wissen. Das ist noch ein Grund, warum der Vater sie eine Hexe nennt – weil sie Selbstgespräche führt und Beschwörungen ausstößt.

Das idyllische Leben in Westvictoria wird durch Fotos aus den Alben bestätigt: seine Mutter, die mit anderen Frauen in langen weißen Kleidern mit Tennisschlägern an einem Ort herumsteht, der aussieht, als befände er sich mitten im Veld, seine Mutter mit dem Arm um den Hals eines Hundes, eines Schäferhundes.

»War das dein Hund?«, fragt er.

»Das ist Kim. Er war der beste, treuste Hund, den ich je gehabt habe.«

»Was ist mit ihm geschehen?«

»Er hat vergiftetes Fleisch gefressen, das die Farmer für die Schakale ausgelegt hatten. Er starb in meinen Armen.«

In ihren Augen stehen Tränen.

Nachdem sein Vater in dem Album auftaucht, gibt es keine Hunde mehr. Dafür sieht er das Paar bei Picknicks mit den Freunden jener Tage oder seinen Vater mit dem flotten Schnurrbärtchen und dem kecken Blick, wie er an der Motorhaube eines altmodischen schwarzen Autos lehnt. Dann kommen die Bilder von ihm selbst, Dutzende davon, angefangen mit dem Bild eines ausdruckslosen, pausbäckigen Babys, das von einer dunklen Frau mit eindringlichem Blick der Kamera entgegengestreckt wird.

Auf allen diesen Fotos, sogar auf denen mit dem Baby, wirkt seine Mutter mädchenhaft auf ihn. Ihr Alter ist ein Geheimnis, das ihn unaufhörlich beschäftigt. Sie will es ihm nicht verraten, sein Vater gibt vor, es nicht zu wissen, sogar ihre Geschwister scheinen Verschwiegenheit gelobt zu haben. Während ihrer Abwesenheit durchsucht er die Papiere im untersten Fach ihrer Frisierkommode und hält Ausschau nach einer Geburtsurkunde, doch ohne Erfolg. Durch eine Bemerkung, die ihr entschlüpft ist, weiß er, dass sie älter ist als der Vater, der 1912 geboren wurde; doch wie viel älter? Er legt 1910 als ihr Geburtsjahr fest. Das heißt, sie war dreißig, als er geboren wurde, und ist jetzt vierzig. »Du bist vierzig!«, sagt er ihr eines Tages triumphierend und lauert auf Zeichen, dass er recht hat. Sie lächelt geheimnisvoll. »Ich bin achtundzwanzig«, sagt sie.

Sie haben am gleichen Tag Geburtstag. An ihrem Geburtstag wurde er geboren. Das bedeutet, wie sie ihm gesagt hat, wie sie jedem sagt, dass er ein Geschenk Gottes ist.

Er nennt sie nicht Mutter oder Mama, sondern Dinny. Auch der Vater und sein Bruder nennen sie so. Woher kommt dieser Name? Keiner scheint es zu wissen; aber ihre Geschwister nennen sie Vera, deshalb kann er nicht aus der Kindheit stammen. Er muss aufpassen, damit er sie nicht vor Fremden Dinny nennt, wie er sich auch hüten muss, seine Tante und seinen Onkel einfach nur Norman und Ellen zu nennen, statt Onkel Norman und Tante Ellen. Doch wenn er wie ein gutes, gehorsames, normales Kind Onkel und Tante sagt, ist das nichts, verglichen mit den Umständlichkeiten von Afrikaans. Afrikaaner haben Angst, einen Älteren mit du anzureden. Er äfft die Sprache seines Vaters nach: »Mammie moet 'n kombers oor Mammie se knieë trek anders word Mammie koud« – Mami muss eine Decke über Mamis Knie legen, sonst wird es Mami kalt. Er ist froh, dass er kein

Afrikaaner ist und nicht so reden muss wie ein ausgepeitschter Sklave.

Seine Mutter beschließt, einen Hund anzuschaffen. Schäferhunde sind die besten – die klügsten, die treusten Hunde, aber sie finden keinen Schäferhund, den sie kaufen können. Sie entscheiden sich also für einen Welpen, halb Dobermann, halb sonst was. Er besteht darauf, dass er ihm einen Namen geben kann. Er würde ihn gern Barsoi nennen, weil er ihn zum russischen Hund machen will, aber weil es kein echter Barsoi ist, nennt er ihn Kosak. Keiner versteht das. Die Leute denken, er hieße kos-sak, Brotbeutel, was sie komisch finden.

Kosak entpuppt sich als verstörter, undisziplinierter Hund, der sich in der Nachbarschaft herumtreibt, Gärten zerwühlt, Hühner jagt. Eines Tages läuft ihm der Hund bis zur Schule hinterher. Nichts, was er versucht, kann ihn davon abhalten: Wenn er schreit und Steine wirft, lässt der Hund die Ohren hängen, kneift den Schwanz ein und schleicht sich fort; doch sobald er das Fahrrad wieder besteigt, läuft er ihm erneut hinterher. Schließlich muss er ihn am Halsband nach Hause zerren und das Fahrrad mit der anderen Hand schieben. Wütend kommt er zu Hause an und weigert sich, in die Schule zurückzukehren, weil er zu spät kommen würde.

Kosak ist noch nicht ausgewachsen, als er das zermahlene Glas frißt, das jemand für ihn ausgelegt hat. Die Mutter verordnet ihm Abführmittel und versucht, das Glas so auszuschwemmen, doch ohne Erfolg. Am dritten Tag, als der Hund nur noch still daliegt und keucht und nicht einmal mehr ihre Hand lecken will, schickt sie den Sohn in die Apotheke nach einem neuen Mittel, das ihr jemand empfohlen hat. Er rennt hin und wieder zurück, doch er kommt zu spät. Das Gesicht seiner Mutter ist verhärmt und verschlossen, sie nimmt ihm nicht einmal die Flasche ab.

Er hilft dabei, Kosak in eine Decke gewickelt hinten im Garten zu begraben. Über dem Grab errichtet er ein Kreuz, auf das er den Namen »Kosak« malt. Er will nicht, dass sie sich wieder einen Hund anschaffen, nicht wenn sie so sterben müssen.

Der Vater spielt Cricket für Worcester. Auch darauf könnte er sich eigentlich etwas einbilden, auch darauf könnte er stolz sein. Sein Vater ist Rechtsanwalt, was fast so gut ist wie Arzt; im Krieg war er Soldat; früher hat er in der Rugby-Liga von Kapstadt gespielt; jetzt spielt er Cricket. Aber in jedem Fall gibt es eine ärgerliche Einschränkung. Er ist Rechtsanwalt, praktiziert aber nicht mehr. Er war Soldat, aber nur Gefreiter. Er hat Rugby gespielt, doch nur für die zweite oder vielleicht sogar die dritte Mannschaft von Gardens, und Gardens kann man vergessen, sie sind im Großen Pokalwettbewerb immer am Ende der Tabelle. Und jetzt spielt er Cricket, für die zweite Mannschaft von Worcester, für die sich keiner interessiert.

Sein Vater ist Werfer, nicht Schlagmann. Mit seiner Ausholbewegung stimmt etwas nicht, wodurch er keinen richtigen Schlag zustande bringt; außerdem wendet er die Augen ab, wenn der Ball mit hoher Geschwindigkeit kommt. Seine Aktivitäten als Schlagmann beschränken sich offenbar darauf, das Schlagholz nach vorn zu schlagen und, wenn der Ball daran abprallt, einen gemächlichen Lauf zu machen.

Verantwortlich dafür, dass sein Vater als Schlagmann nichts taugt, ist natürlich seine Kindheit in der Karoo, wo es kein richtiges Cricket gab und keine Gelegenheit, es zu lernen. Bowlen ist etwas anderes. Es ist eine Begabung: Werfer werden geboren, nicht gemacht.

Sein Vater bowlt langsame, rechtsdrehende Bälle. Manchmal werden gegen ihn sechs Läufe erzielt; manchmal verliert der Schlagmann, wenn er den Ball langsam auf sich zusegeln sieht, den Kopf, holt wild aus und wird ausgeschlagen. Das scheint die Methode seines Vaters zu sein: Geduld, List.

Der Trainer für die Mannschaften von Worcester ist Johnny

Wardle, der im nördlichen Sommer Cricket für England spielt. Es ist ein Glücksfall für Worcester, dass Johnny Wardle sich entschlossen hat hierherzukommen. Als Vermittler wird Wolf Heller genannt, Wolf Heller und sein Geld.

Er steht mit seinem Vater hinter dem Übungsnetz und schaut zu, wie Johnny Wardle für die erste Schlagmannschaft bowlt. Wardle, ein unauffälliger kleiner Mann mit spärlichem rotblondem Haar, soll ein langsamer Werfer sein, aber als er Anlauf nimmt und den Ball schleudert, ist er erstaunt, wie schnell der Ball ist. Der Schlagmann an der Linie erwischt den Ball ziemlich leicht und schlägt ihn vorsichtig ins Netz. Ein anderer bowlt, dann ist wieder Wardle an der Reihe. Wieder schlägt der Schlagmann den Ball behutsam fort. Der Schlagmann gewinnt nicht, doch auch der Werfer nicht.

Als der Nachmittag um ist, geht er enttäuscht nach Hause. Er hatte einen größeren Abstand zwischen dem Werfer für England und den Schlagmännern für Worcester erwartet. Er hatte erwartet, dass er Zeuge einer geheimnisvolleren Kunst werden und erleben würde, wie der Ball seltsame Dinge in der Luft und nach dem Aufsetzen tut, wie er fliegt und Rückspin und Drall bekommt, wie es bei tollen langsamen Werfern nach den Cricket-Büchern, die er liest, der Fall sein soll. Er hatte keinen geschwätzigen kleinen Mann erwartet, der sich nur dadurch hervortut, dass er Bälle mit Drall so scharf bowlt, wie er selbst es bei seinen am schärfsten gebowlten Bällen schafft.

Vom Cricket erwartet er mehr, als Johnny Wardle zu bieten hat. Cricket muss Horatius und den Etruskern gleichen oder Hektor und Achilles. Wenn Hektor und Achilles nur zwei Männer wären, die mit Schwertern aufeinander losgingen, wäre an der Geschichte nichts Besonderes. Aber sie sind nicht bloß zwei Männer, sie sind große Helden, ihre Namen haben einen legendären Klang. Er ist froh, als Wardle zum Ende der Spielzeit aus der englischen Cricket-Mannschaft ausscheidet.

Wardle bowlt natürlich mit einem Lederball. Er kennt sich mit dem Lederball nicht aus; er und seine Freunde spielen mit einem sogenannten Korkball aus einer harten grauen Masse, der die Steine, von denen die Säume eines Lederballes zerfetzt werden, nichts anhaben können. Als er hinter dem Netz steht und Wardle zuschaut, hört er zum ersten Mal das seltsame Pfeifen eines Lederballs, der durch die Luft fliegt, auf den Schlagmann zu.

Dann bekommt er seine erste Chance, auf einem richtigen Cricketfeld zu spielen. Ein Match zwischen zwei Mannschaften der Grundschule wird für einen Mittwochnachmittag anberaumt. Richtiges Cricket bedeutet richtige Tore oder Wickets, ein richtiges Spielfeld, und man muss nicht darum kämpfen, dass man als Schlagmann drankommt.

Er ist an der Reihe. Ein Polster am linken Bein, das Schlagholz seines Vaters in der Hand, das viel zu schwer für ihn ist, so geht er hinaus zur Spielfeldmitte. Er ist überrascht, wie groß das Feld ist. Es ist ein großartiger und einsamer Ort – die Zuschauer sind so weit weg, dass sie ebenso gut nicht vorhanden sein könnten.

Er nimmt seine Position auf dem gewalzten Streifen mit einer darübergebreiteten grünen Kokosmatte ein und erwartet den Ball. Das ist Cricket. Man bezeichnet es als Spiel, doch für ihn ist es wirklicher als sein Zuhause, wirklicher sogar als die Schule. Bei diesem Spiel gibt es keine Mogelei, keine Gnade, keine zweite Chance. Diese anderen Jungen, deren Namen er nicht kennt, sind alle gegen ihn. Sie sind sich nur einig darin, ihm den Spaß am Spiel sobald wie möglich zu nehmen. Wenn er ausgeschieden ist, werden sie nicht ein Fünkchen Bedauern spüren. In der Mitte dieser riesigen Arena muss er sich bewähren, einer gegen elf, und keiner beschützt ihn.

Die Feldspieler stellen sich auf. Er muss sich konzentrieren, doch etwas irritiert ihn und geht ihm nicht aus dem Kopf Zenos Paradox. Ehe der Pfeil sein Ziel erreicht, muss er die Hälfte der Strecke bewältigen; ehe er die Hälfte bewältigt, muss er ein Viertel der Strecke bewältigen; ehe er ein Viertel bewältigt ... Verzweifelt versucht er, nicht mehr daran zu denken; doch die bloße Tatsache, dass er nicht mehr daran zu denken versucht, regt ihn noch mehr auf.

Der Werfer nimmt Anlauf. Die letzten beiden Schritte hört er besonders deutlich. Es folgt eine Pause, in der nichts als das unheimliche Zischen des Balles zu vernehmen ist, der auf ihn zugeflogen kommt. Hat er sich dafür entschieden, als er sich fürs Cricketspiel entschieden hat: immer und immer wieder auf die Probe gestellt zu werden, bis er versagt? Auf die Probe gestellt von einem Ball, der unpersönlich, gleichgültig, erbarmungslos auf ihn zukommt und nach der Lücke in seiner Verteidigung sucht, und das schneller, als er denkt, zu schnell, als dass er seine Verwirrung loswerden, sich konzentrieren und richtig entscheiden könnte, was zu tun sei. Und mitten in diesen Gedankengängen, mitten in dieser Kopflosigkeit ist der Ball da.

Er macht zwei Läufe, schlägt in einem Zustand der Konfusion und später der Verzweiflung. Das Spiel entlässt ihn mit noch weniger Verständnis für die selbstverständliche Art von Johnny Wardle, zu spielen und dabei die ganze Zeit über zu schwatzen und zu scherzen. Ist das auch die Art der anderen berühmten englischen Cricketer: Len Hutton, Alec Bedser, Denis Compton, Cyril Washbrook? Er kann das nicht glauben. Das wahre Cricket kann man nur schweigend spielen, glaubt er, schweigend und erwartungsvoll, mit klopfendem Herzen und trockenem Mund.

Cricket ist kein Spiel. Es ist das Leben, wie es wirklich ist. Wenn es, wie die Bücher behaupten, eine Charakterprobe ist, dann ist es eine Probe, von der er nicht weiß, wie er sie bestehen soll, doch auch nicht, wie er sie umgehen kann. Am Wicket wird das Geheimnis, das er sonst bewahren kann, gnadenlos untersucht und aufgedeckt. »Lass sehen, woraus du gemacht bist«, sagt der Ball, als er pfeifend durch die Luft auf ihn zufliegt. Blindlings, kopflos, schlägt er das Schlagholz nach vorn, zu früh oder zu spät. Am Schlagholz und an den Beinpolstern vorbei findet der Ball seinen Weg. Er ist ausgeschieden, er hat die Probe nicht bestanden, man hat ihn bloßgestellt, ihm bleibt nichts weiter übrig, als seine Tränen zu verstecken, sein Gesicht zu verbergen und zurückzutrotten, begleitet vom mitleidigen, einstudiert-höflichen Applaus der anderen Jungen.

◆ Sieben ◆

Auf seinem Fahrrad ist das Emblem der britischen Fabrik für Handfeuerwaffen, zwei gekreuzte Gewehre, und der Schriftzug »Smiths – BSA«. Mit Geld, das er zum achten Geburtstag geschenkt bekam, hat er das Fahrrad für fünf Pfund gebraucht gekauft. Es ist das zuverlässigste Ding in seinem Leben. Wenn die anderen Jungen mit ihren Raleighs angeben, kontert er mit seinem Smiths. »Smiths? Nie was von Smiths gehört«, sagen sie.

Nichts kommt an das erhebende Gefühl heran, Fahrrad zu fahren, sich über den Lenker zu beugen und um die Ecken zu flitzen. Auf seinem Smiths fährt er jeden Morgen zur Schule, die halbe Meile von Reunion Park zum Eisenbahnübergang, dann die Meile auf der stillen Landstraße an der Bahnlinie entlang. Die Sommermorgen sind am schönsten. Wasser murmelt in den Rinnen neben der Straße, Tauben gurren in den Eukalyptusbäumen; ab und zu ist ein warmer Luftwirbel zu spüren, Vorbote des Windes, der später am Tag wehen wird, feinen roten Staub vor sich hertreibend.

Im Winter muss er sich noch im Dunkeln auf den Schulweg machen. Seine Lampe sendet einen Lichtkegel voraus, wenn er durch den Nebel fährt und gegen die samtige Weichheit ankämpft, sie einatmet, sie ausatmet und nichts hört außer dem leisen Zischen seiner Reifen. An manchen Morgen ist das Metall des Lenkers so kalt, dass seine bloßen Hände daran festkleben.

Er versucht, zeitig zur Schule zu kommen. Er hat gern das Klassenzimmer für sich allein, wandert gern um die leeren Stühle herum, besteigt heimlich das Podium des Lehrers. Aber er ist nie der Erste in der Schule: Es gibt zwei Brüder aus De Doorns, deren Vater bei der Bahn arbeitet und die mit dem Sechsuhrzug kommen. Sie sind arm, so arm, dass sie weder Pullover noch Blazer, noch Schuhe besitzen. Es gibt andere Jungen, die genauso arm sind, besonders in den Afrikaanerklassen. Selbst an eisigen Wintermorgen kommen sie zur Schule in dünnen Baumwollhemden und kurzen Sergehosen, die so eng geworden sind, dass sich ihre schlanken Schenkel kaum darin bewegen können. Ihre sonnengebräunten Beine zeigen kreideweiße Kälteflecken; sie hauchen sich in die Hände und stampfen mit den Füßen; aus ihren Nasen läuft ständig der Rotz.

Einmal gibt es eine Kopfgrindepidemie, und den Brüdern aus De Doorns wird der Kopf geschoren. Auf ihren kahlen Schädeln kann er deutlich die runden grindigen Stellen sehen; seine Mutter schärft ihm ein, den Brüdern nicht nahe zu kommen.

Er mag lieber enge Shorts als weite Shorts. Die Sachen, die ihm seine Mutter kauft, sind immer zu weit. Er schaut sich gern schlanke, glatte braune Beine in engen Shorts an. Am liebsten mag er die honigbraunen Beine von blonden Jungen. Es überrascht ihn, als er feststellt, dass die hübschesten Jungen in den Afrikaanerklassen zu finden sind, wie dort auch die hässlichsten sind, die mit behaarten Beinen und Adamsapfel und Pickeln im Gesicht. Afrikaanerkinder sind wie farbige Kinder, findet er, unverdorben und leichtfertig, ungezügelt, und dann, in einem gewissen Alter, verderben sie, und ihre Schönheit stirbt in ihnen.

Schönheit und Begierde: Gefühle, die die Beine dieser Jungen, glatt und vollkommen und eigentlich nicht aufregend, in ihm erzeugen, beunruhigen ihn. Was kann man mit Beinen machen, außer sie mit den Augen zu verschlingen? Was begehrt man?

Die nackten Skulpturen in der *Enzyklopädie für Kinder* berühren ihn in derselben Weise: Daphne, verfolgt von Apollo; Persephone, geraubt von Hades. Es geht um die Gestalt, um die vollkommene Gestalt. Er hat eine Vorstellung vom vollkommenen menschlichen Körper. Wenn er diese Vollkommenheit in weißem Marmor verkörpert sieht, erschauert er; ein Abgrund tut sich auf; er ist nahe daran, zu fallen. Von allen Geheimnissen, die ihn von den anderen trennen, ist das vielleicht das schlimmste. Unter all den Jungen ist er der einzige, in dem dieser dunkle erotische Strom fließt; mitten in der Unschuld und Normalität ist er der einzige, der Begierde fühlt.

Aber die Sprache der Afrikaanerjungen ist unglaublich schmutzig. Sie verfügen über eine Palette obszöner Wörter, mit der er bei weitem nicht konkurrieren kann und die mit *fok* und *piel* und *poes* zu tun haben, Wörtern, vor deren einsilbiger Schwere er sich schaudernd abwendet. Wie schreibt man die? Wenn er sie nicht schreiben kann, hat er keine Möglichkeit, sie im Geist zu zähmen. Wird *fok* mit *v* geschrieben, was es respektabler erscheinen ließe, oder mit *f*, wodurch es zu einem wirklich wilden Wort würde, urzeitlich, ohne Vorfahren? Das Wörterbuch verrät nichts, die Wörter gibt es dort nicht, keins davon.

Dann gibt es *gat* und *poep-hol* und solche Wörter, die bei Schimpfkanonaden hin- und herfliegen und deren Bedeutung er nicht begreift. Warum sollte das Hinterteil mit dem Vorderteil verkuppelt werden? Was haben die *gat*-Wörter, so schwer und guttural und schwarz, mit Sex zu tun, mit seinem sanft einladenden *s* und dem geheimnisvollen End-*x*? Er verschließt sich mit Abscheu vor den Hinterteil-Wörtern, versucht aber weiter, die Bedeutung von Fickwörtern und *Parisern* herauszufinden, Dinge, die er nie gesehen hat, die aber irgendwie zum Umgang von Jungen und Mädchen auf der Oberschule gehören.

Aber er ist nicht ahnungslos. Er weiß, wie Babys geboren werden. Sie kommen aus dem Hintern der Mutter, hübsch und sauber und weiß. Das hat ihm seine Mutter vor Jahren erzählt, als er klein war. Er glaubt ihr bedingungslos; es macht ihn stolz, dass sie ihm so früh die Wahrheit über Babys erzählt hat, als andere Kinder noch mit Lügen abgespeist wurden. Es ist ein Zeichen ihrer

Aufgeklärtheit, der Aufgeklärtheit ihrer Familie. Sein Cousin Juan, ein Jahr junger als er, weiß ebenfalls Bescheid. Sein Vater andererseits wird unwillig und brummt, wenn sich das Gespräch den Babys zuwendet und wo sie herkommen; aber das ist wieder einmal ein Beweis für die Rückständigkeit der Familie seines Vaters.

Seine Freunde behaupten dagegen, dass Babys aus dem anderen Loch kommen.

Abstrakt weiß er von einem anderen Loch, in das der Penis gesteckt wird und aus dem der Urin kommt. Doch es ergibt keinen Sinn, dass das Baby aus diesem Loch kommt. Schließlich wird das Baby im Magen gebildet. Es ergibt also Sinn, dass das Baby aus dem Hintern kommt.

Deshalb streitet er für den Hintern, während seine Freunde für das andere Loch, die *poes*, streiten. Er ist im Stillen überzeugt davon, dass er recht hat. Es gehört zu dem Vertrauensverhältnis zwischen der Mutter und ihm.

◆ Acht ◆

Er geht mit seiner Mutter über ein Stück Gemeindeland beim Bahnhof. Er ist bei ihr und doch für sich, er hält nicht ihre Hand. Wie immer ist er grau gekleidet: grauer Pullover, graue Shorts, graue Strümpfe. Auf dem Kopf hat er eine marineblaue Mütze mit dem Abzeichen der Knaben-Grundschule von Worcester: ein Berggipfel im Sternenkreis und die Unterschrift PER ASPERA AD ASTRA.

Er ist bloß ein Junge, der neben seiner Mutter hergeht – von außen gesehen wirkt er vielleicht ganz normal. Aber in seiner Vorstellung krabbelt er wie ein Käfer um sie herum, er krabbelt in aufgeregten Kreisen, die Nase hat er auf dem Boden, die Arme und Beine bewegen sich schnell auf und nieder. Ihm fällt wirklich nichts ein, was an ihm ruhig ist. Besonders seine Gedanken flitzen die ganze Zeit hierhin und dahin, mit einem ungeduldigen eigenen Willen.

Hier auf diesem Platz schlägt der Zirkus einmal im Jahr sein Zelt auf und stellt Käfige ab, in denen Löwen in ihrem stinkenden Stroh dösen. Doch heute ist hier nur ein roter Lehmplatz mit felshartem Boden, auf dem kein Gras wächst.

Es sind noch andere Leute unterwegs an diesem hellen, heißen Samstagmorgen. Darunter ein Junge seines Alters, der ihnen schräg über den Platz entgegenkommt. Und als er ihn erblickt, weiß er sofort, dass dieser Junge wichtig für ihn wird, maßlos wichtig, nicht um seiner selbst willen (vielleicht wird er ihn nie wiedersehen), sondern wegen der Gedanken, die ihm durch den Kopf gehen, die wie ein Bienenschwarm aus ihm hervorbrechen.

An dem Jungen ist nichts Ungewöhnliches. Er ist farbig, aber Farbige sind überall. Er trägt Hosen, so kurz, dass sie über seinem hübschen Po spannen und seine schlanken, lehmbraunen Schenkel fast nackt lassen. Schuhe hat er nicht; seine Fußsohlen sind wahrscheinlich so hart, dass er, selbst wenn er in einen *duwwelt-jie*-Dorn träte, nur kurz innehalten, hinunterlangen und ihn fortwischen würde.

Es gibt Hunderte von Jungen wie er, Tausende, auch Tausende von Mädchen in kurzen Röcken, die ihre schlanken Beine sehen lassen. Er hätte gern auch so schöne Beine. Mit solchen Beinen würde er über die Erde hinschweben wie dieser Junge, sie kaum berührend.

Der Junge geht in geringer Entfernung an ihnen vorbei. Er ist mit sich selbst beschäftigt, er schaut sie nicht an. Sein Körper ist vollkommen und unverdorben, als sei er erst gestern aus dem Ei geschlüpft. Solche Kinder, Jungen und Mädchen, ohne Zwang zur Schule zu gehen, denen es freisteht, weit weg von den wachsamen Augen ihrer Eltern umherzustreifen, die mit ihrem Körper anfangen können, was sie wollen – warum kommen sie nicht zusammen zu einem Fest der Sinnenfreude? Heißt die Antwort, dass sie zu unschuldig sind, um zu wissen, welche Vergnügungen es für sie gibt – dass nur finstere und schuldige Menschen solche Geheimnisse kennen?

So ist es immer mit der Fragerei. Zuerst gehen die Fragen vielleicht in diese und jene Richtung; doch am Ende kehren sie unfehlbar zurück und konzentrieren sich auf ihn. Die Gedanken werden immer von ihm in Gang gesetzt; dann geraten diese Gedanken außer Kontrolle und kehren als Anklage gegen ihn zurück. Schönheit ist Unschuld; Unschuld ist Unwissenheit; Unwissenheit ist Unwissenheit in Fragen der Lust; Lust ist schuldig; er ist schuldig. Dieser Junge mit seinem frischen, unberührten Körper ist unschuldig, während er, beherrscht von seinen dunklen Begierden, schuldig ist. Auf diesem langen Pfad hat er sich wirklich dem Wort Perversion genähert, diesem Wort mit seinem dunklen, komplizierten Kitzel, das mit dem rätselhaften p beginnt, das alles bedeuten kann, dann geschwind über das rücksichtslose r zum rachsüchtigen v weiterstolpert.

Nicht eine Anklage, sondern zwei. Die Anklagen kreuzen sich, und er ist im Zentrum des Fadenkreuzes, im Visier. Denn derjenige, der heute die Anklage gegen ihn vorbringt, ist nicht nur flink wie ein Reh und unschuldig, während er dunkel und schwer und schuldig ist – er ist auch ein Farbiger, und das bedeutet, er hat kein Geld, wohnt in einer armseligen Bruchbude, leidet Hunger; es bedeutet, dass dieser Junge, wenn die Mutter »Boy!« rufen und ihn heranwinken sollte, wozu sie durchaus in der Lage ist, sofort stehen bleiben und zu ihr kommen und tun müsste, was sie ihm möglicherweise befehlen würde (zum Beispiel ihren Einkaufskorb tragen), und am Ende ein Dreipennystück in seine hohlen Hände bekäme und dafür dankbar sein müßte. Und wenn er hinterher böse auf seine Mutter sein sollte, würde sie einfach lächeln und sagen: »Aber sie sind es nicht anders gewöhnt!«

Also ist ihm dieser Junge, der unbewusst sein ganzes Leben lang auf dem Pfad der Natürlichkeit und Unschuld geblieben ist, der arm und deshalb gut ist, wie die Armen im Märchen immer, der schlank wie ein Aal und flink wie ein Hase ist und ihn mit Leichtigkeit in jedem Wettkampf besiegen würde, in dem es um Schnelligkeit der Füße oder Geschick der Hände ginge – dieser Junge, der für ihn einen lebenden Vorwurf darstellt, ist ihm trotzdem auf eine Weise untertan, die ihn so sehr verstört, dass er sich krümmt und die Schultern hochzieht und ihn nicht länger ansehen will, trotz seiner Schönheit.

Aber man kann ihn nicht so einfach abtun. Man kann vielleicht die Schwarzen abtun, aber nicht die Farbigen. Die Schwarzen kann man wegdiskutieren, weil sie Spätankömmlinge sind, vom Norden her eingedrungen, und kein Recht haben, hier zu sein. Die Schwarzen, die man in Worcester sieht, sind zum überwiegenden Teil Männer in alten Armeemänteln, krumme Pfeifen rauchend, die in winzigen zeltähnlichen Hundehütten aus Wellblech an der Bahnstrecke wohnen, Männer, deren Stärke und Geduld legendär sind. Man hat sie hergebracht, weil sie nicht trinken, wie das Farbige tun, weil sie schwere Arbeit unter einer brennenden Sonne verrichten können, wo die leichter gebauten, unberechenbareren Farbigen zusammenbrechen würden. Es sind Männer ohne Frauen, die aus dem Nichts kommen und wieder ins Nichts geschickt werden können.

Aber bei den Farbigen gibt es keine solche Lösung. Die Farbigen wurden von den Weißen gezeugt, von Jan van Riebeeck, mit den Hottentotten gezeugt – so viel ist klar, sogar in der verschleierten Sprache seines Geschichtslehrbuchs. Es ist bitter, aber es ist sogar noch schlimmer. Denn in Boland sind die Menschen, die man als Farbige bezeichnet, nicht die Ururenkel Jan van Riebeecks oder eines anderen Holländers. Er kennt sich gut genug in Physiognomie aus, und zwar schon solange er sich erinnern kann, um zu wissen, dass sie keinen Tropfen weißes Blut in den Adern haben. Es sind Hottentotten, rein und unverfälscht. Sie gehören nicht nur zum Land, das Land gehört ihnen, es ist ihr Land, ist es immer gewesen.

◆ Neun ◆

Einer der Vorteile von Worcester, einer der Gründe, warum man hier, wie sein Vater sagt, angenehmer wohnt als in Kapstadt, ist das viel einfachere Einkaufen. Die Milch wird immer früh vor Tagesanbruch geliefert; man muss nur zum Telefonhörer greifen, und ein oder zwei Stunden später ist dann der Mann von Schochats Laden vor der Tür mit dem gewünschten Fleisch und den Lebensmitteln. So einfach ist das.

Der Mann von Schochats Laden, der Lieferjunge, ist ein Schwarzer, der nur einige Worte Afrikaans und kein Englisch spricht. Er hat ein sauberes weißes Hemd an, eine Fliege, zweifarbige Schuhe und eine Bobby-Locke-Mütze. Er heißt Josias. Seine Eltern lehnen ihn als einen Vertreter der nichtsnutzigen neuen Generation von Schwarzen ab, die ihren ganzen Lohn für schicke Sachen ausgeben und überhaupt nicht an die Zukunft denken.

Wenn die Mutter nicht zu Hause ist, nehmen er und sein Bruder die bestellten Waren von Josias entgegen, packen die Lebensmittel in das Küchenregal und das Fleisch in den Kühlschrank. Wenn Kondensmilch dabei ist, betrachten sie die als Beute. Sie schlagen Löcher in die Dose und saugen abwechselnd daran, bis sie leer ist. Wenn die Mutter nach Hause kommt, geben sie vor, es wäre keine Kondensmilch dabei gewesen oder Josias hätte sie gestohlen.

Er ist sich nicht sicher, ob sie ihnen die Lüge glaubt. Aber das ist ein Betrug, für den er sich nicht besonders schuldig fühlt.

Die Nachbarn auf der Ostseite heißen Wynstra. Sie haben drei

Söhne, einen älteren mit X-Beinen, der Gysbert heißt, und die Zwillinge Eben und Ezer, die noch zu klein für die Schule sind. Er und sein Bruder verspotten Gysbert Wynstra wegen seines komischen Namens und wegen der lahmen, unbeholfenen Art, in der er rennt. Sie kommen zum Schluss, dass er ein Idiot ist, geistig behindert, und erklären ihm den Krieg. Eines Nachmittags nehmen sie das halbe Dutzend der von Schochats Boy gelieferten Eier, schleudern sie auf das Hausdach der Wynstras und verstecken sich. Die Wynstras kommen nicht heraus, aber als die Sonne die zerschmetterten Eier trocknet, werden häßliche gelbe Flecken daraus.

Das Vergnügen, ein Ei zu werfen, das so viel kleiner und leichter als ein Cricketball ist, es durch die Luft fliegen und sich überschlagen zu sehen, den weichen Aufprall zu hören, bleibt ihm noch lange gegenwärtig. Dieses Vergnügen mischt sich jedoch mit Schuldgefühlen. Er kann nicht vergessen, dass es Nahrungsmittel sind, mit denen sie spielen. Mit welchem Recht benutzt er Eier als Spielzeug? Was würde Schochats Boy sagen, wenn er merken würde, dass sie die Eier, die er den ganzen Weg aus der Stadt auf seinem Fahrrad hergebracht hatte, wegwerfen? Ihm schwant, dass Schochats Boy, der in Wirklichkeit überhaupt kein Boy, sondern ein erwachsener Mann ist, nicht so ausschließlich von seinem Äußeren samt Bobby-Locke-Mütze und Fliege in Anspruch genommen ist, dass es ihm nichts ausmachen würde. Ihm schwant, dass er es außerordentlich missbilligen und auch nicht zögern würde, das zu sagen. »Wie könnt ihr das tun, wenn andere Kinder Hunger haben?«, würde er in seinem mangelhaften Afrikaans sagen; und darauf gäbe es keine Antwort. Vielleicht kann man anderswo auf der Erde mit Eiern werfen (er weiß zum Beispiel, dass sie in England Leute im Stock mit Eiern bewerfen); aber in diesem Land gibt es Richter, die nach den Maßstäben der Rechtschaffenheit richten werden. In diesem Land darf man nicht achtlos mit Nahrungsmitteln umgehen.

Josias ist der vierte Schwarze, den er in seinem Leben kennengelernt hat. Der erste, der in seiner vagen Erinnerung den ganzen Tag mit einem blauen Schlafanzug herumlief, war der Junge, der immer die Treppen in dem Häuserblock wischte, wo sie in Johannesburg wohnten. Die zweite war Fiela in Plettenberg Bay, die ihre Wäsche wusch. Fiela war sehr schwarz und sehr alt und zahnlos und hielt in schönem, rollendem Englisch lange Reden über die Vergangenheit. Sie stamme aus St. Helena, sagte sie, wo sie Sklavin gewesen sei. Dem dritten Schwarzen begegnete er auch in Plottenberg Bay. Es hatte einen großen Sturm gegeben; ein Schiff war untergegangen; der Wind, der tage- und nächtelang geweht hatte, fing gerade an, abzuflauen. Er war mit der Mutter und dem Bruder am Strand, um sich die Haufen von Strandgut und Tang anzusehen, die angespült worden waren, als ein alter Mann mit grauem Bart und Priesterkragen, einen Schirm in der Hand, auf sie zukam und sie ansprach. »Der Mensch baut große Schiffe aus Eisen«, sagte der alte Mann, »aber das Meer ist stärker. Das Meer ist stärker als alles von Menschenhand Geschaffene.«

Als sie wieder allein waren, sagte die Mutter: »Vergesst nicht, was er gesagt hat. Das war ein weiser Alter.« Soweit er sich erinnern kann, war es das einzige Mal, dass sie das Wort weise benutzte; tatsächlich ist es das einzige Mal, soweit er sich erinnern kann, dass irgendjemand – außer in Büchern – das Wort benutzt hat. Aber es ist nicht nur das altmodische Wort, das ihn beeindruckt. Es ist möglich, Schwarze zu achten – das sagt sie damit. Das zu hören, es bestätigt zu bekommen, ist eine große Erleichterung.

In den Geschichten, die den tiefsten Eindruck auf ihn gemacht haben, ist es der dritte Bruder, der bescheidenste und verachtetste, welcher der alten Frau hilft, ihre schwere Bürde zu tragen, oder welcher den Dorn aus der Pfote des Löwen zieht, nachdem der erste und der zweite Bruder verächtlich vorbeigegangen sind. Der dritte Bruder ist freundlich und ehrlich und mutig, während der erste und der zweite Bruder prahlerisch, hochmütig, lieblos sind. Zum Schluss der Geschichte wird der dritte Bruder gekrönt, während der erste und der zweite Bruder gedemütigt und fortgejagt werden.

Es gibt Weiße und Farbige und Schwarze, und die Schwarzen sind davon die Niedrigsten und Verachtetsten. Die Parallele ist zwingend: Die Schwarzen sind der dritte Bruder.

In der Schule lernen sie, immer wieder, Jahr für Jahr, von Jan van Riebeeck und Simon van der Stel und Lord Charles Somerset und Piet Retief. Nach Piet Retief kommen die Kaffernkriege, als die Kaffern über die Grenzen der Kolonie strömten und zurückgeschlagen werden mussten; aber es gibt so viele Kaffernkriege, und sie sind so verwickelt und schwer auseinanderzuhalten, dass sie nicht Prüfungsstoff sind.

Obwohl er bei Prüfungen die Geschichtsfragen richtig beantwortet, weiß er im Grunde seines Herzens nicht, warum Jan van Riebeeck und Simon van der Stel so gut waren, während Lord Charles Somerset so böse war. Ihm gefallen auch nicht die Anführer des Großen Trecks, wie es von ihm erwartet wird, ausgenommen vielleicht Piet Retief, der ermordet wurde, nachdem ihn Dingaan mit List dazu gebracht hatte, sein Gewehr nicht mit in den Kraal zu nehmen. Andries Pretorius und Gerrit Maritz und die anderen hören sich geradeso an wie die Lehrer in der Oberschule oder wie Afrikaaner im Radio: zornig, unerbittlich und voller Drohungen und Gerede über Gott.

Den Burenkrieg behandeln sie nicht in der Schule, jedenfalls nicht in den Englischklassen. Es wird gemunkelt, dass man den Burenkrieg in den Afrikaansklassen bespricht, unter der Bezeichnung *Tweede Vryheidsoorlog*, der Zweite Befreiungskrieg, aber nicht als Prüfungsstoff. Da der Burenkrieg ein heikles Thema ist, steht er nicht offiziell auf dem Lehrplan. Sogar seine Eltern wollen nichts über den Burenkrieg sagen, darüber, wer recht hatte und wer unrecht. Seine Mutter wiederholt jedoch eine Geschichte vom Burenkrieg, die ihr die eigene Mutter erzählt hat. Als die Buren auf ihrer Farm eintrafen, verlangten sie Verpflegung und Geld und erwarteten, dass man sie bediente. Als die Briten kamen, schliefen sie im Stall, stahlen nichts, und ehe sie aufbrachen, bedankten sie sich höflich bei ihren Gastgebern.

Die Briten mit ihren hochmütigen, arroganten Generälen sind die Schurken des Burenkriegs. Sie sind außerdem blöd, weil sie rote Uniformen tragen und so zu leichten Zielen für die Scharfschützen der Buren werden. Es wird erwartet, dass man sich bei Geschichten über den Burenkrieg auf die Seite der Buren schlägt, die gegen die Macht des britischen Empire für ihre Freiheit kämpfen. Er jedoch zieht es vor, die Buren nicht zu mögen, nicht nur wegen ihrer langen Bärte und hässlichen Sachen, sondern auch weil sie sich hinter Felsen versteckten und aus dem Hinterhalt schossen, und die Briten zu mögen, weil sie zu Dudelsackklängen in den Tod marschierten.

In Worcester sind die Engländer eine Minderheit, in Reunion Park eine verschwindende Minderheit. Außer ihm und seinem Bruder, die nur auf gewisse Weise englisch sind, gibt es nur zwei richtige englische Jungen: Rob Hart und einen kleinen, drahtigen Jungen namens Billy Smith, dessen Vater bei der Bahn arbeitet und der eine Krankheit hat, bei der sich die Haut schuppt (die Mutter verbietet ihm, eins der Smith-Kinder anzufassen).

Als er ausplaudert, dass Rob Hart von Miss Oosthuizen verprügelt wird, wissen seine Eltern offenbar sofort, warum. Miss Oosthuizen gehört zur Sippe der Oosthuizens, die Nationalisten sind; Rob Harts Vater, Inhaber eines Haushaltwarengeschäfts, ist bis zur Wahl von 1948 Stadtrat der Einheitspartei gewesen.

Die Eltern schütteln den Kopf über Miss Oosthuizen. Sie schätzen sie als erregbar, labil ein; sie missbilligen ihr rotgefärbtes Haar. Unter Smuts, so sein Vater, hätte man etwas dagegen unternommen, wenn ein Lehrer Politik in die Schule hineingetragen hätte. Sein Vater gehört auch der Einheitspartei an. Sein

Vater hat sogar seinen Posten in Kapstadt verloren, als Malan 1948 über Smuts siegte, seinen Posten, auf dessen Titel – Chef der Mietrechtsstelle – die Mutter so stolz war. Wegen Malan mussten sie aus ihrem Haus in Rosebank, nach dem er sich so zurücksehnt, dem Haus mit dem großen, verwilderten Garten und dem Observatorium mit dem Kuppeldach und den zwei Kellern, musste er die Rosebank-Grundschule und die Freunde in Rosebank verlassen und hierher nach Worcester ziehen. In Kapstadt machte sich sein Vater morgens in einem schicken Zweireiher, mit einem ledernen Diplomatenkoffer in der Hand, auf den Weg zur Arbeit. Wenn die anderen Kinder nach dem Beruf seines Vaters fragten, konnte er sagen: »Er ist Chef der Mietrechtsstelle«, und sie verstummten respektvoll. In Worcester hat die Arbeit seines Vaters keine Bezeichnung. »Mein Vater arbeitet bei *Standard Canners*«, muss er sagen. »Aber was macht er da?« »Er ist im Büro, er führt die Bücher«, muss er lahm sagen. Er hat keine Ahnung, was ›Buchführung‹ bedeutet.

Standard Canners produziert Konserven von Alberta-Pfirsichen, Bartlett-Birnen und Aprikosen. Standard Canners produziert mehr Pfirsich-Konserven als jede andere Konservenfabrik im Land – nur dafür sind sie berühmt.

Trotz der Niederlage von 1948 und des Todes von General Smuts bleibt der Vater der Einheitspartei treu – treu, aber pessimistisch. Rechtsanwalt Strauss, der neue Führer der Einheitspartei, ist nur ein blasser Schatten von Smuts; unter Strauss hat die Einheitspartei keinerlei Hoffnung auf einen Wahlsieg. Hinzu kommt, dass die Nationale Partei dabei ist, sich den Sieg zu sichern, indem sie die Grenzen der Wahlbezirke zugunsten ihrer Anhänger im *platteland*, auf dem Land, neu festlegt.

»Warum tut man nichts dagegen?«, fragt er den Vater.

»Wer?«, fragt der Vater. »Wer kann sie aufhalten? Sie können machen, was sie wollen, jetzt wo sie an der Macht sind.«

Er sieht den Sinn von Wahlen nicht ein, wenn die Siegerpartei die Regeln ändern kann. Es ist, als wenn der Schlagmann bestimmt, wer werfen darf und wer nicht.

Sein Vater schaltet das Radio zur Nachrichtenzeit ein, aber eigentlich nur, um sich den Spielstand anzuhören, im Sommer die Cricketergebnisse, im Winter die Rugbyergebnisse.

Früher einmal, ehe die Nationale Partei die Regierungsgeschäfte übernahm, kamen die Nachrichtensendungen aus England. Zuerst hörte man »God Save the King«, dann das Zeitzeichen aus Greenwich, danach sagte der Sprecher: »Hier ist London mit den Nachrichten«, und verlas Nachrichten aus aller Welt. Das ist nun alles vorbei. »Hier ist der südafrikanische Rundfunk«, sagt der Sprecher und beginnt eilig mit einem langen Bericht, was Dr. Malan im Parlament gesagt hat.

Was ihm am meisten zuwider ist an Worcester, weswegen er am liebsten fliehen möchte, sind die Wut und der Groll, die in den Afrikaanerjungen knistern. Er fürchtet und verabscheut die grobschlächtigen, barfüßigen Afrikaanerjungen in ihren engen Shorts, besonders die älteren, die dich, wenn sie nur die geringste Gelegenheit bekommen, an einen abgelegenen Ort im Veld bringen und dich auf verschiedene Art und Weise misshandeln, worauf er höhnisch hat anspielen hören – *borsel*, heißt das zum Beispiel, was, soweit er ausmachen kann, bedeutet, dass sie dir die Hosen runterziehen und Schuhcreme auf die Eier bürsten (Aber warum die Eier? Warum Schuhcreme?) und dich so, halbnackt und heulend, durch die Straßen nach Hause schicken.

Es gibt eine Überlieferung, die offenbar allen Afrikaanerjungen vertraut ist und von Lehrerstudenten, die zu Gast an der Schule sind, verbreitet wird, und bei dieser Überlieferung geht es um eine Aufnahmezeremonie und die damit verbundenen Gebräuche. Die Afrikaanerjungen tuscheln darüber in der gleichen erregten Art, in der sie von den Prügeln sprechen, die sie beziehen. Was er davon mitbekommt, stößt ihn ab: Zum Beispiel muss man mit einer Babywindel herumlaufen oder Urin trinken. Wenn man das durchmachen muss, ehe man Lehrer werden kann, dann will er nicht Lehrer werden.

Es gibt Gerüchte, die Regierung werde anordnen, dass alle Schüler mit Afrikaans-Familiennamen in Afrikaanerklassen versetzt werden sollen. Die Eltern sprechen mit gedämpfter Stimme darüber; sie machen sich offensichtlich Sorgen. Was ihn betrifft, so erfüllt ihn der Gedanke, in eine Afrikaanerklasse wechseln zu müssen, mit panischer Angst. Den Eltern sagt er, dass er nicht gehorchen wird. Er wird nicht mehr zur Schule gehen. Sie versuchen ihn zu beruhigen. »Nichts wird geschehen«, sagen sie. »Es ist nur Gerede. Es wird Jahre dauern, ehe sie etwas unternehmen.« Er ist nicht beruhigt.

Es ist Aufgabe der Schulräte, erfährt er, falsche englische Jungen aus den englischen Klassen zu entfernen. Er lebt in entsetzlicher Angst vor dem Tag, an dem der Schulrat kommt, mit dem Finger die Liste der Schüler hinunterfährt, ihn aufruft und ihm befiehlt, seine Bücher zusammenzupacken. Für diesen Tag hat er einen sorgfältig ausgearbeiteten Plan. Er wird die Bücher zusammenpacken und das Zimmer ohne Protest verlassen. Doch er wird nicht in die Afrikaanerklasse wechseln. Stattdessen wird er ganz ruhig, um kein Aufsehen zu erregen, zum Fahrradschuppen hinübergehen, sein Fahrrad nehmen und so schnell nach Hause fahren, dass keiner ihn einholen kann. Dann wird er die Haustür zuschließen und seiner Mutter sagen, dass er nicht wieder in die Schule geht, dass er sich umbringen wird, wenn sie ihn verrät.

Ein Bild von Dr. Malan ist in sein Gedächtnis gegraben. Dr. Malans rundes, kahles Gesicht ist ohne Verständnis und Gnade. Seine Kehle pulsiert wie die eines Frosches. Er hat aufgeworfene Lippen.

Er hat Dr. Malans erste Amtshandlung im Jahre 1948 nicht vergessen: das Verbot aller Captain-Marvel- und Superman-Comics; durch den Zoll wurden nur Comics mit Tierfiguren gelassen, Comics, die einen auf Kleinkindniveau halten sollen.

Er denkt an die Afrikaans-Lieder, die sie in der Schule singen müssen. Die hasst er inzwischen so, dass er während des Gesangs kreischen und schreien und furzen möchte, besonders bei *»Kom ons gaan blomme pluk«*, dem Lied mit den Kindern, die auf den Wiesen inmitten von zwitschernden Vögeln und lustigen Insekten herumtollen.

An einem Samstagmorgen radelt er mit zwei Freunden auf der De-Doorns-Landstraße aus Worcester hinaus. Nach einer halben Stunde sehen sie keine menschliche Behausung mehr. Sie lassen ihre Räder am Wegrand zurück und machen sich auf den Weg in die Berge. Sie finden eine Höhle, machen ein Feuer und essen die Sandwiches, die sie mitgebracht haben. Plötzlich taucht ein Riesenbursche von einem groben Afrikaaner in Khakishorts auf. *»Wie het julle toestemming gegee?«* – Wer hat euch das erlaubt?

Ihnen hat es die Sprache verschlagen. Eine Höhle – brauchen sie eine Erlaubnis, um in einer Höhle zu sein? Sie versuchen zu lügen, aber es ist zwecklos.

»Julle sal hier moet bly totdat my pa kom«, verkündet der Bursche: Ihr müsst hierbleiben, bis mein Vater kommt. Er erwähnt ein *lat*, ein *strop*: einen Stock, einen Riemen; man wird ihnen eine Lehre erteilen.

Er ist benommen vor Angst. Hier draußen im Veld, wo niemand sie hört, werden sie Prügel beziehen. Sie können nichts zu ihrer Entschuldigung vorbringen. Denn es stimmt, sie sind schuld, er am meisten. Er war es, der den anderen versichert hat, als sie durch den Zaun geklettert sind, es könne keine Farm sei, hier sei nur das Veld. Er ist der Anführer, es war von Anfang an seine Idee, es gibt niemanden, dem man die Schuld in die Schuhe schieben könnte.

Der Farmer kommt mit seinem Hund, einem Schäferhund mit tückischem Blick in den gelben Augen. Wieder die Fragen, diesmal in Englisch, Fragen ohne Antworten. Mit welchem Recht sie hier seien? Warum sie nicht um Erlaubnis gefragt hätten? Wieder muss die armselige, dumme Verteidigung abgespult werden: Sie hätten es nicht gewusst, sie hätten geglaubt, hier sei bloß das Veld. Er schwört bei sich, dass er diesen Fehler nie wieder machen wird. Nie wieder wird er so dumm sein und durch einen Zaun klettern und glauben, er käme damit davon. *Dumm!*, denkt er bei sich; *dumm, dumm, dumm!*

Der Farmer scheint weder *lat* noch Riemen oder Peitsche dabeizuhaben. »Ihr habt Glück«, sagt er. Sie stehen da wie angewurzelt, verstehen nicht. »Trollt euch.«

Dumm klettern sie den Abhang hinunter und bemühen sich, nicht zu rennen, aus Angst, dass der Hund ihnen knurrend und geifernd hinterherläuft, bis dahin, wo am Straßenrand ihre Räder auf sie warten. Es gibt nichts, was sie sich zu sagen hätten, um dieses Erlebnis vergessen zu machen. Die Afrikaaner haben sich nicht einmal schlecht benommen. Sie selbst sind es, die den Kürzeren gezogen haben.

◆ Zehn ◆

Früh am Morgen trotten farbige Kinder mit Federmappe und Heften die Nationalstraße entlang, manche haben sogar Ranzen auf dem Rücken, sie sind auf dem Weg zur Schule. Doch sie sind jung, sehr jung – wenn sie sein Alter erreicht haben, zehn oder elf, haben sie die Schule hinter sich und verdienen draußen in der Welt ihr tägliches Brot.

Zum Geburtstag bekommt er, als Ersatz für eine Feier, zehn Shilling, damit er seine Freunde einladen kann. Er lädt seine drei besten Freunde ins Café Globe ein; sie sitzen am Marmortisch und bestellen Bananensplits oder Schokoladen-Karamell-Eisbecher. Er kommt sich vor wie ein kleiner König, weil er in dieser Art Freuden spenden kann; das Ereignis wäre ein toller Erfolg, würde es nicht verdorben durch die zerlumpten farbigen Kinder, die draußen vor dem Fenster stehen und zu ihnen hereinschauen.

In den Gesichtern dieser Kinder erblickt er nichts von dem Hass, den er und seine Freunde verdienen, wie er zuzugeben bereit ist, weil sie so viel Geld haben, während sie keinen Penny haben. Im Gegenteil, sie gleichen Kindern im Zirkus, die alles mit den Blicken verschlingen, völlig versunken sind, nichts vermissen.

Wenn er ein anderer wäre, würde er den Portugiesen mit dem pomadigen Haar, dem das Globe gehört, auffordern, sie wegzujagen. Es ist ganz normal, bettelnde Kinder wegzujagen. Man braucht bloß ein verdrießliches Gesicht zu ziehen, mit den Armen zu wedeln und zu schreien: »*Voetsek, hotnot! Loop! Loop!*«, um sich dann an den jeweiligen Zuschauer, Freund oder Fremden, zu wenden und zu erklären: »*Hulle soek net iets om te steel. Hulle is almal skelms.*« – Sie sind nur drauf aus, was zu stehlen. Die sind alle Diebe. Doch wenn er aufstünde und zu dem Portugiesen ginge, was sollte er sagen? »Sie verderben mir den Geburtstag, das ist ungerecht, es tut mir weh, sie zu sehen«? Was dann auch geschieht, ob sie nun weggejagt werden oder nicht, es ist zu spät, sein Herz tut schon weh.

Er glaubt, dass die Afrikaaner ständig zornige Menschen sind, weil ihnen das Herz weh tut. Er glaubt, dass die Engländer Menschen sind, die nicht zum Zorn neigen, weil sie hinter Mauern leben und ihr Herz gut bewachen.

Das ist nur eine von seinen Theorien über die Engländer und die Afrikaaner. Das Haar in der Suppe ist leider Trevelyan.

Trevelyan war einer ihrer Untermieter im Haus in der Liesbeeck Road, Rosebank, dem Haus mit der großen Eiche im Vorgarten, wo er glücklich gewesen ist. Trevelyan hatte das beste Zimmer, das mit der Verandatür. Er war jung, er war hochgewachsen, er war freundlich, er sprach kein Wort Afrikaans, er war durch und durch Engländer. Am Morgen frühstückte Trevelyan in der Küche, ehe er zur Arbeit ging; am Abend kam er heim und aß mit ihnen. Er hielt sein Zimmer, das sowieso nicht zu ihrem Bereich gehörte, verschlossen; aber es gab darin außer einem elektrischen Rasierapparat *made in America* nichts Interessantes.

Sein Vater wurde, obwohl älter, Trevelyans Freund. Samstags hörten sie gemeinsam Radio, die Reportagen der Rugbyspiele aus Newlands von C. K. Friedlander.

Dann kam Eddie. Eddie war ein siebenjähriger farbiger Junge aus Ida's Valley bei Stellenbosch. Er sollte für sie arbeiten; das war zwischen Eddies Mutter und Tante Winnie, die in Stellenbosch lebte, abgemacht worden. Eddie würde das Geschirr spülen, kehren und bohnern und dafür bei ihnen in Rosebank wohnen und zu essen bekommen, während seine Mutter an jedem Monatsersten eine Postanweisung über zwei Pfund und zehn Shilling bekam.

Nachdem Eddie zwei Monate in Rosebank gewohnt und gearbeitet hatte, lief er fort. Er verschwand während der Nacht; sein Fehlen wurde am Morgen bemerkt. Man benachrichtigte die Polizei; Eddie wurde nicht weit weg gefunden, in seinem Versteck im Gebüsch am Liesbeeck-Fluss. Nicht die Polizei entdeckte ihn, sondern Mr Trevelyan, der den schamlos Schreienden und Strampelnden zurückschleifte und ihn im alten Observatorium hinten im Garten einsperrte.

Es war klar, dass man Eddie zurück nach Ida's Valley schicken musste. Da er jetzt seine Unzufriedenheit offen gezeigt hatte, würde er bei jeder Gelegenheit fortlaufen. Es war nicht gelungen, ihn anzulernen.

Doch ehe man noch Tante Winnie in Stellenbosch anrufen konnte, stand die Frage der Strafe für den Ärger, den Eddie verursacht hatte, zur Debatte – Strafe dafür, dass man die Polizei benachrichtigen musste, für den verdorbenen Samstagmorgen. Trevelyan bot dann an, die Strafe auszuführen.

Er spähte während der Bestrafung heimlich ins Observatorium. Trevelyan hielt Eddie an beiden Handgelenken gepackt und peitschte mit einem Lederriemen auf seine bloßen Beine ein. Der Vater war auch dabei, stand daneben und sah zu. Eddie heulte und tanzte; überall waren Tränen und Rotz. »Asseblief, asseblief, my baas«, heulte er, »ek sal nie weer nie!« – Ich werde es nicht wieder tun! Dann bemerkten die beiden ihn und bedeuteten ihm, er solle verschwinden.

Am nächsten Tag kamen Tante und Onkel in ihrem schwarzen DKW aus Stellenbosch angefahren, um Eddie wieder zu seiner Mutter nach Ida's Valley zu bringen. Es gab keinen Abschied.

Also war Trevelyan, der Engländer, derjenige, der Eddie verprügelte. Tatsächlich wurde Trevelyan, der eine rötliche Gesichtsfarbe hatte und schon ein wenig fett war, noch röter, als er mit dem Riemen zuschlug, und schnaubte bei jedem Hieb, wobei er sich in Wut arbeitete, wie jeder beliebige Afrikaaner. Wie passte also Trevelyan in seine Theorie von den guten Engländern?

Er schuldet Eddie noch etwas, wovon er niemandem erzählt hat. Nachdem er das Fahrrad Marke Smiths von dem Geld gekauft hatte, das er zum achten Geburtstag bekommen hatte, und dann merkte, dass er gar nicht fahren konnte, war es Eddie, der ihn auf dem Gemeindeplatz von Rosebank schob und Kommandos brüllte, bis er auf einmal die Kunst des Balancierens beherrschte.

Er fuhr dieses erste Mal einen großen Bogen, trat kräftig in die Pedale, um durch den sandigen Boden wieder dahin zu kommen, wo Eddie wartete. Eddie war aufgeregt und hüpfte herum. »*Kan ek 'n kans kry?*«, verlangte er lautstark – Darf ich auch mal? Er gab Eddie das Rad. Eddie brauchte nicht geschoben zu werden; er fuhr schnell wie der Wind davon, auf den Pedalen stehend, sein alter marineblauer Blazer wehte hinter ihm her, und er fuhr viel besser als er.

Er weiß noch, dass er mit Eddie Ringkämpfe auf dem Rasen ausgefochten hat. Obwohl Eddie nur sieben Monate älter als er und nicht größer war, besaß er eine drahtige Stärke und eine Zielstrebigkeit, die ihn immer Sieger werden ließen. Sieger, aber vorsichtig im Sieg. Nur einen Moment lang, wenn er seinen Gegner auf dem Rücken liegend festhielt, hilflos, gestattete sich Eddie ein triumphierendes Grinsen; dann rollte er herunter und wartete in Kauerstellung, bereit zur nächsten Runde.

Eddies Körpergeruch hat er noch von jenen Ringkämpfen in der Nase, und er spürt noch seinen Kopf, den hohen, kugelrunden Schädel und das dichte, raue Haar.

Sie haben härtere Schädel als die Weißen, sagt der Vater. Deshalb sind sie so gute Boxer. Aus demselben Grund, sagt der Vater, werden sie nie gute Rugbyspieler sein. Beim Rugby muss man schnell denken, darf kein Holzkopf sein.

Während sie beide miteinander ringen, gibt es einen Moment,

in dem seine Lippen und Nase gegen Eddies Haar gepresst werden. Er nimmt den Geruch, den Geschmack wahr – den rauchigen Geruch und Geschmack.

An jedem Wochenende badete Eddie, er stand in einem Zuber in der Dienstbotentoilette und wusch sich mit einem Seifenlappen. Er zerrte mit seinem Bruder eine Mülltonne unter das winzige Fenster, und sie kletterten darauf, um hineinzulugen. Eddie war nackt bis auf seinen Ledergürtel, den er noch um die Taille trug. Als er die beiden Gesichter am Fenster sah, grinste er breit und schrie »Hê!« und tanzte im Zuber herum, Wasser verspritzend und sich nicht bedeckend.

Später sagte er dann der Mutter: »Eddie hat beim Baden den Gürtel nicht abgenommen.«

»Lass ihn machen, was er will«, sagte seine Mutter.

In Ida's Valley, wo Eddie herkam, ist er nie gewesen. Er stellt es sich als kalten, nassen Ort vor. Im Haus von Eddies Mutter gibt es kein elektrisches Licht. Das Dach ist undicht, alle husten andauernd. Wenn man rausgeht, muss man von Stein zu Stein hüpfen, um nicht in Pfützen zu treten. Worauf kann Eddie jetzt noch hoffen, wo er wieder in Ida's Valley ist, in Schande entlassen?

»Was wird Eddie wohl jetzt machen?«, fragt er seine Mutter.

»Bestimmt ist er in einer Besserungsanstalt.«

»Wieso?«

»Solche Leute enden immer in einer Besserungsanstalt und dann im Gefängnis.«

Er versteht die Verbitterung seiner Mutter Eddie gegenüber nicht. Er begreift diese bitteren Stimmungen von ihr nicht, wenn sie fast wahllos über alles Mögliche herzieht – über Farbige, ihre eigenen Geschwister, über Bücher, die Schule, die Regierung. Es interessiert ihn nicht wirklich, was sie von Eddie hält, solange sie nicht jeden Tag eine andere Meinung hat. Wenn sie sich so abfällig äußert, hat er ein Gefühl, als gebe der Boden unter seinen Füßen nach und er falle.

Er denkt an Eddie in seinem alten Blazer, wie er sich duckt, um dem Regen zu entgehen, der immer fällt in Ida's Valley, und dabei mit den älteren farbigen Jungen Kippen raucht. Er ist zehn, und Eddie, in Ida's Valley, ist zehn. Ein Weilchen wird Eddie elf sein, während er noch zehn ist; dann wird er auch elf sein. Er wird immer aufholen, eine Weile gleichaltrig mit Eddie sein, dann von ihm überholt werden. Wie lang wird das so gehen? Wird er Eddie je entkommen? Wenn sie sich eines Tages auf der Straße begegneten, würde dann Eddie, obwohl er inzwischen säuft und kifft, obwohl er im Gefängnis war und hart geworden ist, ihn erkennen, stehen bleiben und rufen: »*Jou moer!*«?

In diesem Augenblick weiß er, dass Eddie in dem undichten Haus in Ida's Valley, zusammengerollt unter einer stinkenden Decke, immer noch in seinem Blazer, an ihn denkt. Im Dunkeln sind Eddies Augen zwei gelbe Schlitze. Eins weiß er sicher: Eddie wird kein Mitleid mit ihm haben.

◆ Elf ◆

Über den Kreis der Verwandtschaft hinaus haben sie wenig gesellschaftliche Kontakte. Wenn gelegentlich Fremde ins Haus kommen, huschen er und sein Bruder davon wie wilde Tiere, dann schleichen sie zurück, um zu lauern und zu lauschen. Sie haben Gucklöcher in die Decke gebohrt, so dass sie auf den Dachboden klettern und von oben ins Wohnzimmer spähen können. Ihrer Mutter ist das Gescharre peinlich. »Das sind nur die Kinder, die spielen«, erklärt sie mit einem gequälten Lächeln.

Er flieht vor höflichen Gesprächen, weil ihn die Floskeln – »Wie geht's?« »Macht dir die Schule Spaß?« – verlegen machen. Da er nicht so recht weiß, was er darauf antworten soll, nuschelt und stottert er töricht herum. Doch letzten Endes schämt er sich seines ungehobelten Benehmens nicht, seiner Ungeduld mit dem langatmigen Geschwafel der artigen Unterhaltung.

»Kannst du dich nicht einfach normal benehmen?«, fragt seine Mutter.

»Ich hasse normale Leute«, antwortet er leidenschaftlich.

»Ich hasse normale Leute«, plappert ihm der Bruder nach. Der Bruder ist sieben. Er lächelt permanent verkrampft und nervös; in der Schule übergibt er sich manchmal ohne ersichtlichen Grund und muss nach Hause gebracht werden.

Anstelle von Freunden haben sie Familie. Die Verwandten mütterlicherseits sind die einzigen Menschen, die ihn mehr oder weniger so akzeptieren, wie er ist. Sie akzeptieren ihn – grob, ungeschliffen, seltsam – nicht nur, weil sie sonst nicht zu Besuch kommen könnten, sondern weil auch sie ungehobelt und grob erzogen worden sind. Die Verwandten väterlicherseits sind jedoch nicht einverstanden mit ihm und seiner Erziehung durch die Mutter. In ihrer Gegenwart fühlt er sich gehemmt; sobald er entwischen kann, verspottet er die höflichen Floskeln (»*En hoe gaan dit met jou mammie? En met jou broer? Dis goed, dis goed!*« Wie geht's der Mama? Dem Bruder? Gut!). Aber man kann dem nicht entgehen – kein Besuch auf der Farm, ohne an ihren Ritualen teilzunehmen. Deshalb gibt er nach und windet sich vor Verlegenheit, verachtet sich wegen seiner Feigheit. »*Dit gaan goed*«, sagt er. »*Dit gaan goed met ons almal.*« Uns geht's allen gut.

Er weiß, dass sein Vater sich mit seiner Familie gegen ihn verbündet. Das ist eine der Methoden des Vaters, es der Mutter heimzuzahlen. Der Gedanke, welches Leben er führen müsste, wenn der Vater dem Haushalt vorstünde, lässt ihn frösteln – ein Leben voll langweiliger, dummer Floskeln, nicht zu unterscheiden von dem aller anderen. Seine Mutter ist die Einzige, die zwischen ihm und einer für ihn unerträglichen Lebensweise steht. Deshalb ärgert er sich zwar über sie wegen ihrer Langsamkeit und Beschränktheit, doch gleichzeitig klammert er sich an sie als seine einzige Beschützerin. Er ist ihr Sohn, nicht der Sohn seines Vaters. Er lehnt den Vater ab und verabscheut ihn. Nie wird er den Tag vor zwei Jahren vergessen, als die Mutter zum ersten und einzigen Mal den Vater auf ihn losließ, wie einen Hund von der Kette (»ich habe genug, ich halte es nicht mehr aus!«), und die Augen des Vaters ihn zornig blau anblitzten, als er ihn schüttelte und ihm eins hinter die Ohren gab.

Er muss zur Farm, weil es keinen Ort auf der Welt gibt, den er mehr liebt oder den er sich vorstellen kann, mehr zu lieben. Alles was an seiner Liebe zur Mutter kompliziert ist, bei seiner Liebe zur Farm ist es unkompliziert. Doch soweit er zurückdenken kann, mischte sich in diese Liebe eine Spur Schmerz. Er darf die Farm besuchen, aber er wird nie dort leben. Die Farm ist nicht sein Zuhause; er wird nie mehr als ein Gast sein, ein ängstlicher

Gast. Schon jetzt bewegen sich die Farm und er, Tag für Tag, in unterschiedliche Richtungen, streben auseinander, kommen sich nicht näher, sondern entfernen sich voneinander. Eines Tages wird die Farm ganz verschwunden sein, ganz verloren; er trauert jetzt schon um den Verlust.

Die Farm gehörte einmal seinem Großvater, aber der Großvater starb, und die Farm ging an Onkel Son, den ältesten Bruder des Vaters. Son hatte als Einziger eine Neigung zur Landwirtschaft; die übrigen Geschwister flüchteten nur zu gern in die Städte und Großstädte. Trotzdem ist die Farm, auf der sie aufgewachsen sind, in gewissem Sinne noch ihre Farm. Also fährt sein Vater wenigstens einmal im Jahr, und manchmal zweimal, auf die Farm und nimmt ihn mit.

Die Farm heißt Voëlfontein, Vogelquelle; er liebt jeden Stein dort, jeden Busch, jeden Grashalm, er liebt die Vögel, nach denen sie benannt ist, Vögel, die sich bei Anbruch der Dämmerung zu Tausenden in den Bäumen um die Quelle sammeln, einander Rufe zusenden, leise gurren, ihr Gefieder ordnen, sich für die Nacht vorbereiten. Kaum vorstellbar, dass ein anderer die Farm genauso lieben könnte wie er. Aber er kann über seine Liebe nicht sprechen, nicht nur weil normale Leute über so etwas nicht reden, sondern weil es auch einem Verrat an seiner Mutter gleichkäme, wenn er es gestehen würde. Es wäre nicht nur ein Verrat, weil sie ebenfalls von einer Farm kommt, einer rivalisierenden Farm weit weg von hier, von der wiederum sie mit Liebe und Sehnsucht spricht und die sie nie wieder besuchen kann, da sie an Fremde verkauft worden ist, sondern auch weil sie auf dieser Farm, der wahren Farm, Voëlfontein, nicht wirklich willkommen ist.

Warum das so ist, erklärt sie nie – wofür er am Ende dankbar ist –, aber allmählich kann er die Geschichte rekonstruieren. Während des Krieges hat seine Mutter lange Zeit mit ihren beiden Kindern in einem einzigen gemieteten Zimmer in der Stadt

Prince Albert gewohnt und musste mit sechs Pfund monatlich, die der Vater von seinem Sold überwies, plus zwei Pfund aus dem Notfonds des Generalgouverneurs, über die Runden kommen. Während dieser Zeit wurden sie nicht ein einziges Mal auf die Farm eingeladen, obwohl sie nur zwei Wegstunden entfernt lag. Diesen Teil der Geschichte kennt er, weil sogar der Vater, als er aus dem Krieg heimkehrte, verärgert war und sich dafür schämte, wie man sie behandelt hatte.

Von der Stadt Prince Albert ist ihm nur noch im Gedächtnis geblieben, wie die Moskitos in den langen heißen Nächten sirrten und wie seine Mutter im Unterrock hin und her ging, Schweißperlen auf der Haut, die schweren, plumpen Beine von Krampfadern durchzogen, und versuchte, seinen kleinen Bruder zu beruhigen, der immerzu heulte; und er erinnert sich an Tage voll schrecklicher Langeweile hinter zum Schutz gegen die Sonne herabgelassenen Jalousien. So lebten sie, eingepfercht, für einen Umzug zu arm, und warteten auf die Einladung, die nie kam.

Die Mutter presst immer noch die Lippen zusammen, wenn die Rede auf die Farm kommt. Trotzdem fährt sie zu Weihnachten mit auf die Farm. Die ganze Großfamilie versammelt sich. Betten und Matratzen und Notliegen sind in jedem Zimmer hergerichtet, auch auf der langen Veranda; zu einem Weihnachtsfest zählt er sechsundzwanzig Personen. Den ganzen Tag lang schuften seine Tante und die beiden Mägde in der dampfigen Küche, sie kochen und backen und bereiten Mahlzeit um Mahlzeit zu, eine Runde Tee oder Kaffee und Kuchen nach der anderen, während die Männer auf der Veranda sitzen, faul über die flimmernde Karoo blicken und Geschichten über die alten Tage austauschen.

Begierig saugt er die Atmosphäre auf, saugt die glückliche, unbekümmerte Mischung von Englisch und Afrikaans auf – ihre gemeinsame Sprache, wenn sie zusammenkommen. Er mag diese lustige, tanzende Sprache, mit den willkürlich im Satz verteilten

Partikeln. Sie ist leichter, luftiger als das Afrikaans, das sie in der Schule lernen und das überfrachtet ist mit Redewendungen, die angeblich aus dem *volksmond* kommen, doch offenbar nur vom Großen Treck stammen, schwerfällige, blödsinnige Wendungen mit Planwagen und Vieh und Geschirr.

Bei seinem ersten Besuch auf der Farm, zu Lebzeiten des Großvaters, waren noch alle Bauernhoftiere aus seinen Kinderbüchern da: Pferde, Esel, Kühe mit ihren Kälbern, Schweine, Enten, eine Hühnerkolonie mit einem Hahn, der krähend die Sonne begrüßte, Ziegen und bärtige Ziegenböcke. Dann, nach dem Tod des Großvaters, schmolz der Bauernhof dahin, bis nichts übrig war als Schafe. Zuerst wurden die Pferde verkauft, dann wurden die Schweine zu Schinken verarbeitet (er sah zu, wie sein Onkel das letzte Schwein erschoss; die Kugel traf es hinterm Ohr; es gab ein Grunzen und einen gewaltigen Furz von sich und brach zusammen, zunächst auf die Knie, dann auf die Seite, und zitterte). Dann verschwanden die Kühe und die Enten.

Der Grund dafür war der Wollpreis. Die Japaner zahlten ein Pfund für ein Pfund Wolle – es war einfacher, einen Traktor zu kaufen, als Pferde zu halten, einfacher, in dem neuen Studebaker nach Fraserburg Road zu fahren und tiefgefrorene Butter und Milchpulver zu kaufen, als eine Kuh zu melken und zu buttern. Nur Schafe zählten, Schafe mit ihrem goldenen Vlies.

Die Mühen des Ackerbaus konnte man auch hinter sich lassen. Auf der Farm wird einzig und allein noch Luzerne angebaut, falls einmal das Weidegras nicht ausreichen sollte und die Schafe gefüttert werden müssen. Von den Obstgärten ist nur noch ein Orangenhain geblieben, der Jahr für Jahr die süßesten Navelorangen trägt.

Wenn sich seine Tanten und Onkel nach einem erfrischenden Mittagsschläfchen auf der Veranda versammeln, um Tee zu trinken und Geschichten zu erzählen, wendet sich ihr Gespräch manchmal den alten Zeiten auf der Farm zu. Sie ergehen sich in

Erinnerungen an den Vater, den »Gentleman-Farmer«, der sich einen Wagen mit Gespann hielt, der auf dem Land unterhalb des Wasserreservoirs Getreide anbaute, das er selbst drosch und mahlte. »Ja, das waren noch Zeiten«, sagen sie und seufzen.

Sie schwelgen gern nostalgisch in früheren Zeiten, aber keiner von ihnen möchte diese Vergangenheit zurückhaben. Er möchte es wirklich. Er wünscht sich alles so, wie es früher war.

In einem Verandawinkel hängt im Schatten der Bougainvillea ein Wasserbehälter aus Segeltuch. Je heißer der Tag, desto kühler das Wasser – ein Wunder, wie das Wunder des Fleisches, das in der dunklen Vorratskammer hängt und nicht verdirbt, wie das Wunder der Kürbisse, die auf dem Dach in der brennenden Sonne liegen und frisch bleiben. Auf der Farm gibt es offenbar keinen Verfall.

Das Wasser aus der Wasserflasche ist zauberhaft kühl, aber er nimmt jedes Mal nicht mehr als einen Schluck. Er ist stolz darauf, wie wenig er trinkt. Das wird ihm zugute kommen, hofft er, wenn er sich je im Veld verlaufen sollte. Er möchte eine Kreatur der Wüste sein, dieser Wüste, wie eine Eidechse.

Unmittelbar oberhalb des Farmhauses befindet sich ein vier Quadratmeter großes Wasserreservoir mit einer Steinmauer darum, das von einer Windkraftpumpe gefüllt wird, die Wasser für Haus und Garten liefert. An einem heißen Tag lassen sein Bruder und er eine verzinkte Wanne in das Wasser hinab, klettern in das schwankende Gefährt und paddeln damit kreuz und quer über die Wasserfläche.

Er ist wasserscheu; für ihn ist dieses Abenteuer eine Möglichkeit, seine Angst zu überwinden. Ihr Boot schaukelt in der Mitte des Wasserbeckens. Das gekräuselte Wasser reflektiert Lichtstrahlen; kein anderer Laut als das Zirpen von Zikaden ist zu vernehmen. Zwischen ihm und dem Tod ist nur dünnes Blech. Trotzdem fühlt er sich ganz sicher, so sicher, dass er fast dösen kann. Das ist die Farm – hier kann nichts Böses geschehen.

Nur einmal schon, als er vier war, ist er in einem Boot gewesen. Ein Mann (wer? – vergeblich versucht er sich an ihn zu erinnern) hat sie in Plettenberg Bay auf die Lagune hinausgerudert. Es sollte eine Vergnügungsfahrt sein, doch die ganze Zeit saß er wie erstarrt im Boot und ließ die ferne Küste nicht aus den Augen. Nur einmal blickte er über den Bootsrand. Seegraswedel schwankten träge tief unter ihnen. Es war, wie er befürchtet hatte, und noch schlimmer; ihm schwirrte der Kopf. Nur diese zerbrechlichen Bretter, die bei jedem Ruderschlag stöhnten, als würden sie gleich bersten, schützten ihn davor, in ein nasses Grab zu sinken. Er klammerte sich noch fester, schloss die Augen und kämpfte aufsteigende Panik nieder.

In Voëlfontein gibt es zwei farbige Familien, jede hat ein Haus für sich. Bei der Mauer des Wasserreservoirs steht auch das Haus, jetzt ohne Dach, in dem früher Outa Jaap gelebt hat. Outa Jaap war vor dem Großvater auf der Farm; er selbst erinnert sich an Outa Jaap nur als sehr alten Mann mit milchig-weißen, blinden Augäpfeln und zahnlosem Mund und knotigen Händen, der auf einer Bank in der Sonne saß, zu dem er gebracht wurde, bevor der alte Mann starb, vielleicht um gesegnet zu werden, er weiß es nicht genau. Obwohl Outa Jaap nun fort ist, wird sein Name noch mit Ehrfurcht genannt. Aber wenn er sich erkundigt, was denn so besonders an Outa Jaap war, sind die Antworten, die er bekommt, sehr gewöhnlich. Outa Jaap stammte aus der Zeit, als es noch keine Zäune gab, die vor Schakalen schützten, wird ihm erzählt, als man vom Hirten, der seine Schafe zum Weiden in eins der weit entfernten Lager brachte, erwartete, dass er bei ihnen blieb und sie endlose Wochen lang hütete. Outa Jaap gehörte einer verschwundenen Generation an. Das ist alles.

Trotzdem spürt er etwas von dem, was sich hinter diesen Worten verbirgt. Outa Jaap war Teil der Farm; obwohl der Großvater ihr Käufer und rechtmäßiger Besitzer sein mochte, gehörte Outa Jaap zur Farm, wusste mehr über sie, über Schafe, das Veld, das

Wetter, als der Neuankömmling je wissen würde. Deshalb musste man Outa Jaap Respekt erweisen; deshalb kommt es nicht in Frage, dass man Outa Jaaps Sohn Ros, der jetzt in mittleren Jahren ist, loswird, obwohl er kein besonders guter Arbeiter ist, unzuverlässig und oft etwas falsch versteht.

Es ist klar, dass Ros auf der Farm leben und sterben wird und dass einer seiner Söhne dann seinen Platz einnehmen wird. Freek, der andere Knecht, ist jünger und tatkräftiger als Ros, er begreift schneller und ist zuverlässiger. Trotzdem gehört er nicht zur Farm – es herrscht Einigkeit darüber, dass er nicht unbedingt bleiben wird.

Da er aus Worcester, wo Farbige offenbar um alles betteln müssen (*Asseblief my nooi! Asseblief my basie!*), auf die Farm kommt, ist er erleichtert darüber, wie korrekt und höflich die Beziehungen zwischen seinem Onkel und dem *volk* sind. Jeden Morgen bespricht der Onkel mit seinen beiden Männern die Aufgaben des Tages. Er gibt ihnen keine Befehle. Stattdessen schlägt er die Aufgaben vor, die erledigt werden müssen, eine nach der anderen, als teile er Karten aus und lege sie auf den Tisch; seine Männer teilen auch ihre eigenen Karten aus. Zwischendurch gibt es Pausen, langes, nachdenkliches Schweigen, wo nichts geschieht. Dann scheint auf einmal, geheimnisvollerweise, die ganze Angelegenheit klar zu sein: wer wohin geht, wer was tun wird. »*Nouja, dan sal ons maar loop, baas Sonnie!*« – Wir machen uns auf den Weg! Und Ros und Freek setzen ihren Hut auf und machen sich schnell davon.

In der Küche ist es das Gleiche. Zwei Frauen arbeiten dort: Ros' Frau Tryn und Lientjie, seine Tochter aus erster Ehe. Sie kommen zur Frühstückszeit und gehen nach dem Mittagessen, der Hauptmahlzeit des Tages, hier Dinner genannt. Lientje ist Fremden gegenüber so scheu, dass sie ihr Gesicht verbirgt und kichert, wenn man sie anspricht. Aber wenn er an der Küchentür steht, hört er einen leisen Redefluss, der zwischen seiner Tante und den beiden Frauen hin- und hergeht und den er gern heimlich belauscht – das sanfte, tröstliche Geplauder von Frauen, Geschichten, von Ohr zu Ohr weitererzählt, bis nicht nur die Farm, sondern auch das Dorf in Fraserburg Road und die Siedlung der Farbigen vor dem Dorf mit Geschichten überzogen sind, auch alle anderen Farmen der Gegend – ein sanftes weißes Netz aus Geschichten, das über Vergangenheit und Gegenwart gesponnen wird, ein Netz, an dem zur gleichen Zeit auch in anderen Küchen gesponnen wird, in den Küchen der Van Rensburgs, der Alberts, der Nigrinis, der verschiedenen Zweige der Botes-Familie – wer wen heiraten wird, wessen Schwiegermutter welche Operation durchmachen wird, wessen Sohn in der Schule gut ist, wessen Tochter in Schwierigkeiten steckt, wer wen besucht hat, wer was wann angehabt hat.

Aber mit Ros und Freek hat er mehr Umgang. Er brennt vor Neugier, was ihre Lebensumstände angeht. Tragen sie wie weiße Leute Unterhemd und Unterhose? Haben sie jeder sein eigenes Bett? Schlafen sie nackt oder in den Arbeitsklamotten, oder haben sie Schlafanzüge? Essen sie richtige Mahlzeiten, am Tisch sitzend mit Messer und Gabel?

Er kann diese Fragen nicht beantworten, denn man hält ihn davon ab, ihre Häuser zu besuchen. Das wäre unhöflich, sagt man ihm – unhöflich, weil es Ros und Freek peinlich wäre.

Wenn es nicht peinlich ist, dass Ros' Frau und Tochter im Haus arbeiten, möchte er fragen, dass sie Essen kochen, Wäsche waschen, Betten machen, warum ist es dann peinlich, sie in ihrem Haus zu besuchen?

Es klingt einleuchtend, hat aber einen Schönheitsfehler, wie er weiß. Denn in Wahrheit *ist* es peinlich, Tryn und Lientjie im Haus zu haben. Es gefällt ihm nicht, wenn er an Lientjie im Korridor vorbeigeht und sie so tun muss, als sei sie unsichtbar, und er so tun muss, als sei sie Luft. Es gefällt ihm nicht, wenn er Tryn auf den Knien vor dem Waschzuber antrifft, wie sie seine Sachen wäscht. Er weiß nicht, wie er ihr antworten soll, wenn sie ihn in der dritten Person anspricht und ihn *kleinbaas* nennt, den kleinen Herrn, als wäre er nicht selbst anwesend. Das alles ist äußerst peinlich.

Mit Ros und Freek ist es einfacher. Doch selbst mit ihnen muss er in gequält konstruierten Sätzen sprechen, um sie nicht mit *jy* anzureden, wenn sie ihn *kleinbaas* nennen. Er weiß nicht genau, ob Freek als Mann oder als Junge gilt, ob er sich lächerlich macht, wenn er Freek als Mann behandelt. Bei den Farbigen im Allgemeinen, und bei den Menschen in der Karoo im Besonderen, weiß er einfach nicht, wann die Kindheit aufhört und sie Männer und Frauen werden. Es scheint so früh und plötzlich zu geschehen – eben noch haben sie mit Spielsachen gespielt, da sind sie schon am nächsten Tag mit den Männern draußen bei der Arbeit, oder sie waschen in der Küche von irgendwelchen Leuten das Geschirr ab.

Freek ist freundlich und spricht leise. Er besitzt ein Fahrrad mit dicken Reifen und eine Gitarre; abends sitzt er draußen vor seinem Zimmer, spielt für sich auf seiner Gitarre und lächelt sein ziemlich abwesendes Lächeln. An Samstagnachmittagen radelt er zur Siedlung bei Fraserburg Road und bleibt dort bis Sonntagabend. Er kommt erst lange nach Einbruch der Dunkelheit zurück – in meilenweiter Entfernung können sie den winzigen, schwankenden Lichtfleck seiner Fahrradlampe sehen. Es erscheint ihm heldenhaft, eine so gewaltige Entfernung mit dem Fahrrad zurückzulegen. Er würde Freek als Helden verehren, wenn das gestattet wäre.

Freek ist Knecht, er bekommt Lohn, man kann ihm kündigen und ihn fortschicken. Und trotzdem, wenn er Freek da kauern sieht, die Pfeife im Mund in das Veld hinausstarrend, scheint ihm, dass Freek mit größerer Sicherheit hierhergehört als die Coetzees – wenn nicht nach Voëlfontein, dann in die Karoo. Die Karoo ist Freeks Land, seine Heimat; die Coetzees, auf der Veranda des Farmhauses Tee trinkend und schwatzend, sind wie Schwalben, Zugvögel, heute hier, morgen fort, oder sogar wie Spatzen, tschilpend, flink, kurzlebig.

Das Beste an der Farm, das Allerbeste, ist die Jagd. Der Onkel besitzt nur ein Gewehr, eine schwere Lee-Enfield Kaliber .303 mit Munition, zu groß für jegliches Wild (einmal hat der Vater damit einen Hasen geschossen, und es war nichts von ihm übriggeblieben außer blutigen Fetzen). Wenn sie also die Farm besuchen, borgen sie sich von einem der Nachbarn ein altes Gewehr Kaliber .22. Es fasst eine einzelne Patrone, die man direkt in den Verschluss des Hinterladers schiebt; manchmal versagt es, und ihm klingen stundenlang danach die Ohren. Es gelingt ihm nicht, mit diesem Gewehr irgendetwas anderes zu treffen als Frösche im Wasserreservoir und *muisvoëls*, Mausvögel, im Obstgarten. Doch das Leben ist für ihn nie intensiver als in den frühen Morgenstunden, wenn er und der Vater mit ihren Gewehren losziehen, im trockenen Bett des Boesmansflusses auf der Suche nach Wild: Steenbok, Waldducker-Antilopen, Hasen und an den kahlen Berghängen *korhaan*, Busch-Trappen.

Jeden Dezember kommen der Vater und er auf die Farm, um zu jagen. Sie nehmen den Zug – nicht den Trans-Karoo-Express oder den Orange-Express, ganz zu schweigen vom Blue Train, die alle zu teuer sind und sowieso nicht in Fraserburg Road halten, sondern den gewöhnlichen Personenzug, der auf allen Stationen hält, sogar auf den unbekanntesten, und manchmal auf Rangiergleise kriechen und warten muss, bis die berühmteren Expresszüge vorbeigedonnert sind. Er liebt diesen Bummelzug, er liebt es, gemütlich und sicher unter den frischen weißen Laken und marineblauen Decken zu schlafen, die der Schlafwagenschaffner bringt, er liebt es, an einer ruhigen Station am Ende der Welt aufzuwachen und das Zischen der wartenden Lokomotive zu hören, den metallenen Klang, den der Bahnarbeiter mit seinem Hammer beim Prüfen der Räder erzeugt. Und dann im

Morgengrauen, wenn sie in Fraserburg Road ankommen, wartet schon Onkel Son mit seinem breiten Lächeln und seinem alten fleckigen Filzhut auf sie und sagt: »*Jis-laaik, maar jy word darem groot, John!*« – Du bist aber groß geworden! – und pfeift durch die Zähne, und sie können ihr Gepäck im Studebaker verstauen und die lange Fahrt antreten.

Ohne groß zu fragen, akzeptiert er die verschiedenen Arten der Jagd, die man auf Voëlfontein ausübt. Er akzeptiert, dass es eine gute Jagd war, wenn sie einen einzigen Hasen aufspüren oder ein Paar *korhaan* in der Ferne kollern hören. Das ist schon eine Geschichte, die sie der übrigen Familie erzählen können, die auf der Veranda sitzt und Kaffee trinkt, wenn sie zurückkehren und die Sonne hoch am Himmel steht. An den meisten Tagen haben sie nichts zu erzählen, überhaupt nichts.

Es hat keinen Sinn, in der Hitze des Tages auf Jagd zu gehen, wenn die Tiere, die sie erlegen wollen, im Schatten dösen. Aber am Spätnachmittag fahren sie manchmal mit dem Studebaker auf den Farmwegen herum, Onkel Son am Steuer, der Vater daneben mit der .303 in der Hand und er und Ros hinten auf dem Notsitz.

Normalerweise wäre es Ros' Aufgabe, rauszuspringen und die Tore für das Auto zu öffnen und hinter ihm wieder zu schließen, ein Tor nach dem anderen. Aber auf diesen Jagden ist es sein Vorrecht, die Tore zu öffnen, während Ros beifällig zuschaut.

Sie jagen die sagenumwobene *paauw*, die Kori-Trappe. Aber da man *paauw* nur ein- oder zweimal im Jahr zu sehen bekommt – sie sind sogar so selten, dass auf ihren Abschuss ein Bußgeld von fünfzig Pfund steht, wenn man erwischt wird –, beschließen sie, *korhaan* zu jagen. Ros wird auf die Jagd mitgenommen, da er als Buschmann oder beinahe Buschmann außergewöhnlich scharfe Augen haben muss.

Und wirklich ist es Ros, der mit einem Schlag auf das Wagendach signalisiert, dass er die *korhaan* als Erster sieht – graubraune Vögel, so groß wie Junghennen, die in Zweier- oder Dreiergruppen im Gebüsch herumlaufen. Der Studebaker hält; der Vater legt das Gewehr auf die Fensterkante und zielt; der Schuss hallt über das Veld hin und her. Manchmal erheben sich die Vögel aufgeschreckt in die Luft; häufiger laufen sie einfach schneller und stoßen dabei den für sie charakteristischen kollernden Laut aus. Nie trifft der Vater wirklich einen *korhaan*, deshalb bekommt er nie einen dieser Vögel aus der Nähe zu sehen.

Sein Vater war im Krieg Kanonier – er gehörte zur Mannschaft eines Bofors-Flakgeschützes, das auf deutsche und italienische Flugzeuge schoss. Er würde gern wissen, ob der Vater jemals ein Flugzeug abgeschossen hat; er hat sich dessen bestimmt nie gerühmt. Wieso ist er überhaupt Kanonier geworden? Er hat kein Talent dazu. Wurden den Soldaten rein zufällig Aufgaben zugeteilt?

Die einzige Art der Jagd, bei der sie doch Erfolg haben, ist die bei Nacht, und die ist, wie er bald entdeckt, beschämend und unrühmlich. Die Methode ist einfach. Nach dem Abendessen klettern sie in den Studebaker, und Onkel Son fährt sie im Dunkeln über die Luzernefelder. An einer gewissen Stelle hält er und schaltet die Scheinwerfer ein. Keine dreißig Schritt entfernt steht erstarrt ein Steenbok, die Ohren weisen in ihre Richtung, seine geblendeten Augen reflektieren die Scheinwerfer. »*Skiet!*«, zischt der Onkel. Sein Vater schießt, und der Bock fällt.

Sie versichern einander, dass diese Art Jagd akzeptabel ist, weil die Böcke eine Plage sind und Luzerne fressen, die an die Schafe verfüttert werden soll. Doch als er sieht, wie winzig der tote Bock ist, nicht größer als ein Pudel, weiß er, dass die Begründung falsch ist. Sie jagen bei Nacht, weil sie nicht gut genug sind, um etwas bei Tag zu erlegen.

Andererseits ist das Wild, in Essig eingelegt und dann mit Nelken und Knoblauch gebraten (er sieht zu, wie die Tante Schlitze in das dunkle Fleisch schneidet und es spickt), noch köstlicher als Lamm, würzig und zart, so zart, dass es im Mund zergeht. Alles in der Karoo ist köstlich, die Pfirsiche, die Wassermelonen, die Kürbisse, das Hammelfleisch, als wäre alles, was sein Auskommen in dieser kargen Erde findet, dadurch gesegnet.

Sie werden nie berühmte Jäger sein. Dennoch liebt er das Gewicht des Gewehrs in seiner Hand, das Geräusch ihrer Schritte auf dem grauen Flußsand, die Stille, die sich schwer wie eine Wolke herabsenkt, wenn sie stehen bleiben, und immer die sie umschließende Landschaft, die geliebte Landschaft in Ocker- und Grautönen, in Rehbraun und Olivgrün.

Am letzten Tag seines Besuchs darf er, wie es Brauch ist, die restlichen .22er Patronen aus seiner Schachtel verschießen und damit eine Blechbüchse auf einem Zaunpfahl zu treffen versuchen. Das ist eine schwierige Situation. Das geliehene Gewehr ist keine gute Waffe, er ist kein guter Schütze. Während die Familie von der Veranda aus zusieht, feuert er hastig und trifft häufiger daneben als das Ziel.

Eines Morgens, als er allein draußen im Flußbett ist und *muisvoëls* jagt, klemmt die .22er. Es gelingt ihm nicht, die Patronenhülse zu entfernen, die im Verschluss feststeckt. Er geht mit dem Gewehr zum Haus zurück, aber Onkel Son und der Vater sind draußen im Veld. »Frag Ros oder Freek«, schlägt die Mutter vor. Er entdeckt Freek im Stall. Freek will jedoch das Gewehr nicht anfassen. Mit Ros geht es ihm genauso, als er Ros findet. Obwohl sie keine Erklärungen abgeben wollen, scheinen sie eine Heidenangst vor Gewehren zu haben. Er muss daher warten, bis der Onkel kommt und die Patronenhülse mit seinem Taschenmesser entfernt. »Ich habe Ros und Freek gebeten«, beklagt er sich beim Onkel, »aber sie wollten nicht helfen.« Der Onkel schüttelt den Kopf. »Du darfst sie nicht bitten, Gewehre anzufassen«, sagt er. »Sie wissen, dass sie das nicht dürfen.«

Sie dürfen es nicht. Warum nicht? Keiner will es ihm sagen. Aber er brütet über den Worten *nicht dürfen*. Auf der Farm hört er sie häufiger als sonst irgendwo, sogar noch häufiger als in Worcester. Seltsame Worte. »Das darfst du nicht anfassen.« »Das darfst du nicht essen.« Wäre das der Preis dafür, wenn er nicht mehr zur Schule ginge und darum bäte, hier auf der Farm leben zu dürfen – müsste er dann aufhören, Fragen zu stellen, alle Verbote befolgen und tun, was ihm befohlen würde? Wäre er bereit, sich dem zu fügen und diesen Preis zu zahlen? Gibt es denn keine Möglichkeit, in der Karoo zu leben – dem einzigen Ort auf der Welt, wo er sein möchte –, so wie er will: ohne einer Familie anzugehören?

Die Farm ist riesengroß, so groß, dass er erstaunt ist, als er und der Vater an einem Zaun quer durch das Flußbett ankommen und der Vater erklärt, sie hätten die Grenze zwischen Voëlfontein und der nächsten Farm erreicht. In seiner Vorstellung ist Voëlfontein ein eigenständiges Königreich. Ein einziges Leben bietet nicht genug Zeit, ganz Voëlfontein kennenzulernen, jeden Stein und Busch. Keine Zeit ist ausreichend, wenn man einen Ort mit solch verzehrender Liebe liebt.

Am vertrautesten ist ihm Voëlfontein im Sommer, wenn es flach ausgebreitet unter einem gleichmäßigen, blendenden Licht liegt, das vom Himmel herabströmt. Aber Voëlfontein hat auch seine Geheimnisse, Geheimnisse, die nicht zu Nacht und Schatten gehören, sondern zu heißen Nachmittagen, wenn Trugbilder am Horizont tanzen und sogar die Luft in seinen Ohren singt. Wenn dann alle anderen, betäubt von der Hitze, vor sich hin dösen, kann er auf Zehenspitzen aus dem Haus schleichen und auf den Hügel zum Labyrinth der von Steinmauern umringten Krale steigen, die aus der alten Zeit stammen, als die Schafe zu Tausenden aus der Steppe zusammengetrieben werden mussten, um gezählt oder geschoren oder gedippt zu werden. Die Kralmauern sind zwei Fuß dick und überragen ihn; sie bestehen aus flachen, blaugrauen Steinen, die alle per Eselskarren herangeschafft wurden. Er versucht, sich die Schafherden vorzustellen, jetzt tot und verschwunden, die sich einst vor der Sonne in den Schutz dieser

Mauern begeben haben mussten. Er versucht, ein Bild von Voëlfontein heraufzubeschwören, wie es gewesen sein muss, als sich
das große Haus und die Nebengebäude und Krale noch im Bau
befanden – ein Ort geduldiger, ameisengleicher Arbeit, Jahr um
Jahr. Jetzt sind die Schakale, die einst die Schafe gerissen haben,
ausgerottet, erschossen oder vergiftet, und die Krale, nun ohne
Zweck, verfallen langsam.

Die Mauern der Krale schlängeln sich meilenweit bergauf,
bergab. Hier wächst nichts – die Erde ist festgetrampelt und für
immer abgetötet, er weiß nicht, wie; sie hat ein fleckiges, unge-
sundes, gelbes Aussehen. Sobald er innerhalb der Mauern steht,
ist er vom Rest der Welt abgeschnitten, außer vom Himmel. Man
hat ihn davor gewarnt, hierherzukommen, wegen der Schlangen-
gefahr, weil niemand ihn hören wird, wenn er um Hilfe ruft.
Schlangen genießen solche heißen Nachmittage, ist er gewarnt
worden, sie kommen aus ihren Verstecken – die Ringhalskobra,
die Puffotter, die Sandrenn-Natter –, um ein Sonnenbad zu nehmen und ihr kaltes Blut zu wärmen.

Auf eine Schlange ist er in den Kralen noch nicht gestoßen;
trotzdem sieht er sich bei jedem Schritt vor.

Freek überrascht hinter der Küche, wo die Frauen die Wäsche
aufhängen, eine Sandrenn-Natter. Er erschlägt sie mit einem
Stock und drapiert den langen, gelben Körper über einen Busch.
Wochenlang wollen die Frauen dort nicht hingehen. Schlangen
gehen lebenslange Verbindungen ein, sagt Tryn; wenn man das
männliche Tier tötet, kommt das weibliche und sinnt auf Rache.

Der Frühling, der September, ist die beste Zeit für einen Besuch in der Karoo, obwohl die Schulferien nur eine Woche dauern. Als eines Tages im September die Schafscherer kommen,
sind sie gerade auf der Farm. Sie tauchen aus dem Nichts auf,
wilde Männer auf Fahrrädern, bepackt mit Bettrollen, Töpfen
und Pfannen.

Schafscherer, entdeckt er, sind besondere Leute. Wenn sie auf der Farm auftauchen, ist das ein glücklicher Umstand. Um sie zu halten, wird ein fetter Hammel ausgesucht und geschlachtet. Sie ergreifen Besitz vom alten Stall, den sie in ihre Unterkunft verwandeln. Ein Feuer brennt bis spät in die Nacht, während sie schmausen.

Er hört eine lange Diskussion zwischen Onkel Son und ihrem Anführer mit an, einem so dunklen und wilden Mann, dass er fast ein Farbiger sein könnte. Er hat einen Spitzbart, und seine Hose hält ein Strick fest. Sie unterhalten sich über das Wetter, über den Zustand des Weidelandes im Prince-Albert-Bezirk, im Beaufort-Bezirk, im Fraserburg-Bezirk, über Löhne. Das von den Scherern gesprochene Afrikaans hat einen so ausgeprägten Akzent, steckt so voll seltsamer Redewendungen, dass er es kaum versteht. Woher kommen sie? Gibt es ein noch tiefer im Inneren gelegenes Land als das von Voëlfontein, ein Herzland, das noch abgeschiedener von der Welt ist?

Am nächsten Morgen wird er eine Stunde vor Tagesanbruch von Hufgetrappel geweckt, als die ersten Schaftrupps am Haus vorbeigetrieben werden, um in den Kralen neben dem Schurschuppen eingepfercht zu werden. Der Haushalt beginnt zu erwachen. In der Küche gibt es Getriebe und Kaffeeduft. Mit dem ersten Tageslicht ist er draußen, angezogen, zu aufgeregt zum Essen.

Er wird mit einer Aufgabe betraut. Er hat die Verfügungsgewalt über einen Zinnbecher voll getrockneter Bohnen. Wenn der Scherer mit einem Schaf fertig ist und es mit einem Schlag aufs Hinterteil freigibt, wenn er die geschorene Wolle auf den Sortiertisch wirft und das Schaf, rosa und nackt und blutend, wo die Schere es gezwickt hat, ängstlich in die zweite Pferch trabt – dann darf der Scherer jedesmal eine Bohne aus dem Becher nehmen, was er mit einem Kopfnicken und einem höflichen »*My basie!*« tut.

Als er das Halten des Bechers satthat (die Scherer können sich

ihre Bohnen allein nehmen, sie sind auf dem Lande aufgewachsen und Unehrlichkeit ist ihnen völlig fremd), helfen er und sein
Bruder beim Stopfen der Ballen und springen auf der dicken, heißen, öligen Wollmasse herum. Auch seine Cousine Agnes ist da,
zu Besuch aus Skipperskloof. Sie und ihre Schwester machen mit;
die vier purzeln durcheinander, kichern und tollen herum wie in
einem riesigen Federbett.

Agnes nimmt einen Platz in seinem Leben ein, den er noch
nicht völlig versteht. Er hat sie zum ersten Mal zu Gesicht bekommen, als er sieben war. Sie waren nach Skipperskloof eingeladen
worden und kamen dort spät am Nachmittag nach einer langen
Bahnfahrt an. Wolken jagten über den Himmel, die Sonne hatte
keine Wärme. Unter dem frostigen Winterlicht breitete das Veld
ein dunkles Rotblau ohne einen Hauch von Grün aus. Selbst das
Farmhaus wirkte abweisend – ein strenges weißes Rechteck mit
einem steilen Zinkblechdach. Es war überhaupt nicht wie Voëlfontein; er wollte am liebsten wieder weg.

Agnes, ein paar Monate älter als er, war ihm als Spielgefährtin
zugeteilt worden. Sie nahm ihn auf einen Spaziergang ins Veld
mit. Sie lief barfuß; sie besaß gar keine Schuhe. Bald sahen sie das
Haus nicht mehr, waren am Ende der Welt. Sie fingen zu reden
an. Sie hatte Zöpfe und lispelte, was ihm gefiel. Bald wurde er zu-
traulicher. Beim Sprechen vergaß er, welche Sprache er benutzte;
Gedanken formten sich einfach in ihm zu Worten, klaren Worten.

Was genau er Agnes an jenem Nachmittag mitgeteilt hat, weiß
er nicht mehr. Doch er erzählte ihr alles, alles, was er so machte,
was er wusste, worauf er hoffte. Schweigend nahm sie alles auf.
Noch beim Reden wusste er, dass das ein besonderer Tag war, ih-
retwegen.

Die Sonne sank allmählich, feuerrot, doch eisig. Die Wolken
wurden dunkler, der Wind schärfer, er drang ihm durch die Kleidung. Agnes hatte außer einem dünnen Baumwollkleid nichts an;
ihre Füße waren blau vor Kälte.

»Wo seid ihr gewesen? Was habt ihr gemacht?«, fragten die Erwachsenen, als sie zum Haus zurückkehrten. »*Niks nie*«, antwortete Agnes. Nichts.

Hier auf Voëlfontein darf Agnes nicht auf die Jagd, aber es steht ihr frei, mit ihm im Veld umherzuwandern oder Frösche im großen Wasserbecken zu fangen. Mit ihr zusammen zu sein ist etwas anderes, als wenn er mit seinen Schulfreunden zusammen ist. Das hat etwas mit ihrer Sanftheit zu tun, mit ihrer Bereitschaft zum Zuhören, aber auch mit ihren schlanken braunen Beinen, mit der Art, wie sie von Stein zu Stein tanzt. Er ist klug, er ist der Klassenerste; auch sie gilt als klug; sie streifen umher und reden von Dingen, über die die Erwachsenen den Kopf schütteln würden: ob das Universum einen Anfang hat; was hinter dem Pluto, dem dunklen Planeten, liegt; wo Gott ist, wenn es ihn gibt.

Warum kann er so leicht zu Agnes sprechen? Weil sie ein Mädchen ist? Auf alles, was von ihm kommt, scheint sie ohne Vorbehalt, sanft, bereitwillig zu antworten. Sie ist seine Cousine ersten Grades, deshalb können sie sich nicht verlieben und heiraten. In gewisser Weise ist das eine Erleichterung; er ist frei, mit ihr befreundet zu sein, ihr sein Herz zu öffnen. Aber ist er trotzdem in sie verliebt? Ist das Liebe – diese schlichte Großzügigkeit, dieses Gefühl, dass man ihn endlich versteht, dass er nichts vorspielen muss?

Diesen ganzen Tag und auch den ganzen nächsten arbeiten die Scherer, machen kaum eine Esspause, stacheln einander zum Wettbewerb auf, wer von ihnen der Schnellste ist. Am Abend des zweiten Tages ist die ganze Arbeit getan, jedes Schaf auf der Farm ist geschoren. Onkel Son bringt einen Leinenbeutel mit Banknoten und Münzen heraus, und jeder Scherer wird nach der Anzahl seiner Bohnen bezahlt. Dann gibt es wieder ein Lagerfeuer, wieder ein Fest. Am nächsten Morgen sind sie fort, und die Farm kann zu ihrer alten, gemächlichen Lebensart zurückkehren.

Es sind so viele Wollballen, dass sie aus dem Schuppen quellen.

Onkel Son geht mit einer Schablone und einem Stempelkissen von einem zum anderen und malt auf jeden Ballen seinen Namen, den Namen der Farm, die Güteklasse der Wolle. Tage später kommt ein großer Lastwagen (wie ist der durch das Sandbett des Boesmansflusses gekommen, wo selbst Autos stecken bleiben?), die Ballen werden aufgeladen und weggefahren.

Das geschieht jedes Jahr. Jedes Jahr kommen die Scherer, jedes Jahr gibt es dieses Abenteuer, dieses aufregende Ereignis. Es wird nie ein Ende haben; es gibt keinen Grund, warum es je ein Ende haben sollte, solange es Jahre gibt.

Das heimliche und heilige Wort, das ihn mit der Farm verbindet, heißt *gehören*. Draußen im Veld kann er das Wort laut äußern: *Ich gehöre auf die Farm*. Was er wirklich glaubt, aber nicht ausspricht, was er für sich behält, aus Angst, dass der Zauber endet, ist eine andere Form dieses Wortes: *Ich gehöre zur Farm*.

Er sagt es niemandem, weil das so leicht falsch verstanden, so leicht umgekehrt werden kann: *Die Farm gehört zu mir*. Die Farm wird ihm niemals gehören, er wird nie mehr als ein Besucher sein – das akzeptiert er. Der Gedanke, wirklich auf Voëlfontein zu leben, das große alte Haus sein Zuhause zu nennen, keine Erlaubnis zu brauchen, um zu tun, was er will, macht ihn schwindlig; er schiebt den Gedanken beiseite. *Ich gehöre zur Farm* – weiter wagt er nicht zu gehen, selbst im innersten Herzen. Aber im innersten Herzen weiß er, was die Farm auf ihre Art auch weiß: dass Voëlfontein niemandem gehört. Die Farm ist größer als sie alle. Die Farm existiert von Ewigkeit zu Ewigkeit. Wenn sie alle tot sind, wenn selbst das Farmhaus verfallen ist wie die Krale auf dem Berg, wird die Farm noch da sein.

Einmal bückt er sich weit weg vom Haus draußen im Veld und reibt die Handflächen im Staub, als wasche er sie. Es ist rituell. Er schafft ein Ritual. Er weiß noch nicht, was das Ritual bedeutet, aber er ist erleichtert, dass keiner da ist, der ihn beobachten und verraten könnte.

Dass er zur Farm gehört, ist sein heimliches Los, ein durch Geburt bestimmtes Los, das er aber freudig annimmt. Sein anderes Geheimnis ist, er mag sich noch so sehr dagegen sträuben, er gehört doch zu seiner Mutter. Es entgeht ihm nicht, dass diese doppelte Hörigkeit Konflikte mit sich bringt. Und es entgeht ihm auch nicht, dass der Einfluss seiner Mutter auf der Farm am schwächsten ist. Da sie als Frau nicht jagen kann, nicht einmal im Veld wandern kann, ist sie auf der Farm im Nachteil.

Er hat zwei Mütter. Zweimal geboren: von einer Frau geboren und von der Farm geboren. Zwei Mütter und keinen Vater.

Eine halbe Meile vom Farmhaus entfernt gabelt sich die Straße, der linke Abzweig führt nach Merweville, der rechte nach Fraserburg. An der Gabelung liegt der Friedhof, ein umzäuntes Stück Land mit eigenem Tor. Der marmorne Grabstein seines Großvaters überragt alles; darum herum drängen sich ein Dutzend andere Gräber, flacher und schlichter, mit Grabsteinen aus Schiefer, einige tragen eingemeißelte Namen und Daten, andere sind ohne Inschrift.

Sein Großvater ist hier der einzige Coetzee, der einzige, der gestorben ist, seit die Farm im Familienbesitz ist. Hier endete er, der Mann, der als Hausierer in Piketberg anfing, dann ein Geschäft in Laingsburg aufmachte und Bürgermeister der Stadt wurde, dann das Hotel in Fraserburg Road kaufte. Er liegt im Grab, doch die Farm gehört noch immer ihm. Seine Kinder laufen wie die Zwerge auf ihr herum, und die Enkel wie Zwergenkinder.

Auf der anderen Straßenseite ist ein zweiter Friedhof ohne Zaun, wo einige der Grabhügel so verwittert sind, dass der Erdboden sie wieder aufgenommen hat. Hier liegen die Diener und Knechte der Farm, bis zurück zu Outa Jaap und weit über ihn hinaus. Die wenigen Grabsteine, die noch aufrecht stehen, sind ohne Namen oder Daten. Aber hier spürt er größere Ehrfurcht als zwischen den Generationen der Botes-Familie, die sich um seinen Großvater drängen. Es hat nichts mit Geistern zu tun. In der Karoo glaubt niemand an Geister. Was hier stirbt, stirbt sicher und endgültig – das Fleisch wird von den Ameisen abgenagt, die Knochen werden von der Sonne gebleicht, und basta. Aber zwischen diesen Gräbern tritt er vorsichtig auf. Aus der Erde steigt eine große Stille, so tief, dass sie beinahe ein Summen sein könnte.

Wenn er stirbt, möchte er auf der Farm begraben werden. Wenn sie das nicht zulassen, dann möchte er eingeäschert werden, und seine Asche soll hier verstreut werden.

Der andere Ort, zu dem er jedes Jahr pilgert, ist Bloemhof, wo das erste Farmhaus gestanden hat. Davon ist nichts geblieben außer den Grundmauern, die uninteressant sind. Davor befand sich einst ein Wasserreservoir, gespeist von einer unterirdischen Quelle; doch die Quelle ist lange schon versiegt. Vom Garten und Obstgarten, die es einmal hier gegeben hat, zeugt nichts mehr. Aber neben der Quelle wächst aus der kahlen Erde eine riesige, einsame Palme. Im Stamm dieses Baumes haben Bienen sich ein Nest gebaut, angriffslustige kleine schwarze Bienen. Der Palmstamm ist geschwärzt vom Rauch der Feuer, die Menschen über Jahre hinweg angezündet haben, um die Bienen ihres Honigs zu berauben; doch die Bienen bleiben und sammeln Nektar wer weiß wo in dieser trockenen, grauen Landschaft.

Er hätte es gern, wenn die Bienen erkennen würden, dass er bei seinen Besuchen mit reinen Händen kommt, nicht um sie zu bestehlen, sondern um sie zu begrüßen, ihnen seinen Respekt zu erweisen. Aber als er sich der Palme nähert, beginnen sie verärgert zu summen; Vorboten stürzen sich auf ihn herab, empfehlen ihm den Rückzug; einmal muss er sogar, verfolgt von einem Bienenschwarm, fliehen und schmählich über das Veld rennen, Haken schlagend und mit den Armen wedelnd, dankbar, dass keiner ihn sieht und auslacht.

Jeden Freitag wird für die Leute auf der Farm ein Schaf geschlachtet. Er begleitet Ros und Onkel Son, wenn sie das Schaf aussuchen, das sterben soll; dann steht er daneben und schaut zu, wenn Freek auf dem Schlachtplatz hinter dem Schuppen – vom Haus aus nicht einsehbar – die Beine des Schafes festhält, während Ros dem Tier mit seinem harmlos wirkenden kleinen Taschenmesser die Kehle durchschneidet. Danach halten beide Männer das Schaf fest, das ausschlägt und kämpft und hustet, während sein Lebensblut hervorsprudelt. Er schaut weiter zu, wenn Ros den noch warmen Körper häutet und den Kadaver am Kautschukbaum aufhängt, ihn aufschneidet und die Innereien in eine Schüssel herauszerrt: den großen blauen Magen voller Gras, die Gedärme (aus dem Darm drückt er die letzten paar Bohnen, die das Schaf keine Zeit mehr hatte auszuscheiden), das Herz, die Leber, die Nieren – alles, was das Schaf in seinem Inneren hat und was auch er in sich hat.

Ros benutzt dasselbe Messer zum Kastrieren der Lämmer. Auch bei diesem Ereignis sieht er zu. Die jungen Lämmer und ihre Mütter werden zusammengetrieben und eingepfercht. Dann geht Ros zwischen ihnen herum, packt Lämmer bei den Hinterbeinen, eins nach dem anderen, drückt sie fest zu Boden, während sie vor Entsetzen blöken, einen Verzweiflungsschrei nach dem anderen ausstoßen, und schlitzt den Hodensack auf. Sein Kopf taucht hinunter, er packt die Hoden mit den Zähnen und zerrt sie heraus. Sie sehen aus wie zwei kleine Quallen, an denen blaue und rote Blutgefäße hängen.

Ros schneidet auch den Schwanz ab, wenn er einmal dabei ist, und wirft ihn beiseite, nur einen blutigen Stummel übrig lassend.

Mit seinen kurzen Beinen, seinen ausgebeulten, abgelegten Hosen, die kurz unterm Knie abgeschnitten sind, seinen selbstgemachten Schuhen und dem zerschlissenen Filzhut schlurft Ros im Pferch herum wie ein Clown, wählt die Lämmer aus und kastriert sie mitleidslos. Am Ende der Operation stehen die Lämmer wund und blutend neben ihren Müttern, die nichts getan haben, um sie zu beschützen. Ros klappt sein Messer zusammen. Die Arbeit ist getan; er grinst leicht.

Über das, was er gesehen hat, kann man nicht reden. »Warum müssen sie den Lämmern die Schwänze abschneiden?«, fragt er die Mutter. »Weil sonst die Schmeißfliegen unter ihren Schwänzen brüten würden«, antwortet die Mutter. Sie reden beide drumherum; beide wissen, was die Frage wirklich meint.

Einmal gibt ihm Ros sein Taschenmesser in die Hand und zeigt ihm, wie leicht es ein Haar zerschneidet. Das Haar biegt sich nicht, es teilt sich bei der leisesten Berührung der Klinge. Ros schärft das Messer jeden Tag, wobei er auf den Wetzstein spuckt und die Klinge immer wieder darüberzieht, ohne Druck, ganz leicht. Vom ständigen Schärfen und Schneiden und wieder Schärfen ist die Klinge so abgewetzt, dass nur ein dünner Streifen geblieben ist. Genauso ist es mit Ros' Spaten – den hat er so lange benutzt und so oft geschärft, dass von ihm nur noch ein oder zwei Handbreit Stahl geblieben sind; das Holz des Griffes ist glatt und schwarz vom Schweiß der Jahre.

»Du solltest da nicht zusehen«, sagt die Mutter nach einer der freitäglichen Schlachtungen.

»Warum?«

»Darum.«

»Ich will aber.«

Und er geht, um zuzusehen, wie Ros das Fell festpflockt und mit Steinsalz bestreut.

Gern sieht er Ros und Freek und seinem Onkel bei der Arbeit zu. Um von den hohen Wollpreisen zu profitieren, will Son noch mehr Schafe auf der Farm halten. Doch nach regenarmen Jahren ist das Veld eine Wüste, das Gras und die Büsche sind bis auf den Grund abgeweidet. Er macht sich daher daran, die gesamte Farm neu einzuzäunen, sie in kleinere Weidegründe einzuteilen, so dass man die Schafe von einem zum anderen treiben kann und das Veld Zeit bekommt, sich zu erholen. Er geht mit Ros und Freek jeden Tag hinaus, treibt Zaunpfähle in die steinharte Erde, spannt eine Achtelmeile Draht nach der anderen, zieht ihn straff wie eine Bogensehne und klammert ihn fest.

Onkel Son ist immer freundlich zu ihm, doch er weiß, dass er ihn nicht wirklich mag. Woran merkt er das? An dem unruhigen Blick in Sons Augen, wenn er in der Nähe ist, an dem gezwungenen Ton in der Stimme. Wenn Son ihn wirklich gernhaben würde, dann ginge er genauso frei und ungezwungen mit ihm um wie mit Ros und Freek. Stattdessen passt Son genau auf, dass er immer Englisch mit ihm spricht, auch wenn er auf Afrikaans antwortet. Für sie beide ist es inzwischen eine Frage der Ehre; sie wissen nicht, wie sie aus der Falle herauskommen können.

Er sagt sich, dass dieses Missfallen nicht ihm persönlich gilt, dass es nur da ist, weil er, der Sohn von Sons jüngerem Bruder, älter ist als Sons eigener Sohn, der noch ein Baby ist. Doch er befürchtet, dass dieses Gefühl tiefere Wurzeln hat, dass Son ihn nicht mag, weil er sich mit der Mutter, diesem Eindringling, verbündet hat statt mit dem Vater; und auch deshalb, weil er nicht aufrichtig, ehrlich, wahrheitsliebend ist.

Wenn er zwischen Son und seinem eigenen Vater als Vater wählen dürfte, dann würde er sich für Son entscheiden, selbst wenn das bedeutete, dass er unwiderruflich zu den Afrikaanern gehören würde und Jahre im Fegefeuer einer Afrikaans-Internatsschule zubringen müsste, wie alle anderen Farmkinder, ehe er auf die Farm zurückkommen dürfte.

Vielleicht ist das der tiefere Grund dafür, warum Son ihn nicht mag – er spürt den unverständlichen Anspruch, den dieses seltsame Kind auf ihn erhebt, und weist ihn zurück wie ein Mann, der sich vom Klammergriff eines Kleinkinds befreit.

Er beobachtet Son unablässig, bewundert das Geschick, mit dem er alles tut, vom Verarzten eines kranken Tiers bis zum Reparieren einer Windkraftpumpe. Besonders fasziniert ihn sein Wissen über Schafe. Durch bloßes Betrachten eines Schafes kann

Son nicht nur sein Alter und seine Abstammung angeben und die Wollmenge, die es erzielen wird, sondern auch, wie jeder Teil seines Körpers schmecken wird. Er kann ein Schlachtschaf danach auswählen, ob es die richtigen Rippen zum Grillen hat oder die richtige Keule zum Braten.

Er selber isst gern Fleisch. Ungeduldig erwartet er das Bimmeln der Glocke zu Mittag und das gewaltige Mahl, das es ankündigt: Schüsseln mit Bratkartoffeln, gelben Reis mit Rosinen, süße Kartoffeln mit Karamellsoße, Kürbis mit braunem Zucker und weichen Brotwürfeln, süßsaure Bohnen, Rote-Bete-Salat und als Mittelpunkt eine große Platte mit Hammelfleisch und Bratensoße zum Darübergießen. Aber nachdem er Ros beim Schlachten von Schafen zugesehen hat, meidet er rohes Fleisch. Daheim in Worcester geht er lieber nicht in Fleischerläden. Die beiläufige Selbstverständlichkeit, mit der der Fleischer ein Stück Fleisch auf den Ladentisch wirft, es aufschneidet, in Packpapier wickelt und einen Preis daraufschreibt, stößt ihn ab. Wenn er das schrille Kreischen der Bandsäge beim Durchtrennen von Knochen hört, möchte er die Ohren verschließen. Es macht ihm nichts aus, Leber anzuschauen, deren Funktion im Körper unklar ist, doch er wendet die Augen ab von den Herzen in der Verkaufsvitrine, und besonders von den Tabletts mit Kutteln. Sogar auf der Farm weigert er sich, Kutteln zu essen, obwohl sie als große Delikatesse gelten.

Er versteht nicht, warum Schafe ihr Schicksal hinnehmen, warum sie nie aufbegehren, sondern demütig in den Tod gehen. Wenn wilde Böcke wissen, dass es nichts Schlimmeres auf Erden gibt, als in die Hände des Menschen zu fallen, und bis zum letzten Atemzug zu entkommen suchen, warum sind dann Schafe so einfältig? Es sind doch schließlich Tiere, sie haben die scharfen Sinne von Tieren – warum hören sie nicht das letzte Blöken des Opfers hinterm Schuppen, riechen sein Blut und sind auf der Hut?

Manchmal wenn er unter den Schafen ist – wenn man sie zum Dippen zusammengetrieben hat und sie eingepfercht sind und nicht fortkönnen –, möchte er ihnen etwas zuflüstern, sie davor warnen, was sie erwartet. Doch dann entdeckt er in ihren gelben Augen ein gewisses Etwas, was ihn verstummen lässt. eine Resignation, ein Bescheidwissen nicht nur darüber, was Ros den Schafen hinter dem Schuppen antut, sondern auch darüber, was sie am Ende einer langen Durstfahrt auf einem Viehtransporter nach Kapstadt erwartet. Sie wissen das alles, bis ins Kleinste, und doch fügen sie sich. Sie haben den Preis bedacht und sind bereit, ihn zu zahlen – den Preis dafür, auf der Erde zu sein, den Preis dafür, am Leben zu sein.

◆ Zwölf ◆

In Worcester weht immer der Wind, schwach und kalt im Winter, heiß und trocken im Sommer. Nach einer Stunde im Freien hat man feinen roten Staub im Haar, in den Ohren, auf der Zunge.

Er ist gesund, voller Leben und Energie, scheint aber immer erkältet zu sein. Morgens wacht er mit Halsschmerzen und roten Augen auf, niest unbeherrscht, seine Temperatur steigt heftig und fällt dann wieder. »Ich bin krank«, krächzt er seiner Mutter zu. Sie legt ihm den Handrücken auf die Stirn. »Dann musst du natürlich im Bett bleiben«, seufzt sie.

Ein schwieriger Moment muss noch durchgestanden werden, der Moment, wenn sein Vater fragt: »Wo ist John?«, und die Mutter sagt: »Er ist krank«, und der Vater schnaubt und sagt: »Spielt er wieder mal den Kranken.« Das übersteht er, indem er, so ruhig er kann, daliegt, bis der Vater fort ist und der Bruder fort ist und er es sich schließlich bei einem Lesetag gemütlich machen kann.

Er liest mit großer Geschwindigkeit und völliger Hingabe. Während seiner Krankheitsanfälle muss seine Mutter zweimal die Woche in die Bücherei, um für ihn Bücher auszuleihen – zwei auf ihre Karte, zwei weitere auf seine. Er selbst meidet die Bücherei, falls es dem Bibliothekar einfallen sollte, Fragen zu stellen, wenn er die Bücher abstempeln lässt.

Er weiß, wenn er ein großer Mann sein will, sollte er ernsthafte Bücher lesen. Er sollte wie Abraham Lincoln oder James Watt sein und bei Kerzenschein studieren, während alle anderen schlafen, er sollte sich Latein und Griechisch und Astronomie beibringen. Den Gedanken, ein großer Mann zu sein, hat er nicht aufgegeben; er verspricht sich, dass er bald mit der ernsthaften Lektüre beginnen wird; doch momentan will er nichts als Geschichten lesen.

Er liest alle Krimis von Enid Blyton, alle Geschichten von den Hardy Boys, den jugendlichen Detektiven, alle Kriegsgeschichten über den Jagdflieger Biggles. Aber die Bücher, die ihm am besten gefallen, sind die Geschichten über die Französische Fremdenlegion von P. C. Wren. »Wer ist der größte Schriftsteller auf der Welt?«, fragt er den Vater. Sein Vater sagt, Shakespeare. »Warum nicht P. C. Wren?«, fragt er. Sein Vater hat P. C. Wren nicht gelesen und scheint sich trotz seines soldatischen Vorlebens nicht für diese Lektüre zu interessieren. »P. C. Wren hat sechsundvierzig Bücher geschrieben. Wie viele Bücher hat Shakespeare geschrieben?«, fragt er herausfordernd und fängt mit der Aufzählung von Titeln an. Der Vater äußert gereizt und abweisend »Aah!«, hat aber keine Antwort parat.

Wenn dem Vater Shakespeare gefällt, dann muss Shakespeare schlecht sein, schlussfolgert er. Trotzdem fängt er an, Shakespeare zu lesen, in der Ausgabe mit den vergilbenden Seiten und ausgefransten Rändern, die sein Vater geerbt hat und die vielleicht sehr wertvoll ist, weil sie so alt ist. Er versucht zu entdecken, warum die Leute sagen, Shakespeare sei groß. Er liest *Titus Andronicus* wegen des römischen Namens, dann *Coriolanus*, wobei er die langen Reden überspringt, wie er die Naturbeschreibungen in seinen Bücherei-Büchern überspringt.

Außer Shakespeare besitzt sein Vater noch die Gedichte von Wordsworth und die Gedichte von Keats. Seine Mutter besitzt die Gedichte von Rupert Brooke. Diese Gedichtbände zieren den Kaminsims im Wohnzimmer, zusammen mit Shakespeare, mit dem *Buch von San Michele* in einem Lederschuber und mit einem Buch von A. J. Cronin über einen Arzt. Zweimal versucht er *Das Buch von San Michele* zu lesen, doch es langweilt ihn. Er bekommt nie heraus, wer Axel Munthe ist, ob das Buch wahr oder erfunden ist, ob es von einem Mädchen oder von einem Ort handelt.

Eines Tages kommt der Vater mit der Wordsworth-Ausgabe in sein Zimmer. »Die Gedichte solltest du lesen«, sagt er und zeigt ihm Gedichte, die er mit Bleistift angekreuzt hat. Einige Tage später kommt er wieder und will mit ihm über die Gedichte sprechen. »Des Katarakts Tosen verfolgte mich wie eine Leidenschaft«, zitiert der Vater. »Das ist große Dichtkunst, nicht wahr?« Er murmelt etwas, will seinen Vater nicht anblicken, will nicht auf sein Spiel eingehen. Es dauert nicht lange, bis der Vater aufgibt.

Sein abweisendes Benehmen tut ihm nicht leid. Er kann nicht erkennen, wie Poesie in das Leben seines Vaters hineinpasst; er argwöhnt, dass es nur Schau ist. Wenn die Mutter sagt, sie hätte ihr Buch nehmen und sich in die Dachkammer schleichen müssen, um dem Gespött ihrer Schwestern zu entkommen, glaubt er ihr. Aber den Vater, der heute außer der Zeitung nichts liest, kann er sich nicht als Jungen vorstellen, der Gedichte liest. Er kann sich den Vater in diesem Alter nur Späße machend, lachend und heimlich hinterm Gebüsch Zigaretten rauchend vorstellen.

Er beobachtet den Vater beim Zeitunglesen. Er liest schnell, nervös, blättert durch die Seiten, als suche er etwas, das nicht da ist, er raschelt mit den Seiten und schlägt sie geräuschvoll um. Wenn er mit der Lektüre fertig ist, faltet er die Zeitung klein zusammen und widmet sich dem Kreuzworträtsel.

Auch die Mutter verehrt Shakespeare. Sie hält *Macbeth* für Shakespeares größtes Stück. »Wenn der Meuchelmord aussperren könnt' aus seinem Netz die Folgen«, schnurrt sie herunter und hält inne; »und nur Gelingen aus der Tiefe zöge«, fährt sie fort und nickt mit dem Kopf, um das Versmaß einzuhalten. »Alle Wohlgerüche Arabiens würden diese kleine Hand nicht wohlriechend machen«, fügt sie hinzu. *Macbeth* war das Stück, das in der Schule behandelt wurde; der Lehrer stand immer hinter ihr und zwickte sie in den Arm, bis sie den ganzen Monolog aufgesagt hatte. »*Kom nou, Vera!*«, sagte er immer – »Weiter!« – und kniff sie, und sie brachte dann noch ein paar Worte heraus.

Obwohl die Mutter so dumm ist, dass sie ihm nicht bei den Hausaufgaben der Klasse vier helfen kann, ist ihr Englisch fehlerlos, besonders, wenn sie schreibt, das versteht er nicht. Sie gebraucht die Worte im richtigen Sinn, ihre Grammatik ist tadellos. Sie ist in der Sprache heimisch, das ist ein Bereich, wo sie nicht verunsichert werden kann. Wie ist das gekommen? Ihr Vater war Piet Wehmeyer, ein eindeutiger Afrikaans-Name. Im Fotoalbum sieht er in seinem kragenlosen Hemd und dem breitkrempigen Hut wie jeder gewöhnliche Farmer aus. Im Uniondale-Bezirk, wo sie zu Hause waren, gab es keine Engländer; die Nachbarn schienen alle Zondagh geheißen zu haben. Ihre Mutter war eine geborene Marie du Biel, mit deutschen Eltern, die keinen Tropfen englischen Bluts in den Adern hatten. Doch als sie Kinder bekam, gab sie ihnen englische Namen – Roland, Winifred, Ellen, Vera, Norman, Lancelot – und sprach mit ihnen zu Hause Englisch. Wo konnten die beiden, sie und Piet, nur Englisch gelernt haben?

Das Englisch des Vaters ist fast genauso gut, obwohl in seinem Akzent mehr als eine Spur Afrikaans hörbar ist und er »thirty« wie »thutty« ausspricht. Der Vater blättert ständig in der Taschenausgabe des »Oxford English Dictionary«, wenn er seine Kreuzworträtsel löst. Er scheint jedes Wort darin wenigstens ungefähr zu kennen, auch jede Redewendung. Die verrückteren Wendungen spricht er mit Vergnügen aus, als präge er sie sich ein: *pitch in* (mit anpacken), *come a cropper* (auf die Nase fallen).

Er selbst kommt bei Shakespeare nur bis zum *Coriolanus*. Abgesehen von der Sportseite und den Comics, langweilt ihn die Zeitung. Wenn er sonst nichts zu lesen hat, liest er in den grünen Büchern. »Bring mir ein grünes Buch!«, ruft er der Mutter von seinem Krankenbett aus zu. Die grünen Bücher sind die Bände von Arthur Mees *Enzyklopädie für Kinder*, die mit ihnen gereist sind, solange er denken kann. Er hat sie schon sehr oft durchgenommen; als er noch klein war, hat er Seiten herausgerissen, mit Buntstiften darin herumgekrakelt, den Einband kaputtgemacht, so dass die Bände nun mit äußerster Vorsicht behandelt werden müssen.

Er liest nicht wirklich in den grünen Büchern – der Stil, in dem sie verfasst sind, macht ihn ungeduldig, er ist zu überschwenglich und kindisch, ausgenommen die zweite Hälfte von Band 10, der Index, der voll sachlicher Informationen steckt. Aber er verweilt lange bei den Abbildungen, besonders den Fotos von Marmorstatuen, nackten Männern und Frauen mit Stofffähnchen um die Lenden. Glatte, schlanke Marmormädchen bevölkern seine erotischen Träume.

Das Überraschende an seinen Erkältungen ist, wie schnell sie vorübergehen oder scheinbar vorübergehen. Um elf hat das Niesen aufgehört, ist der Brummschädel verschwunden, es geht ihm gut. Er hat genug vom verschwitzten, unangenehm riechenden Schlafanzug, von den muffigen Decken und der durchgelegenen Matratze, von den feuchten Taschentüchern überall. Er steht auf, zieht sich aber nicht an – das hieße sein Glück zu sehr auf die Probe stellen. Er gibt acht, dass er sich nicht draußen zeigt, damit ihn kein Nachbar oder jemand, der vorbeikommt, verrät, und spielt mit dem Meccano-Baukasten oder ordnet Briefmarken in sein Album, fädelt Knöpfe auf oder flicht Kordeln aus übriggebliebenen Wollsträngen. Seine Schublade ist voller geflochtener Kordeln, die zu nichts taugen, außer zu Gürteln für den Morgenmantel, den er nicht besitzt. Wenn die Mutter in sein Zimmer kommt, versucht er, so elend wie nur möglich auszusehen, und wappnet sich gegen ihre spitzen Bemerkungen.

Alle verdächtigen ihn, dass er nur schauspielert. Er kann seine Mutter nie davon überzeugen, dass er wirklich krank ist; wenn sie seinen Bitten nachgibt, tut sie es unwillig und nur, weil sie ihm nichts abschlagen kann. Seine Schulkameraden halten ihn für einen Weichling und ein Muttersöhnchen.

Doch die Wahrheit ist, dass er oft morgens aufwacht und um Luft ringt; Niesanfälle schütteln ihn minutenlang, bis er keucht und weint und sterben möchte. Diese Anfälle sind nicht gespielt.

Die Vorschrift besagt, dass man eine schriftliche Entschuldigung vorweisen muss, wenn man in der Schule gefehlt hat. Er kennt den Standardbrief seiner Mutter auswendig: »Entschuldigen Sie bitte Johns Fernbleiben gestern. Er hatte eine starke Erkältung, und ich hielt es für ratsam, dass er im Bett bleibt. Hochachtungsvoll.« Mit einem flauen Gefühl gibt er diese Briefe ab, die seine Mutter als Lügen schreibt und die als Lügen gelesen werden.

Wenn er zum Ende des Schuljahres die Tage seiner Abwesenheit zusammenzählt, hat er fast jeden dritten Tag gefehlt. Und trotzdem ist er immer noch Klassenerster. Er schlussfolgert daraus, dass nicht wichtig ist, was im Klassenzimmer vor sich geht. Er kann alles jederzeit zu Hause nachholen. Wenn es nach ihm ginge, würde er das ganze Jahr über fehlen und nur zu den Prüfungen erscheinen.

Seine Lehrer erzählen nur, was im Lehrbuch steht. Er blickt deshalb nicht auf sie herab, die anderen Jungen auch nicht. Es gefällt ihm nicht, wenn die Unwissenheit eines Lehrers deutlich wird, was hin und wieder passiert. Wenn er könnte, würde er seine Lehrer beschützen. Aufmerksam lauscht er jedem ihrer Worte. Aber er lauscht weniger, um zu lernen, als um nicht beim Tagträumen erwischt zu werden (»Was habe ich gerade gesagt? Wiederhole, was ich gerade gesagt habe«), damit er nicht vor die Klasse treten muss und erniedrigt wird.

Er ist davon überzeugt, dass er anders, dass er etwas Besonderes ist. Worin diese Besonderheit besteht, warum er auf der Welt ist, weiß er noch nicht. Er vermutet, dass er kein König Artus oder Alexander sein wird, die schon zu Lebzeiten verehrt wurden.

Erst nach seinem Tod wird man begreifen, was die Welt verloren hat.

Er wartet auf seine Berufung. Wenn der Ruf kommt, wird er bereit sein. Ohne Zögern wird er ihm folgen, auch wenn er in den Tod gehen müsste, wie die britischen Kavalleristen der *Light Brigade*, die im Krimkrieg gegen russische Kanonen anritten.

Den Maßstab, an dem er sich misst, ist der des VC, des Viktoria-Kreuzes. Nur die Engländer haben das VC. Die Amerikaner haben es nicht, zu seiner Enttäuschung auch die Russen nicht. Die Südafrikaner haben es ganz sicher nicht.

Es entgeht ihm nicht, dass VC die Initialen seiner Mutter sind.

Südafrika ist ein Land ohne Helden. Wolraad Woltemade würde vielleicht zu den Helden zählen, wenn er nicht so einen ulkigen Namen hätte. Immer wieder ins stürmische Meer hinauszuschwimmen, um unglückliche Seeleute zu retten, ist bestimmt mutig; aber wer war denn mutig, der Mann oder das Pferd? Bei dem Gedanken an Wolraad Woltemades Schimmel, der sich standhaft erneut in die Wellen stürzt (ihm gefällt der verstärkte Nachdruck von *standhaft*), hat er einen Kloß im Hals.

Vic Toweel kämpft gegen Manuel Ortiz um den Weltmeistertitel im Bantamgewicht. Der Kampf findet an einem Samstagabend statt; er bleibt lange auf, um mit seinem Vater die Rundfunkreportage zu hören. In der letzten Runde stürzt sich Toweel, schon blutend und erschöpft, auf seinen Gegner. Ortiz schwankt; die Menge rast, die Stimme des Reporters ist heiser vom Schreien. Die Kampfrichter verkünden ihr Urteil: Südafrikas Viccie Toweel ist der neue Weltmeister. Er und der Vater schreien vor Begeisterung und fallen sich in die Arme. Er weiß nicht, wie er seiner Freude Ausdruck geben soll. Unwillkürlich packt er die Haare des Vaters und zieht mit aller Kraft daran. Sein Vater fährt zurück und sieht ihn seltsam an.

Tagelang sind die Zeitungen voll Bilder vom Kampf. Viccie Toweel ist ein Nationalheld. Was ihn angeht, so schwindet die

Begeisterung rasch. Er ist immer noch glücklich, dass Toweel Ortiz geschlagen hat, aber er fragt sich allmählich, warum. Was bedeutet ihm Toweel? Warum sollte er sich nicht frei für Toweel oder Ortiz beim Boxsport entscheiden können, wie er sich beim Rugby für die Hamiltons oder die Villagers entscheiden kann? Ist er verpflichtet, Anhänger von Toweel zu sein, diesem hässlichen kleinen Mann mit den krummen Schultern, der großen Nase und den winzigen glänzend-schwarzen Äuglein, weil Toweel (trotz seines komischen Namens) Südafrikaner ist? Müssen Südafrikaner andere Südafrikaner unterstützen, auch wenn sie die gar nicht kennen?

Der Vater ist keine Hilfe. Der Vater äußert nie etwas Überraschendes. Ausnahmslos sagt er vorher, dass Südafrika gewinnen wird oder dass Western Province gewinnen wird, sei es beim Rugby, beim Cricket oder bei einem anderen Sport. »Was denkst du, wer wird gewinnen?«, fordert er den Vater am Tag vor dem Spiel Western Province gegen Transvaal heraus. »Western Province, haushoch«, antwortet der Vater wie ein Automat. Sie hören sich die Reportage vom Spiel im Radio an, und Transvaal gewinnt. Der Vater ist ungerührt. »Nächstes Jahr gewinnt Western Province«, sagt er. »Wart's nur ab.«

Es scheint ihm einfältig, zu glauben, Western Province werde gewinnen, nur weil man aus Kapstadt stammt. Es ist besser, man glaubt, Transvaal gewinnt, und ist dann angenehm überrascht, wenn es nicht so kommt.

In seiner Hand spürt er immer noch, wie sich das Haar seines Vaters angefühlt hat – grob, kräftig. Das Gewaltsame seiner Handlung erstaunt und verstört ihn. Er hat sich noch nie so viel Freiheit dem Vater gegenüber herausgenommen. Er möchte lieber nicht, dass es noch einmal passiert.

◆ Dreizehn ◆

Es ist spät in der Nacht. Die anderen schlafen alle. Er liegt im Bett und denkt. Quer über sein Bett fällt ein orangefarbener Lichtstreifen von der Straßenbeleuchtung, die in Reunion Park die ganze Nacht über brennt.

Er erinnert sich daran, was an jenem Vormittag während der Morgenandacht passiert ist, während die evangelischen Christen ihre Kirchenlieder sangen und die Juden und Katholiken frei herumstreiften. Zwei ältere Jungen, Katholiken, hatten ihn in einer Ecke gestellt. »Wann kommst du zum Katechismus?«, hatten sie wissen wollen. »Ich kann nicht zum Katechismus kommen, ich muss freitagnachmittags immer Besorgungen für meine Mutter machen«, hatte er gelogen. »Wenn du nicht zum Katechismus kommst, kannst du kein Katholik sein«, hatten sie gesagt. »Ich bin Katholik«, hatte er beharrlich behauptet und wieder gelogen.

Wenn das Schlimmste geschehen sollte, denkt er jetzt und sieht dem ins Auge, wenn der katholische Priester seine Mutter aufsuchen und fragen würde, warum er nie zum Katechismus kommt, oder – der andere Albtraum – wenn der Schulrektor ankündigen sollte, dass alle Jungen mit Afrikaans-Namen in Afrikaanerklassen versetzt werden – wenn der Albtraum Realität werden sollte und ihm nichts weiter übrigbliebe, als sich auf bockiges Schreien, Toben und Heulen zu verlegen, sich in die kindische Art zu flüchten, die, wie er weiß, noch in ihm steckt, zusammengerollt wie eine Feder – wenn er sich nach diesem Sturm in einem letzten, verzweifelten Schritt in den Schutz seiner Mutter begeben und sich weigern würde, in die Schule zurückzukehren, sie anflehen würde, ihn zu retten – wenn er sich in dieser Weise völlig und endgültig blamieren und offenbaren sollte, was nur er auf seine Art und die Mutter auf ihre und vielleicht der Vater auf seine eigene verächtliche Art wissen, dass er nämlich noch ein Baby ist und nie erwachsen werden wird – wenn alle Geschichten, die über ihn entstanden sind, durch ihn selbst, durch jahrelanges normales Verhalten – zumindest in der Öffentlichkeit –, wenn diese Geschichten in sich zusammenfallen sollten und sein hässlicher, finsterer, jämmerlicher, kindischer Kern sichtbar würde, so dass alle ihn erkennen und darüber lachen könnten, gäbe es dann noch eine Chance für ihn weiterzuleben? Wäre es dann nicht um ihn bestellt wie um eins der missgebildeten, behinderten, mongoloiden Kinder mit heiseren Stimmen und sabberndem Mund, die man auch gleich mit Schlaftabletten umbringen oder erdrosseln könnte?

Die Betten in diesem Haus sind alle alt und müde, ihre Federböden hängen durch, sie quietschen bei der kleinsten Bewegung. Er liegt so still er kann in dem Lichtstrahl, der durchs Fenster fällt, er ist sich seines auf die Seite gerollten Körpers bewusst, seiner vor der Brust geballten Fäuste. In dieser Stille versucht er, sich seinen Tod vorzustellen. Er verabschiedet sich von allem – von der Schule, vom Zuhause, von der Mutter; er versucht, sich vorzustellen, wie sich die Tage ohne ihn abspulen. Aber es gelingt ihm nicht. Es bleibt immer etwas übrig, etwas Kleines und Schwarzes, wie eine Nuss, wie eine Eichel, die im Feuer gewesen ist, trocken, aschig, hart, unfähig zu wachsen, aber *vorhanden*. Er kann sich vorstellen, wie er stirbt, doch er kann sich nicht vorstellen, wie er verschwindet. Er mag es noch so sehr versuchen, er kann den letzten Rest von sich nicht auslöschen.

Was ist es, das seine Existenz stützt? Ist es Angst vor der Trauer seiner Mutter, einer so großen Trauer, dass er es nicht ertragen kann, länger als den Bruchteil einer Sekunde daran zu denken? (Er sieht sie in einem kahlen Raum schweigend dastehen, mit den

Händen vor den Augen; dann lässt er die Jalousie herunter, verdeckt ihr Bild.) Oder gibt es noch etwas in ihm, das nicht sterben will?

Er erinnert sich an das andere Mal, als er in die Enge getrieben wurde, damals als die beiden Afrikaanerjungen ihm die Hände auf den Rücken drehten und ihn hinter den Erdwall am Ende des Rugby-Platzes abführten. Er erinnert sich speziell an den größeren von beiden, so fett, dass die Speckfalten aus seinen engen Sachen quollen – einer dieser Idioten oder Fast-Idioten, die dir mit solcher Leichtigkeit, als drehten sie einem Vogel den Hals um, die Finger brechen oder die Luftröhre zerquetschen und dabei ruhig lächeln können. Er hatte Angst gehabt, das stand außer Frage, sein Herz hatte gehämmert. Aber wie echt war diese Angst gewesen? War da nicht, als er mit seinen Schergen über den Platz stolperte, etwas tiefer in ihm, etwas recht Keckes, das sagte: »Keine Sorge, dir geschieht nichts, das ist bloß wieder mal ein Abenteuer«?

Dir geschieht nichts, es gibt nichts, wozu du nicht imstande bist. Das sind die beiden Dinge über ihn, zwei Dinge, die eigentlich eine Einheit sind, das, was mit ihm stimmt und was gleichzeitig nicht stimmt mit ihm. Das Ding, das zwei Seiten hat, bedeutet, dass er nicht sterben wird, egal was geschieht; aber bedeutet es nicht auch, dass er nicht leben wird?

Er ist ein Baby. Die Mutter hebt ihn hoch, indem sie ihm von hinten unter die Arme greift. Seine Beine baumeln, der Kopf sinkt nach vorn, er ist nackt; aber die Mutter hält ihn vor der Brust und schreitet in die Welt hinein. Sie braucht nicht zu sehen, wo sie hingeht, sie braucht nur zu folgen. Während sie voranschreitet, erstarrt alles zu Stein und zerfällt. Er ist nur ein Baby mit einem dicken Bauch und einem baumelnden Kopf, aber er hat diese Macht.

Dann ist er eingeschlafen.

◆ Vierzehn ◆

Aus Kapstadt kommt ein Anruf. Tante Annie ist auf der Treppe ihrer Wohnung in Rosebank gestürzt. Mit einer gebrochenen Hüfte hat man sie ins Krankenhaus gebracht; jemand muss hinfahren und sich um sie kümmern.

Es ist Juli, mitten im Winter. Über dem ganzen Westkap liegt eine Kälte- und Regenfront. Sie nehmen den Frühzug nach Kapstadt, er, seine Mutter und sein Bruder, dann einen Bus, der die Kloof Street hinauf zum Volkshospitaal fährt. Tante Annie, in ihrem geblümten Nachthemd winzig wie ein Baby, ist in der Frauenstation. Die Station ist voll belegt – alte Frauen mit bösen, abgehärmten Gesichtern schlurfen in Morgenmänteln herum und zischeln vor sich hin; fette, schlampige Frauen mit ausdruckslosen Gesichtern sitzen auf den Bettkanten und lassen unbekümmert die Brust raushängen. Aus einem Lautsprecher in der Ecke hört man Springbok Radio. Drei Uhr, das Wunschprogramm am Nachmittag: »Wenn irische Augen lächeln« mit Nelson Riddle und seinem Orchester.

Tante Annie packt den Arm seiner Mutter mit runzliger Hand. »Ich will hier raus, Vera«, flüstert sie heiser. »Das hier ist nichts für mich.«

Die Mutter tätschelt ihre Hand, versucht sie zu beruhigen, auf dem Nachtschränkchen ein Glas Wasser für das Gebiss der Tante und eine Bibel.

Die Stationsschwester sagt ihnen, dass die gebrochene Hüfte gerichtet ist. Tante Annie wird noch einen Monat im Bett bleiben müssen, bis der Knochen wieder zusammengewachsen ist. »Sie ist nicht mehr die Jüngste, es braucht seine Zeit.« Danach wird sie einen Stock benutzen müssen.

Später fügt die Schwester noch hinzu, dass die Zehennägel von Tante Annie bei ihrer Einlieferung so lang und schwarz wie Vogelklauen waren.

Der Bruder, gelangweilt, hat angefangen zu quengeln. Er klagt über Durst. Die Mutter hält eine Schwester auf und überredet sie, ihm ein Glas Wasser zu holen. Er schaut verlegen weg.

Man schickt sie den Korridor hinunter zum Büro der Sozialarbeiterin. »Sind Sie die Verwandten?«, fragt die Sozialarbeiterin. »Können Sie die Frau bei sich zu Hause aufnehmen?«

Die Mutter presst die Lippen zusammen. Sie schüttelt den Kopf.

»Warum kann sie nicht in ihre Wohnung zurück?«, fragt er die Mutter hinterher.

»Sie kann die Treppe nicht steigen. Sie kann nicht einkaufen gehen.«

»Ich will nicht, dass sie bei uns wohnt.«

»Sie wird nicht bei uns wohnen.«

Die Besuchszeit ist vorüber, Zeit, Abschied zu nehmen. Tante Annies Augen füllen sich mit Tränen. Sie klammert sich so fest an den Arm der Mutter, dass ihre Finger mit Gewalt aufgebogen werden müssen. »*Ek will huistoe gaan, Vera*«, flüstert sie – ich will nach Hause.

»Nur noch ein paar Tage, Tante Annie, bis du wieder laufen kannst«, sagt die Mutter, so beschwichtigend sie kann.

Diese Seite von ihr hat er noch nie gesehen: diese Falschheit.

Dann ist er an der Reihe. Tante Annie streckt die Hand aus. Tante Annie ist sowohl seine Großtante als auch seine Patin. Es gibt im Fotoalbum ein Foto von ihr mit einem Baby auf dem Arm, das er sein soll. Sie trägt ein schwarzes knöchellanges Kleid und einen altmodischen schwarzen Hut; im Hintergrund ist eine Kirche zu sehen. Weil sie seine Patin ist, glaubt Tante Annie, eine besondere Beziehung zu ihm zu haben. Offenbar entgeht ihr der Widerwille, den er für sie empfindet, wie sie da verrunzelt und hässlich in ihrem Krankenhausbett liegt, der Widerwille, den er für diese ganze Krankenstation voll hässlicher alter Frauen empfindet. Er versucht, diesen Widerwillen nicht zu zeigen; brennende Scham erfüllt sein Herz. Er erträgt die Hand auf seinem Arm, doch er will weg, fort von diesem Ort und nie zurück.

»Du bist so klug«, sagt Tante Annie mit der leisen, heiseren Stimme, die sie gehabt hat, solange er sich erinnern kann. »Du bist ein großer Mann, deine Mutter verlässt sich auf dich. Du musst sie liebhaben und sie unterstützen, und deinen kleinen Bruder auch.«

Seine Mutter unterstützen? So ein Quatsch. Die Mutter ist wie ein Fels, wie eine steinerne Säule. Nicht er muss sie unterstützen, sie muss ihn unterstützen! Warum sagt Tante Annie überhaupt so etwas? Sie tut so, als läge sie im Sterben, dabei hat sie doch nur eine gebrochene Hüfte.

Er nickt, versucht ernsthaft und aufmerksam und folgsam auszusehen, während er heimlich bloß darauf wartet, dass sie ihn loslässt. Sie lächelt das bedeutungsvolle Lächeln, das ein Zeichen für die besondere Beziehung zwischen ihr und Veras Erstgeborenem sein soll, eine Beziehung, die er überhaupt nicht empfindet, nicht anerkennt. Ihre Augen sind matt, blassblau, wässrig. Sie ist achtzig und beinahe blind. Sogar mit Brille kann sie die Bibel nicht richtig lesen, kann sie nur auf dem Schoß halten und die Worte vor sich hin murmeln.

Sie lockert ihren Griff; er murmelt etwas und zieht sich zurück.

Jetzt ist der Bruder dran. Er lässt den Kuss über sich ergehen. »Auf Wiedersehen, liebe Vera«, krächzt Tante Annie. »*Mag die Here jou seën, jou en die kinders*« – Gott segne dich und die Kinder.

Es ist um fünf und wird allmählich dunkel. In der ungewohnten Hektik des städtischen Berufsverkehrs nehmen sie einen Zug nach Rosebank. Sie werden die Nacht in Tante Annies Wohnung verbringen – diese Aussicht versetzt ihn in trübe Stimmung.

Tante Annie hat keinen Kühlschrank. In ihrer Speisekammer ist nichts zu finden außer ein paar verschrumpelten Äpfeln, einem schimmligen halben Laib Brot, einem Glas Fischpaste, der seine Mutter nicht traut. Sie schickt ihn zum indischen Laden; dort haben sie Brot und Marmelade und Tee zum Abendbrot.

Die Kloschüssel ist braun vor Schmutz. Ihm dreht sich der Magen um, wenn er sich die alte Frau mit den langen schwarzen Zehennägeln darauf hockend vorstellt. Er will das Klo nicht benutzen.

»Warum müssen wir hierbleiben?«, fragt er. »Warum müssen wir hierbleiben?«, echot sein Bruder. »Darum«, sagt die Mutter grimmig.

Tante Annie benutzt 40-Watt-Glühbirnen, um Strom zu sparen. In dem trüben gelben Licht des Schlafzimmers beginnt die Mutter, Tante Annies Sachen in Kartons zu packen. Er ist noch nie zuvor in Tante Annies Schlafzimmer gewesen. An den Wänden hängen Bilder, gerahmte Fotografien von Männern und Frauen, die steif und abweisend aussehen: Brechers, du Biels, seine Vorfahren.

»Warum kann sie nicht bei Onkel Albert wohnen?«

»Weil Kitty sich nicht um zwei kranke alte Leute kümmern kann.«

»Ich will nicht, dass sie bei uns wohnt.«

»Sie wird nicht bei uns wohnen.«

»Wo dann?«

»Wir werden ein Heim für sie suchen.«

»Was meinst du damit, ein Heim?«

»Ein Heim, ein Heim, ein Altersheim.«

Der einzige Raum in Tante Annies Wohnung, der ihm gefällt, ist der Abstellraum. In ihm sind alte Zeitungen und Kartons bis zur Decke gestapelt. Es gibt Regale voller Bücher, immer das gleiche: ein kompaktes Buch mit rotem Einband, gedruckt auf dickem, groben Papier, das für Afrikaans-Bücher üblich war und wie Löschpapier aussieht, mit Holzspänen und eingeschlossenem Fliegendreck. Der Titel auf dem Buchrücken lautet *Ewige Genesing*; auf dem Einband vorn steht der volle Titel: *Deur 'n gevaarlike krankheid tot ewige genesing* – Durch eine gefährliche Krankheit zur ewigen Genesung. Das Buch hatte sein Urgroßvater, Tante Annies Vater, geschrieben; diesem Buch hat sie – die Geschichte hat er viele Male gehört – fast ihr ganzes Leben gewidmet, zuerst das Manuskript aus dem Deutschen ins Afrikaans übersetzt, dann ihre Ersparnisse geopfert, um einen Drucker in Stellenbosch zu bezahlen, damit er Hunderte von Exemplaren druckte, und einen Buchbinder, damit er sie band, dann hat sie die Runde durch die Buchläden von Kapstadt gemacht. Als die Buchhändler nicht überzeugt werden konnten, das Buch zu verkaufen, wanderte sie selbst von Tür zu Tür und bot sie zum Verkauf an. Was übriggeblieben ist, liegt hier in den Regalen im Abstellraum; die Kartons enthalten gefaltete, ungebundene bedruckte Seiten.

Er hat versucht, *Ewige Genesing* zu lesen, aber es ist zu öde. Kaum hat Balthazar du Biel mit der Geschichte seiner Kindheit angefangen, da unterbricht er sie mit langen Berichten von Lichtern am Himmel und Stimmen, die aus den Wolken zu ihm dringen. Das ganze Buch ist offenbar so: Kurzen Stücken über sich selbst folgen lange Nacherzählungen dessen, was die Stimmen ihm gesagt haben. Er tauscht mit dem Vater alte Witze über Tante Annie und ihren Vater Balthazar du Biel aus. Sie intonieren den Buchtitel in der salbungsvollen, singenden Art eines *predikant* und ziehen die Vokale in die Länge: »*Deur 'n gevaaaarlike krannnnkheid tot eeeewige geneeeeesing.*«

»War Tante Annies Vater verrückt?«, fragt er die Mutter.

»Ja, ich glaube, er war verrückt.«

»Warum hat sie dann ihr ganzes Geld dafür ausgegeben, um sein Buch drucken zu lassen?«

»Ganz bestimmt hat sie Angst vor ihm gehabt. Er war ein schrecklicher alter Deutscher, schrecklich grausam und herrschsüchtig. Seine Kinder hatten alle Angst vor ihm.«

»Aber war er nicht schon tot?«

»Ja, er war schon tot, doch sie hatte bestimmt noch das Gefühl, es ihm schuldig zu sein.«

Sie möchte Tante Annie und ihr Pflichtgefühl dem verrückten alten Mann gegenüber nicht kritisieren.

Das Beste im Abstellraum ist die Buchpresse. Sie ist aus Eisen und so schwer und kompakt wie das Rad einer Lokomotive. Er überredet den Bruder, seine Arme unter die Presse zu legen; dann dreht er an der großen Schraube, bis die Arme seines Bruders festgenagelt sind und er nicht fortkann. Danach wechseln sie die Plätze, und der Bruder macht dasselbe mit ihm.

Ein oder zwei Umdrehungen mehr, denkt er, und die Knochen zersplittern. Wozu erdulden sie das, sie beide?

Während ihrer ersten Monate in Worcester wurden sie auf eine der Farmen eingeladen, die *Standard Canners* mit Obst belieferten. Während die Erwachsenen Tee tranken, streiften er und sein Bruder auf dem Farmhof umher. Dort stießen sie auf eine Maismühle. Er überredete den Bruder, seine Hand in den Trichter zu stecken, in den die Maiskörner geschüttet wurden; dann drehte er an der Kurbel. Einen Augenblick lang, ehe er zu drehen aufhörte, konnte er tatsächlich fühlen, wie die zarten Fingerknochen des Bruders nachgaben, als die Zahnräder sie zermalmten. Der Bruder stand mit der Hand in der Maschine gefangen da, aschfahl vor Schmerz, und hatte einen verwunderten, fragenden Blick.

Ihre Gastgeber brachten sie eilig ins Krankenhaus, wo ein Arzt dem Bruder den Mittelfinger der linken Hand amputierte. Eine Weile lang lief der Bruder mit bandagierter Hand und mit dem

Arm in einer Schlinge herum; dann trug er eine kleine schwarze Lederkappe über dem Fingerstumpf. Er war sechs Jahre alt. Obwohl keiner so tat, als würde der Finger wieder nachwachsen, beklagte er sich nicht.

Er hat sich nie bei seinem Bruder entschuldigt, und er ist auch nie gescholten worden für das, was er getan hat. Trotzdem liegt die Erinnerung wie eine schwere Last auf ihm, die Erinnerung an den sanften Widerstand von Fleisch und Knochen und dann das Knirschen.

»Du kannst zumindest stolz darauf sein, jemanden in der Familie zu haben, der was mit seinem Leben angefangen hat, der etwas hinterlassen hat«, sagt die Mutter.

»Du hast gesagt, dass er ein schrecklicher alter Mann gewesen ist. Du hast gesagt, dass er grausam gewesen ist.«

»Ja, aber er hat etwas mit seinem Leben angefangen.«

Auf der Fotografie in Tante Annies Schlafzimmer hat Balthazar du Biel grimmige, stechende Augen und einen schmalen, harten Mund. Seine Frau neben ihm wirkt müde und mürrisch. Balthazar du Biel lernte sie, die Tochter eines anderen Missionars, kennen, als er nach Südafrika kam, um die Heiden zu bekehren. Später nahm er sie und ihre drei Kinder mit nach Amerika, als er dorthin reiste, um das Evangelium zu verkünden. Auf einem Schaufelraddampfer auf dem Mississippi schenkte irgendjemand seiner Tochter Annie einen Apfel, den sie ihm zeigte. Er verabreichte ihr eine Tracht Prügel, weil sie mit einem Fremden gesprochen hatte. Das sind die wenigen Tatsachen, die er über Balthazar weiß, hinzu kommt der Inhalt des plumpen roten Buches, von dem es viel mehr Exemplare auf der Welt gibt, als die Welt haben will.

Balthazars drei Kinder sind Annie, Louisa – die Mutter seiner Mutter – und Albert, der auf den Fotos in Tante Annies Schlafzimmer als ängstlich blickender Junge im Matrosenanzug erscheint. Jetzt ist Albert Onkel Albert, ein krummer alter Mann mit schwammigem, pilzähnlichem weißem Fleisch, der die ganze Zeit zittert und beim Gehen gestützt werden muss. Onkel Albert hat nie in seinem Leben ein richtiges Gehalt gehabt. Er hat sein Leben mit dem Schreiben von Büchern und Geschichten verbracht; seine Frau war diejenige, die arbeiten ging.

Er fragt seine Mutter nach den Büchern von Onkel Albert aus. Sie hat eins davon vor langer Zeit gelesen, kann sich aber nicht daran erinnern. »Sie sind sehr altmodisch. Die Leute lesen heute solche Bücher nicht mehr.«

Zwei Bücher von Onkel Albert findet er in der Abstellkammer, gedruckt auf dem gleichen dicken Papier wie *Ewige Genesing*, aber in braunem Einband, vom gleichen Braun wie die Bänke auf Bahnhöfen. Das eine heißt *Kain*, das andere *Die Misdade van die vaders*, Die Verbrechen der Väter. »Kann ich die mitnehmen?«, fragt er die Mutter. »Bestimmt«, sagt sie. »Keiner wird sie vermissen.«

Er versucht, *Die Misdade van die vaders* zu lesen, kommt aber nicht weiter als Seite zehn, es ist zu langweilig.

»Du musst deine Mutter lieben und sie unterstützen.« Er grübelt über Tante Annies Belehrungen. *Lieben* – ein Wort, das er mit Widerwillen ausspricht. Sogar seine Mutter hat gelernt, nicht *Ich liebe dich* zu ihm zu sagen, obwohl sie ab und an beim Gutenachtsagen ein weiches *mein Lieber* einfließen läßt.

Für ihn hat die Liebe keinen Sinn. Wenn sich in Filmen Männer und Frauen küssen und Violinen leise und schmelzend im Hintergrund spielen, windet er sich auf seinem Sitz. Er schwört, dass er nie so sein wird: weich, schmachtend.

Er lässt sich nicht küssen, außer von den Schwestern seines Vaters, und für die macht er eine Ausnahme, weil sie es so gewohnt sind und es nicht anders verstehen. Das Küssen gehört zum Preis, den er dafür zahlt, auf die Farm zu kommen; eine schnelle Berührung ihrer Lippen, die zum Glück immer trocken sind, durch seine. In der Familie seiner Mutter küsst man sich nicht. Und auch Mutter und Vater hat er sich nicht richtig küssen sehen. Manchmal, wenn andere Leute da sind und sie aus irgendeinem Grund etwas vorspielen müssen, küsst der Vater die Mutter auf die Wange. Sie bietet ihm zögernd die Wange, ärgerlich, als zwinge man sie; sein Kuss ist leicht, rasch, nervös.

Nur einmal hat er den Penis seines Vaters gesehen. Das war 1945, als der Vater gerade aus dem Krieg gekommen war und die ganze Familie in Voëlfontein versammelt war. Der Vater und zwei seiner Brüder gingen auf die Jagd und nahmen ihn mit. Es war ein heißer Tag; als sie an ein Wasserreservoir kamen, beschlossen sie zu schwimmen. Als er merkte, dass sie nackt schwimmen wollten, versuchte er sich zurückzuziehen, aber sie wollten ihn nicht in Frieden lassen. Sie waren lustig und voller Scherze; sie wollten, dass er sich auszog und auch schwamm, aber er mochte nicht. Da sah er alle drei Penisse, den seines Vaters am deutlichsten, blass und weiß. Er erinnert sich noch deutlich daran, wie widerwärtig es ihm war, dass er sie anschauen musste.

Seine Eltern schlafen in getrennten Betten. Sie haben nie ein Doppelbett gehabt. Das einzige Doppelbett, das er gesehen hat, ist auf der Farm, im Hauptschlafzimmer, wo der Großvater und die Großmutter zu schlafen pflegten. Er hält Doppelbetten für altmodisch, sie gehören zu der Zeit, als die Frauen jedes Jahr ein Kind gebaren, wie die Mutterschafe oder Sauen. Er ist dankbar, dass seine Eltern diese Angelegenheit hinter sich gebracht hatten, ehe er sie recht verstand.

Er ist bereit zu glauben, dass vor langer Zeit, in Westvictoria, ehe er geboren wurde, seine Eltern sich liebten, da Liebe eine Voraussetzung fürs Heiraten zu sein scheint. Es gibt Fotos im Album, die das offenbar bezeugen: die beiden dicht beisammen beim Picknick, zum Beispiel. Doch das alles muss schon vor Jahren aufgehört haben, und er denkt, dass das auch besser für sie alle ist.

Was nun ihn angeht, was hat das heftige und zornige Gefühl,

das er für seine Mutter spürt, mit dem Geschmachte auf der Leinwand zu tun? Die Mutter liebt ihn, das kann er nicht leugnen; doch das ist ja das Problem, das ist es ja gerade, was falsch und nicht richtig ist, falsch an ihrer Haltung ihm gegenüber. Ihre Liebe zeigt sich vor allem in ihrer Wachsamkeit, ihrer Bereitschaft, herbeizuzuspringen und ihn zu retten, sollte er je in Gefahr sein. Wenn er wollte (aber er würde das nie wollen), könnte er sich in ihrer Fürsorge ausruhen und für den Rest seines Lebens von ihr getragen werden. Weil er sich ihrer Fürsorge so sicher ist, nimmt er sich ihr gegenüber so in Acht, entspannt nie, gibt ihr nie eine Chance.

Er sehnt sich danach, der steten mütterlichen Aufmerksamkeit zu entgehen. Es kommt vielleicht die Zeit, wenn er, um das zu erreichen, sich durchsetzen und sie so brutal zurückstoßen muss, dass sie schockiert zurückweichen und ihn freigeben muss. Doch er braucht nur an diesen Augenblick zu denken, sich ihren überraschten Blick vorzustellen, ihr Verletztsein zu spüren, und er wird von Schuldgefühlen übermannt. Dann tut er alles, um den Schlag zu mildern – sie zu trösten, ihr zu versprechen, er wird nie weggehen.

Da er ihr Verletztsein spürt, so genau, als sei er ein Teil von ihr und sie ein Teil von ihm, weiß er, dass er in der Falle sitzt und nicht herauskann. Wer ist daran schuld? Er gibt ihr die Schuld, er ist wütend auf sie, doch er schämt sich auch wegen seiner Undankbarkeit. *Liebe* – das bedeutet Liebe wirklich, dieser Käfig, in dem er hin und her läuft, hin und her, wie ein armer verstörter Pavian. Was versteht schon die törichte, unschuldige Tante Annie von der Liebe? Er weiß tausendmal mehr von der Welt als sie, die ihr Leben verschwendet hat, als sie sich mit dem verrückten Manuskript ihres Vaters abrackerte. Sein Herz ist alt, es ist finster und hart, ein Herz von Stein. Das ist sein verächtliches Geheimnis.

◆ Fünfzehn ◆

Seine Mutter war ein Jahr auf der Universität, ehe sie den Platz für die jüngeren Brüder räumen musste. Der Vater ist geprüfter Rechtsanwalt; er arbeitet nur deshalb für *Standard Canners*, weil die Eröffnung einer eigenen Praxis (wie die Mutter ihm sagt) mehr Geld kosten würde, als sie zur Verfügung haben. Obwohl er seinen Eltern Vorwürfe macht, weil sie ihn nicht wie ein normales Kind erzogen haben, ist er stolz auf ihre Bildung.

Weil sie zu Hause Englisch sprechen, weil er immer der Klassenerste in Englisch ist, hält er sich für einen Engländer. Obwohl sein Nachname afrikaans ist, obwohl der Vater mehr Afrikaaner als Engländer ist, obwohl er selbst Afrikaans ohne englischen Akzent spricht, würde er keinen Augenblick als Afrikaaner durchgehen. Sein Afrikaans ist dünn und blutarm; echten Afrikaanerjungen steht eine ganze Welt von Jargonwörtern und Anspielungen zur Verfügung – wovon obszöne Wörter nur ein Teil sind –, zu der er keinen Zugang hat.

Die Afrikaaner verbindet auch eine gemeinsame Art – sie sind verdrießlich, unversöhnlich und drohen immer gleich, handgreiflich zu werden (für ihn sind sie wie Rhinozerosse, riesig, plump, kraftvoll rempeln sie sich im Vorbeigehen an) –, die er nicht hat und vor der er eigentlich zurückschreckt. Die Afrikaaner von Worcester setzen ihre Sprache wie eine Keule gegen ihre Gegner ein. Auf der Straße ist es besser, wenn man um Gruppen von ihnen einen Bogen macht; sogar als Einzelwesen haben sie etwas Aufsässiges, Drohendes an sich. Manchmal sucht er beim morgendlichen Appell der Klassen im Schulhof die Reihen der Afrikaanerjungen nach einem ab, der anders ist, der einen Anflug von Weichheit hat; doch es gibt keinen. Undenkbar, dass er jemals unter sie geworfen werden sollte – sie würden ihn zermalmen, seinen Geist töten

Dennoch ist er nicht bereit, Afrikaans ihnen allein zu überlassen. Er kann sich noch an seinen ersten Besuch auf Voëlfontein erinnern, als er vier oder fünf Jahre alt war und überhaupt kein Afrikaans beherrschte. Sein Bruder war noch ein Kleinkind und blieb zum Schutz vor der Sonne im Haus; er hatte niemanden als Spielkameraden außer den farbigen Kindern. Mit ihnen machte er Boote aus Samenkapseln und ließ sie die Bewässerungsgräben hinunterschwimmen. Aber er war wie ein stummes Wesen – alles musste mit Gebärden ausgedrückt werden; manchmal glaubte er, dass er vor lauter Dingen, die er nicht sagen konnte, platzen würde. Dann machte er eines Tages plötzlich den Mund auf und stellte fest, dass er sprechen konnte, leicht und fließend und ohne Pause zum Nachdenken. Er weiß noch, wie er bei seiner Mutter hereinplatzte und brüllte: »He! Ich kann Afrikaans!«

Wenn er Afrikaans spricht, scheinen plötzlich alle Komplikationen des Lebens von ihm abzufallen. Afrikaans ist wie eine gespenstische zweite Haut, die er überallhin mitnimmt und in die er schlüpfen kann, wodurch er sofort zu einer anderen Person wird, schlichter, fröhlicher, leichtfüßiger.

Eine Sache, in der ihn die Engländer enttäuschen, wo er ihnen nicht folgen will, ist ihre Verachtung für Afrikaans. Wenn sie die Augenbrauen hochziehen und Afrikaans-Wörter hochnäsig falsch aussprechen, als würde man einen Gentleman daran erkennen, dass er *Veld* mit einem englischen *v* ausspricht, zieht er sich zurück vor ihnen – sie irren sich, und schlimmer noch, sie machen sich lächerlich. Er hingegen macht keine Zugeständnisse, nicht einmal in der Gesellschaft von Engländern – er spricht die Afrikaans-Wörter aus, wie sie ausgesprochen werden sollten, mit all ihren harten Konsonanten und schwierigen Vokalen.

In seiner Klasse gibt es neben ihm noch mehrere Jungen mit Afrikaans-Familiennamen. In den Afrikaanerklassen andererseits gibt es keine Jungen mit englischen Familiennamen. In der Oberstufe weiß er von einem Afrikaaner Smith, der genauso gut Smit heißen könnte; das ist alles. Das ist schade, aber gut zu verstehen: Welcher Engländer würde denn eine Afrikaanerfrau heiraten und eine Afrikaans-Familie haben wollen, wo doch die Afrikaanerfrauen entweder groß und dick sind, einen mächtigen Vorbau und Hälse wie Ochsenfrösche haben oder knochige Vogelscheuchen sind.

Er dankt Gott dafür, dass seine Mutter Englisch spricht. Dem Vater traut er nicht, trotz Shakespeare und Wordsworth und den Kreuzworträtseln. Er begreift nicht, warum der Vater sich weiter Mühe gibt, hier in Worcester Engländer zu sein, wo es doch für ihn so einfach wäre, wieder in seine Existenz als Afrikaaner zu schlüpfen. Wenn er seinen Vater mit den Brüdern Scherze über ihre Kindheit in Prince Albert austauschen hört, bekommt er den Eindruck, als unterscheide sich das nicht vom Leben eines Afrikaaners in Worcester. Auch da stehen Prügel und Nacktheit, körperliche Verrichtungen vor anderen Jungen, primitive Nichtachtung der Privatsphäre im Mittelpunkt.

Der Gedanke daran, zum Afrikaaner gemacht zu werden, mit geschorenem Kopf und ohne Schuhe, lässt ihn verzagen. Es gleicht einer Gefängnisstrafe, einer Verdammung zu einem Leben ohne Privatsphäre. Ohne Privatsphäre kann er nicht leben. Wenn er Afrikaaner wäre, müsste er jede Minute bei Tag und bei Nacht in der Gesellschaft anderer verbringen. Das ist eine Aussicht, die er nicht ertragen kann.

Er denkt an die drei Tage im Pfadfinderlager zurück, erinnert sich an sein Elend, sein stets frustriertes Verlangen, sich ins Zelt zu schleichen und allein ein Buch zu lesen.

Eines Samstags schickt ihn der Vater nach Zigaretten. Er hat die Wahl, entweder die ganze Strecke bis zum Stadtzentrum zu radeln, wo es ordentliche Geschäfte mit Schaufenstern und Registrierkassen gibt, oder zum kleinen Afrikaans-Laden beim Eisenbahnübergang zu laufen, der nur aus einem Hinterzimmer in einem Wohnhaus besteht, der einen dunkelbraun gestrichenen Ladentisch und fast nichts in den Regalen hat. Er entscheidet sich für das Nächstgelegene.

Es ist ein heißer Nachmittag. Im Laden hängen *biltong*-Streifen von der Decke, und überall sind Fliegen. Gerade will er dem Jungen hinter dem Ladentisch – einem Afrikaaner, älter als er selbst – sagen, dass er zwanzig Springbok ohne Filter haben will, als ihm eine Fliege in den Mund gerät. Er spuckt sie voller Abscheu aus. Die Fliege liegt vor ihm auf dem Ladentisch und kämpft in einer Speichelpfütze.

»*Sies!*«, sagt einer der Kunden.

Er will protestieren: »Was soll ich denn machen? Soll ich nicht ausspucken? Soll ich die Fliege runterschlucken? Ich bin bloß ein Kind!« Aber Erklärungen gelten nichts bei diesen gnadenlosen Leuten. Mit der Hand wischt er den Speichel vom Ladentisch und bezahlt für die Zigaretten, umgeben von missbilligendem Schweigen.

Bei ihren Erinnerungen an die alten Tage auf der Farm kommen der Vater und seine Brüder wieder einmal auf ihren eigenen Vater zu sprechen. »'n Ware ou jintlman!«, sagen sie, ein richtiger alter Gentleman, ihre Formel für ihn wiederholend, und lachen: »*Dis wat hy op sy grafsteen sou gewens het*: Ein Farmer und ein Gentleman« – das hätte er gern auf seinem Grabstein gehabt. Am meisten lachen sie darüber, dass ihr Vater weiter Reitstiefel trug, wo doch alle anderen auf der Farm *velskoen* trugen.

Die Mutter, die ihnen zuhört, schnaubt zornig. »Vergesst nicht, welche Angst ihr vor ihm hattet«, sagt sie. »Ihr habt euch nicht getraut, in seiner Gegenwart eine Zigarette anzuzünden, selbst als ihr erwachsene Männer wart.«

Sie sind verlegen, sie haben nichts darauf zu erwidern – sie hat deutlich einen wunden Punkt berührt.

Sein Großvater, der mit den Gentleman-Allüren, besaß einst nicht nur die Farm und zur Hälfte das Hotel und eine Gemischtwarenhandlung in Fraserburg Road, sondern noch ein Haus in Merweville mit einem Fahnenmast davor, an dem er zum Geburtstag des Königs den Union Jack hisste.

»'n ware ou jintlman en 'n ware ou jingo!«, sagen die Brüder noch – ein richtiger alter Hurrapatriot! Wieder lachen sie.

Die Mutter schätzt sie richtig ein. Sie hören sich an wie Kinder, die hinter dem Rücken des Vaters ungezogene Dinge sagen. Mit welchem Recht machen sie sich denn über ihren Vater lustig? Wenn er nicht gewesen wäre, würden sie überhaupt kein Englisch sprechen – sie wären wie ihre Nachbarn, die Botes und die Nigrinis, dumm und schwerfällig, ohne ein anderes Gesprächsthema als Schafe und das Wetter. Wenigstens fliegen Scherze in einem Sprachmischmasch hin und her, und es wird gelacht, wenn die Familie zusammenkommt; während die Atmosphäre sofort ernst und schwer und trist wird, wenn die Nigrinis oder die Botes zu Besuch kommen. »Ja-nee«, sagen die Botes und seufzen. »Ja-nee«, sagen die Coetzees und hoffen inständig, dass ihre Gäste bald wieder verschwinden.

Und was ist mit ihm? Wenn der von ihm verehrte Großvater ein Hurrapatriot war, ist er selber auch einer? Kann ein Kind ein Hurrapatriot sein? Er steht gerade, wenn im Kino *God Save the King* gespielt wird und auf der Leinwand der Union Jack weht. Bei Dudelsackmusik läuft ihm ein Schauer über den Rücken, wie auch bei Wörtern wie *stalwart* (standhaft) und *valorous* (tapfer). Sollte er das geheim halten, diese seine Sympathie für England?

Er kann nicht verstehen, warum so viele Menschen aus seiner Umgebung England hassen. England ist Dünkirchen und der Luftkampf um Großbritannien. England bedeutet, dass man seine Pflicht tut und sein Schicksal annimmt, still und ohne Aufsehen. England ist der Junge im Kampf um Jütland, der bei seinen Kanonen blieb, während das Deck unter seinen Füßen brannte. England ist Sir Lancelot vom See und Richard Löwen-herz und Robin Hood mit seinem Langbogen aus Eibenholz und seinem Lincoln-grünen Anzug. Was haben die Afrikaaner Ver-gleichbares? Dirkie Uys, der sein Pferd ritt, bis es tot umfiel. Piet Retief, der von Dingaan zum Narren gehalten wurde. Und dann die Voortrekkers, die Rache übten, indem sie Tausende Zulus niederschossen, die keine Gewehre hatten, und noch stolz darauf waren.

In Worcester gibt es eine anglikanische Kirche und einen Pfar-rer mit grauem Haar und einer Pfeife, der auch als Pfadfinder-führer fungiert und den einige der englischen Jungen in seiner Klasse – die echten englischen Jungen, mit englischen Familien-namen und Wohnungen im alten, grünen Teil von Worcester – familiär Pater nennen. Wenn die Engländer so reden, verstummt er. Da ist die englische Sprache, die er mit Leichtigkeit be-herrscht. Da ist England und alles, wofür England steht, dem er ergeben zu sein glaubt. Aber es wird deutlich mehr verlangt, ehe man als echter Engländer akzeptiert wird: Es gibt Prüfungen, und er weiß, dass er einige davon nicht bestehen wird.

◆ Sechzehn ◆

Eine Abmachung ist am Telefon getroffen worden, er weiß nicht, welche, doch es beunruhigt ihn. Ihm gefällt das selbstzufriedene, geheimnistuerische Lächeln nicht, das seine Mutter zeigt, das Lächeln, das besagt, dass sie sich in seine Angelegenheiten eingemischt hat.

Es sind die letzten Tage vor ihrem Wegzug aus Worcester. Es sind auch die besten Tage des Schuljahres, wenn die Prüfungen vorüber sind und nichts zu tun bleibt, als dem Lehrer beim Ausfüllen des Zensurenhefts zu helfen.

Mr Gouws liest Listen mit Zensuren vor; die Jungen rechnen sie zusammen, Fach für Fach, dann rechnen sie die Prozentzahlen aus und wetteifern darum, als Erster die Hand zu heben. Das Spiel ist, zu erraten, welche Zensuren zu wem gehören. Im Allgemeinen kann er seine Zensuren als eine Zahlenreihe erkennen, die sich in Arithmetik zu neunzig und hundert Punkten aufschwingt und in Geschichte und Geographie bis auf siebzig Punkte absinkt.

In Geschichte und Geographie ist er nicht so gut, weil er das Auswendiglernen hasst. Er hasst es so sehr, dass er das Lernen für Geschichts- und Geographieprüfungen bis zur allerletzten Minute aufschiebt, bis zur Nacht vor der Prüfung oder sogar zum Morgen der Prüfung. Er hasst sogar den Anblick des Geschichtslehrbuches mit seinem steifen schokoladenbraunen Einband und seiner langen Liste von Ursachen für etwas (die Ursachen für die Napoleonischen Kriege, die Ursachen für den Großen Treck). Seine Verfasser heißen Taljaard und Schoeman. Er stellt sich Taljaard als dünn und vertrocknet vor, Schoeman als beleibt, mit schütterem Haar und Brille; Taljaard und Schoeman sitzen sich an einem Tisch in einem Zimmer in Paarl gegenüber, schreiben übellaunige Seiten und schieben sie sich gegenseitig zu. Er kann sich keinen anderen Grund dafür vorstellen, dass sie ihr Buch in Englisch verfasst haben, als dass sie die *Engelse* Kinder demütigen und ihnen eine Lektion erteilen wollten.

Geographie ist nicht besser – Listen von Städten, von Flüssen, von Produkten. Wenn er aufgefordert wird, die Produkte eines Landes zu nennen, beendet er seine Aufzählung immer mit Fellen und Häuten und hofft, dass er recht hat. Er kennt den Unterschied zwischen Fellen und Häuten nicht, aber den kennt auch sonst keiner.

Und was die Prüfungen sonst angeht, so freut er sich nicht gerade auf sie, aber wenn die Zeit gekommen ist, stürzt er sich willig hinein. Er ist ein Prüfungsmensch; wenn es keine Prüfungen gäbe, bei denen er sich hervortun könnte, gäbe es kaum etwas Besonderes an ihm. Prüfungen versetzen ihn in einen Rauschzustand, in dem er vor Erregung zittert und die Antworten schnell und selbstbewusst niederschreibt. Er liebt diesen Zustand nicht um seiner selbst willen, aber es ist beruhigend, zu wissen, dass man ihn bei Bedarf nutzen kann.

Manchmal kann er, wenn er zwei Steine gegeneinanderschlägt, diesen Zustand provozieren, diesen Geruch, diesen Geschmack: Pulver, Eisen, Hitze, ein unablässiges Pochen in den Adern.

Das Geheimnis hinter dem Telefonanruf und hinter dem Lächeln seiner Mutter offenbart sich in der Vormittagspause, als Mr Gouws ihn auffordert, noch etwas zu bleiben. An Mr Gouws Gehabe ist auch etwas Unnatürliches, eine Freundlichkeit, der er misstraut.

Mr Gouws möchte ihn zum Tee zu sich nach Hause einladen. Stumm nickt er und prägt sich die Adresse ein.

Er möchte das nicht. Nicht etwa, dass ihm Mr Gouws unsympathisch ist. Wenn er zu ihm nicht so viel Vertrauen hat, wie er in der vierten Klasse Vertrauen zu Mrs Sanderson hatte, dann nur, weil Mr Gouws ein Mann ist, der erste Lehrer, den er gehabt hat, und er ist auf der Hut vor etwas, was von allen Männern ausgeht: eine Unruhe, eine kaum gezügelte Roheit, eine Andeutung von Spaß an der Grausamkeit. Er weiß nicht, wie er sich Mr Gouws oder Männern im Allgemeinen gegenüber verhalten soll, ob er sich nicht widersetzen und sich um ihre Anerkennung bemühen soll oder ob er eine Barriere der Förmlichkeit aufrechterhalten soll. Frauen sind einfacher, weil sie freundlicher sind. Aber Mr Gouws – das kann er nicht leugnen – ist so fair wie nur denkbar. Sein Englisch ist gut, und er scheint keinen Groll gegen die Engländer oder gegen Jungen aus Afrikaans-Familien, die englisch sein wollen, zu hegen. Während einer seiner vielen Fehlzeiten hat Mr Gouws die Grammatik der Prädikatsergänzungen durchgenommen. Er hat Mühe, den Lehrstoff der Prädikatsergänzungen aufzuholen. Wenn die Prädikatsergänzungen, ähnlich wie die Redewendungen, keinen Sinn ergäben, dann würden die anderen auch Probleme mit ihnen haben. Doch die anderen, oder die meisten von ihnen, scheinen die Prädikatsergänzungen mühelos zu beherrschen. Man kann nicht umhin festzustellen: Mr Gouws weiß etwas über die englische Grammatik, was er nicht weiß.

Mr Gouws macht genauso häufig Gebrauch vom Rohrstock wie jeder andere Lehrer. Aber seine bevorzugte Bestrafung, wenn die Klasse zu lange zu laut gewesen ist, besteht im Befehl, die Stifte hinzulegen, die Bücher zu schließen, die Hände hinterm Kopf zu verschränken, die Augen zu schließen und absolut still dazusitzen.

Außer den Schritten des die Reihen auf und ab schreitenden Mr Gouws herrscht vollkommene Stille im Raum. Von den Eukalyptusbäumen um den Schulhof dringt das friedliche Gurren der Tauben. Das ist eine Strafe, die er ewig mit Gleichmut ertragen könnte: die Tauben, das leise Atmen der Jungen um ihn herum.

Die Disa Road, wo Mr Gouws wohnt, ist auch in Reunion Park, in dem neuen, nördlichen Zipfel der Siedlung, den er nie erkundet hat. Nicht genug, dass Mr Gouws in Reunion Park wohnt und auf einem Rad mit breiten Reifen zur Schule fährt – er ist verheiratet mit einer einfachen, dunklen Frau, und was noch erstaunlicher ist, er hat zwei kleine Kinder. Das entdeckt er im Wohnzimmer der Disa Road 11, wo Scones und eine Kanne Tee auf dem Tisch stehen und wo er, wie befürchtet, schließlich mit Mr Gouws allein gelassen wird und eine verzweifelte, gekünstelte Unterhaltung führen muss. Es kommt noch schlimmer. Mr Gouws – der statt Schlips und Jackett jetzt Shorts und Khakisocken trägt – versucht ihm gegenüber so zu tun, als ob sie beide jetzt, wo das Schuljahr vorbei ist und er Worcester bald verlassen wird, Freunde sein können. Er versucht ihm allen Ernstes einzureden, dass sie das ganze Jahr über schon Freunde gewesen sind – der Lehrer und der klügste Junge, der Klassenerste.

Er wird nervös und steif. Mr Gouws bietet ihm einen zweiten Scone an, den er ablehnt. »Na los!«, sagt Mr Gouws und lächelt und legt ihn trotzdem auf seinen Teller. Er möchte weg.

Er hatte aus Worcester weggehen wollen, wenn alles seine Ordnung hatte. Er war bereit gewesen, Mr Gouws in seiner Erinnerung einen Platz neben Mrs Sanderson einzuräumen – nicht ganz auf einer Stufe mit ihr, aber ganz nah. Und nun verdirbt es Mr Gouws. Würde er es nur nicht tun.

Der zweite Scone liegt ungegessen auf dem Teller. Er will nicht mehr heucheln – er wird stumm und stur. »Musst du jetzt gehen?«, fragt Mr Gouws. Er nickt. Mr Gouws steht auf und bringt ihn bis zur Gartentür, die eine Kopie der Tür in der Pappelallee 12 ist und genauso schrill kreischt.

Wenigstens ist Mr Gouws vernünftig genug, ihn nicht zum Händeschütteln oder zu etwas anderem Dummen zu animieren.

Sie ziehen aus Worcester weg. Sein Vater hat entschieden, dass seine Zukunft doch nicht bei *Standard Canners* liegt, mit denen es abwärtsgeht, wenn man ihm glauben will. Er wird sich wieder der Anwaltstätigkeit zuwenden.

Es gibt eine Abschiedsparty für ihn im Büro, von der er mit einer neuen Uhr zurückkommt. Kurz darauf macht er sich auf nach Kapstadt, allein, und lässt die Mutter zur Überwachung des Umzuges zurück. Sie heuert eine Firma namens Retief an und handelt aus, dass für fünfzehn Pfund nicht nur der ganze Hausrat, sondern auch sie – im Fahrerhaus – befördert werden.

Retiefs Männer beladen den Möbelwagen, die Mutter und der Bruder klettern ins Fahrerhaus. Er macht zum Abschied eine letzte Runde durch das leere Haus. Hinter der Haustür ist der Schirmständer, in dem normalerweise zwei Golfschläger und ein Spazierstock stehen, jetzt leer. »Die haben den Schirmständer vergessen!«, schreit er. »Komm!«, ruft die Mutter. »Lass den alten Schirmständer!« »Nein!«, schreit er zurück und will nicht weichen, bis die Männer den Schirmständer eingeladen haben. »*Dis net 'n ou stuk pyp*«, brummelt Retief – Es ist bloß ein altes Stück Rohr.

So erfährt er, dass das, was er für einen Schirmständer gehalten hat, nur ein Stück Abflußrohr aus Beton ist, das die Mutter grün gestrichen hat. Das also nehmen sie mit nach Kapstadt, zusammen mit dem Kissen voller Hundehaare, auf dem Kosak immer geschlafen hat, und der Rolle Maschendraht vom Hühnerauslauf und der Maschine, die Cricketbälle verschießt, und dem Holzstock mit dem Morsecode. Wie sich Retiefs Möbelwagen zum Bain's Kloof Pass hinaufmüht, gleicht er Noahs Arche, weil er die Siebensachen ihres alten Lebens in die Zukunft trägt.

In Reunion Park haben sie zwölf Pfund monatlich für ihr Haus bezahlt. Das Haus, das sein Vater in Plumstead gemietet hat, kostet fünfundzwanzig Pfund. Es liegt am äußersten Rand von

Plumstead und blickt auf eine weite Sandfläche mit Akaziengebüsch, wo die Polizei nur eine Woche nach ihrer Ankunft ein totes Baby, eingewickelt in Packpapier, findet. Eine halbe Stunde zu Fuß in die andere Richtung befindet sich der Bahnhof von Plumstead. Das Haus selbst ist wie alle Häuser in der Evremonde Road ein Neubau, mit Panoramafenstern und Parkettfußböden. Die Türen sind verzogen, die Schlösser schließen nicht, im Hinterhof ist ein Schutthaufen.

Nebenan wohnt ein Ehepaar, das frisch aus England gekommen ist. Der Mann wäscht immerzu sein Auto; die Frau, mit roten Shorts und Sonnenbrille, verbringt ihre Tage im Liegestuhl und sonnt die langen weißen Beine.

Die dringendste Aufgabe ist jetzt, Schulen für ihn und seinen Bruder zu finden. Kapstadt ist nicht wie Worcester, wo alle Jungen in die Knabenschule und alle Mädchen in die Mädchenschule gingen. In Kapstadt kann man zwischen verschiedenen Schulen wählen, einige davon sind gute Schulen, andere nicht. Um in eine gute Schule aufgenommen zu werden, braucht man Beziehungen, und sie haben nur wenige Beziehungen.

Durch den Einfluss von Lance, dem Bruder der Mutter, bekommen sie einen Termin im Rondebosch-Knabengymnasium. Anständig bekleidet mit Shorts, Hemd und Schlips und marineblauem Blazer, der das Emblem der Knabenschule von Worcester auf der Brusttasche hat, sitzt er mit der Mutter auf einer Bank vor dem Büro des Direktors. Als sie an der Reihe sind, werden sie in ein holzgetäfeltes Zimmer voller Fotos von Rugby- und Cricketmannschaften gebeten. Die Fragen des Direktors sind alle an die Mutter gerichtet: wo sie wohnen, was der Vater macht. Dann kommt der Augenblick, auf den er gewartet hat. Aus ihrer Handtasche holt sie das Zeugnis, das belegt, dass er der Klassenerste war, und das ihm deshalb alle Türen öffnen sollte.

Der Direktor setzt seine Lesebrille auf. »Du warst also der

Klassenerste«, sagt er. »Gut, gut! Aber hier wird es dir nicht so leichtgemacht werden.«

Er hatte gehofft, dass man ihn prüfen würde, ihn nach der Jahreszahl der Schlacht am Blood River fragen würde, oder, noch besser, ihm einige Kopfrechenaufgaben stellen würde. Aber das ist schon alles, das Gespräch ist vorbei. »Ich kann nichts versprechen«, sagt der Direktor. »Wir setzen seinen Namen auf die Warteliste, und dann müssen wir hoffen, dass jemand zurücktritt.«

Sein Name wird in drei Schulen auf die Warteliste gesetzt, erfolglos. Der Klassenerste in Worcester zu sein ist offensichtlich nicht gut genug für Kapstadt.

Die letzte Zuflucht ist die katholische St.-Joseph-Schule. St. Joseph hat keine Warteliste – sie nehmen jeden, der ihre Gebühren zu zahlen bereit ist, die für Nichtkatholiken zwölf Pfund im Vierteljahr betragen.

Was ihnen, ihm und seiner Mutter, nachdrücklich klargemacht wird, ist, dass in Kapstadt verschiedene Klassen von Menschen verschiedene Schulen besuchen. Die St.-Joseph-Schule ist zuständig für, wenn nicht die unterste, so doch die zweitunterste Klasse. Dass sie es nicht geschafft hat, den Sohn in eine bessere Schule hineinzubringen, verbittert die Mutter, berührt ihn jedoch nicht. Er ist sich nicht sicher, welcher Klasse sie angehören, wo sie hingehören. Im Moment reicht es ihm, einfach über die Runden zu kommen. Die Gefahr, in eine Afrikaanerschule geschickt und gezwungen zu werden, wie ein Afrikaaner zu leben, ist vorbei – nur das zählt. Er kann sich entspannen. Er muss sich nicht einmal weiter als Katholiken ausgeben.

Die echten Engländer besuchen keine Schule wie St. Joseph. Aber auf den Straßen von Rondebosch kann er die echten Engländer jeden Tag sehen, unterwegs zu ihren Schulen oder auf dem Nachhauseweg, kann ihr glattes blondes Haar und den goldenen Teint bewundern, ihre Sachen, die nie zu klein oder zu groß sind, ihr ruhiges Selbstvertrauen. Sie hänseln sich unbefangen, ohne die Roheit und Plumpheit, die er kennt. Er hat nicht den Ehrgeiz, sich zu ihnen zu gesellen, doch er beobachtet sie genau und versucht, sich etwas abzugucken.

Die Jungen vom Diözesan-College, die am britischsten von allen sind und sich nicht einmal herablassen, zu Rugby- oder Cricketmatchs gegen St. Joseph anzutreten, wohnen in ausgesuchten Vierteln, von denen er, da sie weit entfernt von der Bahnstrecke liegen, nur hört und die er nie betritt: Bishopscourt, Fernwood, Constantia. Sie haben Schwestern, die Schulen wie Herschel und St. Cyprian besuchen und die sie liebenswürdig behüten und beschützen. In Worcester hat er kaum ein Mädchen zu sehen bekommen – seine Freunde schienen immer Brüder zu haben, keine Schwestern. Jetzt sieht er zum ersten Mal die Schwestern der englischen Jungen, so goldblond, so schön, dass er nicht glauben kann, dass sie von dieser Welt sind.

Um pünktlich 8.30 Uhr in der Schule zu sein, muss er 7.30 Uhr aus dem Haus gehen: eine halbe Stunde Fußweg zum Bahnhof, fünfzehn Minuten Bahnfahrt, fünf Minuten zu Fuß vom Bahnhof zur Schule und ein Polster von zehn Minuten, falls es Verspätungen gibt. Weil er aber Angst vorm Zuspätkommen hat, geht er schon um sieben aus dem Haus und ist um acht in der Schule. Dort kann er im gerade vom Hausmeister aufgeschlossenen Klassenzimmer an seinem Tisch sitzen, den Kopf auf die Arme legen und warten.

In Albträumen liest er die Uhrzeit falsch ab, verpasst Züge, verläuft sich. In seinen Albträumen weint er in hilfloser Verzweiflung.

Die Brüder De Freitas sind die Einzigen, die noch vor ihm da sind. Ihr Vater, ein Gemüsehändler, setzt sie im Morgengrauen, wenn er mit seinem zerbeulten blauen Lastwagen unterwegs zum Salt-River-Großmarkt ist, an der Schule ab.

Die Lehrer an der St.-Joseph-Schule gehören dem Maristen-Orden an. Diese Brüder in ihren ernsten schwarzen Soutanen und weißen Stehkragen sind für ihn besondere Menschen. Ihre geheimnisvolle Aura beeindruckt ihn: das Geheimnis ihrer Herkunft, das Geheimnis der Namen, die sie abgelegt haben. Er mag es nicht, wenn Bruder Augustine, der Crickettrainer, zu den Trainingsstunden wie ein normaler Mensch in weißem Hemd und schwarzen Hosen und Cricketschuhen kommt. Besonders missfällt ihm, wenn Bruder Augustine als Schlagmann an der Reihe ist und sich einen Schutz, ein »Suspensorium«, in die Hose schiebt.

Er weiß nicht, was die Brüder machen, wenn sie nicht unterrichten. Zu dem Flügel des Schulgebäudes, wo sie schlafen, essen und ihr Privatleben führen, ist der Zutritt verboten; er hat nicht den Wunsch, da einzudringen. Er würde gern glauben, dass sie dort ein strenges Leben führen, um vier Uhr früh aufstehen, Stunden im Gebet zubringen, genügsam essen, ihre eigenen Socken stopfen. Wenn sie sich schlecht benehmen, tut er sein Bestes, um sie zu entschuldigen. Wenn zum Beispiel Bruder Alexis, der fett und unrasiert ist, unzivilisiert einen fahrenlässt und in der Afrikaans-Stunde einschläft, erklärt er sich das, indem er sagt, Bruder Alexis ist ein intelligenter Mann, für den das Unterrichten unter seiner Würde ist. Wenn Bruder Jean-Pierre plötzlich als Aufseher im Schlafsaal der jüngeren Schüler abgelöst wird und das von Geschichten begleitet wird, dass er was mit kleinen Jungen hatte, dann verdrängt er diese Geschichten einfach. Für ihn ist es unvorstellbar, dass geistliche Brüder sexuelle Bedürfnisse haben und ihnen nicht widerstehen sollten.

Da nur wenige der Brüder Englisch als Muttersprache sprechen, hat man einen katholischen Laien für die Englischstunden eingestellt. Mr Whelan ist Ire – er hasst die Engländer und verbirgt seine Abneigung gegenüber Protestanten kaum. Er bemüht sich auch nicht um korrekte Aussprache der Afrikaans-Namen und bringt sie mit abschätzig geschürzten Lippen hervor, als wären sie heidnisches Kauderwelsch.

Die meiste Zeit des Englischunterrichts geht mit Shakespeares *Julius Cäsar* drauf, und Mr Whelans Methode ist dabei, den Jungen Rollen zuzuteilen und sie ihren Text dann laut vorlesen zu lassen. Sie machen auch Übungen aus dem Grammatiklehrbuch und schreiben jede Woche einen Aufsatz. Sie bekommen dreißig Minuten, um ihren Aufsatz zu schreiben, bevor sie ihn abliefern müssen; da er nichts davon hält, Arbeit mit nach Hause zu nehmen, nutzt Mr Whelan die verbleibenden zehn Minuten, um die Aufsätze zu zensieren. Seine zehnminütigen Benotungsverfahren sind zu einer Attraktion geworden, und die Jungen schauen mit bewunderndem Lächeln zu. Einen blauen Stift schreibbereit in der Hand, durchforstet Mr Whelan geschwind den Stapel von Heften, richtet sie auf einen Stoß aus und übergibt sie dem Aufsichtsschüler zum Austeilen. Gedämpfter, ironischer Beifall läuft durch die Klasse.

Mr Whelans Vorname ist Terence. Er trägt eine braune Motorradlederjacke und einen Hut. Wenn es kalt ist, behält er den Hut drinnen auf. Er reibt die blassen weißen Hände aneinander, um sie zu erwärmen; er hat das blutleere Gesicht eines Leichnams. Was er in Südafrika macht, warum er nicht in Irland ist, weiß keiner. Das Land und alles darin scheint ihm zu missfallen.

Für Mr Whelan schreibt er Aufsätze über den Charakter von Mark Anton, über den Charakter von Brutus, über Sicherheit im Straßenverkehr, über Sport, über die Natur. Die meisten seiner Aufsätze sind langweilige, mechanische Übungen; doch gelegentlich spürt er beim Schreiben eine plötzliche Erregung, und die Feder fliegt über die Seite. In einem seiner Aufsätze lauert ein Straßenräuber im Versteck an der Landstraße. Sein Pferd schnaubt leise, sein Atem dampft in der kalten Nachtluft. Ein Mondstrahl fällt wie ein Säbelhieb über sein Gesicht; er hat die Pistole unter dem Mantelaufschlag, um das Pulver trocken zu halten.

Der Straßenräuber macht keinen Eindruck auf Mr Whelan. Seine blassen Augen eilen über die Seite, sein Stift stößt herab: 6 1/2. 6 1/2 ist die Zensur, die er fast immer für seine Aufsätze bekommt; nie mehr als 7. Schüler mit englischen Namen bekommen 7 1/2 oder 8. Trotz seines komischen Familiennamens bekommt ein Junge, der Theo Stavropoulos heißt, 8, weil er gut gekleidet ist und zur Sprecherziehung geht. Tony wird immer die Rolle des Mark Anton zugeteilt, was bedeutet, dass er »Mitbürger! Freunde! Römer! hört mich an« lesen muss, die berühmteste Rede im Stück.

In Worcester ist er in einem Zustand der Besorgnis, doch auch der Erregung zur Schule gegangen. Ja, er konnte jederzeit als Lügner entlarvt werden, mit schrecklichen Konsequenzen. Aber die Schule war faszinierend: Jeder Tag schien neue Offenbarungen von Grausamkeit, Schmerz und Hass zu bringen, die hinter der banalen Oberfläche der Dinge wüteten. Was da vor sich ging, war unrecht, wusste er, sollte eigentlich nicht geschehen; außerdem war er zu jung, zu kindisch und verletzlich für das, was ihm zugemutet wurde. Trotzdem ergriff ihn die Leidenschaft und die Wut jener Tage in Worcester; er war entsetzt, aber er wollte auch unbedingt mehr erleben, alles erleben, was es zu erleben gab.

In Kapstadt hat er dagegen das Gefühl, dass er seine Zeit verschwendet. Die Schule ist nicht mehr der Ort, wo große Gefühle zur Schau getragen werden. Es ist eine zusammengeschrumpfte kleine Welt, ein mehr oder weniger moderates Gefängnis, in dem er genauso gut Körbe flechten wie sich der Schulroutine unterwerfen könnte. Kapstadt macht ihn nicht klüger, sondern dümmer. Bei dieser Erkenntnis steigt Panik in ihm auf. Wer er wirklich ist, das wahre »Ich«, das sich aus der Asche seiner Kindheit erheben sollte, kann nicht geboren werden, wird unterdrückt und gehemmt.

Dieses Gefühl ist am deprimierendsten im Unterricht von Mr Whelan. Es gibt viel mehr, was er schreiben kann, als Mr Whelan je zulassen wird. Das Schreiben für Mr Whelan bedeutet nicht, dass er seine Flügel ausprobiert; im Gegenteil, es ist, als wenn er in sich zusammenkriecht, sich so klein und harmlos macht, wie er nur kann.

Er hat nicht den Wunsch, über Sport (*mens sana in corpore sano*) oder Sicherheit im Straßenverkehr zu schreiben, diese Themen sind für ihn so langweilig, dass er sich die Worte abringen muss. Er möchte nicht einmal über Straßenräuber schreiben; er hat so ein Gefühl, dass die Mondstrahlen, die auf ihre Gesichter fallen, und die weißen Knöchel der Hände, mit denen sie ihre Pistolenknäufe umklammern – sie mögen für einen Moment einen noch so großen Eindruck machen –, nicht von ihm stammen, sondern von irgendwo anders herkommen und schon abgenutzt und abgedroschen sind. Was er schreiben würde, wenn er könnte, wenn es nicht Mr Whelan lesen würde, wäre etwas Dunkleres, etwas, das, wenn es erst einmal aus seiner Feder zu fließen begänne, sich unkontrolliert über die Seite ausbreiten würde wie vergossene Tinte. Wie vergossene Tinte, wie Schatten, die über eine stille Wasserfläche huschen, wie Blitze, die über den Himmel zucken.

Mr Whelan hat auch die Aufgabe, die nichtkatholischen Schüler von Klasse sechs zu beschäftigen, während die katholischen Schüler Katechismusunterricht haben. Er soll eigentlich das Lukasevangelium mit ihnen lesen oder die Apostelgeschichte. Stattdessen hören sie von ihm Geschichten über Parnell und Roger Casement und die Niedertracht der Engländer, wieder und wieder. An einigen Tagen kommt Mr Whelan mit der *Cape Times* in der Hand in die Klasse und kocht vor Wut über die neuesten Greueltaten der Russen in ihren Satellitenstaaten. »In ihren Schulen haben sie Atheismusstunden eingeführt, wo die Kinder gezwungen werden, auf unseren Heiland zu spucken«, donnert er. »Und jene armen Kinder, die ihrem Glauben treu bleiben, werden in die berüchtigten sibirischen Gefangenenlager gesteckt. Das ist die Realität des Kommunismus, der die Frechheit hat, sich die Religion vom Menschen zu nennen.«

Durch Mr Whelan hören sie Nachrichten aus Russland, durch Bruder Otto hören sie von der Verfolgung der Gläubigen in China. Bruder Otto ist nicht wie Mr Whelan – er ist still, errötet leicht, muss dazu überredet werden, Geschichten zu erzählen. Aber seine Geschichten haben größere Autorität, weil er wirklich in China gewesen ist. »Ja, ich habe es mit eigenen Augen gesehen«, sagt er in seinem unbeholfenen Englisch, »Menschen in einer winzigen Zelle eingesperrt, so viele, dass sie keine Luft mehr bekamen und gestorben sind. Ich habe es gesehen.«

Ching-Chong-Chinamann, nennen die Jungen Bruder Otto hinter seinem Rücken. Für sie ist das, was Bruder Otto über China oder Mr Whelan über Russland zu erzählen haben, nicht realer als Jan van Riebeeck oder der Große Treck. Doch weil Jan van Riebeeck und der Treck auf dem Lehrplan von Klasse sechs stehen und der Kommunismus nicht, kann, was in China und Russland vor sich geht, ignoriert werden. China und Russland sind nur Vorwände, um Bruder Otto oder Mr Whelan zum Erzählen zu bringen.

Er für sein Teil ist verwirrt. Er weiß, dass die Geschichten seiner Lehrer Lügen sein müssen – Kommunisten sind gut, warum sollten sie so grausam sein? –, aber ihm fehlen die Mittel, es zu beweisen. Er ist aufgebracht, dass er wie gebannt dasitzen und ihnen zuhören muss, aber klug genug, um nicht zu protestieren oder sogar Einwände zu erheben. Er hat die *Cape Times* selbst gelesen und weiß, was mit kommunistischen Sympathisanten passiert. Er möchte nicht als Gesinnungsgenosse denunziert und geächtet werden.

Wenn Mr Whelan auch beileibe nicht begeistert davon ist, den Nichtkatholiken die Heilige Schrift nahezubringen, kann er doch die Evangelien nicht ganz vernachlässigen. »Und wer dich schlägt auf einen Backen, dem biete den anderen auch dar«, liest er aus dem Lukasevangelium vor. »Was will Jesus damit sagen? Will er sagen, dass wir nicht mutig unsere Sache vertreten sollen? Will er sagen, dass wir Weichlinge sein sollen? Natürlich nicht. Aber wenn ein Rowdy zu dir kommt und eine Schlägerei anzetteln will, sagt Jesus: Lass dich nicht provozieren. Es gibt bessere Möglichkeiten, Meinungsverschiedenheiten auszutragen, als durch Handgreiflichkeiten.«

»Denn wer da hat, dem wird gegeben; wer aber nicht hat, von dem wird genommen, auch was er meint zu haben. – Was will Jesus damit sagen? Will er damit sagen, der einzige Weg, Erlösung zu erlangen, besteht darin, allen Besitz zu verschenken? Nein. Wenn Jesus gewollt hätte, dass wir in Lumpen herumlaufen, hätte er das gesagt. Jesus spricht in Gleichnissen. Er sagt uns, dass die unter uns, die wahrhaft glauben, den Himmel zum Lohn erhalten, während auf die Ungläubigen ewige Höllenpein wartet.«

Er fragt sich, ob Mr Whelan sich bei den Brüdern erkundigt – besonders bei Bruder Odilo, der die Schulfinanzen verwaltet und das Schulgeld einsammelt –, ehe er den Nichtkatholiken diese Lehrsätze verkündet. Mr Whelan, der Laienlehrer, glaubt eindeutig, dass Nichtkatholiken Heiden sind, verdammt. Die Brüder selber sind dagegen offenbar recht tolerant.

Sein innerer Widerstand gegen Mr Whelans Bibelstunden geht tief. Er ist sich sicher, dass Mr Whelan keinen blassen Schimmer davon hat, was die Gleichnisse Jesu wirklich bedeuten. Obwohl er selbst Atheist ist, schon immer gewesen ist, hat er das Gefühl, Jesus besser zu verstehen als Mr Whelan. Ihm ist Jesus nicht besonders sympathisch – er bekommt zu leicht Wutanfälle –, aber er ist bereit, ihn zu tolerieren. Wenigstens hat Jesus nicht behauptet, Gott zu sein, und ist gestorben, ehe er Vater werden konnte. Das ist Jesu Stärke; so behält Jesus seine Macht.

Doch es gibt einen Abschnitt im Lukasevangelium, den er nicht gern hört. Wenn sie dahin kommen, erstarrt er, verschließt die Ohren. Die Frauen kommen am Grab an, um Jesu Leichnam zu salben. Jesus ist nicht da. Stattdessen finden sie zwei Engel. »Was suchet ihr den Lebendigen bei den Toten?«, fragen die Engel. »Er ist nicht hier; er ist auferstanden.« Er weiß, wenn er seine Ohren öffnen würde und die Worte zu sich dringen ließe, dann würde er auf seinen Stuhl klettern, einen Triumphschrei ausstoßen und tanzen müssen. Er müsste sich für alle Zeiten lächerlich machen.

Er hat nicht das Gefühl, dass Mr Whelan ihm übelwill. Trotzdem ist die beste Punktzahl, die er je in Englischprüfungen bekommt, die 70. Mit 70 kann er nicht Erster in Englisch werden, bevorzugte Schüler schlagen ihn mit Leichtigkeit. Auch in Geschichte und Geographie, die ihn mehr denn je langweilen, ist er nicht besonders gut. Nur die guten Noten, die er in Mathematik und Latein erreicht, bringen ihn mit Müh und Not an die Spitze, vor Oliver Matter, den Schweizer Jungen, der Klassenerster gewesen ist, ehe er kam.

Jetzt, da er in Oliver auf einen würdigen Gegner gestoßen ist, wird sein alter Schwur, immer ein Zeugnis als Klassenerster nach Hause zu bringen, zu einer Sache der eisernen persönlichen Ehre. Obwohl er seiner Mutter nichts davon erzählt, bereitet er sich auf den unerträglichen Tag vor, den Tag, an dem er ihr gestehen muss, dass er der Zweite ist.

Oliver Matter ist ein freundlicher, lächelnder, mondgesichtiger Junge, dem es nichts auszumachen scheint, der Zweite zu sein. Jeden Tag messen er und Oliver Matter sich im Wettkampf der schnellen Antworten, den Bruder Gabriel durchführt, indem er die Jungen in einer Reihe aufstellt, die er abschreitet und dabei Fragen stellt, die in fünf Sekunden beantwortet werden müssen, wobei jeder, der eine Antwort schuldig bleibt, ans Ende der Reihe geschickt wird. Wenn die Runde vorbei ist, stehen immer entweder er oder Oliver an der Spitze.

Dann kommt Oliver eines Tages nicht mehr zur Schule. Nach

einem Monat ohne Erklärung gibt Bruder Gabriel etwas bekannt. Oliver ist im Krankenhaus, er hat Leukämie, alle müssen für ihn beten. Mit gesenkten Häuptern beten die Jungen. Da er nicht an Gott glaubt, betet er nicht, bewegt nur die Lippen. Er denkt: Alle werden glauben, ich möchte, dass Oliver stirbt, damit ich Erster sein kann.

Oliver kommt nie wieder in die Schule. Er stirbt im Krankenhaus. Die katholischen Schüler nehmen an einer Sondermesse für den Frieden seiner Seele teil.

Die Bedrohung ist gewichen. Er atmet leichter; doch die alte Freude daran, Erster zu werden, ist verdorben.

◆ Siebzehn ◆

Das Leben in Kapstadt ist nicht so abwechslungsreich wie das Leben früher in Worcester. An den Wochenenden insbesondere gibt es nichts zu tun, als den *Reader's Digest* zu lesen, Radio zu hören oder einen Cricketball herumzuschlagen. Mit dem Rad fährt er nicht mehr; in Plumstead gibt es nichts Interessantes, wo man hinfahren könnte, nur meilenweit Häuser nach allen Seiten, und er ist sowieso zu groß für die Smiths, die allmählich wie ein Kinderrad wirkt.

Mit einem Rad in den Straßen herumzufahren erscheint ihm so nach und nach richtig lächerlich. Auch anderes, womit er sich früher intensiv beschäftigt hat, reizt ihn nicht mehr: der Bau von Meccano-Modellen, Briefmarken sammeln. Er weiß nicht mehr, warum er seine Zeit damit verschwendet hat. Stunden verbringt er im Badezimmer damit, sich im Spiegel zu betrachten, und ihm gefällt nicht, was er sieht. Er hört auf zu lächeln und übt sich darin, ein mürrisches Gesicht zu machen.

Die einzige Leidenschaft, die nicht nachgelassen hat, ist die für Cricket. Er kennt keinen anderen, der so ein Cricketnarr ist wie er. Er spielt in der Schule Cricket, doch das reicht ihm nie. Das Haus in Plumstead hat vorn eine Veranda mit Schieferboden. Dort spielt er allein, indem er das Schlagholz in der linken Hand hält, mit der rechten den Ball gegen die Wand wirft und ihn beim Zurückprall schlägt und sich dabei vorstellt, er sei auf einem Spielfeld. Stunde um Stunde schlägt er den Ball gegen die Wand. Die Nachbarn beschweren sich bei seiner Mutter über das Geräusch, aber er schert sich nicht drum.

Er hat über Trainingsanleitungen gebrütet, kennt die verschiedenen Würfe auswendig, kann sie mit der korrekten Beinarbeit ausführen. Die Wahrheit aber ist, dass er sein Spiel allein auf der Veranda allmählich richtigem Cricket vorzieht. Die Aussicht, auf einem richtigen Spielfeld zu schlagen, begeistert ihn, macht ihm aber auch Angst. Besonders fürchtet er sich vor scharfen Werfern, fürchtet sich davor, getroffen zu werden, fürchtet sich vor dem Schmerz. Wenn er richtiges Cricket spielt, muss er sich voll darauf konzentrieren, nicht zurückzuzucken, nicht zu zeigen, dass er feige ist.

Er macht kaum Läufe. Wenn er nicht sofort ausgeschlagen wird, kann er manchmal eine halbe Stunde lang schlagen, ohne einen Punkt zu erzielen, was alle irritiert, seine Mannschaft eingeschlossen. Er fällt anscheinend in einen Trancezustand der Passivität, in dem es ausreicht, völlig ausreicht, den Ball einfach abzuwehren. Wenn er an diese Beispiele des Versagens denkt, tröstet er sich mit Geschichten von Länderspielen, die auf schwer bespielbarem Feld ausgetragen wurden, bei denen eine einsame Gestalt, gewöhnlich ein Mann aus Yorkshire, zäh, stoisch, mit zusammengepressten Lippen alle Durchgänge hindurch schlägt und seinen Mann steht, während um ihn herum die Schlagmänner ausscheiden.

Als erster Schlagmann gegen die Unter-13 der Pinelands sieht er sich eines Freitagnachmittags einem großen, schlaksigen Jungen gegenüber, der, angefeuert von seiner Mannschaft, so scharf und ungestüm bowlt, wie er nur kann. Der Ball fliegt wer weiß wohin, am Tor vorbei, an ihm vorbei, am Torwächter vorbei; sein Schlagholz muss er fast gar nicht gebrauchen.

Beim dritten Wechsel trifft ein Ball auf dem Boden neben der Matte auf, springt hoch und prallt ihm gegen die Schläfe. »Jetzt reicht's aber!«, denkt er noch wütend. »Das geht zu weit!« Die Feldspieler sehen ihn seltsam an. Er hört noch, wie der Ball auf den Knochen trifft – ein dumpfes Krachen, echolos. Dann verliert er das Bewusstsein und fällt um.

Er liegt am Rande des Spielfeldes. Gesicht und Haare sind nass. Er schaut sich nach seinem Schlagholz um, kann es aber nicht entdecken.

»Bleib liegen und ruh dich ein Weilchen aus«, sagt Bruder Augustine. Seine Stimme ist recht fröhlich. »Du hast was abbekommen.«

»Ich möchte schlagen«, murmelt er und richtet sich auf. So gehört es sich, weiß er – es beweist, dass man kein Feigling ist. Doch er kann nicht schlagen – er ist ausgeschieden, ein anderer schlägt schon an seiner statt.

Er hätte erwartet, dass sie mehr Aufhebens davon machen würden. Er hätte einen Entrüstungssturm gegen das gefährliche Bowlen erwartet. Aber das Spiel geht weiter, und seine Mannschaft schlägt sich wacker. »Alles in Ordnung? Tut es weh?«, fragt ein Mannschaftskamerad und wartet dann kaum seine Antwort ab. Er sitzt am Rande des Spielfelds und sieht bei den restlichen Durchgängen zu. Später spielt er als Fänger. Es wäre ihm recht, wenn er Kopfschmerzen hätte; es wäre ihm recht, wenn er plötzlich nichts mehr sehen könnte, wenn er ohnmächtig werden oder etwas ähnlich Dramatisches passieren würde. Doch es geht ihm gut. Er befühlt die Schläfe. Da ist eine schmerzende Stelle. Er hofft, dass sie anschwillt und bis morgen blau wird, zum Beweis, dass er wirklich getroffen wurde.

Wie alle anderen in der Schule muss er auch Rugby spielen. Sogar ein Junge namens Shepherd, dessen linker Arm durch Kinderlähmung verkrüppelt ist, muss spielen. Die Mannschaftsaufstellung ist ganz willkürlich. Er muss als Pfeiler für die Unter-13Bs spielen. Sie spielen jeden Samstagmorgen. Samstags regnet es immer; frierend, nass und unglücklich trottet er von Gedränge zu Gedränge über den durchweichten Rasen und wird von größeren Jungen herumgestoßen. Weil er als Pfeiler spielt, gibt niemand den Ball an ihn ab, wofür er dankbar ist, da er Angst hat, getackelt zu werden. Und sowieso ist der Ball, den man zum

Schutz des Leders eingefettet hat, zu rutschig, um ihn festzuhalten.

Er würde sich samstagmorgens krankmelden, wenn das nicht bedeuten würde, dass die Mannschaft dann nur vierzehn Spieler hätte. Nicht zu einem Rugbymatch zu erscheinen ist viel schlimmer, als nicht zur Schule zu kommen.

Die Unter-13Bs verlieren alle ihre Spiele. Auch die Unter-13As verlieren meistens. Tatsächlich verlieren die meisten Mannschaften der St.-Joseph-Schule meistens. Er versteht nicht, warum man an der Schule überhaupt Rugby spielt. Die Brüder, die Österreicher oder Iren sind, interessieren sich gewiss nicht für Rugby. Bei den wenigen Malen, wo sie zuschauen kommen, machen sie einen verwirrten Eindruck und begreifen den Spielverlauf nicht.

In ihrem untersten Kommodenfach hat die Mutter ein Buch mit einem schwarzen Einband, auf dem *Die ideale Ehe* steht. Es handelt von Sex; er weiß seit Jahren von seiner Existenz. Eines Tages entwendet er es aus dem Schubfach und nimmt es mit in die Schule. Es sorgt für Aufregung bei seinen Freunden; er ist offenbar der Einzige, dessen Eltern ein solches Buch besitzen.

Obwohl die Lektüre enttäuscht – die Zeichnungen der Geschlechtsorgane wirken wie Abbildungen in naturwissenschaftlichen Lehrbüchern, und selbst im Abschnitt über Stellungen gibt es nichts Aufregendes (das Einführen des männlichen Organs in die Vagina klingt wie die Verabreichung eines Klistiers) –, studieren es die anderen Jungen gierig, bewerben sich lauthals darum, es auszuleihen.

Während des Chemieunterrichts lässt er das Buch in seinem Pult zurück. Als sie zurückkommen, macht Bruder Gabriel, der normalerweise recht fröhlich ist, eine frostige, missbilligende Miene. Er ist überzeugt, dass Bruder Gabriel sein Pult geöffnet und das Buch gesehen hat; sein Herz schlägt heftig, als er auf die

Bekanntgabe wartet und die Schande, die ihr folgen wird. Das tritt nicht ein; doch aus jeder beiläufigen Bemerkung Bruder Gabriels hört er eine verhüllte Anspielung auf das Böse heraus, das er, ein Nichtkatholik, in die Schule eingeschleppt hat. Alles ist verdorben zwischen ihm und Bruder Gabriel. Er bereut bitter, das Buch in die Schule mitgenommen zu haben; er trägt es nach Hause, legt es wieder in die Schublade zurück und schaut es nie wieder an.

Eine Weile treffen er und seine Freunde sich immer während der Pause in einer Ecke des Sportplatzes, um über Sex zu reden. Zu diesen Diskussionen steuert er Verschiedenes bei, was er aus dem Buch hat. Aber das ist offenbar nicht interessant genug; bald sondern sich die älteren Jungen zu eigenen Gesprächen ab, bei denen die Stimme plötzlich gesenkt und geflüstert wird, dann brüllendes Gelächter hervorbricht. Im Mittelpunkt dieser Gespräche steht Billy Owens, der vierzehn ist, eine sechzehnjährige Schwester hat und Mädchen kennt. Owens besitzt eine Lederjacke, die er zu Tanzveranstaltungen trägt, und hat eventuell sogar schon Geschlechtsverkehr gehabt.

Er freundet sich mit Theo Stavropoulos an. Es gibt Gerüchte, dass Theo eine Tunte, dass er schwul ist, aber er ist nicht bereit, ihnen zu glauben. Ihm gefällt, wie Theo aussieht, ihm gefällt seine schöne Haut, seine gesunde Gesichtsfarbe, sein makelloser Haarschnitt und die weltmännische Art, wie er seine Sachen trägt. Sogar der Schulblazer mit seinen blöden Längsstreifen wirkt gut bei ihm.

Theos Vater besitzt eine Fabrik. Was die Fabrik genau herstellt, weiß keiner so recht, aber es hat etwas mit Fisch zu tun. Die Familie wohnt in einem großen Haus im vornehmsten Teil von Rondebosch. Sie haben so viel Geld, dass die Jungen zweifellos ins Diözesan-College gehen würden, wenn sie keine Griechen wären. Weil sie Griechen sind und einen ausländischen Namen haben, müssen sie die St.-Joseph-Schule besuchen, die, wie er jetzt sieht, eine Art Netz darstellt, das Jungen auffängt, die sonst nirgends hinpassen.

Er bekommt Theos Vater nur einmal zu sehen – einen großen, elegant gekleideten Mann mit dunkler Brille. Seine Mutter sieht er häufiger. Sie ist klein und schlank und dunkelhaarig; sie raucht Zigaretten und fährt einen blauen Buick, von dem behauptet wird, er sei das einzige Auto mit automatischer Schaltung in Kapstadt – vielleicht in ganz Südafrika. Es existiert auch eine ältere Schwester, so schön, so kostspielig ausgebildet, eine so gute Partie, dass man sie nicht den Blicken von Theos Freunden aussetzen will.

Die Stavropoulos-Jungen werden morgens in dem blauen Buick zur Schule gefahren, manchmal von der Mutter, doch öfter von einem Chauffeur in schwarzer Uniform und mit Schirmmütze. Der Buick kommt großspurig in den Schulhof gerauscht, Theo und sein Bruder steigen aus, der Buick rauscht wieder ab. Er versteht nicht, wieso Theo das zulässt. An Theos Stelle würde er sich einen Häuserblock vorher absetzen lassen. Aber Theo nimmt die Scherze und das Gejohle gelassen auf.

Eines Tages lädt ihn Theo zu sich nach Hause ein. Als sie dort ankommen, stellt er fest, dass sie zum Mittagessen erwartet werden. Sie setzen sich also um drei Uhr nachmittags an den mit silbernem Besteck und sauberen Servietten gedeckten Tisch, und ein Butler in weißer Uniform, der während sie essen hinter Theos Stuhl steht und auf Befehle wartet, serviert ihnen Steak und Chips.

Er tut sein Bestes, um seine Verwunderung nicht zu zeigen. Er weiß, dass es Leute gibt, die bedient werden; es war ihm bisher nicht klar gewesen, dass auch Kinder Diener haben können.

Dann fahren Theos Eltern mit der Schwester ins Ausland – dem Gerücht nach soll die Schwester an einen englischen Baronet verheiratet werden – und Theo und sein Bruder kommen ins Internat. Er erwartet, dass diese Erfahrung niederschmetternd für Theo sein wird – durch den Neid und die Bösartigkeit der anderen Internatszöglinge, durch das schlechte Essen, durch die Würdelosigkeit eines Lebens ohne Privatsphäre. Er erwartet auch, dass Theo nun den gleichen Haarschnitt verpasst bekommt wie alle anderen. Doch irgendwie schafft es Theo, seine elegante Frisur zu behalten; obwohl er diesen Namen hat, eine sportliche Niete ist und das Gerücht kursiert, er sei eine Tunte, verliert er sein nettes Lächeln nicht, beklagt sich nie, lässt sich nicht demütigen.

Theo sitzt dicht an ihn gedrückt neben ihm auf der Schulbank, unter dem Bild von Jesus, der seinen Brustkorb öffnet, um ein brennendes rubinrotes Herz zu zeigen. Sie sollen eigentlich den Geschichtsstoff wiederholen; doch sie haben eine kleine Grammatik vor sich liegen, aus der Tony ihm Altgriechisch beibringt. Altgriechisch mit neugriechischer Aussprache – ihm gefällt das Ungewöhnliche daran. *Aftós*, flüstert Theo; *evdhemonía. Evdhemonía*, spricht er flüsternd nach.

Bruder Gabriel spitzt die Ohren. »Was treibst du da, Stavropoulos?«, will er wissen.

»Ich bringe ihm Griechisch bei, Bruder«, sagt Theo in seiner offenen, selbstbewussten Art.

»Setz dich auf deinen eigenen Platz.«

Theo lächelt und schlendert auf seinen Platz.

Die Brüder können Theo nicht leiden. Seine Überheblichkeit ärgert sie; genau wie die Jungen glauben sie, er sei verwöhnt, habe zu viel Geld. Diese Ungerechtigkeit wurmt ihn. Er würde gern für Theo kämpfen.

◆ Achtzehn ◆

Die Mutter arbeitet wieder als Lehrerin, um sie über die Runden zu bringen, bis die neue Anwaltskanzlei des Vaters Geld abwirft. Für die Hausarbeit engagiert sie eine Hausgehilfin, eine dürre, fast zahnlose Frau, die Celia heißt. Manchmal bringt Celia zu ihrer Gesellschaft die jüngere Schwester mit. Als er eines Nachmittags aus der Schule nach Hause kommt, findet er die beiden in der Küche beim Teetrinken vor. Die jüngere Schwester, die attraktiver als Celia ist, lächelt ihn an. An ihrem Lächeln ist etwas, das ihn verlegen macht; er weiß nicht, wohin er schauen soll, und zieht sich in sein Zimmer zurück. Er hört sie lachen und weiß, dass sie über ihn lachen.

Etwas verändert sich. Er ist anscheinend ständig verlegen. Er weiß nicht, wohin er blicken soll, was er mit den Händen anfangen soll, welche Haltung er einnehmen und welches Gesicht er machen soll. Alle starren ihn an, fällen Urteile über ihn, finden etwas an ihm auszusetzen. Ihm ist zumute wie einer Krabbe, die man aus ihrem Gehäuse gezogen hat, rot und wund und obszön.

Früher hatte er immer viele Einfälle, wohin er gehen, worüber er sprechen und was er machen konnte. Er war den anderen immer ein Stück voraus – er war der Anführer, die anderen folgten ihm. Jetzt ist die Energie, die er früher verströmte, fort. Mit dreizehn wird er mürrisch, missmutig, finster. Er mag dieses neue, hässliche Ich nicht, er möchte herausgeholt werden, aber das ist etwas, was er nicht selbst tun kann.

Sie besuchen die neue Kanzlei des Vaters, um sich ein Bild zu machen. Sie befindet sich in Goodwood, was zu dem Afrikaans-Vorortgürtel Goodwood-Parow-Bellville gehört. Die Kanzleifenster sind dunkelgrün gestrichen; auf dem Grün steht mit Goldbuchstaben PROKUREUR – Z COETZEE – RECHTS-ANWALT. Im Inneren ist es düster, schwere Sessel, gepolstert mit Rosshaar und rotem Leder, stehen herum. Die juristischen Bücher, die mit ihnen durch Südafrika gereist sind, seit der Vater 1937 zum letzten Mal eine Praxis gehabt hat, sind aus ihren Kartons aufgetaucht und stehen im Regal. Müßig schlägt er unter ›Vergewaltigung‹ nach. Schwarze stecken das männliche Organ manchmal ohne Penetration zwischen die Schenkel der Frau, erläutert eine Fußnote. Diese Praxis fällt unter Gewohnheitsrecht. Sie stellt keine Vergewaltigung dar.

Beschäftigen sie sich bei Gericht mit solchen Sachen, fragt er sich – streiten sie, wohin der Penis gesteckt wurde?

Die Praxis seines Vaters geht offenbar gut. Er beschäftigt nicht nur eine Schreibkraft, sondern auch einen Rechtsreferendar namens Eksteen. Eksteen überlässt er die Routinesachen wie Eigentumsübertragungen und Testamente; seine eigenen Bemühungen widmet er der spannenden Gerichtsarbeit, die darin besteht, *Leute freizukämpfen*. Täglich kommt er mit neuen Geschichten von Leuten, die er freigekämpft hat, heim, Geschichten davon, wie dankbar sie ihm sind.

Die Mutter interessiert sich weniger für die Leute, die er freigekämpft hat, als für die wachsenden Außenstände. Besonders ein Name taucht immer wieder auf: Le Roux, der Autohändler. Sie lässt dem Vater keine Ruhe: Er ist Anwalt, da muss er doch Le Roux dazu bringen können, zu bezahlen. Le Roux wird seine Schulden ganz gewiss am Monatsende begleichen, antwortet der Vater, er hat es versprochen. Doch am Ende des Monats zahlt Le Roux wieder nicht.

Le Roux bezahlt nicht, und er verdrückt sich auch nicht. Im Gegenteil, er lädt den Vater zu Drinks ein, verspricht ihm mehr

Arbeit, malt rosige Bilder davon, wie viel Geld mit dem Gebrauchtwagenhandel zu machen sei.

Die Streitereien zu Hause werden zorniger, gleichzeitig aber vorsichtiger. Er fragt die Mutter, was vor sich geht. Sie sagt bitter, Jack habe Le Roux Geld geliehen.

Mehr braucht er nicht zu hören. Er kennt den Vater, weiß, was vor sich geht. Sein Vater giert nach Anerkennung, würde alles tun, um beliebt zu sein. In den Kreisen, in denen sich der Vater bewegt, kann man sich auf zweierlei Art beliebt machen – indem man Leuten die Zeche zahlt und indem man ihnen Geld leiht.

Kinder sollen eigentlich nicht in Bars gehen. Aber in der Bar des Fraserburg-Road-Hotels haben er und sein Bruder recht oft an einem Tisch in der Ecke gesessen, Orangensaft getrunken und zugesehen, wie der Vater eine Runde Brandy und Soda nach der anderen für Fremde bezahlt hat, und haben so diese andere Seite von ihm kennengelernt. Er kennt also die äußerst joviale Stimmung, in die der Brandy ihn versetzt, das Prahlen, die großen verschwenderischen Gesten.

Begierig und finster hört er sich die Klagemonologe seiner Mutter an. Obwohl er nicht länger auf die Schliche seines Vaters hereinfällt, traut er ihr nicht zu, dass sie ihn durchschaut – zu oft in der Vergangenheit hat er beobachtet, wie der Vater sie beschwatzt hat. »Hör nicht auf ihn«, warnt er sie. »Er belügt dich die ganze Zeit.«

Der Ärger mit Le Roux wird schlimmer. Es gibt lange Telefongespräche. Ein neuer Name taucht auf: Bensusan. Bensusan ist zuverlässig, sagt die Mutter. Bensusan ist Jude, er trinkt nicht. Bensusan wird Jack retten, ihn auf den rechten Pfad zurückführen.

Aber da ist nicht nur Le Roux, stellt sich heraus. Da sind noch andere Männer, andere Trinkkumpane, denen der Vater Geld geliehen hat. Er kann es nicht glauben, kann es nicht verstehen. Wo kommt das ganze Geld her, wenn der Vater nur einen Anzug hat und ein Paar Schuhe und mit dem Zug zur Arbeit und zurückfahren muss? Verdient man wirklich so schnell so viel Geld damit, Leute freizukämpfen?

Er hat Le Roux nie zu sehen bekommen, doch er kann ihn sich sehr gut vorstellen. Le Roux wird ein rotgesichtiger Afrikaaner mit blondem Schnurrbart sein; er wird einen blauen Anzug und einen schwarzen Schlips tragen; er wird ein wenig dick sein und viel schwitzen und mit lauter Stimme dreckige Witze erzählen.

Le Roux sitzt mit dem Vater in der Bar in Goodwood. Wenn der Vater nicht hinsieht, gibt Le Roux den anderen Männern in der Bar Zeichen. Le Roux verkauft den Vater für dumm. Er empfindet brennende Scham darüber, dass sein Vater so dämlich ist.

Das Geld, das der Vater verliehen hat, gehört ihm nicht, wie sich herausstellt. Daher hat sich Bensusan eingeschaltet. Bensusan arbeitet für die Rechtssozietät. Die Sache ist ernst: Das Geld stammt vom Treuhandkonto. »Was ist ein Treuhandkonto?« fragt er die Mutter. »Das ist Geld, das er als Treuhänder verwaltet.« »Warum setzen ihn Leute als Treuhänder für ihr Geld ein?« fragt er. »Die müssen verrückt sein.« Die Mutter schüttelt den Kopf. Alle Anwälte haben Treuhandkontos, sagt sie, Gott weiß, warum. »Jack ist wie ein Kind in Geldfragen.«

Bensusan und die Rechtssozietät sind auf der Bildfläche erschienen, weil es Leute gibt, die den Vater retten wollen, Bekannte aus alten Tagen, als er Chef der Mietrechtsstelle war. Sie sind ihm wohlgesinnt, sie wollen nicht, dass er ins Gefängnis muss. Den alten Zeiten zuliebe und weil er Frau und Kinder hat, werden sie die Augen vor gewissen Dingen verschließen, gewisse Vorkehrungen treffen. Er kann Rückzahlungen über fünf Jahre machen; wenn das erledigt ist, wird das Kapitel geschlossen, die Sache vergessen sein.

Die Mutter nimmt selbst die Hilfe eines Rechtsanwalts in Anspruch. Sie möchte ihre Besitztümer von denen ihres Mannes trennen, ehe ein neues Unglück hereinbricht – den Wohnzimmertisch zum Beispiel; die Kommode mit dem Spiegel; den Kaffeetisch aus Stinkbaumholz, den sie von Tante Annie hat. Sie hätte gern ihren Ehekontrakt, der sie beide für die Schulden des anderen verantwortlich macht, geändert. Aber Ehekontrakte, so stellt sich heraus, können nicht verändert werden. Wenn der Vater untergeht, geht auch die Mutter unter, sie und die Kinder.

Eksteen und der Schreibkraft wird gekündigt, die Kanzlei in Goodwood wird geschlossen. Er bekommt nie zu sehen, was mit dem grünen Fenster und der Goldschrift passiert. Seine Mutter gibt weiter Unterricht. Der Vater schaut sich nach Arbeit um. Jeden Morgen pünktlich um sieben macht er sich in die Stadt auf. Doch ein oder zwei Stunden später – das ist sein Geheimnis –, wenn alle anderen aus dem Haus sind, kommt er zurück. Er zieht den Schlafanzug an und geht mit dem Kreuzworträtsel der *Cape Times* und einem Viertelliter Brandy wieder ins Bett. Um zwei nachmittags ungefähr, ehe Frau und Kinder zurückkommen, zieht er sich dann an und geht in seinen Klub.

Sein Klub heißt Wynberg-Klub, gehört aber eigentlich zum Wynberg-Hotel. Dort isst der Vater und verbringt den Abend trinkend. Manchmal hält irgendwann nach Mitternacht ein Wagen vorm Haus – er wacht von dem Geräusch auf, er schläft nicht fest –, die Haustür geht auf, der Vater kommt herein und geht auf die Toilette. Kurz danach dringt aus dem Schlafzimmer der Eltern erregtes Geflüster. Am Morgen sind dunkelgelbe Spritzer auf dem Fußboden der Toilette und auf dem WC-Sitz, und es riecht ekelhaft süßlich.

Er malt ein Schild und hängt es in die Toilette: BITTE SITZ HOCHKLAPPEN. Das Schild wird nicht beachtet. Auf den WC-Sitz zu urinieren ist die letzte Trotzhandlung des Vaters gegen Frau und Kinder, die ihn links liegenlassen.

Eines Tages, als er nicht zur Schule geht, krank ist oder vorgibt, es zu sein, entdeckt er das geheime Leben seines Vaters. Von seinem Bett aus hört er, wie sich der Schlüssel im Haustürschloss dreht, hört, wie sich der Vater im Zimmer nebenan niederlässt. Später gehen sie, schuldbewusst, ärgerlich, im Korridor aneinander vorbei.

Ehe der Vater nachmittags aus dem Haus geht, holt er die Post aus dem Briefkasten und entfernt gewisse Schreiben, die er unten in seinem Kleiderschrank versteckt, unter der Auskleidung mit Schrankpapier. Als die Dämme schließlich brechen, ist es das geheime Briefversteck im Schrank – Rechnungen aus Goodwood-Tagen, Zahlungsaufforderungen, Briefe von Rechtsanwälten –, das seine Mutter am meisten erbittert. »Wenn ich es nur gewusst hätte, dann hätte ich einen Plan machen können«, sagt sie. »Jetzt sind wir ruiniert.«

Überall hat der Vater Schulden. Zu jeder Tages- und Nachtzeit kommen Besucher, Besucher, die er nicht zu sehen bekommt. Jedes Mal wenn es an der Haustür klopft, schließt sich der Vater im Schlafzimmer ein. Die Mutter begrüßt die Besucher gedämpft, geleitet sie ins Wohnzimmer, schließt die Tür. Hinterher hört er sie in der Küche zornig vor sich hin flüstern.

Es ist die Rede von den Anonymen Alkoholikern, dass der Vater zu den Anonymen Alkoholikern gehen soll, um zu beweisen, dass er es ernst meint. Der Vater verspricht es, geht aber nicht hin.

Zwei Gerichtsvollzieher kommen, um ein Inventar dessen, was sich im Haus befindet, zu erstellen. Es ist ein sonniger Samstagmorgen. Er zieht sich in sein Schlafzimmer zurück und versucht zu lesen, aber vergeblich; die Männer verlangen Zutritt zu seinem Zimmer, zu jedem Zimmer. Er geht in den Hinterhof. Selbst dahin folgen sie ihm, schauen sich um, machen sich Notizen.

Die ganze Zeit über kocht er vor Zorn. *Dieser Mann*, so nennt er den Vater, wenn er mit der Mutter spricht, zu wütend, um ihn beim Namen zu nennen; warum müssen wir etwas mit *diesem Mann* zu tun haben? Warum lässt du *diesen Mann* nicht einfach ins Gefängnis gehen?

Er hat fünfundzwanzig Pfund auf seinem Postsparbuch. Die Mutter schwört ihm, dass niemand seine fünfundzwanzig Pfund antasten wird.

Ein Mr Golding kommt sie besuchen. Obwohl Mr Golding ein Farbiger ist, hat er bei Vaters Angelegenheiten ein gewichtiges Wort mitzureden. Man bereitet sich sorgfältig auf den Besuch vor. Mr Golding wird im Vorderzimmer empfangen, wie die anderen Besucher auch. Ihm wird Tee im selben Teeservice serviert. Man hofft, dass Mr Golding dafür, dass man ihn so gut behandelt, keine Anzeige erstattet.

Mr Golding trifft ein. Er trägt einen doppelreihigen Anzug, er lächelt nicht. Er trinkt den von der Mutter servierten Tee, will aber nichts versprechen. Er will sein Geld.

Nachdem er gegangen ist, gibt es eine Debatte, was mit der Teetasse geschehen soll. Es ist Brauch, scheint es, dass eine Tasse, aus der eine farbige Person getrunken hat, zerschlagen werden muss. Er ist erstaunt, dass die Familie seiner Mutter, die sonst an nichts glaubt, daran glaubt. Aber die Mutter wäscht am Ende die Tasse einfach mit einem Bleichmittel aus.

Schließlich kommt ihnen Tante Girlie aus Williston zu Hilfe, um die Familienehre zu retten. Als Gegenleistung für das Darlehen setzt sie gewisse Bedingungen fest, und eine davon ist, dass Jack nie wieder als Rechtsanwalt praktizieren darf.

Der Vater stimmt den Bedingungen zu, ist bereit, das Dokument zu unterschreiben. Aber als es so weit ist, braucht es viel Überredungskunst, um ihn aus dem Bett zu bringen. Zuletzt taucht er auf, in grauen Trainingshosen und einer Schlafanzugjacke und barfuß. Wortlos unterschreibt er; dann geht er wieder ins Bett.

Später an diesem Abend zieht er sich an und verlässt das Haus. Wo er die Nacht zubringt, wissen sie nicht; er kommt erst am nächsten Tag wieder.

»Was hat es für einen Zweck, ihn unterschreiben zu lassen?«, beklagt er sich bei der Mutter. »Er hat seine anderen Schulden nicht bezahlt, warum sollte das bei Girlie anders sein?«

»Kümmere dich nicht um ihn, ich werde ihr das Geld zurückzahlen«, antwortet sie.

»Wie denn?«

»Ich arbeite dafür.«

Am Verhalten seiner Mutter ist etwas, vor dem er nicht mehr die Augen verschließen kann, etwas Außergewöhnliches. Mit jeder neuen und bitteren Enthüllung scheint sie stärker, eigensinniger zu werden. Als würde sie Schwierigkeiten auf sich ziehen, aus keinem anderen Grund als dem, der Welt zu zeigen, wie viel sie ertragen kann. »Ich werde alle seine Schulden abbezahlen«, sagt sie. »Ich zahle in Raten. Ich arbeite.«

Ihre ameisengleiche Entschlossenheit erzürnt ihn so sehr, dass er sie schlagen möchte. Was dahintersteckt, ist klar. Sie möchte sich für ihre Kinder aufopfern. Aufopferung ohne Ende – diesen Geist kennt er nur zu gut. Aber wenn sie sich dann ganz aufgeopfert hat, wenn sie die Kleider vom Leibe weg verkauft hat, selbst die Schuhe verkauft hat und auf blutenden Füßen herumläuft, wohin führt ihn das? Das ist ein Gedanke, den er nicht ertragen kann.

Die Dezemberferien sind da, und der Vater hat immer noch keine Arbeit. Sie sind jetzt alle vier im Haus, wie Ratten in einem Käfig können sie sonst nirgendwohin. Sie weichen einander aus, verstecken sich in getrennten Zimmern. Der Bruder vertieft sich in Comichefte: *Eagle, Beano*. Ihm gefällt *Rover* am besten, mit den Geschichten von Alf Tupper, dem Sieger im Meilenlauf, der in einer Fabrik in Manchester arbeitet und sich von Fisch und Chips ernährt. Er versucht, sich in die Comics zu vertiefen, doch er kann nicht vermeiden, dass er bei jedem Flüstern und Knarren im Haus die Ohren spitzt.

Eines Morgens herrscht eine seltsame Stille. Seine Mutter ist fort, aber es liegt etwas in der Luft – ein Geruch, eine Aura, etwas Schweres –, das ihm sagt, dass *dieser Mann* noch im Haus ist. Er schläft doch bestimmt nicht mehr. Ist es möglich, dass er – unerhörtes Wunder – Selbstmord begangen hat?

Falls es so ist, wäre es dann nicht das Beste, so zu tun, als hätte er nichts bemerkt, damit die Schlaftabletten oder was er genommen hat, Zeit haben, ihre Wirkung zu entfalten? Und wie kann er seinen Bruder davon abhalten, Alarm zu schlagen?

In dem Krieg, den er gegen den Vater geführt hat, konnte er nie ganz sicher mit seinem Bruder rechnen. So weit seine Erinnerung zurückreicht, haben die Leute immer festgestellt, dass der Bruder dem Vater ähnlich sieht, während er nach der Mutter geraten ist. Manchmal hegt er den Verdacht, dass der Bruder ein weiches Herz dem Vater gegenüber hat; er hegt den Verdacht, dass der Bruder mit seinem blassen, ängstlichen Gesicht und dem zuckenden Lid ganz allgemein ein Weichling ist.

Sollte sich sein Vater tatsächlich das Leben genommen haben, wäre es das Beste, sich von seinem Zimmer fernzuhalten, damit er, wenn es hinterher Fragen gibt, sagen kann: »Ich habe mich mit meinem Bruder unterhalten«, oder: »Ich habe in meinem Zimmer gelesen«. Doch er kann seine Neugier nicht zügeln. Auf Zehenspitzen schleicht er zur Tür, stößt sie auf, schaut ins Zimmer.

Es ist ein warmer Sommermorgen. Es ist still, so still, dass er das Tschilpen der Spatzen draußen hören kann, das Flattern ihrer Flügel. Die Jalousien sind herabgelassen, die Vorhänge zugezogen. Es riecht nach Männerschweiß. In der Dunkelheit kann er erkennen, dass der Vater auf seinem Bett liegt. Aus seiner Kehle dringt ein leises Röcheln.

Er tritt näher. Seine Augen gewöhnen sich an die Dunkelheit. Der Vater hat Schlafanzughosen und ein Baumwollunterhemd an. Er ist unrasiert. Am Hals zeigt sich ein rotes V, wo die Sonnenbräune in die blasse Brust übergeht. Neben dem Bett befindet sich ein Nachttopf, in dem Zigarettenstummel in bräunlichem Urin schwimmen. Etwas Abstoßenderes hat er im Leben nicht gesehen.

Tabletten sind nirgends zu entdecken. Der Mann liegt nicht im Sterben, er schläft bloß. Also hat er nicht den Mut, Schlaftabletten zu nehmen, wie er auch nicht den Mut hat, sich nach Arbeit umzusehen.

Seit dem Tag, als der Vater aus dem Weltkrieg zurückkehrte, haben sie miteinander gekämpft, in einem zweiten Krieg, aus dem sein Vater keine Chance hatte, als Sieger hervorzugehen, weil er niemals hätte ahnen können, wie erbarmungslos, wie zäh sein Feind sein würde. Sieben Jahre hat sich dieser Krieg fortgeschleppt; heute hat er schließlich den Sieg errungen. Ihm ist zumute wie dem russischen Soldaten am Brandenburger Tor, der über den Ruinen von Berlin die rote Fahne hisst.

Doch gleichzeitig wünscht er sich, nicht hier zu sein und Augenzeuge dieser Schande zu werden. *Das ist gemein!*, möchte er heulen – *ich bin doch nur ein Kind!* Er wünscht sich, jemand, eine Frau, würde ihn in die Arme nehmen, seine Schmerzen stillen, ihn trösten, ihm sagen, es sei nur ein böser Traum. Er denkt an die Wange seiner Großmutter – weich und kühl und trocken wie Seide –, ihm zum Kuss dargeboten. Er wünscht sich, die Großmutter würde kommen und alles in Ordnung bringen.

In der Kehle des Vaters sammelt sich Schleim. Er hustet, dreht sich auf die Seite. Er öffnet die Augen, die Augen eines Mannes bei vollem Bewusstsein, der genau weiß, wo er ist. Die Augen erfassen ihn, wie er dasteht, wo er nicht sein sollte, und spioniert. In den Augen ist keine Verurteilung, doch auch keine menschliche Wärme.

Träge bewegt sich die Hand des Mannes nach unten und ordnet die Schlafanzughose.

Er möchte, dass der Mann etwas sagt, irgendetwas Triviales – »Wie spät ist es?« –, um es ihm leichter zu machen. Doch der

Mann sagt nichts. Die Augen betrachten ihn immer noch, friedlich, abwesend. Dann schließen sie sich, und er ist wieder eingeschlafen.

Er kehrt in sein Zimmer zurück und schließt die Tür.

Manchmal hebt sich in den darauffolgenden Tagen die düstere Stimmung. Die geschlossene Wolkendecke, die für gewöhnlich dicht über seinem Kopf ist, nicht so nah, dass man sie berühren kann, doch auch nicht viel weiter weg, öffnet sich einen Spalt, und für eine Minute kann er die Welt sehen, wie sie wirklich ist. Er sieht sich selbst in seinem weißen Hemd mit aufgekrempelten Ärmeln und den kurzen grauen Hosen, aus denen er bald herausgewachsen sein wird – kein Kind mehr, nicht das, was ein Vorübergehender als Kind bezeichnen würde, dafür ist er jetzt zu groß, zu groß, um diese Entschuldigung geltend zu machen, doch immer noch so einfältig und versponnen wie ein Kind: kindisch; töricht; dumm; zurückgeblieben. In einem solchen Augenblick kann er auch den Vater und die Mutter von oben, ohne Zorn sehen: nicht als zwei graue und gestaltlose Gewichte, die auf seinen Schultern lasten, Tag und Nacht sein Unglück planen, sondern als einen Mann und eine Frau, die ihr eigenes tristes und sorgenreiches Leben leben. Der Himmel öffnet sich, er sieht die Welt, wie sie ist, dann bewölkt sich der Himmel, und er ist wieder er selbst und lebt die einzige Geschichte, die er zulässt, die eigene Geschichte.

Die Mutter steht an der Spüle, in der dunkelsten Küchenecke. Sie kehrt ihm den Rücken zu, auf ihren Armen sind Schaumflocken, sie scheuert einen Topf, ohne große Eile. Und er geht auf und ab, redet über irgendetwas, er weiß nicht, worüber, er redet mit der üblichen Heftigkeit, beklagt sich.

Die Mutter blickt von ihrer Arbeit hoch; ihr Blick streift über ihn. Es ist ein abwägender Blick, ohne jede Zärtlichkeit. Sie sieht ihn nicht zum ersten Mal. Eher sieht sie ihn, wie er immer gewesen ist und wie sie ihn immer gekannt hat, wenn sie sich keinen Illusionen hingibt. Sie sieht ihn, zieht Bilanz und ist nicht erfreut. Er langweilt sie sogar.

Das befürchtet er von ihrer Seite, von der Person auf der ganzen Welt, die ihn am besten kennt, die den gewaltigen, unfairen Vorteil ihm gegenüber hat, alles über seine ersten, hilflosesten, intimsten Jahre zu wissen, Jahre, an die er trotz aller Anstrengungen keinerlei Erinnerung hat; die vielleicht, weil sie neugierig ist und ihre eigenen Informationsquellen besitzt, auch die armseligen Geheimnisse seines Schullebens kennt. Er hat Angst vor ihrem Urteil. Er fürchtet die kühlen Gedanken, die ihr in solchen Augenblicken durch den Kopf gehen müssen, wenn sie durch keine Leidenschaft gefärbt werden, wenn es keinen Grund dafür gibt, dass sie nicht im Vollbesitz ihrer Geisteskraft sein sollte; vor allem fürchtet er den Augenblick, einen Augenblick, der noch nicht gekommen ist, wenn sie ihr Urteil aussprechen wird. Es wird wie ein Blitzschlag sein; er wird es nicht aushalten können. Er will es nicht wissen. So sehr will er es nicht hören, dass er spürt, wie sich in seinem Kopf eine Hand hebt, die ihm die Ohren zuhält, die Augen zuhält. Lieber wäre er blind und taub, als zu wissen, was seine Mutter von ihm hält. Lieber würde er wie eine Schildkröte in ihrem Panzer leben.

Denn es stimmt nicht, dass diese Frau einzig und allein auf die Welt gekommen ist, um ihn zu lieben und zu beschützen und seine Bedürfnisse zu befriedigen, wie er glauben möchte. Im Gegenteil, sie hat schon vor seiner Entstehung ein Leben gehabt, ein Leben, in dem sie nicht den geringsten Gedanken an ihn verschwendete. Zu einer gewissen Zeit hat sie ihn dann geboren. Sie hat ihn geboren und hat sich entschieden, ihn zu lieben; vielleicht hatte sie ihn zu lieben beschlossen, noch ehe sie ihn gebar; jedenfalls hat sie ihn zu lieben beschlossen, und daher kann sie beschließen, ihn nicht mehr zu lieben.

»Warte nur, bis du eigene Kinder hast«, sagt sie zu ihm in einer ihrer bitteren Stimmungen. »Dann wirst du es schon merken.«

Was wird er merken? Es ist eine von ihr benutzte Formel, eine Formel, die klingt, als stamme sie aus alter Zeit. Vielleicht sagt das jede Generation zur nächsten, als Warnung, als Drohung. Doch er will es nicht hören. *»Warte nur, bis du Kinder hast.«* Was für Unsinn, was für ein Widerspruch! Wie kann ein Kind Kinder haben? Jedenfalls ist, was er wissen würde, wenn er Vater wäre, wenn er sein eigener Vater wäre, genau das, was er nicht wissen will. Er will die Sicht der Welt nicht akzeptieren, die sie ihm aufzwingen will: eine nüchterne, enttäuschte, desillusionierte Sicht.

Tante Annie ist tot. Trotz der Versprechen der Ärzte ist sie nach ihrem Sturz nie wieder gelaufen, nicht einmal mit einem Stock. Aus ihrem Bett im Volkshospitaal brachte man sie in ein Bett in einem Seniorenheim in Stikland, am Ende der Welt gelegen, wo niemand die Zeit hatte, sie zu besuchen, und wo sie einsam starb. Nun soll sie auf dem Woltemade-Friedhof Nr. 3 beerdigt werden.

Zuerst will er nicht mitgehen. In der Schule muss er genug Gebete anhören, sagt er, mehr möchte er nicht hören. Er äußert frei seine Verachtung für die Tränen, die vergossen werden würden. Mit einem anständigen Begräbnis für Tante Annie wollen ihre Verwandten nur sich selbst ein ruhiges Gewissen verschaffen. Sie sollte in einer Grube im Garten des Seniorenheims begraben werden. Das würde Geld sparen.

In seinem Herzen meint er das nicht wirklich. Aber er muss so etwas seiner Mutter gegenüber äußern, muss beobachten, wie ihre Miene vor Schmerz und Empörung versteinert. Was muss er noch alles sagen, ehe sie ihn anfährt und ihm befiehlt, den Mund zu halten?

Er denkt nicht gern an den Tod. Ihm wäre es lieber, wenn die Leute, sobald sie alt und krank werden, einfach aufhören würden zu existieren und verschwänden. Er verabscheut hässliche alte Körper; wenn er an alte Leute denkt, die sich ausziehen, schaudert ihm. Er hofft, dass in der Badewanne in ihrem Haus in Plumstead nie ein alter Mensch gesessen hat.

Sein eigener Tod ist etwas anderes. Nach seinem Tod ist er immer irgendwie anwesend, schwebt über der Szene, genießt den

Kummer derer, die an seinem Tod schuld sind und die nun, wo es zu spät ist, wünschten, er wäre noch am Leben.

Schließlich geht er doch mit seiner Mutter zu Tante Annies Begräbnis. Er geht mit, weil sie ihn darum bittet, und er lässt sich gern bitten, genießt das Machtgefühl, das es ihm verleiht; er geht auch mit, weil er noch nie ein Begräbnis erlebt hat und sehen möchte, wie tief sie das Grab ausheben, wie der Sarg hineingesenkt wird.

Es ist bei weitem kein Begräbnis in großem Stil. Es gibt nur fünf Trauergäste und einen jungen niederländisch-reformierten Pfarrer mit Pickeln. Die fünf sind Onkel Albert mit Frau und Sohn, seine Mutter und er selbst. Er hat Onkel Albert jahrelang nicht gesehen. Er geht völlig krumm an seinem Stock; Tränen strömen aus seinen blassblauen Augen; die Ecken seines Kragens stehen ab, als hätte ihm ein anderer den Schlips gebunden.

Der Leichenwagen trifft ein. Der Bestattungsunternehmer und sein Assistent sind in feierlichem Schwarz, viel eleganter gekleidet als sie alle (er trägt seine St.-Joseph-Schuluniform, einen Anzug besitzt er nicht). Der Pfarrer sagt ein Gebet in Afrikaans für die dahingeschiedene Schwester; dann fährt der Leichenwagen rückwärts ans Grab heran, und der Sarg wird herausgeschoben und auf Stangen über dem Grab abgesetzt. Zu seiner Enttäuschung wird er nicht ins Grab hinabgelassen – das muss warten, scheint es, bis die Friedhofsarbeiter eintreffen –, doch der Bestattungsunternehmer bedeutet ihnen diskret, dass sie Erde darauf werfen können.

Ein leichter Regen setzt ein. Die Sache ist erledigt; sie können gehen, können sich wieder ihrem eigenen Leben zuwenden.

Auf dem Weg zurück zum Tor, durch alte und neue Grabfelder, geht er hinter der Mutter und ihrem Cousin, Alberts Sohn, die leise miteinander reden. Sie haben den gleichen stapfenden Gang, stellt er fest, die gleiche Art, die Beine zu heben und wuchtig niederzusetzen, links, dann rechts, wie Bauern in Holzpantinen. Die du Biels aus Pommern – Bauern vom Land, zu langsam und schwer für die Stadt; nicht zu Hause dort.

Er denkt an Tante Annie, die sie hier im Regen zurückgelassen haben, im gottverlassenen Woltemade, denkt an die langen schwarzen Klauen, die ihr die Schwester im Krankenhaus geschnitten hat, die keiner mehr schneiden wird.

»Du weißt so viel«, hat Tante Annie mal zu ihm gesagt. Es war kein Lob; obwohl ihre Lippen zu einem Lächeln verzogen waren, schüttelte sie gleichzeitig den Kopf. »So jung und weißt schon so viel. Wie willst du das alles im Kopf behalten?« Und sie beugte sich vor und pochte mit knochigem Finger an seinen Schädel.

Der Junge ist was Besonderes, hat Tante Annie zu seiner Mutter gesagt, und die Mutter hat es ihm weitergesagt. Aber in welcher Beziehung besonders? Keiner hat ihm das gesagt.

Sie sind beim Tor angekommen. Es regnet heftiger. Ehe sie ihre beiden Züge erreichen, den Zug nach Salt River und dann den Zug nach Plumstead, müssen sie durch den Regen zum Bahnhof von Woltemade stapfen.

Der Leichenwagen fährt an ihnen vorbei. Die Mutter hebt die Hand, um ihn anzuhalten, spricht mit dem Bestattungsunternehmer. »Sie nehmen uns in die Stadt mit«, sagt sie.

Also muss er in den Leichenwagen klettern und eingequetscht zwischen der Mutter und dem Bestattungsunternehmer sitzen und gemächlich die Voortrekker Road hinunterfahren, sie dafür hassend und hoffend, dass keiner aus seiner Schule ihn sieht.

»Die Dame war Lehrerin, glaube ich«, sagt der Bestattungsunternehmer. Er hat einen schottischen Akzent. Ein Einwanderer – was kann der von Südafrika wissen, von Leuten wie Tante Annie?

Noch nie hat er einen behaarteren Mann gesehen. Schwarze Haare sprießen ihm aus der Nase und den Ohren, ragen in Büscheln aus seinen gestärkten Manschetten.

»Ja«, sagt die Mutter, »sie hat über vierzig Jahre lang unterrichtet.«

»Dann hat sie etwas Gutes hinterlassen«, sagt der Bestattungsunternehmer. »Ein vornehmer Beruf, der Lehrerberuf.«

»Was ist mit Tante Annies Büchern geschehen?«, fragt er später die Mutter, als sie wieder allein sind. Er sagt Bücher, doch er meint die vielen Exemplare von *Ewige Genesing*.

Die Mutter weiß es nicht oder will es nicht sagen. Von der Wohnung, wo sie sich die Hüfte brach, ins Krankenhaus, dann ins Pflegeheim in Stikland und auf den Friedhof Woltemade Nr. 3 – und keiner hat einen Gedanken an die Bücher verschwendet, außer vielleicht Tante Annie selbst, an die Bücher, die keiner lesen wird; und nun liegt Tante Annie im Regen und wartet auf einen, der die Zeit findet, sie zu begraben. Ihm allein bleibt das Denken überlassen. Wie soll er sie alle im Kopf behalten, all die Bücher, all die Menschen, all die Geschichten? Und wenn er sich nicht an sie erinnert, wer dann?

DIE FRÜHEN JAHRE

Wer den Dichter will verstehen
Muss in Dichters Lande gehen.

Goethe

◆ Eins ◆

Er hat eine Einzimmerwohnung nicht weit vom Mowbray-Bahnhof und zahlt dafür elf Pfund im Monat. Am letzten Werktag im Monat fährt er mit dem Zug in die Stadt, in die Loop Street, wo sich das winzige Büro mit dem Messingschild *A. & B. Levy, Immobilienverwaltung* befindet. Mr B. Levy, dem jüngeren der Brüder Levy, händigt er den Umschlag mit der Miete aus. Mr Levy schüttet das Geld auf seinen unaufgeräumten Schreibtisch und zählt es. Schwitzend und grunzend schreibt er eine Quittung aus. »Voilà, junger Mann!«, sagt er und überreicht sie ihm mit kühnem Schwung.

Er achtet peinlich darauf, dass er pünktlich ist mit der Miete, weil er die Wohnung unter Vorspiegelung falscher Tatsachen bekommen hat. Als er den Vertrag unterschrieb und die Kaution an A. & B. Levy zahlte, hat er als Beruf nicht »Student«, sondern »Bibliotheksmitarbeiter« angegeben und dazu die Universitätsbibliothek als Arbeitsstelle.

Das ist nicht gelogen, nicht direkt. Von montags bis freitags arbeitet er in den Abendstunden als Lesesaalaufsicht. Diese Aufgabe übernehmen die festangestellten Bibliothekare – die meisten von ihnen sind Frauen – lieber nicht, weil das Campusgelände oben am Berg spätabends zu düster und einsam ist. Sogar ihm läuft es kalt den Rücken herunter, wenn er die Hintertür aufschließt und sich im pechschwarzen Korridor zum Hauptschalter vortastet. Es wäre kinderleicht für einen Bösewicht, sich im Magazin zu verstecken, wenn die Mitarbeiter um fünf nach Hause gehen, dann die leeren Büros zu durchwühlen und ihm, der abendlichen Aufsicht, im Dunkeln aufzulauern, um ihm die Schlüssel abzunehmen.

Nur wenige Studenten nutzen die Abendstunden; nur wenige wissen überhaupt von dieser Möglichkeit. Er hat nicht viel zu tun. Die zehn Shilling, die er pro Abend dafür bekommt, sind leicht verdient.

Manchmal stellt er sich vor, wie ein schönes, weiß gekleidetes Mädchen in den Lesesaal geschlendert kommt und nach Bibliotheksschluss geistesabwesend herumsitzt; er stellt sich vor, wie er ihr die Geheimnisse der Buchbinderei und des Katalogsaales zeigt, um dann mit ihr in die sternklare Nacht hinauszutreten. Es geschieht nie.

Die Arbeit in der Bibliothek ist nicht sein einziger Job. Mittwochnachmittags arbeitet er in der Mathematischen Fakultät als Hilfsassistent mit Studenten des ersten Studienjahres (drei Pfund pro Woche); freitags leitet er Diplomstudenten der Schauspielkunst durch ausgewählte Shakespeare-Komödien (zwei Pfund zehn Shilling); und am späten Nachmittag beschäftigt ihn eine Nachhilfeschule in Rondebosch damit, Deppen auf das Abitur vorzubereiten (drei Shilling pro Stunde). In den Semesterferien arbeitet er für die Stadtverwaltung (Abteilung Sozialwohnungen) und stellt Statistiken nach Haushaltsdaten zusammen. Wenn er alles zusammenrechnet, kommt er gut hin – gut genug, um die Miete und die Studiengebühren zu bezahlen, sich leidlich zu ernähren und sogar noch ein wenig zu sparen. Auch wenn er erst neunzehn ist, so steht er doch auf eigenen Füßen und ist von niemandem abhängig.

Mit den Bedürfnissen des Körpers geht er ganz pragmatisch um. Immer sonntags kocht er aus Markknochen, Bohnen und Sellerie einen großen Topf Suppe, der dann für die ganze Woche reicht. Freitags geht er auf den Salt-River-Markt, um eine Kiste Äpfel oder Guaven, oder was sonst die Jahreszeit an Obst zu bieten hat, zu erstehen. Jeden Morgen stellt ihm der Milchmann einen halben Liter Milch vor die Tür. Wenn etwas Milch übriggeblieben ist, füllt er sie in einen alten Nylonstrumpf, hängt ihn über den Ausguss und macht Käse daraus. Im Übrigen kauft er im Laden an der Ecke Brot. Das ist eine Diät, mit der Rousseau einverstanden wäre oder Platon. Und was die Kleidung angeht, so hat er ein gutes Jackett und Hosen, die er zu den Vorlesungen tragen kann. Ansonsten trägt er immer dieselben alten Sachen.

Er ist dabei, etwas zu beweisen: dass jeder Mensch eine Insel ist; dass man keine Eltern braucht.

An manchen Abenden, wenn er so in Regenmantel, Shorts und Sandalen die Main Road hinuntergeht, das regennasse Haar am Kopf festgeklebt, von den Scheinwerfern vorbeifahrender Autos angestrahlt, ahnt er, wie wunderlich er aussieht. Nicht exzentrisch (exzentrisch auszusehen hat schon etwas für sich), bloß wunderlich. Er knirscht ärgerlich mit den Zähnen und legt einen Schritt zu.

Er ist dünn und schlaksig, aber auch schlaff. Er wäre gern attraktiv, doch er weiß, dass er's nicht ist. Etwas Wesentliches fehlt ihm, etwas Charaktervolles. Er hat noch etwas Kindliches. Wann wird er endlich kein Kind mehr sein? Was wird ihn davon befreien, ihn zum Mann machen?

Befreien wird ihn, wenn es so weit ist, die Liebe. Wenn er auch nicht an Gott glaubt, an die Liebe und die Macht der Liebe glaubt er. Die Geliebte, die ihm Bestimmte, wird sofort das wunderliche und sogar langweilige Äußere, das er zeigt, durchschauen und das Feuer sehen, das in ihm brennt. Bis dahin ist sein langweiliges und wunderliches Aussehen Teil einer Prüfung, durch die er hindurchmuss, um eines Tages ins Licht hinauszutreten – in das Licht der Liebe, in das Licht der Kunst. Denn er wird ein Künstler sein, das ist längst entschieden. Jetzt ist er verkannt und lächerlich – das muss so sein, weil es das Los des Künstlers ist, missverstanden und verspottet zu werden, bis zu dem Tag, an dem er sich in seiner wahren Größe offenbart und aller Spott und Hohn verstummt.

Seine Sandalen kosten zwei Shilling und sechs Pence. Sie sind aus Gummi und wurden irgendwo in Afrika hergestellt, vielleicht in Njassaland. Wenn sie nass werden, hat der Fuß keinen Halt darin. Im Winter regnet es wochenlang am Kap. Wenn er im Regen die Main Road hinuntergeht, muss er manchmal stehen bleiben, um eine Sandale aufzuheben, die er verloren hat. In solchen Augenblicken sieht er die feisten Bürger von Kapstadt hämisch lachen, wenn sie trocken und behaglich in ihren Autos an ihm vorbeifahren. Lacht nur!, denkt er. Bald werde ich nicht mehr hier sein!

Sein bester Freund, Paul, studiert wie er selbst Mathematik. Paul ist groß und dunkelhaarig und steckt mitten in einer Affäre mit einer älteren Frau, einer Frau namens Elinor Laurier, klein und blond und hübsch wie ein munteres Vögelchen. Paul beschwert sich über Elinors unberechenbare Launen, über die Ansprüche, die sie an ihn stellt. Trotzdem ist er neidisch auf Paul. Wenn er eine hübsche, weltgewandte Geliebte hätte, die mit Zigarettenspitze rauchte und Französisch spräche, würde er schnell verwandelt, ja verklärt werden, dessen ist er sich sicher.

Elinor und ihre Zwillingsschwester wurden in England geboren; mit fünfzehn Jahren, nach dem Krieg, brachte man sie nach Südafrika. Ihre Mutter hat die Mädchen gegeneinander ausgespielt, das behauptet Paul, das behauptet Elinor, sie hat ihre Liebe und Bestätigung erst der einen, dann der anderen geschenkt, sie damit verunsichert und von sich abhängig gemacht. Elinor, die Stärkere der beiden, überstand das unbeschadet, wenn sie auch im Schlaf noch weint und in einer Schublade einen Teddybären aufbewahrt. Ihre Schwester ist jedoch eine Zeitlang so verrückt gewesen, dass sie aus dem Verkehr gezogen wurde. Sie ist immer noch in Behandlung und kämpft mit dem Geist der toten alten Frau.

Elinor unterrichtet in einer Sprachschule der Stadt. Seit Paul mit ihr befreundet ist, gehört er zu ihrer Clique, einem Kreis von Künstlern und Intellektuellen, die im Stadtteil Gardens wohnen, schwarze Pullover und Jeans und Hanfsandalen tragen, herben Rotwein trinken und Gauloises rauchen, Camus und Garcia Lorca zitieren, modernen Jazz hören. Einer von denen spielt spanische Gitarre, und man kann ihn dazu überreden, *cante hondo* zu imitieren. Da sie keiner geregelten Arbeit nachgehen, machen sie die Nacht durch und schlafen bis zum Mittag. Sie hassen die Nationalisten, sind aber unpolitisch. Wenn sie Geld hätten, würden sie dem düsteren Südafrika den Rücken kehren und sich für immer auf dem Montmartre oder auf den Balearen niederlassen, sagen sie.

Paul und Elinor nehmen ihn zu einem ihrer Treffen mit, das in einem Bungalow am Strand von Clifton stattfindet. Elinors Schwester, die Labile, von der man ihm erzählt hat, ist mit von der Partie. Paul deutet an, dass sie eine Affäre mit dem Bungalowbesitzer hat, einem Mann mit gerötetem Gesicht, der für die *Cape Times* schreibt.

Die Schwester heißt Jacqueline. Sie ist größer als Elinor, hat nicht so feine Gesichtszüge, ist aber trotzdem hübsch. Sie steckt voll nervöser Energie, ist Kettenraucherin und gestikuliert beim Reden. Er findet einen Draht zu ihr. Sie ist nicht so sarkastisch wie Elinor, und das erleichtert ihn. Sarkastische Leute schüchtern ihn ein. Er hat den Verdacht, dass sie sich hinter seinem Rücken über ihn lustig machen.

Jacqueline schlägt einen Strandspaziergang vor. Hand in Hand (wie ist das passiert?) schlendern sie im Mondlicht den ganzen Strand entlang. An einer versteckten Stelle zwischen Felsblöcken wendet sie sich ihm zu, macht einen Kussmund und bietet ihm die Lippen.

Er reagiert, fühlt sich dabei aber unbehaglich. Wo soll das hinführen? Er hat noch nie mit einer älteren Frau etwas gehabt. Wenn er nun versagt?

Es führt bis zur letzten Konsequenz, stellt er fest. Er folgt widerstandslos, gibt sein Bestes, vollzieht den Akt, gibt zu guter Letzt sogar vor, hingerissen zu sein.

In Wahrheit ist er nicht hingerissen. Da gibt es nicht nur den Sand, der überall dazwischengerät, da gibt es auch die quälende Frage, warum diese Frau, die er eben erst kennengelernt hat, sich ihm hingibt. Soll er glauben, dass sie während einer beiläufigen Unterhaltung die geheime Flamme, die in ihm brennt, entdeckt hat, die Flamme, die ihn als Künstler kennzeichnet? Oder ist sie schlicht eine Nymphomanin, und war es das, wovor ihn Paul auf seine dezente Art gewarnt hat, als er erwähnte, sie sei »in Behandlung«?

Er ist nicht völlig unbewandert in sexuellen Dingen. Wenn der Mann kein Vergnügen am Akt hatte, dann hat die Frau bestimmt auch kein Vergnügen daran gehabt – das weiß er, das ist eine der Regeln beim Sex. Doch was geht danach zwischen einem Mann und einer Frau vor, denen das Spiel missglückt ist? Müssen sie jedes Mal, wenn sie sich begegnen, an ihr Versagen denken und verlegen sein?

Es ist spät, die Nacht wird kalt. Schweigend ziehen sie sich an und gehen zum Bungalow zurück, wo die Party im Begriff ist, sich aufzulösen. Jacqueline holt ihre Schuhe und Tasche. »Gute Nacht«, sagt sie zu ihrem Gastgeber und küsst ihn flüchtig auf die Wange.

»Ihr wollt los?«, fragt er.

»Ja, ich fahre John nach Hause.«

Ihr Gastgeber ist in keiner Weise beunruhigt. »Dann macht's gut, ihr beiden«, sagt er.

Jacqueline ist Krankenschwester. Er ist noch nie mit einer Krankenschwester zusammen gewesen, aber die allgemeine Meinung ist, dass Krankenschwestern, weil sie unter Kranken und Sterbenden arbeiten und sich um deren körperliche Bedürfnisse kümmern, eine zynische Einstellung in moralischen Fragen entwickeln. Medizinstudenten warten ungeduldig auf die Zeit, wenn sie im Krankenhaus Nachtdienst haben. Krankenschwestern sind ausgehungert nach Sex, sagt man. Sie vögeln überall und jederzeit.

Doch Jacqueline ist keine gewöhnliche Krankenschwester. Sie ist eine Guy-Krankenschwester, lässt sie ihn sehr schnell wissen, sie wurde im Londoner Guy-Krankenhaus als Hebamme ausgebildet. Auf der Brust ihres Kittels mit den roten Schulterstücken hat sie ein kleines Bronzeabzeichen, einen Helm und einen Panzerhandschuh mit dem Motto *Per Ardua*. Sie arbeitet nicht im Groote Schuur, dem staatlichen Krankenhaus, sondern in einem privaten Pflegeheim, wo man besser bezahlt.

Zwei Tage nach dem Ereignis am Strand von Clifton kommt er zum Schwesternwohnheim. Jacqueline wartet in der Eingangshalle auf ihn, ausgehfein, und sie machen sich gleich auf den Weg. An einem oberen Fenster reckt man die Hälse und starrt herunter; er fühlt die neugierigen Blicke anderer Schwestern auf sich ruhen. Er ist zu jung, deutlich zu jung für eine Frau von dreißig; und in seinen tristen Sachen, ohne Auto, auch kein toller Fang.

Nur eine Woche, und Jacqueline ist aus dem Schwesternwohnheim aus- und in seine Wohnung eingezogen. Wenn er zurückdenkt, kann er sich nicht erinnern, sie eingeladen zu haben – er hat es nur verpasst, sich dagegen zu wehren.

Er hat noch nie mit jemandem zusammengelebt, gewiss nicht mit einer Frau, einer Geliebten. Sogar als Kind hat er ein eigenes Zimmer mit einer abschließbaren Tür gehabt. Die Wohnung in Mowbray besteht aus einem einzigen langen Zimmer, mit einem Vorraum, von dem eine Küche und ein Bad abgehen. Wie soll er das überleben?

Er versucht, seine unerwartete neue Gefährtin freundlich aufzunehmen, versucht, ihr Platz zu machen. Doch schon nach wenigen Tagen wird ihm das Durcheinander von Schachteln und Koffern lästig, die überall verstreuten Kleider, das Chaos im

Bad. Mit Schrecken hört er das Geknatter des Motorrollers, das Jacquelines Rückkehr von der Tagschicht ankündigt. Obwohl sie noch miteinander schlafen, herrscht zunehmend Schweigen zwischen ihnen; er sitzt an seinem Schreibtisch und tut so, als sei er in seine Bücher vertieft, sie hängt rum, vernachlässigt, seufzend, eine Zigarette nach der anderen rauchend.

Sie seufzt viel. So äußert sich ihre Neurose, wenn es eine ist: in Seufzen und Erschöpfungszuständen und manchmal in geräuschlosem Weinen. Die Munterkeit, das Lachen und die Kühnheit ihres ersten Treffens haben sich verflüchtigt. Die Fröhlichkeit dieser Nacht war anscheinend bloß eine Lücke in der Wolkendecke des Trübsinns, vom Alkohol hervorgerufen oder vielleicht sogar von Jacqueline nur vorgetäuscht.

Sie schlafen zusammen in einem Bett, das für eine Person gemacht ist. Im Bett erzählt Jacqueline ohne Unterlass von Männern, die sie benutzt haben, von Therapeuten, die versucht haben, sie zu beherrschen und in eine Marionette zu verwandeln. Ist er einer jener Männer?, fragt er sich. Benutzt er sie? Und gibt es einen anderen Mann, bei dem sie sich über ihn beschwert? Er schläft ein, während sie noch redet, wacht am Morgen abgespannt auf.

Jacqueline ist, wie wohl jeder zugeben muss, eine attraktive Frau, attraktiver, eleganter, erfahrener, als er es verdient. Die schlichte Wahrheit ist, gäbe es nicht diese Rivalität zwischen den Zwillingsschwestern, dann würde sie nicht sein Bett teilen. Er ist eine Schachfigur in einem Spiel, das die beiden miteinander spielen, ein Spiel, das längst begonnen hat, ehe er auf der Bildfläche erschien – darüber macht er sich keine Illusionen. Trotzdem ist er der Erwählte, er sollte sein Glück nicht hinterfragen. Da lebt er also nun mit einer zehn Jahre älteren Frau zusammen, einer erfahrenen Frau, die während ihrer Zeit beim Guy-Krankenhaus mit Engländern geschlafen hat (so sagt sie), mit Franzosen, Italienern und sogar mit einem Perser. Wenn er nicht behaupten kann, um seiner selbst willen geliebt zu werden, dann hat er wenigstens die Chance, seine Bildung im Bereich des Erotischen zu erweitern.

Das hofft er. Aber nach zwölfstündigem Dienst im Pflegeheim, gefolgt von einem Abendbrot, bestehend aus Blumenkohl mit weißer Sauce, gefolgt von einem Abend trübsinnigen Schweigens, ist Jacqueline nicht aufgelegt, sich freizügig zu zeigen. Wenn sie ihn überhaupt umarmt, dann tut sie das der Form halber, denn wenn es nicht mit sexuellen Aktivitäten begründet ist, dass zwei Fremde sich in einem solchen beengten und ungemütlichen Wohnraum zusammengepfercht haben, wieso sind sie dann überhaupt dort?

Es kommt zur Krise, als Jacqueline in seiner Abwesenheit sein Tagebuch aufstöbert und liest, was er über ihr Zusammenleben geschrieben hat. Bei seiner Rückkehr trifft er sie beim Zusammenpacken ihrer Sachen an.

»Was soll das?«, fragt er.

Mit schmalen Lippen zeigt sie auf das Tagebuch, das geöffnet auf seinem Schreibtisch liegt.

Er fährt zornig auf. »Du wirst mich nicht vom Schreiben abhalten!«, schwört er. Das ist unlogisch, das weiß er.

Auch sie ist zornig, aber auf kältere, tiefere Weise. »Wenn ich für dich, wie du behauptest, eine solche unsägliche Belastung bin«, sagt sie, »wenn ich dir die Ruhe und das Privatleben und die Fähigkeit zu schreiben raube, dann lass dir meinerseits gesagt sein, dass ich das Leben mit dir gehasst habe, jede Minute davon gehasst habe, und es nicht erwarten kann, frei zu sein.«

Eigentlich hätte er sagen sollen, dass man nicht die persönlichen Aufzeichnungen anderer Leute lesen sollte. Ja, er hätte sein Tagebuch verstecken und nicht herumliegen lassen sollen, wo man es finden konnte. Aber jetzt lässt es sich nicht mehr ändern, es ist nun einmal passiert.

Er sieht zu, während Jacqueline packt, hilft ihr, die Tasche auf dem Soziussitz festzuschnallen. »Ich behalte den Schlüssel, mit deiner Erlaubnis, bis ich meine restlichen Sachen abgeholt habe«, sagt sie. Sie stülpt sich den Helm über. »Auf Wiedersehen. Ich bin wirklich enttäuscht von dir, John. Du magst ja superklug sein – das kann ich nicht beurteilen –, aber erwachsen bist du noch lange nicht.« Sie tritt auf den Starter. Die Maschine springt nicht an. Noch einmal tritt sie den Starter durch, und noch einmal. Benzingeruch steigt auf. Der Vergaser ist abgesoffen; da kann man nichts machen außer warten, bis er austrocknet. »Komm rein«, schlägt er vor. Mit versteinertem Gesicht lehnt sie ab. »Es tut mir leid«, sagt er. »Das Ganze.«

Er geht ins Haus und lässt sie dort auf der Straße. Fünf Minuten später hört er die Maschine anspringen und den Motorroller davonbrausen.

Tut es ihm leid? Gewiss tut ihm leid, dass Jacqueline gelesen hat, was sie gelesen hat. Aber die eigentliche Frage ist, was war sein Motiv, zu schreiben, was er geschrieben hat? Hat er es vielleicht geschrieben, damit sie es liest? Aufzuschreiben, was er wirklich dachte, und es herumliegen zu lassen, wo Jacqueline es einfach finden musste – war das seine Art, ihr zu sagen, was er ihr ins Gesicht zu sagen zu feige war? Was denkt er denn wirklich? An manchen Tagen ist er glücklich, ja er kommt sich sogar privilegiert vor, weil er mit einer schönen Frau zusammenlebt oder jedenfalls nicht allein lebt. An anderen Tagen ist ihm anders zumute. Was ist wirklich – das Glücklichsein, das Unglücklichsein oder etwas dazwischen?

Die Frage, was in sein Tagebuch aufgenommen werden und was für immer verborgen bleiben sollte, ist eine zentrale Frage für all sein Schreiben. Wenn er sich selbst zensieren und verbieten wollte, unedle Gefühle aufzuschreiben – Verärgerung über das Okkupieren seiner Wohnung oder Scham über sein Versagen als Liebhaber –, wie sollen dann diese Gefühle jemals verklärt und in Poesie umgewandelt werden? Und wenn die Poesie nicht die Triebkraft seiner Verwandlung vom Unedlen zum Edlen sein soll, warum sich dann überhaupt mit der Poesie abgeben? Wer sagt denn übrigens, dass die Gefühle, die er in seinem Tagebuch aufschreibt, seine wahren Gefühle sind? Wer sagt denn, dass er, während die Feder übers Papier eilt, immer wahrhaft er selbst ist? Einmal ist er vielleicht wahrhaft er selbst, ein anderes Mal erfindet er vielleicht einfach etwas. Wie soll er das genau wissen? Warum sollte er das überhaupt genau wissen *wollen*?

Die Dinge sind selten so, wie sie scheinen – das hätte er Jacqueline sagen sollen. Doch wie wahrscheinlich ist es, dass sie ihn verstanden hätte? Wie hätte sie annehmen sollen, was sie da in seinem Tagebuch las, sei nicht die Wahrheit, die unrühmliche Wahrheit darüber, was in den Gedanken ihres Partners während dieser traurigen Abende voller Schweigen und Seufzen vor sich ging, sondern im Gegenteil eine Fiktion, eine von mehreren möglichen Fiktionen, wahr nur in dem Sinn, dass ein Kunstwerk wahr ist – sich selbst treu, seinen eigenen Zielen treu –, wo doch die unrühmlichen Zeilen so genau ihrem eigenen Verdacht entsprachen, dass ihr Partner sie nicht liebte, sie nicht einmal besonders leiden mochte?

Jacqueline wird ihm nicht glauben, aus dem einfachen Grund, weil er sich selbst nicht glaubt. Er weiß nicht, was er glaubt. Manchmal denkt er, dass er gar nichts glaubt. Aber letzten Endes bleibt die Tatsache, dass sein erster Versuch, mit einer Frau zusammenzuleben, gescheitert, schmählich gescheitert ist. Er muss wieder allein leben; und das wird eine große Erleichterung für ihn sein. Aber er kann nicht ewig allein leben. Geliebte zu haben gehört zu einem Künstlerleben: Selbst wenn er sich nicht in einer Ehe einfangen lässt, was er sich geschworen hat, muss er eine Möglichkeit finden, mit Frauen zu leben. Die Kunst kann nicht ausschließlich von Entbehrung leben, von Sehnsucht, Einsamkeit. Es muss menschliche Nähe, Leidenschaft, Liebe geben.

Picasso, der ein großer Künstler ist, vielleicht der größte von allen, ist ein lebendes Beispiel dafür. Picasso verliebt sich in Frauen, in eine nach der anderen. Eine nach der anderen ziehen sie zu ihm, teilen sein Leben, dienen ihm als Modell. Durch die Leidenschaft, die mit jeder neuen Geliebten neu entflammt, werden die Doras und Pilars, die der Zufall an seine Schwelle führt, in unvergänglichen Kunstwerken wiedergeboren. So wird das gemacht. Und wie ist das mit ihm? Kann er versprechen, dass die Frauen in seinem Leben, nicht nur Jacqueline, sondern all die noch nicht vorauszusehenden Frauen, die folgen sollen, ein ähnliches Schicksal haben werden? Er würde es gern glauben, doch er hat seine Zweifel. Ob er ein großer Künstler werden wird, kann nur die Zeit zeigen, aber eins ist klar, er ist kein Picasso. Seine ganze Empfindungswelt ist anders als die Picassos. Er ist stiller, schwermütiger, von eher nordischem Typ. Ihm fehlen auch Picassos hypnotische schwarze Augen. Wenn er jemals versuchen sollte, eine Frau zu verwandeln, dann nicht so grausam wie Picasso, der ihren Körper verbiegt und verdreht wie Metall in einem glühenden Ofen. Schriftsteller sind sowieso anders als Maler: Sie sind beharrlicher, subtiler.

Haben alle Frauen, die sich mit Künstlern einlassen, dieses Schicksal: dass aus ihnen das Schlimmste oder das Beste herausgeholt und künstlerisch verarbeitet wird? Er denkt an Hélène in *Krieg und Frieden*. War Hélène zunächst eine von Tolstois Geliebten? Hat sie jemals geahnt, dass sie lange nach ihrer Zeit von Männern, die sie nie gesehen hatten, wegen ihrer schönen nackten Schultern begehrt werden würde?

Muss denn alles so grausam sein? Es gibt doch bestimmt eine Form des Zusammenlebens, bei der Mann und Frau zusammen essen, zusammen schlafen, zusammen wohnen, aber jeder in seinen inneren Erkundungen versunken bleibt. War darum seine Affäre mit Jacqueline zum Scheitern verurteilt: weil sie selbst keine Künstlerin war und deshalb das Bedürfnis des Künstlers nach innerer Einsamkeit nicht verstehen konnte? Wenn Jacqueline zum Beispiel Bildhauerin gewesen wäre, wenn ein Winkel der Wohnung für sie reserviert gewesen wäre, um dort ihren Marmorblock zu behauen, während er in einem anderen Winkel mit Wörtern und Reimen rang, wäre dann die Liebe zwischen ihnen gediehen? Ist das die Moral der Geschichte von ihm und Jacqueline: dass es für Künstler am besten ist, sich nur mit Künstlern zu verbinden?

◆ Zwei ◆

Die Affäre mit Jaqueline gehört der Vergangenheit an. Nach Wochen erstickender Intimität hat er wieder ein Zimmer für sich allein. Er stapelt Jacquelines Kartons und Koffer in einer Ecke und wartet darauf, dass sie abgeholt werden. Es geschieht nicht. Stattdessen taucht eines Abends Jacqueline selbst wieder auf. Sie sagt, sie sei gekommen, nicht um wieder bei ihm zu wohnen (»Mit dir kann man nicht zusammenleben«), sondern um Frieden zu machen (»Ich will nicht nachtragend sein, das deprimiert mich«), einen Frieden, der es mit sich bringt, dass sie zuerst mit ihm ins Bett geht und ihm dann im Bett wortreich vorhält, was er über sie in seinem Tagebuch geschrieben hat. Ihr Redefluss nimmt kein Ende – vor zwei Uhr morgens ist an Schlaf nicht zu denken.

Er wacht spät auf, zu spät für seine 8-Uhr-Vorlesung. Das ist nicht die erste Vorlesung, die er verpasst hat, seit Jacqueline in sein Leben getreten ist. Er bleibt im Studium zurück und weiß nicht, wie er das je wieder aufholen soll. In den ersten zwei Jahren an der Universität ist er einer der Besten seines Jahrgangs gewesen. Ihm ist alles leichtgefallen, er ist dem Dozenten immer einen Schritt voraus gewesen. Aber seit kurzem scheint sich ein Nebel auf seinen Geist herabgesenkt zu haben. Die Mathematik, mit der sie sich jetzt beschäftigen, ist moderner und abstrakter geworden, und er ist ins Schwimmen geraten. Er kann der Exposition an der Tafel zwar immer noch Zeile für Zeile folgen, aber immer öfter entzieht sich ihm die Beweisführung. Im Seminar wird er von Panikattacken heimgesucht, die er versteckt, so gut er kann.

Seltsamerweise scheint es nur ihm so zu gehen. Selbst diejenigen unter seinen Kommilitonen, die sich alles mühsam erarbeiten müssen, haben nicht mehr Probleme als sonst. Während seine Zensuren Monat für Monat schlechter werden, bleiben die ihren konstant. Und die Besten, die wirklichen Stars, haben ihn weit hinter sich gelassen.

Noch nie im Leben musste er alle Kräfte mobilisieren. Weniger als sein Bestes ist immer gut genug gewesen. Jetzt kämpft er um sein Leben. Wenn er sich nicht ganz auf seine Arbeit wirft, geht er unter.

Doch ganze Tage verstreichen in einem grauen Nebel der Erschöpfung. Er verflucht sich dafür, dass er sich wieder in eine Affäre hineinziehen lässt, die ihn so viel kostet. Wenn eine Geliebte zu haben diesen Preis hat, wie kommen Picasso und die anderen damit klar? Er hat einfach nicht die Kraft, von Vorlesung zu Vorlesung zu hetzen, von Job zu Job und dann, wenn der Tag um ist, sich einer Frau zu widmen, die zwischen Euphorie und Anfällen düsterster Melancholie schwankt, die dann zum Rundumschlag ausholt und die Kränkungen eines ganzen Lebens hervorholt.

Obwohl Jacqueline offiziell nicht mehr bei ihm wohnt, nimmt sie sich doch heraus, zu jeder Tages- und Nachtzeit vor seiner Tür zu erscheinen. Manchmal kommt sie, um ihn für diese oder jene Äußerung, die ihm entschlüpft ist und deren verborgene Bedeutung ihr erst jetzt aufgegangen ist, zur Rechenschaft zu ziehen. Manchmal ist sie nur deprimiert und möchte aufgemuntert werden. Am schlimmsten sind die Tage nach der Therapie, wenn sie immer wieder rekapituliert, was im Sprechzimmer ihres Therapeuten vor sich gegangen ist, und noch an der winzigsten seiner Gesten herumdeutet. Sie seufzt und weint, schüttet ein Glas Wein nach dem anderen hinunter, erstarrt mitten im Sex.

»Du solltest auch zur Therapie gehen«, sagt sie zu ihm und bläst Rauch aus.

»Ich werde es mir überlegen«, antwortet er. Inzwischen ist er klug genug, um ihr nicht zu widersprechen.

In Wirklichkeit würde er nicht im Traum daran denken, zur Therapie zu gehen. Das Ziel einer Therapie ist, einen glücklich zu machen. Wozu soll das gut sein? Glückliche Leute sind uninteressant. Besser, die Last des Unglücklichseins zu tragen und zu versuchen, es in etwas Wertvolles zu verwandeln, in Poesie oder Musik oder Malerei – daran glaubt er.

Trotzdem hört er Jacqueline so geduldig zu, wie er kann. Er ist der Mann, sie ist die Frau; er hat sein Vergnügen an ihr gehabt, nun muss er den Preis dafür zahlen: So scheinen Affären zu funktionieren.

Ihre Geschichte, die sie ihm Nacht für Nacht in sich überschneidenden und widersprechenden Versionen ins schlafbefangene Ohr spricht, lautet, dass sie ihres wahren Ichs beraubt worden ist durch einen Verfolger, der manchmal ihre tyrannische Mutter ist, manchmal ihr davongelaufener Vater, manchmal der eine oder andere sadistische Liebhaber, manchmal ein mephistophelischer Therapeut. Was er in seinen Armen hält, sagt sie, sei nur die leere Hülle ihres wahren Ichs; sie wird die Kraft zu lieben erst wiederfinden, wenn sie ihr Ich wiedergefunden hat.

Er hört zu, ungläubig. Wenn sie meint, ihr Therapeut habe es auf sie abgesehen, warum stellt sie dann nicht die Besuche bei ihm ein? Wenn ihre Schwester sie schlechtmacht und verächtlich behandelt, warum bricht sie dann nicht einfach die Verbindung ab? Und was seine Person betrifft, so argwöhnt er, wenn er für Jacqueline mittlerweile mehr Vertrauter als Liebhaber ist, dann deshalb, weil er als Liebhaber nicht gut genug ist, nicht feurig und leidenschaftlich genug. Er argwöhnt, wenn er als Liebhaber mehr zu bieten hätte, würde Jaqueline bald ihr fehlendes Ich und ihr fehlendes Verlangen wiederfinden.

Warum öffnet er immer wieder die Tür, wenn sie anklopft? Weil das so Brauch ist bei Künstlern – die ganze Nacht aufbleiben, sich verausgaben, ein chaotisches Leben führen – oder weil trotz allem diese gepflegte, unleugbar hübsche Frau, die sich nicht

schämt, unter seinen Blicken nackt in der Wohnung umherzuwandern, seine Sinne verwirrt?

Warum ist sie in seiner Gegenwart so freizügig? Geschieht das,
um ihn zu verspotten (denn sie spürt seine Augen auf sich ruhen,
das weiß er), oder benehmen sich alle Krankenschwestern privat
so, lassen ihre Kleider fallen, kratzen sich, sprechen ganz selbstverständlich von Ausscheidungen, erzählen dieselben ordinären
Witze, die Männer in Kneipen erzählen? Doch wenn sie sich tatsächlich von allen Hemmungen befreit hat, warum ist dann ihre
Art zu lieben so zerstreut, so beiläufig, so enttäuschend?

Es war nicht seine Idee, die Affäre zu beginnen, und auch nicht,
sie fortzusetzen. Aber wo er nun mitten drinsteckt, hat er nicht
die Kraft, sich loszureißen. Eine fatalistische Haltung hat sich seiner bemächtigt. Wenn das Leben mit Jacqueline so etwas wie
eine Krankheit ist, dann soll die Krankheit ihren Verlauf nehmen.

Er und Paul sind Gentlemen genug, um sich nicht über ihre
Geliebten auszutauschen. Trotzdem argwöhnt er, dass Jacqueline
Laurier mit ihrer Schwester über ihn spricht und die das Paul
weitererzählt. Es stört ihn, dass Paul vermutlich weiß, was in seinem Intimleben abläuft. Er ist sicher, dass von ihnen beiden Paul
geschickter im Umgang mit Frauen ist.

Eines Abends, als Jacqueline im Pflegeheim Nachtschicht hat,
schaut er bei Paul vorbei. Paul will sich gerade zu seiner Mutter
nach St. James auf den Weg machen, um bei ihr das Wochenende
zu verbringen. Warum er nicht einfach mitkomme – so Pauls
Vorschlag –, wenigstens für den Samstag?

Sie verpassen knapp den letzten Zug. Wenn sie noch nach
St. James wollen, müssen sie die ganzen zwölf Meilen laufen. Es
ist ein schöner Abend. Warum nicht?

Paul hat seinen Rucksack und seine Violine dabei. Er nimmt
die Violine mit, sagt er, weil das Üben in St. James, wo die Nachbarn nicht so nahe sind, unproblematischer ist.

Paul spielt von Kindheit an Violine, hat es aber nie sehr weit damit gebracht. Er scheint es ganz zufrieden, dieselben kleinen Giguen und Menuette wie vor zehn Jahren zu spielen. Seine eigenen Ambitionen als Musiker sind viel größer. In seiner Wohnung steht das Klavier, das seine Mutter gekauft hat, als er mit fünfzehn Klavierunterricht haben wollte. Der Unterricht war kein Erfolg, er hatte keine Geduld mit den langsamen, Schritt-für-Schritt-Methoden seines Lehrers. Trotzdem ist er entschlossen, dass er eines Tages, wie schlecht auch immer, Beethovens Opus 111 spielen wird und danach Busonis Transkription von Bachs Chaconne in d-Moll. Diese Ziele wird er ohne den üblichen Umweg über Czerny und Mozart erreichen. Stattdessen wird er diese Stücke, und nur diese, unermüdlich üben, zuerst die Noten lernend, indem er sie sehr, sehr langsam spielt, dann jeden Tag das Tempo ein wenig mehr anziehend, solange es eben braucht. Das ist seine eigene Methode, Klavier spielen zu lernen, von ihm selbst erfunden. Solange er sein Programm ohne Schwanken umsetzt, wüsste er keinen Grund, warum das nicht funktionieren soll.

Doch er muss leider feststellen, dass seine Handgelenke sich beim Versuch, von sehr, sehr langsam zu nur sehr langsam voranzukommen, verspannen und verkrampfen, seine Finger werden steif, und bald kann er überhaupt nicht mehr spielen. Dann bekommt er einen Wutanfall, hämmert mit den Fäusten auf die Tasten und stürmt verzweifelt aus dem Haus.

Es ist schon nach Mitternacht, und er und Paul sind erst in Wynberg. Der Verkehr ist zum Erliegen gekommen, die Hauptstraße ist leer bis auf einen Straßenkehrer, der seinen Besen vor sich herschiebt.

In Dieprivier überholt sie ein Milchmann in seinem Pferdekarren. Sie bleiben stehen und sehen zu, als er das Pferd anhält, beschwingten Schrittes einen Gartenpfad hinaufgeht, zwei volle Flaschen hinstellt, die leeren hochhebt, die Münzen herausschüttelt, zu seinem Karren zurückläuft.

»Können wir eine Flasche kaufen?«, fragt Paul und gibt ihm vier Pence. Lächelnd schaut ihnen der Milchmann beim Trinken zu. Der Milchmann ist jung und hübsch und strotzt vor Tatkraft. Selbst dem großen Schimmel mit den zottigen Hufen scheint es nichts auszumachen, mitten in der Nacht unterwegs zu sein.

Er staunt. Diese Arbeiten, von denen er nichts wusste, die nachts getan werden, während die Leute schlafen: Straßen werden gekehrt, Milch wird vor die Tür gestellt! Aber eins verwundert ihn. Warum wird die Milch nicht gestohlen? Warum gibt es keine Diebe, die dem Milchmann dicht auf den Fersen sind und jede Flasche, die er hinstellt, stibitzen? In einem Land, wo Eigentum ein Verbrechen ist und alles und jedes gestohlen werden kann, was lässt Milch davon ausgenommen sein? Die Tatsache, dass es zu leicht ist, Milch zu stehlen? Gibt es einen Verhaltenskodex selbst für Diebe? Oder haben Diebe Mitleid mit Milchmännern, die meistens jung und schwarz und machtlos sind?

Er würde gern diese letzte Erklärung glauben. Er würde gern glauben, dass genug Mitleid für Schwarze in der Luft läge, dass der Wunsch, mit ihnen anständig umzugehen, die Grausamkeit der Gesetze und ihr erbärmliches Los auszugleichen, groß genug wäre. Aber er weiß, dass es nicht so ist. Schwarz und Weiß trennt eine Kluft. Tiefer als Mitleid, tiefer als anständiges Handeln, tiefer auch als der gute Wille ist auf beiden Seiten das Bewusstsein, dass Leute wie Paul und er selbst, mit ihren Klavieren und Violinen, unter dem fadenscheinigsten Vorwand hier auf diesem Fleck Erde, der Erde Südafrikas, sind. Sogar dieser junge Milchmann, noch vor einem Jahr sicher nur ein Hütejunge in der tiefsten Transkei, muss es wissen. Wirklich spürt er, dass von Afrikanern im Allgemeinen, selbst von Farbigen, eine seltsame, leicht belustigte Zärtlichkeit ausgeht: ein Gefühl, dass er ein Einfaltspinsel sein und beschützt werden muss, wenn er meint, er könne so einfach mit seinem ehrlichen Gesicht und anständigem Verhalten durchkommen, wo doch der Boden unter seinen Füßen mit Blut getränkt ist und die Geschichte bis tief hinab in die Vergangenheit von Zornesschreien widerhallt. Warum sonst sollte dieser junge Mann beim ersten Lüftchen des neuen Tages, das mit der Mähne seines Pferdes spielt, so sanft lächeln, während er den beiden zusieht, wie sie die Milch trinken, die er ihnen gegeben hat?

Sie kommen beim Haus in St. James an, als der Tag anbricht. Er schläft sofort auf einem Sofa ein und schläft bis zum Mittag, wo Pauls Mutter sie weckt und ihnen das Frühstück auf einer Veranda mit Rundblick über die weite Fläche der False Bay serviert.

Zwischen Paul und seiner Mutter fließt das Gespräch leicht dahin und bezieht ihn mühelos ein. Die Mutter ist Fotografin und hat ein eigenes Studio. Sie ist zierlich und gutgekleidet, hat eine heisere Raucherstimme und ein ruheloses Wesen. Nach dem Frühstück entschuldigt sie sich: Die Arbeit wartet, sagt sie.

Er geht mit Paul zum Strand hinunter, sie schwimmen, kommen zurück, spielen Schach. Dann geht er zum Zug und fährt nach Hause. Das ist sein erster Eindruck von Pauls häuslichem Leben, und er ist voller Neid. Warum kann er nicht eine freundliche, normale Beziehung zu seiner Mutter haben? Er wünscht sich seine Mutter wie die von Paul, wünscht, dass sie ein eigenes Leben außerhalb der beschränkten Familie hätte.

Weil er der bedrückenden familiären Atmosphäre entfliehen wollte, ist er von zu Hause weggegangen. Jetzt sieht er seine Eltern selten. Obwohl sie nur ein paar Minuten weit von ihm wohnen, besucht er sie nicht. Er hat ihnen Paul nie vorgestellt oder einen seiner anderen Freunde, ganz zu schweigen von Jacqueline. Jetzt, wo er sein eigenes Einkommen hat, benutzt er seine Unabhängigkeit, um seine Eltern aus seinem Leben auszuschließen. Seine Kälte schmerzt seine Mutter, weiß er, die Kälte, mit der er sein ganzes Leben lang ihre Liebe beantwortet hat. Sein ganzes Leben lang wollte sie ihn hätscheln; sein ganzes Leben lang hat er das abgewehrt. Obwohl er es immer wieder beteuert, kann sie nicht glauben, dass er mit seinem Geld auskommt. Wenn sie sich treffen, versucht sie stets, ihm Geld in die Tasche zu stecken, eine Pfundnote, zwei Pfund. »Bloß eine Kleinigkeit«, nennt sie das. Wenn man ihr nur die geringste Chance gäbe, würde sie Vorhänge für seine Wohnung nähen, seine Wäsche waschen. Er muss sein Herz gegen sie verhärten. Das ist nicht die richtige Zeit, um seine Verteidigungshaltung aufzugeben.

◆ Drei ◆

Er liest *Die Briefe von Ezra Pound*. Ezra Pound verlor seine Stelle am Wabash College, Indiana, weil er eine Frau auf sein Zimmer mitgenommen hatte. Wütend über eine solche provinzielle Borniertheit, verließ Pound Amerika. In London lernte er die schöne Dorothy Shakespear kennen, heiratete sie und ging nach Italien. Nach dem Zweiten Weltkrieg warf man ihm vor, den Faschisten Beihilfe und Vorschub geleistet zu haben. Um dem Todesurteil zu entgehen, plädierte er auf Unzurechnungsfähigkeit und wurde in eine Nervenheilanstalt gesperrt.

Jetzt, 1959, ist er freigelassen worden, lebt wieder in Italien und arbeitet an seinem Lebenswerk, den *Cantos*. Alle *Cantos*, die bisher erschienen sind, befinden sich in der Universitätsbibliothek von Kapstadt, in Faber-Ausgaben, in denen die Folge von eleganten schwarzen Druckzeilen hin und wieder von großen chinesischen Zeichen – wie von Gongschlägen – unterbrochen wird. Die *Cantos* fesseln ihn; er liest sie immer wieder (wobei er die langweiligen Passagen über Van Buren und die Malatestas mit schlechtem Gewissen überspringt) und benutzt dabei als Hilfe Hugh Kenners Buch über Pound. T. S. Eliot hat Pound großzügig *il miglior fabbro*, den besseren Künstler, genannt. Sosehr er Eliots eigenes Werk schätzt, muss er ihm doch beipflichten.

Ezra Pound ist sein ganzes Leben lang verfolgt worden: Er wurde ins Exil getrieben, dann eingesperrt, dann ein zweites Mal aus seinem Vaterland verbannt. Doch obwohl Pound als Irrer abgestempelt wurde, hat er bewiesen, dass er ein großer Dichter ist, vielleicht genauso groß wie Walt Whitman. Seinem Dämon gehorchend, hat Pound sein Leben der Kunst geopfert. Das tat auch Eliot, obwohl Eliots Leiden einen mehr privaten Charakter hatte. Das Leben von Eliot und Pound war ein Leben voller Leid und manchmal auch Schande. Darin liegt eine Lehre für ihn, die sich ihm auf jeder Seite ihrer Verse aufdrängt – bei Eliots Versen, mit denen er seine erste überwältigende Begegnung hatte, während er noch zur Schule ging, und nun bei Pounds Versen. Wie Pound und Eliot muss er bereit sein, alles zu ertragen, was das Leben ihm zugedacht hat, selbst wenn das Exil, Verleumdung und viel Arbeit ohne Ruhm bedeuten sollte. Und wenn er die höchsten Weihen der Kunst nicht erhält, wenn sich herausstellt, dass er die heilige Gabe doch nicht hat, dann muss er darauf gefasst sein, auch das zu ertragen: das unumstößliche Urteil der Geschichte, das Schicksal, trotz all seiner gegenwärtigen und zukünftigen Leiden kein Großer zu sein. Viele sind berufen, aber wenige sind auserwählt. Auf jeden großen Poeten kommt eine Wolke kleiner Poeten, wie Mücken, die einen Löwen umschwirren.

Seine Leidenschaft für Pound wird nur von einem seiner Freunde geteilt, von Norbert. Norbert wurde in der Tschechoslowakei geboren, ist nach dem Krieg nach Südafrika gekommen und spricht Englisch mit einem ganz schwachen deutschen Akzent. Er möchte Ingenieur werden, wie sein Vater. Er kleidet sich mit eleganter europäischer Korrektheit und wirbt hochanständig um ein schönes Mädchen aus guter Familie, mit der er jede Woche einmal spazieren geht. Er trifft sich mit Norbert in einer Teestube an den Hängen des Bergs, um ihre letzten Gedichte zu besprechen und sich Lieblingsstellen aus Pound vorzulesen.

Es kommt ihm interessant vor, dass ausgerechnet Norbert, ein angehender Ingenieur, und er, ein angehender Mathematiker, Schüler von Ezra Pound sind, während die anderen dichtenden Studenten, die er kennt, die, die Literatur studieren und die Literaturzeitschrift der Universität herausgeben, Anhänger von

Gerard Manley Hopkins sind. Er hat selbst in der Schulzeit eine kurze Hopkins-Phase durchgemacht, während der er eine Menge betonter Einsilber in seine Verse packte und Wörter romanischen Ursprungs mied. Aber mit der Zeit hat er den Geschmack an Hopkins verloren, wie er jetzt dabei ist, den Geschmack an Shakespeare zu verlieren. Hopkins' Verse sind zu vollgestopft mit Konsonanten, Shakespeares zu vollgestopft mit Metaphern. Hopkins und Shakespeare legen zu viel Wert auf ungewöhnliche Wörter, besonders altenglische Wörter: *maw, reck, pelf.* Er sieht nicht ein, warum Dichtung sich stets zu einer deklamatorischen Tonlage aufschwingen muss, warum sie sich nicht damit zufriedengeben kann, den Modulationen der normalen Sprechstimme zu folgen – warum sie sich eigentlich so sehr von Prosa unterscheiden muss.

Allmählich zieht er Pope Shakespeare vor und Swift Pope. Trotz seiner gnadenlos präzisen Ausdrucksweise, die er gut findet, wirkt Pope auf ihn, als sei er noch zu vertraut mit Reifröcken und Perücken, während Swift ein ungezähmter Mann bleibt, ein Einzelgänger.

Auch Chaucer mag er. Das Mittelalter ist langweilig, besessen vom Keuschheitsgedanken, vor Klerikern wimmelnd; mittelalterliche Dichter sind größtenteils ängstlich und suchen ständig eilfertig bei den Kirchenvätern Rat. Aber Chaucer hält einen erfreulich ironischen Abstand zur Obrigkeit. Und er schäumt nicht vor Wut über irgendetwas und lässt keine Schimpfkanonaden los wie Shakespeare.

Was die anderen englischen Dichter angeht, so hat ihn Pound gelehrt, die billige Sentimentalität aufzuspüren, in der die Romantiker und die Viktorianer schwelgen, ganz zu schweigen von ihrem nachlässigen Verseschmieden. Pound und Eliot versuchen, die angloamerikanische Dichtkunst neu zu beleben, indem sie ihr die Strenge des Französischen zurückgeben. Damit ist er voll einverstanden. Wie er einst so begeistert von Keats hatte sein können, dass er Sonette in seinem Stil schrieb, versteht er nicht. Keats gleicht einer Wassermelone, weich und süß und karminrot, wo doch die Poesie hart und klar wie eine Flamme sein sollte. Wenn man ein halbes Dutzend Seiten von Keats liest, ist das, als erliege man einer Versuchung.

Er wäre sicherer in seiner Nachfolge Pounds, wenn er französische Texte wirklich lesen könnte. Aber alles Bemühen seinerseits, sich das Französische beizubringen, führt zu nichts. Er hat kein Gefühl für die Sprache mit ihren Wörtern, die so kühn beginnen, um sich dann in einem Gemurmel zu verlieren. Daher muss er es Pound und Eliot einfach glauben, dass Baudelaire und Nerval, Corbière und Laforgue die Richtung weisen, die er einschlagen muss.

Als er mit dem Studium anfing, war sein Plan, sich zum Mathematiker ausbilden zu lassen, danach ins Ausland zu gehen und sich der Kunst zu widmen. Soweit sein Plan, weiter brauchte er nicht zu gehen, und bisher ist er nicht davon abgewichen. Während er im Ausland seine schriftstellerischen Fähigkeiten weiterentwickelt, wird er seinen Lebensunterhalt mit einer unbedeutenden und respektablen Tätigkeit verdienen. Da große Künstler das Schicksal haben, eine Zeitlang unbeachtet zu bleiben, stellt er sich vor, dass er seine Probejahre als Büromensch, der in einem Hinterzimmer bescheiden Zahlenkolonnen addiert, ableisten wird. Ganz bestimmt wird er kein Bohemien sein, das soll heißen ein Säufer und Schnorrer und Tagedieb.

Zur Mathematik zieht ihn, außer den geheimnisvollen Symbolen, die sie benutzt, ihre Reinheit. Wenn es eine Fakultät des reinen Denkens gäbe, dann würde er sich vielleicht auch dort einschreiben; doch reine Mathematik scheint unter den Angeboten der Hochschule das zu sein, was dem Reich der Formen am nächsten kommt.

Leider gibt es eine Schwierigkeit bei seinem Studienplan: Die Vorschriften erlauben nicht, dass man reine Mathematik und sonst nichts studiert. Die meisten Studenten seines Jahrgangs verbinden reine Mathematik mit angewandter Mathematik und mit Physik. Für ihn kommt das nicht in Frage. Obwohl er sich als Junge flüchtig für Raketentechnik und Kernspaltung interessiert hat, fehlt ihm das Gespür für das, was man die reale Welt nennt, versteht er nicht, warum die physikalischen Gesetze sind, wie sie sind. Warum hört ein hüpfender Ball zum Beispiel irgendwann auf zu hüpfen? Seine Kommilitonen haben kein Problem mit der Frage: weil sein Elastizitätskoeffizient kleiner als eins ist, sagen sie. Aber warum muss das so sein, fragt er. Warum kann der Koeffizient nicht genau eins sein oder größer als eins? Sie zucken mit den Schultern. Wir leben in der realen Welt, sagen sie – in der realen Welt ist der Elastizitätskoeffizient immer kleiner als eins. Das ist für ihn keine Antwort.

Da er sich offenbar nicht im Einklang mit der realen Welt befindet, meidet er die Naturwissenschaften und füllt die leeren Stellen in seinem Studienplan mit Lehrveranstaltungen in Englisch, Philosophie und den klassischen Sprachen. Er möchte gern für einen Mathematikstudenten gehalten werden, der zufällig ein paar geisteswissenschaftliche Fächer belegt; doch von den Studenten der Naturwissenschaften wird er zu seinem Verdruss als Außenseiter betrachtet, als Dilettant, der zu den Mathematik-Vorlesungen erscheint und dann Gott weiß wohin verschwindet.

Da er Mathematiker sein wird, sollte er die meiste Zeit auf die Mathematik verwenden. Doch Mathematik ist leicht, Latein dagegen nicht. Latein ist sein schwächstes Fach. Durch jahrelangen Drill auf seiner katholischen Schule ist ihm die Logik der lateinischen Syntax in Fleisch und Blut übergegangen; er kann den Text korrekt wiedergeben, wenn er sich durch ciceronische Prosa kämpft; aber Vergil und Horaz, mit ihrer zufälligen Wortstellung und ihrem anstößigen Vokabular, geben ihm immer noch Rätsel auf.

Man hat ihn einer Latein-Seminargruppe zugeteilt, in der die meisten anderen Studenten auch Griechisch belegen. Ihre Griechischkenntnisse erleichtern ihnen das Lateinstudium; er muss sich mühen, dass er mit ihnen mitkommt und sich nicht blamiert. Er wünschte, er hätte eine Schule mit Griechischunterricht besucht.

Einer der Reize der Mathematik ist, dass sie das griechische Alphabet benutzt. Obwohl er außer *hybris* und *areté* und *eleutheria* keine griechischen Wörter kennt, verbringt er Stunden damit, seine griechische Schrift zu perfektionieren, indem er die Abstriche betont, damit es wie in Bodoni-Schrift wirkt.

Griechisch und reine Mathematik sind in seinen Augen die vornehmsten Fächer, die man an der Universität studieren kann. Aus der Ferne verehrt er die Griechisch-Dozenten, deren Veranstaltungen er nicht belegen kann: Anton Paap, den Papyrologen; Maurice Pope, den Sophokles-Übersetzer; Maurits Heemstra, den Heraklit-Kommentator. Sie bewohnen zusammen mit Douglas Sears, dem Professor für reine Mathematik, ein erhabenes Reich.

Trotz größter Bemühungen seinerseits sind seine Zensuren in Latein nie exzellent. Römische Geschichte zieht ihn immer wieder herunter. Der Dozent, der römische Geschichte zu unterrichten hat, ist ein blasser, unglücklicher junger Engländer, dessen wahres Interesse dem byzantinischen Heldenepos *Digenis Akritas* gilt. Die Jurastudenten, für die Latein Pflichtfach ist, spüren seine Schwäche und quälen ihn. Sie kommen zu spät und gehen vorzeitig; sie lassen Papierflugzeuge segeln; sie flüstern vernehmlich miteinander, während er spricht; wenn er einen seiner lahmen Witze macht, brüllen sie vor Lachen und stampfen mit den Füßen und hören gar nicht mehr auf.

Die Wahrheit ist, dass er von Schwankungen des Weizenpreises während der Herrschaft des Commodus genauso gelangweilt ist wie die Jurastudenten und vielleicht auch ihr Dozent. Ohne Fakten keine Geschichte, und für Fakten hat er nie ein Gedächt nis gehabt – wenn die Prüfungen kommen und er aufgefordert wird, seine Gedanken darüber darzulegen, was im späten Kaiserreich was bewirkte, starrt er die leere Seite an und fühlt sich elend.

Sie lesen Tacitus in Übersetzung: trockene Aufzählungen der Verbrechen und Ausschweifungen der Kaiser, bei denen nur die verwirrende Eile, mit der ein Satz dem anderen folgt, Ironie andeutet. Wenn er Dichter werden will, sollte er von Catull, dem Dichter der Liebe, lernen, den sie in Seminaren übersetzen; aber wer ihn wirklich packt, ist Tacitus, der Historiker, dessen Latein so schwer ist, dass er ihn nicht im Original lesen kann.

Auf Pounds Empfehlung hin hat er Flaubert gelesen, zuerst *Madame Bovary*, dann *Salammbô*, Flauberts Roman über das alte Karthago, und er hat sich wegen Pound die Lektüre Victor Hugos verkniffen. Hugo ist ein Schwätzer, sagt Pound, während Flaubert in das Schreiben von Prosa das harte Juweliershandwerk der Poesie einbringt. Von Flaubert führt eine Traditionslinie zunächst zu Henry James, später zu Conrad und Ford Madox Ford.

Flaubert gefällt ihm. Besonders Emma Bovary mit ihren dunklen Augen, ihrer ruhelosen Sinnlichkeit, ihrer Bereitschaft, sich hinzugeben, hat ihn in Bann geschlagen. Er würde gern mit Emma ins Bett gehen, den berühmten Gürtel wie eine Schlange zischen hören, wenn sie sich auszieht. Würde das aber Pound gutheißen? Er weiß nicht genau, ob der Kitzel, den er verspürt, Emma zu begegnen, ein ausreichender Grund ist, Flaubert zu bewundern. In seiner Empfindungswelt ist, so vermutet er, immer noch etwas Verdorbenes, etwas, was an Keats erinnert.

Natürlich ist Emma Bovary ein erdichtetes Geschöpf, er wird ihr nie auf der Straße begegnen. Doch Emma wurde kaum aus dem Nichts heraus erschaffen: Sie hatte ihren Ursprung in den leiblichen Erfahrungen ihres Autors, Erfahrungen, die dann durch das verwandelnde Feuer der Kunst gingen. Wenn Emma ein Original hatte, oder mehrere Originale, dann folgt daraus, dass Frauen wie Emma und Emmas Original in der wirklichen Welt existieren mussten. Und selbst wenn es nicht so war, selbst wenn keine Frau in der wirklichen Welt genau wie Emma ist, dann müssen doch viele Frauen so tief beeindruckt von ihrer Lektüre der *Madame Bovary* sein, dass sie Emmas Zauber erliegen und zu Emma-Typen werden. Sie sind vielleicht nicht die wirkliche Emma, doch in gewissem Sinne sind sie zu ihrer lebendigen Verkörperung geworden.

Sein Ehrgeiz ist, alles zu lesen, was sich lohnt, bevor er ins Ausland geht, damit er nicht als Provinztrottel nach Europa kommt. Für die Auswahl seiner Lektüre verlässt er sich auf Eliot und Pound. Von ihnen ermächtigt, verwirft er ohne einen Blick darauf ganze Regale mit Scott, Dickens, Thackeray, Trollope, Meredith. Was aus Deutschland, Italien, Spanien oder Skandinavien im 19. Jahrhundert kommt, ist ebenfalls keiner Beachtung wert. Russland mag ja einige interessante Ungeheuer hervorgebracht haben, doch als Künstler haben die Russen uns nichts zu bieten. Die Zivilisation ist seit dem 18. Jahrhundert eine anglofranzösische Sache gewesen.

Andererseits gibt es in früheren Zeiten Enklaven einer Hochzivilisation, die man sich nicht zu vernachlässigen leisten kann: nicht nur Athen und Rom, sondern auch das Deutschland Walthers von der Vogelweide, die Provence von Arnaut Daniel, das Florenz Dantes und Guido Cavalcantis, ganz zu schweigen vom China der Tangzeit, dem Indien der Mogule und dem Spanien der Almoraviden. Wenn er also nicht Chinesisch und Persisch und Arabisch lernt oder mindestens so viel davon, dass er in der Lage ist, ihre Klassiker mit Hilfsmitteln zu lesen, könnte er gleich ein Barbar sein. Wo soll die Zeit dafür herkommen?

In seinen Englisch-Seminaren ist es ihm anfangs nicht gut ergangen. Sein Literatur-Tutor war ein junger Waliser, Mr Jones. Mr Jones befand sich erst seit kurzem in Südafrika; das war seine erste richtige Stelle. Die Jurastudenten, die Englisch nur belegt hatten, weil es wie Latein ein Pflichtfach für sie war, hatten seine Unsicherheit sofort gewittert – sie gähnten ungeniert, stellten sich blöd, ahmten seine Sprechweise nach, bis er manchmal sichtlich verzweifelt war.

Ihre erste Seminaraufgabe bestand darin, eine kritische Analyse eines Gedichtes von Andrew Marvell zu schreiben. Obwohl er nicht so recht wusste, was genau mit kritischer Analyse gemeint war, gab er sein Bestes. Mr Jones verpasste ihm ein Gamma. Gamma war nicht die schlechteste Note auf der Zensurenskala – es gab noch Gamma minus, ganz zu schweigen von den Delta-Variationen –, aber es war nicht gut. Eine ganze Reihe von Studenten, einschließlich Jurastudenten, bekamen Betas; es gab sogar ein einsames Alpha minus. Obwohl sie wahrscheinlich nichts für Poesie übrighatten, gab es etwas, was diese Kommilitonen wussten, er aber nicht. Aber was war das? Wie schaffte man es, gut in Englisch zu sein?

Mr Jones, Mr Bryant, Miss Wilkinson: Seine Lehrer waren alle jung und, so schien ihm, hilflos; hilflos schweigend ertrugen sie die Schikanen der Jurastudenten in der vergeblichen Hoffnung, dass sie es sattbekommen und aufgeben würden. Er für sein Teil hatte wenig Mitgefühl für ihre Not. Von seinen Lehrern erwartete er Autorität, keine Offenbarung von Verletzlichkeit.

In den drei Jahren nach Mr Jones haben sich seine Englisch-Zensuren langsam nach oben bewegt. Aber er ist nie an der Spitze der Seminargruppe gewesen, hat sich immer gewissermaßen abmühen müssen und war nie sicher, was das Literaturstudium eigentlich sein sollte. Im Vergleich mit der Literaturwissenschaft ist die philologische Seite des Englischstudiums eine Erleichterung gewesen. Bei altenglischen Verbkonjugationen und mittelenglischen Lautverschiebungen weiß man wenigstens, woran man ist.

Im vierten Studienjahr hat er sich nun für ein Seminar über die frühen englischen Prosaschriftsteller bei Professor Guy Howarth angemeldet. Er ist der einzige Student. Howarth geht der Ruf voraus, trocken und pedantisch zu sein, doch das stört ihn nicht. Gegen Pedanten hat er nichts. Er zieht sie Effekthaschern vor.

Sie treffen sich einmal wöchentlich in Howarths Zimmer. Howarth liest seine Vorlesung laut vor, während er sich Notizen macht. Nach einigen Zusammenkünften gibt ihm Howarth einfach das Vorlesungsmanuskript, damit er es zu Hause lesen kann.

Die Vorlesungen, mit Hilfe eines schwachen Farbbandes auf steifes, gelbliches Papier getippt, kommen aus einem Schrank, in dem für jeden englischsprachigen Schriftsteller von Austen bis Yeats ein Ordner zu existieren scheint. Muss man das machen, um Englischprofessor zu werden: die kanonischen Autoren lesen und über jeden von ihnen eine Vorlesung schreiben? Wie viel Lebensjahre mag das wohl verschlingen? Und was hat das für Auswirkungen auf den Geist?

Howarth, der Australier ist, scheint Gefallen an ihm gefunden zu haben, er versteht nicht, warum. Obwohl er seinerseits nicht sagen kann, dass er Howarth besonders mag, hat er einen Beschützerinstinkt ihm gegenüber entwickelt, weil er so unbeholfen ist, weil er wähnt, südafrikanische Studenten könnten sich für seine Meinung zu Gascoigne oder Lyly oder selbst zu Shakespeare interessieren.

Am letzten Tag des Semesters, nach ihrer letzten Zusammenkunft, spricht Howarth eine Einladung aus. »Kommen Sie doch morgen Abend auf ein Glas Wein zu mir nach Hause.«

Er gehorcht, aber mit beklommenem Gefühl. Über ihren Gedankenaustausch zu elisabethanischen Prosaschriftstellern hinaus hat er Howarth nichts zu sagen. Außerdem trinkt er nicht gern. Sogar Wein schmeckt für ihn nach dem ersten Schluck sauer, schwer und unangenehm. Er begreift nicht, wie Leute ihn angeblich genießen können.

Sie sitzen im dämmrigen, hohen Wohnzimmer bei Howarth

daheim im Gardens-Viertel. Offenbar ist er der einzige Gast. Howarth verbreitet sich über australische Lyrik, über Kenneth Slessor und A. D. Hope. Mrs Howarth kommt hereingeschneit, rauscht wieder hinaus. Er spürt, dass sie ihn nicht mag, dass er für sie ein Tugendbold ist, dem *joie de vivre* und Schlagfertigkeit fremd sind. Lilian Howarth ist Howarths zweite Frau. Sie muss einmal eine Schönheit gewesen sein, aber jetzt ist sie bloß noch eine untersetzte kleine Frau mit spindeldürren Beinen und zu viel Puder im Gesicht. Man erzählt sich auch, sie sei eine Säuferin, die zu peinlichen Szenen neigt, wenn sie betrunken ist.

Es stellt sich heraus, dass er mit einer bestimmten Absicht eingeladen wurde. Die Howarths gehen für ein halbes Jahr ins Ausland. Wäre er bereit, in ihrem Haus zu wohnen und nach dem Rechten zu sehen? Er hätte keine Miete zu zahlen, keine Rechnungen zu begleichen und nur wenige Aufgaben.

Er sagt sofort zu. Es schmeichelt ihm, dass er gefragt wird, auch wenn das nur geschieht, weil er langweilig und zuverlässig wirkt. Außerdem kann er dadurch, dass er seine Wohnung in Mowbray aufgibt, schneller das Geld für ein Schiffsticket nach England zusammenbekommen. Und das Haus – sehr groß und verwinkelt, ein imposantes Gebäude an den unteren Hängen des Bergs, mit dunklen Korridoren und dumpfen, ungenutzten Zimmern – hat einen eigenen Reiz.

Es gibt einen Haken an der Sache. Im ersten Monat wird er das Haus mit Gästen der Familie Howarth teilen müssen, einer Frau aus Neuseeland und ihrer dreijährigen Tochter.

Es stellt sich heraus, dass die Frau aus Neuseeland ebenfalls Trinkerin ist. Kurz nach seinem Einzug kommt sie mitten in der Nacht in sein Zimmer und in sein Bett gewandert. Sie umarmt ihn, drückt sich an ihn, verabreicht ihm feuchte Küsse. Er weiß nicht, was er machen soll. Er mag sie nicht, begehrt sie nicht, ist abgestoßen von ihren schlaffen Lippen, die seinen Mund suchen. Erst durchläuft ihn ein kalter Schauder, dann erfasst ihn Panik.

»Nein!«, schreit er. »Geh weg!« Und er rollt sich zu einem Ball zusammen.

Schwankend steigt sie aus seinem Bett. »Mistkerl!«, zischt sie, und fort ist sie.

Bis zum Monatsende teilen sie sich weiter das große Haus, gehen sich aus dem Weg, lauschen auf das Knarren eines Dielenbretts und vermeiden den Blickkontakt, wenn sich zufällig ihre Wege kreuzen. Sie haben sich zum Narren gemacht, aber während sie sich als leichtsinniger Narr aufgeführt hat, was verzeihlich ist, war er ein verklemmter Stoffel.

Er war noch nie betrunken. Er verabscheut diesen Zustand. Partys verlässt er frühzeitig, um sich das stotternde, dumme Gerede von Leuten, die zu viel getrunken haben, zu ersparen. Seiner Meinung nach sollte die Strafe für betrunkene Autofahrer verdoppelt statt halbiert werden. Aber in Südafrika werden alle unter dem Einfluss von Alkohol begangenen Ausschreitungen milde beurteilt. Farmer dürfen ihre Arbeiter zu Tode peitschen, wenn sie während der Tat betrunken sind. Hässliche Männer dürfen sich Frauen aufdrängen, hässliche Frauen Annäherungsversuche bei Männern machen; wenn man sich sträubt, ist man ein Spielverderber.

Er hat Henry Miller gelesen. Wenn eine betrunkene Frau in Henry Millers Bett geschlüpft wäre, dann hätte das Ficken und bestimmt das Saufen die ganze Nacht gedauert. Wenn Henry Miller nur ein Satyr, ein Ungeheuer mit wahllosem Appetit gewesen wäre, könnte man ihn vergessen. Doch Henry Miller ist ein Künstler, und seine Erzählungen, so haarsträubend und vielleicht voller Lügen sie sein mögen, sind Erzählungen aus einem Künstlerleben. Henry Miller schreibt vom Paris der dreißiger Jahre, einer Stadt der Künstler und der Frauen, die Künstler liebten. Wenn Frauen sich Henry Miller an den Hals warfen, dann müssen sie, *mutatis mutandis*, dasselbe bei Ezra Pound und Ford Madox Ford und Ernest Hemingway und all den anderen großen

Künstlern getan haben, die in jenen Jahren in Paris lebten, mal ganz abgesehen von Pablo Picasso. Und was wird *er* tun, wenn er erst einmal in Paris oder London ist? Wird er weiter darauf bestehen, dass er das Spiel nicht mitmacht?

Zu seinem Abscheu vor Trunkenheit kommt noch sein Abscheu vor Hässlichkeit. Wenn er Villons *Testament* liest, kann er nur daran denken, wie hässlich die *belle heaumière* sich anhört, voller Falten, ungewaschen und aus dem Maul stinkend. Wenn man Künstler sein will, muss man dann die Frauen wahllos lieben? Bringt es ein Künstlerleben mit sich, dass man mit jeder und mit allen schläft, im Namen des Lebens? Wenn man beim Sex wählerisch ist, stößt man dann das Leben zurück?

Eine andere Frage: Was ließ Marie aus Neuseeland zu dem Schluss kommen, dass es sich lohnt, mit ihm zu schlafen? War das nur, weil er vor Ort war, oder hatte sie von Howarth gehört, dass er ein Dichter sei, ein angehender Dichter? Frauen lieben Dichter, weil in ihnen eine Flamme brennt, eine Flamme, die alles, was mit ihr in Berührung kommt, verzehrt, doch paradoxerweise auch erneuert. Als sie zu ihm ins Bett kroch, hatte Marie vielleicht geglaubt, die Flamme der Kunst würde sie berühren und sie würde eine unsagbare Ekstase erleben. Stattdessen erlebte sie, wie sie ein Knabe panisch von sich stieß. Bestimmt wird sie sich auf die eine oder andere Art rächen. Bestimmt werden ihre Freunde, die Howarths, in ihrem nächsten Brief eine Version der Ereignisse geliefert bekommen, die ihn als Vollidioten erscheinen lässt.

Er weiß, dass es moralisch verwerflich ist, eine Frau für ihre Hässlichkeit zu verdammen. Aber glücklicherweise müssen Künstler keine moralisch vortrefflichen Menschen sein. Es kommt nur darauf an, dass sie große Kunst schaffen. Wenn bei ihm die Kunst von seiner eher verachtenswerten Seite kommen sollte, dann muss es eben so sein. Blumen gedeihen am besten auf Dunghaufen, wie Shakespeare nicht müde wird zu versichern. Sogar

Henry Miller, der sich so unkompliziert gibt, zur Liebe mit jeder Frau bereit, egal welche Figur sie besitzt, hat vielleicht eine dunkle Seite, die er klug genug ist zu verstecken.

Normalen Menschen fällt es schwer, böse zu sein. Wenn normale Menschen Bosheit in sich aufflammen spüren, trinken oder fluchen sie, oder sie werden gewalttätig. Bosheit ist für sie wie ein Fieber: Sie möchten es aus ihrem System vertreiben, sie möchten wieder zu ihrem normalen Zustand zurückfinden. Doch Künstler müssen mit ihrem Fieber leben, sei es gut- oder bösartig. Das Fieber macht sie zu Künstlern; das Fieber muss am Leben erhalten werden.

Deshalb können Künstler nie ganz von dieser Welt sein – ein Auge muss immer nach innen schauen. Und die Frauen, die sich um die Künstler scharen – ihnen ist nicht ganz zu trauen. Denn wie der Geist des Künstlers sowohl Flamme als auch Fieber ist, so wird die Frau, die sich danach sehnt, von Feuerzungen berührt zu werden, gleichzeitig ihr Bestes tun, um das Fieber zu stillen und den Künstler auf den Boden des Alltags herunterzuziehen. Deshalb muss man Frauen widerstehen, selbst wenn man sie liebt. Sie dürfen nicht so nahe kommen, dass sie die Flamme auslöschen könnten.

◆ Vier ◆

In einer vollkommenen Welt würde er nur mit vollkommenen Frauen schlafen, Frauen mit vollkommener Weiblichkeit, doch mit einer gewissen Dunkelheit in ihrem Kern, die seinem eigenen dunkleren Ich entspricht. Aber eine solche Frau kennt er nicht. Jacqueline – in deren Kern er irgendeine Dunkelheit nicht entdecken konnte – hat ohne Vorwarnung aufgehört, ihn zu besuchen, und er ist so vernünftig, den Grund dafür nicht herausfinden zu wollen. So muss er sich mit anderen Frauen begnügen – eigentlich mit Mädchen, die noch keine Frauen sind und vielleicht gar keinen authentischen Kern haben oder keinen nennenswerten –, Mädchen, die nur widerwillig mit einem Mann schlafen, weil man sie dazu überredet hat oder weil es die Freundinnen tun und sie nicht zurückbleiben wollen oder weil es manchmal der einzige Weg ist, einen Freund zu halten.

Eine davon schwängert er. Als sie ihm am Telefon die Neuigkeit beibringt, ist er überrascht, fassungslos. Wie hat er ein Mädchen schwängern können? In gewissem Sinn weiß er genau, wie. Ein Missgeschick: Hektik, Durcheinander, Schwierigkeiten, wie sie nie in einem der Romane, die er liest, auftauchen. Aber gleichzeitig kann er es nicht glauben. Im tiefsten Herzen fühlt er sich nicht älter als acht Jahre, höchstens zehn. Wie kann ein Kind Vater sein?

Vielleicht stimmt es ja nicht, sagt er sich. Vielleicht ist es wie bei einer der Prüfungen, von denen man felsenfest glaubt, sie nicht bestanden zu haben, doch wenn die Ergebnisse bekanntgegeben werden, hat man gar nicht so schlecht abgeschnitten.

Aber so funktioniert das nicht. Ein neuerlicher Anruf. In sachlichem Tonfall berichtet das Mädchen, dass sie beim Arzt gewesen ist. Eine ganz winzige Pause, lang genug, dass er die Eröffnung aufnehmen und sich äußern kann. »Ich stehe zu dir«, könnte er sagen. »Überlass alles mir«, könnte er sagen. Aber wie kann er sagen, dass er zu ihr steht, wenn das, was das *Zu-ihr-Stehen* wirklich bedeutet, ihn mit bösen Vorahnungen erfüllt, wenn er den starken Drang verspürt, das Telefon fallen zu lassen und wegzulaufen?

Die Pause ist vorbei. Sie hat den Namen einer Person, die sich um das Problem kümmern wird, fährt sie fort. Also hat sie einen Termin für morgen vereinbart. Ob er bereit sei, sie zum verabredeten Ort zu fahren und sie hinterher wieder zurückzubringen? Man habe sie nämlich darauf hingewiesen, dass sie nach dem Ereignis nicht fahrtauglich sein werde.

Sie heißt Sarah. Ihre Freunde nennen sie Sally, ein Name, den er nicht mag. Er erinnert ihn an die Liedzeile: »Come down to the sally gardens.« Was zum Teufel sind »sally gardens«? Sie kommt aus Johannesburg, aus einem der Vororte, wo die Leute ihren Sonntag damit verbringen, mit dem Pferd auf ihrem Grundstück herumzugaloppieren und einander »Ist das nicht schön!« zuzurufen, während schwarze Bedienstete mit weißen Handschuhen ihnen Drinks servieren. Ihre Kindheit, in der sie auf Pferden herumgaloppiert und heruntergefallen ist und sich weh getan, aber nicht geweint hat, hat aus Sarah einen Kumpel gemacht. »Sal ist ein richtiger Kumpel«, kann er ihre Johannesburger Clique sagen hören. Schön ist sie nicht – dafür ist sie zu kräftig gebaut und hat eine zu frische Gesichtsfarbe –, aber sie ist kerngesund. Und sie macht sich nichts vor. Wo nun die Katastrophe da ist, versteckt sie sich nicht in ihrem Zimmer und tut so, als sei nichts. Im Gegenteil, sie hat herausgefunden, was herauszufinden war – wie man in Kapstadt eine Abtreibung machen lassen kann –, und hat das Nötige in die Wege geleitet. Sie hat ihn wirklich beschämt.

In Sarahs Kleinwagen fahren sie nach Woodstock und halten vor einer Reihe identischer Doppelhäuschen. Sie steigt aus und klopft an eine der Türen. Er kann nicht sehen, wer ihr öffnet, aber es muss die Engelmacherin selbst sein. Er stellt sich ihresgleichen als schlampige Frauen mit gefärbtem Haar, dickem Make-up und nicht allzu sauberen Fingernägeln vor. Sie geben dem Mädchen ein Glas Gin pur, lassen sie sich hinlegen und stochern dann mit einem Draht in ihr herum – eine unbeschreibliche Manipulation, bei der Festhaken und Ziehen eine Rolle spielt. Er sitzt im Auto und schaudert. Wer hätte gedacht, dass in einem ganz gewöhnlichen Haus wie diesem, mit Hortensien und Gipszwerg im Garten, solche furchtbaren Dinge geschehen!

Eine halbe Stunde vergeht. Er wird zunehmend nervös. Wird er in der Lage sein zu tun, was man von ihm verlangt?

Dann kommt Sarah heraus, und die Tür schließt sich hinter ihr. Langsam, ganz konzentriert, geht sie auf das Auto zu. Als sie näher kommt, sieht er, dass sie bleich ist und schwitzt. Sie sagt nichts.

Er fährt sie zum großen Haus der Howarths und bringt sie im Schlafzimmer mit Blick über die Table Bay und den Hafen unter. Er bietet ihr Tee an, bietet ihr Suppe an, aber sie will nichts. Sie hat einen Koffer mitgebracht; sie hat eigene Handtücher, eigene Bettwäsche mitgebracht. An alles hat sie gedacht. Er braucht sich bloß in der Nähe aufzuhalten, bereit zu sein, wenn etwas schiefgeht. Das ist nicht zu viel verlangt.

Sie bittet um ein warmes Handtuch. Er steckt ein Handtuch in den Elektroherd. Beim Herausholen riecht es verbrannt. Als er damit oben angekommen ist, kann man es kaum noch warm nennen. Aber sie legt es sich auf den Bauch, schließt die Augen, und es scheint ihr gutzutun.

Alle paar Stunden nimmt sie eine der Tabletten, die ihr die Frau gegeben hat, spült mit Wasser nach, ein Glas nach dem anderen. Im Übrigen liegt sie mit geschlossenen Augen da und erträgt den Schmerz. Da sie seinen Ekel spürt, hat sie die Zeugnisse davon, was in ihrem Inneren vor sich geht, vor seinen Augen versteckt: die blutigen Binden und was es sonst noch gibt.

»Wie fühlst du dich?«, fragt er.

»Gut«, murmelt sie.

Er hat keine Ahnung, was er tun soll, wenn sie sich nicht mehr gut fühlt. Abtreibung ist illegal, aber wie illegal? Wenn er einen Arzt riefe, würde der sie bei der Polizei anzeigen?

Er schläft auf einer Matratze neben dem Bett. Als Krankenpfleger ist er nutzlos, schlimmer als nutzlos. Was er tut, kann man nicht mit Pflegen bezeichnen. Es ist bloß eine Bußübung, eine einfältige und fruchtlose Bußübung.

Am Morgen des dritten Tags erscheint sie unten in der Tür des Arbeitszimmers, bleich und schwankend, aber vollständig angezogen. Sie ist bereit, nach Hause zu gehen, sagt sie.

Er fährt sie zu ihrer Wohnung, mit ihrem Koffer und dem Wäschebeutel, der vermutlich die blutigen Handtücher und Bettlaken enthält. »Möchtest du, dass ich eine Weile bei dir bleibe?«, fragt er. Sie schüttelt den Kopf. »Ich komme schon klar«, sagt sie. Er küsst sie auf die Wange und läuft nach Hause.

Sie hat ihm keine Vorwürfe gemacht, keine Forderungen an ihn gestellt; sie hat sogar die Abtreibung selbst bezahlt. Sie hat ihm wirklich eine Lektion erteilt, wie man sich verhalten soll. Und er – seine Rolle ist unrühmlich gewesen, das kann er nicht leugnen. Die Hilfe, die er ihr geleistet hat, war halbherzig und, schlimmer noch, unzulänglich. Er kann nur hoffen, dass sie die Geschichte keinem Menschen je erzählt.

Seine Gedanken wandern immer wieder zu dem, was in ihr zerstört wurde – dieser Fleischklumpen, dieses gummiartige Männchen. Er sieht, wie die kleine Kreatur im Woodstocker Haus die Toilette hinuntergespült wird, wie sie durch das Labyrinth der Kanalisation trudelt, schließlich ins seichte Wasser ausgestoßen wird, in der plötzlichen Sonne blinzelt, gegen die Wellen kämpft, die es hinaus in die Bucht tragen werden. Er wollte nicht, dass es lebt, und nun will er nicht, dass es stirbt. Doch selbst wenn er zum Strand hinunterliefe, es fände und aus dem Meer rettete, was würde er damit anfangen? Es mit nach Hause nehmen, in Watte packen und warm halten und zum Wachsen bringen? Wie kann er, der noch ein Kind ist, ein Kind aufziehen?

Er hat den Boden unter den Füßen verloren. Er ist selbst kaum in die Welt hinausgetreten, und schon steht ein Tod auf seinem Schuldkonto. Wie viele von den anderen Männern, die er auf der Straße sieht, tragen tote Kinder mit sich herum, die ihnen wie Babyschuhe um den Hals hängen?

Am liebsten würde er Sarah nicht wiedersehen. Wenn er allein bleiben könnte, würde er sich vielleicht erholen, wieder so wie früher werden. Aber sie jetzt im Stich zu lassen wäre zu erbärmlich. Deshalb besucht er sie jeden Tag, sitzt bei ihr und hält eine angemessene Weile ihre Hand. Wenn er nichts zu sagen hat, dann deshalb, weil er nicht den Mut hat zu fragen, was mit ihr geschieht, was in ihr vor sich geht. Ist es wie eine Krankheit, von der sie sich jetzt erholt, oder ist es wie eine Amputation, von der man nie genesen wird? Was ist der Unterschied zwischen einer Abtreibung und einer Fehlgeburt und dem, was in Büchern *ein Kind verlieren* genannt wird? In Büchern schließt sich eine Frau, die ein Kind verliert, von der Welt ab und trauert. Muss Sarah noch eine Zeit der Trauer durchmachen? Und wie steht es mit ihm? Muss auch er trauern? Wie lange trauert man denn so, wenn man trauert? Hat das Trauern einmal ein Ende, und ist man danach derselbe wie vorher; oder trauert man ewig um das kleine Wesen, das in den Wellen vor Woodstock auf und nieder tanzt, wie der kleine Schiffsjunge, der über Bord fiel und nicht vermisst wurde? *Weine, weine!*, ruft der Schiffsjunge, der nicht untergehen will und keine Ruhe findet.

Um mehr Geld aufzutreiben, übernimmt er einen zweiten Nachmittag als Assistent an der Mathematischen Fakultät. Die Studenten des ersten Studienjahres, die zu ihm kommen, können sowohl Fragen aus dem Bereich der angewandten Mathematik als auch aus dem der reinen Mathematik mitbringen. Da er nur ein Jahr angewandte Mathematik für sich verbuchen kann, ist er seinen Studenten, denen er helfen soll, kaum voraus – jede Woche muss er sich stundenlang vorbereiten.

Wenn er auch von seinen privaten Sorgen ganz in Anspruch genommen wird, so kann ihm doch nicht entgehen, dass das Land rings um ihn in Aufruhr ist. Die Passgesetze, denen die Afrikaner, und nur die Afrikaner, unterworfen sind, werden noch verschärft, und überall brechen Proteste aus. Im Transvaal feuert die Polizei Schüsse in eine Menschenmenge, dann feuert sie in ihrer tollwütigen Art weiter auf die fliehenden Männer, Frauen und Kinder. Das Ganze ekelt ihn von vorn bis hinten an: die Gesetze selbst; die tyrannische Polizei; die Regierung, die die Mörder lautstark verteidigt und die Toten denunziert; und die Presse, die zu eingeschüchtert ist, um frei herauszusagen, was alle mit Augen im Kopf sehen können.

Nach dem Blutbad von Sharpeville ist nichts mehr, wie es vorher war. Sogar in der pazifischen Kapprovinz gibt es Streiks und Märsche. Wo immer ein Marsch stattfindet, drücken sich am Rande Polizisten mit Gewehren herum und lauern auf einen Vorwand, um zu schießen.

Eines Nachmittags, als er seine Arbeit als Assistent tut, spitzt sich die Lage zu. Der Seminarraum ist ruhig; er wandert von Tisch zu Tisch, kontrolliert, wie die Studenten mit den ihnen zugewiesenen Aufgaben vorankommen, und versucht, denen zu helfen, die Schwierigkeiten haben. Plötzlich wird die Tür aufgerissen. Einer der Dozenten kommt mit großen Schritten herein und pocht auf den Tisch. »Ich bitte um Ihre Aufmerksamkeit!«, ruft er. Seine Stimme bricht vor Aufregung; sein Gesicht ist gerötet. »Legen Sie bitte Ihre Stifte hin und hören Sie mir zu! Eben jetzt findet ein Marsch von Arbeitern auf dem De Waal Drive statt. Aus Sicherheitsgründen bin ich gebeten worden, bekanntzugeben, dass es bis auf weiteres keinem gestattet ist, das Universitätsgelände zu verlassen. Ich wiederhole: Keiner darf den Campus verlassen. Das ist ein Befehl der Polizei. Gibt es Fragen?«

Mindestens eine Frage gibt es, aber das ist nicht die rechte Zeit, um sie zu stellen: Wohin steuert das Land, wenn man nicht einmal ein Mathematikseminar in Ruhe durchführen kann? Und was den Befehl der Polizei angeht – keinen Augenblick lang glaubt er, dass die Polizei den Campus abriegelt, um die Studenten zu schützen. Sie riegeln ihn ab, damit die Studenten dieser berüchtigten Brutstätte linken Gedankenguts sich dem Marsch nicht anschließen, das ist alles.

Das Mathematikseminar fortsetzen zu wollen ist aussichtslos. Gespräche schwirren durch den Raum; die Studenten sind schon dabei, ihre Mappen zu packen und hinauszudrängen, weil sie unbedingt sehen wollen, was los ist.

Er folgt der Menge zur Böschung über dem De Waal Drive. Der Verkehr ist zum Stehen gebracht worden. Die Demonstranten kommen in einer breiten Kolonne, zehn, zwanzig Mann nebeneinander, die Woolsack Road hoch, biegen dann auf die Autobahn ein und marschieren in nördliche Richtung. Es sind fast ausnahmslos Männer, in grauer Kleidung – Overalls, Mäntel aus Armeebeständen, Wollmützen –, einige haben Stöcke in der Hand, alle marschieren flott, schweigend. Ein Ende des Zuges ist nicht zu sehen. Wenn er in der Haut der Polizisten steckte, hätte er Angst.

»Das ist der PAC«, sagt ein farbiger Student in der Nähe. Seine Augen glänzen, er hat einen starren Blick. Hat er recht? Woher weiß er das? Gibt es Zeichen, die man kennen sollte? Der PAC ist nicht mit dem ANC zu vergleichen. Er ist bedrohlicher. *Afrika den Afrikanern!*, sagt der PAC. *Werft die Weißen ins Meer!*

Die Kolonne aus Tausenden von Menschen windet sich den Berg herauf. Es sieht zwar nicht wie eine Armee aus, ist aber eine – eine plötzlich aus dem Ödland der Kapebene heraus ins Leben gerufene Armee. Wenn die Männer erst einmal die Stadt erreichen, was werden sie tun? Was es auch ist, es gibt nicht genug Polizisten im Land, um sie aufzuhalten, nicht genug Kugeln, um sie zu töten.

Als er zwölf Jahre alt war, wurde er in einen Bus voller Schulkinder gepfercht und zur Adderley Street gefahren, wo man ihnen orange-weiß-blaue Papierfähnchen in die Hand drückte und sie ermunterte, mit ihnen zu winken, während die Festwagen an ihnen vorbeifuhren (Jan van Riebeeck und seine Frau in der schlichten Tracht der holländischen Bürger; Voortrekker mit Musketen; der stämmige Paul Kruger). Dreihundert Jahre Geschichte, dreihundert Jahre christliche Zivilisation an der Spitze Afrikas, sagten die Politiker in ihren Reden – lasst uns dem Herrn Dank sagen. Jetzt nimmt der Herr vor seinen Augen seine schützende Hand von ihnen. Im Schatten des Berges sieht er zu, wie die Geschichte zurückgespult wird.

Im Schweigen um sich herum spürt er bei diesen adretten, gutgekleideten Produkten der Jungenoberschule von Rondebosch und des Diözesan-Colleges, bei diesen Jugendlichen, die noch vor einer halben Stunde eifrig Vektorwinkel berechneten und von Karrieren als Bauingenieure träumten, dieselbe große Bestürzung. Sie hatten erwartet, ein Spektakel genießen und sich über eine Prozession von Gartenarbeitern lustig machen zu können, nicht den Anblick dieser grimmigen Schar. Der Nachmittag ist für sie verdorben; sie wollen nur noch nach Hause, Coke trinken und ein Sandwich essen und vergessen, was geschehen ist.

Und er? Ihm geht es nicht anders. *Werden morgen noch Schiffe in See stechen?* – nur daran denkt er. *Ich muss hier raus, ehe es zu spät ist!* Am nächsten Tag, als alles vorbei ist und die Demonstranten nach Hause gegangen sind, finden die Zeitungen Möglichkeiten, darüber zu berichten. *Angestautem Ärger Luft gemacht*, nennen sie es. *Einer von vielen Protestmärschen im ganzen Land im Gefolge von Sharpeville. Entschärft*, so sagen sie, *durch das vernünftige Verhalten (endlich einmal) der Polizei und die Kooperation der Demonstrationsführer. Die Regierung täte gut daran*, sagen sie, *aufzuwachen und das ernst zu nehmen.* So lassen sie das Geschehen zahm erscheinen und machen es zu weniger, als es war. Er lässt sich nicht täuschen. Es genügt ein Signal, und dieselbe Armee von Männern aus den Hütten und Baracken der Kapebene formiert sich blitzschnell, stärker als zuvor, zahlreicher. Und auch bewaffnet, mit Gewehren aus China. Wie kann man hoffen, erfolgreich gegen sie anzutreten, wenn man nicht an das glaubt, wofür man eintritt?

Da ist die Sache mit der Schutztruppe. Als er die Schule verließ, zogen sie nur jeden dritten weißen Jungen zur militärischen Ausbildung ein. Er hatte so viel Glück, nicht auf der Liste zu stehen. Jetzt ändert sich das alles. Es gibt neue Verordnungen. Jederzeit kann er einen Einberufungsbefehl im Briefkasten vorfinden: *Sie haben sich am soundsovielten um 9 Uhr im Kastell einzufinden. Bringen Sie nur Waschzeug mit.* Voortrekkerhoogte, irgendwo im Transvaal, ist das Trainingslager, von dem er am meisten gehört hat. Dorthin schicken sie Wehrpflichtige aus der Kapprovinz, weit weg von zu Hause, um sie zu brechen. Schon in einer Woche könnte er sich in Voortrekkerhoogte hinter Stacheldraht wiederfinden, mit aggressiven Afrikaanern im Zelt untergebracht, Corned Beef aus Büchsen essend, Johnny Ray oder Springbok Radio hörend. Das würde er nicht aushalten; er würde sich die Pulsadern aufschneiden. Es gibt nur einen Ausweg: fliehen. Aber wie kann er fliehen, ohne sein Examen gemacht zu haben? Das wäre, als würde man zu einer langen Reise aufbrechen, einer Lebensreise, ohne Kleidung, ohne Geld, ohne (der Vergleich kommt nur zögernd) Waffe.

◆ Fünf ◆

Es ist spät, nach Mitternacht. In dem verblichenen blauen Schlafsack, den er aus Südafrika mitgebracht hat, liegt er auf dem Sofa in der Einzimmerwohnung seines Freundes Paul in Belsize Park. Auf der anderen Seite des Raumes hat Paul im richtigen Bett angefangen zu schnarchen. Durch einen Spalt in den Vorhängen flammt der Nachthimmel neonorange mit einem Hauch von Violett. Obwohl er seine Füße mit einem Kissen zugedeckt hat, bleiben sie eiskalt. Egal: Er ist in London.

Es gibt zwei, vielleicht drei Orte auf der Welt, wo das Leben mit größter Intensität gelebt werden kann: London, Paris, vielleicht auch Wien. Paris steht an erster Stelle: die Stadt der Liebe, die Stadt der Kunst. Aber um in Paris leben zu können, muss man eine von den vornehmen Schulen besucht haben, in denen Französisch gelehrt wird. Und Wien – Wien ist für die Juden, die zurückkehren, um ihr Erbe zurückzufordern: logischer Positivismus, Zwölftonmusik, Psychoanalyse. Bleibt also noch London, wo Südafrikaner keine Papiere brauchen und die Menschen Englisch sprechen. London mag zwar ein kaltes steinernes Labyrinth sein, aber hinter seinen abweisenden Mauern sind Männer und Frauen damit beschäftigt, Bücher zu schreiben, Gemälde zu malen, Musik zu komponieren. Jeden Tag geht man auf der Straße an ihnen vorüber, ohne ihr Geheimnis zu ahnen, weil es die berühmte und bewundernswerte britische Zurückhaltung gibt.

Als Teilmiete für die Einzimmerwohnung, die aus einem Raum und einer Küchenecke samt Gasherd und Spüle mit Kaltwasseranschluss besteht (Bad und Toilette befinden sich eine Treppe höher und sind für das ganze Haus da), zahlt er Paul zwei Pfund die Woche. Seine gesamten Ersparnisse, die er aus Südafrika mitgebracht hat, betragen 84 Pfund. Er muss sofort eine Arbeit finden.

Er sucht die Geschäftsstelle des Londoner Grafschaftsrats auf und setzt seinen Namen auf eine Liste mit Aushilfslehrern, Lehrer, die bereit sind, bei Bedarf kurzfristig einzuspringen. Man schickt ihn zu einem Vorstellungsgespräch in eine Realschule in Barnet am anderen Ende der Nord-Linie. Er hat einen Hochschulabschluss in Mathematik und Englisch. Der Direktor möchte, dass er Sozialkunde unterrichtet; dazu soll er noch an zwei Nachmittagen in der Woche den Schwimmunterricht beaufsichtigen.

»Aber ich kann nicht schwimmen«, protestiert er.

»Dann werden Sie's eben lernen müssen, was?«, sagt der Direktor.

Er verlässt das Schulgelände mit einem Exemplar des Sozialkundelehrbuchs unterm Arm. Ihm bleibt das Wochenende, um sich auf seinen ersten Unterricht vorzubereiten. Als er am Bahnhof ankommt, verflucht er sich, weil er die Stelle angenommen hat. Aber er ist zu feige, um zurückzugehen und zu erklären, dass er es sich anders überlegt hat. Vom Postamt in Belsize Park schickt er das Buch mit einem kurzen Brief zurück: »Unvorhergesehene Ereignisse machen es mir unmöglich, meine Stelle anzutreten. Ich bitte vielmals um Entschuldigung.«

Eine Annonce im *Guardian* veranlasst ihn, nach Rothamsted zu fahren, der Agrarstation vor den Toren von London, wo Halsted und MacIntyre, Verfasser von *Die Konzeption statistischer Experimente*, einem seiner Hochschullehrbücher, früher gearbeitet haben. Das Vorstellungsgespräch, dem ein Rundgang durch die Gärten und Gewächshäuser der Station vorausgegangen ist, läuft gut für ihn. Die Stelle, für die er sich beworben hat, ist die eines Assistenten. Die Aufgaben eines Assistenten, so erfährt er, bestehen darin, Gitter für Probepflanzungen auszulegen, die Erträge bei verschiedener Behandlung zu registrieren, die Daten dann auf dem Computer der Station auszuwerten, und das alles unter der Anleitung eines Teilprojektleiters. Die eigentliche landwirtschaftliche Arbeit wird von Gärtnern geleistet, die von Agraringenieuren beaufsichtigt werden; man erwartet von ihm nicht, dass er sich die Hände schmutzig macht.

Nach ein paar Tagen kommt ein Brief, der bestätigt, dass ihm die Stelle angeboten wird, bei einem Gehalt von sechshundert Pfund im Jahr. Er kann sich vor Freude kaum fassen. Wenn das kein Coup ist! Arbeit in Rothamsted! Die Leute in Südafrika werden es nicht glauben!

Es gibt einen Haken an der Sache. Der Brief endet: »Unterkunft kann im Dorf oder in der kommunalen Wohnsiedlung beschafft werden.« Er antwortet: Er nehme das Angebot an, würde aber lieber in London wohnen bleiben. Er wird zwischen London und Rothamsted pendeln.

Daraufhin bekommt er einen Anruf von der Personalabteilung. Das Pendeln ist praktisch nicht möglich, wird ihm mitgeteilt. Bei der ihm angebotenen Arbeit handelt es sich nicht um einen Bürojob mit geregelter Arbeitszeit. An manchen Tagen wird er sehr früh mit der Arbeit beginnen müssen; zu anderen Zeiten wird er länger oder übers Wochenende arbeiten müssen. Wie die anderen Mitarbeiter wird er also in Reichweite der Station wohnen müssen. Er möge seinen Standpunkt noch einmal überdenken und seine endgültige Entscheidung mitteilen.

Sein Triumph ist wie fortgeblasen. Welchen Sinn macht dann noch die weite Reise von Kapstadt nach London, wenn er in einer Wohnsiedlung meilenweit vor der Stadt untergebracht werden soll und beim ersten Tageslicht aufstehen muss, um die Höhe von Bohnenpflanzen zu messen? Er möchte in Rothamsted arbeiten, möchte die Mathematik, die er jahrelang gepaukt hat, praktisch anwenden, aber er möchte auch zu Lyriklesungen gehen, Schriftsteller und Maler treffen, sich verlieben. Wie kann er das den

Leuten in Rothamsted – pfeiferauchenden Männern in Tweed-jacketts, Frauen mit strähnigen Haaren und Eulenbrillen – begreiflich machen? Wie kann er Worte wie *Liebe* und *Lyrik* in ihrer Gegenwart äußern?

Doch wie kann er das Angebot ablehnen? Er ist ganz nah daran, eine richtige Stelle zu bekommen, und das noch dazu in England. Er braucht nur ein Wort zu sagen – *ja* –, dann kann er seiner Mutter schreiben und die Neuigkeit mitteilen, die sie so gern hören möchte, nämlich dass ihr Sohn ein gutes Gehalt mit einer respektablen Arbeit verdient. Dann wird wiederum sie die Schwestern seines Vaters anrufen und verkünden können: »John arbeitet als Wissenschaftler in England.« *Das* wird ihrem Kritteln und Spotten ein Ende machen. Wissenschaftler – was könnte solider sein?

Etwas Solides hat ihm immer gefehlt. Das ist seine Achillesferse. An Klugheit mangelt es ihm nicht (obwohl er nicht so klug ist, wie seine Mutter glaubt und wie er selbst einmal angenommen hat); solide ist er nie gewesen. Was Rothamsted ihm geben würde, wäre, wenn nicht eine gewisse Solidität, nicht gleich, dann wenigstens einen Titel, ein Büro, eine Hülle. Assistent, dann eines Tages wissenschaftlicher Mitarbeiter, Projektleiter: Bestimmt wird es ihm möglich sein, hinter einem so hochrespektablen Schutzschirm, privat, insgeheim, weiter daran zu arbeiten, Erfahrung in Kunst zu verwandeln – die Arbeit, für die er auf der Welt ist.

Das spricht für die Agrarstation. Gegen die Agrarstation spricht, dass sie nicht in London, der romantisch verklärten Stadt, ist.

Er schickt einen Brief nach Rothamsted. Nach reiflicher Überlegung, schreibt er, und unter Berücksichtigung aller Umstände halte er es für das Beste, von der Bewerbung Abstand zu nehmen.

Die Zeitungen sind voller Stellenangebote für Programmierer. Ein Hochschulabschluss in einem naturwissenschaftlichen Fach ist erwünscht, wird aber nicht vorausgesetzt. Vom Programmieren hat er gehört, ohne eine klare Vorstellung davon zu haben. Einen Computer hat er nie gesehen, außer in Cartoons, wo Computer als kastenförmige Objekte erscheinen, die Papierstreifen ausspucken. Seines Wissens gibt es keine Computer in Südafrika.

Er antwortet auf die Annonce von IBM, da IBM die größte und beste Firma ist, und geht im schwarzen Anzug, den er vor seiner Abreise in Kapstadt gekauft hat, zum Vorstellungsgespräch. Der Gesprächsleiter von IBM, ein Mann in den Dreißigern, trägt selbst einen schwarzen Anzug, allerdings von eleganterem, schlankerem Schnitt.

Als Erstes möchte sein Gegenüber wissen, ob er Südafrika für immer den Rücken gekehrt hat.

Er bestätigt das.

Sein Gegenüber fragt, warum?

»Weil das Land auf eine Revolution zusteuert«, antwortet er.

Schweigen. *Revolution*: vielleicht nicht das richtige Wort in den Hallen von IBM.

»Und wann würde Ihrer Einschätzung nach diese Revolution stattfinden?«, fragt sein Gegenüber.

Er hat seine Antwort parat. »In fünf Jahren.« Das haben alle gesagt, nach Sharpeville. Sharpeville hat den Anfang vom Ende des weißen Regimes signalisiert, des *zunehmend zum Äußersten entschlossenen* weißen Regimes.

Nach dem Gespräch bekommt er einen IQ-Test. IQ-Tests hat er immer gern gemacht, hat immer gut dabei abgeschnitten. Im Allgemeinen ist er bei Tests, Quiz und Prüfungen besser als im wirklichen Leben.

Es dauert nur wenige Tage, dann bietet ihm IBM eine Praktikantenstelle als Programmierer an. Wenn er im Ausbildungskurs gut abschneidet und dann die Probezeit besteht, wird er zunächst richtiger Programmierer und eines Tages leitender Programmierer. Seine Karriere wird in IBMs datenverarbeitendem Büro in der Newman Street, einer Nebenstraße der Oxford Street mitten im West End, starten. Die Arbeitszeit ist von neun bis fünf. Sein Anfangsgehalt beträgt siebenhundert Pfund im Jahr.

Ohne Zögern erklärt er sich mit den Bedingungen einverstanden.

Am selben Tag kommt er in der Londoner U-Bahn an einem Plakat mit einem Stellenangebot vorbei. Bewerbungen für die Ausbildungsstelle eines Stationsvorstehers mit einem Jahresgehalt von siebenhundert Pfund werden erbeten. Mindestanforderung: ein Schulabschluss. Mindestalter: einundzwanzig.

Er fragt sich: Werden in England alle Stellen gleich bezahlt? Wenn es so ist, warum sollte man dann einen Hochschulabschluss haben?

An seinem Programmierkurs nehmen noch zwei andere Praktikanten teil – ein recht attraktives Mädchen aus Neuseeland und ein junger Londoner mit pickligem Gesicht – dazu etwa ein Dutzend IBM-Kunden, Geschäftsleute. Eigentlich müsste er der Beste der Gruppe sein, er und vielleicht noch das Mädchen aus Neuseeland, die auch ein Mathematikdiplom hat; aber in Wirklichkeit hat er Mühe zu folgen und schneidet in den schriftlichen Übungen schlecht ab. Am Ende der ersten Woche schreiben sie einen Test, den er mit Hängen und Würgen besteht. Der Ausbilder ist nicht zufrieden mit ihm und zögert nicht, sein Missvergnügen zu äußern. Er ist in der Geschäftswelt, und in der Geschäftswelt muss man nicht höflich sein, stellt er fest.

Für ihn hat das Programmieren etwas Irritierendes, doch nicht einmal die Geschäftsleute in seinem Kurs haben Probleme damit. In seiner Naivität hatte er sich vorgestellt, dass das Programmieren von Computern damit zu tun hätte, wie man symbolische Logik und Mengenlehre in digitale Codes umsetzt. Stattdessen geht es die ganze Zeit um Warenbestand und Geldabfluss, um Kunde A und Kunde B. Was ist Warenbestand und Geldabfluss, und was hat das mit Mathematik zu tun? Ebenso gut könnte er als Büro-

angestellter Karteikarten sortieren; ebenso gut könnte er die Ausbildungsstelle als Stationsvorsteher besetzen.

Am Ende der dritten Woche schreibt er den Abschlusstest,
besteht ihn mit mäßigem Erfolg und qualifiziert sich für die
Newman Street, wo ihm in einem Raum mit neun anderen jungen Programmierern ein Schreibtisch zugewiesen wird. Das gesamte Mobiliar im Büro ist grau. Im Schreibtischkasten findet er
Papier, ein Lineal, Bleistifte, einen Bleistiftspitzer und einen kleinen Terminkalender mit schwarzer Plastikhülle. Auf der Hülle
steht mit dicken Großbuchstaben THINK. Auf dem Schreibtisch
des Büroleiters, in seiner vom Hauptbüroraum abgetrennten Kabine, befindet sich ein Schild, auf dem THINK steht. THINK ist
das Motto von IBM. Das Besondere an IBM, wird ihm bedeutet,
ist sein unablässiges Engagement für das Denken. Für die Mitarbeiter schickt es sich, jederzeit zu denken und so dem Ideal
des IBM-Gründers Thomas J. Watson gerecht zu werden. Mitarbeiter, die nicht denken, gehören nicht zu IBM, dem Aristokra-
ten der Wirtschaftscomputerwelt. An seinem Hauptstandort in
White Plains, New York, hat IBM Labors, in denen mehr bahn-
brechende Forschung auf dem Gebiet der Informatik betrieben
wird als in allen Universitäten der Welt zusammen. Die Wissenschaftler in White Plains werden besser bezahlt als Univer-
sitätsprofessoren, und sie haben alles zur Verfügung, was sie
möglicherweise brauchen könnten. Als Gegenleistung müssen sie
lediglich denken.

Obwohl die Arbeitszeit im Büro in der Newman Street von
neun bis fünf geht, stellt er bald fest, dass man es nicht gern sieht,
wenn männliche Mitarbeiter das Gebäude pünktlich um fünf
verlassen. Weibliche Mitarbeiter mit Familien, die sie versorgen
müssen, können ungetadelt um fünf gehen; von Männern erwartet man, dass sie mindestens bis sechs arbeiten. Wenn es Eilauf-
träge gibt, müssen sie vielleicht die Nacht durcharbeiten, mit
einer Pause, um im Pub einen Happen zu essen. Da er Pubs nicht

mag, arbeitet er einfach durch. Selten kommt er vor zehn nach Hause.

Er ist in England, in London; er hat Arbeit, richtige Arbeit, besser als bloßes Unterrichten, und er bekommt ein Gehalt dafür. Er ist Südafrika entkommen. Alles geht gut, sein erstes Ziel hat er erreicht, er sollte froh sein. In Wirklichkeit fühlt er sich, während die Wochen ins Land gehen, immer elender. Panik ergreift ihn manchmal unvermittelt, und er kann sich nur mühsam wieder fassen. Im Büro gibt es keinen Ruhepunkt für das Auge, nur glatte Metalloberflächen. Unter dem schattenlos grellen Neonlicht fühlt er sich im Innersten bedroht. Dem Gebäude, ein charakterloser Würfel aus Beton und Glas, entströmt offenbar ein Gas, geruchlos, farblos, das in sein Blut gelangt und ihn betäubt. IBM, das kann er beschwören, ist dabei, ihn umzubringen, ihn in einen Zombie zu verwandeln.

Aber er kann nicht aufgeben. Die Realschule in Barnet Hill, Rothamsted, IBM – ein drittes Mal darf er einfach nicht versagen. Als Versager würde er seinem Vater zu sehr gleichen. Die reale Welt prüft ihn durch die graue, herzlose Geschäftsstelle von IBM. Er muss allen Mut zusammennehmen, um durchzuhalten.

◆ Sechs ◆

Seine Erholung von IBM ist das Kino. Im Everyman in Hampstead werden ihm die Augen geöffnet für Filme aus aller Welt, von Regisseuren produziert, deren Namen für ihn ganz neu sind. Er schaut sich eine gesamte Antonioni-Reihe an. In einem Film mit dem Titel *L'Eclisse (Liebe) wandert eine Frau unter einer gnadenlosen Sonne durch die Straßen einer verlassenen Stadt. Die Frau ist voller Unruhe, voller Qual. Was sie quält, kann er nicht so recht ausmachen; ihr Gesicht verrät nichts.*

Die Frau ist Monica Vitti. Mit ihren tadellosen Beinen und sinnlichen Lippen und dem abwesenden Blick geht ihm Monica Vitti nicht mehr aus dem Sinn; er verliebt sich in sie. Er hat Träume, in denen er, von allen Männern in der Welt, auserwählt wird, um ihr Trost und Halt zu sein. Es klopft an der Tür. Vor ihm steht Monica Vitti, einen Finger an die Lippen gelegt, um Schweigen anzumahnen. Er macht einen Schritt nach vorn, schließt sie in die Arme. Die Zeit versinkt; er und Monica Vitti verschmelzen.

Aber ist er wirklich der Liebhaber, den Monica Vitti sucht? Wird er besser als die Männer in ihren Filmen ihre Qual stillen? Er ist sich nicht sicher. Selbst wenn er für sie beide ein Zimmer fände, eine geheime Zuflucht in einem ruhigen, nebligen Viertel von London, würde sie immer noch, vermutet er, um drei Uhr früh aus dem Bett schlüpfen und am Tisch unter dem Schein einer einsamen Lampe sitzen, grübeln und sich quälen.

Die Qual, die Monica Vitti und andere Antonioni-Charaktere niederdrückt, ist von einer ihm völlig unbekannten Art. Eigentlich ist es gar keine Qual, sondern etwas Tieferes: Existenzangst. Er hätte gern eine Kostprobe dieser Existenzangst, nur um zu wissen, wie das ist. Aber sosehr er sich auch bemüht, er kann in seinem Inneren nichts entdecken, was er als Existenzangst erkennen kann. Diese Angst scheint eine europäische, eine ganz und gar europäische Angelegenheit zu sein; sie muss den Weg nach England erst finden, ganz zu schweigen von Englands Kolonien.

In einem Artikel im *Observer* wird die Existenzangst im europäischen Film auf die Furcht vor der nuklearen Vernichtung zurückgeführt; auch auf die Unsicherheit, die dem Tod Gottes folgt. Das überzeugt ihn nicht. Er kann nicht glauben, dass das, was Monica Vitti auf die Straßen von Palermo unter den zornigen roten Sonnenball treibt, wo sie doch ebenso gut in der Kühle des Hotelzimmers bleiben und sich von einem Mann lieben lassen könnte, die Wasserstoffbombe ist oder die Tatsache, dass Gott nicht zu ihr sprechen will. Wie die wahre Erklärung auch lauten mag, es muss etwas Komplizierteres sein.

Die Existenzangst zermürbt auch Ingmar Bergmans Menschen. Sie ist die Ursache für ihre hoffnungslose Einsamkeit. Im Hinblick auf Bergmans Angst empfiehlt der *Observer* jedoch, sie nicht allzu ernst zu nehmen. Sie mutet ein wenig prätentiös an, sagt der *Observer*; sie ist eine Marotte, die etwas mit den langen Wintern im Norden zu tun hat, mit durchzechten Nächten und dem Kater danach.

Sogar als liberal geltende Zeitungen – der *Guardian*, der *Observer* – haben, wie er allmählich merkt, dem Geistesleben gegenüber eine feindselige Einstellung. Konfrontiert mit etwas Tiefsinnigem und Ernsthaftem, sind sie schnell dabei zu höhnen, es mit einer superklugen Bemerkung abzutun. Nur in Nischen wie dem Dritten Programm wird die neue Kunst – amerikanische Lyrik, elektronische Musik, abstrakter Expressionismus – ernst genommen. Das moderne England entpuppt sich als beunruhigend banausisches Land, kaum anders als das England von W. E. Henley und den *Pomp-and-Circumstance*-Märschen, wogegen Ezra Pound 1912 gewettert hat.

Was hat er dann in England zu suchen? War es ein großer Fehler, hierherzukommen? Ist es zu spät für einen Ortswechsel? Würde ihm Paris, die Stadt der Künstler, mehr zusagen, wenn er irgendwie mit Französisch klarkäme? Und was ist mit Stockholm? Geistig würde er sich in Stockholm zu Hause fühlen, vermutet er. Aber was ist mit Schwedisch? Und womit sollte er denn seinen Lebensunterhalt verdienen?

Bei IBM muss er seine Phantasien von Monica Vitti für sich behalten und seine sonstigen künstlerischen Ambitionen auch. Aus für ihn unerfindlichen Gründen hat ihn ein Kollege namens Bill Briggs zum Kumpel erkoren. Bill Briggs ist klein und pickelig; er hat eine Freundin namens Cynthia, die er heiraten wird; er möchte bald eine Anzahlung auf ein Reihenhaus in Wimbledon leisten. Während die anderen Programmierer mit untadeligem Oberschulakzent sprechen und den Tag damit beginnen, im *Telegraph* die Finanzseiten aufzuschlagen, um die Aktienkurse zu studieren, hat Bill Briggs einen ausgeprägten Londoner Akzent und deponiert sein Geld bei einer Bausparkasse.

Es gibt trotz seiner sozialen Herkunft keinen Grund, warum Bill Briggs bei IBM keinen Erfolg haben sollte. IBM ist eine amerikanische Firma, die kein Verständnis für die britische Klassenhierarchie hat. Das ist die Stärke von IBM: Unterschiedlichste Menschen können es bis ganz nach oben schaffen, weil für IBM nur Loyalität und harte, konzentrierte Arbeit zählen. Bill Briggs arbeitet hart, und seine Loyalität IBM gegenüber ist bedingungslos. Außerdem scheint Bill Briggs die größeren Ziele von IBM und seinem datenverarbeitenden Zentrum in der Newman Street zu verstehen, was mehr ist, als man von ihm behaupten kann.

IBM-Mitarbeiter bekommen Hefte mit Essenbons. Für einen Bon im Wert von drei Shilling sechs Pence kann man eine recht anständige Mahlzeit bekommen. Er selbst tendiert zur Lyons Brasserie in der Tottenham Court Road, wo man sich, sooft man will, an der Salatbar bedienen kann. Aber Schmidt's in der Charlotte Street ist das Stammlokal der IBM-Programmierer. Also geht er mit Bill Briggs zu Schmidt's und isst Wiener Schnitzel oder Hasenpfeffer. Zur Abwechslung gehen sie manchmal ins Athena in der Goodge Street und bestellen Moussaka. Nach dem Essen machen sie einen kurzen Bummel durch die Straßen, ehe sie an ihre Schreibtische zurückkehren.

Bill Briggs und er sind stillschweigend übereingekommen, gewisse Themen bei ihren Gesprächen auszusparen, und der Katalog dieser Themen ist so umfassend, dass es ihn überrascht, wenn überhaupt etwas übrig bleibt. Sie sprechen nicht über ihre Wünsche oder höheren Ziele. Sie schweigen sich über ihr Privatleben aus, über ihre Familien und ihre Erziehung, über Politik und Religion und Kunst. Fußball wäre ein akzeptables Thema, nur weiß er nichts über englische Klubs. Es bleibt ihnen noch das Wetter, Streiks bei der Bahn, Immobilienpreise und IBM: IBMs Pläne für die Zukunft, IBMs Kunden und die Pläne jener Kunden, wer was bei IBM gesagt hat.

Das macht die Unterhaltung öde, aber es gibt eine Kehrseite. Vor knapp zwei Monaten ist er als unwissender Provinzmensch an den Southampton Docks im Nieselregen an Land gegangen. Jetzt ist er hier im Herzen von London in seiner schwarzen Bürouniform von allen anderen Londoner Angestellten nicht zu unterscheiden, tauscht Meinungen über Alltägliches mit einem Vollblut-Londoner aus und beachtet dabei erfolgreich alle Konversationsgepflogenheiten. Wenn er weiter Fortschritte macht und sich bei den Vokalen Mühe gibt, wird bald keiner mehr einen zweiten Blick für ihn übrig haben. In einer Menschenmenge wird er als Londoner durchgehen, vielleicht irgendwann einmal auch als Engländer.

Da er jetzt ein Einkommen hat, kann er sich in einer Seitenstraße der Archway Road in Nordlondon ein eigenes Zimmer mieten. Es ist im zweiten Stock, und von seinem Fenster blickt man auf ein großes Wasserbecken. Es gibt einen Gasofen und eine Küchennische mit Gasherd und Regalen für Nahrungsmittel und Geschirr. In einer Ecke befindet sich die Gasuhr: Man steckt einen Shilling hinein und bekommt für einen Shilling Gas geliefert.

Sein Speiseplan ist immer gleich: Äpfel, Hafergrütze, Brot und Käse und würzige Würstchen, die Chipolatas heißen, die er auf dem Herd brät. Er zieht die Chipolatas richtigen Würstchen vor, weil man sie nicht im Kühlschrank aufbewahren muss. Sie geben beim Braten auch kein Fett von sich. Er vermutet, dass dem gehackten Fleisch viel Kartoffelmehl beigemischt wurde. Aber Kartoffelmehl schadet ja nicht.

Da er zeitig aus dem Haus geht und spät zurückkehrt, bekommt er die anderen Hausbewohner selten zu sehen. Bald entwickelt sich eine Routine. Die Samstage verbringt er in Buchhandlungen, Galerien, Museen, Kinos. Sonntags liest er in seinem Zimmer den *Observer*, geht dann ins Kino oder macht einen Spaziergang in der Hampstead Heath.

Die Abende an den Wochenenden sind am schlimmsten. Dann verschlingt ihn die Einsamkeit, die er sonst im Zaum halten kann, eine Einsamkeit, die ununterscheidbar ist vom miesen grauen, nassen Londoner Wetter oder von der unbarmherzigen Kälte der Bürgersteige. Er spürt, wie sein Gesicht steif und blöd vor Stummheit wird; sogar IBM und die formelhaft gewechselten Worte dort sind besser als dieses Schweigen.

Er hat die Hoffnung, dass aus der gesichtslosen Menge, in der er sich bewegt, eine Frau heraustritt, die seinen Blick erwidert, wortlos an seine Seite gleitet, mit ihm zurückkehrt in seine Einzimmerwohnung (immer noch wortlos – was könnten sie als Erstes sagen? –, es ist unvorstellbar), ihn liebt, in der Dunkelheit verschwindet, am nächsten Abend wiederkehrt (er sitzt über seinen Büchern, es klopft an der Tür), ihn wieder umarmt, wieder Schlag Mitternacht verschwindet, und so weiter, dadurch sein Leben verwandelt und einen Sturzbach von aufgestauten Versen nach dem Vorbild von Rilkes *Sonetten an Orpheus* auslöst.

Von der Universität Kapstadt kommt ein Brief. Darin steht, dass ihm aufgrund seines ausgezeichneten Examens ein Stipendium von zweihundert Pfund für ein postgraduales Studium zugesprochen wurde.

Das ist ein zu geringer, viel zu geringer Betrag, um ihm zu gestatten, sich an einer britischen Universität einzuschreiben. Und überhaupt, wo er jetzt eine Stelle gefunden hat, fällt ihm nicht im Traum ein, sie aufzugeben. Wenn er das Stipendium nicht ausschlagen will, gibt es nur eine Möglichkeit: sich an der Universität von Kapstadt als externer Magisterstudent einzuschreiben. Er füllt das Einschreibeformular aus. Unter »Hauptstudiengebiet« schreibt er nach reiflicher Überlegung »Literatur«. Es wäre nett, dort »Mathematik« anzugeben, die Wahrheit ist jedoch, dass er nicht klug genug für ein weiterführendes Mathematikstudium ist. Literatur ist vielleicht nicht so edel wie Mathematik, aber die Literatur hat für ihn wenigstens nichts Einschüchterndes. Er spielt mit der Idee, als Forschungsthema die *Cantos* von Ezra Pound vorzuschlagen, entscheidet sich aber am Ende für die Romane von Ford Madox Ford. Um Ford zu lesen, braucht man wenigstens kein Chinesisch zu können.

Ford, geborener Hueffer, Enkel des Malers Ford Madox Brown, veröffentlichte sein erstes Buch 1891 mit achtzehn Jahren. Ab da verdiente er sein Brot allein mit literarischen Arbeiten. Pound nannte ihn den größten Prosastilisten seiner Zeit und kritisierte die literarische Öffentlichkeit in England aufs schärfste, weil sie ihn nicht beachtete. Er selbst hat bisher fünf von Fords Romanen gelesen – *The Good Soldier (Die allertraurigste Geschichte)* und die vier Bücher, aus denen *Parade's End (Keine Paraden mehr)* besteht –, und er ist davon überzeugt, dass Pound recht hat. Ihn beeindruckt die komplizierte, gestaffelte Handlungschronologie bei Ford, die Raffinesse, mit der ein Ton wie zufällig angeschlagen und ganz natürlich wiederholt wird, um sich dann Kapitel später als Hauptmotiv zu erweisen. Ihn rührt auch die Liebe zwischen Christopher Tietjens und der viel jüngeren Valentine Wannop, eine Liebe, die Tietjens körperlich nicht vollzieht, obwohl Valentine dazu bereit ist, weil (sagt Tietjens) ein Mann nicht herumzieht und Jungfrauen defloriert. Tietjens' Ethos des lakonischen Anstands erscheint ihm als außerordentlich bewundernswert, als Quintessenz der englischen Wesensart.

Wenn Ford fünf solche Meisterwerke schreiben konnte, sagt er sich, muss es doch weitere, noch unentdeckte Meisterwerke in seinem umfangreichen und gerade erst katalogisierten Gesamtwerk geben, Meisterwerke, zu deren Popularisierung er beitragen kann. Er macht sich sofort an die Lektüre von Fords Œuvre und verbringt ganze Samstage im Lesesaal des British Museum, dazu noch die zwei Abende in der Woche, an denen der Lesesaal bis in die spaten Stunden geöffnet ist. Obwohl sich herausstellt, dass die frühen Werke enttäuschend sind, macht er weiter und entschuldigt Ford damit, dass er wohl damals sein Handwerk erst noch lernen musste.

Eines Samstags kommt er mit der Leserin am Pult nebenan ins Gespräch, und sie trinken zusammen Tee im Museumscafé. Sie heißt Anna; sie stammt aus Polen und hat noch immer einen schwachen Akzent. Sie arbeitet in der Forschung, und Bibliotheksbesuche gehören zu ihren Aufgaben. Zurzeit sammelt sie Material für eine Biographie John Spekes, Entdecker der Nilquelle. Er seinerseits erzählt ihr von Ford und Fords Zusammenarbeit mit Joseph Conrad. Sie sprechen über Conrads Zeit in Afrika, über seine Kindheit und Jugend in Polen und sein späteres Streben, englischer Gutsherr zu werden.

Während sie sich unterhalten, fragt er sich: Ist das ein Omen, dass er im Lesesaal des British Museum beim Studium von F.M. Ford eine Landsmännin Conrads trifft? Ist Anna die ihm Bestimmte? Sie ist gewiss keine Schönheit: Sie ist älter als er; ihr Gesicht ist knochig, sogar hager; sie trägt praktische flache Schuhe und einen formlosen grauen Rock. Aber wer sagt denn, dass er etwas Besseres verdient?

Er ist kurz davor, sie einzuladen, vielleicht ins Kino; aber dann verlässt ihn der Mut. Was, wenn er sich nun erklärt hat, und es funkt trotzdem nicht? Wie würde er sich ohne Blamage herauswinden?

Es gibt andere regelmäßige Besucher des Lesesaals, die vermutlich genauso einsam sind wie er. Ein Inder mit pockennarbigem Gesicht zum Beispiel, von dem ein Geruch nach Furunkeln und alten Verbänden ausgeht. Jedes Mal wenn er auf die Toilette geht, scheint ihm der Inder zu folgen und ihn ansprechen zu wollen, es dann aber nicht über sich zu bringen.

Schließlich spricht der Mann, als sie eines Tages nebeneinander am Waschbecken stehen. Ob er vom King's College komme?, fragt der Mann steif. Nein, antwortet er, von der Kapstädter Universität. Ob er gern Tee trinken würde?, fragt der Mann.

Sie sitzen zusammen im Café; der Mann hebt zu einem langen Bericht über seine Forschung an, die sich mit der sozialen Zusammensetzung der Zuschauer im Globe-Theater beschäftigt. Obwohl er nicht besonders interessiert ist, versucht er zuzuhören, so gut er kann.

Das Geistesleben, denkt er bei sich, haben wir uns dem verschrieben, ich und diese anderen einsamen Wanderer in den Eingeweiden des British Museum? Werden wir eines Tages dafür belohnt werden? Wird die Einsamkeit von uns weichen, oder ist das Geistesleben an sich schon Belohnung genug?

◆ Sieben ◆

Es ist drei Uhr an einem Samstagnachmittag. Er sitzt im Lesesaal, seit dieser geöffnet hat, und liest Fords *Mr Humpty Dumpty*, einen so ermüdenden Roman, dass er kämpfen muss, um wach zu bleiben.

Bald wird der Lesesaal für diesen Tag schließen, das ganze große Museum wird schließen. Sonntags ist der Lesesaal nicht geöffnet; bis zum nächsten Samstag wird er nur die eine oder andere Stunde, die er sich abends nimmt, zum Lesen kommen. Sollte er sich weiter bis zur Schließzeit durchkämpfen, obwohl er aus dem Gähnen gar nicht mehr herauskommt? Was soll das Ganze überhaupt? Was nützt es einem Programmierer, wenn Programmieren sein Lebensinhalt sein soll, den Magister in Literatur zu haben? Und wo sind die ungewürdigten Meisterwerke, die er entdecken wollte? *Mr Humpty Dumpty* ist bestimmt keins davon. Er klappt das Buch zu, packt zusammen.

Draußen schwindet schon das Tageslicht. Er trottet die Great Russell Street hinauf zur Tottenham Court Road, dann Richtung Süden zum Charing Cross. Die Menschenmenge auf den Bürgersteigen besteht größtenteils aus jungen Leuten. Genau genommen ist er ihr Altersgenosse, aber so fühlt er sich nicht. Er fühlt sich älter, vorzeitig gealtert – wie einer dieser blutleeren, erschöpften Wissenschaftler mit der hohen Stirn und einer Haut, die bei der leisesten Berührung schuppt. Im tieferen Sinne aber ist er noch ein Kind, das seinen Platz in der Welt nicht kennt, ängstlich, unentschlossen. Was macht er denn in dieser großen, kalten Stadt, wo man, nur um am Leben zu bleiben, sich die ganze Zeit zusammenreißen und versuchen muss, nicht abzustürzen?

Die Buchhandlungen in der Charing Cross Road sind bis sechs Uhr geöffnet. Danach wird er in der Menge der samstagabendlichen Vergnügungssüchtigen mitschwimmen. Eine Weile lang kann er sich treiben lassen und vorgeben, auch er suche das Vergnügen, vorgeben, er wisse, wohin er wolle, wen er treffen wolle; aber endlich wird er aufgeben und die U-Bahn zurück zur Archway Station und zur Einsamkeit seines Zimmers nehmen müssen.

Foyles, die Buchhandlung, die sich einen Namen bis ins ferne Kapstadt gemacht hat, ist eine Enttäuschung gewesen. Die kühne Behauptung, dass Foyles jedes gedruckte Buch am Lager hat, ist eine klare Lüge, und die Verkäufer, meist jünger als er selbst, wissen sowieso nicht, wo etwas zu finden ist. Er geht lieber zu Dillons, wenn dort die Anordnung der Bücher in den Regalen auch ziemlich zufällig ist. Er versucht, jede Woche einmal vorbeizuschauen, um zu sehen, was es Neues gibt.

Unter den Zeitschriften, auf die er bei Dillons stößt, ist auch *The African Communist*. Er hat davon gehört, die Zeitschrift aber bisher noch nie zu Gesicht bekommen, weil sie in Südafrika verboten ist. Zu seiner Überraschung stellt sich heraus, dass einige der Mitarbeiter Gleichaltrige aus Kapstadt sind – Kommilitonen von der Sorte, die den Tag verschliefen und abends zu Partys gingen, sich betranken, ihren Eltern auf der Tasche lagen, durch Prüfungen fielen, fünf Jahre für ein dreijähriges Studium brauchten. Doch hier schreiben sie zuverlässig klingende Artikel über die Wanderarbeiter-Wirtschaft oder über Aufstände in der ländlichen Transkei. Wo haben sie bei all dem Tanzen und Trinken, bei ihrem ausschweifenden Leben Zeit gefunden, sich Kenntnisse über solche Dinge anzueignen?

Aber eigentlich besucht er Dillons wegen der Lyrik-Zeitschriften. Hinter der Eingangstür liegt ein unordentlicher Stoß davon: *Ambit* und *Agenda* und *Pawn*; mit Matrize vervielfältigte Blätter aus abgelegenen Orten wie Keele; einzelne Exemplare, längst veraltet, von Zeitschriften aus Amerika. Er kauft jeweils eine Nummer und nimmt den Stapel mit nach Hause, wo er die Blätter durchforstet und dabei herauszufinden versucht, wer was schreibt, wo er sich einfügen würde, wenn er den Versuch machen würde zu veröffentlichen.

Die britischen Zeitschriften werden beherrscht von bestürzend anspruchslosen Gedichtchen über alltägliche Gedanken und Erlebnisse, Gedichte, bei denen man vor fünfzig Jahren nicht mal die Augenbraue in die Höhe gezogen hätte. Wo bleibt der Ehrgeiz der Dichter hier in Großbritannien? Haben sie nichts gelernt von Pound und Eliot, ganz zu schweigen von Baudelaire und Rimbaud, den griechischen Epigrammatikern, den Chinesen?

Aber vielleicht ist er zu voreilig mit seinem Urteil über die Briten. Vielleicht liest er die falschen Zeitschriften; vielleicht gibt es andere, kühnere Publikationen, die ihren Weg nicht zu Dillons finden. Oder vielleicht gibt es einen Kreis kreativer Geister, die das vorherrschende kulturelle Klima so pessimistisch beurteilen, dass sie es nicht der Mühe wert finden, solche Buchhandlungen wie Dillons mit den Zeitschriften, in denen sie veröffentlichen, zu versorgen. *Botthege Oscure* zum Beispiel – wo kann man *Botthege Oscure* kaufen? Wenn solche aufgeklärten Zirkel existieren, wo bekommt er Informationen darüber, wie kann er sich Zutritt verschaffen?

Und was sein eigenes Schreiben betrifft, so möchte er hoffen, dass er, sollte er morgen sterben, eine Handvoll Gedichte hinterlässt, die dann von irgendeinem selbstlosen Wissenschaftler herausgegeben werden und im netten kleinen Duodezformat als Privatdruck erscheinen. Die Leute würden dann kopfschüttelnd vor sich hin murmeln: »Wie vielversprechend! Wie jammerschade!« Das ist seine Hoffnung. Die Wahrheit ist jedoch, dass die Gedichte, die er schreibt, nicht nur immer kürzer werden, sondern – wie er leider feststellen muss – auch immer substanzloser. Es scheint ihm nicht mehr gegeben zu sein, Lyrik von der Art zu produzieren, wie er sie mit siebzehn oder achtzehn schrieb, Werke, die manchmal seitenlang waren, weitschweifig, stellenweise unbeholfen, doch trotzdem kühn, innovativ. Diese Gedichte, oder die meisten von ihnen, entsprangen einem Zustand des qualvollen Verliebtseins und auch der Flut von Lesestoff, den er sich einverleibte. Jetzt, vier Jahre später, ist er immer noch voller Qual, doch seine Qual ist notorisch, sogar chronisch, wie Kopfschmerzen, die nicht weichen wollen. Die Gedichte, die er schreibt, sind ironische Werklein, *Kleinigkeiten* in jedem Sinn. Ganz gleich, welches lyrische Subjekt sie haben, er selbst – gefangen, einsam, elend – steht in ihrem Mittelpunkt; und doch – das kann er nicht übersehen – mangelt es diesen neuen Gedichten an Kraft oder selbst am Willen, die Sackgasse, in der er mental steckt, ernsthaft zu erkunden.

Ja, er ist ständig erschöpft. An seinem Schreibtisch mit der grauen Oberfläche im großen IBM-Büro wird er von Gähnattacken übermannt, die er zu unterdrücken sucht; im British Museum verschwimmen die Worte vor seinen Augen. Er möchte nur den Kopf auf die Arme sinken lassen und schlafen.

Doch er kann nicht akzeptieren, dass das Leben, welches er hier in London führt, ohne Plan und Sinn ist. Im vergangenen Jahrhundert haben sich Dichter mit Opium oder Alkohol verrückt gemacht, damit sie am Rand des Wahnsinns von ihren visionären Erfahrungen berichten konnten. Mit solchen Mitteln verwandelten sie sich zu Sehern, Propheten der Zukunft. Opium und Alkohol sind nicht seine Sache, er hat zu große Angst davor, welche Auswirkungen sie auf seine Gesundheit haben könnten. Aber sind Erschöpfung und Elend nicht in der Lage, dasselbe zu leisten? Ist das Leben am Rand des psychischen Zusammenbruchs nicht genauso gut wie das Leben am Rand des Wahnsinns? Warum ist es ein größeres Opfer, eine größere Zerstörung der Persönlichkeit, wenn man sich am linken Seineufer in einer Dachkammer, für die man keine Miete gezahlt hat, versteckt oder bärtig, ungewaschen, stinkend von Café zu Café wandert und Freunde um Alkohol angeht, als wenn man einen schwarzen Anzug anlegt und seelenzerstörerische Büroarbeit leistet und sich entweder der Einsamkeit bis zum Tod oder dem Sex ohne Verlangen ergibt? Absinth und Lumpen sind doch wohl inzwischen aus der Mode. Und überhaupt, was ist heroisch daran, einen Hauswirt um seine Miete zu prellen?

T.S. Eliot hat für eine Bank gearbeitet. Wallace Stevens und Franz Kafka haben für Versicherungsanstalten gearbeitet. Auf ihre besondere Weise litten Eliot und Stevens und Kafka nicht weniger als Poe oder Rimbaud. Es ist nichts Ehrenrühriges daran, wann man sich entschließt, Eliot und Stevens und Kafka zu folgen. Er hat sich entschieden, wie sie einen schwarzen Anzug zu tragen, ihn wie ein Nessushemd zu tragen, niemanden auszubeuten, niemanden zu betrügen, seine Rechnungen zu begleichen. In der Romantik wurden Künstler im großen Stil wahnsinnig. Ihr Wahnsinn entäußerte sich in ganzen Bänden voller fiebriger Verse oder in dicken Farbklumpen. Diese Ära ist vorbei: Sein eigener Wahnsinn, wenn ihm bestimmt ist, wahnsinnig zu sein, wird anders sein – still, diskret. Er wird in einer Ecke sitzen, wie der Mann mit dem langen Gewand in Dürers Kupferstich, und geduldig harren, dass seine Zeit in der Hölle endet. Und wenn sie geendet hat, wird er umso stärker sein, weil er ausgeharrt hat.

Das hält er sich an seinen besseren Tagen vor Augen. An den anderen, den schlechten Tagen, fragt er sich, ob Emotionen, so monoton wie die seinen, jemals große Dichtung anregen werden. Der musikalische Impuls in ihm, einst so stark, ist schon schwächer geworden. Ist er jetzt dabei, seinen poetischen Impuls zu verlieren? Wird er von der Poesie zur Prosa abgedrängt? Ist die Prosa insgeheim genau das: die zweite Wahl, der Ausweg für versagende kreative Geister?

Das einzige Gedicht, das er im vergangenen Jahr geschrieben hat und das ihm gefällt, ist nur fünf Zeilen lang.

> The wives of the rock-lobster fishermen
> have grown accustomed to waking alone,
> their husbands having for centuries fished at dawn;
> nor is their sleep as troubled as mine.
> If you have gone, go then to the Portuguese rock-lobster
>   fishermen.

> *(Die Frauen der Langustenfischer*
> *sind es inzwischen gewohnt, allein aufzuwachen,*
> *denn ihre Männer fischen seit Jahrhunderten im Morgengrauen;*
> *ihr Schlaf ist auch nicht so unruhig wie meiner.*
> *Wenn du schon gehst, dann geh zu den portugiesischen*
> *   Langustenfischern.)*

Die portugiesischen Langustenfischer: Er ist im Stillen zufrieden, dass er eine so banale Wortgruppe in ein Gedicht geschmuggelt hat, wenn auch das Gedicht bei genauerer Betrachtung immer weniger Sinn macht. Er hat Listen mit Wörtern und Wortgruppen zusammengestellt, banal oder ausgefallen, und wartet darauf, sie unterzubringen. *Perfervid* (inbrünstig) zum Beispiel: eines Tages wird er *perfervid* in ein Epigramm hineinbringen, dessen geheime Geschichte sein wird, dass es als Fassung für ein einziges Wort geschaffen wurde, wie eine Brosche eine Fassung für einen einzigen Edelstein sein kann. Scheinbares Thema des Gedichts wird Liebe oder Verzweiflung sein, doch es wird erblüht sein aus einem einzigen klingenden Wort, über dessen Bedeutung er sich noch nicht völlig im Klaren ist.

Werden Epigramme ausreichen, um darauf eine Karriere als Dichter zu gründen? Gegen das Epigramm als Form ist nichts einzuwenden. Eine ganze Welt von Gefühlen kann in einer einzigen Zeile komprimiert werden, wie die Griechen immer wieder bewiesen haben. Aber seine Epigramme erreichen nicht immer eine griechische Dichte. Allzu oft fehlt ihnen Gefühl; zu oft sind sie bloß papieren.

»Dichten heißt nicht, seiner Gefühlswelt freien Lauf zu lassen, wohl aber: sich von seinen Gefühlen befreien«, sagt Eliot mit Worten, die er sich in seinem Tagebuch notiert hat. »Dichtung ist nicht Ausdruck der Persönlichkeit, sondern eine Art Befreiung von der Persönlichkeit.« Dann fügt Eliot als bitteren Nachtrag hinzu: »Aber freilich wissen nur die, die Persönlichkeit und Gefühle haben, was es bedeutet, von ihnen frei werden zu wollen.«

Er hat einen Horror davor, reines Gefühl auf die Seite fließen zu lassen. Wenn es erst einmal zu fließen begonnen hat, wüsste er nicht, wie er es anhalten könnte. Es wäre, als durchtrennte man eine Arterie und sähe zu, wie der eigene Lebenssaft herausschießt. Prosa verlangt zum Glück kein Gefühl – das spricht für sie. Prosa ist wie eine glatte, ruhige Wasserfläche, auf der man in Ruhe kreuzen und Linien ziehen kann.

Er reserviert ein Wochenende für seinen ersten Prosaversuch. Die Erzählung, die aus dem Versuch hervorgeht, wenn es überhaupt eine ist, hat keine richtige Handlung. Alles Wichtige spielt sich ab im Kopf des Erzählers, eines namenlosen jungen Mannes, der ihm allzu sehr gleicht, der ein namenloses Mädchen mit an einen einsamen Strand nimmt und ihr beim Schwimmen zuschaut. Eine kleine Handlung des Mädchens, eine unbewusste Geste, verschafft ihm plötzlich die Gewissheit, dass sie ihn betrogen hat; mehr noch, er stellt fest, dass sie gemerkt hat, dass er es weiß, und es macht ihr nichts aus. Das ist alles. So endet das Stück. Darauf läuft es hinaus.

Nachdem er nun diese Erzählung geschrieben hat, weiß er nicht, was er damit machen soll. Er hat nicht das Bedürfnis, sie jemandem zu zeigen, außer vielleicht dem Original des namenlosen Mädchens. Aber er hat die Verbindung zu ihr verloren, und sie würde sich sowieso nicht wiedererkennen, nicht ohne dass man es ihr nahelegte.

Die Erzählung spielt in Südafrika. Es beunruhigt ihn, dass er immer noch über Südafrika schreibt. Es wäre ihm lieber, wenn er sein südafrikanisches Ich hinter sich lassen könnte, wie er Südafrika selbst hinter sich gelassen hat. Südafrika war ein schlechter Start, ein Handikap. Eine durchschnittliche Familie vom Dorf, eine schlechte Schule, die Afrikaans-Sprache: allem, woraus sich sein Handikap zusammensetzt, ist er mehr oder weniger entkommen. Er ist in der großen Welt und verdient seinen Lebensunterhalt selbst und stellt sich dabei gar nicht so dumm an – jedenfalls ist er kein Versager, nicht offensichtlich. Erinnerungen an Südafrika kann er nicht gebrauchen. Wenn morgen eine Flutwelle vom Atlantik heranstürmte und die Südspitze des afrikanischen Kontinents fortspülte, würde er keine Träne vergießen. Er würde unter den Geretteten sein.

Obwohl die Erzählung, die er geschrieben hat, eine Kleinigkeit ist (daran gibt es keinen Zweifel), ist sie nicht schlecht. Trotzdem weiß er nicht, warum er versuchen sollte, sie zu veröffentlichen. Die Engländer werden sie nicht verstehen. Bei dem Strand in der Erzählung werden sie sich das vor Augen führen, was sich Engländer unter einem Strand vorstellen – ein paar Kiesel, gegen die kleine Wellen plätschern. Sie werden keine blendende Sandfläche am Fuß von Felsenkliffs, gegen die Brecher klatschen, vor sich sehen, dazu über dem Kopf Möwen und Kormorane, die schreiend gegen den Wind ankämpfen.

Auch in anderer Beziehung ist Prosa offenbar anders als Lyrik. In der Lyrik kann die Handlung überall und nirgends stattfinden: es spielt keine Rolle, ob die einsamen Fischersfrauen in Kalk Bay wohnen, in Portugal oder in Maine. Prosa scheint dagegen hartnäckig einen bestimmten Schauplatz zu verlangen.

Noch kennt er England nicht gut genug, um über England in Prosatexten schreiben zu können. Er ist sich nicht einmal sicher, dass er die Seiten von London, die ihm vertraut sind, beschreiben kann – das London der zur Arbeit trottenden Menschenmassen, das London der Kälte und des Regens, der Einzimmerwohnungen mit vorhanglosen Fenstern und 40-Watt-Glühbirnen. Wenn er es versuchen würde, käme etwas heraus, was sich vermutlich nicht vom London jedes anderen ledigen Büroangestellten unterscheidet. Kann sein, dass er eine eigene Vorstellung von London hat, aber an dieser Vorstellung ist nichts Einmaliges. Wenn sie eine gewisse Intensität hat, dann nur, weil sie beschränkt ist, und sie ist beschränkt, weil sie nichts von allem, was über sie hinausgeht, weiß. Er beherrscht London nicht. Wenn hier jemand beherrscht wird, dann er von London.

◆ Acht ◆

Kündigt sein erster Prosaversuch einen Richtungswechsel in seinem Leben an? Ist er dabei, der Lyrik zu entsagen? Er weiß es nicht genau. Aber wenn er in Zukunft Prosa schreibt, dann kann er auch gleich aufs Ganze gehen und James-Jünger werden. Henry James zeigt, wie man über Fragen der Nationalität erhaben sein kann. Ja, es ist nicht immer klar, wo ein Text von James spielt, in London oder Paris oder New York, so souverän über den konkreten Alltagsdingen steht James. Bei James müssen die Menschen keine Miete zahlen; und natürlich müssen sie keine feste Stelle haben; alles, was von ihnen verlangt wird, sind äußerst subtile Gespräche, die kleinste Machtverschiebungen bewirken – so winzige Verschiebungen, dass sie nur für ein geübtes Auge erkennbar sind. Wenn genug solche Verschiebungen stattgefunden haben, wird *(Voilà!)* offenbar, dass sich das Machtverhältnis zwischen den Charakteren in der Erzählung plötzlich und unwiderruflich verändert hat. Und das war's dann: Die Erzählung hat ihre Bestimmung erfüllt und kann zu Ende gebracht werden.

Er verordnet sich Übungen im Stil von James. Aber es stellt sich heraus, dass die Manier von James nicht so leicht zu beherrschen ist, wie er dachte. Die von ihm erdachten Charaktere dahin zu bringen, äußerst subtile Gespräche zu führen, ist, als versuche man, Säugetieren das Fliegen beizubringen. Ein oder zwei Augenblicke lang schlagen sie mit den Armen und halten sich in der dünnen Luft. Dann stürzen sie ab.

Henry James ist viel sensibler als er, daran kann es keinen Zweifel geben. Aber das erklärt sein Versagen nicht vollständig.

James möchte einen glauben machen, dass nur Gespräche, Wortwechsel zählen. Obwohl das ein Credo ist, das er sich anzueignen bereit ist, kann er ihm nicht wirklich folgen, wie er merkt, nicht in London, der Stadt, in deren grausames Getriebe er geraten ist, der Stadt, von der er lernen muss zu schreiben; warum ist er sonst überhaupt hier?

Einst, als unschuldiges Kind, glaubte er, dass Klugheit der einzige Maßstab sei, der zählte, dass er alles, was er wollte, erreichen würde, solange er klug genug war. Die Universität wies ihn in die Schranken. Die Universität zeigte ihm, dass er nicht der Klügste war, bei weitem nicht. Und jetzt sieht er sich mit dem wahren Leben konfrontiert, wo man sich nicht einmal auf Prüfungen zurückziehen kann. Im richtigen Leben, so scheint es, kann er nur eins richtig: unglücklich sein. Im Unglücklichsein ist er immer noch Klassenbester. Für das Unglück, das er auf sich ziehen und ertragen kann, scheint es keine Grenzen zu geben. Selbst als er in den kalten Straßen dieser fremden Stadt herumläuft, ohne Ziel, nur in Bewegung, um müde zu werden, damit er wenigstens schlafen kann, wenn er in sein Zimmer zurückkehrt, spürt er in sich nicht die leiseste Veranlagung, unter dem Gewicht des Unglücks zusammenzubrechen. Unglück ist sein Element. Im Unglück fühlt er sich zu Hause wie der Fisch im Wasser. Wenn das Unglück abgeschafft werden würde, wüsste er nicht, was er mit sich anfangen sollte.

Glück kann einen nichts lehren, sagt er sich. Unglück andererseits stählt einen für die Zukunft. Unglück ist eine Schule für die Seele. Den Wassern des Unglücks entsteigt man am anderen Ufer gereinigt, stark, bereit, es mit den Herausforderungen eines Künstlerlebens aufzunehmen.

Aber Unglück fühlt sich nicht wie ein reinigendes Bad an. Im Gegenteil, es ist wie eine Pfütze Schmutzwasser. Aus jedem neuen Anfall von Unglücklichsein geht er nicht klüger und stärker hervor, sondern lustloser und schlaffer. Wie soll das funktionieren, die reinigende Wirkung, die man dem Unglück nachsagt? Ist er nicht tief genug darin eingetaucht? Muss er über bloßes Unglücklichsein hinaus in Melancholie und Wahnsinn abtauchen? Er hat noch niemanden kennengelernt, der richtig verrückt genannt werden konnte, aber er hat Jacqueline nicht vergessen, die – wie sie es selbst ausdrückte – »in Behandlung war« und mit der er sechs Monate zusammen war, mit Unterbrechungen, und eine Einzimmerwohnung teilte. Zu keiner Zeit brannte in Jacqueline das göttliche, erhebende Feuer der Kreativität. Im Gegenteil, sie war selbstsüchtig, unberechenbar, und das Zusammenleben mit ihr war anstrengend. Muss er erst zu dieser Sorte Mensch werden, ehe er Künstler sein kann? Und ob man nun verrückt oder unglücklich ist, wie kann man schreiben, wenn Müdigkeit wie eine behandschuhte Hand nach dem Hirn greift und es zusammendrückt? Oder ist das, was er Müdigkeit nennt, in Wahrheit eine Prüfung, eine versteckte Prüfung, eine, die er noch dazu nicht besteht? Kommen nach der Müdigkeit noch weitere Prüfungen, so viele, wie es Kreise in Dantes Hölle gibt? Ist Müdigkeit nur die erste der Prüfungen, die die großen Meister bestehen mussten, Hölderlin und Blake, Pound und Eliot?

Er wünscht, ihm möge es vergönnt sein, zum Leben zu erwachen und nur für eine Minute, nur für eine Sekunde zu erfahren, wie es ist, wenn man das heilige Feuer der Kunst in sich brennen fühlt.

Leiden, Wahnsinn, Sex: drei Möglichkeiten, das heilige Feuer auf sich herabzurufen. Er hat die unteren Regionen des Leidens besucht, er ist mit Wahnsinn in Berührung gekommen; was weiß er vom Sex? Sex und Kreativität verbünden sich, alle sagen das, und er zweifelt nicht daran. Weil sie kreativ sind, besitzen Künstler das Geheimnis der Liebe. Frauen können das Feuer, das im Künstler brennt, sehen, sie haben einen Instinkt dafür. Frauen besitzen das heilige Feuer selbst nicht (es gibt Ausnahmen: Sappho, Emily Brontë). Auf der Suche nach dem Feuer, das ihnen fehlt, dem Feuer der Liebe, folgen Frauen den Künstlern und geben sich ihnen hin. Im Liebesakt lernen die Künstler und ihre Geliebten kurz und verlockend das Leben der Götter kennen. Von solcher Liebe bereichert und gestärkt, kehrt der Künstler zu seiner Arbeit zurück und die Frau verklärt zu ihrem Leben.

Und was ist nun mit ihm? Wenn noch keine Frau bisher hinter seiner hölzernen Art, seinem verbissen-düsteren Wesen ein Flackern des heiligen Feuers entdeckt hat; wenn anscheinend keine Frau sich ihm ohne die schlimmsten Skrupel hingibt; wenn der Liebesakt, den er kennt, vonseiten der Frau und von seiner Seite entweder ängstlich oder gelangweilt oder sowohl ängstlich als auch gelangtweilt ist – bedeutet das nun, dass er kein richtiger Künstler ist, oder bedeutet es, dass er noch nicht genug gelitten hat, nicht genug Zeit in einem Purgatorium verbracht hat, in dem auch Runden mit leidenschaftslosem Sex vorgeschrieben sind?

Mit seiner hochmütigen Gleichgültigkeit dem banalen Leben gegenüber übt Henry James eine starke Anziehung auf ihn aus. Aber er mag sich noch so sehr anstrengen, er spürt nicht die geisterhafte Hand von James, die sich ausstreckt, um seine Stirn segnend zu berühren. James gehört der Vergangenheit an: Als er selbst geboren wurde, war James schon seit zwanzig Jahren tot. James Joyce lebte noch, aber nicht mehr lange. Er bewundert Joyce, er kann sogar Passagen aus dem *Ulysses* aus dem Kopf rezitieren. Aber Joyce ist zu eng verbunden mit Irland und irischen Angelegenheiten, um in seinem Pantheon zu sein. Ezra Pound und T. S. Eliot, mögen sie auch gebrechlich und legendenumwoben sein, leben noch, der eine in Rapallo, der andere hier in London. Aber wenn er die Dichtkunst verlässt (oder wenn ihn die Dichtkunst verlässt), welches Vorbild können Pound oder Eliot dann noch bieten?

Von den großen Gestalten der Jetztzeit bleibt somit nur noch eine übrig: D. H. Lawrence. Lawrence ist auch gestorben, ehe er geboren wurde, aber das kann als Unfall gelten, weil Lawrence jung gestorben ist. Er hat Lawrence zum ersten Mal als Schuljunge gelesen, als *Lady Chatterleys Liebhaber* das berüchtigtste aller verbotenen Bücher war. Bis zu seinem dritten Studienjahr hatte er den ganzen Lawrence gelesen, bis auf die Gesellenstücke. Lawrence wurde auch von seinen Kommilitonen verschlungen. Von Lawrence lernten sie, das Korsett der bürgerlichen Konventionen zu zerbrechen und den geheimen Kern ihres Seins hervorkommen zu lassen. Mädchen trugen fließende Gewänder und tanzten im Regen und gaben sich Männern hin, die sie zu ihrem dunklen Kern zu führen versprachen. Männern, denen das nicht gelang, gaben sie ungeduldig den Laufpass.

Er selbst hatte sich gehütet, ein Anhänger des Lawrence-Kults zu werden. Die Frauen in Lawrence' Büchern beunruhigten ihn; er stellte sie sich als erbarmungslose weibliche Insekten vor, Spinnen oder Gottesanbeterinnen. Unter dem durchdringenden Blick der blassen, schwarzgewandeten Priesterinnen des Kults an der Universität war ihm zumute wie einem furchtsam herumhuschenden kleinen Junggesellen insekt. Mit einigen von ihnen wäre er gern ins Bett gegangen, das konnte er nicht leugnen – nur wenn man eine Frau zu ihrem dunklen Kern führte, konnte schließlich ein Mann zu seinem eigenen dunklen Kern vordringen –, aber er hatte zu viel Angst. Ihre Ekstasen würden wie Vulkanausbrüche sein; er wäre zu mickrig, um sie zu überleben.

Außerdem hatten die Jüngerinnen von Lawrence einen ganz eigenen Keuschheitskodex. Sie verfielen für lange Zeiträume in Eiseskälte, während deren sie nur allein mit sich oder unter ihren Schwestern sein wollten, und der Gedanke daran, ihre Körper anzubieten, war während dieser Zeiten wie eine Schändung. Aus ihrem eisigen Schlaf konnten sie nur durch den gebieterischen Ruf des dunklen männlichen Subjekts erweckt werden. Er selbst war weder dunkel noch gebieterisch, oder die notwendige dunkle und gebieterische Art musste sich bei ihm zumindest noch offenbaren. So begnügte er sich mit anderen Mädchen, Mädchen, die noch keine Frauen waren und vielleicht nie welche werden würden, weil sie keinen dunklen Kern hatten, oder keinen nennenswerten, Mädchen, die es eigentlich gar nicht tun wollten, so wie er im Grunde seines Herzens auch nicht behaupten konnte, es wirklich zu wollen.

In seinen letzten Wochen in Kapstadt hatte er eine Affäre mit einem Mädchen namens Caroline angefangen, einer Schauspielschülerin mit Bühnenambitionen. Sie waren zusammen ins Theater gegangen, sie hatten die ganze Nacht über die Vorzüge von Anouilh gegenüber Sartre, von Ionesco gegenüber Beckett diskutiert; sie hatten miteinander geschlafen. Beckett war sein Lieblingsdramatiker, aber nicht der von Caroline: Beckett sei zu düster, sagte sie. Ihren wahren Grund vermutete er darin, dass Beckett keine Rollen für Frauen schrieb. Von ihr angestachelt, hatte er sich sogar selbst an ein Stück gemacht, ein Versdrama über Don Quixote. Aber bald war er in eine Sackgasse geraten – der Geist des alten Spaniers war zu fern, er konnte sich nicht hineinversetzen – und hatte aufgegeben.

Jetzt, Monate später, taucht Caroline in London auf und meldet sich bei ihm. Sie treffen sich im Hyde Park. Sie hat noch die Bräune der südlichen Hemisphäre, sie ist voller Lebendigkeit, in gehobener Stimmung, weil sie in London ist und weil sie ihn trifft. Sie bummeln durch den Park. Der Frühling ist da, die Abende werden länger, die Bäume sind belaubt. Sie nehmen einen Bus nach Kensington, wo sie wohnt.

Er ist von ihr beeindruckt, von ihrer Energie und Unternehmungslust. Ein paar Wochen erst in London, und schon steht sie auf eigenen Füßen. Sie hat einen Job; ihr Lebenslauf liegt bei allen Theateragenten; und sie hat eine Wohnung, die sie mit drei englischen Mädchen teilt, in einem vornehmen Viertel. Wie hat sie ihre Mitbewohnerinnen kennengelernt?, fragt er. Freundinnen von Freundinnen, antwortet sie.

Sie nehmen ihr Verhältnis wieder auf, aber es ist von Anfang an schwierig. Der Job, den sie gefunden hat, ist der einer Kellnerin in einem Nachtclub im West End; die Arbeitszeit ist nicht festgelegt. Sie möchte, dass er sich mit ihr in ihrer Wohnung trifft und sie nicht im Club abholt. Da die anderen Mädchen etwas dagegen haben, wenn Fremde Schlüssel erhalten, muss er draußen auf der Straße warten. Deshalb fährt er, wenn sein eigener Arbeitstag um ist, mit der U-Bahn zur Archway Road, isst in seinem Zimmer Brot und Würstchen zum Abendbrot, liest ein oder zwei Stunden oder hört Radio, nimmt dann den letzten Bus nach Kensington und fängt an zu warten. Manchmal kommt Caroline schon um Mitternacht vom Club zurück, manchmal erst um vier Uhr morgens. Sie haben ihre Zeit zusammen, schlafen ein. Um sieben klingelt der Wecker – er muss aus der Wohnung verschwunden sein, bevor ihre Freundinnen aufwachen. Er nimmt den Bus nach Highgate, frühstückt, zieht seine schwarze Uniform an und macht sich auf den Weg ins Büro.

Das wird bald zur Routine, eine Routine, die ihn, wenn er einen Moment lang Abstand gewinnen und sich besinnen kann, überrascht. Er hat ein Verhältnis, bei dem die Regeln von der Frau und von der Frau allein bestimmt werden. Ist es das, was Leidenschaft einem Mann antut: Sie nimmt ihm seinen Stolz? Fühlt er Leidenschaft für Caroline? Das war eigentlich nicht sein Eindruck. Als sie getrennt waren, hatte er kaum an sie gedacht. Warum ist er dann so fügsam, so unterwürfig? Möchte er unglücklich gemacht werden? Ist Unglücklichsein für ihn jetzt zur Droge geworden, ohne die er nicht mehr leben kann?

Am schlimmsten sind die Nächte, in denen sie überhaupt nicht nach Hause kommt. Er geht Stunde um Stunde auf dem Bürgersteig auf und ab, oder wenn es regnet, drückt er sich in den Hauseingang. Arbeitet sie wirklich bis spät in die Nacht, fragt er sich verzweifelt, oder ist der Club in Bayswater eine große Lüge und sie eben jetzt mit einem anderen im Bett?

Wenn er sie zur Rede stellt, bekommt er nur vage Ausreden zu hören. Es war eine hektische Nacht im Club, wir hatten bis zum Morgengrauen geöffnet, sagt sie. Oder sie hatte kein Bargeld fürs Taxi. Oder sie wurde von einem Kunden zu einem Drink eingeladen. In der Theaterwelt, erinnert sie ihn schroff, sind Beziehungen von größter Wichtigkeit. Ohne Beziehungen wird es nie etwas mit ihrer Karriere.

Sie schlafen noch miteinander, aber es ist nicht mehr so wie früher. Schlimmer noch: er wird ihr mit seinem Trübsinn und seiner schlechten Laune schnell zur Last, das merkt er. Wenn er klug wäre, würde er das Verhältnis sofort beenden und verschwinden. Aber er tut es nicht. Caroline ist vielleicht nicht die geheimnisvolle, dunkeläugige Geliebte, derentwegen er nach Europa gekommen ist, sie ist wohl weiter nichts als ein Mädchen aus Kapstadt, das aus genauso langweiligen Verhältnissen stammt wie er selbst, aber sie ist derzeit alles, was er hat.

◆ Neun ◆

In England beachten ihn die Mädchen nicht, vielleicht weil seiner Person immer noch eine gewisse koloniale Ungeschliffenheit anhaftet, vielleicht nur weil er nicht die richtigen Klamotten anhat. Wenn er nicht in einem seiner IBM-Anzüge steckt, hat er nur seine grauen Flanellhosen und das grüne Sakko, seine aus Kapstadt mitgebrachten Sachen. Die jungen Männer, die er in der U-Bahn und auf den Straßen sieht, tragen dagegen enge schwarze Hosen, spitze Schuhe, knapp sitzende Kastenjacken mit vielen Knöpfen. Sie tragen auch ihr Haar lang, in die Stirn und über die Ohren hängend, während er immer noch die im Nacken und an den Seiten kurzgeschnittene Frisur mit dem ordentlichen Scheitel hat, die ihm in der Kindheit von kleinstädtischen Friseuren verpasst wurde und die von IBM gutgeheißen wird. In den Zügen gleiten die Blicke der Mädchen über ihn weg oder werden stumpf vor Verachtung.

Das ist misslich und irgendwie unfair; er würde sich beschweren, wenn er nur wüsste, wo und bei wem. Welche Jobs haben denn seine Rivalen, dass sie sich kleiden können, wie es ihnen passt? Und warum sollte er gezwungen sein, der Mode zu folgen? Zählen innere Qualitäten denn gar nichts?

Das Vernünftigste wäre, er würde sich eine Kluft wie die ihre zulegen und sie an den Wochenenden tragen. Aber wenn er sich vorstellt, dass er solche Sachen anziehen soll, Sachen, die ihm nicht nur wesensfremd vorkommen, sondern auch eher südländisch als englisch, fühlt er, wie sich sein Widerstand verhärtet. Er kann es einfach nicht – es wäre, als lasse er sich auf einen Mummenschanz, eine Verkleidung ein.

London ist voller schöner Mädchen. Sie kommen aus der ganzen Welt: als Au-pair-Mädchen, als Sprachschülerinnen, einfach als Touristinnen. In Bögen schwingen sich ihre Haare zu beiden Seiten ins Gesicht; ihre Augen sind mit dunklen Lidschatten versehen; sie haben etwas sanft Geheimnisvolles an sich. Am schönsten sind die hochgewachsenen Schwedinnen mit dem Honigteint; aber die Italienerinnen, mandeläugig und zierlich, haben ihren eigenen Reiz. Die Liebe auf Italienisch stellt er sich scharf und heiß vor, ganz anders als die schwedische Liebe, die lächelnd und verträumt sein muss. Aber ob er jemals eine Chance bekommt, das selbst herauszufinden? Wenn er den Mut aufbringen könnte, eine dieser schönen Fremden anzusprechen, was würde er sagen? Wäre es eine Lüge, wenn er sich als Mathematiker vorstellte statt nur als Programmierer? Würden die Aufmerksamkeiten eines Mathematikers ein europäisches Mädchen beeindrucken, oder wäre es besser, ihr zu erzählen, er sei trotz seines langweiligen Äußeren ein Dichter?

Er hat immer ein Gedichtbändchen in der Jackentasche dabei, manchmal Hölderlin, manchmal Rilke, manchmal Vallejo. In der U-Bahn holt er dieses Büchlein demonstrativ hervor und versenkt sich darein. Es ist eine Probe. Nur ein außergewöhnliches Mädchen wird zu schätzen wissen, was er liest, und in ihm einen ebenfalls außergewöhnlichen Geist erkennen. Aber keins der Mädchen in der U-Bahn schenkt ihm Beachtung. Das scheint eins der ersten Dinge zu sein, die Mädchen bei ihrer Ankunft in England lernen: den Signalen von Männern keine Beachtung zu schenken.

Was wir das Schöne nennen, ist nichts als des Schrecklichen Anfang, sagt ihm Rilke. Wir werfen uns vor dem Schönen nieder, um ihm zu danken, dass es verschmäht, uns zu zerstören. Würden sie ihn zerstören, wenn er sich zu nahe heranwagte, diese schönen Wesen aus anderen Welten, diese Engel, oder würde er ihnen dafür zu unbedeutend sein?

In einer Lyrikzeitschrift – *Ambit* vielleicht oder *Agenda* – stößt er auf die Ankündigung eines wöchentlichen Workshops, veranstaltet von der Gesellschaft für Lyrik zur Förderung von jungen, noch unveröffentlichten Autoren. Er erscheint zur angekündigten Zeit und am angegebenen Ort, in seinem schwarzen Anzug. Die Frau an der Tür mustert ihn misstrauisch und will wissen, wie alt er ist. »Einundzwanzig«, sagt er. Das ist gelogen: Er ist zweiundzwanzig.

In Ledersesseln sitzen seine dichtenden Kollegen, betrachten ihn und nicken zurückhaltend. Sie kennen sich offenbar, er ist der einzig Neue. Sie sind jünger als er, eigentlich Teenager, abgesehen von einem Mann in den mittleren Jahren, der hinkt und irgendeine Funktion in der Gesellschaft für Lyrik hat. Sie lesen sich abwechselnd ihre neuesten Gedichte vor. Das Gedicht, das er liest, endet mit den Worten »the furious waves of my incontinence« (die wütenden Wellen meiner Inkontinenz/Zügellosigkeit). Der hinkende Mann hält seine Wortwahl für unglücklich. Für jeden, der einmal in einem Krankenhaus gearbeitet hat, sagt er, bedeutet »Inkontinenz« Unfähigkeit, den Harn zurückzuhalten, oder Schlimmeres.

Er erscheint in der darauffolgenden Woche wieder und trinkt nach der Gesprächsrunde Kaffee mit einem Mädchen, die ein Gedicht über den Tod eines Freundes bei einem Autounfall vorgelesen hat, in seiner Art ein gutes Gedicht, still, schlicht. Wenn sie nicht gerade dichtet, verrät ihm das Mädchen, ist sie Studentin am King's College, London; sie kleidet sich angemessen streng – dunkler Rock und schwarze Strümpfe. Ein weiteres Treffen wird verabredet.

Sie treffen sich an einem Samstagnachmittag auf dem Leicester Square. Es war halb ausgemacht, dass sie sich einen Film ansehen wollten; aber als Dichter haben sie eine Verpflichtung, das Leben voll auszukosten, deshalb gehen sie stattdessen auf ihr Zimmer in einer Seitenstraße der Gower Street, wo sie ihm gestattet, sie auszuziehen. Er bewundert die Wohlproportioniertheit ihres nackten Körpers, die Elfenbeinfarbe ihrer Haut. Sind alle Engländerinnen so schön, wenn sie die Kleider abgelegt haben?, fragt er sich.

Nackt liegen sie sich in den Armen, aber zwischen ihnen ist keine Wärme; und Wärme will sich nicht entwickeln, wird bald klar. Schließlich zieht sich das Mädchen zurück, faltet die Arme über den Brüsten, stößt seine Hände fort, schüttelt stumm den Kopf.

Er könnte sie zu überreden versuchen, sie dazu verleiten, sie verführen; es könnte ihm sogar gelingen; aber ihm ist nicht danach zumute. Sie ist schließlich nicht nur eine Frau mit den Intuitionen einer Frau, sondern auch eine Künstlerin. Wozu er sie zu überreden versucht, ist nicht das Echte – das weiß sie bestimmt.

Schweigend ziehen sie sich an. »Tut mir leid«, sagt sie. Er zuckt mit den Schultern. Er ist nicht böse. Er gibt ihr nicht die Schuld. Auch er spürt es intuitiv. Das Urteil, das sie über ihn gefällt hat, wäre auch sein Urteil.

Nach diesem Vorfall geht er nicht mehr zur Gesellschaft für Lyrik. Er hat sich dort sowieso nicht angenommen gefühlt.

Er hat weiter kein Glück mit englischen Mädchen. Bei IBM gibt es genug englische Mädchen, Sekretärinnen und Locherinnen, und Gelegenheiten, mit ihnen zu plaudern. Aber er spürt von ihrer Seite einen gewissen Widerstand, als wüssten sie nicht genau, wer er ist, was seine Motive sein könnten, was er hier in ihrem Land macht. Er beobachtet sie mit anderen Männern. Andere Männer flirten scherzend und schmeichelnd mit ihnen – auf typisch englische Art. Sie sind empfänglich dafür, das kann er sehen: Sie öffnen sich wie Blüten. Aber das Flirten gehört nicht zu den Dingen, die er gelernt hat. Er ist sich nicht einmal sicher, dass er es gutheißt. Und außerdem darf er nicht zulassen, dass es sich unter den IBM-Mädchen herumspricht, er sei ein Dichter.

Sie würden die Köpfe zusammenstecken und kichern, sie würden die Geschichte im ganzen Haus verbreiten.

Seine größte Hoffnung, größer als die auf eine englische Freundin, größer sogar als die auf eine Schwedin oder Italienerin, ist es, ein französisches Mädchen zu haben. Wenn er eine leidenschaftliche Affäre mit einem französischen Mädchen hätte, würde er von der Anmut der französischen Sprache, der Feinheit des französischen Denkens berührt und veredelt werden, ist er sich sicher. Aber warum sollte sich ein französisches Mädchen eher als ein englisches herablassen, mit ihm zu reden? Und er hat in London ein französisches Mädchen noch nicht einmal zu Gesicht bekommen. Die Franzosen haben schließlich Frankreich, das schönste Land auf Erden. Warum sollten sie ins frostige England kommen und sich um die Babys der Einheimischen kümmern?

Die Franzosen sind das kultivierteste Volk auf der Welt. Alle Schriftsteller, die er achtet, haben die französische Kultur aufgesogen; die meisten betrachten Frankreich als ihre geistige Heimat – Frankreich, und in einem gewissen Maß Italien, obwohl über Italien offenbar harte Zeiten hereingebrochen sind. Seit er mit fünfzehn Jahren eine Postanweisung über fünf Pfund zehn Shilling an das Pelman Institut geschickt und dafür eine Grammatik und einen Satz Übungsblätter, die er ausfüllen und an das Institut zur Korrektur zurückschicken sollte, bekommen hat, hat er versucht, Französisch zu lernen. In seinem Reisekoffer, der mit ihm die weite Reise von Kapstadt hierher gemacht hat, befinden sich fünfhundert Kärtchen, auf die er einen französischen Grundwortschatz geschrieben hat, eine Vokabel pro Kärtchen, damit er sie überallhin mitnehmen und auswendig lernen kann; durch seinen Kopf schwirren französische Wendungen – *je viens de*, ich habe gerade; *il me faut*, ich muss.

Aber seine Bemühungen haben ihn nicht weitergebracht. Das Französische liegt ihm nicht. Wenn er sich französische Tonbandaufnahmen anhört, kann er meist nicht sagen, wo ein Wort

zu Ende ist und das nächste beginnt. Obwohl er einfache Prosa-
texte lesen kann, hört er nicht mit dem inneren Ohr, wie sie klingen. Die Sprache verweigert sich ihm, schließt ihn aus; er kann
keinen Zugang finden.

Theoretisch sollte Französisch einfach für ihn sein. Er kann
Latein; weil es ihm Vergnügen bereitet, liest er manchmal latei-
nische Texte laut – nicht das Latein des goldenen oder des silbernen Zeitalters, sondern das Latein der Vulgata, mit seiner dreis-
ten Missachtung der klassischen Wortstellung. Er eignet sich
Spanisch mühelos an. Er liest Cesar Vallejo in einer zweisprachi-
gen Ausgabe, er liest Nicolas Guillén, liest Pablo Neruda. Spanisch ist voller barbarisch klingender Wörter, deren Bedeutung
er nicht mal erraten kann, aber das spielt keine Rolle. Wenigstens
wird jeder Buchstabe ausgesprochen, bis hinunter zum doppelten *r*.

Die Sprache, die ihm jedoch wirklich liegt, wie er entdeckt, ist
das Deutsche. Er hört Radioprogramme aus Köln und, wenn sie
nicht zu langweilig sind, auch aus Ostberlin, und versteht sie zum
größten Teil; er liest deutsche Gedichte und kann ihnen recht gut
folgen. Er schätzt die Weise, in der jede Silbe im Deutschen ihr
angemessenes Gewicht bekommt. Weil er Afrikaans noch im Ohr
hat, ist ihm die Syntax vertraut. Sogar die Länge der deutschen
Sätze erfreut ihn, die komplexe Ansammlung von Verben am
Satzende. Es gibt Momente, wo er beim Lesen deutscher Texte
vergisst, dass es eine Fremdsprache ist.

Er liest immer wieder Ingeborg Bachmann, er liest Bertolt
Brecht, Hans Magnus Enzensberger. Im Deutschen gibt es einen
bissigen Unterton, der ihn anzieht, obwohl er nicht sicher ist, ob
er recht versteht, warum er da ist – ja, sich fragt, ob er ihn sich nur
einbildet. Er könnte fragen, aber er kennt sonst keinen, der deutsche Gedichte liest, wie er auch keinen kennt, der Französisch
spricht.

Doch in dieser riesigen Stadt muss es Tausende Leute geben,

die bewandert auf dem Gebiet der deutschen Literatur sind, Tausende mehr, die Gedichte in Russisch, Ungarisch, Griechisch, Italienisch lesen – sie lesen, sie übersetzen, sogar sie schreiben: Dichter im Exil, Männer mit langen Haaren und Hornbrillen, Frauen mit scharf geschnittenen fremden Gesichtern und vollen, leidenschaftlichen Lippen. In den Zeitschriften, die er bei Dillons kauft, findet er genug Beweise für ihre Existenz: Übersetzungen, die ihr Werk sein müssen. Aber wie soll er sie je treffen? Was tun sie, diese besonderen Wesen, wenn sie nicht lesen und schreiben und übersetzen? Sitzt er, ohne es zu wissen, im Zuschauerraum des Everyman mitten unter ihnen, geht mit ihnen auf der Hampstead Heath spazieren?

Einer spontanen Regung folgend, schlendert er auf der Heide hinter einem in Frage kommenden Paar her. Der Mann ist groß und trägt Bart, die Frau hat ihre langen blonden Haare lässig zurückgeworfen. Er ist sicher, dass es Russen sind. Aber als er nah genug herankommt, um ihr Gespräch zu belauschen, stellt sich heraus, dass es Engländer sind; sie sprechen über den Preis von Möbeln bei Heals.

Bleibt noch Holland. Wenigstens hat er Insiderkenntnisse des Holländischen, wenigstens diesen Vorteil hat er. Gibt es unter all den Zirkeln in London auch einen Zirkel holländischer Dichter? Und wenn es ihn gibt, verschafft ihm seine Kenntnis der Sprache dann einen Zugang?

Holländische Lyrik ist ihm stets sehr langweilig vorgekommen, aber der Name Simon Vinkenoog taucht immer mal wieder in Lyrikzeitschriften auf. Vinkenoog scheint der eine holländische Dichter zu sein, dem der Durchbruch zur internationalen Bühne gelungen ist. Er liest alles, was von Vinkenoog im British Museum zu finden ist, und ist nicht ermutigt. Vinkenoogs Werke sind roh und derb, es fehlt ihnen jede geheimnisvolle Ebene. Wenn Vinkenoog alles ist, was Holland zu bieten hat, dann ist sein schlimmster Verdacht bestätigt: dass von allen Nationen die holländische die langweiligste, die antipoetischste ist. So viel zu seinem niederländischen Erbe. Er könnte genauso gut einsprachig sein.

Hin und wieder ruft ihn Caroline im Büro an und verabredet sich mit ihm. Aber wenn sie dann zusammen sind, verbirgt sie nicht ihre Ungeduld mit ihm. Wie kann er nur bis hierher nach London kommen, sagt sie, und dann seine Tage damit zubringen, Zahlen auf einer Maschine zu addieren? Schau dich doch um, sagt sie: London ist ein Jahrmarkt voller Neuheiten, Vergnügungen und Freizeitangebote. Warum geht er nicht aus sich heraus, genießt das Leben?

»Einige von uns sind einfach nicht dafür geschaffen, das Leben zu genießen«, antwortet er. Sie fasst das als einen seiner kleinen Scherze auf, versucht nicht, ihn zu verstehen.

Caroline hat bisher nicht erklärt, woher das Geld für die Wohnung in Kensington und die neuen Sachen, in denen sie immer wieder erscheint, kommt. Ihr Stiefvater in Südafrika ist in der Autobranche. Ist die Autobranche lukrativ genug, um einer Stieftochter in London ein angenehmes Leben zu finanzieren? Was tut Caroline wirklich im Club, wo sie die Nachtstunden zubringt? Mäntel in der Garderobe aufhängen und Trinkgelder kassieren? Tabletts mit Getränken herumtragen? Oder ist Arbeit im Nachtclub ein Euphemismus für etwas anderes?

Unter den Bekanntschaften, die sie im Club gemacht hat, ist Laurence Olivier, teilt sie ihm mit. Laurence Olivier interessiert sich für ihre Karriere als Schauspielerin. Er hat ihr eine Rolle in einem noch nicht näher benannten Stück versprochen; er hat sie auch in sein Landhaus eingeladen.

Was soll er von dieser Mitteilung halten? Die Rolle in einem Stück klingt wie eine Lüge; aber belügt Laurence Olivier Caroline, oder belügt Caroline ihn? Laurence Olivier muss inzwischen ein alter Mann mit falschen Zähnen sein. Kann sich Caroline gegenüber Laurence Olivier behaupten, wenn der Mann, der sie in sein Landhaus eingeladen hat, wirklich Olivier ist? Wie vergnügen sich Männer diesen Alters mit Mädchen? Ist es angebracht, auf einen Mann eifersüchtig zu sein, der wahrscheinlich gar keine Erektion mehr zustande bringt? Ist Eifersucht sowieso ein altmodisches Gefühl, im Jahre 1962 hier in London?

Höchstwahrscheinlich wird Laurence Olivier, wenn er's wirklich sein sollte, für sie die volle Landhaus-Schau abziehen, einschließlich Abholen vom Bahnhof durch einen Chauffeur und Bedienung durch einen Butler beim Essen. Wenn sie dann vom Rotwein benebelt ist, wird er sie zu seinem Bett führen und an ihr herumfummeln, und sie wird es geschehen lassen, aus Höflichkeit, um ihm für den Abend zu danken und auch um ihrer Karriere willen. Wird sie sich bei ihren Tête-à-têtes die Mühe machen zu erwähnen, dass es im Hintergrund einen Rivalen gibt, einen Büroangestellten, der für eine Rechenmaschinen-Firma arbeitet und in einer Nebenstraße der Archway Road ein Zimmer bewohnt, wo er manchmal Verse schreibt?

Er begreift nicht, warum sich Caroline von ihm, dem Freund, der ein Büromensch ist, nicht trennt. Wenn er in der Dunkelheit der frühen Morgenstunden nach einer Nacht mit ihr nach Hause schleicht, kann er nur beten, dass sie sich nicht wieder bei ihm meldet. Und tatsächlich vergeht manchmal eine Woche ohne ein Wort von ihr. Dann, gerade wenn er allmählich das Gefühl hat, dass das Verhältnis der Vergangenheit angehört, ruft sie ihn wieder an, und das Ganze beginnt von vorn.

Er glaubt an leidenschaftliche Liebe und ihre verwandelnde Kraft. Seine Erfahrung ist jedoch, dass Liebesbeziehungen seine Zeit verschlingen, ihn auslaugen und seine Arbeit behindern. Ist es möglich, dass er nicht dazu geschaffen ist, Frauen zu lieben, dass er in Wahrheit schwul ist? Wenn er schwul wäre, würde das seine Leiden von Anfang bis Ende erklären. Doch seit seinem siebzehnten Lebensjahr ist er immer fasziniert gewesen von der

Schönheit der Frauen, von der Atmosphäre geheimnisvoller Unerreichbarkeit, die sie umgibt. Als Student glühte er im ständigen Liebesfieber, einmal für dieses, das andere Mal für jenes Mädchen, manchmal für zwei gleichzeitig. Das Lesen von Gedichten steigerte sein Fieber nur noch. Durch die blind machende sexuelle Ekstase wird man in eine Klarheit ohnegleichen versetzt, ins Herz der Stille, sagten die Dichter; man wird eins mit den Elementarkräften des Universums. Obwohl ihm diese Klarheit ohnegleichen bisher nicht zuteilgeworden ist, zweifelt er keinen Moment daran, dass die Dichter recht haben.

Eines Abends lässt er sich auf der Straße ansprechen, von einem Mann. Der Mann ist älter als er – er gehört sogar einer anderen Generation an. Sie fahren mit dem Taxi zum Sloane Square, wo der Mann lebt – offenbar allein. In seiner Wohnung sind überall Kissen mit Quasten und trübe Tischlampen verteilt.

Sie reden kaum miteinander. Er gestattet dem Mann, ihn durch die Kleidung zu berühren; er revanchiert sich nicht. Wenn der Mann einen Orgasmus hat, dann erledigt er es diskret. Danach verlässt er die Wohnung und geht nach Hause.

Ist das Homosexualität? Ist das alles? Auch wenn da noch mehr sein sollte, scheint es ein klägliches Tun im Vergleich zum Sex mit einer Frau: schnell, geistesabwesend, ohne Schrecken, doch auch ohne Reiz. Es scheint nichts auf dem Spiel zu stehen: Es gibt nichts zu verlieren, doch auch nichts zu gewinnen. Ein Spiel für Leute, die den vollen Einsatz scheuen, ein Spiel für Verlierer.

◆ Zehn ◆

Der Plan, den er im Hinterkopf hatte, als er nach England kam, soweit er einen Plan hatte, war der, eine Arbeit zu finden und Geld zu sparen. Wenn er genug Geld hätte, würde er kündigen und sich dem Schreiben widmen. Wenn seine Ersparnisse zur Neige gingen, würde er sich eine neue Arbeit besorgen und so weiter.

Er entdeckt bald, wie blauäugig das ist. Sein monatliches Bruttogehalt bei IBM beträgt sechzig Pfund, wovon er höchstens zehn sparen kann. Mit einem Jahr Arbeit kann er zwei Monate Freiheit verdienen; und viel von dieser freien Zeit wird bei der Suche nach dem nächsten Job draufgehen. Das Stipendium aus Südafrika reicht kaum für die Studiengebühren.

Außerdem ist er, wie er nun erfährt, nicht berechtigt, die Arbeitsstelle nach Gutdünken zu wechseln. Neue Vorschriften für Ausländer in England besagen, dass jeder Wechsel der Arbeitsstelle vom Innenministerium genehmigt werden muss. Es ist verboten, frei und ungebunden zu sein – wenn er bei IBM kündigt, muss er sofort eine andere Arbeit finden oder aber das Land verlassen.

Er ist jetzt lange genug bei IBM, um sich an die Routine gewöhnt zu haben. Doch es fällt ihm immer noch schwer, den Arbeitstag durchzustehen. Obwohl ihm und seinen Kollegen beständig eingeschärft wird, in Versammlungen, in Mitteilungen, nicht zu vergessen, dass die Programmierer die Speerspitze des datenverarbeitenden Berufs sind, ist ihm zumute wie einem gelangweilten Bürodiener bei Dickens, der auf einem Hocker sitzt und modrige Dokumente kopiert.

Die einzigen Unterbrechungen im zähen Tagesablauf gibt es um elf und halb vier, wenn die Teefrau mit ihrem Servierwagen kommt und jedem von ihnen eine Tasse starken englischen Tee vor die Nase setzt (»Hier, mein Guter«). Erst wenn die Fünf-Uhr-Hektik vorbei ist – die Sekretärinnen und Locherinnen gehen auf die Minute pünktlich, Überstunden kommen für sie nicht in Frage – und der Abend vorrückt, ist er frei, seinen Schreibtisch zu verlassen, umherzuwandern, sich zu entspannen. Der Computerraum unten, der von den riesigen Speicherschränken des 7090 beherrscht wird, ist häufig leer; er kann auf dem kleinen 1401 Programme laufen lassen oder sogar heimlich Spiele spielen.

Dann findet er seine Arbeit nicht nur erträglich, sondern angenehm. Er hätte nichts dagegen, die ganze Nacht im Büro zu verbringen, von ihm selbst entworfene Programme laufen zu lassen, bis er müde wird, dann in der Toilette sich die Zähne zu putzen und unter seinem Schreibtisch einen Schlafsack auszurollen. Das wäre besser, als die letzte U-Bahn zu nehmen und auf der Archway Road zu seinem einsamen Zimmer zu trotten. Doch ein solches sonderbares Benehmen wäre bei IBM verpönt.

Er freundet sich mit einer der Locherinnen an. Sie heißt Rhoda; sie hat etwas stämmige Beine, aber einen attraktiven samtig-dunklen Teint. Sie nimmt ihre Arbeit ernst; manchmal bleibt er in der Tür stehen und beobachtet sie, wie sie sich über ihre Tastatur beugt. Sie merkt, dass er sie beobachtet, scheint aber nichts dagegen zu haben.

Es kommt nie dazu, dass er mit Rhoda über etwas anderes als die Arbeit spricht. Ihr Englisch mit seinen Triphthongen und Knacklauten ist nicht immer leicht zu verstehen. Sie ist eine Einheimische auf eine Art, wie es seine Kollegen mit ihrer Gymnasialbildung nicht sind; das Leben, das sie außerhalb der Arbeitszeit führt, ist für ihn ein Buch mit sieben Siegeln.

Bei seiner Ankunft hier im Land war er auf die berühmte kühle britische Art gefasst gewesen. Aber die Mädchen bei IBM sind überhaupt nicht so, stellt er fest. Sie haben ihre eigene wohlige Sinnlichkeit, die Sinnlichkeit von Tieren, die in derselben dampfigen Höhle aufgewachsen sind und die körperlichen Eigenarten voneinander kennen. Obwohl sie den Reiz der Schwedinnen und Italienerinnen nicht erreichen, findet er diese englischen Mädchen mit ihrer Ausgeglichenheit und humorvollen Art anziehend. Er würde Rhoda gern näher kennenlernen. Aber wie? Sie gehört einem fremden Stamm an. Die Hindernisse, die er überwinden müsste, ganz abgesehen von den Stammesbräuchen der Werbung, geben ihm Rätsel auf und entmutigen ihn.

Die Wirtschaftlichkeit des Unternehmens in der Newman Street wird daran gemessen, welchen Gebrauch es vom 7090 macht. Der 7090 ist das Herz des Büros, seine Existenzberechtigung. Wenn der 7090 nicht läuft, wird die Zeit Leerzeit genannt. Leerzeit ist unwirtschaftlich, und Unwirtschaftlichkeit ist eine Sünde. Das oberste Ziel des Büros ist, den 7090 Tag und Nacht laufen zu lassen; die geschätztesten Kunden sind die, welche den 7090 stundenlang ununterbrochen in Anspruch nehmen. Solche Kunden gehören in den Machtbereich der leitenden Programmierer; er hat mit ihnen nichts zu schaffen.

Eines Tages jedoch tauchen bei einem der wichtigen Kunden Probleme mit seinen Daten auf, und er wird beauftragt, ihm zu helfen. Der Kunde ist ein gewisser Mr Pomfret, ein kleiner Mann mit zerknittertem Anzug und Brille. Er kommt jeden Donnerstag aus dem Norden Englands nach London und bringt jede Menge Kästen mit Lochkarten mit; er hat den 7090 regelmäßig für sechs Stunden von Mitternacht an gebucht. Aus Bürotratsch erfährt er, dass die Karten Windkanaldaten für einen neuen britischen Bomber, den TSR-2, enthalten, der für die RAF entwickelt wird.

Mr Pomfrets Problem, und das Problem von Mr Pomfrets Kollegen oben im Norden, ist, dass die Resultate der Testläufe der letzten vierzehn Tage anormal sind. Sie ergeben keinen Sinn.

Entweder sind die Testdaten fehlerhaft, oder es stimmt etwas nicht mit der Konstruktion des Flugzeugs. Seine Aufgabe ist es, Mr Pomfrets Karten auf dem Testcomputer, dem 1401, noch einmal einzulesen und Kontrollen durchzuführen, um herauszufinden, ob sie fehlerhaft gelocht wurden.

Er arbeitet bis nach Mitternacht. Stapel für Stapel lässt er Mr Pomfrets Lochkarten durch den Leser laufen. Am Ende kann er melden, dass bei der Lochung keine Fehler gemacht wurden. Die Ergebnisse sind in der Tat anormal; das Problem ist echt.

Das Problem ist echt. Auf die zufälligste, auf die untergeordnetste Weise trägt er zum TSR-2-Projekt bei, ist am britischen Verteidigungsvorhaben beteiligt; er hat britische Pläne zur Bombardierung Moskaus unterstützt. Ist er dazu nach England gekommen: um am Bösen teilzuhaben, einem Bösen, das nicht belohnt wird, nicht einmal im Traum? Was ist romantisch daran, die ganze Nacht aufzubleiben, damit Mr Pomfret, der Flugzeugkonstrukteur, mit seiner sanften und ziemlich hilflosen Art und seinen Koffern voller Lochkarten den ersten Zug nach Norden erwischt und somit rechtzeitig für seine Freitagmorgenbesprechung ins Labor zurückkommt?

Er erwähnt in einem Brief an seine Mutter, dass er Windkanaldaten für den TSR-2 bearbeitet hat, aber seine Mutter hat nicht die geringste Ahnung, was der TSR-2 ist.

Die Windkanal-Versuche werden beendet. Mr Pomfrets London-Besuche hören auf. Er sucht in den Zeitungen nach Nachrichten vom TSR-2, es gibt aber keine. Der TSR-2 scheint zurückgestellt worden zu sein.

Jetzt, wo es zu spät ist, fragt er sich, was passiert wäre, wenn er die Daten auf den TSR-2-Karten bei der Bearbeitung heimlich verfälscht hätte. Wäre das ganze Bomberprojekt durcheinandergebracht worden, oder hätten die Ingenieure im Norden seine unbefugte Einmischung entdeckt? Einerseits würde er gern seinen kleinen Beitrag dazu leisten, dass Russland nicht bombardiert wird. Hat er aber andererseits ein moralisches Recht darauf, die britische Gastfreundschaft zu genießen und gleichzeitig die Luftwaffe des Landes zu sabotieren? Und wie würden die Russen jemals erfahren, dass ein unbekannter Sympathisant im Londoner IBM-Büro ihnen eine Atempause von ein paar Tagen im Kalten Krieg verschafft hatte?

Er weiß nicht, was die Briten gegen die Russen haben. Großbritannien und Russland sind in allen Kriegen seit 1854, von denen er weiß, auf derselben Seite gewesen. Die Russen haben nie mit einer Invasion Großbritanniens gedroht. Warum verbünden sich dann die Briten mit den Amerikanern, die in Europa wie in der ganzen übrigen Welt den starken Mann markieren? Es ist nicht so, dass die Briten die Amerikaner wirklich liebten. In den Zeitungen sticheln Karikaturisten immer gegen amerikanische Touristen, die sie Zigarre rauchend, schmerbäuchig, in geblümten Hawaiihemden und mit Dollarbündeln wedelnd zeigen. Seiner Meinung nach sollten sich die Briten an die Franzosen halten und aus der NATO austreten, es den Amerikanern und ihren neuen Busenfreunden, den Westdeutschen, überlassen, ihren Groll gegen Russland zu pflegen.

Die Zeitungen sind voller Meldungen über die CND – die Bewegung für Atomare Abrüstung. Die veröffentlichten Fotos von schlaksigen Männern und wenig attraktiven Mädchen mit wirrem Haar, die Plakate schwenken und Losungen rufen, nehmen ihn nicht für die CND ein. Andererseits hat Chruschtschow gerade ein taktisches Meisterstück vollbracht: Er hat in Kuba russische Raketenbasen gebaut, als Gegenmaßnahme zum amerikanischen Raketenring um Russland. Jetzt droht Kennedy mit der Bombardierung Russlands, wenn die russischen Raketen nicht aus Kuba abgezogen werden. Dagegen macht die CND mobil: gegen einen Atomschlag, an dem sich amerikanische Raketenbasen in Großbritannien beteiligen würden. Er kann diesen Standpunkt nur unterstützen.

Amerikanische Spionageflugzeuge fotografieren russische Frachtschiffe auf ihrem Weg über den Atlantik nach Kuba. Die Frachtschiffe bringen noch mehr Raketen, sagen die Amerikaner. Auf den Fotos sind die Raketen – undeutliche Umrisse unter Planen – weiß eingekreist. Seiner Ansicht nach könnten die Umrisse genauso gut Rettungsboote sein. Er ist erstaunt, dass die Zeitungen die amerikanische Story nicht hinterfragen.

Wacht auf!, fordert lautstark die CND: *Wir stehen kurz vor der atomaren Vernichtung.* Könnte das stimmen?, fragt er sich. Werden alle umkommen, er selbst eingeschlossen?

Er geht zu einer großen CND-Demonstration auf dem Trafalgar Square, wobei er darauf achtet, am Rande zu bleiben, um damit zu signalisieren, dass er nur Zuschauer ist. Es ist die erste Massenkundgebung, die er besucht: Fäuste schütteln und Losungen rufen, das Aufpeitschen von Emotionen im Allgemeinen stoßen ihn ab. Nur die Liebe und die Kunst sind es seiner Meinung nach wert, dass man sich ihnen ohne Rückhalt hingibt.

Die Kundgebung ist der Höhepunkt eines Fünfzig-Meilen-Marsches der CND-Anhänger, der vor einer Woche vor den Toren von Aldermaston, dem britischen Atomwaffenstützpunkt, startete. Seit Tagen brachte der *Guardian* von unterwegs Fotos der durchnässten Marschteilnehmer. Jetzt auf dem Trafalgar Square ist die Stimmung düster. Als er sich die Reden anhört, wird ihm klar, dass diese Menschen, oder einige von ihnen, wirklich glauben, was sie sagen. Sie glauben, dass London bombardiert werden wird; sie glauben, dass sie alle sterben werden.

Haben sie recht? Wenn ja, dann ist das außerordentlich ungerecht – ungerecht den Russen gegenüber, ungerecht den Londonern gegenüber, aber vor allem ungerecht ihm gegenüber, wenn sie alle infolge der amerikanischen Kriegstreiberei zu Asche verbrennen.

Er denkt an den jungen Nikolaj Rostow auf dem Schlachtfeld von Austerlitz, der wie ein hypnotisiertes Kaninchen beobachtet, wie die angreifenden französischen Grenadiere ihn mit ihren schrecklichen Bajonetten bedrohen. *Wie können sie mich töten wollen*, protestiert er bei sich – *mich, den alle so gernhaben?*

Vom Regen in die Traufe! Welche Ironie! Den Afrikaanern entkommen zu sein, die ihn in ihre Armee pressen wollen, und den Schwarzen, die ihn ins Meer werfen wollen, um sich auf einer Insel wiederzufinden, die in Kürze eingeäschert werden soll! Was ist das für eine Welt? Wohin kann man sich wenden, um dem Wüten der Politik nicht ausgeliefert zu sein? Nur Schweden scheint sich aus dem Streit herauszuhalten. Sollte er alles aufgeben und das nächste Schiff nach Stockholm nehmen? Muss man Schwedisch sprechen können, um nach Schweden einreisen zu dürfen? Braucht Schweden Programmierer? Hat man in Schweden überhaupt Computer?

Die Demonstration ist zu Ende. Er kehrt in sein Zimmer zurück. Eigentlich sollte er *The Golden Bowl (Die goldene Schale)* lesen oder an seinen Gedichten arbeiten, aber was hätte das für einen Sinn, was hat überhaupt noch Sinn?

Dann ist ein paar Tage später die Krise plötzlich vorbei. Angesichts der Drohungen von Kennedy kapituliert Chruschtschow. Die Frachtschiffe bekommen den Befehl zur Umkehr. Die schon auf Kuba stationierten Raketen werden abgebaut. Die Russen drechseln Phrasen zur Rechtfertigung ihrer Handlung, aber sie sind deutlich gedemütigt worden. Aus dieser Episode der Geschichte kommen nur die Kubaner ehrenvoll heraus. Unerschrocken schwören die Kubaner, dass sie – ob mit oder ohne Raketen – ihre Revolution bis zum letzten Blutstropfen verteidigen werden. Er spendet den Kubanern und Fidel Castro Beifall. Fidel ist zumindest kein Feigling.

In der Tate Gallery kommt er mit einem Mädchen ins Gespräch, das er für eine Touristin hält. Sie ist schlicht, bebrillt, steht fest auf ihren Füßen – die Sorte Mädchen, die ihn nicht interessiert, zu der er aber vielleicht gehört. Sie heiße Astrid, sagt sie ihm. Sie stammt aus Österreich – aus Klagenfurt, nicht aus Wien.

Es stellt sich heraus, dass Astrid keine Touristin ist, sondern ein Au-pair-Mädchen. Am darauffolgenden Tag geht er mit ihr ins Kino. Ihre Geschmäcker sind ganz verschieden, das erkennt er sofort. Trotzdem lehnt er nicht ab, als sie ihn in das Haus, wo sie arbeitet, einlädt. Er darf einen kurzen Blick in ihr Zimmer werfen: eine Dachkammer mit blauen Gingham-Vorhängen und passender Tagesdecke und einem an das Kissen gelehnten Teddybären.

Unten trinkt er dann Tee mit ihr und ihrer Arbeitgeberin, einer Engländerin, deren kühle Augen ihn taxieren und ihm das Prädikat »mangelhaft« verpassen. Das ist ein europäisches Haus, sagen ihre Augen, wir brauchen hier keinen Tölpel aus den Kolonien, und noch dazu einen Buren.

Es ist keine gute Zeit für einen Südafrikaner in England. Mit viel selbstgerechtem Gehabe hat sich Südafrika zur Republik erklärt und ist prompt aus dem Britischen Commonwealth ausgeschlossen worden. Die Botschaft, die in diesem Ausschluss lag, war unmissverständlich. Die Briten hatten genug von den Buren und von einem burenregierten Südafrika, einer Kolonie, die immer mehr Probleme gemacht hat, als sie wert war. Sie hätten nichts dagegen, wenn Südafrika still hinter dem Horizont verschwände. Ganz gewiss wünschen sie nicht, dass verirrte weiße Südafrikaner wie Waisen auf der Suche nach Eltern auf ihrer Schwelle auftauchen. Er zweifelt nicht daran, dass diese weltmännische Engländerin Astrid zu verstehen geben wird, dass er nicht erwünscht ist.

Weil er einsam ist, vielleicht auch weil er Mitleid mit dieser unglücklichen, linkischen Ausländerin mit ihrem armseligen Englisch hat, geht er wieder mit Astrid aus. Danach überredet er sie ohne guten Grund dazu, mit ihm in seine Wohnung zu kommen. Sie ist noch keine achtzehn, hat noch den Kleinmädchenspeck; er ist noch nie mit einem so jungen Mädchen zusammen gewesen – eigentlich ist sie noch ein Kind. Als er sie auszieht, fühlt sich ihre Haut kalt und schweißfeucht an. Es war falsch von ihm, das weiß er bereits. Er spürt kein Begehren; und obwohl Frauen und ihre Bedürfnisse für ihn gewöhnlich ein Geheimnis sind, ist er bei Astrid sicher, dass sie auch keins spürt. Aber sie sind beide zu weit gegangen, um sich zurückzuziehen, deshalb bringen sie es hinter sich.

In den darauffolgenden Wochen verbringen sie noch einige Abende miteinander. Aber es gibt immer ein Zeitproblem. Astrid kann erst ausgehen, wenn die Kinder ihrer Arbeitgeber zu Bett gebracht worden sind; sie haben höchstens eine knappe Stunde für sich, ehe die letzte Bahn nach Kensington fährt. Einmal ist sie so mutig, die ganze Nacht zu bleiben. Er tut so, als freue er sich darüber, aber das stimmt nicht. Er schläft besser, wenn er allein ist. Wenn jemand sein Bett teilt, liegt er die ganze Nacht angespannt und steif da und wacht erschöpft auf.

◆ Elf ◆

Vor Jahren, als er noch ein Kind war in einer Familie, die sich nach Kräften bemühte, normal zu sein, gingen seine Eltern manchmal samstagabends zum Tanz. Er schaute ihnen bei den Vorbereitungen zu; wenn er lange genug aufblieb, konnte er seine Mutter hinterher ausfragen. Aber was im Ballsaal des *Masonic Hotel* in Worcester wirklich vor sich ging, bekam er nie zu sehen: welche Tänze seine Eltern tanzten, ob sie so taten, als blickten sie einander dabei in die Augen, ob nur sie beide miteinander tanzten oder ob wie in amerikanischen Filmen ein Fremder die Hand auf die Schulter der Frau legen und sie dem Partner entführen durfte, so dass der Partner sich eine andere Partnerin suchen oder zigaretterauchend und schmollend in einer Ecke stehen musste.

Warum sich Leute, die schon verheiratet waren, die Mühe machen sollten, sich fein anzuziehen und ins Hotel tanzen zu gehen, wo sie es doch genauso gut zu Hause im Wohnzimmer zur Musik aus dem Radio hätten tun können, war für ihn schwer zu begreifen. Aber für seine Mutter waren die Samstagabende im *Masonic Hotel* offenbar wichtig, so wichtig wie die Freiheit, ein Pferd zu reiten oder, wenn ein Pferd nicht zu haben war, Fahrrad zu fahren. Tanzen und Reiten standen für das Leben, das sie vor ihrer Ehe geführt hatte, bevor sie, in ihrer Version ihrer Lebensgeschichte, eine Gefangene wurde (»Ich werde keine Gefangene in diesem Haus sein!«).

Ihre Resolutheit nützte ihr nichts. Welcher von Vaters Arbeitskollegen es auch gewesen sein mochte, der sie beide samstagabends in seinem Auto zum Tanz mitgenommen hatte, er zog jedenfalls um oder fuhr nicht mehr hin. Das leuchtend blaue Kleid mit der silbernen Anstecknadel, die weißen Handschuhe, das komische Hütchen, das schräg auf dem Kopf saß, verschwanden in Schränken und Schubfächern, und das war's dann.

Und er selbst war froh, dass es mit dem Tanzen ein Ende hatte, obwohl er es nicht äußerte. Er mochte es nicht, wenn seine Mutter ausging, er mochte die geistesabwesende Art nicht, die am nächsten Tag über sie kam. Das Tanzen selbst hatte für ihn sowieso keinen Sinn. Filme, die mit Tanzeinlagen warben, mied er, abgeschreckt von dem dämlich-sentimentalen Ausdruck, der auf die Gesichter der Leute trat.

»Tanzen hält dich in Form«, behauptete seine Mutter beharrlich. »Es schult das Rhythmusgefühl und den Gleichgewichtssinn.« Er war nicht überzeugt. Wenn sich die Leute in Form halten wollten, dann konnten sie Gymnastik machen, Hanteln stemmen oder ums Karree laufen.

In den Jahren, seit er aus Worcester fortgezogen ist, hat er seine Meinung zum Tanzen nicht geändert. Als Student war es für ihn peinlich, ohne tanzen zu können auf Partys zu gehen, deshalb meldete er sich in einer Tanzschule für einen Kurs an, den er aus der eigenen Tasche bezahlte: Qickstepp, Walzer, Twist, Cha-Cha-Cha. Es half nichts – innerhalb weniger Monate hatte er alles wieder vergessen, und zwar mit voller Absicht. Er weiß auch genau, warum. Nicht einen Augenblick hatte er sich wirklich ganz dem Tanzen hingegeben, nicht einmal während des Unterrichts. Obwohl seine Füße die Schrittfolge ausführten, blieb er innerlich steif vor Widerstreben. Und so ist es immer noch: Im tiefsten Grund vermag er nicht einzusehen, warum die Leute tanzen müssen.

Tanzen ergibt nur Sinn, wenn es als etwas anderes interpretiert wird, etwas, das die Leute nicht zugeben wollen. Dieses *andere* ist das Wahre: Der Tanz ist nur Tarnung. Ein Mädchen zum Tanz zu bitten steht dafür, es zu bitten, mit einem zu schlafen; der Einladung zu folgen steht für die Zustimmung zum Beischlaf; und

Tanzen imitiert den Beischlaf und nimmt ihn vorweg. So deutlich ist die Übereinstimmung, dass er sich wundert, warum die Leute sich überhaupt mit Tanzen abgeben. Wozu das Aufschmücken, wozu die rituellen Bewegungen; wozu der ganze Schwindel?

Die altmodische Tanzmusik mit ihren groben Rhythmen, die Musik des *Masonic Hotel*, hat ihn immer gelangweilt. Und die primitive Musik aus Amerika, zu der Leute seines Alters tanzen, findet er nur geschmacklos.

Damals in Südafrika kamen die Songs im Radio alle aus Amerika. In den Zeitungen verfolgte man die Eskapaden amerikanischer Filmstars wie besessen, imitierte man sklavisch amerikanische Marotten wie den Hula-Hoop. Warum? Warum sollte man sich in allen Fragen an Amerika orientieren? Hatten sich die Südafrikaner – von den Holländern und nun auch von den Briten verstoßen – dazu entschlossen, Pseudoamerikaner zu werden, obwohl doch die meisten von ihnen noch nie einen echten Amerikaner zu Gesicht bekommen hatten?

In Großbritannien hatte er Amerika zu entfliehen gehofft – amerikanischer Musik, amerikanischen Marotten. Aber zu seiner Verärgerung sind die Briten nicht weniger erpicht darauf, Amerika nachzuäffen. Die Massenblätter bringen Fotos von Mädchen, die bei Konzerten wie wahnsinnig kreischen. Männer mit schulterlangen Mähnen schreien und heulen mit pseudoamerikanischem Akzent und zertrümmern dann ihre Gitarren. Das ist ihm alles völlig unverständlich.

Was mit Großbritannien versöhnt, ist das Dritte Programm. Wenn er sich nach einem Tag bei IBM auf etwas freut, dann darauf, in die Stille seines Zimmers heimzukommen, das Radio einzuschalten und Musik zu empfangen, die er noch nie gehört hat, oder kühle, intellektuelle Wortbeiträge. Abend für Abend öffnen sich ihm garantiert und kostenlos auf Knopfdruck die Pforten.

Das Dritte Programm sendet nur auf Langwelle. Wenn es auf Kurzwelle zu empfangen wäre, hätte er es in Kapstadt hören können. Welche Notwendigkeit hätte es dann gegeben, nach London zu kommen?

In der Reihe »Dichter und Gedichte« gibt es einen Beitrag über einen Russen namens Joseph Brodsky. Joseph Brodsky wurde beschuldigt, ein Sozialparasit zu sein, und zu fünf Jahren Zwangsarbeit in einem Lager auf der Halbinsel Archangelsk im eisigen Norden verurteilt. Die Strafe ist noch nicht verbüßt. Während er in seinem warmen Zimmer in London sitzt, seinen Kaffee schlürft und Rosinen und Nüsse knabbert, gibt es einen Gleichaltrigen, Dichter wie er, der den ganzen Tag Baumstämme sägt, an erfrorenen Fingern herumlaboriert, seine Stiefel mit Lumpen ausbessert, sich von Fischköpfen und Kohlsuppe ernährt.

»So dunkel wie das Innere einer Nadel«, schreibt Brodsky in einem seiner Gedichte. Er kann die Zeile nicht vergessen. Wenn er sich konzentrierte, wirklich Nacht für Nacht konzentrierte, wenn er durch bloße Anspannung den Segen der Inspiration auf sich herabzwänge, würde ihm vielleicht etwas Ebenbürtiges einfallen. Denn er hat es in sich, weiß er, seine Phantasie hat dieselbe Färbung wie die Brodskys. Aber wie soll das dann bis nach Archangelsk dringen?

Durch die Gedichte, die er im Radio gehört hat, und durch nichts sonst kennt er Brodsky, kennt ihn durch und durch. Das vermögen Gedichte. Dichtung ist Wahrheit. Aber dass es ihn in London gibt, davon kann Brodsky nichts wissen. Wie kann er dem Mann in Eis und Schnee sagen, dass er bei ihm, an seiner Seite ist, Tag für Tag?

Joseph Brodsky, Ingeborg Bachmann, Zbigniew Herbert: Von einsamen Flößen auf den sturmgepeitschten dunklen Meeren Europas lassen sie ihre Worte in die Luft steigen, und auf Ätherwellen eilen die Worte in sein Zimmer, die Worte der Dichter seiner Zeit, die ihm zeigen, was Dichtung sein kann und was er deshalb sein kann, und die ihn froh machen, weil er dieselbe Erde wie sie bewohnt. »Das Signal in London empfangen – bitte weitersenden«: Das ist die Botschaft, die er ihnen schicken würde, wenn er könnte.

In Südafrika hatte er ein oder zwei Stücke von Schönberg und Berg gehört – *Verklärte Nacht*, das Violinkonzert. Jetzt hört er zum ersten Mal die Musik Anton von Weberns. Man hat ihn vor Webern gewarnt. Webern geht zu weit, hat er gelesen: Was Webern schreibe, sei keine Musik mehr, es seien nur willkürliche Geräusche. Über das Radio gebeugt, lauscht er. Erst eine Note, dann noch eine und noch eine, kalt wie Eiskristalle, wie Sterne am Firmament aufgereiht. Ein oder zwei Minuten dieser Verzückung, dann ist es vorbei.

Webern wurde 1945 von einem amerikanischen Soldaten erschossen. Ein Missverständnis, hieß es, ein Kriegsunfall. Der Geist, der diese Klänge, diese stillen Zwischenräume entwarf, dieses Gebilde aus Klang und Stille, für immer ausgelöscht.

Er besucht eine Ausstellung der abstrakten Expressionisten in der Tate Gallery. Eine Viertelstunde lang steht er vor einem Jackson Pollock und gibt dem Bild eine Chance, zu ihm durchzudringen, wobei er verständig auszusehen versucht, falls ein weltmännischer Londoner diesen provinziellen Ignoranten amüsiert beobachten sollte. Es nützt nichts. Das Gemälde sagt ihm nichts. Es hat etwas, was er nicht versteht.

Im nächsten Raum, hoch oben an der Wand, hängt ein Riesengemälde, das aus nichts als einem länglichen schwarzen Klecks auf weißem Feld besteht. *Elegie auf die Spanische Republik 24* von Robert Motherwell, lautet die Beschriftung. Er ist gebannt. Bedrohlich und geheimnisvoll nimmt ihn die schwarze Form gefangen. Ein Klang wie ein Gongschlag geht davon aus und entlässt ihn erschüttert und mit weichen Knien.

Woher nimmt sie ihre Macht, diese amorphe Form, die keine Ähnlichkeit mit Spanien oder mit sonst etwas hat, aber einen Springquell dunkler Gefühle in ihm auslöst? Sie ist nicht schön, spricht aber wie die Schönheit, gebieterisch. Warum hat Motherwell diese Macht und nicht Pollock oder van Gogh oder Rembrandt? Ist es dieselbe Macht, die sein Herz beim Anblick der einen Frau schneller schlagen lässt, bei der anderen aber nicht? Entspricht *Elegie auf die Spanische Republik* einer in seiner Seele wohnenden Form? Wie ist das mit der Frau, die sein Schicksal sein wird? Ist ihr Schatten schon in seinem dunklen Inneren gespeichert? Wie lange noch, bis sie sich offenbart? Wenn sie es tut, wird er vorbereitet sein?

Die Antwort weiß er nicht. Aber wenn er ihr als einer Ebenbürtigen begegnen kann, ihr, der ihm Bestimmten, dann wird ihre Liebe ohne Beispiel sein, dessen ist er gewiss, eine Ekstase, die dem Tod nahekommt; und wenn er danach ins Leben zurückkehrt, dann als ein neues Wesen, verwandelt. Ein vernichtender Blitz, wie wenn sich entgegengesetzte Pole berühren, wie wenn sich Zwillinge paaren; dann die langsame Wiedergeburt. Er muss bereit sein dafür. Bereit sein ist alles.

Im Everyman-Kino gibt es eine Satyajit-Ray-Reihe. Er sieht sich an aufeinanderfolgenden Abenden in einem Zustand der völligen Versunkenheit die Apu-Trilogie an. In Apus verbitterter, eingesperrter Mutter, in seinem sympathischen, schwachen Vater erkennt er plötzlich schuldbewusst seine eigenen Eltern. Aber es ist vor allem die Musik, die ihn packt, schwindelerregend dichtes Zusammenspiel von Trommeln und Saiteninstrumenten, lange Flötenarien, deren Tonleiter oder Tonart – er ist in der Musiktheorie nicht bewandert genug, um das zu entscheiden – ihm ans Herz greift und ihn in eine sinnlich-melancholische Stimmung versetzt, die noch lange anhält, nachdem der Film zu Ende ist.

Bisher hat er in westlicher Musik, vor allem in Bach, alles gefunden, was er braucht. Jetzt entdeckt er etwas, was nicht in Bach enthalten ist, obschon es Andeutungen davon gibt: die freudige Unterwerfung des vernünftigen, denkenden Geistes unter den Tanz der Finger.

Er durchstöbert Schallplattenläden, und in einem stößt er auf die LP eines Sitar-Spielers namens Ustad Vilayat Khan, begleitet von seinem Bruder – einem jüngeren Bruder, nach dem Foto zu urteilen – auf der Vina und einem ungenannten Tabla-Spieler. Er besitzt keinen Plattenspieler, aber er kann sich die ersten zehn Minuten im Laden anhören. Alles ist da: das schwebende Erkunden der Tonfolgen, das bebende Gefühl, das ekstatische Dahinströmen. Er kann sein Glück nicht fassen. Ein neuer Kontinent, und alles für nicht mehr als neun Shilling! Er nimmt die Schallplatte mit nach Hause, stellt sie in ihrer Hülle weg bis zum Tag, an dem er sie sich wieder anhören kann.

Im Zimmer unter ihm wohnt ein indisches Ehepaar. Sie haben ein Baby, das manchmal leise weint. Er und der Mann nicken sich zu, wenn sie einander auf der Treppe begegnen. Die Frau taucht selten auf.

Eines Abends klopft es an seiner Tür. Es ist der Inder. Ob er gern mit ihnen essen würde?

Er nimmt an, aber mit Bedenken. Er ist keine scharfen Gewürze gewohnt. Ob er essen kann, ohne zu prusten und zu spucken und sich zu blamieren?

Aber er wird sofort beruhigt. Die Familie stammt aus Südindien; sie sind Vegetarier. Scharfe Gewürze gehören nicht unbedingt zur indischen Küche, erklärt sein Gastgeber; sie wurden nur eingeführt, um den Geschmack verfaulenden Fleisches zu überdecken. Südindische Speisen sind ziemlich mild für den Gaumen. Und das bestätigt sich dann auch. Was ihm vorgesetzt wird – Kokosmilchsuppe mit Kardamom und Nelken gewürzt, ein Omelett –, ist eindeutig milchig.

Sein Gastgeber ist Ingenieur. Er und seine Frau sind seit etlichen Jahren in England. Sie sind glücklich hier, sagt er. Ihre jetzige Unterkunft ist die beste, die sie bisher hatten. Das Zimmer ist geräumig, das Haus ruhig und ordentlich. Natürlich gefällt ihnen das englische Klima nicht. Aber – er zuckt mit den Schultern – man muss es eben nehmen, wie es kommt.

Seine Frau beteiligt sich kaum an der Unterhaltung. Sie bedient sie, ohne selbst zu essen, dann zieht sie sich in die Ecke zurück, wo das Baby in seinem Körbchen liegt. Ihr Englisch ist nicht gut, sagt ihr Mann.

Sein Nachbar, der Ingenieur, bewundert die westliche Wissenschaft und Technik, beklagt, dass Indien rückständig ist. Obwohl Lobgesänge auf Maschinen ihn gewöhnlich langweilen, widerspricht er dem Mann nicht. Das sind hier in England die ersten Leute, die ihn in ihr Heim eingeladen haben. Und mehr noch: Es sind Farbige, sie wissen, dass er Südafrikaner ist, doch sie haben ihm die Hand entgegengestreckt. Er ist dankbar.

Die Frage ist, was er mit seiner Dankbarkeit anfangen soll. Es ist undenkbar, dass er sie in sein Zimmer einlädt, Mann und Frau und das zweifellos weinende Baby, um Tütensuppe zu essen, gefolgt, wenn nicht von Chipolatas, dann von Makkaroni mit Käsesoße. Aber wie sonst erwidert man Gastfreundschaft?

Eine Woche vergeht, und er unternimmt nichts, dann eine zweite Woche. Seine Verunsicherung wächst. Er fängt an, morgens an seiner Tür zu lauschen und darauf zu warten, dass der Ingenieur zur Arbeit geht, ehe er auf den Treppenabsatz hinaustritt.

Es muss eine Geste geben, einen schlichten Akt, mit dem er sich revanchieren kann, aber ihm fällt nichts ein, oder vielleicht will er nicht, dass ihm etwas einfällt, und in Bälde ist es sowieso zu spät. Was stimmt mit ihm nicht? Warum macht er sich die einfachsten Dinge so schwer? Wenn die Antwort lautet, dass es sein Naturell ist, wozu ist ein solches Naturell gut? Warum sollte er nicht sein Naturell ändern?

Aber ist es wirklich sein Naturell? Er bezweifelt es. Es fühlt sich nicht natürlich an, es ist wie eine Krankheit, eine moralische Krankheit: Geiz, Engherzigkeit – es unterscheidet sich im Grunde nicht von seiner Kälte Frauen gegenüber. Kann man aus einer solchen Krankheit Kunst machen? Und wenn man es kann, was sagt das über die Kunst?

Vor einem Zeitungsshop in Hampstead liest er auf einer Anschlagtafel: »Vierter für Wohnung in Swiss Cottage gesucht. Eigenes Zimmer, gemeinsame Küche.«

Er mag keine Wohngemeinschaften. Er wohnt lieber allein. Aber solange er allein wohnt, wird er nie aus seiner Isolation ausbrechen. Er ruft an, vereinbart einen Besichtigungstermin.

Der Mann, der ihm die Wohnung zeigt, ist ein paar Jahre älter als er. Er hat einen Bart, trägt eine blaue Nehru-Jacke mit Goldknöpfen. Miklos ist sein Name, und er stammt aus Ungarn. Die Wohnung selbst ist sauber und luftig; das Zimmer, das ihm gehören wird, ist größer als das, was er jetzt gemietet hat, und auch moderner. »Ich nehme es«, sagt er, ohne zu zögern, zu Miklos. »Soll ich Ihnen eine Anzahlung machen?«

Aber so einfach ist das nicht. »Lassen Sie Ihren Namen und Ihre Telefonnummer da, und ich setze Sie auf die Liste«, sagt Miklos.

Er wartet drei Tage lang. Am vierten Tag ruft er an. Miklos ist nicht da, sagt das Mädchen am anderen Ende der Leitung. Das Zimmer? Oh, das Zimmer ist vergeben, schon seit einigen Tagen.

Ihre Stimme klingt leicht rauchig und exotisch; bestimmt ist sie schön, intelligent, elegant. Er fragt nicht, ob sie auch Ungarin ist. Aber wenn er das Zimmer bekommen hätte, würde er jetzt in einer Wohnung mit ihr wohnen. Wer ist sie? Wie heißt sie? War sie die ihm vom Schicksal bestimmte Geliebte, und ist ihm nun sein Schicksal entschlüpft? Wer ist der Glückliche, der das Zimmer zugesprochen bekam, mit der Zukunft, die seine hätte sein sollen?

Als er die Wohnung besichtigte, hatte er den Eindruck, dass ihn Miklos nur der Form halber herumführte. Er kann sich nur denken, dass Miklos jemanden suchte, der mehr als nur ein Viertel der Miete zum Haushalt beizusteuern hatte, jemand, der dazu noch Fröhlichkeit oder Stil oder Romantik anzubieten hätte. Mit einem Blick hatte Miklos erfasst, dass ihm Fröhlichkeit, Stil und Romantik abgingen, und hatte ihn abgelehnt.

Er hätte die Initiative ergreifen sollen. »Ich bin nicht, was ich zu sein scheine«, hätte er sagen sollen. »Vielleicht sehe ich wie ein Büroangestellter aus, aber eigentlich bin ich ein Dichter, ein zukünftiger Dichter. Darüber hinaus werde ich meinen Teil der Miete pünktlich zahlen, was mehr ist, als die meisten Dichter tun.« Aber er hatte sich nicht geäußert, hatte nicht für sich und seine Berufung geworben, wie bescheiden auch immer; und nun ist es zu spät.

Wie kommt ein Ungar dazu, über eine Wohnung im vornehmen Viertel Swiss Cottage verfügen zu können, sich nach der neuesten Mode zu kleiden, spät am trägen Morgen aufzuwachen, neben sich im Bett das bestimmt schöne Mädchen mit der rauchigen Stimme, während er den ganzen Tag für IBM schuften und in einem trostlosen Zimmer unweit der Archway Road wohnen muss? Wie sind die Schlüssel, mit denen man sich Zugang zu den Freuden Londons verschafft, in Miklos' Besitz gelangt? Wo bekommen solche Leute das Geld her, das ihnen ihr unbeschwertes Leben ermöglicht?

Er hat Menschen nie gemocht, die sich nicht an die Gesetze halten. Wenn die Gesetze missachtet werden, hat das Leben keinen Sinn mehr; man könnte ebenso gut, wie Iwan Karamasow, seine Eintrittskarte abgeben und sich zurückziehen. Aber London scheint voller Leute zu sein, die die Gesetze missachten und damit durchkommen. Offenbar ist er der Einzige, der dumm genug ist, sich nach den Gesetzen zu richten, er und die anderen Büroangestellten mit den dunklen Anzügen, bebrillt und drangsaliert, die er in der U-Bahn sieht. Was sollte er also tun? Sollte er sich nach Iwan richten? Sollte er sich nach Miklos richten? Ihm scheint, er scheitert, nach wem er sich auch richtet. Denn er hat kein Talent zum Lügen, Täuschen oder Gesetzebrechen, wie er auch kein Talent für Vergnügungen und modische Sachen hat. Er ist einzig und allein talentiert für Unglück, für dumpfes, ehrliches Unglück. Wenn diese Stadt Unglück nicht belohnt, was hat er dann hier zu suchen?

◆ Zwölf ◆

Jede Woche kommt ein Brief von seiner Mutter, ein hellblauer Luftpostbrief, adressiert in ordentlicher Blockschrift. Mit Verzweiflung nimmt er diese Beweise ihrer unwandelbaren Liebe zu ihm entgegen. Will seine Mutter nicht begreifen, dass er alle Verbindungen zur Vergangenheit abgebrochen hat, als er Kapstadt verließ? Wie kann er ihr verständlich machen, dass der Prozess seiner Verwandlung in eine andere Person, den er als Fünfzehnjähriger begonnen hat, ohne Bedauern fortgeführt werden wird, bis alle Erinnerung an die Familie und das Land, die er beide hinter sich ließ, ausgelöscht ist? Wann wird sie erkennen, dass er sich so weit von ihr entfernt hat, dass er ebenso gut ein Fremder sein könnte?

In ihren Briefen erzählt ihm die Mutter familiäre Neuigkeiten, erzählt ihm von ihren jüngsten Arbeitsaufgaben (sie zieht von Schule zu Schule als Aushilfskraft für kranke Lehrer). Sie beendet ihre Briefe mit der Hoffnung, dass er gesund ist, dass er immer daran denkt, sich warm anzuziehen, dass ihn nicht die Grippe erwischt hat, die – wie sie gehört hat – ganz Europa heimsucht. Von südafrikanischen Angelegenheiten schreibt sie nichts, weil er ihr klargemacht hat, dass sie ihn nicht interessieren.

Er erwähnt, dass er seine Handschuhe in einer Bahn vergessen hat. Ein Fehler. Prompt kommt ein Luftpostpäckchen: ein Paar Schaffellhandschuhe. Das Porto kostet mehr als die Handschuhe.

Sie schreibt ihre Briefe sonntagabends und bringt sie rechtzeitig für die Leerung am Montagmorgen zum Briefkasten. Er kann sich nur allzu leicht die Szene in der Wohnung, in die sie und sein

Vater und Bruder gezogen sind, als sie das Haus in Rondebosch verkaufen mussten, vorstellen. Das Abendbrot ist beendet. Sie räumt den Tisch ab, setzt ihre Brille auf, zieht die Lampe heran. »Was machst du jetzt?«, fragt der Vater, der sich vor den Sonntagabenden fürchtet, wenn der *Argus* von vorn bis hinten durchgelesen ist und nichts zu tun bleibt. »Ich muss John schreiben«, erwidert sie, schürzt die Lippen und schließt ihn aus. *Mein lieber John*, fängt sie an.

Was hofft sie mit diesen Briefen zu erreichen, diese störrische, taktlose Frau? Kann sie nicht begreifen, dass Beweise ihrer Treue, ganz egal wie beharrlich sie sind, ihn nie dazu bringen werden, nachzugeben und zurückzukommen? Kann sie nicht akzeptieren, dass er nicht normal ist? Sie sollte ihre Liebe auf seinen Bruder konzentrieren und ihn selbst vergessen. Sein Bruder ist ein unkomplizierterer und unschuldigerer Mensch. Sein Bruder hat ein weiches Herz. Lass den Bruder die Bürde übernehmen, sie zu lieben; lass sie ihm erzählen, dass er von jetzt an ihr Erstgeborener, ihr Liebling ist. Dann wird er, der Neuvergessene, frei sein, sein eigenes Leben zu leben.

Sie schreibt jede Woche, aber er antwortet nicht jede Woche. Das wäre zu viel Gegenseitigkeit. Er antwortet nur hin und wieder, und seine Briefe sind kurz und sagen wenig, außer dass er, weil sie geschrieben wurden, noch unter den Lebenden weilen muss.

Das ist das Schlimmste dabei. Das ist die Falle, die sie aufgestellt hat, eine Falle, der er noch nicht zu entkommen gelernt hat. Wenn er alle Verbindungen abbrechen, wenn er überhaupt nicht mehr schreiben würde, dann zöge sie die schlimmste Schlussfolgerung, die denkbar schlimmste; und bei dem bloßen Gedanken an den Schmerz, der sie dann durchbohren würde, möchte er sich die Ohren und die Augen zuhalten. Solange sie lebt, wagt er nicht zu sterben. Solange sie lebt, gehört ihm daher sein Leben nicht. Er darf nicht leichtsinnig damit umgehen. Obwohl er sich selbst nicht besonders liebt, muss er um ihretwillen auf sich aufpassen, und das geht sogar so weit, dass er sich warm anzieht, das Richtige isst, Vitamin C schluckt. Und was Selbstmord angeht, so kommt der überhaupt nicht in Frage.

Die Nachrichten über Südafrika, die ihn erreichen, kommen von der BBC und vom *Manchester Guardian*. Er liest die Berichte im *Guardian* mit Entsetzen. Ein Farmer bindet einen seiner Arbeiter an einen Baum und peitscht ihn zu Tode. Polizisten feuern wahllos in eine Menge. Ein Häftling wird tot in seiner Zelle gefunden, an einem Deckenstreifen erhängt, sein Gesicht ist blau geschlagen und blutig. Schrecken auf Schrecken, Gräuel auf Gräuel, pausenlos.

Er kennt die Ansichten seiner Mutter. Sie glaubt, Südafrika werde von der Welt missverstanden. Schwarze in Südafrika hätten es besser als überall sonst in Afrika. Die Streiks und Proteste wären von kommunistischen Agitatoren geschürt. Was die Farmarbeiter angeht, die ihren Lohn in Form von Maismehl bekommen und die ihre Kinder mit Jutesäcken vor der Winterkälte schützen müssen, so gibt seine Mutter zu, dass das eine Schande ist. Aber solche Dinge geschehen nur im Transvaal. Es sind die Afrikaaner im Transvaal, die mit ihrem dumpfen Hass und ihren harten Herzen das Land so in Verruf bringen.

Seine eigene Meinung, die er ihr ohne Zögern mitteilt, ist die, dass die Russen, statt vor den Vereinten Nationen eine Rede nach der anderen zu halten, unverzüglich in Südafrika einmarschieren sollten. Sie sollten mit Fallschirmjägern in Pretoria landen, Verwoerd und seine Spießgesellen gefangen nehmen, an die Wand stellen und erschießen.

Was die Russen, wenn sie Verwoerd erschossen haben, dann tun sollten, sagt er nicht, weil er es nicht zu Ende gedacht hat. Der Gerechtigkeit muss Genüge getan werden, das ist alles, was zählt; der Rest ist Politik, und er interessiert sich nicht für Politik. Soweit er zurückdenken kann, sind die Afrikaaner auf den Menschen herumgetrampelt, weil, so behaupten sie, man einst auf ihnen herumgetrampelt ist. Dann soll sich das Rad drehen, dann soll Gewalt mit größerer Gewalt beantwortet werden. Er ist froh, nichts mehr damit zu tun zu haben.

Südafrika ist wie ein toter Albatros um seinen Hals. Er will ihn weghaben, es kümmert ihn nicht, wie, damit er frei atmen kann.

Es zwingt ihn ja keiner, den *Manchester Guardian* zu kaufen. Es gibt andere, leichter verdauliche Zeitungen: *The Times* zum Beispiel oder den *Daily Telegraph*. Aber man kann sich darauf verlassen, dass der *Manchester Guardian* keine Meldung über Südafrika auslässt, die ihn innerlich schaudern macht. Wenn er den *Manchester Guardian* liest, kann er wenigstens sicher sein, dass er das Schlimmste weiß.

Seit Wochen hat er sich nicht bei Astrid gemeldet. Jetzt ruft sie an. Ihre Zeit in England ist um, sie kehrt nach Österreich zurück. »Wahrscheinlich sehe ich dich nicht wieder«, sagt sie, »deshalb rufe ich an, um mich zu verabschieden.«

Sie versucht, sachlich zu sein, aber er hört, dass sie den Tränen nahe ist. Schuldbewusst schlägt er ein Treffen vor. Sie trinken zusammen Kaffee, sie kommt danach mit zu ihm und verbringt die Nacht (»unsere letzte Nacht«, nennt sie es) an ihn geklammert, leise weinend. Früh am nächsten Morgen (es ist ein Sonntag) hört er sie aus dem Bett kriechen und auf Zehenspitzen ins Bad auf dem Treppenabsatz schleichen, um sich anzuziehen. Als sie zurückkommt, stellt er sich schlafend. Er braucht bloß das kleinste Zeichen zu geben, weiß er, und sie bleibt. Wenn er dann, ehe er ihr seine Aufmerksamkeit widmete, zuerst lieber etwas anderes täte, wie zum Beispiel Zeitung lesen, dann würde sie still in einer Ecke sitzen und warten. Dieses Benehmen scheint man Mädchen in Klagenfurt beizubringen: nichts zu fordern, zu warten, bis der Mann bereit ist, und ihm dann zu dienen.

Er wäre gern netter zu Astrid, so jung, so allein in der großen

Stadt. Er würde gern ihre Tränen trocknen, sie zum Lächeln bringen; er würde ihr gern beweisen, dass sein Herz nicht so hart ist, wie es den Anschein hat, dass er fähig ist, ihre Bereitwilligkeit mit Bereitwilligkeit seinerseits zu beantworten, einer Bereitwilligkeit, so zärtlich zu ihr zu sein, wie sie es möchte, und ein Ohr für ihre Geschichten über Mutter und Brüder daheim zu haben. Aber er muss aufpassen. Zu viel Wärme, und sie gibt vielleicht ihr Flugticket zurück, bleibt in London, zieht zu ihm. Zwei Verlierer, die Zuflucht und Trost beieinander suchen: Diese Aussicht ist zu demütigend. Sie könnten auch gleich heiraten, er und Astrid, und dann den Rest ihres Lebens wie Invaliden füreinander sorgen. Er gibt also kein Zeichen, sondern liegt da und hält die Augen krampfhaft geschlossen, bis er die Treppe knarren und die Haustür ins Schloss fallen hört.

Es ist Dezember, und es ist bitterkalt geworden. Es schneit, der Schnee verwandelt sich in Matsch, der Matsch friert; auf den Bürgersteigen muss man sich vorsichtig wie ein Bergsteiger von einer sicheren Stelle zur anderen bewegen. Eine Nebeldecke liegt über der Stadt, Nebel, versetzt mit Kohlenstaub und Schwefel. Der Strom fällt aus; die U-Bahn fährt nicht mehr; alte Leute erfrieren in ihren Wohnungen. Der schlimmste Winter des Jahrhunderts, schreiben die Zeitungen.

Er stapft die Archway Road entlang, auf dem Eis rutschend und gleitend, hält einen Schal vors Gesicht und versucht, nicht zu atmen. Seine Sachen riechen nach Schwefel, er hat einen üblen Geschmack im Mund; wenn er hustet, bringt er schwarzen Schleim hoch. In Südafrika ist es Sommer. Wenn er dort wäre, könnte er am Strand von Strandfontein sein, meilenweit unter einem weiten blauen Himmel über weißen Sand laufen.

Während der Nacht platzt in seinem Zimmer ein Wasserrohr. Der Boden wird überschwemmt. Als er aufwacht, ist er von einer Eisfläche umgeben.

Es ist wieder wie damals beim *Blitz*, den deutschen Luftangriffen, schreiben die Zeitungen. Sie bringen Geschichten über Suppenküchen für die Obdachlosen, organisiert von Helferinnen, über Reparaturtrupps, die die ganze Nacht lang schuften. Man sagt, die Krise bringt die besten Seiten der Londoner zum Vorschein, die den Widrigkeiten mit ruhiger Kraft und stets einem Scherz auf den Lippen begegnen.

Was ihn angeht, so mag er sich ja wie ein Londoner kleiden, wie ein Londoner zur Arbeit stapfen, die Kälte wie ein Londoner ertragen, aber er hat nie einen Scherz auf den Lippen. Nie im Leben würden Londoner ihn für echt halten. Im Gegenteil, Londoner erkennen ihn sofort als einen von diesen Ausländern, die es aus irgendwelchen törichten Gründen vorziehen, da zu leben, wo sie nicht hingehören.

Wie lange muss er noch in England leben, bevor man ihm zugesteht, dass er zum echten Engländer geworden ist? Reicht es, wenn er einen britischen Pass erhält, oder bedeutet ein seltsam klingender ausländischer Name, dass er für immer ausgeschlossen bleibt? Und was bedeutet das überhaupt – »Engländer werden«? England ist die Heimat zweier Nationen: Er wird sich für eine entscheiden müssen, entweder für den Mittelklasse-Engländer oder für den Arbeiterklasse-Engländer. Er hat sich offenbar schon entschieden. Er trägt die Uniform der Mittelklasse, liest eine Mittelklasse-Zeitung, imitiert die Sprache der Mittelklasse. Aber solche bloßen Äußerlichkeiten werden ihm die Aufnahme nicht garantieren, bei weitem nicht. Über die Aufnahme in die Mittelklasse – volle Aufnahme, keine limitierte Karte, die nur für gewisse Tageszeiten an gewissen Tagen des Jahres gilt – wurde, soweit er weiß, vor Jahren, sogar vor Generationen, entschieden, nach Regeln, die für ihn immer unergründlich bleiben werden.

Und nun zur Arbeiterklasse: Er beteiligt sich nicht an ihren Freizeitaktivitäten, versteht ihre Sprache kaum, hat nie den kleinsten Hinweis von dieser Seite erhalten, dass er willkommen wäre.

Die Mädchen bei IBM haben ihre eigenen Freunde aus der Arbeiterklasse, sind voll in Anspruch genommen von Gedanken an Heirat und Kinder und Sozialwohnungen, reagieren frostig auf Annäherungsversuche. Ja, er lebt in England, aber bestimmt nicht auf Einladung der englischen Arbeiterklasse.

Es gibt andere Südafrikaner in London, Tausende, wenn er den Berichten glauben will. Es gibt auch Kanadier, Australier, Neuseeländer, sogar Amerikaner. Aber diese Menschen sind keine Einwanderer, sie wollen nicht bleiben, nicht Engländer werden. Sie sind gekommen, um sich zu vergnügen oder um zu studieren oder um etwas Geld zu verdienen, ehe sie eine Europarundreise machen. Wenn sie genug von der Alten Welt haben, werden sie heimkehren und ihr eigentliches Leben wiederaufnehmen.

Es gibt auch Europäer in London, nicht nur Sprachstudenten, sondern auch Flüchtlinge aus dem Ostblock und, von früher her, aus Nazideutschland. Aber ihre Situation ist eine andere als seine. Er ist kein Flüchtling; oder besser gesagt, ein Anspruch seinerseits auf einen Flüchtlingsstatus würde beim Innenministerium kein Gehör finden. Wer unterdrückt Sie?, würde man beim Innenministerium fragen. Wovor fliehen Sie? Vor Langeweile, wird er antworten. Vor Banausentum. Vor dem Verfall moralischer Grundsätze im täglichen Leben. Vor der Schande. Was wird er mit einer solchen Begründung erreichen?

Dann gibt es noch Paddington. Er geht um sechs abends die Maida Vale oder die Kilburn High Road entlang und sieht unter dem gespenstischen Licht der Natriumdampflampen Scharen von Westindern, vermummt vor der Kälte, zurück in ihre Behausungen trotten. Ihre Schultern hängen, die Hände stecken tief in den Taschen, ihre Haut hat eine pudrig graue Färbung. Was zieht sie von Jamaika und Trinidad in diese herzlose Stadt, wo die Kälte direkt aus den Steinen der Straße steigt, wo man die Stunden des Tageslichts mit mühseliger Arbeit zubringt und die Abende um einen Gasofen gedrängt, in einem gemieteten Zimmer, wo sich die Tapete von der Wand löst und die Sitzmöbel durchgesessen sind? Sicherlich sind sie nicht alle hier, um als Dichter berühmt zu werden.

Die Leute, mit denen er arbeitet, sind zu höflich, um ihre Meinung über ausländische Besucher zu äußern. Trotzdem schließt er aus ihrem Schweigen in bestimmten Momenten, dass er nicht erwünscht ist in ihrem Land, nicht wirklich erwünscht. Sie schweigen auch zum Thema Westinder. Aber er kann die Zeichen lesen. NIGGER GO HOME, steht an den Mauern geschrieben. NO COLOURED, verkünden Schilder in den Fenstern von Pensionen. Monat für Monat verschärft die Regierung ihre Einwanderungsgesetze. Westinder werden im Liverpooler Hafen aufgegriffen und eingesperrt, bis sie verzweifeln, dann wieder dahin zurückgeschickt, woher sie kamen. Wenn man ihn nicht spüren lässt, dass er so total unerwünscht ist wie sie, kann das nur an seiner Tarnung liegen: an seinem Moss-Brothers-Anzug, seiner hellen Haut.

◆ Dreizehn ◆

Nach reiflicher Überlegung bin ich zu dem Schluss gekommen ...« »Nach gründlicher Gewissensprüfung habe ich mich entschieden ...«

Er arbeitet seit über einem Jahr für IBM: Winter, Frühling, Sommer, Herbst, noch ein Winter, und jetzt fängt wieder ein Frühling an. Sogar im Büro auf der Newman Street, einem schachtelähnlichen Gebäude mit hermetisch verschlossenen Fenstern, kann er die angenehme Veränderung in der Luft spüren. So kann er nicht weitermachen. Er kann kein weiteres Stück seines Lebens dem Prinzip opfern, dass die Menschen sich plagen müssen, um ihr Brot zu verdienen, einem Prinzip, dem er anzuhängen scheint, obwohl er keine Ahnung hat, wie er dazu gekommen ist. Er kann seiner Mutter in Kapstadt nicht ewig demonstrieren, dass er ein solides Leben zu führen gelernt hat und dass sie deshalb aufhören kann, sich Sorgen um ihn zu machen. Gewöhnlich weiß er nicht, was er will, er will es gar nicht wissen. Wenn man zu genau weiß, was man will, bedeutet das seiner Ansicht nach den Tod des schöpferischen Impulses. Aber in diesem Fall kann er es sich nicht leisten, wie gewohnt im Nebel der Unentschlossenheit dahinzutreiben. Er muss weg von IBM. Er muss raus, egal wie viel Demütigung es kostet.

Im Laufe des letzten Jahres ist seine Handschrift, ohne dass er es steuern kann, immer kleiner und unleserlicher geworden. Als er jetzt an seinem Schreibtisch sitzt und seine Kündigung entwirft, versucht er bewusst, die Buchstaben größer zu machen, die Bögen fetter und selbstsicherer.

»Nach längerem Nachdenken«, schreibt er schließlich, »bin ich zu dem Schluss gekommen, dass meine Zukunft nicht bei IBM liegt. Entsprechend meinem Arbeitsvertrag möchte ich deshalb zum nächsten Monat kündigen.«

Er unterschreibt den Brief, klebt ihn zu, adressiert ihn an Dr. B. L. McIver, Manager, Abteilung Programmierung, und deponiert ihn verstohlen auf dem mit *intern* gekennzeichneten Ablagekasten. Keiner im Büro schenkt ihm einen Blick. Er setzt sich wieder auf seinen Platz.

Bis um drei, wenn die Post das nächste Mal abgeholt wird, hat er Zeit, es sich noch einmal zu überlegen, Zeit, den Brief unbemerkt aus dem Ablagekasten zu nehmen und ihn zu zerreißen. Wenn der Brief aber erst einmal zugestellt ist, sind die Würfel gefallen. Bis morgen wird es sich im Haus herumgesprochen haben: einer von McIvers Leuten, einer der Programmierer aus der zweiten Etage, der Südafrikaner, hat gekündigt. Keiner möchte dann im Gespräch mit ihm gesehen werden. Man wird ihn schneiden. So ist das bei IBM. Kein falsches Mitleid. Er wird als Drückeberger, als Versager, als Aussätziger dastehen.

Um drei kommt die Frau die Post abholen. Er beugt sich über seine Papiere, und sein Herz schlägt heftig.

Eine halbe Stunde später wird er in McIvers Büro gerufen. McIver ist eisig vor Wut. »Was ist das?«, sagt er und deutet auf den Brief, der geöffnet auf seinem Schreibtisch liegt.

»Ich habe mich zur Kündigung entschlossen.«

»Warum?«

Er hatte damit gerechnet, dass McIver es übelnehmen würde. McIver hat das Vorstellungsgespräch für die Stelle mit ihm geführt, er hat ihn angenommen und befürwortet, er hat ihm abgenommen, dass er ein ganz normaler Kerl aus den Kolonien ist, der eine Karriere im Computerfach plant. McIver hat seine eigenen Bosse, und denen wird er seinen Fehler erklären müssen.

McIver ist ein großer Mann. Er kleidet sich elegant, spricht mit einem Oxford-Akzent. Das Programmieren interessiert ihn nicht als Wissenschaft oder Fertigkeit oder Kunst oder was es ist. Er ist einfach Manager. Das ist seine Stärke: den Leuten Aufgaben zu geben, ihre Zeit zu verwalten, sie anzutreiben, dass sie für ihr Geld was leisten.

»Warum?«, fragt McIver wieder ungeduldig.

»Die Arbeit bei IBM ist für mich in menschlicher Beziehung nicht sehr befriedigend. Ich finde keine Erfüllung darin.«

»Weiter.«

»Ich hatte mir mehr erhofft.«

»Und was, wenn man fragen darf?«

»Ich hatte mir Freundschaften erhofft.«

»Sie finden die Atmosphäre unfreundlich?«

»Nein, nicht unfreundlich, überhaupt nicht. Alle sind sehr nett gewesen. Aber Freundlichkeit ist nicht dasselbe wie Freundschaft.«

Er hatte gehofft, dass man den Brief als sein letztes Wort gelten lassen würde. Aber diese Hoffnung war naiv. Er hätte wissen müssen, dass sie ihn bloß für den ersten Schuss in einem Krieg nehmen würden.

»Was noch? Wenn Sie sonst noch irgendwelche Sorgen haben, haben Sie jetzt Gelegenheit, damit herauszurücken.«

»Sonst nichts.«

»Sonst nichts. Aha. Sie vermissen Freundschaften. Sie haben keine Freunde gefunden.«

»Ja, so ist es. Ich gebe niemandem die Schuld. Es liegt wahrscheinlich an mir.«

»Und deshalb möchten Sie kündigen.«

»Ja.«

Als die Worte nun heraus sind, klingen sie töricht, und sie sind töricht. Man hat ihn dazu gebracht, törichte Dinge zu sagen. Aber darauf hätte er gefasst sein sollen. Damit lassen sie ihn büßen dafür, dass er sie und den Job, den sie ihm gegeben haben, zurückweist, einen Job bei IBM, dem Marktführer. Wie ein Anfänger beim Schachspiel wird er in die Enge getrieben und mattgesetzt in zehn Zügen, acht Zügen, sieben Zügen. Ein Lehrstück in dominierendem Verhalten. Ach, sollen sie doch. Sollen sie doch ihre Züge machen, worauf er seine törichten, leicht vorherzusehenden, leicht zu durchkreuzenden Gegenzüge macht, bis sie das Spiel langweilt und sie ihn gehenlassen.

Mit einer brüsken Geste beendet McIver das Gespräch. Das wär's für den Augenblick. Er kann an seinen Schreibtisch zurückkehren. Endlich einmal fühlt er sich nicht verpflichtet, Überstunden zu machen. Er kann das Haus um fünf verlassen, den Abend für sich haben.

Am nächsten Morgen wird ihm durch McIvers Sekretärin – McIver selbst rauscht an ihm vorbei und erwidert seinen Gruß nicht – mitgeteilt, dass er sich unverzüglich bei der Personalabteilung der IBM-Zentrale in der City melden soll.

Dem Mann in der Personalabteilung, der sich seinen Fall anhört, ist seine Klage wegen der Freundschaften, die IBM nicht vermittelt hat, zugetragen worden, das ist klar. Vor ihm auf dem Schreibtisch liegt eine offene Aktenmappe; im Laufe der Befragung hakt er Punkte ab. Wie lange ist er schon unzufrieden bei der Arbeit gewesen? Hat er in irgendeinem Stadium mit seinem Vorgesetzten über seine Unzufriedenheit gesprochen? Falls nicht, warum nicht? Sind seine Kollegen in der Newman Street regelrecht unfreundlich gewesen? Nein? Würde er dann seine Klage bitte näher erläutern?

Je öfter die Worte *Freund, Freundschaft, freundlich* fallen, desto seltsamer klingen sie. Wenn Sie Freunde suchen, kann er den Mann im Geiste sagen hören, dann treten Sie einem Club bei, gehen Sie kegeln, lassen Sie Modellflugzeuge fliegen, sammeln Sie Briefmarken. Warum erwarten Sie von Ihrem Arbeitgeber, IBM, International Business Machines, Hersteller von elektronischen Rechnern und Computern, dass er Ihnen Freunde besorgt?

Natürlich hat der Mann recht. Welches Recht hat er denn, sich zu beklagen, vor allem in diesem Land, wo alle so kühl miteinander umgehen? Bewundert er die Engländer nicht gerade dafür: für ihre emotionale Zurückhaltung? Schreibt er nicht deswegen in seiner Freizeit eine Dissertation über die Werke von Ford Madox Ford, dem halb deutschen Verherrlicher des englischen Lakonismus?

Verwirrt und stotternd erläutert er seine Klage näher. Seine nähere Erläuterung ist dem Mitarbeiter der Personalabteilung genauso unverständlich wie die Klage selbst. *Falsche Vorstellungen:* das ist das Wort, das der Mann sucht. *Der Angestellte hat sich falsche Vorstellungen gemacht* – das wäre eine angemessene Formulierung. Aber ihm ist nicht danach, hilfreich zu sein. Sollen sie doch selbst einen Weg finden, ihn abzustempeln.

Den Mann interessiert ganz besonders, was er vorhat. Ist sein Gerede von fehlender Freundschaft bloß ein Deckmantel für einen Wechsel von IBM zu einem der Konkurrenten von IBM auf dem Gebiet der Büromaschinen? Hat er Versprechungen bekommen, sind Angebote gemacht worden?

Sein Dementi könnte nicht ernsthafter sein. Er hat keine andere Stelle in Aussicht, weder bei einem Rivalen noch sonst wo. Er hat kein Vorstellungsgespräch gehabt. Er verläßt IBM einfach, um rauszukommen. Er möchte frei sein, das ist alles.

Je mehr er spricht, desto einfältiger hört er sich an, desto unpassender für die Geschäftswelt. Aber er sagt wenigstens nicht: »Ich verlasse IBM, um Dichter zu werden.« Das bleibt wenigstens noch sein Geheimnis.

Aus heiterem Himmel kommt da mitten hinein ein Anruf von Caroline. Sie macht Urlaub an der Südküste, in Bognor Regis, und weiß nicht, was sie mit sich anfangen soll. Warum setzt er sich nicht auf die Bahn und verbringt den Samstag mit ihr?

Sie holt ihn vom Bahnhof ab. In einem Geschäft auf der

Hauptstraße mieten sie Fahrräder; bald radeln sie auf leeren Landstraßen durch grüne Weizenfelder. Es ist für die Jahreszeit zu warm. Schweiß läuft in Strömen an ihm herab. Er ist unpassend gekleidet: graue Flanellhosen und Jackett. Caroline trägt einen kurzen tomatenfarbenen Kittel und Sandalen. Ihr blondes Haar leuchtet, ihre langen Beine glänzen, als sie in die Pedale tritt; sie sieht wie eine Göttin aus.

Was macht sie in Bognor Regis?, fragt er. Eine Tante besuchen, antwortet sie, eine lang verlorengeglaubte englische Tante. Er fragt nicht weiter nach.

Sie machen am Wegrand halt, klettern über einen Zaun. Caroline hat Sandwiches mitgebracht; sie finden ein Plätzchen im Schatten eines Kastanienbaums und machen Picknick. Danach hätte sie, wie er spürt, nichts dagegen, wenn er sie liebte. Aber er ist nervös hier draußen im Freien, wo jeden Augenblick ein Farmer oder sogar ein Polizist plötzlich vor ihnen stehen und sie fragen könnte, was ihnen denn eigentlich einfiele.

»Ich habe bei IBM gekündigt«, sagt er.

»Das ist gut. Was hast du vor?«

»Ich weiß nicht. Ich werde mich eine Weile einfach treiben lassen, glaube ich.«

Sie wartet auf mehr, möchte von seinen Plänen hören. Aber er hat nicht mehr zu bieten, keine Pläne, keine Ideen. Er ist eine richtige Pfeife! Warum findet es eine junge Frau wie Caroline der Mühe wert, ihn im Schlepptau zu behalten, eine junge Frau, die sich in England eingewöhnt hat, ihr Leben erfolgreich gestaltet, ihn in jeder Beziehung hinter sich gelassen hat? Ihm fällt nur eine Erklärung ein: dass sie ihn immer noch so sieht, wie er in Kapstadt gewesen ist, als er sich noch als angehender Dichter präsentieren konnte, als er noch nicht war, was er jetzt geworden ist, was IBM aus ihm gemacht hat: ein Eunuch, eine Drohne, ein ängstlicher Junge, der sich beeilt, um ja nicht die 8.17-Bahn zum Büro zu verpassen.

Anderswo in Großbritannien werden Angestellte, die aus dem Betrieb ausscheiden, verabschiedet – wenn nicht mit einer goldenen Uhr, dann wenigstens mit einer Zusammenkunft in der Teepause, mit einer Rede, Beifallsbekundungen und guten Wünschen, ob nun aufrichtig oder unaufrichtig. Er ist lange genug im Land, um das zu wissen. Aber nicht bei IBM. IBM ist nicht Großbritannien. IBM ist die neue Welle, die neue Art. Deshalb wird IBM seine britischen Konkurrenten ausschalten. Die Konkurrenten sind noch immer in der alten, laschen, ineffektiven britischen Art befangen. IBM dagegen ist schlank und hart und gnadenlos. Also gibt es an seinem letzten Arbeitstag keine Verabschiedung. Er räumt seinen Schreibtisch schweigend, verabschiedet sich von seinen Kollegen. »Was willst du nun machen?«, fragt einer von ihnen vorsichtig. Alle haben ganz offensichtlich von der Freundschafts-Geschichte gehört; das macht sie steif und verlegen. »Ach, ich schau mal, was sich so bietet«, antwortet er.

Am nächsten Morgen aufzuwachen ohne Zwang, irgendwohin zu müssen, ist ein interessantes Gefühl. Ein sonniger Tag: Er nimmt eine Bahn zum Leicester Square und macht die Runde durch die Buchläden auf der Charing Cross Road. Am Kinn hat er die Stoppeln eines Tages; er hat beschlossen, sich einen Bart wachsen zu lassen. Mit einem Bart wirkt er dann vielleicht nicht mehr so fremd unter den eleganten jungen Männern und schönen Mädchen, die aus den Sprachschulen strömen und mit der U-Bahn fahren. Dann soll der Zufall seinen Lauf nehmen.

Von nun an wird er sich dem Zufall an jeder Wegbiegung präsentieren, hat er beschlossen. Romane sind voller zufälliger Begegnungen, aus denen romantische Schicksale entstehen – romantische oder tragische. Er ist bereit für Romantik, er ist sogar bereit für Tragik, eigentlich bereit für alles, solange es ihn verwandelt und einen neuen Menschen aus ihm macht. Deswegen ist er ja in London: um sein altes Ich loszuwerden und sich in seinem neuen, wahren, leidenschaftlichen Ich zu zeigen; und jetzt kann nichts mehr seine Suche hindern.

Die Tage vergehen, und er macht einfach, was er will. Genau genommen ist seine Lage illegal. An seinen Pass angehängt ist die Arbeitserlaubnis, die es ihm gestattet, sich in Großbritannien aufzuhalten. Ohne Arbeit, wie er jetzt ist, hat die Erlaubnis ihre Gültigkeit verloren. Aber wenn er ganz unauffällig lebt, werden sie – die Behörden, die Polizei, wer dafür verantwortlich ist – ihn vielleicht übersehen.

Am Horizont droht das Geldproblem. Seine Ersparnisse werden nicht ewig reichen. Er hat nichts, was sich zu verkaufen lohnte. Wohlweislich kauft er keine Bücher mehr; wenn das Wetter schön ist, läuft er, statt mit der Bahn zu fahren; er ernährt sich von Brot und Käse und Äpfeln.

Der Zufall bedenkt ihn nicht mit einer seiner Segnungen. Aber der Zufall ist unvorhersehbar, man muss dem Zufall Zeit lassen. Auf den Tag, an dem ihm der Zufall schließlich lächelt, kann er nur warten und vorbereitet sein.

◆ Vierzehn ◆

Da er nun frei ist zu tun, was ihm gefällt, hat er sich bald durch das ausufernde Corpus von Fords Werken hindurchgelesen. Es naht der Zeitpunkt, an dem er sein Urteil abliefern muss. Was wird er sagen? In den Naturwissenschaften darf man Negativresultate melden, wenn sich Hypothesen nicht bestätigen lassen. Wie ist das in den Geisteswissenschaften? Wenn er nichts Neues über Ford zu sagen hat, wäre es dann korrekt und ehrenhaft zu bekennen, dass er sich geirrt hat, sein Studium aufzugeben, sein Stipendium zurückzuzahlen; oder wäre es erlaubt, statt einer Dissertation einen Bericht darüber einzureichen, welcher Reinfall sein Forschungsgegenstand gewesen ist, wie enttäuscht er von seinem Helden ist?

Die Aktentasche in der Hand, kommt er gemächlich aus dem British Museum und schließt sich der Menge an, die die Great Russell Street hinuntergeht: Tausende Menschen, von denen sich keiner auch nur im Geringsten dafür interessiert, welche Meinung er in Sachen Ford Madox Ford oder in irgendeiner anderen Sache hat. In der ersten Zeit nach seiner Ankunft in London pflegte er den Passanten kühn ins Gesicht zu starren, auf der Suche nach dem einzigartigen Wesen eines jeden. *Schau, ich schaue dich an!*, sagte er damit. Doch kühne Blicke brachten ihm nichts ein in einer Stadt, in der, wie er bald entdeckte, weder Männer noch Frauen seinen Blick erwiderten, sondern ihm im Gegenteil kühl auswichen.

Jedes Ignorieren seines Blickes war wie ein winziger Stich. Wieder und wieder wurde er bemerkt, für unzureichend befunden, abgelehnt. Bald begann er die Nerven zu verlieren, auszuweichen, noch ehe die Ablehnung kam. Bei Frauen fiel es ihm leichter, verstohlen hinzusehen, Blicke zu erhaschen. So tauschte man offenbar Blicke in London. Aber an verstohlenen Blicken – er konnte sich des Gefühls nicht erwehren – war etwas faul, unsauber. Besser, überhaupt niemanden anzublicken. Besser, kein Interesse an seinen Nachbarn zu haben, gleichgültig zu sein.

Während seines Aufenthalts hier hat er sich sehr verändert; er weiß nicht, ob zu seinem Vorteil. Im gerade vergangenen Winter hat es Zeiten gegeben, wo er vor Kälte und Unglück und Einsamkeit sterben zu müssen meinte. Aber er ist durchgekommen, mehr schlecht als recht. Im nächsten Winter werden ihm Kälte und Unglück weniger anhaben können. Dann ist er dabei, ein echter Londoner zu werden, hart wie Stein.

Zu Stein zu werden ist nicht eins seiner Ziele gewesen, aber vielleicht wird er sich damit abfinden müssen.

Alles in allem erweist sich London als großer Zuchtmeister. Seine Ambitionen sind bescheidener geworden, viel bescheidener. Zuerst haben ihn die Londoner mit ihrer Ambitionslosigkeit enttäuscht. Jetzt ist er dabei, sich ihnen anzupassen. Jeden Tag ernüchtert ihn die Stadt, züchtigt ihn; wie ein verprügelter Hund lernt er.

Da er nicht weiß, was er – wenn überhaupt etwas – über Ford sagen soll, bleibt er früh immer länger im Bett. Wenn er sich schließlich an seinen Schreibtisch setzt, kann er sich nicht konzentrieren. Der Sommer trägt zu seiner Verwirrung bei. Das London, das er kennt, ist eine Stadt des Winters, wo man sich durch jeden Tag hindurchkämpft und auf nichts anderes wartet, als dass die Nacht kommt, man zu Bett geht und alles vergisst. Durch diese milden Sommertage, die gemacht scheinen, um sich wohl zu fühlen und zu vergnügen, wird er weiter geprüft: Was eigentlich geprüft wird, weiß er nicht mehr genau. Manchmal scheint es, als wäre die Prüfung nur um ihrer selbst willen da, um zu sehen, ob er durchhält.

Er bedauert nicht, dass er bei IBM gekündigt hat. Aber jetzt hat er gar keinen Gesprächspartner mehr, nicht mal Bill Briggs. Tag um Tag vergeht, an denen kein Wort über seine Lippen kommt. Er fängt an, sie mit *S* in seinem Tagebuch zu kennzeichnen: stumme Tage.

Vor der U-Bahn-Station stößt er versehentlich mit einem kleinen alten Mann zusammen, der Zeitungen verkauft. »Entschuldigung!«, sagt er. »Pass gefälligst auf, wo du hinrennst!«, faucht der Mann. »Entschuldigung!«, sagt er noch einmal.

Entschuldigung: das Wort kommt schwer aus seinem Mund, wie ein Stein. Zählt die Äußerung eines grammatikalisch so vagen Einzelwortes schon als Reden? Ist das, was zwischen ihm und dem Alten vor sich gegangen ist, eine menschliche Kontaktaufnahme gewesen, oder ist es besser beschrieben als einfache soziale Interaktion, wie bei den Ameisen das Berühren mit den Fühlern? Für den Alten war es gewiss gar nichts. Den ganzen Tag steht der Alte mit seinem Stapel Zeitungen da und brabbelt ärgerlich vor sich hin; er wartet immer auf eine Gelegenheit, einen Vorbeigehenden zu beschimpfen. Während in seinem Fall die Erinnerung an das einzelne Wort wochenlang gegenwärtig sein wird, vielleicht lebenslang. Leute anzurempeln, »Entschuldigung!« zu sagen, beschimpft zu werden: eine List, eine billige Art, ein Gespräch zu erzwingen. So kann man die Einsamkeit überlisten.

Er befindet sich im Tal der Prüfungen, und er schneidet dabei nicht besonders gut ab. Aber er kann nicht der Einzige sein, der geprüft wird. Es muss Menschen geben, die das Tal durchschritten haben und auf der anderen Seite herausgekommen sind; es muss Menschen geben, die sich vor der Prüfung gedrückt haben. Auch er könnte sich drücken, wenn er das wollte. Er könnte zum Beispiel nach Kapstadt fliehen und nie zurückkommen. Aber möchte er das? Bestimmt nicht, noch nicht.

Doch wenn er bleibt und bei der Prüfung versagt, schmählich versagt? Was, wenn er – allein in seinem Zimmer – anfängt zu weinen und nicht wieder aufhören kann? Was, wenn er eines Morgens nicht mehr den Mut zum Aufstehen findet, wenn es für ihn einfacher ist, den Tag im Bett zu verbringen – diesen Tag und den nächsten und noch einen, und die Bettwäsche wird immer schmuddeliger? Was passiert mit solchen Menschen, die der Prüfungssituation nicht gewachsen sind und durchdrehen?

Er kennt die Antwort. Sie werden dahin verfrachtet, wo man sich um sie kümmert – in ein Spital, ein Heim, eine Anstalt. In seinem Fall wird man ihn einfach wieder nach Südafrika verfrachten. Die Engländer haben selbst genug Leute, um die sie sich kümmern müssen, genug Leute, die bei der Prüfung versagen. Warum sollten sie sich auch noch um Ausländer kümmern?

Er drückt sich vor einem Haus in der Greek Street, in Soho, herum. *Jackie – Model*, sagt das Schild über der Klingel. Er braucht Verkehr mit Menschen: Was könnte menschlicher sein als Geschlechtsverkehr? Künstler haben seit Urzeiten Prostituierte aufgesucht und sind damit nicht schlecht gefahren, das weiß er aus Büchern. Künstler und Prostituierte sind ja eigentlich auf derselben Seite der gesellschaftlichen Front. Aber *Jackie – Model*: Ist ein Model in diesem Land immer eine Prostituierte, oder gibt es im Geschäft mit dem eigenen Körper Abstufungen, Abstufungen, von denen ihm keiner erzählt hat? Könnte *Model* in der Greek Street eine bestimmte Spezialisierung bedeuten, für speziellen Geschmack: zum Beispiel eine Frau, die sich nackt unter einer Lampe zur Schau stellt, während Männer in Regenmänteln im Schatten stehen und sie verstohlen betrachten, lüstern? Wenn er erst einmal auf den Klingelknopf gedrückt hat, gibt es dann eine Möglichkeit, sich zu erkundigen und herauszufinden, was genau gemeint ist, ehe er ganz hineingezogen wird? Und wenn sich nun herausstellt, dass Jackie selbst alt oder fett oder hässlich ist? Und wie steht's mit der Etikette? Besucht man eine wie Jackie einfach so – unangekündigt –, oder wird erwartet, dass man vorher anruft und sich anmeldet? Wie viel kostet das? Gibt es Sätze, die jeder Mann in London kennt, jeder Mann außer ihm? Wenn er nun sofort als Hinterwäldler, als Trottel eingestuft und übers Ohr gehauen wird?

Er zögert, zieht sich zurück.

Auf der Straße geht ein Mann im dunklen Anzug an ihm vorbei, der ihn zu kennen scheint und drauf und dran ist, stehen zu bleiben und ihn anzusprechen. Es ist einer der leitenden Programmierer aus seiner IBM-Zeit, einer, mit dem er nicht viel zu tun hatte, doch der ihm stets geneigt schien. Er zögert, dann eilt er mit einem verlegenen Kopfnicken an ihm vorbei.

»Na, was treiben Sie denn jetzt so – genießen Sie das Leben?« – Das würde der Mann sagen und leutselig lächeln. Was könnte er darauf erwidern? Dass wir nicht immer nur arbeiten können, dass das Leben kurz ist und wir es genießen müssen, solange wir können? Was für ein Witz, aber auch was für eine Schande! Dass das sture, karge Leben seiner Vorfahren, die in ihrer dunklen Kleidung in der Hitze und dem Staub der Karoo schufteten, nun am Ende zu so etwas führt: ein junger Mann, der im Ausland durch eine Großstadt bummelt, seine Ersparnisse aufzehrt, herumhurt und bei alldem vorgibt, Künstler zu sein! Wie kann er sie so gedankenlos betrügen und dann hoffen, ihren Rachegeistern zu entkommen? Es lag nicht in der Natur dieser Männer und Frauen, fröhlich zu sein und das Leben zu genießen, und es liegt auch nicht in seiner Natur. Er ist ihr Kind, von Geburt an dazu verdammt, trübsinnig zu sein und zu leiden. Wie entsteht Dichtung sonst, außer durch Leiden, als presse man Blut aus einem Stein.

Südafrika ist eine Wunde in seinem Inneren. Wie lange dauert es noch, bis die Wunde zu bluten aufhört? Wie lange noch muss er die Zähne zusammenbeißen und es ertragen, ehe er sagen kann: »Vor langer Zeit lebte ich einmal in Südafrika, aber jetzt lebe ich in England.«

Hin und wieder ist es ihm möglich, sich für einen Moment von außen zu sehen: als flüsternden, besorgten Kindmann, so langweilig und gewöhnlich, dass man ihm keinen zweiten Blick schenkt. Diese plötzlichen Erleuchtungen verstören ihn; statt sie festzuhalten, versucht er, sie im Dunkeln zu begraben, sie zu vergessen. Ist das Ich, das er in solchen Momenten wahrnimmt, nur was er zu sein scheint oder was er wirklich ist? Wenn Oscar Wilde nun recht hat und es keine tiefere Wahrheit als den äußeren Schein gibt? Kann es sein, dass man langweilig und gewöhnlich nicht nur an der Oberfläche, sondern bis ins tiefste Innere und trotzdem ein Künstler ist? Könnte T. S. Eliot zum Beispiel insgeheim langweilig bis ins Innere sein, und könnte Eliots Behauptung, dass die Persönlichkeit des Künstlers irrelevant für sein Werk ist, nichts als ein Winkelzug sein, um seine Langweiligkeit zu verbergen?

Vielleicht; aber er glaubt nicht daran. Wenn er sich entscheiden soll, ob er Wilde oder ob er Eliot glaubt, entscheidet er sich für Eliot. Wenn Eliot sich dazu entschließt, langweilig zu erscheinen, wenn er sich entschließt, einen Anzug zu tragen und in einer Bank zu arbeiten und sich J. Alfred Prufrock zu nennen, dann muss es eine Tarnung sein, Teil einer notwendigen List des Künstlers im modernen Zeitalter.

Um sich vom Laufen durch die Straßen der Stadt zu erholen, zieht er sich manchmal in die Hampstead Heath zurück. Die Luft ist mild und warm, die Wege voller junger Mütter, die Kinderwagen schieben oder miteinander schwatzen, während ihre Kinder herumtollen. Solcher Friede und solche Zufriedenheit! Früher konnte er mit Gedichten über knospende Blumen und Zephirsäuseln nichts anfangen. Jetzt im Land, wo diese Gedichte geschrieben wurden, beginnt er zu verstehen, wie tief die Freude über die Rückkehr der Sonne sein kann.

Erschöpft legt er eines Sonntagnachmittags sein Jackett zu einem Kissen zusammen, streckt sich auf dem Rasen aus und sinkt in einen Schlaf oder Halbschlaf, in dem das Bewusstsein nicht schwindet, sondern über ihm schwebt. Das ist ein Zustand, der ihm bisher unbekannt gewesen ist: bis in sein Blut hinein scheint er das unablässige Kreisen der Erde zu spüren. Die fernen Rufe der Kinder, das Lied der Vögel, das Summen der Insekten schwellen an und vereinen sich zu einer Freudenhymne. Das Herz wird ihm weit. *Endlich!*, denkt er. Endlich ist er da, der Moment der ekstatischen Einheit mit dem All! Besorgt, dass ihm der Moment entgleitet, versucht er, das Hin und Her der Gedanken anzuhalten, versucht, einfach ein Gefäß für die große Universalkraft zu sein, die keinen Namen hat.

Es dauert nicht länger als einige Sekunden auf der Uhr, dieses Signalerlebnis. Aber als er aufsteht und sein Jackett abklopft, ist er erfrischt, ein neuer Mensch.

Er ist in die große dunkle Stadt gezogen, um geprüft und verwandelt zu werden, und hier, auf diesem Flecken Grün unter der milden Frühlingssonne, erreicht ihn ganz überraschend die Nachricht, dass er vorangekommen ist. Wenn er auch nicht völlig verwandelt wurde, dann ist ihm doch wenigstens ein Fingerzeig geschenkt worden, dass er auf diese Erde gehört.

◆ Fünfzehn ◆

Er muss sehen, wie er Geld sparen kann. Die Miete ist der größte Posten bei seinen Ausgaben. Er inseriert unter der entsprechenden Rubrik im Hampsteader Lokalblatt: »Verantwortungsvoller berufstätiger Mann betreut Ihre Wohnung, lang- oder kurzfristig.« Den zwei Anrufern, die sich daraufhin melden, gibt er IBM als Adresse seiner Arbeitsstelle an und hofft, dass sie es nicht nachprüfen. Er versucht, den Eindruck äußerster Korrektheit zu machen. Das gelingt ihm so gut, dass man ihn engagiert, im Monat Juni auf eine Wohnung im Viertel Swiss Cottage aufzupassen.

Er wird aber leider die Wohnung nicht für sich allein haben. Sie gehört einer geschiedenen Frau mit kleiner Tochter. Während sie in Griechenland weilt, werden das Kind und die Kinderfrau in seiner Obhut sein. Seine Pflichten sind einfach: Er soll sich um die Post kümmern, die Rechnungen bezahlen, für Notfälle erreichbar sein. Er wird ein Zimmer zu seiner Verfügung haben und Zugang zur Küche.

Es existiert auch noch ein Exmann. Der Ex wird sonntags in Erscheinung treten und seine Tochter ausführen. Er ist, wie das seine Arbeitgeberin oder Gönnerin ausdrückt, »etwas aufbrausend« und sollte »sich nichts herausnehmen« dürfen. Was genau könnte der Ehemann sich herausnehmen wollen?, fragt er. Das Kind über Nacht bei sich behalten, wird ihm gesagt. Die Wohnung durchschnüffeln. Sachen mitnehmen. Auf keinen Fall sollte er Sachen mitnehmen dürfen, ganz egal, was für eine Geschichte er sich ausdenkt – sie schaut ihn bedeutungsvoll an.

Da beginnt er zu verstehen, weshalb man ihn braucht. Die

Kinderfrau, die aus Malawi – nicht weit weg von Südafrika – stammt, ist sehr wohl in der Lage, die Wohnung sauber zu halten, einzukaufen, dem Kind zu essen zu geben, es in den Kindergarten zu bringen und wieder abzuholen. Sie ist vielleicht sogar in der Lage, die Rechnungen zu bezahlen. Sie ist jedoch nicht in der Lage, sich gegenüber dem Mann zu behaupten, der bis vor kurzem ihr Arbeitgeber gewesen ist und den sie noch immer *Master* nennt. Die Aufgabe, auf die er sich eingelassen hat, ist eigentlich die eines Wächters, der die Wohnung und das Inventar bewacht vor dem Mann, der bis vor kurzem hier gewohnt hat.

Am ersten Juni nimmt er sich ein Taxi und zieht mit seinem großen und seinem kleinen Koffer von der schäbigen Gegend um die Archway Road in die diskrete Eleganz von Hampstead.

Die Wohnung ist groß und luftig; Sonnenlicht strömt durch die Fenster; es gibt weiche weiße Teppiche, Regale voller vielversprechend wirkender Bücher. Nicht zu vergleichen mit dem, was er bisher in London gesehen hat. Er kann sein Glück nicht fassen.

Während er auspackt, steht das kleine Mädchen, sein neuer Schützling, an seiner Zimmertür und beobachtet jede Bewegung von ihm. Er hat noch nie auf ein Kind aufpassen müssen. Hat er, weil er gewissermaßen jung ist, ein natürliches Verhältnis zu Kindern? Langsam und vorsichtig und mit dem verbindlichsten Lächeln macht er ihr die Tür vor der Nase zu. Kurz darauf stößt sie die Tür wieder auf und mustert ihn weiter ernsthaft. *Mein Haus*, will sie wohl sagen. *Was machst du in meinem Haus?*

Sie heißt Fiona und ist fünf Jahre alt. Später an diesem Tag macht er einen Versuch, sich mit ihr anzufreunden. Im Wohnzimmer, wo sie spielt, lässt er sich auf die Knie nieder und streichelt die Katze, einen großen, trägen, kastrierten Kater. Das Tier duldet sein Streicheln, wie es offenbar alle Aufmerksamkeiten duldet.

»Will die Miez ihre Milch?«, fragt er. »Wollen wir der Miez Milch geben?«

Das Kind rührt sich nicht, scheint ihn nicht zu hören.

Er geht zum Kühlschrank, gießt Milch in den Katzennapf, nimmt den Napf mit und setzt ihn vor dem Kater hin. Der Kater beschnüffelt die kalte Milch, trinkt aber nicht.

Das Kind umwickelt seine Puppen mit Strick, stopft sie in einen Wäschesack und zieht sie wieder heraus. Wenn das ein Spiel ist, dann eines, dessen Bedeutung er nicht versteht.

»Wie heißen deine Puppen?«, fragt er.

Sie antwortet nicht.

»Wie heißt die schwarze Puppe, der Golliwog? Heißt sie Golly?«

»Das ist kein Golliwog«, sagt das Kind.

Er gibt auf. »Ich muss jetzt arbeiten«, sagt er und zieht sich zurück.

Er soll die Kinderfrau Theodora nennen, hat man ihm gesagt. Theodora muss ihren Namen für ihn erst noch preisgeben: gewiss nicht *Master*. Sie bewohnt ein Zimmer am Ende des Korridors, neben dem Kinderzimmer. Diese beiden Zimmer und die Wäschekammer gelten als ihr Reich. Das Wohnzimmer ist neutrales Gebiet.

Theodora ist nach seiner Schätzung in den Vierzigern. Sie ist bei den Merringtons seit deren letztem Aufenthalt in Malawi angestellt. Der aufbrausende Exmann ist Anthropologe; die Merringtons sind in Theodoras Land auf Forschungsreise gewesen, haben Aufnahmen von Stammesmusik gemacht und Instrumente gesammelt. Theodora wurde bald, in Mrs Merringtons Worten, »nicht bloß zur Haushalthilfe, sondern zur Freundin«. Man nahm sie mit nach London, weil sie so ein gutes Verhältnis zu dem Kind entwickelt hatte. Ihr Monatslohn, den sie regelmäßig nach Hause schickt, versorgt ihre eigenen Kinder mit Nahrung und Kleidung und ermöglicht ihnen den Schulbesuch.

Und nun ist dieser Perle plötzlich ein Fremder, halb so alt wie sie, vor die Nase gesetzt worden. Mit ihrem Verhalten, ihrem

Schweigen gibt ihm Theodora zu verstehen, dass sie etwas gegen seine Anwesenheit hat.

Er nimmt ihr das nicht übel. Die Frage ist nur, ist mehr als verletzter Stolz der Grund für ihre Ablehnung? Sie weiß bestimmt, dass er kein Engländer ist. Lehnt sie ihn als Südafrikaner ab, als Weißen, als Afrikaaner? Sie weiß bestimmt, was Afrikaaner sind. Afrikaaner – Männer mit dicken Bäuchen und roten Nasen in kurzen Hosen und mit Hüten, kugelrunde Frauen in formlosen Kleidern – gibt es überall in Afrika: in Rhodesien, in Angola, in Kenia, bestimmt auch in Malawi. Kann er etwas tun, um ihr klarzumachen, dass er nicht einer von denen ist, dass er Südafrika verlassen hat, dass er fest entschlossen ist, Südafrika für immer hinter sich zu lassen? *Afrika gehört dir, du kannst damit machen, was du willst:* Wenn er das zu ihr sagte, aus heiterem Himmel, über den Küchentisch hinweg, würde sie dann ihre Meinung über ihn ändern?

Afrika gehört dir. Was ganz natürlich erschien, als er diesen Kontinent noch seine Heimat nannte, erscheint nun aus der europäischen Perspektive immer absurder: dass eine Handvoll Holländer am Strand von Woodstock an Land gewatet sein soll und dass diese Leute fremdes Gebiet, das sie nie zuvor gesehen hatten, zu ihrem Eigentum erklärt haben sollen; dass ihre Nachfahren nun dieses Gebiet als das Ihre ansehen sollten, weil sie dort geboren wurden. Doppelt absurd, weil die erste Mannschaft, die an Land ging, ihren Auftrag missverstand oder absichtlich missverstand. Ihr Auftrag war, einen Garten anzulegen und Spinat und Zwiebeln für die Flotte der Ostindischen Handelskompanie anzubauen. Zwei Morgen, drei Morgen, höchstens fünf Morgen: das war alles, was gebraucht wurde. Es war nun wirklich nicht geplant, dass sie den besten Teil Afrikas stehlen sollten. Wenn sie nur ihre Befehle befolgt hätten, dann wäre er nicht hier, und auch Theodora nicht. Theodora würde fröhlich unter dem malawischen Himmel Hirse stampfen, und er würde – was? Er würde im regnerischen Rotterdam an einem Büroschreibtisch sitzen und Zahlen im Rechnungsbuch addieren.

Theodora ist eine dicke Frau, dick bis in jede Einzelheit, von den Pausbacken bis zu den gepolsterten Knöcheln. Beim Laufen schwankt sie von einer Seite zur anderen und keucht vor Anstrengung. In der Wohnung hat sie Pantoffeln an; wenn sie das Kind früh zur Schule bringt, zwängt sie ihre Füße in Tennisschuhe, zieht einen langen schwarzen Mantel an und setzt eine Strickmütze auf. Sie arbeitet sechs Tage in der Woche. Sonntags geht sie in die Kirche und verbringt den restlichen freien Tag zu Hause. Sie benutzt das Telefon nie; sie scheint keinen Bekanntenkreis zu haben. Was sie tut, wenn sie allein mit sich ist, kann er sich nicht vorstellen. Er wagt sich nicht in ihr Zimmer oder das des Mädchens, selbst wenn sie nicht in der Wohnung sind; dafür hofft er, dass sie nicht in seinem Zimmer herumstöbern.

Unter den Büchern der Merringtons ist ein Band mit pornographischen Bildern aus dem kaiserlichen China. Männer mit merkwürdigen Hüten öffnen ihre Gewänder und richten ungeheuer große Penisse auf die Genitalien winziger Frauen, die gehorsam die Beine spreizen und heben. Die Frauen sind blass und weich, wie Bienenlarven; die mickrigen Beine wirken wie an den Unterleib geklebt. Sehen Chinesinnen ausgezogen immer noch so aus, fragt er sich, oder hat die Umerziehung und die Feldarbeit sie mit richtigen Körpern, richtigen Beinen ausgestattet? Wie stehen seine Chancen, das jemals selbst herauszufinden?

Da er seine mietfreie Unterkunft bekommen hat, weil er den zuverlässigen Berufstätigen vorgespielt hat, muss er weiter so tun, als hätte er einen Job. Er steht früh auf, früher als gewohnt, um zu frühstücken, ehe sich Theodora und das Kind zu regen beginnen. Dann schließt er sich in seinem Zimmer ein. Wenn Theodora das Kind zur Schule gebracht hat und zurückkommt, verlässt er die Wohnung, vorgeblich, um zur Arbeit zu gehen. Zunächst zieht er sogar seinen schwarzen Anzug an, aber bald nimmt er diesen Teil seines Täuschungsmanövers nicht mehr so ernst. Er kehrt um fünf, manchmal um vier, nach Hause zurück.

Nur gut, dass es Sommer ist, dass er nicht auf das British Museum und die Buchläden und Kinos beschränkt ist, sondern durch die Parks schlendern kann. So ähnlich muss sein Vater während der langen Perioden seiner Arbeitslosigkeit gelebt haben: Er durchstreifte die Stadt in seiner Bürokleidung oder saß in den Bars, beobachtete die Zeiger der Uhr und wartete auf eine vernünftige Zeit, um nach Hause zu gehen. Wird er sich schließlich doch als Sohn seines Vaters erweisen? Wie tief verwurzelt ist das in ihm, der Hang zum Taugenichts? Wird er sich auch als Säufer erweisen? Muss man eine bestimmte Veranlagung haben, um Säufer zu werden?

Sein Vater trank immer Brandy. Er hat Brandy einmal probiert, kann sich aber nur an einen unangenehmen, metallischen Nachgeschmack erinnern. In England trinken die Leute Bier, dessen säuerlichen Geschmack er nicht mag. Wenn er Alkohol nicht mag, ist er dann sicher, gefeit davor, ein Säufer zu werden? Wird sich sein Vater noch auf andere, ungeahnte Weise in seinem Leben offenbaren?

Es dauert nicht lang, da erscheint der Exmann auf der Bildfläche. Es ist Sonntagmorgen, er döst im großen, bequemen Bett, als es plötzlich an der Tür klingelt und sich ein Schlüssel im Schloss dreht. Er springt fluchend aus dem Bett. »Hallo, Fiona, Theodora!«, ruft eine Stimme. Ein Schlurfen, rennende Füße. Ohne dass auch nur angeklopft wird, fliegt dann die Tür auf, und sie mustern ihn, der Mann mit dem Kind auf dem Arm. Er hat kaum die Hosen an. »Hallo!«, sagt der Mann, »was haben wir denn da?«

Das ist einer der Ausdrücke, den die Engländer benutzen – ein englischer Polizist zum Beispiel, der einen bei einer Missetat erwischt. Fiona, die erklären könnte, was wir da haben, denkt nicht daran. Stattdessen schaut sie ihn von ihrem erhöhten Platz auf dem Arm ihres Vaters mit unverhohlener Kälte an. Die Tochter ihres Vaters: dieselben kühlen Augen, dieselbe Stirn.

»Ich kümmere mich um die Wohnung während Mrs Merringtons Abwesenheit«, sagt er.

»Ach ja«, sagt der Mann, »der Südafrikaner. Ich hatte es vergessen. Darf ich mich vorstellen: Richard Merrington. Ich war einmal der Herr im Hause hier. Wie gefällt es Ihnen? Schon eingewöhnt?«

»Ja, mir geht's gut.«

»Schön.«

Theodora taucht auf mit dem Mantel und den Schuhen des Kindes. Der Mann lässt seine Tochter herunter. »Und mach auch Pipi«, sagt er ihr, »bevor wir ins Auto steigen.«

Theodora geht mit dem Kind weg. Sie bleiben zusammen zurück, er und dieser hübsche, gutangezogene Mann, in dessen Bett er geschlafen hat.

»Und wie lange wollen Sie hier bleiben?«, fragt der Mann.

»Nur bis Ende des Monats.«

»Nein, ich meine, wie lange hier im Land?«

»Oh, auf unbestimmte Zeit. Ich habe Südafrika verlassen.«

»Es steht schlecht dort, wie?«

»Ja.«

»Sogar für Weiße?«

Wie antwortet man auf eine solche Frage? *Wenn man vor Scham nicht vergehen will? Wenn man dem Umsturz, der kommen wird, entgehen will?* Warum klingen große Worte so unangemessen in diesem Land?

»Ja«, sagt er. »Jedenfalls finde ich das.«

»Da fällt mir ein«, sagt der Mann. Er geht durchs Zimmer zum Regal mit den Schallplatten, sieht sie durch, zieht eine, zwei, drei heraus.

Das ist genau, wovor er gewarnt wurde, genau das, was er verhindern muss. »Entschuldigung«, sagt er, »Mrs Merrington hat mich extra darum gebeten …«

Der Mann richtet sich zu seiner vollen Höhe auf und blickt ihn an. »Diana hat sie extra worum gebeten?«

»Dafür zu sorgen, dass nichts die Wohnung verlässt.«

»Unsinn. Das sind meine Schallplatten, sie kann mit ihnen nichts anfangen.« Kaltschnäuzig setzt er seine Suche fort und zieht noch mehr Platten heraus. »Wenn Sie mir nicht glauben, dann rufen Sie Diana doch an.«

Das Kind kommt mit den schweren Stiefeln in das Zimmer getrampelt. »Zum Abmarsch bereit, mein Schatz?«, sagt der Mann. »Auf Wiedersehen. Ich hoffe, alles geht gut. Auf Wiedersehen, Theodora. Mach dir keine Sorgen, wir sind vor ihrer Badezeit zurück.« Und schon ist er mit seiner Tochter und den Schallplatten fort.

◆ Sechzehn ◆

Von seiner Mutter kommt ein Brief. Sein Bruder hat ein Auto gekauft, schreibt sie, einen Unfallwagen Marke MG. Statt zu studieren, verbringt der Bruder jetzt seine ganze Zeit mit der Reparatur des Autos und versucht, es wieder fahrtüchtig zu machen. Er hat auch neue Freunde, die er ihr nicht vorstellt. Einer davon sieht wie ein Chinese aus. Sie sitzen alle in der Garage herum und rauchen; sie hat den Verdacht, dass die Freunde Alkohol mitbringen. Sie macht sich Sorgen. Mit seinem Bruder geht's bergab; wie kann sie ihn retten?

Er hingegen ist fasziniert: Sein Bruder beginnt also endlich, sich aus der Umarmung ihrer Mutter zu befreien. Aber was für eine seltsame Art hat er sich ausgesucht: Kraftfahrzeugtechnik! Kann sein Bruder wirklich Autos reparieren? Wo hat er das gelernt? Er hatte immer geglaubt, dass von ihnen beiden er derjenige wäre, der geschickter in handwerklichen Dingen war und mehr von Technik verstand. Hat er sich da die ganze Zeit getäuscht? Was hat sein Bruder sonst noch in petto?

Es gibt noch mehr Neuigkeiten in dem Brief. Seine Cousine Ilse wird mit einer Freundin bald in England ankommen und hier Station machen, ehe sie zu einem Campingurlaub in die Schweiz weiterreisen. Würde er ihnen London zeigen? Sie teilt ihm die Adresse der Jugendherberge in Earls Court mit, wo sie wohnen werden.

Er ist erstaunt, dass seine Mutter nach allem, was er ihr gesagt hat, annehmen kann, er wünsche Kontakt mit Südafrikanern, und besonders mit der Familie seines Vaters. Er hat Ilse seit ihrer beider Kinderzeit nicht gesehen. Was kann er wohl mit ihr gemein haben, mit einem Mädchen, das irgendwo am Ende der Welt zur Schule gegangen ist und sich für einen Urlaub in Europa – einen Urlaub, den bestimmt ihre Eltern bezahlt haben – nichts Besseres ausdenken kann, als durch die gemütliche Schweiz zu wandern, ein Land, das in seiner ganzen Geschichte nicht einen großen Künstler hervorgebracht hat?

Aber da jetzt ihr Name gefallen ist, geht ihm Ilse nicht mehr aus dem Sinn. Er erinnert sich an sie als an ein gertenschlankes, flinkes Mädchen mit langen blonden Haaren, die zu einem Pferdeschwanz zusammengebunden waren. Inzwischen muss sie mindestens achtzehn sein. Wie sie sich wohl herausgemacht hat? Wenn nun der häufige Aufenthalt im Freien aus ihr eine Schönheit gemacht hat, für wie kurze Zeit auch immer? Denn er hat das Phänomen viele Male bei Farmkindern beobachtet: ein Frühling der körperlichen Perfektion, ehe die Vergröberung und Verfettung einsetzt, die sie zu Abbildern ihrer Eltern machen wird. Sollte er die Gelegenheit wirklich ausschlagen, mit einer hochgewachsenen arischen Jägerin an seiner Seite durch die Straßen Londons zu spazieren?

Er bemerkt das erotische Prickeln, das mit seiner Phantasie verbunden ist. Was ist an seinen Cousinen oder bloß der Vorstellung von ihnen, das in ihm Begehren weckt? Ist es nur der Reiz des Verbotenen? Funktioniert ein Tabu so: Es erzeugt Begehren durch das Verbot? Oder ist der Ursprung seines Begehrens weniger abstrakt: Erinnerungen an Balgereien zwischen Mädchen und Junge, Körper an Körper, seit der Kindheit bewahrt und nun freigesetzt in sexuellen Empfindungen, die auf ihn einstürmen? Vielleicht das, und das Versprechen der Ungezwungenheit, der Leichtigkeit: zwei Menschen mit einer gemeinsamen Geschichte, einer Familie, einer verwandtschaftlichen Vertrautheit, noch ehe das erste Wort gesprochen wird. Man braucht sich nicht miteinander bekannt zu machen und sich langsam vorzutasten.

Er hinterlässt eine Nachricht bei der Earls-Court-Adresse. Ein paar Tage später kommt ein Anruf: nicht von Ilse, sondern von der Freundin, der Begleiterin, die unbeholfen Englisch spricht, *is* und *are* verwechselt. Sie hat schlechte Nachrichten: Ilse ist krank, sie hat Grippe, aus der sich eine Lungenentzündung entwickelt hat. Sie ist in einer Klinik in Bayswater. Ihre Reisepläne müssen warten, bis es ihr bessergeht.

Er besucht Ilse in der Klinik. Seine ganzen Hoffnungen werden zunichtegemacht. Sie ist keine Schönheit, nicht mal besonders groß, bloß ein ganz normales Mädchen mit Mondgesicht und Maushaar, das beim Sprechen pfeifend atmet. Er begrüßt sie, ohne sie zu küssen, aus Angst vor Ansteckung.

Die Freundin ist auch da. Sie heißt Marianne; sie ist klein und pummelig; sie hat Cordhosen und Stiefel an und strahlt Gesundheit aus. Eine Weile sprechen sie alle Englisch, dann gibt er nach und wechselt in die Sprache der Familie, ins Afrikaans. Obwohl es Jahre her ist, dass er Afrikaans gesprochen hat, spürt er, wie er sich sofort entspannt, als gleite er in ein warmes Bad.

Er hatte erwartet, dass er damit angeben kann, wie gut er London kennt. Aber das London, das Ilse und Marianne sehen möchten, ist ein London, das er nicht kennt. Er kann ihnen nichts über Madame Tussauds Wachsfigurenkabinett sagen, nichts über den Tower und die St.-Pauls-Kathedrale, denn er hat keine dieser Sehenswürdigkeiten besucht. Er hat keine Ahnung, wie man nach Stratford-on-Avon kommt. Was er ihnen sagen kann – welche Kinos ausländische Filme bringen, welche Buchläden worauf spezialisiert sind –, daran haben sie kein Interesse.

Ilse bekommt Antibiotika; es wird noch Tage dauern, bis sie sich einigermaßen erholt hat. Inzwischen weiß Marianne nicht, was sie mit sich anfangen soll. Er schlägt einen Spaziergang am Ufer der Themse vor. Mit ihren Wanderstiefeln und der langweiligen Frisur ist Marianne aus Ficksburg unter den modebewussten Londoner Mädchen ein Fremdkörper, aber das scheint ihr nichts auszumachen. Es scheint ihr ebenfalls nichts auszumachen, wenn die Leute sie Afrikaans sprechen hören. Er jedenfalls würde es begrüßen, wenn sie leiser spräche. Hier in diesem Land Afrikaans zu sprechen, möchte er ihr sagen, ist so, als spräche man Nazi, wenn es eine solche Sprache gäbe.

Er hat sich bezüglich ihres Alters geirrt. Es sind beileibe keine Kinder mehr: Ilse ist zwanzig, Marianne einundzwanzig. Sie sind im letzten Studienjahr an der Universität des Oranje-Freistaates, beide studieren Sozialarbeit. Er äußert seine Meinung nicht, aber er findet, dass Sozialarbeit – alten Frauen beim Einkaufen helfen – kein Fach ist, das eine ordentliche Universität anbieten würde.

Marianne hat noch nie vom Programmieren gehört und zeigt auch kein Interesse daran. Aber sie fragt danach, wann er, wie sie es ausdrückt, nach Hause kommt, *tuis*.

Er weiß es nicht, antwortet er. Vielleicht nie. Ob sie nicht beunruhigt sei über den Kurs, den Südafrika einschlägt?

Sie wirft den Kopf zurück. Südafrika sei nicht so schlecht, wie es die englischen Zeitungen darstellen, sagt sie. Schwarze und Weiße würden gut miteinander auskommen, wenn man sie nur in Ruhe ließe. Außerdem interessiert sie sich nicht für Politik.

Er lädt sie zu einem Film im Everyman-Kino ein. Es ist Godards *Bande à part*, den er schon gesehen hat, aber noch viele Male sehen könnte, weil Anna Karina eine der Hauptdarstellerinnen ist, in die er zurzeit genauso verliebt ist, wie er es vor einem Jahr in Monica Vitti war. Da es kein intellektuell anspruchsvoller Film ist, jedenfalls nicht vordergründig, sondern nur eine Geschichte über eine Bande unfähiger, laienhafter Verbrecher, sieht er keinen Grund, warum er Marianne nicht gefallen sollte.

Es ist nicht Mariannes Art herumzunörgeln, aber er spürt, wie sie den ganzen Film über neben ihm auf dem Sitz hin und her rutscht. Wenn er verstohlen zu ihr hinsieht, zupft sie an den Fingernägeln herum und schaut nicht auf die Leinwand. Hat's dir nicht gefallen?, fragt er hinterher. Ich habe nicht mitbekommen, worum es ging, antwortet sie. Es stellt sich heraus, dass sie noch nie einen Film mit Untertiteln gesehen hat.

Er nimmt sie mit in seine Wohnung oder die Wohnung, die im Moment die seine ist, auf eine Tasse Kaffee. Es ist fast elf Uhr; Theodora ist zu Bett gegangen. Sie sitzen mit untergeschlagenen Beinen auf dem dicken Florteppich im Wohnzimmer, bei geschlossener Tür, und sprechen gedämpft. Sie ist nicht seine Cousine, aber sie ist die Freundin seiner Cousine, sie ist von daheim, und eine Aura des Verbotenen umgibt sie aufreizend. Er küsst sie; sie scheint nichts dagegen zu haben, geküsst zu werden. Gesicht an Gesicht strecken sie sich auf dem Teppich aus; er fängt an, sie aufzuknöpfen, aufzubinden, Reißverschlüsse zu öffnen. Die letzte Bahn Richtung Süden fährt um 23.30 Uhr. Die wird sie ganz bestimmt verpassen.

Marianne ist Jungfrau. Er stellt das fest, als er sie schließlich nackt im großen Doppelbett hat. Er hat noch nie mit einer Jungfrau geschlafen, hat sich über die Jungfräulichkeit als körperlichen Zustand nie Gedanken gemacht. Jetzt bekommt er seine Lektion. Marianne blutet während des Liebesaktes und blutet danach weiter. Trotz der Gefahr, die Hausangestellte zu wecken, muss sie ins Bad schleichen, um sich zu waschen. In ihrer Abwesenheit macht er das Licht an. Auf dem Laken ist Blut, Blut klebt ihm am ganzen Körper. Sie haben sich – das aufsteigende Bild erzeugt Widerwillen – wie die Schweine im Blut gesuhlt.

Sie taucht mit einem Handtuch um sich gewickelt wieder auf. »Ich muss los«, sagt sie. »Die letzte Bahn ist fort«, erwidert er. »Warum bleibst du nicht über Nacht?«

Die Blutung hört nicht auf. Marianne schläft ein, mit dem Handtuch, das immer feuchter wird, zwischen den Beinen. Er liegt neben ihr wach und ist beunruhigt. Sollte er einen Krankenwagen rufen? Kann er das, ohne Theodora zu wecken? Marianne scheint sich keine Sorgen zu machen, aber wenn das nur gespielt ist, für ihn? Wenn sie nun zu unschuldig oder zu vertrauensselig ist, um beurteilen zu können, was los ist?

Er ist überzeugt, dass er nicht schlafen wird, doch er schläft ein. Stimmen und das Geräusch laufenden Wassers wecken ihn. Es ist fünf Uhr; die Vögel singen schon in den Bäumen. Benommen steht er auf und lauscht an der Tür: Theodoras Stimme, dann Mariannes. Was sie sagen, kann er nicht verstehen, aber es kann nichts Gutes über ihn sein.

Er zieht die Bettwäsche ab. Das Blut ist bis zur Matratze durchgedrungen und hat dort einen großen, unregelmäßigen Fleck hinterlassen. Schuldbewusst, ärgerlich dreht er die Matratze um. Es kann nicht lange dauern, bis der Fleck entdeckt wird. Da muss er schon weg sein, das muss er absichern.

Marianne kommt in einem Bademantel, der nicht ihr gehört, aus dem Bad zurück. Sie ist verwundert über sein Schweigen, seine ärgerlichen Blicke. »Du hast kein Wort davon gesagt, dass ich nicht mit ihr reden soll«, sagt sie. »Warum denn nicht? Sie ist eine nette alte Frau. Eine nette alte *aia*.«

Er ruft per Telefon ein Taxi, dann wartet er ostentativ neben der Wohnungstür, während sie sich anzieht. Als das Taxi kommt, weicht er ihrer Umarmung aus, drückt ihr eine Pfundnote in die Hand. Sie blickt verwundert darauf. »Ich habe mein eigenes Geld«, sagt sie. Er zuckt mit den Schultern und öffnet ihr die Tür des Taxis.

Während der restlichen Zeit seines Aufenthalts in der Wohnung weicht er Theodora aus. Er geht früh am Morgen aus dem Haus und kommt spät zurück. Wenn er an sich gerichtete Nachrichten vorfindet, ignoriert er sie. Als er die Wohnung übernahm, hat er sich verpflichtet, sie vor dem Ehemann zu bewachen und *sich allgemein zur Verfügung zu halten*. Er hat dabei einmal versagt und versagt nun wieder, aber das ist ihm egal. Der beunruhigende Liebesakt, die tuschelnden Frauen, die blutige Bettwäsche, die befleckte Matratze: Er würde die ganze beschämende Angelegenheit gern hinter sich lassen, den Fall abschließen.

Mit verstellter Stimme ruft er bei der Jugendherberge in Earls Court an und verlangt seine Cousine zu sprechen. Sie ist abgereist, sagt man ihm, sie und ihre Freundin. Er legt auf und entspannt sich. Sie sind also weg, er braucht ihnen nicht mehr unter die Augen zu treten.

Es bleibt die Frage, was aus der Episode zu machen ist, wie sie in die Geschichte seines Lebens, die er sich selbst erzählt, einzuordnen ist. Er hat sich unanständig benommen, daran gibt es keinen Zweifel, er hat sich wie ein Schurke benommen. Das Wort ist vielleicht altmodisch, aber es trifft zu. Er würde es verdienen, wenn man ihn ohrfeigen, ihn sogar bespucken würde. Da keiner da ist, der ihn ohrfeigt, wird er sich selbst quälen, das steht fest. *Agenbyte of inwit*. Das soll also sein Vertrag mit den Göttern sein: Er wird sich selbst bestrafen und hofft, dass sich dafür die Geschichte seines schurkischen Verhaltens nicht herumspricht.

Aber was macht es schließlich, wenn sich die Sache doch herumspricht? Er gehört zwei Welten an, die voneinander abgeschottet sind. In der Welt Südafrikas ist er nicht mehr als ein Geist, eine Rauchfahne, die schnell vergeht, um bald ganz verschwunden zu sein. Und in London ist er so gut wie unbekannt. Er hat schon mit der Suche nach einer neuen Unterkunft begonnen. Wenn er ein Zimmer gefunden hat, wird er den Kontakt zu Theodora und dem Merrington'schen Haushalt abbrechen und in einem Meer der Anonymität verschwinden.

Es geht bei der traurigen Angelegenheit jedoch um mehr als bloß um die damit verbundene Schande. Er ist nach London gekommen, um etwas zu tun, was in Südafrika unmöglich ist: die Tiefen erkunden. Ohne in die Tiefen hinabzusteigen, kann man nicht Künstler sein. Aber was genau sind die Tiefen? Er hatte geglaubt, eisige Straßen entlangzutrotten, mit einem vor Einsamkeit tauben Herzen, wäre die Tiefe. Aber vielleicht sind die wahren Tiefen anders und kommen in unerwarteter Gestalt: zum Beispiel als plötzlich hervorbrechende Gemeinheit einem Mädchen gegenüber in den frühen Morgenstunden. Vielleicht sind die Tiefen, die er ausloten wollte, die ganze Zeit in ihm gewesen, in seiner Brust verschlossen: Tiefen der Kälte, Herzlosigkeit, Schurkerei. Wenn man wie er jetzt seinen Schwächen, seinen Lastern nachgibt und sich dann hinterher Vorwürfe macht, hilft einem das, sich als Künstler zu qualifizieren? Im Moment kann er nicht erkennen, wie.

Wenigstens ist die Episode vorbei, abgeschlossen, gehört der Vergangenheit an, ist im Gedächtnis abgespeichert. Aber das stimmt nicht, nicht ganz. Es kommt ein Brief mit dem Poststempel von Luzern. Ohne zu überlegen, macht er ihn auf und fängt an zu lesen. Er ist in Afrikaans. »Bester John, ich dachte, ich sollte dir mitteilen, dass es mir gutgeht. Marianne geht es auch gut. Zuerst hat sie nicht verstanden, warum du nicht angerufen hast, aber nach einer Weile bekam sie wieder bessere Laune, und wir hatten eine schöne Zeit. Sie wollte nicht schreiben, aber ich habe gedacht, dass ich doch schreibe, um dir zu sagen, hoffentlich behandelst du nicht alle deine Mädchen so, selbst in London. Marianne ist ein besonderer Mensch, sie verdient eine solche Behandlung nicht. Du solltest über das Leben, das du führst, einmal gründlich nachdenken. Deine Cousine Ilse.«

Selbst in London. Was meint sie damit? Dass er sich selbst nach Londoner Maßstäben schlecht benommen hat? Was wissen Ilse und ihre Freundin, frisch aus den Einöden des Oranje-Freistaates, von London und seinen Maßstäben? *London wird immer schlimmer*, möchte er sagen. *Wenn ihr eine Weile bleiben würdet, statt zu den Kuhglocken und Almwiesen davonzulaufen, könntet ihr das selbst feststellen.* Aber er glaubt nicht wirklich, dass es an London liegt. Er hat Henry James gelesen. Er weiß, wie leicht es ist, schlecht zu sein, wie man sich nur entspannen muss, damit die Schlechtigkeit hervorkommt.

Die verletzendsten Stellen im Brief sind am Anfang und am Ende. *Bester John* – so redet man kein Familienmitglied an, sondern einen Fremden. Und *Deine Cousine Ilse*: Wer hätte einem Bauernmädchen einen solchen wirkungsvollen Seitenhieb zugetraut!

Noch Tage und Wochen nachdem er ihn längst zerknüllt und weggeworfen hat, beunruhigt ihn der Brief seiner Cousine – nicht die wirklichen Worte auf der Seite, die er bald auslöschen kann, aber die Erinnerung an den Moment, als er den Umschlag aufgerissen hatte und las, obwohl er die Schweizer Briefmarke und die kindlich gerundete Handschrift bemerkt hatte. Wie töricht von ihm! Was hat er denn erwartet: überschwängliche Dankesbezeigungen?

Schlechte Nachrichten mag er nicht. Besonders schlechte Nachrichten über sich selbst mag er nicht. *Ich bin streng genug mit mir selbst*, sagt er sich; *ich brauche keine Nachhilfe von anderen*. Auf diesen spitzfindigen Trick greift er immer wieder zurück, wenn er seine Ohren vor Kritik verschließen will. Er lernte ihn zu schätzen, als Jacqueline ihm aus der Perspektive einer Dreißigjährigen sagte, was sie von ihm als Liebhaber hielt. Jetzt zieht er sich zurück, sobald ein Verhältnis zu versanden droht. Er verabscheut Szenen, zornige Ausbrüche, bittere Wahrheiten (»Möchtest du die Wahrheit über dich wissen?«) und tut alles Menschenmögliche, um sie zu meiden. Was ist überhaupt Wahrheit? Wenn er sich selbst ein Rätsel ist, wie kann er dann für seine Mitmenschen etwas anderes als ein Rätsel sein? Er ist bereit, den Frauen in seinem Leben einen Pakt anzubieten: Wenn sie ihn als Rätsel behandeln, wird er sie als Buch mit sieben Siegeln behandeln. Auf dieser Grundlage und nur auf dieser ist eine Beziehung möglich.

Er ist nicht dumm. Als Liebhaber hat er sich nicht gerade ausgezeichnet, das weiß er. Noch nie hat er im Herzen einer Frau etwas hervorgerufen, was er eine große Leidenschaft nennen würde. Rückblickend kann er sich in der Tat nicht erinnern, je das

Objekt einer Leidenschaft, einer wahren Leidenschaft irgendeines Grades gewesen zu sein. Das muss etwas über ihn aussagen. Und was den Sex im engeren Sinne angeht, so ist das, was er liefert, ziemlich fad, vermutet er; und was er dafür bekommt, ist ebenfalls fad. Wenn dafür jemand verantwortlich zu machen ist, dann er selbst. Denn solange es ihm an Herz mangelt, solange er sich zurückhält, warum sollte die Frau sich da nicht ebenfalls zurückhalten?

Ist Sex der Maßstab aller Dinge? Wenn er beim Sex versagt, versagt er dann im Leben überhaupt? Es wäre leichter, wenn es nicht so wäre. Aber wenn er sich umschaut, sieht er keinen, der nicht Ehrfurcht vor dem Gott des Sexes hätte, außer vielleicht ein paar Dinosauriern, Überbleibseln aus viktorianischen Zeiten. Sogar Henry James, an der Oberfläche so bieder, so viktorianisch, hat Stellen, wo er dunkel andeutet, dass letztendlich alles vom Sex bestimmt wird.

Von allen Schriftstellern, die er schätzt, vertraut er Pound am meisten. Bei Pound gibt es genug Leidenschaft — der Schmerz der Sehnsucht, das Feuer der Erfüllung –, aber es ist ungetrübte Leidenschaft, ohne dunklere Seite. Was ist der Schlüssel zu Pounds Gelassenheit? Dass er, der die griechischen Götter mehr als den Gott der Hebräer verehrt, immun für Schuld ist? Oder ist Pound so durchdrungen von großer Dichtkunst, dass seine physische Existenz in Harmonie mit seinen Gefühlen ist, eine Harmonie, die sich den Frauen unmittelbar mitteilt und ihnen das Herz für ihn öffnet? Oder ist Pounds Geheimnis im Gegenteil einfach eine gewisse Forschheit bei der Lebensführung, eine Forschheit, die eher auf seine amerikanische Erziehung als auf die Götter oder die Dichtkunst zurückzuführen ist und die von den Frauen als Zeichen begrüßt wird, dass der Mann weiß, was er will, und auf entschiedene, aber freundliche Art bestimmen wird, welchen Weg sie und er einschlagen? Ist es das, was Frauen wollen: dass über sie bestimmt wird, dass sie geführt werden? Befolgen Tänzer deshalb diese Verhaltensregel, dass der Mann führt, die Frau sich anpasst?

Seine eigene Erklärung für sein Versagen in der Liebe, inzwischen abgedroschen und immer weniger glaubhaft, lautet, dass er der richtigen Frau erst noch begegnen muss. Die richtige Frau wird durch das trübe Äußere, das er der Welt präsentiert, bis in seine inneren Tiefen schauen; die richtige Frau wird die in ihm verborgene Leidenschaftlichkeit freisetzen. Bis diese Frau erscheint, bis zu diesem Schicksalstag, vertreibt er sich nur die Zeit. Deshalb kann man Marianne links liegenlassen.

Eine Frage nagt noch an ihm und will nicht schweigen. Wird die Frau, die das Potential an Leidenschaft in ihm freisetzt, wenn es sie gibt, auch den blockierten Fluss der Poesie befreien; oder ist es im Gegenteil so, dass er einen Dichter aus sich machen und sich so ihrer Liebe würdig erweisen muss? Es wäre schön, wenn das Erstere zutreffen würde, aber er befürchtet, dass es nicht so ist. Wie er sich aus der Entfernung auf eine gewisse Weise in Ingeborg Bachmann und auf eine andere Weise in Anna Karina verliebt hat, so wird vermutlich die Vorherbestimmte ihn an seinen Werken erkennen, sich zuerst in seine Kunst verlieben, ehe sie so töricht sein wird, sich in ihn zu verlieben.

◆ Siebzehn ◆

Von Professor Guy Howarth, seinem Doktorvater in Kapstadt, bekommt er einen Brief mit der Bitte, für ihn eine wissenschaftliche Recherche zu übernehmen. Howarth arbeitet an einer Biographie des Dramatikers John Webster aus dem siebzehnten Jahrhundert – er möchte, dass er bestimmte Gedichte in der Handschriftensammlung des British Museum kopiert, die Webster als junger Mann verfasst haben könnte, und, wenn er einmal dabei ist, auch jedes handschriftliche Gedicht mit der Signatur »J. W.«, auf das er stößt und das klingt, als könnte es von Webster stammen.

Obwohl die Gedichte, die er zufällig liest, keinen besonderen Wert haben, schmeichelt ihm der Auftrag, weil er nahelegt, er sei in der Lage, den Autor der *Herzogin von Malfi* allein am Stil zu erkennen. Von Eliot hat er gelernt, dass ein guter Kritiker sich durch ein ausgeprägtes Unterscheidungsvermögen auszeichnet. Von Pound hat er gelernt, dass der Kritiker in der Lage sein muss, die Stimme des wahren Meisters aus all dem modisch-seichten Geschwätz herauszufinden. Auch wenn er nicht Klavier spielen kann, so kann er doch, wenn er das Radio einschaltet, Bach und Telemann, Haydn und Mozart, Beethoven und Spohr, Bruckner und Mahler auseinanderhalten; auch wenn er nicht schreiben kann, so besitzt er doch ein Ohr, das die Anerkennung von Eliot und Pound finden würde.

Die Frage ist nun, ob Ford Madox Ford, dem er so viel Zeit widmet, ein wahrer Meister ist. Pound hat Ford in England zum alleinigen Erben von Henry James und Flaubert erhoben. Aber wäre Pound davon so überzeugt gewesen, wenn er das gesamte Œuvre Fords gelesen hätte? Wenn Ford ein so guter Autor war, warum gibt es dann neben seinen fünf guten Romanen so viel Schrott?

Obwohl er eigentlich über Fords belletristische Werke schreiben soll, findet er seine kleineren Romane weniger interessant als seine Bücher über Frankreich. Für Ford gibt es kein größeres Glück, als seine Tage an der Seite einer guten Frau in einem sonnendurchfluteten Haus im Süden Frankreichs zu verbringen, mit einem Olivenbaum hinterm Haus und einem guten *vin de pays* im Keller. Die Provence, sagt Ford, ist die Wiege all dessen, was liebenswürdig und gefühlvoll und human an der europäischen Zivilisation ist; und die provenzalischen Frauen mit ihrem feurigen Temperament und ihrer dinarischen Schönheit stellen die Frauen des Nordens in den Schatten.

Kann man Ford glauben? Wird er selbst einmal die Provence besuchen? Werden die feurigen provenzalischen Frauen ihn mit seinem bemerkenswerten Mangel an Feuer überhaupt beachten?

Ford sagt, dass die Zivilisation der Provence ihre Leichtigkeit und Anmut der Ernährung mit Fisch und Olivenöl und Knoblauch verdanke. In seiner neuen Unterkunft in Highgate kauft er aus Respekt vor Ford Fischstäbchen statt Würstchen, brät sie in Olivenöl und bestreut sie mit Knoblauchsalz.

Die Dissertation, die er schreibt, wird nichts Neues über Ford zu sagen haben, das ist inzwischen klar. Aber er will sie auch nicht aufgeben. Nicht zu Ende zu führen, was man angefangen hat, ist die Art seines Vaters. Er wird nicht werden wie sein Vater. Also macht er sich an die Aufgabe, die Hunderte von Seiten Notizen, die er in winziger Handschrift gemacht hat, zu einem zusammenhängenden Text zu verarbeiten.

An Tagen, wo er im großen, gewölbten Lesesaal sitzt und feststellt, dass er zu erschöpft oder gelangweilt ist, um weiterzuschreiben, gestattet er sich den Luxus, einen Blick in Bücher über das alte Südafrika zu werfen, Bücher, die man nur in großen Bibliotheken findet, Memoiren von Kap-Besuchern wie Dapper und Kolbe, Sparrman, Barrow und Burchell, vor zwei Jahrhunderten in Holland, Deutschland oder England veröffentlicht.

Es verschafft ihm ein unwirkliches Gefühl, hier in London zu sitzen und von Straßen zu lesen – Waalstraat, Buitengracht, Buitencingel –, die nur er von all den Menschen um ihn herum, die den Kopf in ihren Büchern vergraben haben, entlanggegangen ist. Aber noch mehr als die Berichte über das alte Kapstadt nehmen ihn Geschichten von abenteuerlichen Reisen in das Landesinnere gefangen, Erkundungsfahrten per Ochsenwagen in die Wüste der Großen Karoo, wo ein Reisender endlose Tage unterwegs sein konnte, ohne eine Menschenseele zu Gesicht zu bekommen. Zwartberg, Leeuwrivier, Dwyka: Es ist sein Land, das Land seines Herzens, über das er liest.

Patriotismus – wird er jetzt davon heimgesucht? Stellt es sich heraus, dass er ohne ein Land nicht leben kann? Sehnt er sich nun, wo er den Staub des hässlichen neuen Südafrika von seinen Füßen geschüttelt hat, nach dem alten Südafrika, als Eden noch möglich war? Greift es den Engländern um ihn herum genauso ans Herz, wenn in einem Buch Rydal Mount oder die Baker Street erwähnt wird? Er bezweifelt es. Dieses Land, diese Stadt sind inzwischen eingehüllt in Jahrhunderte voller Worte. Engländer finden es nicht merkwürdig, auf den Spuren von Chaucer oder Tom Jones zu wandeln.

Südafrika ist anders. Gäbe es nicht diese Handvoll Bücher, könnte er nicht sicher sein, dass er sich die Karoo nicht gestern ausgedacht hätte. Deshalb nimmt er sich besonders immer wieder Burchell vor, die zwei schweren Bände. Sicher ist Burchell kein Meister wie Flaubert oder James, aber was Burchell schreibt, ist wirklich geschehen. Echte Ochsen zogen ihn und seine Kisten mit botanischen Proben in der Großen Karoo von Rastplatz zu Rastplatz; echte Sterne schimmerten über ihnen, als er und seine

Männer schliefen. Es macht ihn schwindlig, nur daran zu denken. Burchell und seine Männer mögen tot sein und ihre Wagen zu Staub zerfallen, aber sie haben wirklich gelebt, ihre Reisen waren wirkliche Reisen. Der Beweis ist das Buch, das er in Händen hält, das Buch, das kurz *Burchells Reisen* heißt, und ganz besonders das Exemplar im British Museum.

Wenn *Burchells Reisen* bestätigt, dass Burchells Reisen wirklich stattgefunden haben, warum sollten dann nicht andere Bücher andere Reisen wirklich machen, Reisen, die bis jetzt nur hypothetisch sind? Diese Logik stimmt natürlich nicht. Trotzdem würde er es gern tun: ein Buch schreiben, das so überzeugend ist wie das von Burchell, und es hier in dieser Bücherei, Muster für alle Büchereien, unterbringen. Wenn es, damit das Buch überzeugt, einen Topf mit Wagenschmiere geben muss, der unter dem Wagenboden hin und her schwingt, während der Wagen über die Steine der Karoo holpert, dann wird er den Topf mit Wagenschmiere erschaffen. Wenn Zikaden im Baum, unter dem sie die Mittagsrast halten, laut zirpen müssen, dann wird er die Zikaden erschaffen. Das Quietschen des Topfes mit Schmierfett, das Zirpen der Zikaden – er traut sich zu, dass er beides zustande bringt. Das Schwierige daran wird sein, dem Ganzen eine Aura zu verleihen, die es in die Bücherregale und damit in die Weltgeschichte bringt: die Aura der Wahrheit.

Er erwägt keine Fälschung. Diesen Weg haben andere schon ausprobiert – haben vorgetäuscht, sie hätten in einer Truhe auf dem Dachboden eines Landhauses ein Tagebuch gefunden, vergilbt vor Alter, mit Wasserflecken, in dem eine Expedition durch die Wüsten der Tartarei oder in die Länder des Großmoguls beschrieben wird. Täuschungen dieser Art interessieren ihn nicht. Die Herausforderung, die er spürt, ist rein literarischer Natur: ein Buch zu schreiben, dessen Wissenshorizont dem von Burchells Zeit, den zwanziger Jahren des neunzehnten Jahrhunderts, entspricht, aber das in einer Weise für die Welt dort aufgeschlossen ist, wie es Burchell, trotz seiner Tatkraft und Intelligenz, seiner Wissbegierde und Besonnenheit, nicht sein konnte, weil er ein Engländer in einem fremden Land war und seine Gedanken halb von Pembrokeshire und den dort zurückgelassenen Schwestern in Anspruch genommen wurden.

Er wird sich beibringen müssen, aus der Sicht der zwanziger Jahre des neunzehnten Jahrhunderts zu schreiben. Bevor er das leisten kann, wird er weniger wissen müssen, als er jetzt weiß; er wird manches vergessen müssen. Aber bevor er vergessen kann, muss er wissen, was er vergessen muss; bevor er weniger wissen kann, muss er mehr wissen. Wo wird er das nötige Wissen finden? Er hat keine Ausbildung als Historiker, außerdem wird das, wonach er sucht, nicht in Geschichtsbüchern zu finden sein, da es zu den banalen Dingen gehört – so banal, so alltäglich wie die Luft, die man atmet. Wo wird er das Alltagswissen einer vergangenen Welt finden, ein Wissen, zu bescheiden, um zu wissen, dass es Wissen ist?

◆ Achtzehn ◆

Dann geht alles sehr schnell. In der Post auf dem Tisch im Flur taucht ein gelbbrauner Umschlag mit dem Aufdruck OHMS auf, der an ihn adressiert ist. Er nimmt ihn mit auf sein Zimmer und öffnet ihn mit einem flauen Gefühl. Ihm bleiben einundzwanzig Tage, teilt ihm der Brief mit, in denen er seine Arbeitserlaubnis erneuern muss, andernfalls wird ihm die Aufenthaltsgenehmigung für das Vereinigte Königreich entzogen. Er kann die Erlaubnis erneuern, indem er persönlich mit seinem Pass und einem Exemplar des Formulars I-48, ausgefüllt von seinem Arbeitgeber, an einem Wochentag zwischen 9.00 und 12.30 bzw. 13.30 und 16.00 Uhr im Gebäude des Innenministeriums in der Holloway Road erscheint.

IBM hat ihn also verraten. IBM hat dem Innenministerium mitgeteilt, dass er nicht mehr bei ihnen beschäftigt ist.

Was soll er tun? Er hat genug Geld für ein Schiffsticket nach Südafrika. Aber es ist unvorstellbar, dass er wie ein Hund mit eingekniffenem Schwanz wieder in Kapstadt erscheint, geschlagen. Was gibt es denn für ihn in Kapstadt zu tun? Soll er seine Tutor-Tätigkeit an der Universität wiederaufnehmen? Wie lange ginge das überhaupt noch? Für Stipendien ist er inzwischen zu alt, er würde dabei gegen jüngere Studenten mit besseren Zeugnissen antreten müssen. Es ist doch so: Wenn er jetzt nach Südafrika zurückgeht, wird er nicht noch einmal ausbrechen. Er wird dann wie die Leute, die sich abends am Strand von Clifton versammeln, um Wein zu trinken und sich von der guten alten Zeit auf Ibiza zu erzählen.

Wenn er in England bleiben will, sieht er zwei Wege für sich. Er kann die Zähne zusammenbeißen und es wieder als Lehrer versuchen; oder er kann zum Programmieren zurückkehren.

Theoretisch gibt es eine dritte Möglichkeit. Er kann seine jetzige Wohnung aufgeben und in der Masse untertauchen. Er kann in Kent Hopfen pflücken (dafür braucht man keine Papiere), auf Baustellen arbeiten. Er kann in Jugendherbergen schlafen, in Scheunen. Aber er weiß, dass er nichts dergleichen tun wird. Er eignet sich nicht für ein Leben außerhalb des Gesetzes, ist nicht robust genug und hat zu viel Angst, dass man ihn erwischt.

Im Anzeigenteil der Zeitungen ist die Nachfrage nach Programmierern stets groß. England kann anscheinend nicht genug davon bekommen. Die meisten Stellenangebote gibt es bei der Lohnbuchhaltung. Diese ignoriert er und interessiert sich nur für die Computergesellschaften selbst, die kleinen oder großen Rivalen von IBM. Innerhalb weniger Tage hat er ein Vorstellungsgespräch bei International Computers gehabt und ohne Zögern ihr Angebot angenommen. Er triumphiert. Er hat wieder ein Arbeitsverhältnis, er ist gerettet, man wird ihn nicht des Landes verweisen.

Es gibt einen Haken. Obwohl International Computers ihre Zentrale in London haben, ist die Arbeit, für die sie ihn brauchen, auf dem Land, in Berkshire. Um dort hinzukommen, fährt man zur Waterloo Station, dann folgt eine einstündige Zugfahrt, danach noch eine Fahrt mit dem Bus. Es wird nicht möglich sein, in London zu wohnen. Es ist wieder wie bei der Rothamsted-Geschichte.

International Computers sind bereit, neuen Angestellten die Anzahlungssumme für ein angemessen bescheidenes Haus zu leihen. Mit anderen Worten: mit einem Federstrich kann er Hausbesitzer werden (er! Hausbesitzer!) und sich damit gleichzeitig zu Rückzahlungen verpflichten, die ihn für die nächsten zehn oder fünfzehn Jahre an seine Arbeitsstelle binden. In fünfzehn Jahren ist er ein alter Mann. Eine einzige übereilte Entscheidung, und er hat sein Leben verpfändet, hat jede Chance, Künstler zu werden, vertan. Mit einem eigenen Häuschen in einer Reihe roter Ziegelhäuser wird er von der britischen Mittelklasse aufgesogen werden und in der Versenkung verschwinden. Um das Bild komplett zu machen, fehlt dann nur noch eine kleine Frau und ein kleines Auto.

Er erfindet eine Ausrede, um das Darlehen für das Haus nicht zu unterschreiben. Stattdessen unterschreibt er einen Mietvertrag für die oberste Etage eines Hauses am Stadtrand. Der Hausherr ist ein ehemaliger Armeeoffizier, der jetzt Börsenmakler ist und sich mit Major Arkwright anreden lässt. Er erklärt Major Arkwright, was Computer sind, was Programmieren bedeutet, welche solide Karriere das ermöglicht (»Diese Branche wird ungeheuer expandieren«). Major Arkwright nennt ihn scherzhaft einen Eierkopf (»Wir haben noch nie einen Eierkopf in der Wohnung oben gehabt«), eine Bezeichnung, die er ohne Murren hinnimmt.

Die Arbeitsbedingungen bei International Computers sind ganz anders als die bei IBM. Als Erstes kann er seinen schwarzen Anzug wegpacken. Er hat ein eigenes Büro, eine Kabine in einer großen Nissenhütte im Garten hinter dem Haus, das International Computers als ihr Computerlaboratorium ausgestattet haben. »Das Herrenhaus« – so wird es genannt, ein weitläufiges altes Gebäude am Ende einer mit Blättern übersäten Auffahrt, zwei Meilen außerhalb von Bracknell. Wahrscheinlich hat es eine Geschichte, obwohl keiner diese Geschichte kennt.

Trotz der Bezeichnung »Computerlabor« gibt es keinen wirklichen Computer in den Betriebsräumen. Um die Programme zu testen, die zu schreiben seine Aufgabe ist, wird er nach Cambridge zur Universität fahren müssen, die einen der drei Atlas-Computer besitzt, die einzigen drei, die es gibt; jeder unterscheidet sich ein wenig von den anderen. Der Atlas-Computer – das liest er in der Einweisung, die an seinem ersten Morgen vor ihn hingelegt wird – ist Großbritanniens Antwort auf IBM. Wenn die Ingenieure und Programmierer von International Computers erst einmal diese Prototypen zum Laufen gebracht haben, wird Atlas der größte Computer weltweit sein oder wenigstens der größte, der auf dem freien Markt verkauft wird (das amerikanische Militär hat eigene Computer von nicht bekanntem Leistungsvermögen, und das russische Militär wahrscheinlich auch). Atlas wird für die britische Computerindustrie einen Coup landen, von dem sich IBM erst nach Jahren erholen wird. Das steht auf dem Spiel. Deshalb haben International Computers ein Team intelligenter junger Programmierer, zu dem er jetzt gehört, in diesem ländlichen Refugium zusammengestellt.

Das Besondere an Atlas, was ihn unter den Computern der Welt einzigartig macht, ist, dass er eine gewisse Selbstkontrolle durchführt. In regelmäßigen Zeitabständen – alle zehn Sekunden oder sogar jede Sekunde – unterzieht er sich einem Verhör und fragt sich, welche Aufgaben er ausführt und ob er sie mit optimaler Effizienz ausführt. Wenn er nicht effizient arbeitet, wird er seine Aufgaben neu ordnen und sie in anderer, besserer Reihenfolge durchführen und so Zeit sparen, was Geld bedeutet.

Es wird seine Aufgabe sein, die Magnetbandroutine zu schreiben, die die Maschine am Ende jedes Datensatzes abarbeiten muss. Sollte sie einen weiteren Satz lesen?, muss sie sich selbst fragen. Oder sollte sie stattdessen abbrechen und eine Lochkarte lesen oder einen Lochstreifen? Sollte sie etwas von den Ausgabedaten, die sich angesammelt haben, auf ein anderes Magnetband schreiben, oder sollte sie weitere Berechnungen ausführen? Diese Fragen müssen unter dem vorrangigen Prinzip der Effizienz beantwortet werden. Er hat so viel Zeit, wie er braucht (aber möglichst nur sechs Monate, da International Computers sich in einem Wettlauf mit der Zeit befinden), um die Fragen und Antworten auf einen maschinenlesbaren Code zu reduzieren und zu testen, ob sie optimal formuliert sind. Jeder seiner Kollegen hat eine vergleichbare Aufgabe und einen ähnlichen Zeitplan. Inzwischen arbeiten die Ingenieure an der Universität von Manchester Tag und Nacht, um die elektronische Hardware zu vervollkommnen. Wenn alles nach Plan geht, wird Atlas 1965 in Produktion gehen.

Ein Wettlauf mit der Zeit. Ein Wettlauf mit den Amerikanern. Das kann er verstehen, dafür kann er sich rückhaltloser einsetzen als für das Ziel von IBM, immer mehr Geld zu verdienen. Und das Programmieren selbst ist interessant. Es erfordert Einfallsreichtum; es erfordert, wenn es gut gemacht werden soll, eine virtuose Beherrschung der beiden Ebenen der internen Atlas-Computersprache. Er kommt morgens zur Arbeit und freut sich auf die Aufgaben, die ihn erwarten. Um munter zu bleiben, trinkt er eine Tasse Kaffee nach der anderen; sein Herz hämmert, in seinem Gehirn brodelt es; er vergisst die Zeit, muss zum Mittagessen gerufen werden. Abends nimmt er seine Unterlagen mit in seine Wohnung bei Major Arkwright und arbeitet bis in die Nacht hinein.

Darauf habe ich mich also, ohne es zu wissen, vorbereitet, denkt er. Dahin führt einen also die Mathematik!

Der Herbst wird zum Winter; er merkt es kaum. Er liest keine Gedichte mehr. Stattdessen liest er Bücher über Schach, verfolgt Spiele des Großmeisters, löst die Schachprobleme im *Observer*. Er schläft schlecht; manchmal träumt er vom Programmieren. Das ist eine innere Entwicklung, die er mit kühlem Interesse beobachtet. Wird er wie jene Wissenschaftler, deren Gehirn im Schlaf Probleme löst?

Er macht noch eine andere Feststellung. Seine Sehnsucht ist weg. Die Suche nach der geheimnisvollen, schönen Fremden, die in ihm die Leidenschaft freisetzt, beschäftigt ihn nicht mehr. Zum Teil ist das bestimmt deshalb so, weil Bracknell nichts zu bieten hat, was der Mädchenparade in London gleichkäme. Aber er kann nicht umhin, eine Verbindung zwischen dem Ende der

Sehnsucht und dem Ende der Poesie zu sehen. Bedeutet das, er wird erwachsen? Läuft das Erwachsenwerden darauf hinaus: dass man der Sehnsucht entwächst, der Leidenschaft, allen starken Seelenregungen?

Die Leute, mit denen er arbeitet – ausnahmslos Männer – sind interessanter als die Leute bei IBM: lebendiger, und vielleicht auch klüger, auf eine Weise, die er versteht, eine Weise, die sehr dem Klugsein in der Schule ähnelt. Sie essen in der Kantine des Herrenhauses zusammen zu Mittag. Sie bekommen nichts Außergewöhnliches serviert: Fisch und Chips, Würstchen und Kartoffelbrei, Würstchen im Schlafrock, Gemüsepfanne mit Fleisch, Rhabarbertorte mit Eis. Das Essen schmeckt ihm, er holt sich Nachschlag, wenn er kann, macht es zur Hauptmahlzeit. Abends, zu Hause (wenn seine Wohnung bei den Arkwrights jetzt sein Zuhause ist), macht er sich nicht die Mühe zu kochen, isst einfach Brot und Käse nebenher beim Schachspiel.

Unter seinen Kollegen ist auch ein Inder namens Ganapathy. Ganapathy kommt oft zu spät zur Arbeit; an manchen Tagen kommt er überhaupt nicht. Wenn er wirklich erscheint, wirkt er nicht besonders motiviert: Er sitzt in seiner Kabine, hat die Füße auf dem Schreibtisch und träumt offenbar. Für seine Abwesenheit hat er nur die oberflächlichsten Entschuldigungen. (»Ich habe mich nicht wohl gefühlt.«) Trotzdem wird er nicht gerügt. Ganapathy, stellt sich heraus, ist ein besonders wertvoller Zugang für International Computers. Er hat in Amerika studiert, hat einen amerikanischen Hochschulabschluss in Informatik.

Er und Ganapathy sind die beiden Ausländer in der Gruppe. Wenn das Wetter es gestattet, machen sie nach dem Mittagessen einen Spaziergang im Gelände, das zum Haus gehört. Ganapathy äußert sich geringschätzig über International Computers und das ganze Atlas-Projekt. Dass er nach England zurückgekommen ist, war ein Fehler von ihm, sagt er. Die Engländer wissen nicht, wie man etwas groß aufzieht. Er hätte in Amerika bleiben sollen. Wie ist das Leben so in Südafrika? Gäbe es Chancen für ihn in Südafrika?

Er redet es Ganapathy aus, Südafrika auszuprobieren. Südafrika ist sehr rückständig, sagt er ihm, dort gibt es keine Computer. Er sagt ihm nicht, dass Leute von draußen nicht willkommen sind, wenn es keine Weißen sind.

Eine Schlechtwetterperiode setzt ein, Tag für Tag Regen und stürmischer Wind. Ganapathy kommt überhaupt nicht zur Arbeit. Da sonst keiner nach dem Grund dafür fragt, nimmt er es auf sich, nachzuforschen. Wie er selbst hat auch Ganapathy das Angebot, Hausbesitzer zu werden, ausgeschlagen. Er wohnt im dritten Stock eines Häuserblocks mit Sozialwohnungen. Lange rührt sich nichts, als er klopft. Dann öffnet Ganapathy die Tür. Er hat einen Bademantel überm Schlafanzug an und an den Füßen Sandalen; aus der Wohnung dringt ein dampfig-warmer Luftschwall und Fäulnisgeruch. »Herein, herein!«, sagt Ganapathy. »Komm aus der Kälte!«

Im Wohnzimmer gibt es keine Möbel außer einem Fernsehgerät mit einem Sessel davor und zwei voll aufgedrehten elektrischen Heizgeräten. Hinter der Tür sind schwarze Müllsäcke gestapelt. Von ihnen stammt der üble Geruch. Bei geschlossener Tür ist der Gestank ziemlich ekelerregend. »Warum schaffst du die Müllsäcke nicht runter?«, fragt er. Ganapathy weicht aus. Er will auch nicht sagen, warum er nicht zur Arbeit gekommen ist. Ja, es sieht nicht so aus, als wolle er überhaupt reden.

Er fragt sich, ob Ganapathy ein Mädchen im Schlafzimmer hat, eins von hier, eine der kecken kleinen Stenotypistinnen oder Verkäuferinnen aus der Wohnsiedlung, die er im Bus sieht. Oder vielleicht tatsächlich ein indisches Mädchen. Vielleicht ist das die Erklärung für jegliches Fehlen von Ganapathy: Bei ihm wohnt ein schönes indisches Mädchen, und er zieht es vor, sie zu lieben, wobei er Tantra praktiziert und den Orgasmus stundenlang hinauszögert, statt einen Maschinentext für Atlas zu schreiben.

Aber als er Anstalten macht zu gehen, schüttelt Ganapathy den Kopf. »Möchtest du ein Glas Wasser?«, bietet er an.

Ganapathy bietet ihm Leitungswasser an, weil ihm Tee und Kaffee ausgegangen sind. Er hat auch nichts mehr zu essen. Er kauft kein Essen, außer Bananen, weil er, wie sich herausstellt, nicht kocht – Kochen nicht mag, nicht weiß, wie man kocht. Die Müllsäcke enthalten zum größten Teil Bananenschalen. Davon lebt er: von Bananen, Schokolade und, wenn er welchen hat, von Tee. Eigentlich möchte er so nicht leben. In Indien hat Ganapathy zu Hause gewohnt, und seine Mutter und seine Schwestern haben sich um ihn gekümmert. In Amerika, in Columbus, Ohio, hat er in einem Studentenwohnheim gewohnt, wo in regelmäßigen Abständen etwas zu essen auf den Tisch gestellt wurde. Wenn man zwischen den Mahlzeiten Hunger hatte, ging man und kaufte einen Hamburger. Es gab einen Hamburgerladen, der vierundzwanzig Stunden täglich geöffnet hatte, gleich neben dem Wohnheim. In Amerika war immer alles geöffnet, nicht wie in England. Er hätte nie nach England zurückkommen sollen, einem Land ohne Zukunft, wo nicht einmal die Heizung funktioniert.

Er fragt Ganapathy, ob er krank ist. Ganapathy wehrt seine Besorgnis ab; er hat den Bademantel an, weil ihm so wärmer ist, das ist alles. Aber er ist nicht überzeugt. Da er jetzt von den Bananen weiß, sieht er Ganapathy mit anderen Augen. Ganapathy ist dünn wie ein Sperling, er hat kein Gramm überflüssiges Fleisch auf den Rippen. Sein Gesicht ist hager. Wenn er nicht krank ist, dann ist er mindestens am Verhungern. Man bedenke: In Bracknell, im Herzen Englands, verhungert ein Mann, weil er nicht in der Lage ist, sich selbst zu ernähren.

Er lädt Ganapathy für den nächsten Tag zum Essen ein und gibt ihm genaue Anweisungen, wie er Major Arkwrights Haus findet. Dann geht er und sucht nach einem Laden, der samstagnachmittags geöffnet hat, und kauft, was er zu bieten hat: abgepacktes Brot, Aufschnitt, Tiefkühlerbsen. Am Mittag des darauf-folgenden Tages stellt er das Mahl hin und wartet. Ganapathy kommt nicht. Da Ganapathy kein Telefon hat, kann er nichts ma-chen, es sei denn, er würde das Essen in Ganapathys Wohnung bringen.

Absurd, aber vielleicht möchte Ganapathy eben das: dass ihm sein Essen gebracht wird. Wie er selbst ist Ganapathy ein verzo-gener, kluger Junge. Wie er selbst ist Ganapathy vor seiner Mut-ter und dem erdrückend leichten Leben, das sie bietet, davonge-laufen. Aber in Ganapathys Fall scheint das Davonlaufen seine ganze Kraft aufgebraucht zu haben. Jetzt wartet er darauf, dass man ihn rettet. Er möchte, dass seine Mutter oder jemand wie sie kommt und ihn rettet. Sonst wird er einfach dahinsiechen und sterben, in seiner Wohnung voller Müll.

International Computers sollten das erfahren. Man hat Gana-pathy eine Schlüsselaufgabe anvertraut, die Steuerung der Job-Scheduler-Routinen. Wenn Ganapathy ausfällt, wird das ganze Atlas-Projekt verzögert. Aber wie kann man International Com-puters beibringen, was Ganapathy fehlt? Wie kann ein Mensch in England verstehen, was Leute aus fernen Weltgegenden dazu bringt, auf einer feuchten, trostlosen Insel, die sie verabscheuen und mit der sie nichts verbindet, zu sterben?

Am darauffolgenden Tag ist Ganapathy wie gewöhnlich an sei-nem Schreibtisch. Für die nicht eingehaltene Verabredung bietet er kein Wort der Entschuldigung an. Zu Mittag in der Kantine ist er gutgelaunt, sogar aufgekratzt. Er hat sich an einer Tombola für einen Morris Mini beteiligt, sagt er. Er hat hundert Lose ge-kauft – was soll er sonst mit dem großen Gehalt machen, das ihm International Computers zahlt? Wenn er gewinnt, können sie zu-sammen mit dem Auto statt mit der Bahn nach Cambridge fah-ren, um ihr Programm zu testen. Oder sie können einen Tages-ausflug nach London machen.

Gibt es bei der ganzen Sache etwas, was er nicht begriffen hat, eine indische Eigenart? Gehört Ganapathy einer Kaste an, deren Mitgliedern es verboten ist, am Tisch eines Weißen zu essen? Wenn das so ist, was macht er dann mit einem Teller Kabeljau und Pommes frites in der Kantine des Herrenhauses? Hätte die Einladung zum Essen förmlicher erfolgen und schriftlich bestätigt werden sollen? Hat ihm Ganapathy mit seinem Fernbleiben freundlicherweise die Verlegenheit ersparen wollen, einen Gast vor seiner Tür zu finden, den er aus einer momentanen Regung heraus eingeladen hat, aber nicht wirklich wünscht? Hat er vielleicht, als er Ganapathy einlud, irgendwie den Eindruck erweckt, dass er keine wirkliche, echte Einladung aussprechen, sondern bloß eine Geste machen wollte und dass wahre Höflichkeit von Ganapathy verlangte, die Geste zu würdigen, ohne seinem Gastgeber die Umstände zu machen, ein Mahl bereiten zu müssen? Bedeutet das fiktive Mahl (Aufschnitt und gekochte Tiefkühlerbsen mit Butter), das sie miteinander gegessen hätten, bei dem, was zwischen ihm und Ganapathy war, dasselbe wie Aufschnitt und gekochte Feinfrosterbsen, die wirklich angeboten und gegessen wurden? Ist zwischen Ganapathy und ihm alles wie vorher oder besser als vorher oder schlechter?

Ganapathy hat von Satyajit Ray gehört, er glaubt aber nicht, dass er einen seiner Filme gesehen hat. Nur ein winziger Teil des indischen Publikums sei an solchen Filmen interessiert, sagt er. Im Allgemeinen würden die Inder lieber amerikanische Filme sehen, sagt er. Indische Filme seien noch sehr primitiv.

Ganapathy ist der erste Inder, mit dem er mehr als flüchtig bekannt ist, wenn man das bekannt sein nennen kann – Schachspiele und Gespräche, bei denen England im Vergleich mit Amerika schlecht abschneidet, dazu der Überraschungsbesuch in Ganapathys Wohnung. Die Konversation würde bestimmt gewinnen, wenn Ganapathy ein Intellektueller wäre, statt nur klug zu sein. Es erstaunt ihn immer noch, dass Leute so klug sein können, wie sie es in der Computerbranche nun mal sind, und sich doch für nichts interessieren, was über Autos und Immobilienpreise hinausgeht. Er hatte geglaubt, darin drücke sich nur die berüchtigte Spießigkeit der englischen Mittelklasse aus, aber Ganapathy ist nicht besser.

Resultiert diese Gleichgültigkeit der Welt gegenüber daraus, dass man sich zu viel mit Maschinen beschäftigt, die den Anschein machen, sie könnten denken? Wie würde es ihm ergehen, wenn er eines Tages die Computerbranche verlassen und sich wieder in die kultivierte Gesellschaft einfügen müsste? Nachdem er seine besten Kräfte so lange für Spiele mit Maschinen genutzt hat, könnte er dann noch in einem Gespräch bestehen? Gäbe es etwas, was er aus dem jahrelangen Umgang mit Computern gewonnen hat? Würde er nicht wenigstens gelernt haben, logisch zu denken? Würde ihm Logik dann nicht zur zweiten Natur geworden sein?

Er würde es gern glauben, aber er kann nicht. Er hat ein für alle Mal keinen Respekt für irgendeine Version des Denkens, die in den Schaltkreisen eines Computers dargestellt werden kann. Je mehr er mit der Computerwissenschaft zu tun hat, desto ähnlicher scheint sie dem Schachspiel: eine eng umgrenzte kleine Welt, geordnet nach künstlichen Regeln, eine Welt, die Jungen mit einer bestimmten Veranlagung in ihren Bann zieht und sie halb verrückt macht, wie er halb verrückt ist, so dass die ganze Zeit, in der ihnen weisgemacht wird, sie bestimmten das Spiel, das Spiel in Wirklichkeit sie bestimmt.

Es ist eine Welt, der er entkommen kann – es ist noch nicht zu spät dafür. Andererseits kann er Frieden mit ihr schließen, wie es nach seiner Beobachtung die jungen Männer um ihn herum tun, einer nach dem anderen: sich für die Ehe, für ein Haus und ein Auto entscheiden, sich dafür entscheiden, was das Leben realistischerweise zu bieten hat, alle Kraft in die Arbeit stecken. Es verdrießt ihn, wenn er beobachtet, wie gut das Realitätsprinzip funktioniert, wie der Junge mit den Pickeln, angetrieben von der

Einsamkeit, sich für das Mädchen mit dem faden Haar und den dicken Beinen entscheidet, wie jeder, egal wie unwahrscheinlich es schien, am Ende einen Partner findet. Ist das sein Problem, und ist es wirklich so einfach: dass er die ganze Zeit seinen Marktwert überschätzt und sich vorgegaukelt hat, er gehöre zu den Bildhauerinnen und Schauspielerinnen, wo er doch zu der Kindergärtnerin in der Wohnsiedlung oder der angehenden Leiterin des Schuhgeschäfts gehört?

Ehe: Wer hätte gedacht, dass er, wie schwach auch immer, die Anziehungskraft der Ehe spüren würde! Er wird nicht nachgeben, noch nicht. Aber es ist eine Möglichkeit, mit der er an langen Winterabenden spielt, wenn er sein Brot mit Würstchen vor Major Arkwrights Gasofen isst und Radio hört, während der Regen im Hintergrund gegen die Scheiben prasselt.

◆ Neunzehn ◆

Es regnet. Er ist mit Ganapathy allein in der Kantine, und sie spielen Blitzschach auf Ganapathys Taschenspiel. Ganapathy schlägt ihn, wie gewöhnlich.

»Du solltest nach Amerika gehen«, sagt Ganapathy. »Du verschwendest deine Zeit hier. Wir verschwenden alle unsere Zeit.«

Er schüttelt den Kopf. »Das ist nicht realistisch«, antwortet er.

Er hat mehr als einmal daran gedacht, sich um einen Job in Amerika zu bewerben, und hat sich dagegen entschieden. Eine bedächtige Entscheidung, aber eine richtige. Als Programmierer ist er nicht besonders begabt. Seine Kollegen im Atlas-Team haben zwar keine höheren Universitätsabschlüsse, doch ihr Geist ist klarer als der seine, sie vermögen Computerprobleme schneller und schärfer zu erfassen, als er das jemals können wird. Bei Diskussionen kann er sich kaum behaupten; er muss immer so tun, als verstünde er, wenn er nicht wirklich versteht, und muss sich dann hinterher Klarheit verschaffen. Warum sollten Unternehmen in Amerika einen wie ihn haben wollen? Amerika ist nicht England. Amerika ist hart und gnadenlos – wenn er sich durch ein Wunder dort einen Job erschwindelte, würde man ihm bald auf die Schliche kommen. Außerdem hat er Allen Ginsberg gelesen, hat William Burroughs gelesen. Er weiß, was Amerika Künstlern antut: Es macht sie wahnsinnig, sperrt sie ein, jagt sie fort.

»Du könntest ein Stipendium an einer Universität bekommen«, sagt Ganapathy. »Ich hab eins bekommen, für dich wär das kein Problem.«

Er starrt ihn an. Ist Ganapathy wirklich so naiv? Da gibt es schließlich den Kalten Krieg. Amerika und Russland kämpfen um die Herzen und Hirne von Indern, Irakern, Nigerianern; Stipendien für Universitäten gehören zu den Anreizen, die sie bieten. Die Herzen und Hirne von Weißen interessieren sie nicht, und gewiss nicht die der wenigen versprengten Weißen in Afrika.

»Ich werde darüber nachdenken«, sagt er und wechselt das Thema. Er hat nicht die Absicht, darüber nachzudenken.

Auf einem Titelfoto des *Guardian* starrt ein vietnamesischer Soldat, der in einer Uniform nach amerikanischem Vorbild steckt, hilflos in ein Flammenmeer. »*Verwüstung durch Selbstmordattentäter in Südvietnam*«, lautet die Schlagzeile. Eine Gruppe von Vietcong-Pionieren hat sich gewaltsam einen Weg durch den Stacheldraht um den amerikanischen Luftstützpunkt in Pleiku gebahnt, vierundzwanzig Flugzeuge in die Luft gesprengt und die Benzintanks in Brand gesetzt. Sie haben die Aktion mit ihrem Leben bezahlt.

Ganapathy, der ihm die Zeitung zeigt, triumphiert; auch er hat das starke Gefühl, dass eine Ehrenrettung geschehen ist. Seit er in England angekommen ist, haben die britischen Zeitungen und die BBC ständig von militärischen Großtaten der Amerikaner berichtet, bei denen die Vietcong zu Tausenden getötet wurden, während die Amerikaner ungeschoren davonkamen. Wenn es überhaupt ein Wort der Kritik an Amerika gibt, dann nur ganz leise. Er bringt es kaum über sich, die Kriegsberichte zu lesen, so unerträglich findet er sie. Jetzt kann nicht geleugnet werden, dass die Vietcong darauf heroisch geantwortet haben.

Er hat mit Ganapathy nie über Vietnam gesprochen. Weil Ganapathy in Amerika studiert hat, war er davon ausgegangen, dass Ganapathy entweder die Amerikaner unterstützt oder dass ihm der Krieg gleichgültig ist, wie allen anderen bei International Computers auch. Jetzt sieht er plötzlich in seinem Lächeln, im Glitzern seiner Augen Ganapathys geheimes Gesicht. Trotz seiner Bewunderung für die amerikanische Effizienz und seiner Sehnsucht nach amerikanischen Hamburgern ist Ganapathy auf der Seite der Vietnamesen, weil sie seine asiatischen Brüder sind.

Das ist alles. Damit ist die Sache erledigt. Sie kommen beide nicht mehr auf den Krieg zurück. Aber er fragt sich mehr denn je, was Ganapathy hier im Herzen Englands macht, wieso er an einem Projekt arbeitet, das er nicht schätzt. Wäre er nicht besser aufgehoben in Asien, beim Kampf gegen die Amerikaner? Sollte er mit ihm darüber sprechen, ihm das sagen?

Und wie steht's mit ihm? Wenn Ganapathys Schicksal in Asien liegt, wo liegt dann seins? Würde der Vietcong seine Herkunft ignorieren und seine Dienste annehmen, wenn nicht als Soldat oder Selbstmordattentäter, dann als einfacher Lastenträger? Und wenn nicht, was ist mit den Freunden und Verbündeten der Vietcong, den Chinesen?

Er schreibt an die chinesische Botschaft in London. Da er vermutet, dass die Chinesen Computer nicht gebrauchen können, erwähnt er Programmieren nicht. Er sei bereit, nach China zu kommen und dort Englisch zu unterrichten, schreibt er, als Beitrag zum Weltkampf. Die Höhe des Gehalts spiele dabei keine Rolle für ihn.

Er schickt den Brief ab und wartet auf eine Antwort. In der Zwischenzeit kauft er *Chinesisch im Selbststudium* und beginnt damit, die fremden, durch die Zähne gepressten Laute des Mandarin zu üben.

Es vergeht Tag um Tag; von den Chinesen ist nichts zu hören. Hat der britische Geheimdienst seinen Brief abgefangen und vernichtet? Fangen sie alle Briefe an die Botschaft ab und vernichten sie? Wenn ja, was hat es dann für einen Sinn, den Chinesen eine Botschaft in London zu gestatten? Oder hat der Geheimdienst seinen abgefangenen Brief an das Innenministerium weitergeleitet – mit einer Notiz, die besagt, dass der Südafrikaner, der für International Computers in Bracknell arbeitet, kommunistische

Neigungen zu erkennen gegeben hat? Wird er aus politischen Gründen seinen Job verlieren und des Landes verwiesen werden? Wenn das geschieht, wird er nichts dagegen unternehmen. Dann hat das Schicksal gesprochen; er ist bereit, das Wort des Schicksals zu akzeptieren.

Bei seinen Ausflügen nach London geht er immer noch ins Kino, aber sein Vergnügen wird immer mehr getrübt, weil seine Sehkraft nachlässt. Er muss in der ersten Reihe sitzen, damit er die Untertitel lesen kann, und selbst da muss er die Augen zusammenkneifen und sich anstrengen.

Er geht zum Optiker und kommt mit einer schwarzen Hornbrille wieder heraus. Im Spiegel sieht er Major Arkwrights komischem Eierkopf immer ähnlicher. Andererseits ist er überrascht, wenn er aus dem Fenster schaut und dabei einzelne Blätter an den Bäumen erkennen kann. Bäume sind für ihn, solange er denken kann, verschwommene grüne Flecken gewesen. Hätte er sein ganzes Leben lang eine Brille tragen sollen? Erklärt das, warum er so schlecht beim Cricket gewesen ist, warum der Ball immer wie aus dem Nichts heraus auf ihn zukam?

Am Ende sehen wir wie die Idealvorstellung von uns selbst aus, sagt Baudelaire. Das Gesicht, mit dem wir geboren wurden, wird allmählich vom ersehnten Gesicht überwältigt, dem Gesicht unserer heimlichen Träume. Ist das Gesicht im Spiegel das Gesicht seiner Träume, dieses lange, schwermütige Gesicht mit dem weichen, verletzlichen Mund und den nun blanken Augen hinter schützendem Brillenglas?

Der erste Film, den er mit seiner neuen Brille sieht, ist Pasolinis *Das erste Evangelium – Matthäus*. Es ist ein verstörendes Erlebnis. Er hatte geglaubt, dass er nach fünf Jahren auf einer katholischen Schule für die christliche Botschaft nicht mehr empfänglich sei. Das stimmt nicht. Der blasse, knochige Jesus des Films, der vor den Berührungen anderer zurückweicht, der barfuß umhergeht und Prophezeiungen und Donnerwetter loslässt, ist auf eine Weise wirklich, wie das der Jesus vom blutenden Herzen nie war. Er stöhnt, als Nägel durch Jesu Hände getrieben werden; als das Grab leer gezeigt wird und der Engel den trauernden Frauen verkündet: »Er ist nicht hier, er ist auferstanden« und die *Missa Luba* ausbricht und das einfache Volk, die Krummen und die Lahmen, die Verachteten und Verworfenen herbeigelaufen und gehinkt kommen, die Gesichter strahlend vor Freude, um an der Frohen Botschaft teilzuhaben, will sein eigenes Herz zerspringen; vor unbändiger Freude, die er nicht versteht, laufen ihm Tränen über die Wangen, Tränen, die er heimlich abwischen muss, ehe er wieder in die Welt hinauskann.

Im Fenster des Antiquariats in einer Seitenstraße der Charing Cross Road entdeckt er auf einer seiner Expeditionen in die Stadt ein kleines dickes Buch mit violettem Einband: *Watt*, von Samuel Beckett, erschienen bei Olympia Press. Olympia Press ist berüchtigt: von einem sicheren Zufluchtsort in Paris aus bringt der Verlag Pornographie in Englisch für Abonnenten in England und Amerika heraus. Aber als Nebengeschäft bringt er auch die gewagteren Schriften der Avantgarde heraus – Vladimir Nabokovs *Lolita* zum Beispiel. Es ist kaum wahrscheinlich, dass Samuel Beckett, der Autor von *Warten auf Godot* und *Endspiel*, Pornographie schreibt. Was für ein Buch ist dann *Watt*?

Er blättert es durch. Es ist in derselben kräftigen Serifenschrift gedruckt wie Pounds *Ausgewählte Gedichte*, einer Schrift, die sich für ihn mit Intimität und Gediegenheit verbindet. Er kauft das Buch und trägt es zu Major Arkwrights Haus. Von der ersten Seite an weiß er, dass er eine Entdeckung gemacht hat. Das Licht fällt durchs Fenster, und er sitzt auf Kissen gestützt im Bett und liest und liest.

Watt ist ganz anders als Becketts Stücke. Es gibt keine Auseinandersetzung, keinen Konflikt, nur den Fluss einer Stimme, die eine Geschichte erzählt, ein Fluss, der ständig von Zweifeln und

Skrupeln kontrolliert wird und dessen Geschwindigkeit genau der Geschwindigkeit seines Geistes entspricht. *Watt* ist auch komisch, so komisch, dass er sich vor Lachen wälzt. Am Ende angekommen, fängt er wieder von vorn an.

Warum hat man ihm nicht gesagt, dass Beckett Romane geschrieben hat? Wie hatte er sich nur einbilden können, im Stil Fords schreiben zu wollen, wenn es die ganze Zeit Beckett gab? Bei Ford hatte es immer ein Element von Wichtigtuerei gegeben, das ihm missfallen hat, das er aber nicht eingestehen wollte, und das hatte etwas damit zu tun, wie bedeutungsvoll es für Ford ist, wo im Westend die besten Autohandschuhe zu kaufen sind oder wie man einen Médoc von einem Beaune unterscheidet; wohingegen Beckett klassenlos ist oder außerhalb von Klassen steht, wie er es selbst gern von sich sagen würde.

Die Programme, die er schreibt, müssen auf dem Atlas-Computer in Cambridge getestet werden, und zwar nachts, wenn die Mathematiker schlafen, die sonst ein Vorrecht bei der Computernutzung haben. Also nimmt er alle zwei oder drei Wochen den Zug nach Cambridge und hat eine Tasche mit seinen Papieren und Lochstreifenrollen sowie Schlafanzug und Zahnbürste bei sich. In Cambridge wohnt er im Royal-Hotel, auf Kosten von International Computers. Von sechs Uhr abends bis sechs Uhr morgens arbeitet er am Atlas. Am frühen Morgen kehrt er ins Hotel zurück, frühstückt und geht ins Bett. Nachmittags hat er Freizeit und kann in der Stadt spazieren gehen oder sich vielleicht einen Film ansehen. Dann ist es Zeit, sich zur Nachtschicht wieder ins Mathematische Labor zu begeben, in das große, hangarähnliche Gebäude, das Atlas beherbergt.

Es ist eine Routine, die ihm außerordentlich angenehm ist. Er fährt gern mit der Bahn, er mag die Anonymität von Hotelzimmern, mag das üppige englische Frühstück mit Schinkenspeck und Eiern, Toast und Marmelade und Kaffee. Da er keinen Anzug zu tragen braucht, kann er sich problemlos unter die Studenten auf der Straße mischen, sogar als einer der ihren gelten. Und die ganze Nacht am Atlas-Computer zu arbeiten, allein, abgesehen vom diensthabenden Ingenieur, zu beobachten, wie die Rolle mit dem Computercode, den *er* geschrieben hat, durch den Leser saust, zu beobachten, wie sich die Magnetbandteller zu drehen beginnen und die Lämpchen auf der Konsole auf *sein* Kommando aufleuchten, gibt ihm ein Gefühl der Macht, das kindisch ist, wie er weiß, das er aber, da ihn keiner beobachtet, ruhig genießen kann.

Manchmal muss er bis in die Morgenstunden im Mathematischen Labor bleiben, um sich mit den Angehörigen der Mathematischen Fakultät zu beraten. Denn alles wirklich Neue an der Atlas-Software kommt nicht von International Computers, sondern von einer Handvoll Mathematikern in Cambridge. Aus einer bestimmten Sicht ist er nur einer in einem Team professioneller Programmierer der Computerindustrie, das die Cambridger Mathematische Fakultät angeworben hat, um ihre Ideen umzusetzen, wie aus derselben Sicht International Computers eine Ingenieurgesellschaft ist, die von der Universität Manchester angeworben wurde, um einen Computer nach ihren Plänen zu bauen. Aus dieser Sicht ist er selbst nur ein von der Universität bezahlter Fachmann, kein Mitarbeiter, dem es zustünde, gleichberechtigt mit diesen brillanten jungen Wissenschaftlern zu sprechen.

Denn sie sind wirklich brillant. Manchmal schüttelt er ungläubig den Kopf über das, was geschieht. Hier ist er, ein unbedeutender Absolvent einer zweitrangigen Universität in den Kolonien, und man gestattet ihm, Männer mit Doktortiteln in Mathematik mit dem Vornamen anzureden, Männer, die ihn, wenn sie sich einmal zu einem Problem äußern, mit Schwindelgefühlen weit hinter sich lassen. Probleme, mit denen er einfallslos wochenlang gerungen hat, werden von ihnen im Handumdrehen gelöst.

Nicht selten sehen sie hinter dem, was er für Probleme gehalten hat, die *wahren* Probleme, und sie tun dann ihm zuliebe so, als hätte auch er sie gesehen.

Leben diese Männer wirklich so ausschließlich in den höheren Gefilden der Computerlogik, dass sie nicht erkennen, wie dumm er ist? Oder sorgen sie – aus Gründen, die ihm verborgen bleiben, da er völlig bedeutungslos für sie sein muss – dankenswerterweise dafür, dass er in ihrer Gesellschaft nicht das Gesicht verliert? Macht das die Zivilisation aus: eine stillschweigende Überein-kunft, dass keiner das Gesicht verlieren darf? Von Japan kann er das glauben; gilt das auch von England? Wie dem auch sei, es ist wahrhaft bewundernswert!

Er ist in Cambridge, in den Räumen einer altehrwürdigen Universität, mit den Großen auf Du und Du. Man hat ihm so-gar einen Schlüssel zum Mathematischen Labor gegeben, einen Schlüssel für die Seitentür, damit er hinein- und hinauskann. Was könnte er mehr erhoffen? Aber er muss sich hüten, dass es ihm nicht zu Kopf steigt und er hochnäsig wird. Dass er hier ist, hat er nur seinem Glück zu verdanken und nichts anderem. Er hätte nie in Cambridge studieren können, war nie gut genug, um ein Stipendium hier zu bekommen. Er muss sich weiter als Lohn-arbeiter sehen: Wenn er's nicht tut, wird er zum Hochstapler, so ähnlich, wie Thomas Hardys Jude Fawley, umgeben von den ver-träumten Turmspitzen von Oxford, ein Hochstapler war. Eines Tages, schon bald, werden seine Aufgaben erledigt sein, er wird seinen Schlüssel abgeben müssen, seine Cambridge-Besuche wer-den ein Ende haben. Aber er will sie wenigstens genießen, so-lange er kann.

◆ Zwanzig ◆

Sein dritter Sommer in England beginnt. Er und die anderen Programmierer haben es sich zur Gewohnheit gemacht, auf dem Rasen hinter dem Herrenhaus mit einem Tennisball und einem alten Schlagholz, das sie in einer Besenkammer gefunden haben, Cricket zu spielen. Er hat seit dem Ende seiner Schulzeit nicht mehr Cricket gespielt. Damals entschloss er sich, es aufzugeben, weil Mannschaftssport nicht mit dem Leben eines Poeten und Intellektuellen vereinbar sei. Nun stellt er zu seiner Überraschung fest, wie viel Spaß er noch immer an dem Spiel hat. Er hat nicht nur Spaß daran, er kann es auch gut. Alle Schläge, die er als Kind so wenig erfolgreich trainierte, beherrscht er automatisch wieder, mit einer Leichtigkeit und Flüssigkeit, die neu ist, weil seine Arme stärker sind und weil es keinen Grund gibt, sich vor dem weichen Ball zu fürchten. Er ist besser, viel besser, als Schlagmann und auch als Werfer, als seine Mitspieler. Wie haben diese jungen Engländer ihre Schulzeit verbracht, fragt er sich. Muss er, einer aus den Kolonien, ihnen ihr eigenes Spiel beibringen?

Seine Leidenschaft für Schach nimmt ab, er fängt wieder an zu lesen. Obwohl die Bibliothek in Bracknell selbst winzig und unzulänglich ist, sind die Bibliothekarinnen bereit, jedes von ihm gewünschte Buch über den Grafschaftsverbund zu bestellen. Er beschäftigt sich mit der Geschichte der Logik und geht dabei seiner Intuition nach, dass Logik eine menschliche Erfindung ist und nicht unmittelbar zur Existenzgrundlage gehört, und daraus folgt (es gibt viele Zwischenschritte, aber die kann er später ausfüllen), dass Computer einfach Spielzeuge sind, erfunden von

Jungen (angeführt von Charles Babbage) zur Unterhaltung für andere Jungen. Es gibt alternative Logiksysteme, ist er überzeugt (aber wie viele?), jedes genauso gut wie die Logik von *Entweder-oder*. Das Gefährliche an dem Spielzeug, mit dem er seinen Lebensunterhalt verdient, das Gefährliche, wodurch es mehr ist als nur Spielzeug, besteht darin, dass es *Entweder-oder*-Pfade in das Gehirn seiner Nutzer brennt und sie so unwiderruflich in seine binäre Logik einsperrt.

Er studiert Aristoteles, Petrus Ramus, Rudolf Carnap. Das meiste, was er liest, versteht er nicht, aber er ist ans Nichtverstehen gewöhnt. Im Moment sucht er nur nach dem historischen Augenblick, als die *Entweder-oder*-Variante gewählt und die *Und/oder*-Variante verworfen wurde.

Er hat seine Bücher und seine Projekte (die Dissertation über Ford, die jetzt bald abgeschlossen ist, seine Demontage der Logik) für die leeren Abende, Cricket am Mittag, und alle vierzehn Tage einen Aufenthalt im Royal Hotel mit dem Luxus von Nächten allein mit Atlas, dem respekteinflößendsten Computer der Welt. Könnte ein Junggesellendasein, wenn es denn ein Junggesellendasein sein muss, besser sein?

Es gibt nur einen Schatten. Ein Jahr ist vergangen, seit er zum letzten Mal eine Gedichtzeile geschrieben hat. Was ist mit ihm geschehen? Stimmt es, dass die Kunst nur aus Unglück erwächst? Muss er wieder unglücklich sein, um zu schreiben? Gibt es nicht auch eine Poesie der Ekstase, sogar eine Poesie über Cricket in der Mittagspause als Form der Ekstase? Spielt es eine Rolle, wo die Poesie ihre Impulse hernimmt, wenn es nur Poesie ist?

Obwohl Atlas nicht als Computer zur Verarbeitung von Sprachtexten konstruiert wurde, lässt er ihn in den Stunden um Mitternacht Tausende von Versen im Stil Pablo Nerudas ausdrucken, wobei er als Lexikon eine Liste der kraftvollsten Wörter aus *The Heights of Macchu Picchu* (Die Höhen von Macchu Picchu) in der Übersetzung von Nathaniel Tarn benutzt. Er nimmt den dicken

Papierstoß mit ins Royal-Hotel und brütet darüber. »The nostalgia of teapots« (Die Nostalgie der Teekessel). »The ardour of shutters« (Die Glut der Jalousien). »Furious horsemen« (Wütende Reiter). Wenn er momentan keine Poesie schreiben kann, die aus dem Herzen kommt, wenn sein Herz nicht in der richtigen Verfassung ist, um eigene Poesie zu schaffen, kann er da nicht wenigstens Pseudogedichte aus maschinell erzeugten Wendungen zusammenbauen und so, indem er den Schreibprozess mechanisiert, wieder schreiben lernen? Ist es fair, mechanische Hilfen fürs Schreiben in Anspruch zu nehmen – fair anderen Dichtern gegenüber, fair den toten Meistern gegenüber? Die Surrealisten schrieben Wörter auf Zettel, warfen sie in einen Hut und zogen dann willkürlich Wörter, um daraus Verse zu machen. William Burroughs zerschneidet bedruckte Seiten und arrangiert die Teile neu. Macht er nicht dasselbe? Oder verwandeln seine riesigen Ressourcen – welcher andere Dichter in England oder in der ganzen Welt hat eine Maschine dieser Größe zur Verfügung – Quantität in Qualität? Aber könnte man nicht einwenden, dass die Erfindung von Computern das Wesen der Kunst verändert hat, weil dadurch der Autor und die Verfassung seines Herzens bedeutungslos werden? Im dritten Programm hat er Musik aus den Tonstudios von Radio Köln gehört – aus elektronischem Pfeifen und Knistern, aus Straßenlärm, Bruchstücken alter Aufnahmen und Redefetzen zusammengeschweißte Musik. Ist es nicht an der Zeit, dass die Poesie mit der Musik gleichzieht?

Er schickt eine Auswahl seiner Neruda-Gedichte an einen Freund in Kapstadt, der sie in einer Zeitschrift, die er herausgibt, veröffentlicht. Ein Lokalblatt druckt eins der Computergedichte mit einem verächtlichen Kommentar ab. Für einen Tag oder zwei ist er daheim in Kapstadt berüchtigt als der Barbar, der Shakespeare durch eine Maschine ersetzen will.

Außer den Atlas-Computern in Cambridge und Manchester gibt es noch einen dritten Atlas. Er befindet sich im Atomwaffenforschungszentrum des Verteidigungsministeriums bei Aldermaston, nicht weit von Bracknell. Wenn die Software für den Atlas in Cambridge getestet und für gut befunden wurde, wird sie im Aldermaston-Computer installiert werden. Beauftragt damit sind die Programmierer, die sie entwickelt haben. Aber zuerst müssen diese Programmierer eine Sicherheitskontrolle durchlaufen. Jeder bekommt einen langen Fragebogen zum Ausfüllen, mit Fragen zu seiner Familie, seinem Werdegang, seinen bisherigen Tätigkeiten; jeder bekommt zu Hause Besuch von Männern, die sich als Polizeiangehörige vorstellen, aber wahrscheinlicher vom militärischen Geheimdienst sind.

Alle britischen Programmierer werden für unbedenklich erklärt und bekommen Ausweise mit ihrem Foto, die sie während der Besuche um den Hals tragen müssen. Nachdem sie sich am Eingang von Aldermaston gemeldet haben und zum Computergebäude eskortiert worden sind, können sie sich mehr oder weniger frei bewegen.

Für Ganapathy und ihn kommt jedoch eine solche Unbedenklichkeitsbescheinigung nicht in Frage, weil sie Ausländer sind oder, wie Ganapathy einschränkt, nichtamerikanische Ausländer. Am Eingangstor werden ihnen beiden deshalb persönliche Bewacher beigestellt, die sie überallhin begleiten, sie ständig überwachen und sich auf keine Unterhaltung einlassen. Wenn sie auf die Toilette gehen, stehen ihre Bewacher an der Kabinentür; wenn sie essen, stehen ihre Bewacher hinter ihnen. Sie dürfen mit anderen Angestellten von International Computers sprechen, aber mit niemandem sonst. Dass er in seiner IBM-Zeit mit Mr Pomfret zu tun hatte und bei der Entwicklung des TSR-2-Bombers eine Rolle gespielt hat, wirkt im Nachhinein so belanglos, sogar komisch, dass sein Gewissen leicht zu beruhigen ist. Aldermaston hat da eine ganz andere Dimension. Alles in allem bringt er dort zehn

Tage zu, verteilt über etliche Wochen. Als er fertig ist, funktionieren die Magnetbandroutinen genauso gut wie in Cambridge. Seine Aufgabe ist erledigt. Ohne Zweifel hätten auch andere die Routinen installieren können, aber nicht so gut wie er, der sie entwickelt hat und in- und auswendig kennt. Andere hätten den Job machen können, aber andere haben es nicht getan. Obwohl er Argumente hätte liefern können, um sich herauszuhalten (er hätte zum Beispiel auf den unnatürlichen Umstand hinweisen können, dass er bei allen seinen Handlungen von einem Bewacher mit unbewegter Miene beobachtet wurde, und auf die Auswirkung, die das auf seine Gemütslage hatte), aber er lieferte solche Argumente nicht. Vielleicht brauchte man Mr Pomfret nicht ernst zu nehmen, aber er kann nicht so tun, als sei Aldermaston ein Witz.

Einen Ort wie Aldermaston hatte er vorher noch nie gesehen. Die Atmosphäre hier ist völlig anders als die in Cambridge. Die Kabine, in der er arbeitet, ist wie jede andere Kabine samt ihrer Ausstattung billig, zweckorientiert und hässlich. Der ganze Stützpunkt mit seinen flachen, übers Gelände verstreuten Backsteinbauten ist hässlich mit der Hässlichkeit eines Ortes, der weiß, dass keiner ihn anschauen wird oder Interesse hat, ihn sich anzuschauen; vielleicht mit der Hässlichkeit eines Ortes, der weiß, dass er im Fall eines Krieges von der Erdoberfläche verschwinden wird.

Zweifellos gibt es hier kluge Leute, so klug wie die Mathematiker von Cambridge oder beinahe so klug. Zweifellos sind einige der Männer, die er in den Fluren flüchtig zu sehen bekommt, Einsatzleiter, Forschungsoffiziere, Technische Offiziere mit Dienstgrad I, II und III, Leitende Technische Offiziere, Leute, mit denen er nicht reden darf, selbst Absolventen von Cambridge. Er hat die Routinen selbst geschrieben, die er installiert, aber die zugrundeliegende Planung wurde von Cambridge-Leuten geliefert, Leuten, denen es nicht verborgen geblieben sein konnte, dass der Computer in ihrem Mathematischen Labor eine unheimliche Schwester in Aldermaston hatte. Die Männer in Cambridge haben sich nicht weniger vorzuwerfen als er. Trotzdem, weil er durch dieses Tor gegangen ist und die Luft hier geatmet hat, hat er das Wettrüsten unterstützt, hat sich am Kalten Krieg beteiligt, und noch dazu auf der falschen Seite.

Prüfungen kommen anscheinend in dieser Zeit nicht mehr mit fairer Vorwarnung, wie das in seiner Schulzeit gewesen ist, ja, sie geben sich nicht einmal als Prüfungen zu erkennen. Aber in seinem Fall kann er schwerlich als Entschuldigung anführen, dass er unvorbereitet gewesen ist. Vom Augenblick an, als das Wort *Aldermaston* fiel, hat er gewusst, dass Aldermaston eine Prüfung sein würde und dass ihm eben das fehlen würde, was man brauchte, um zu bestehen. Mit seiner Arbeit in Aldermaston hat er sich für eine böse Sache hergegeben, und von einem gewissen Standpunkt aus hat er sich dadurch schuldiger gemacht als seine englischen Kollegen, die durch Verweigerung ihre Karriere viel ernsthafter gefährdet hätten als er – Gast auf Zeit und Außenstehender bei diesem Kampf zwischen Großbritannien und Amerika auf der einen Seite und Russland auf der anderen.

Erfahrung. Das ist das Wort, auf das er sich zurückziehen möchte, um sich vor sich selbst zu rechtfertigen. Der Künstler muss jede Erfahrung auskosten, von der edelsten bis zur erbärmlichsten. Wie es dem Künstler bestimmt ist, die höchste Schaffensfreude zu erfahren, so muss er auch bereit sein, alles auf sich zu nehmen, was am Leben elend, gemein, unrühmlich ist. Um der Erfahrung willen hat er London ertragen – die toten Tage von IBM, den eisigen Winter 1962, eine demütigende Affäre nach der anderen: alles Stationen im Leben eines Dichters, Prüfungen seiner Seele. Ähnlich kann Aldermaston – die verdammte Kabine, in der er arbeitet, mit den Plastikmöbeln und dem Blick auf einen Schornstein, der bewaffnete Mann hinter ihm – einfach als Erfahrung betrachtet werden, als eine weitere Etappe auf seiner Reise in die Tiefe.

Es ist eine Rechtfertigung, die ihn nicht einen Moment lang überzeugt. Es ist Sophisterei, weiter nichts, verachtenswerte Sophisterei. Und wenn er weiter behaupten will, er habe mit Astrid und ihrem Teddybären geschlafen, um moralische Verkommenheit kennenzulernen, und nun mache er sich zu seiner Rechtfertigung selbst etwas vor, um intellektuelle Verkommenheit aus erster Hand kennenzulernen, dann wird die Sophisterei nur umso verwerflicher. Es ist nicht zu rechtfertigen; und – um schonungslos ehrlich zu sein – es ist auch nicht zu rechtfertigen, dass es keine Rechtfertigung gibt. Und was die schonungslose Ehrlichkeit angeht, so ist das kein besonders schwieriges Kunststück. Im Gegenteil, es ist die einfachste Sache der Welt. Wie das Gift einer giftigen Kröte ihr selbst nicht schadet, so entwickelt man bald ein dickes Fell gegen seine eigene Ehrlichkeit. Nieder mit der Vernunft, nieder mit dem Gerede! Das Einzige, was zählt, ist, dass man recht handelt, ob aus guten oder schlechten Gründen oder ganz ohne Grund.

Herauszufinden, was rechtes Handeln ist, fällt nicht schwer. Er braucht nicht allzu lange nachzudenken, um zu wissen, was das Rechte ist. Er könnte, wenn er wollte, mit beinah unfehlbarer Genauigkeit recht handeln. Was ihn nachdenklich macht, ist die Frage, ob er ein Dichter bleiben könnte, wenn er stets recht handelt. Wenn er sich vorzustellen versucht, welche Art von Poesie herauskommen würde, wenn man immer und immer wieder recht handelt, sieht er nur vollständige Leere vor sich. Das Rechte ist langweilig. Er steckt also in der Sackgasse: Er wäre lieber schlecht als langweilig, achtet einen Menschen, der lieber schlecht als langweilig ist, nicht und achtet auch die Raffiniertheit nicht, mit der er dieses Dilemma ausdrücken kann.

Trotz Cricket und Büchern, trotz der stets fröhlichen Vögel im Apfelbaum unter seinem Fenster, die mit ihrem Gezwitscher den Sonnenaufgang begrüßen, sind für ihn die Wochenenden schwer zu ertragen, besonders die Sonntage. Er hat Angst vorm Aufwachen am Sonntagmorgen. Es gibt Rituale, die einem durch den Sonntag helfen, hauptsächlich das Besorgen der Zeitung, ihre Lektüre auf dem Sofa und das Ausschneiden der Schachaufgaben. Aber die Zeitung hilft einem nicht viel weiter als bis um elf; und das Lesen der Sonntagsbeilagen ist auch zu offenkundig eine Methode, die Zeit totzuschlagen.

Er schlägt die Zeit tot, er versucht den Sonntag totzuschlagen, damit der Montag eher kommt und mit dem Montag die Erlösung durch Arbeit. Aber im weiteren Sinne ist die Arbeit auch eine Methode, die Zeit totzuschlagen. Alles, was er getan hat, seit er in Southampton an Land ging, ist ein Zeittotschlagen gewesen, während er darauf wartet, dass sein Schicksal eintrifft. Die Schicksalsgöttin würde nicht in Südafrika zu ihm kommen, sagte er sich; kommen würde sie (wie eine Braut!) nur in London oder Paris oder vielleicht Wien, weil sie nur in den großen Städten Europas wohnt. Fast zwei Jahre lang hat er in London gewartet und gelitten, und das Schicksal hat sich nicht gezeigt. Weil er nicht stark genug gewesen ist, um London zu ertragen, hat er jetzt einen Rückzug aufs Land gemacht, einen strategischen Rückzug. Ob das Schicksal auch Besuche auf dem Land macht, ist nicht sicher, selbst wenn es englisches Land ist und kaum eine Zugstunde von Waterloo Station entfernt.

Natürlich weiß er tief im Inneren, dass das Schicksal ihn nicht besuchen wird, wenn er es nicht herbeizwingt. Er muss sich hinsetzen und schreiben, das ist der einzige Weg. Aber er kann nicht mit Schreiben beginnen, ehe der rechte Augenblick da ist, und egal, wie sorgfältig er sich vorbereitet, den Tisch abwischt, die Lampe zurechtrückt, einen Rand auf der leeren Seite zieht, mit geschlossenen Augen dasitzt, seinen Geist frei macht – trotz all dieser Vorbereitungen wollen die Worte nicht zu ihm kommen. Genauer gesagt, kommen viele Worte, aber nicht die richtigen Worte, nicht der Satz, den er sofort an seinem Gewicht, seiner Gelassenheit und Ausgewogenheit als den erwählten erkennt.

Er hasst diese Konfrontation mit der leeren Seite, hasst sie so sehr, dass er ihr aus dem Weg zu gehen beginnt. Er kann die Schwere der Verzweiflung nicht ertragen, die sich am Ende jeder vergeblichen Sitzung auf ihn legt, wenn er feststellen muss, dass er wieder versagt hat. Besser, sich nicht immer und immer wieder auf diese Weise selbst zu verletzen. Vielleicht wird man dem Ruf, wenn er dann kommt, nicht mehr folgen können, vielleicht wird man zu schwach, zu elend.

Er ist sich wohl bewusst, dass sein Versagen als Schriftsteller und sein Versagen als Liebhaber so starke Parallelen aufweisen, dass sie ebenso gut ein und dasselbe sein könnten. Er ist der Mann, der Dichter, der Macher, das aktive Prinzip, und der Mann sollte eigentlich nicht auf die Annäherung der Frau warten. Im Gegenteil, die Frau sollte auf den Mann warten. Die Frau ist diejenige, die schläft, bis sie vom Prinzen wachgeküsst wird; die Frau ist die Knospe, die sich unter den Liebkosungen der Sonnenstrahlen öffnet. Wenn er sich nicht zwingt zu handeln, wird nichts geschehen, in der Liebe oder in der Kunst. Aber er traut dem Willen nicht. Wie er sich nicht zum Schreiben zwingen kann, sondern auf die Hilfe irgendeiner äußeren Kraft warten muss, einer Kraft, die man einmal die Muse nannte, so kann er sich nicht einfach dazu zwingen, sich einer Frau zu nähern ohne irgendein Zeichen (woher? – von ihr? aus seinem Inneren? von oben?), dass sie sein Schicksal ist. Wenn er sich einer Frau in einem anderen Geist nähert, kommt es dabei zu einer Verstrickung, wie die erbärmliche mit Astrid, eine Verstrickung, aus der er sich zu befreien suchte, fast schon bevor sie begann.

Man kann dasselbe auch auf andere und brutalere Art sagen. Tatsächlich gibt es Hunderte von Arten: Er könnte den Rest seines Lebens damit zubringen, sie aufzuzählen. Aber die brutalste Art ist, zu sagen, dass er Angst hat: Angst vorm Schreiben, Angst vor den Frauen. Soll er ruhig das Gesicht verziehen, wenn er die Gedichte in *Ambit* und *Agenda* liest, aber sie sind wenigstens da, gedruckt, in der Welt. Woher weiß er, dass ihre Verfasser sich nicht genau wie er jahrelang voller Skrupel vor der leeren Seite gequält haben? Sie haben sich gequält, aber dann haben sie sich schließlich zusammengerissen und, so gut sie konnten, geschrieben, was geschrieben werden musste, und es auf den Postweg gebracht und die Demütigung der Ablehnung ertragen oder die gleich große Demütigung, ihre Ergüsse in kaltem Druck, in all ihrer Armut zu sehen. Gleichermaßen hätten diese Männer bestimmt eine Ausrede gefunden, wie fadenscheinig sie auch sein mochte, um dies oder jenes hübsche Mädchen in der U-Bahn anzusprechen, und wenn sie den Kopf wegwandte oder eine ärgerliche Bemerkung in Italienisch zu einem Freund machte, nun, dann hätten sie die Abweisung irgendwie schweigend ertragen, und am nächsten Tag hätten sie es bei einem anderen Mädchen wieder versucht. So macht man das, so geht es auf der Welt zu. Und eines Tages würden diese Männer, diese Dichter, diese Liebhaber dann Glück haben: Das Mädchen, ganz gleich, wie wunderschön es war, würde ihnen antworten, und eins würde dann zum anderen führen, und ihr Leben wäre verwandelt, ihrer beider Leben, so weit, so gut. Was braucht es mehr als so etwas wie einfältige, unempfindliche Beharrlichkeit, als Liebhaber, als Schriftsteller, dazu die Bereitschaft, zu scheitern und wieder zu scheitern?

Was ist los mit ihm, dass er nicht bereit ist zu scheitern? Er will ein A oder ein Alpha oder einhundert Prozent für jeden seiner Versuche, und ein großes *Ausgezeichnet!* am Rand. Lächerlich! Kindisch! Man muss es ihm nicht sagen – er sieht es selbst. Trotzdem. Trotzdem kann er es nicht. Heute nicht. Vielleicht morgen. Vielleicht wird er morgen in der Stimmung sein, den Mut dazu haben.

Wenn er ein wärmerer Mensch wäre, würde er alles bestimmt leichter finden: das Leben, die Liebe, das Dichten. Aber Wärme liegt nicht in seiner Natur. Dichtung entsteht auch nicht aus

Wärme. Rimbaud war kein warmer Mensch. Baudelaire war kein warmer Mensch. Heiß, in der Tat, ja, wenn es nötig war – heiß im Leben, heiß in der Liebe –, aber nicht warm. Auch er kann heiß sein, er hat nicht aufgehört, das zu glauben. Aber zurzeit, auf unbestimmte Zeit, ist er kalt: kalt, erstarrt.

Und was ist das Ergebnis dieses Mangels an Wärme, dieses Mangels an Herz? Das Ergebnis ist, dass er an einem Sonntagnachmittag allein in einem Zimmer im Obergeschoss eines Hauses im tiefsten Berkshire sitzt – die Krähen krächzen auf den Feldern, und ein grauer Nebel hängt über dem Land, er spielt Schach mit sich selbst, wird alt, wartet darauf, dass es Abend wird, damit er guten Gewissens seine Würstchen braten und zum Abendbrot essen kann. Mit achtzehn hätte er ein Dichter sein können. Jetzt ist er kein Dichter, kein Schriftsteller, kein Künstler. Er ist Programmierer, ein vierundzwanzigjähriger Programmierer in einer Welt, in der es keine dreißigjährigen Programmierer gibt. Mit dreißig ist man zu alt zum Programmieren: Man wird dann etwas anderes – irgendein Geschäftsmann –, oder man erschießt sich. Nur weil er jung ist, weil die Neuronen in seinem Gehirn noch mehr oder weniger zuverlässig funktionieren, hat er einen Fuß in der Tür der britischen Computerindustrie, der britischen Gesellschaft, Großbritanniens selbst. Er und Ganapathy sind die zwei Seiten einer Münze: Ganapathy verhungert nicht etwa, weil er von Mutter Indien getrennt ist, sondern weil er nicht ordentlich isst, weil er trotz seines Magisters in Informatik nichts von Vitaminen und Mineralien und Aminosäuren weiß; und er ist gefangen in einem immer schwächer werdenden Endspiel, bei dem er sich mit jedem Zug immer mehr in eine aussichtslose Lage manövriert und der Niederlage nähert. Demnächst werden Sanitäter vor Ganapathys Wohnung erscheinen und ihn mit einem Laken überm Gesicht auf einer Bahre heraustragen. Wenn sie Ganapathy abgeholt haben, können sie ihn auch gleich holen.

SOMMER DES LEBENS

◆ Notizbücher 1972–75 ◆

22. August 1972

In der *Sunday Times* von gestern war ein Bericht aus Francistown
in Botswana. Irgendwann letzte Woche fuhr mitten in der Nacht
ein Auto, ein weißes amerikanisches Modell, vor einem Haus in
einem Wohngebiet vor. Männer mit Sturmhauben sprangen heraus, traten die Haustür ein und begannen zu schießen. Als sie mit
dem Schießen fertig waren, zündeten sie das Haus an und fuhren
weg. Aus der Glut zogen Nachbarn sieben verkohlte Leichen:
zwei Männer, drei Frauen, zwei Kinder.

Die Mörder schienen schwarz zu sein, aber einer der Nachbarn
hatte sie untereinander Afrikaans sprechen hören und war überzeugt, dass es als Schwarze geschminkte Weiße waren. Die Toten
waren Südafrikaner, Flüchtlinge, die erst vor wenigen Wochen in
das Haus eingezogen waren.

Als der südafrikanische Außenminister um einen Kommentar
gebeten wird, lässt er durch einen Sprecher verlauten, der Bericht
sei »unbestätigt«. Es würden Untersuchungen stattfinden, sagt
er, um festzustellen, ob die Verstorbenen tatsächlich südafrikanische Staatsbürger gewesen seien. Was das Militär betrifft, so be-
streitet eine ungenannte Quelle, dass die südafrikanische *Defence
Force* etwas mit der Sache zu tun hatte. Die Morde seien vermutlich eine interne ANC-Angelegenheit, vermutet er, und ein
Ausdruck von »aktuellen Spannungen« zwischen verschiedenen
Flügeln.

Sie erscheinen also Woche um Woche, diese Geschichten aus

den Grenzgebieten, Berichte über Morde, gefolgt von vagen Dementis. Er liest die Berichte und fühlt sich beschmutzt. Er ist also zurückgekehrt, um das zu erleben! Doch wo auf der Welt könnte man sich verstecken und sich nicht beschmutzt fühlen? Käme er sich im schneereichen Schweden sauberer vor, wenn er in der Ferne von seinen Volksgenossen und ihren letzten Streichen lesen würde?

Wie kann man dem Schmutz entkommen – keine neue Frage. Eine alte hässliche Frage, die nicht verschwinden will, die eine böse, schwärende Wunde hinterlässt.

»Ich sehe, dass die *Defence Force* wieder mit ihren alten Tricks operiert«, bemerkt er zu seinem Vater. »Diesmal in Botswana.« Aber sein Vater ist auf der Hut und beißt nicht an. Wenn der Vater die Zeitung zur Hand nimmt, achtet er darauf, dass er gleich die Sportseiten aufblättert und die Politik überspringt – die Politik und die Morde.

Sein Vater hat für den Kontinent, der sich nach Norden erstreckt, nichts als Verachtung übrig. *Buffoons*, Blödmänner, ist der Ausdruck, den er gebraucht, um die Führer afrikanischer Staaten abzutun: kleine Tyrannen, die kaum ihre eigenen Namen buchstabieren können, die sich in ihren Rolls-Royce von einem Festmahl zum anderen fahren lassen, gekleidet in ruritanische Uniformen, behängt mit selbstverliehenen Orden. Afrika: ein Ort, wo hungernde Menschenmassen von gemeingefährlichen Blödmännern herumkommandiert werden.

»Sie sind in ein Haus in Francistown eingebrochen und haben alle umgebracht«, lässt er trotz allem nicht locker. »Haben alle hingerichtet. Auch die Kinder. Hier, lies den Bericht. Er steht auf der Titelseite.«

Sein Vater zuckt mit den Schultern. Sein Vater findet keine Worte, die umfassend genug sind, um seinen Abscheu einerseits vor Verbrechern, die wehrlose Frauen und Kinder abschlachten, und andererseits vor Terroristen, die von sicheren Zufluchtsorten jenseits der Grenze aus Krieg führen, auszudrücken. Er löst das Problem, indem er sich in die Cricket-Ergebnisse vertieft. Als Reaktion auf ein moralisches Dilemma ist das schwach; aber ist denn seine eigene Reaktion – Anfälle von Wut und Verzweiflung – irgendwie besser?

Er hatte einst geglaubt, dass die Männer, die sich die südafrikanische Version der öffentlichen Ordnung ausgedacht hatten, die das gewaltige System von Arbeitskraftreserven und innerstaatlichen Pässen und Satelliten-Townships schufen, ihre Vision auf eine tragische Fehlinterpretation der Geschichte gestützt hatten. Sie interpretierten die Geschichte falsch, weil sie, geboren auf Farmen oder in Kleinstädten im Hinterland und isoliert in einer Sprache, die sonst nirgendwo auf der Welt gesprochen wurde, das Ausmaß der Kräfte nicht erkennen konnten, die seit 1945 die alte koloniale Welt weggefegt hatten. Doch die Feststellung, sie hätten die Geschichte falsch interpretiert, führte selbst in die Irre. Denn sie befassten sich gar nicht mit Geschichte. Im Gegenteil, sie kehrten ihr den Rücken zu und taten sie ab als eine Ansammlung von Verleumdungen, von Ausländern fabriziert, die Afrikaaner verachteten und die wegsehen würden, wenn sie von den Schwarzen bis zur letzten Frau und zum letzten Kind massakriert werden würden. Allein und ohne Freunde am fernen Ende eines feindseligen Kontinents, so wie sie es waren, errichteten sie ihren Festungsstaat und zogen sich hinter seine Mauern zurück; dort würden sie dafür sorgen, dass die Flamme der christlich-westlichen Zivilisation nicht erlosch, bis die Welt schließlich zur Vernunft käme.

So ungefähr drückten sie es aus, die Männer an der Spitze der National Party und des Sicherheitsstaates, und lange glaubte er, dass es ihnen aus dem Herzen käme. Aber nun nicht mehr. Jetzt neigt er zur Annahme, dass ihr Gerede von der Rettung der Zivilisation nie etwas anderes gewesen ist als ein Täuschungsmanöver. Hinter einer Nebelwand des Patriotismus sitzen sie eben jetzt und rechnen sich aus, wie lange sie das Ganze am Laufen halten können (die Bergwerke, die Fabriken), bevor sie die Koffer packen, belastende Dokumente schreddern und nach Zürich oder Monaco oder San Diego fliegen müssen, wo sie unter dem Deckmantel von Dachgesellschaften, die *Algro Trading* oder *Handfast Securities* heißen, schon vor Jahren Villen und Apartment-Wohnungen als Absicherung gegen den Tag der Abrechnung *(dies irae, dies illa)* für sich gekauft haben.

Nach seiner neuen, revidierten Auffassung haben die Männer, die die Todesschwadron nach Francistown geschickt haben, keine fehlgeleitete Vision von der Geschichte, und noch viel weniger eine tragische. Sehr wahrscheinlich lachen sie sich ins Fäustchen beim Gedanken an Leute, die so einfältig sind, irgendwie geartete Visionen zu haben. Und was das Schicksal der christlichen Zivilisation in Afrika angeht, so haben sie sich den Teufel darum geschert. Und das – ja das! – sind die Männer, unter deren Fuchtel er steht!

Muss noch ergänzt werden: die Reaktion seines Vaters auf die Zeitläufte, verglichen mit seiner eigenen; worin sie beide sich unterscheiden, worin sie sich ähnlich sind (und das überwiegt).

1. September 1972

Das Haus, in dem er mit seinem Vater wohnt, stammt aus den 1920er Jahren. Seine Mauern bestehen teilweise aus gebrannten Ziegeln, doch hauptsächlich aus Lehm und Stroh und sind inzwischen so morsch vor Feuchtigkeit, die aus dem Boden aufsteigt, dass sie allmählich zerbröckeln. Unmöglich, sie gegen die Feuchtigkeit zu isolieren; eine wasserundurchlässige Betonschürze außen um das Haus zu legen und zu hoffen, dass die Ziegel langsam trocknen werden, ist das Beste, was man tun kann.

Aus einem Heimwerkerleitfaden erfährt er, dass er für jeden Meter Beton drei Säcke Sand, fünf Säcke Splitt und einen Sack Zement braucht. Wenn er die Schürze um das Haus zehn Zentimeter dick macht, braucht er dreißig Säcke Sand, fünfzig Säcke Splitt und zehn Säcke Zement, rechnet er aus. Und dafür sind sechs Fahrten zum Baumarkt und sechs volle Ladungen in einem Eintonner nötig.

Als er den ersten Arbeitstag zur Hälfte hinter sich gebracht hat, dämmert ihm, dass er einen kapitalen Fehler gemacht hat. Entweder hat er die Anleitung falsch verstanden, oder er hat bei seinen Berechnungen Kubikmeter mit Quadratmetern verwechselt. Es braucht sehr viel mehr als zehn Säcke Zement, plus Sand und Splitt, um sechsundneunzig Quadratmeter Beton zu verbauen. Es sind viel mehr als sechs Fahrten zum Baumarkt nötig; er wird mehr als bloß einige Wochenenden seines Lebens opfern müssen.

Woche um Woche mischt er mit Hilfe einer Schaufel und einer Schubkarre Sand, Splitt, Zement und Wasser; Block für Block gießt er flüssigen Beton und glättet ihn. Der Rücken tut ihm weh, die Arme und Gelenke sind so steif, dass er kaum einen Stift halten kann. Vor allem langweilt ihn die körperliche Arbeit. Doch unglücklich ist er nicht. Was er nun tut, hätten Leute seinesgleichen seit 1652 tun sollen, nämlich die eigene schmutzige Arbeit. Als er dann nicht mehr daran denkt, dass er Zeit aufbringt, gewinnt die Arbeit sogar allmählich ihren eigenen Reiz. Es gibt so etwas wie eine ordentlich verlegte Betonplatte, und das Ergebnis der gelungenen Arbeit ist für alle sichtbar. Die von ihm verlegten Betonplatten werden ihn als Mieter in diesem Haus überdauern, könnten sogar seinen Aufenthalt auf Erden überdauern; und in diesem Fall wird er dann in gewissem Sinn den Tod überlistet haben. Man könnte den Rest des Lebens damit verbringen, Betonplatten zu legen und jede Nacht in den tiefsten Schlaf zu fallen, müde und mit schmerzenden Gliedern von ehrlicher, schwerer Arbeit.

Wie viele von den zerlumpten Arbeitern, die auf der Straße an ihm vorübergehen, sind insgeheim Schöpfer von Werken, die sie überdauern werden: Straßen, Mauern, Masten? Unsterblichkeit einer gewissen Art, eine begrenzte Unsterblichkeit, ist also gar nicht so schwer zu erlangen. Warum besteht er dann darauf, Zeichen auf Papier zu setzen in der schwachen Hoffnung, dass jetzt noch Ungeborene sich die Mühe machen werden, sie zu entziffern?

Muss noch ergänzt werden: seine Bereitwilligkeit, sich in unausgegorene Vorhaben zu stürzen; die Eilfertigkeit, mit der er schöpferische Arbeit zugunsten stupider Emsigkeit aufgibt.

16. April 1973

Dieselbe *Sunday Times*, die eingestreut zwischen Enthüllungsstorys über stürmische Affären von Lehrern mit Schulmädchen in Landstädtchen und Fotos von Starlets mit Schmollmündchen in winzigen Bikinis auch Gräueltaten aufdeckt, die vom Sicherheitsdienst begangen wurden, berichtet, dass der Innenminister ein Visum genehmigt hat, das es Breyten Breytenbach erlaubt, in das Land seiner Geburt zurückzukommen, um seine kranken Eltern zu besuchen. Ein Visum aus Mitgefühl und familiären Gründen, so wird es genannt; es gilt sowohl für Breytenbach als auch für seine Frau.

Breytenbach hat Südafrika schon vor Jahren verlassen, um in Paris zu leben, und bald danach hat er sich alles vermasselt, indem er eine Vietnamesin geheiratet hat, das heißt eine Nichtweiße, eine Asiatin. Er hat sie nicht nur geheiratet, sondern er liebt sie auch leidenschaftlich, wenn man den Gedichten, in denen sie vorkommt, glauben will. Dennoch will der mitfühlende Minister dem Paar einen dreißigtägigen Besuch gestatten, während dessen die sogenannte Mrs Breytenbach als Weiße behandelt werden wird, eine zeitweilige Weiße, eine Weiße ehrenhalber, so berichtet die *Sunday Times*.

Sobald Breyten und Yolande in Afrika angekommen sind, er ein dunkler hübscher Typ, sie eine zarte Schönheit, werden sie von Reportern verfolgt. Zoomobjektive fangen jeden intimen Moment ein, während sie mit Freunden picknicken oder in einem Gebirgsbach paddeln.

Die Breytenbachs treten bei einer Literaturkonferenz in Kapstadt öffentlich auf. Der Saal ist gestopft voll mit Leuten, die gekommen sind, um zu gaffen. In seiner Rede nennt Breyten die Afrikaaner ein Bastardvolk. Weil sie Bastarde sind und sich deswegen schämen, sagt er, hätten sie sich ihr abstruses Programm der rassischen Zwangstrennung ausgedacht.

Seine Rede bekommt großen Applaus. Bald darauf fliegen er und Yolande heim nach Paris, und die Zeitungen wenden sich wieder ihren üblichen Themen zu: frechen Nymphchen, treulosen Eheleuten und staatlichen Morden.

Muss noch untersucht werden: der Neid weißer Südafrikaner auf Breytenbach, weil er die Freiheit hat, die Welt zu bereisen, und weil er unbegrenzten Zugang zu einer schönen, exotischen Bettgenossin hat.

2. September 1973

Gestern Abend lief im Empire-Kino in Muizenberg ein früher Film von Kurosawa, *Einmal wirklich leben*. Ein langweiliger Bürokrat erfährt, dass er Krebs und nur noch wenige Monate zu leben hat. Er ist fassungslos, weiß nicht, was er mit sich anfangen und wohin er sich wenden soll.

Er führt seine Sekretärin, eine temperamentvolle, doch einfältige junge Frau, zum Tee aus. Als sie gehen will, hält er sie auf, indem er sie beim Arm packt. »Ich möchte sein wie du!«, sagt er.

»Aber ich weiß nicht, wie!« Sein nackter Hilferuf stößt sie ab.

Frage: Wie würde er reagieren, wenn sein Vater ihn so beim Arm packen würde?

13. September 1973

Er erhält einen Anruf von einem Arbeitsamt, wo er seine Personalien hinterlassen hat. Ein Kunde möchte in Sprachfragen von einem Experten beraten werden und bietet einen Stundenlohn – ob er interessiert sei? Sprachfragen welcher Art?, erkundigt er sich. Das Amt weiß es nicht.

Er wählt die angegebene Nummer und vereinbart, eine Adresse in Sea Point aufzusuchen. Seine Kundin ist eine Frau in den Sechzigern, eine Witwe, deren verstorbener Ehemann den größten Teil seines beträchtlichen Vermögens einem Fonds anvertraut hat, der von seinem Bruder treuhänderisch verwaltet wird. Die erzürnte Witwe hat beschlossen, das Testament anzufechten. Doch alle Anwälte, die sie konsultiert hat, haben ihr davon abgeraten. Das Testament ist hieb- und stichfest, sagen sie. Trotzdem weigert sie sich aufzugeben. Sie ist überzeugt, dass die Anwälte den Wortlaut des Testaments falsch interpretiert haben. Die Anwälte hat sie deshalb abgeschrieben und sucht stattdessen die Beratung durch einen Experten für linguistische Fragen.

Mit einer Tasse Tee neben sich liest er das Testament des Verstorbenen sorgfältig durch. Dessen Aussage ist völlig klar. An die Witwe geht die Wohnung in Sea Point und eine Geldsumme. Das restliche Vermögen fließt in einen Fonds zum Wohl seiner Kinder aus einer früheren Ehe.

»Leider kann ich Ihnen nicht helfen«, sagt er. »Die Formulierung ist unzweideutig. Man kann sie nur auf eine Weise interpretieren.«

»Und was ist damit?«, fragt sie. Sie beugt sich über seine Schulter und stößt den Finger auf den Text. Ihre Hand ist winzig, die Haut gefleckt; auf dem Mittelfinger sitzt ein Diamant in extravaganter Fassung. »Wo steht: *Unter Außerachtlassung des Obengesagten.*«

»Das bedeutet, dass Sie das Recht haben, sich an den Treuhandfonds mit der Bitte um Unterstützung zu wenden, wenn Sie eine finanzielle Notlage nachweisen können.«

»Und was ist mit *Außerachtlassung*?«

»Das bedeutet, was in dieser Klausel dargelegt wird, ist eine Ausnahme von dem zuvor Dargelegten und hat Vorrang.«

»Doch es bedeutet auch, dass der Treuhandfonds meine Forderung nicht außer Acht lassen kann. Was bedeutet *außer Acht lassen*, wenn nicht das?«

»Es kommt nicht darauf an, was *außer Acht lassen* bedeutet. Es kommt darauf an, was *Unter Außerachtlassung des Obengesagten* bedeutet. Sie müssen die Wortgruppe als Einheit behandeln.«

Sie schnauft ungeduldig. »Ich bezahle Sie für Ihre Dienste als Sprachexperte, nicht als Rechtsanwalt«, sagt sie. »Das Testament ist in Englisch verfasst, in englischen Wörtern. Was bedeuten die Wörter? Was bedeutet *Außerachtlassung*?«

Eine Verrückte, denkt er. *Wie komme ich da wieder raus?* Aber sie ist natürlich nicht verrückt. Sie ist einfach von Zorn und Habgier besessen: Zorn auf den Ehemann, der ihr entwischt ist, Gier nach seinem Geld.

»Ich verstehe die Klausel so«, sagt sie, »dass keiner, auch mein Schwager nicht, außer Acht lassen kann, wenn ich eine Forderung erhebe. Denn das bedeutet *Außerachtlassung*: Er kann meine Forderung nicht außer Acht lassen. Warum sollte man sonst dieses Wort gebrauchen? Verstehen Sie, was ich meine?«

»Ich verstehe, was Sie meinen«, sagt er.

Er verlässt das Haus mit einem Scheck über zehn Rand in der Tasche. Wenn er sein Gutachten geliefert haben wird, sein Sachverständigengutachten, dem er eine von einem Notar beglaubigte Kopie des Diploms beifügen wird, das ihn zu einem sachverständigen Interpreten für die Bedeutung englischer Wörter, einschließlich des Wortes *Außerachtlassung* macht, wird er die restlichen dreißig Rand seines Honorars erhalten.

Er liefert kein Gutachten. Er verzichtet auf das ihm zustehende Geld. Als die Witwe anruft, um sich zu erkundigen, was los ist, legt er wortlos auf.

Charaktereigenschaften, die durch diese Geschichte bei ihm deutlich werden: (a) Integrität (er weigert sich, das Testament wie von seiner Auftraggeberin gewünscht zu interpretieren); (b) Naivität (er verpasst eine Gelegenheit, dringend benötigtes Geld zu verdienen).

31. Mai 1975

Südafrika ist offiziell nicht im Kriegszustand, könnte es aber sein. Während der Widerstand gewachsen ist, wurde die Rechtsstaatlichkeit Schritt für Schritt außer Kraft gesetzt. Die Polizei und die Männer, die die Polizei führen (wie Jäger Hundemeuten führen), sind inzwischen mehr oder weniger ohne jegliche Kontrolle. Radio und Fernsehen verbreiten die amtlichen Lügen als Nachrichten getarnt. Doch über der ganzen traurigen, mörderischen Veranstaltung liegt eine muffige Atmosphäre. Die alten Schlachtrufe – *Verteidigt die weiße christliche Zivilisation! Haltet die Opfer der Vorfahren in Ehren!* – haben alle Kraft verloren. Die Schachspieler sind zum Endspiel angetreten, und alle wissen das.

Aber während das Spiel langsam dem Ende zusteuert, werden noch immer Menschenleben verschlungen – verschlungen und ausgeschissen. Wie es das Schicksal einiger Generationen ist, durch Krieg vernichtet zu werden, scheint es das Schicksal der gegenwärtigen Generation zu sein, durch Politik zermahlen zu werden.

Wenn sich Jesus zu politischen Aktionen herabgelassen hätte, hätte er eine Schlüsselfigur im römischen Judäa werden können, ein großer Macher. Weil er für Politik nichts übrighatte und das auch deutlich sagte, wurde er liquidiert. Wie man sein Leben außerhalb der Politik leben konnte und auch seinen Tod: Das war das Beispiel, das er seinen Anhängern gab.

Es ist schon seltsam, dass er Jesus als Leitbild betrachtet. Aber wo sollte er nach einem besseren suchen?

Vorsicht: Vermeide, sein Interesse an Jesus zu übertreiben und aus dem Text eine Erzählung über die Entdeckung des wahren Wegs zu machen.

2. Juni 1975

Das Haus gegenüber hat neue Eigentümer, ein Ehepaar ungefähr in seinem Alter mit kleinen Kindern und einem BMW. Er schenkt ihnen keine Beachtung, bis es eines Tages an seiner Tür klopft. »Guten Tag, ich bin David Truscott, Ihr neuer Nachbar. Ich habe mich ausgesperrt. Könnte ich bitte Ihr Telefon benutzen?« Und dann fügt er noch hinzu: »Kennen wir uns nicht?«

Langsam dämmert es ihm. Sie kennen sich wirklich. 1952 waren David Truscott und er in derselben Schulklasse, der sechsten Klasse, am St. Joseph's College. Er hätte zusammen mit David Truscott weiter die Oberschule durchlaufen können, wenn da nicht der Umstand gewesen wäre, dass David in der sechsten Klasse sitzenblieb. Es war unschwer zu sehen, warum er sitzenblieb. In der sechsten Klasse bekamen sie Algebra, und von Algebra begriff David nicht das mindeste, und das mindeste war, dass x, y und z dazu da waren, einen von der Mühsal der Arithmetik zu befreien. Auch in Latein kam David nicht so recht mit – zum Beispiel mit dem Konjunktiv. Selbst damals schon schien ihm, so jung er war, klar zu sein, dass es für David besser wäre, wenn er von der Schule abginge und sich außer Reichweite von Latein und Algebra in die reale Welt begeben würde, um in einer Bank Banknoten zu zählen oder um Schuhe zu verkaufen.

Doch obwohl er regelmäßig Prügel bezog, weil er schwer von Begriff war – Prügel, die er klaglos hinnahm, wenn auch seine Brillengläser hin und wieder von Tränen beschlagen waren –, setzte David Truscott seinen Schulbesuch fort, zweifellos von seinen Eltern dazu gedrängt. Irgendwie kämpfte er sich durch Klasse sechs und dann Klasse sieben und so fort bis zu Klasse zehn; und hier ist er nun, zwanzig Jahre später, adrett und heiter und erfolgreich und, wie sich herausstellt, so von geschäftlichen Dingen in Anspruch genommen, dass er heute Morgen, als er sich auf den Weg ins Büro machte, seinen Hausschlüssel vergessen hat und nun nicht in das Haus der Familie hineinkommt, da seine Frau mit den Kindern zu einer Feier gegangen ist.

»Und was machst du beruflich?«, fragt er David, äußerst neugierig.

»Marketing. Ich arbeite beim Woolworths-Konzern. Und du?«

»Oh, ich mach gerade eine Verschnaufpause. Ich hatte einen Lehrauftrag an einer Universität in den USA, im Moment bin ich auf der Suche nach einer Stelle hier.«

»Wir müssen uns mal zusammensetzen. Du musst auf einen Drink zu uns kommen, Erinnerungen austauschen. Hast du Kinder?«

»Ich bin selbst ein Kind. Ich meine, ich lebe mit meinem Vater. Mein Vater wird langsam alt. Er braucht jemanden, der sich um ihn kümmert. Aber komm doch herein. Das Telefon ist dort drüben.«

David Truscott, der x und y nicht begriff, ist also ein erfolgrei-

cher Marketingleiter, während er, der ohne Mühe x und y und
noch vieles mehr begriff, ein arbeitsloser Intellektueller ist. Was
sagt das über den Lauf der Welt? Offenbar sagt es am deutlichsten, dass der Weg, der über Latein und Algebra führt, nicht der
Weg zu materiellem Erfolg ist. Aber es sagt vielleicht noch mehr:
dass es Zeitverschwendung ist, Dinge zu begreifen; dass man,
wenn man Erfolg in der Welt und eine glückliche Familie, ein
nettes Zuhause und einen BMW haben will, nicht versuchen
sollte, Dinge zu begreifen, sondern einfach Zahlen addieren oder
Knöpfe drücken sollte oder tun sollte, wofür Marketingleiter
sonst so reich entlohnt werden.

David Truscott und er setzten sich schließlich doch nicht zusammen, um den versprochenen Drink zu sich zu nehmen und
die versprochenen Erinnerungen auszutauschen. Falls es sich ergibt, dass er abends im Garten vorm Haus das Laub zusammen-
recht, wenn David Truscott von der Arbeit nach Hause kommt,
winken sich die beiden gutnachbarlich zu oder nicken grüßend
über die Straße, mehr aber auch nicht. Mrs Truscott sieht er etwas öfter, ein blasses kleines Geschöpf, das ständig Kinder in den
Zweitwagen scheucht oder aus ihm herausholt; doch er wird ihr
nicht vorgestellt und hat keine Gelegenheit, mit ihr zu sprechen.
Die Tokai Road ist eine verkehrsreiche Durchgangsstraße, gefährlich für Kinder. Es gibt keinen vernünftigen Grund für die
Truscotts, sie zu überqueren und auf seine Seite zu kommen, oder
für ihn, zu ihnen hinüberzugehen.

3. Juni 1975

Von dem Viertel, wo er und die Truscotts wohnen, muss man
nur ungefähr einen Kilometer in südliche Richtung laufen, um
direkt vor Pollsmoor zu stehen. Pollsmoor – keiner macht sich
die Mühe, es Pollsmoor-Gefängnis zu nennen – ist eine Haftan-

stalt, die von hohen Mauern und Stacheldraht und Wachtürmen umgeben ist. Früher stand sie einmal ganz allein in einer Ödnis sandigen Buschlandes. Doch im Laufe der Jahre sind die Vorortsiedlungen näher herangekrochen – erst zaghaft, dann zuversichtlicher –, bis Pollsmoor, eingezwängt zwischen ordentliche Reihenhäuser, aus denen jeden Morgen rechtschaffene Bürger kommen, um ihre Rolle in der Volkswirtschaft zu spielen, nun die Anomalie in der Landschaft darstellt.

Es ist natürlich eine Ironie, dass der südafrikanische Gulag so obszön in die weißen Vororte eindringt, dass dieselbe Luft, die er und die Truscotts atmen, durch die Lungen von Schurken und Verbrechern gegangen sein soll. Aber für die Barbaren ist Ironie wie Salz, worauf Zbigniew Herbert aufmerksam gemacht hat: Man zermahlt es mit den Zähnen, genießt die momentane Würze; doch wenn die Würze fort ist, sind die rohen Fakten noch da. Was fängt man also mit dem rohen Fakt von Pollsmoor an, wenn sich die Ironie verbraucht hat?

Fortsetzung: Die Gefangenentransporter, die auf dem Weg vom Gericht durch die Tokai Road fahren; kurze Blicke auf Gesichter und Finger, die die Fenstergitter umklammern; was für Geschichten die Truscotts ihren Kindern erzählen, um diese Hände und Gesichter zu erklären, einige davon trotzig, andere trostlos.

✦ Julia ✦

Frau Dr. Frankl, Sie hatten Gelegenheit, die Seiten von John Coetzees Notizbüchern für die Jahre 1972–75 zu lesen, die ich Ihnen geschickt habe. Das waren mehr oder weniger die Jahre, in denen Sie mit ihm befreundet waren. Um in Ihre Geschichte hineinzufinden, würde ich gern erfahren, ob Sie zu den Einträgen etwas mitzuteilen haben. Erkennen Sie in ihnen den Mann wieder, den Sie kannten? Erkennen Sie das Land und die Zeit wieder, die er beschreibt?

Ja, ich erinnere mich an Südafrika. Ich erinnere mich an die Tokai Road, ich erinnere mich an die mit Gefangenen vollgestopften Transporter, die nach Pollsmoor unterwegs waren. Ich erinnere mich sehr deutlich an alles.

Natürlich war Nelson Mandela in Pollsmoor inhaftiert. Überrascht es Sie, dass Coetzee Mandela nicht als unmittelbaren Nachbarn erwähnt?

Mandela wurde erst später nach Pollsmoor verlegt. 1975 war er noch auf Robben Island.

Natürlich, das hatte ich vergessen. Und was ist mit Coetzees Beziehungen zu seinem Vater? Nach dem Tod seiner Mutter lebte er eine Zeitlang mit seinem Vater zusammen. Sind Sie seinem Vater begegnet?

Mehrmals.

Haben Sie den Vater im Sohn gesehen?

Meinen Sie, ob John seinem Vater ähnlich war? In körperlicher Hinsicht nicht. Sein Vater war kleiner und schmaler: ein adretter kleiner Mann, auf seine Art hübsch, obwohl es ihm sichtlich nicht gutging. Er trank heimlich, und er rauchte und achtete generell nicht auf seine Gesundheit, während John ein ziemlich fanatischer Abstinenzler war.

Und in anderer Hinsicht? Waren sie sich in anderer Hinsicht ähnlich?

Beide waren sie Einzelgänger. Unbeholfen im Umgang mit anderen Menschen. Gehemmt im weiteren Sinn.

Und wie haben Sie John Coetzee kennengelernt?

Das erzähle ich Ihnen gleich. Doch zunächst: Etwas habe ich bei den Seiten, die Sie mir aus seinen Notizbüchern geschickt haben, nicht verstanden. Diese kursiven Abschnitte – *Muss noch ergänzt werden* und so weiter – von wem stammen die? Von Ihnen?

Nein, die stammen von Coetzee selbst. Das sind Notizen, die er sich gemacht hat. Er schrieb sie 1999 oder 2000, als er sich mit dem Gedanken getragen hat, seine Tagebücher für ein Buch zu bearbeiten. Später hat er das Vorhaben fallengelassen.

Verstehe. Wie ich John kennengelernt habe. Er ist mir zuerst in einem Supermarkt über den Weg gelaufen. Das war im Sommer des Jahres 1972, kurz nach unserem Umzug zum Kap. Ich habe damals wohl viel Zeit in Supermärkten zugebracht, obwohl unsere Bedürfnisse – ich meine die von mir und meinem Kind – bescheiden waren. Ich ging einkaufen, weil ich mich langweilte, weil ich mal aus dem Haus herauswollte, doch hauptsächlich weil der Supermarkt mir Ruhe und Frieden verschaffte und Vergnügen bereitete: Es war dort so luftig, so hell, so sauber, Musik berieselte einen, die Räder der Einkaufswagen zischten leise. Und dann gab es bei allem eine so große Auswahl – diese oder jene Spaghettisauce, diese oder jene Zahnpasta und so weiter und so fort. Ich fand das beruhigend. Es tat meiner Seele gut. Andere Frauen, die ich kannte, spielten Tennis oder machten Yoga. Ich ging einkaufen.

Es war der Höhepunkt der Apartheid, die 1970er Jahre, man sah also nicht viele Farbige im Supermarkt, abgesehen natürlich von den Angestellten. Man sah auch nicht viele Männer. Das gehörte zum Vergnügen dazu. Ich musste nichts vorspielen, sondern konnte mich geben, wie ich war.

Man sah nicht viele Männer, doch in der Tokai-Filiale von *Pick n Pay* war einer, den ich hin und wieder bemerkte. Ich bemerkte ihn, doch er bemerkte mich nicht, er war zu sehr in Anspruch genommen von seinem Einkauf. Ich billigte das. Sein Äußeres hätten die meisten wohl nicht attraktiv genannt. Er war mager, er hatte einen Bart, er war mit einer Hornbrille und Sandalen ausgestattet. Er sah aus, als gehöre er nicht dorthin, wie ein Vogel, einer von der fluguntüchtigen Sorte; oder wie ein zerstreuter Wissenschaftler, der sich aus seinem Labor hierher verirrt hat. Er hatte auch etwas Schäbiges an sich, eine Aura des Scheiterns. Ich vermutete, dass es keine Frau in seinem Leben gab, und es stellte sich heraus, dass ich recht hatte.

Er brauchte einfach jemanden, der sich um ihn kümmerte, eine Hippieveteranin mit Perlenschnüren und behaarten Achselhöhlen und ohne Make-up, die das Einkaufen und Kochen und Saubermachen übernahm und ihn vielleicht auch mit Stoff versorgte. Ich kam ihm nicht nah genug, um seine Füße zu kontrollieren, doch ich wollte wetten, dass seine Zehennägel nicht geschnitten waren.

In jenen Tagen war ich mir immer bewusst, wenn ein Mann mich anschaute. Ich spürte einen Druck auf meinen Gliedern, auf meinen Brüsten, den Druck des männlichen Blicks, manchmal unaufdringlich, manchmal aufdringlicher. Sie werden nicht verstehen, wovon ich spreche, doch jede Frau würde es verstehen. Bei diesem Mann war kein Druck spürbar. Nichts dergleichen.

Dann änderte sich das eines Tages. Ich befand mich vor dem Schreibwarenregal. Weihnachten stand vor der Tür, und ich suchte Geschenkpapier aus – Sie wissen schon, Papier mit lustigen Weihnachtsmotiven, Kerzen, Tannenbäumen, Rentieren. Zufällig entglitt mir eine Rolle, und als ich mich nach ihr bückte, fiel mir eine zweite Rolle aus der Hand. Hinter mir hörte ich eine Männerstimme: »Ich hebe sie auf.« Es war natürlich Ihr Mann, John Coetzee. Er hob die beiden Rollen auf, die ziemlich lang waren, vielleicht einen Meter, und gab sie mir zurück, und dabei – ich weiß immer noch nicht, ob es Absicht war – drückte er sie mir in die Brust. Man kann wirklich behaupten, dass er mich ein oder zwei Sekunden lang in die Brust pikste.

Es war natürlich schockierend. Gleichzeitig war es nicht von Belang. Ich versuchte, mir nichts anmerken zu lassen – ich senkte den Blick nicht, errötete nicht, ganz bestimmt lächelte ich nicht. »Danke«, sagte ich in gleichgültigem Tonfall, wandte mich ab und widmete mich meinen Angelegenheiten.

Dennoch war es etwas Intimes, es hatte keinen Zweck, das zu leugnen. Ob es verblassen und unter all den anderen intimen Momenten verschwinden würde, konnte nur die Zeit erweisen. Er konnte nicht einfach unbeachtet bleiben, dieser vertrauliche, unerwartete Stups. Als ich nach Hause kam, ging ich doch tatsächlich so weit, meinen BH zu lüften und die fragliche Brust zu untersuchen. Es war natürlich nichts zu sehen. Bloß eine Brust, die unschuldige Brust einer jungen Frau.

Als ich ein paar Tage später nach Hause fuhr, entdeckte ich ihn, den Mister Busenpikser, wie er mit seinen Einkaufstaschen in der Hand die Tokai Road entlangging. Ohne es mir lang zu überlegen, hielt ich an und bot ihm an, ihn mitzunehmen (Sie sind zu jung, um das zu wissen, doch damals nahm man noch Leute im Auto mit).

In den 1970er Jahren war Tokai, was man einen Vorort im Aufwärtstrend nennen könnte. Obwohl das Bauland nicht billig war, wurde viel gebaut. Doch das von John bewohnte Haus stammte aus einer früheren Ära. Es war eins der kleinen Häuser, in denen Landarbeiter gewohnt hatten, als Tokai noch landwirtschaftlich genutztes Land war. Später hatte man es mit elektrischem Licht und fließendem Wasser ausgestattet, doch als Wohnhaus war es noch immer ziemlich primitiv. Ich setzte ihn vor dem Eingangstor ab; er bat mich nicht hinein.

Die Zeit verging. Dann, als ich zufällig eines Tages an dem Haus vorbeifuhr, das an der Tokai Road selbst, einer größeren Straße, lag, sah ich ihn. Er stand auf der Ladefläche eines Pick-up und schaufelte Sand in eine Schubkarre. Er hatte Shorts an, sah blass und nicht besonders kräftig aus, schien aber zurechtzukommen.

Das Schauspiel war insofern merkwürdig, weil es in jenen Tagen für einen Weißen nicht üblich war, körperlich schwere Arbeit zu tun, Hilfsarbeit. Kaffernarbeit wurde das allgemein genannt, Arbeit, die man andere tun ließ und dafür bezahlte. Wenn es nicht unbedingt eine Schande war, beim Sandschippen gesehen zu werden, so gab man sich damit doch eine Blöße, wenn Sie wissen, was ich meine.

Sie haben mich gebeten, Ihnen eine Vorstellung davon zu geben, wie John damals war, doch ich kann Ihnen kein Bild ohne jeglichen Hintergrund liefern, sonst werden Sie Verschiedenes nicht verstehen.

Ich verstehe. Ich meine, ich akzeptiere das.

Ich fuhr vorbei, wie gesagt, drosselte das Tempo nicht, winkte nicht. Die ganze Geschichte hätte da und dort beendet sein können, die ganze Beziehung, und Sie würden nicht hier sitzen und mir zuhören, Sie würden in einem anderen Land sein und den weitschweifigen Erzählungen einer anderen Frau zuhören. Aber zufällig besann ich mich und kehrte um.

»Hallo, was treiben Sie denn da?«, rief ich.

»Wie Sie sehen können: Ich schaufle Sand«, sagte er.

»Aber wozu?«

»Bauarbeiten. Möchten Sie gefahren werden?« Und er kletterte aus dem Pick-up.

»Nicht jetzt«, sagte ich. »Ein andermal. Gehört Ihnen der Pick-up?«

»Ja.«

»Sie müssen also nicht in die Geschäfte laufen. Sie könnten fahren.«

»Ja.« Dann sagte er: »Wohnen Sie hier in der Nähe?«

»Weiter draußen«, erwiderte ich. »Hinter Constantiaberg. Im Busch.«

Das war ein Scherz, die Art von kleinem Scherz, die unter weißen Südafrikanern damals üblich war. Denn es stimmte natürlich nicht, dass ich im Busch wohnte. Die einzigen Menschen, die im Busch wohnten, dem richtigen Busch, waren Schwarze. Was ich ihm mitteilen wollte, war, dass ich in einer der neueren Siedlungen wohnte, für die Flächen aus dem ursprünglichen Busch der Kap-Halbinsel herausgelöst worden waren.

»Nun, ich möchte Sie nicht länger aufhalten«, sagte ich. »Was bauen Sie denn?«

»Ich baue nicht, ich betoniere nur«, sagte er. »Zum Bauen bin ich nicht klug genug.« Was ich als kleinen Scherz seinerseits auffasste, mit dem er auf meinen kleinen Scherz reagieren wollte. Denn wenn er weder reich noch hübsch, noch attraktiv war – und er war das alles nicht –, dann blieb nichts übrig, wenn er nicht klug war. Aber er musste natürlich klug sein. Er sah sogar klug aus, wie Wissenschaftler, die ihr Leben lang über Mikroskope gebeugt dahocken, klug aussehen: eine beschränkte, kurzsichtige Art von Klugheit, die zu der Hornbrille passte.

Sie müssen mir glauben, wenn ich Ihnen sage, dass mir nichts – nichts! – ferner gelegen hätte, als mit diesem Mann zu flirten. Denn er hatte überhaupt keine sexuelle Ausstrahlung. Es war, als hätte man ihn von Kopf bis Fuß mit einem neutralisierenden Spray eingesprüht, einem sterilisierenden Spray. Gewiss hatte er mich mit einer Rolle Weihnachtspapier in die Brust gepikst – das hatte ich nicht vergessen, meine Brust bewahrte die Erinnerung. Aber ich sagte mir jetzt, dass das zehn zu eins weiter nichts als ein kleines Missgeschick gewesen war, die Tat eines *Schlemihls*.

Weshalb hatte ich mich also besonnen? Warum war ich umgekehrt? Das ist keine einfach zu beantwortende Frage. Wenn es das gibt, dass man jemanden ins Herz schließt, dann bin ich nicht sicher, dass ich John ins Herz schloss, lange Zeit nicht. Es war nicht leicht, John ins Herz zu schließen, seine ganze Haltung zur Welt war dafür zu misstrauisch, zu abwehrend. Ich nehme an, dass seine Mutter ihn ins Herz geschlossen und ihn geliebt haben muss, als er klein war, denn dazu sind Mütter da. Aber man konnte sich das nur schwer von einem anderen Menschen vorstellen.

Sie haben doch nichts dagegen, wenn ich etwas offener rede? Lassen Sie mich also das Bild vervollständigen. Ich war damals sechsundzwanzig und hatte nur mit zwei Männern sexuelle Beziehungen gehabt. Mit zweien. Der erste war ein Junge, den ich mit fünfzehn kennenlernte. Jahrelang, bis er zur Armee eingezogen wurde, waren wir so unzertrennlich wie Zwillinge. Nachdem er fort war, blies ich eine Weile lang Trübsal und blieb für mich, dann fand ich einen neuen Freund. Mit dem neuen Freund war ich während der ganzen Studienzeit so unzertrennlich wie Zwillinge; sobald wir unser Examen gemacht hatten, heirateten wir mit dem Segen von beiden Familien. Beide Male ging es um alles oder nichts. So bin ich veranlagt: alles oder nichts. Daher war ich mit sechsundzwanzig in vieler Hinsicht naiv. Ich hatte zum Beispiel nicht die leiseste Ahnung, wie man einen Mann verführt.

Verstehen Sie mich nicht falsch. Ich habe kein behütetes Leben geführt. Ein behütetes Leben war in den Kreisen, in denen wir, mein Mann und ich, uns bewegten, nicht möglich. Mehr als einmal hatte mich auf Cocktailpartys der eine oder andere Mann, gewöhnlich ein Geschäftspartner meines Mannes, geschickt in eine Ecke gelenkt, sich zu mir gebeugt und mit leiser Stimme erkundigt, ob ich mich draußen in den Vororten nicht einsam fühle, wo Mark doch so oft unterwegs sei, und ob ich nicht Lust hätte, an einem Tag nächste Woche zum Essen ausgeführt zu werden. Natürlich spielte ich nicht mit. Aber so wurden außereheliche Affären eingefädelt, schloss ich. Ein fremder Mann führte dich zum Essen aus, und hinterher fuhr er mit dir zu einer Strandhütte, die einem Freund gehörte und zu der er zufällig einen Schlüssel hatte, oder zu einem Hotel in der Stadt und dort wurde dann der sexuelle Teil der Transaktion abgewickelt. Am Tag darauf rief dann der Mann an, um zu sagen, wie sehr er die Zeit mit dir genossen habe und ob du dich nächsten Dienstag wieder mit ihm treffen mochtest? Und so würde es dann weitergehen, Dienstag für Dienstag, die diskreten Essen, die Bettepisoden, bis der Mann nicht mehr anrief oder du seine Anrufe nicht mehr entgegennahmst; und die Summe des Ganzen wurde ›eine Affäre haben‹ genannt.

In der Geschäftswelt – ich sage gleich mehr über meinen Mann und seine Geschäfte – standen die Männer unter Druck – zumindest war das damals so –, vorzeigbare Ehefrauen zu haben, und damit auch ihre Frauen, vorzeigbar zu sein; vorzeigbar zu sein und auch entgegenkommend, in gewissen Grenzen. Und deshalb blieben die freundschaftlichen Beziehungen meines Mannes zu seinen Kollegen bestehen, selbst wenn ich ihm von deren Annäherungsversuchen erzählte und er sich darüber aufregte. Keine offenen Zornesausbrüche, keine Handgreiflichkeiten, keine Duelle im

Morgengrauen, bloß hin und wieder stille Wut und schlechte Laune in den häuslichen vier Wänden.

Die ganze Frage, wer in dieser kleinen geschlossenen Welt mit wem schlief, scheint mir jetzt im Rückblick düsterer, als irgendeiner zuzugeben bereit war, düsterer und unheilvoller. Es gefiel den Männern, und gleichzeitig missfiel es ihnen, dass ihre Frauen von anderen Männern begehrt wurden. Sie fühlten sich bedroht, doch sie waren trotzdem erregt. Und die Frauen, die Ehefrauen, waren auch erregt: Ich hätte blind sein müssen, um das nicht zu sehen. Erregung ringsum, wir waren eingehüllt in lüsterne Erregung. Ich hielt mich da absichtlich heraus. Bei den von mir erwähnten Partys war ich so vorzeigbar, wie verlangt wurde, aber ich war nie entgegenkommend.

Das hatte zur Folge, dass ich mich mit den Frauen nicht anfreunden konnte, die die Köpfe zusammensteckten und urteilten, ich sei kalt und hochnäsig. Und mehr noch, sie sorgten auch dafür, dass mir ihr Urteil hinterbracht wurde. Ich würde für meine Person gern sagen können, dass es mir völlig egal gewesen sei, aber das würde nicht stimmen, ich war zu jung und unsicher.

Mark wollte nicht, dass ich mit anderen Männern schlief. Gleichzeitig wollte er, dass andere Männer sahen, was für eine Frau er geheiratet hatte, und ihn beneideten. Und ich nehme an, so ziemlich das Gleiche traf auf seine Freunde und Kollegen zu: Sie wollten, dass die Frauen anderer Männer vor ihren Annäherungsversuchen kapitulierten, doch ihre eigenen Frauen wünschten sie sich keusch – keusch und verführerisch. Das war nicht logisch. Als gesellschaftliches Mikrosystem war es nicht aufrechtzuerhalten. Doch das waren Geschäftsleute, was die Franzosen *hommes d'affaires* nennen, schlaue, clevere (in einer anderen Bedeutung des Wortes *clever*) Männer, die sich mit Systemen auskannten, die wussten, welche Systeme aufrechtzuerhalten waren und welche nicht. Darum behaupte ich ja, dass das System des erlaubten Unerlaubten, bei dem sie alle mitmachten, düsterer war, als sie zugeben wollten. Es konnte meiner Ansicht nach nur mit beträchtlichen psychischen Folgen für sie funktionieren, und nur so lange, wie sie sich zur Kenntnis zu nehmen weigerten, was sie auf einer gewissen Ebene gewusst haben mussten.

Zu Beginn unserer Ehe, als einer des anderen so gewiss war, dass wir glaubten, nichts könne uns erschüttern, schlossen Mark und ich einen Pakt, dass wir keine Geheimnisse voreinander haben würden. Was mich betraf, so war der Pakt zu der Zeit, von der ich Ihnen erzähle, noch in Kraft. Ich verbarg nichts vor Mark. Ich verbarg nichts, weil es nichts zu verbergen gab. Mark andererseits hatte einmal gesündigt. Er hatte gesündigt und die Sünde gebeichtet, und die Konsequenzen daraus hatten ihn erschüttert. Nach diesem Schock schlussfolgerte er bei sich, dass es bequemer war zu lügen, als die Wahrheit zu sagen.

Mark war auf dem Gebiet der Finanzberatung tätig. Seine Firma machte Anlagemöglichkeiten für Kunden ausfindig und betreute ihre Anlagen. Die Kunden waren überwiegend reiche Südafrikaner, die versuchten, ihr Geld außer Landes zu schaffen, ehe das Land implodierte (dieses Wort gebrauchten sie) oder explodierte (das Wort, das ich vorzog). Aus Gründen, die mir nie einleuchteten – es gab schließlich sogar in jenen Tagen so etwas wie Telefone –, erforderte seine Arbeit, dass er wegen Konsultationen, so nannte er es, einmal pro Woche in die Zweigstelle der Firma nach Durban reiste. Wenn man die Stunden und Tage zusammenzählte, stellte sich heraus, dass er genauso viel Zeit in Durban zubrachte wie zu Hause.

Ein Konsultationspartner in dieser Zweigstelle war eine Frau namens Yvette. Sie war älter als er, Afrikaanerin, geschieden. Zuerst sprach er viel von ihr. Sie rief ihn sogar aus geschäftlichen Gründen, wie er sagte, zu Hause an. Dann erwähnte er Yvette nie mehr. »Gibt es ein Problem mit Yvette?«, fragte ich Mark. »Nein«, sagte er. »Findest du sie attraktiv?« »Nicht besonders.«

Aus diesem ausweichenden Verhalten schloss ich, dass etwas im

Busch war. Ich achtete nun auf seltsame Details: Botschaften, die ihn unerklärlicherweise nicht erreichten, verpasste Flüge, dergleichen Sachen.

Eines Tages, als er von einer seiner längeren Geschäftsreisen zurückkam, sagte ich es ihm auf den Kopf zu. »Ich habe dich gestern Nacht nicht in deinem Hotel erreicht«, sagte ich –

»Bist du bei Yvette gewesen?«

»Ja«, sagte er.

»Hast du mit ihr geschlafen?«

»Ja«, antwortete er *(tut mir leid, aber ich kann nicht lügen)*.

»Warum?«, fragte ich.

Er zuckte mit den Schultern.

»Warum?«, fragte ich noch einmal.

»Darum«, sagte er.

»Geh zum Teufel«, sagte ich, drehte ihm den Rücken zu und schloss mich im Bad ein, wo ich nicht heulte – es kam mir überhaupt nicht in den Sinn zu heulen –, sondern im Gegenteil vor Rachsucht fast erstickte, eine ganze Tube Zahnpasta und eine ganze Tube Schaumfestiger in das Waschbecken ausdrückte, heißes Wasser auf die Schweinerei ließ, mit einer Haarbürste umrührte und das Ganze abließ.

Das war der Hintergrund. Nach dieser Episode, nachdem ihm sein Geständnis nicht die Anerkennung einbrachte, die er erwartet hatte, fing er an zu lügen. »Triffst du dich noch mit Yvette?«, fragte ich ihn nach einer weiteren seiner Reisen.

»Ich muss mich mit Yvette treffen, ich habe keine Wahl, wir arbeiten zusammen«, erwiderte er.

»Aber triffst du sie immer noch auf *diese* Weise?«

»Was du *auf diese Weise* nennst, ist vorbei«, sagte er. »Es ist nur einmal vorgekommen.«

»Einmal oder zweimal«, sagte ich.

»Einmal«, wiederholte er und zementierte die Lüge.

»So was kommt eben vor«, bot ich an.

»Genau. So was kommt eben vor.« Und damit endete das Gespräch zwischen Mark und mir, das Gespräch und alles andere, für diese Nacht.

Jedes Mal, wenn Mark log, achtete er darauf, dass er mir direkt in die Augen sah. *Aufrichtig mit Julia sein*: Das muss er sich dabei gedacht haben. An diesem aufrichtigen Blick konnte ich – unfehlbar – erkennen, dass er log. Sie können sich nicht vorstellen, wie schlecht Mark log – wie schlecht Männer im Allgemeinen darin sind. Wie schade, dass ich nichts hatte, was ich leugnen musste, dachte ich. Ich hätte Mark ein oder zwei Dinge zeigen können, was die Technik anging.

Den Jahren nach war Mark älter als ich, aber so sah ich das nicht. Ich sah es so, dass ich die Älteste in unserer Familie war, gefolgt von Mark, der ungefähr dreizehn war, gefolgt von unserer Tochter Christina, die bald zwei wurde. Bezüglich der Reife war mein Mann also näher beim Kind als bei mir.

Was Mister Busenpikser anging, den Mann, der Sand von der Ladefläche des Pick-ups schaufelte – um zu ihm zurückzukehren –, so hatte ich keine Ahnung, wie alt er war. Soviel ich wusste, hätte er ein weiterer Dreizehnjähriger sein können. Oder er hätte wirklich, *mirabile dictu*, ein Erwachsener sein können. Ich musste es einfach abwarten.

»Ich habe mich um das Sechsfache verrechnet«, sagte er (oder vielleicht war es das Sechzehnfache, ich hörte nur mit halbem Ohr zu). »Statt einer Tonne Sand sechs (oder sechzehn) Tonnen Sand. Statt anderthalb Tonnen Splitt zehn Tonnen Splitt. Ich muss verrückt gewesen sein.«

»Verrückt«, sagte ich, auf Zeit spielend, während ich mitzukommen versuchte.

»Um einen solchen Fehler zu machen.«

»Ich mache ständig Fehler mit Zahlen. Ich setze das Komma an die falsche Stelle.«

»Ja, aber wenn man sich um das Sechsfache verrechnet, ist das nicht mit einem Irrtum beim Komma zu vergleichen. Außer man ist ein Sumerer. Jedenfalls ist die Antwort auf Ihre Frage: Es wird ewig dauern.«

Was für eine Frage?, überlegte ich. Und was bedeutet dieses *es*, das ewig dauern wird?

»Ich muss jetzt gehen«, sagte ich. »Ich habe ein Kind, das auf sein Mittagessen wartet.«

»Sie haben Kinder?«

»Ja, ich habe ein Kind. Warum nicht? Ich bin eine erwachsene Frau mit einem Mann und einem Kind, das ich füttern muss. Warum überrascht Sie das? Warum sollte ich sonst so viel Zeit im *Pick n Pay* zubringen?«

»Wegen der Musik?«, schlug er vor.

»Und Sie? Haben Sie keine Familie?«

»Ich habe einen Vater, der bei mir wohnt. Oder bei dem ich wohne. Aber keine Familie im konventionellen Sinn. Meine Familie ist auf und davon.«

»Keine Frau? Keine Kinder?«

»Keine Frau, keine Kinder. Ich bin wieder zurückgeworfen auf meine Existenz als Sohn.«

Das hat mich immer schon interessiert, dieser Austausch zwischen Menschen, wenn die Worte nichts mit den aktuellen Gedankenströmen zu tun haben. Während wir beide miteinander sprachen, lieferte zum Beispiel mein Gedächtnis das Bild des wirklich recht abstoßenden Fremden, dem dichtes schwarzes Haar aus den Ohren und über den obersten Knopf seines Hemdes quoll, der mir beim letzten Barbecue ganz beiläufig eine Hand auf den Hintern gelegt hatte, als ich mir gerade Salat auf den Teller tat – nicht um mich zu streicheln oder zu kneifen, nur um meinen Hintern mit seiner großen Hand zu umfassen. Wenn dieses Bild meine Gedanken beherrschte, was mochte dann wohl die Gedanken dieses anderen, weniger behaarten Mannes beherrschen? Und wie gut ist es doch, dass die meisten Menschen, sogar solche, die gar kein Talent fürs unverblümte Lügen haben, wenigstens in der Lage sind zu verbergen, was in ihnen vor sich geht, und es nicht mit dem leisesten Beben der Stimme oder der winzigsten Erweiterung der Pupille verraten!

»Dann auf Wiedersehen«, sagte ich.

»Auf Wiedersehen«, sagte er.

Ich fuhr nach Hause, bezahlte die Haushaltshilfe, gab Chrissie ihr Mittagessen und legte sie ins Bettchen. Dann buk ich zwei Bleche voll Schokoladenkekse. Mit den noch warmen Keksen fuhr ich wieder zum Haus in der Tokai Road. Es war ein schöner, windstiller Tag. Ihr Mann (bedenken Sie, dass ich zu der Zeit seinen Namen noch nicht kannte) war im Hof und machte sich mit Holzplanken, Hammer und Nägeln zu schaffen. Er war nackt bis zur Taille; seine Schultern waren gerötet, wo die Sonne sie erwischt hatte.

»Hallo«, sagte ich. »Sie sollten ein Hemd anziehen, die Sonne tut Ihnen nicht gut. Ich bringe hier einige Kekse für Sie und Ihren Vater. Die sind besser als die Sorte, die man bei *Pick n Pay* bekommt.«

Mit einem misstrauischen, ja ziemlich irritierten Blick legte er sein Werkzeug aus der Hand und nahm das Päckchen entgegen. »Ich kann Sie nicht hereinbitten, es ist zu unordentlich«, sagte er. Ich war eindeutig nicht willkommen.

»Das macht nichts«, sagte ich. »Ich kann sowieso nicht bleiben, ich muss wieder zu meinem Kind. Das sollte nur eine gutnachbarliche Geste sein. Möchten Sie mit Ihrem Vater nicht mal abends zum Essen kommen? Zu einem Nachbarschaftsessen?«

Er lächelte, das war das erste Lächeln, das ich von ihm bekam. Kein anziehendes Lächeln, zu schmallippig. Er schämte sich für seine Zähne, die in schlechtem Zustand waren. »Vielen Dank«, sagte er, »doch ich muss erst mit meinem Vater reden. Er bleibt nicht gern bis spät auf.«

»Sagen Sie ihm, es wird nicht spät«, sagte ich. »Sie können essen und wieder gehen, ich werde nicht beleidigt sein. Wir werden nur zu dritt sein. Mein Mann ist nicht da.«

Sie machen sich sicher inzwischen Gedanken, Mr Vincent. *Worauf habe ich mich bloß eingelassen?*, fragen Sie sich sicher. *Wie kann diese Frau vorgeben, sie könne sich ganz genau an banale Gespräche erinnern, die vor drei oder vier Jahrzehnten stattgefunden haben? Und wann kommt sie endlich zur Sache?* Ich will also offen sein. Ich erfinde die Worte, die Gespräche beim Erzählen. Das dürfte wohl gestattet sein, da wir von einem Schriftsteller reden. Was ich Ihnen erzähle, ist vielleicht nicht im buchstäblichen Sinn wahr, aber es ist dem Geist nach wahr, das kann ich Ihnen versichern. Soll ich fortfahren?

[Schweigen.]

Ich kritzelte meine Telefonnummer auf die Schachtel mit den Keksen. »Und ich will Ihnen auch meinen Namen sagen, falls Sie den wissen wollen«, sagte ich. »Ich heiße Julia.«

»Julia. Ach wie reizend umfließen sie ihre Kleider.«

»Tatsächlich«, sagte ich. Umfließen. Was sollte das?

Wie versprochen kam er am Abend des nächsten Tages, doch ohne seinen Vater. »Mein Vater fühlt sich nicht wohl«, sagte er. »Er hat eine Aspirintablette genommen und sich ins Bett gelegt.«

Wir aßen am Küchentisch, wir beide, mit Chrissie auf meinem Schoß. »Sag mal hallo zu dem Onkel«, forderte ich Chrissie auf. Doch Chrissie wollte nichts mit dem fremden Mann zu tun haben. Ein Kind weiß, wenn etwas im Gange ist, spürt es in der Atmosphäre.

Und Christina wurde nie warm mit John, an dem Abend nicht und auch später nicht. Als kleines Kind war sie blond und hatte blaue Augen, wie ihr Vater und ganz anders als ich. Ich werde Ihnen ein Foto zeigen. Manchmal hatte ich das Gefühl, dass sie nie warm mit mir werden würde, da sie nicht nach mir kam. Seltsam. Ich war diejenige in unserem Haushalt, die sich um alles und alle kümmerte, doch verglichen mit Mark, war ich der Eindringling, die Dunkle, die Außenseiterin.

Onkel. So nannte ich John vor dem Kind. Hinterher bereute ich es. Einen Liebhaber als Familienmitglied auszugeben war irgendwie erbärmlich.

Wir aßen also, wir unterhielten uns, aber die Begeisterung, die Erregung schwand bei mir allmählich und ließ mich lustlos zurück. Abgesehen von dem Vorfall mit dem Geschenkpapier im Supermarkt, den ich vielleicht falsch interpretiert hatte, vielleicht auch nicht, waren alle Annäherungsversuche von mir ausgegangen, hatte ich die Einladung ausgesprochen. *Genug, es reicht*, sagte ich mir. *Jetzt ist es an ihm, den Knopf durchs Knopfloch zu schieben oder eben nicht.* Sozusagen.

Die Wahrheit ist, dass ich nicht zur Verführerin geschaffen war. Ich billigte nicht einmal das Wort mit seinen Assoziationen von Spitzenunterwäsche und französischem Parfüm. Genau deshalb, weil ich nicht in die Rolle der Verführerin geraten wollte, genau deshalb hatte ich mich nicht für die Gelegenheit schick angezogen. Ich hatte dieselbe weiße Baumwollbluse und die grünen Trevirahosen (ja, Trevira) an, die ich am Vormittag im Supermarkt angehabt hatte. Du bekommst, was du siehst.

Lachen Sie nicht. Es ist mir vollkommen bewusst, wie sehr ich mich wie eine Figur in einem Buch verhielt – wie eine dieser hochgesinnten jungen Frauen bei Henry James beispielsweise, entschlossen, entgegen ihren besseren Instinkten, den schwierigen Weg zu wählen, sich modern zu verhalten. Besonders da meine Altersgenossinnen, die Frauen von Marks Kollegen in der Firma, sich nicht von Henry James oder George Eliot leiten ließen, sondern von *Vogue* oder *Marie Clair* oder *Fair Lady*. Aber wozu sind Bücher sonst da, wenn nicht, um unser Leben zu verändern? Hätten Sie sich auf den weiten Weg bis nach Ontario gemacht, um sich anzuhören, was ich zu sagen habe, wenn Sie nicht glauben würden, dass Bücher wichtig sind?

Nein. Nein, bestimmt nicht.

Genau. Und John kleidete sich auch nicht gerade flott. Ein Paar gute Hosen, drei einfache weiße Hemden, ein Paar Schuhe – ein echtes Kind der Wirtschaftskrise. Doch lassen Sie mich meine Geschichte weitererzählen.

Fürs Abendessen bereitete ich damals eine einfache Lasagne zu. Erbsensuppe, Lasagne, Eis: das war das Menü, schlicht genug für eine Zweijährige. Die Lasagne war zu schlabbrig, weil ich Hüttenkäse statt Ricotta verwendet hatte. Ich hätte noch einmal losfahren und schnell Ricottakäse holen können, doch aus Prinzip tat ich es nicht, wie ich mich auch aus Prinzip nicht umzog.

Worüber haben wir uns beim Essen unterhalten? Über nicht viel. Ich konzentrierte mich darauf, Chrissie zu füttern – ich wollte nicht, dass sie sich vernachlässigt fühlte. Und John war generell nicht gerade gesprächig, wie Sie sicher wissen.

Ich weiß es nicht. Ich bin ihm nie persönlich begegnet.

Sie sind ihm nie begegnet? Das überrascht mich.

Ich habe ihn nie aufgesucht. Ich habe nicht einmal mit ihm korrespondiert. Ich habe gedacht, es sei besser, wenn ich mich ihm nicht verpflichtet fühlen würde. Dann wäre ich frei zu schreiben, was ich wollte.

Aber Sie haben mich aufgesucht. Ihr Buch wird von ihm handeln, doch Sie haben sich entschieden, ihn nicht zu treffen. Ihr Buch wird nicht von mir handeln, doch Sie haben mich um ein Treffen gebeten. Wie können Sie das erklären?

Weil Sie in seinem Leben eine Rolle gespielt haben. Sie waren ihm wichtig.

Woher wissen Sie das?

Ich wiederhole nur, was er gesagt hat. Nicht zu mir, aber zu vielen anderen.

Er hat gesagt, dass ich eine wichtige Rolle in seinem Leben gespielt habe? Ich bin überrascht. Ich bin erfreut. Erfreut nicht darüber, dass er dieser Meinung gewesen ist – ich finde auch, dass ich eine Bedeutung für sein Leben gehabt habe –, sondern dass er das anderen gegenüber geäußert hat.

Ich möchte Ihnen etwas gestehen. Als Sie sich mit mir in Verbindung gesetzt haben, war ich fast entschlossen, Sie abzuweisen, nicht mit Ihnen zu reden. Ich habe gedacht, dass Sie so ein Wichtigtuer wären, ein akademischer Schmock, der auf eine Liste von Johns Frauen, seinen Eroberungen, gestoßen war und nun die Liste abarbeitete, die Namen abhakte und hoffte, ihm ein paar Skandale anzuhängen.

Sie haben wohl keine gute Meinung von akademischen Forschern.

In der Tat. Und darum habe ich Ihnen klarzumachen versucht, dass ich keine von seinen Eroberungen war. Wenn überhaupt, dann war er eine von meinen. Aber sagen Sie mir doch – ich bin neugierig –, wem gegenüber hat er geäußert, ich sei wichtig gewesen?

Verschiedenen Personen gegenüber. In Briefen. Er nennt Ihren Namen nicht, aber es ist leicht, Sie zu identifizieren. Er bewahrte auch ein Foto von Ihnen auf. Ich habe es unter seinen Papieren gefunden.

Ein Foto! Kann ich es sehen? Haben Sie es bei sich?

Ich werde eine Kopie machen und sie Ihnen schicken.

Ja, natürlich bin ich wichtig für ihn gewesen. Er hat mich geliebt, auf seine Weise. Doch es gibt eine wichtige Art, wichtig zu sein, und eine unwichtige Art, und ich habe meine Zweifel, dass ich es bis zum wichtig-wichtigen Status geschafft habe. Ich meine damit, dass er nie über mich geschrieben hat. Ich bin nie in seine Bücher eingegangen. Was für mich darauf hindeutet, dass ich mich nie richtig in ihm entfaltet habe, nie richtig lebendig wurde.

[Schweigen.]

Kein Kommentar? Sie haben seine Bücher gelesen. Wo finden Sie Spuren von mir in seinen Büchern?

Das kann ich nicht beantworten. Dazu kenne ich Sie nicht gut genug. Erkennen Sie sich nicht in einer seiner Figuren wieder?

Nein.

Vielleicht sind Sie auf diffusere Art in seinen Büchern, nicht sofort ersichtlich.

Vielleicht. Aber davon müsste man mich überzeugen. Wollen wir weitermachen? Wo war ich stehengeblieben?

Abendbrot. Lasagne.

Ja. Lasagne. Eroberungen. Ich gab ihm Lasagne zu essen, und dann vollendete ich meine Eroberung von ihm. Wie deutlich muss ich werden? Da er tot ist, kann es ihm egal sein, wenn ich indiskret bin. Wir benutzten das Ehebett. Wenn ich meine Ehe entweihe, dachte ich, dann kann ich das auch gründlich tun. Und ein Bett ist bequemer als das Sofa oder der Fußboden.

Was die Erfahrung selbst angeht – ich meine die Erfahrung der Untreue, denn darin bestand die Erfahrung hauptsächlich für mich –, so war sie fremder als erwartet und dann vorbei, ehe ich mich an die Fremdheit gewöhnen konnte. Doch sie war aufregend, ohne Zweifel, von Anfang bis Ende. Mein Herz hörte nicht auf zu hämmern. Ich werde das nie vergessen. Ich habe Henry James erwähnt. Es gibt viele Schilderungen von Untreue bei James, doch ich kann mich nicht erinnern, etwas über das Aufregende, über die gesteigerte Selbstwahrnehmung während des Aktes – womit ich den Akt der Untreue meine – gelesen zu haben. James stellte sich gern als großen Treulosen dar, doch ich frage mich: Hatte er selbst Erfahrung in der eigentlichen Sache, der Sache körperlich vollzogener Untreue?

Meine ersten Eindrücke? Ich fand diesen neuen Liebhaber knochiger als meinen Mann und leichter. Ich erinnere mich, dass ich dachte: *Bekommt nicht genug zu essen.* Er zusammen mit seinem Vater in diesem schäbigen kleinen Haus in der Tokai Road, ein Witwer und sein enthaltsamer Sohn, zwei Nichtskönner, zwei Versager, die sich von Bologneser Wurst und Keksen und Tee ernährten. Da er seinen Vater nicht mitbringen wollte, musste ich mir etwa angewöhnen, mit Körben voll nahrhafter Leckerbissen bei ihnen vorbeizuschauen?

Das Bild, das sich mir eingeprägt hat, zeigt ihn, wie er sich mit geschlossenen Augen über mich beugt, meinen Körper streichelt und vor Konzentration die Stirn runzelt, als wolle er sich mich einprägen, nur durch den Tastsinn. Auf und ab wanderte seine Hand, vor und zurück. Zur damaligen Zeit war ich sehr stolz auf meine Figur. Das Joggen, die Fitness-Übungen, die Diäten: Wenn es kein Gewinn ist, dass du dich für einen Mann ausziehst, was dann? Ich mochte keine Schönheit sein, doch wenigstens muss es

Spaß gemacht haben, mich anzufassen: rank und schlank, ein guter Frauenkörper.

Wenn Sie diese Art zu reden stört, sagen Sie es bitte, und ich werde mich zurückhalten. Ich habe einen Beruf, in dem es um intime Dinge geht, daher stört mich das Reden darüber nicht, solange es Sie nicht stört. Nein? Kein Problem? Soll ich fortfahren?

Das war unser erstes Mal. Interessant, eine interessante Erfahrung, aber nicht weltbewegend. Aber ich hatte ja auch nicht erwartet, dass es weltbewegend sein würde, nicht mit ihm.

Was ich unbedingt vermeiden wollte, war eine gefühlsmäßige Verwicklung. Ein Techtelmechtel war eine Sache, ein Liebesverhältnis eine ganz andere.

Für meine Person war ich mir ziemlich sicher. Ich würde mein Herz nicht an einen Mann verlieren, von dem ich so gut wie nichts wusste. Aber wie stand es um ihn? Könnte er der Typ sein, der das zwischen uns Vorgefallene in Gedanken hin und her wendete und es zu etwas Größerem machte, als es tatsächlich war? Sei auf der Hut, sagte ich mir.

Es vergingen jedoch Tage, ohne dass ich etwas von ihm hörte. Jedes Mal, wenn ich an dem Haus in der Tokai Road vorbeifuhr, drosselte ich das Tempo und hielt Ausschau, sah ihn jedoch nicht. Auch im Supermarkt war er nicht. Ich konnte nur zu einem Schluss kommen: Er mied mich. In gewisser Weise war das ein gutes Zeichen; doch es ärgerte mich trotzdem. Ja, es verletzte mich. Ich schrieb ihm einen Brief, einen altmodischen Brief, und klebte eine Briefmarke darauf und steckte ihn in den Briefkasten. »Meidest du mich?«, schrieb ich. »Was muss ich tun, damit du mir glaubst, ich will nur, dass wir gute Freunde sind, mehr nicht?« Keine Antwort.

Was ich in dem Brief nicht erwähnte und ganz bestimmt bei unserem nächsten Treffen nicht erwähnen würde, war, wie ich das Wochenende unmittelbar nach seinem Besuch verbrachte. Mark und ich trieben es wie die Kaninchen, hatten Sex im Bett, auf dem Fußboden, unter der Dusche, überall, sogar als die arme unschuldige Chrissie putzmunter in ihrem Bettchen lag, weinte und nach mir rief.

Mark hatte seine eigene Theorie darüber, warum ich so entflammt war. Mark glaubte, ich könne seine Freundin aus Durban an ihm riechen und wolle ihm beweisen, wie viel besser ich – wie soll ich es sagen? – wie viel besser ich im Bett war als sie. Am Montag nach dem fraglichen Wochenende sollte er wieder nach Durban fliegen, doch er sagte ab – stornierte seinen Flug, rief seine Abteilung an, um sich krankzumelden. Dann gingen wir wieder ins Bett.

Er konnte nicht genug von mir bekommen. Er war entzückt von der Institution der bürgerlichen Ehe und den Möglichkeiten, die sie einem Mann bot, sowohl draußen als auch daheim brünstig zu sein.

Und ich meinerseits, ich war – meine Worte sind mit Bedacht gewählt – unsäglich erregt davon, mit zwei Männern so kurz hintereinander zu schlafen. Ich sagte mir, ziemlich schockiert: *Du führst dich auf wie eine Hure! Ist das dein wahres Wesen?* Doch insgeheim war ich ziemlich stolz auf mich, auf die Wirkung, die ich ausüben konnte. An jenem Wochenende bekam ich zum ersten Mal eine Ahnung davon, dass im Reich des Erotischen Wachstum ohne Ende möglich war. Bis dahin hatte ich ein recht banales Bild vom erotischen Leben gehabt: Man kommt in die Pubertät, man verbringt ein oder zwei oder drei Jahre am Rand des Beckens zögernd, dann springt man hinein und planscht herum, bis man einen Partner findet, der einen befriedigt, und das ist das Ende, das Ende der Suche. An jenem Wochenende dämmerte mir jedoch, dass mein erotisches Leben mit sechsundzwanzig Jahren kaum begonnen hatte.

Dann kam schließlich eine Reaktion auf meinen Brief. Ein Anruf von John. Zunächst vorsichtiges Sondieren: Ob ich allein sei, ob mein Mann verreist sei? Dann die Einladung: Ob ich zum Abendessen zu ihnen kommen wolle, einem zeitigen Abendessen, und ob ich mein Kind mitbringen wolle?

Ich kam mit Chrissie im Kinderwagen bei ihrem Haus an. John wartete an der Tür und hatte eine der blau-weißen Fleischerschürzen umgebunden. »Komm mit hinters Haus«, sagte er, »wir grillen.«

Da bin ich zum ersten Mal seinem Vater begegnet. Er saß über das Feuer gebeugt, als ob er friere, wo der Abend doch noch ziemlich warm war. Etwas mühsam kam er auf die Füße, um mich zu begrüßen. Er wirkte zerbrechlich, obwohl sich herausstellte, dass er erst wenig über sechzig war. »Angenehm«, sagte er und schenkte mir ein nettes Lächeln. Wir kamen von Anfang an gut miteinander aus. »Und das ist wohl Chrissie? Hallo, mein Mädchen! Kommst du uns besuchen?«

Anders als sein Sohn hatte er einen starken Afrikaans-Akzent. Doch sein Englisch war durchaus passabel. Er war auf einer Farm in der Karoo aufgewachsen, fand ich heraus, mit einer Menge Geschwister. Sie hatten ihr Englisch von einer Hauslehrerin – es gab keine Schule in der näheren Umgebung –, einer Miss Jones oder Miss Smith, aus dem Mutterland stammend.

In der eingefriedeten Siedlung, wo Mark und ich wohnten, hatte jede Wohneinheit einen gemauerten Grillplatz hinterm Haus. Hier in der Tokai Road gab es eine solche Annehmlichkeit nicht, bloß ein offenes Feuer mit ein paar Ziegelsteinen darum. Es erschien unglaublich töricht, ein offenes Feuer zu machen, wenn ein Kind erwartet wurde, besonders eins wie Chrissie, das noch etwas wacklig auf den Beinen war. Ich tat so, als würde ich den Rost berühren und vor Schmerz aufschreien, nahm rasch meine Hand weg und sog daran.

»Heiß!«, sagte ich zu Chrissie. »Vorsicht! Nicht anfassen!« Warum erinnere ich mich an diese Einzelheit? Wegen des Saugens. Weil ich Johns Blick auf mir ruhen fühlte und den Augenblick deshalb absichtlich in die Länge zog. Ich hatte – entschuldigen Sie meine Angeberei – ich hatte damals einen hübschen Mund, sehr zum Küssen einladend. Mein Familienname war Kiš, der in Südafrika, wo niemand sich mit seltsamen diakritischen Zeichen auskannte, K-I-S buchstabiert wurde. *Kiss-kiss*, zischten die Mädchen in der Schule, wenn sie mich ärgern wollten. *Kiss-kiss*, und Gekicher und ein feuchtes Lippenschmatzen. Das machte mir gar nichts aus. Einen Kussmund zu haben war ganz okay, dachte ich. Ende der Abschweifung. Mir ist völlig klar, dass Sie an John interessiert sind, nicht an mir und meiner Schulzeit.

Gegrillte Würste und gebackene Kartoffeln – das war das Menü, das diese beiden Männer so einfallsreich zusammengestellt hatten. Für die Würste – Tomatensauce aus der Flasche; für die Kartoffeln – Margarine. Gott weiß, was für minderwertiges Fleisch bei der Herstellung der Würste verwendet worden war. Zum Glück hatte ich ein paar von den kleinen Heinz-Gläschen für das Kind mitgebracht.

Ich schützte einen damenhaften Appetit vor und nahm nur eine einzige Wurst auf meinen Teller. Da Mark so oft verreist war, hatte ich mir angewöhnt, immer weniger Fleisch zu essen. Aber für diese beiden Männer gab es Fleisch und Kartoffeln und nichts anderes. Sie aßen auf die gleiche Weise, schweigend, ihr Essen in sich hineinschlingend, als könne es ihnen jeden Moment entrissen werden. Einsame Esser.

»Wie geht das Betonieren voran?«, fragte ich.

»Noch einen Monat, und es ist geschafft, so Gott will«, sagte John.

»Es macht sehr viel aus für das Haus«, sagte sein Vater. »Das steht außer Zweifel. Es ist jetzt viel weniger feucht. Aber das war eine Heidenarbeit, was, John?«

Ich erkannte den Ton sofort, den Ton eines Vaters, der sich mit seinem Kind brüsten will. Ich fühlte mit dem armen Mann. Ein Sohn in den Dreißigern, und es gab nichts weiter von ihm zu berichten, als dass er betonieren konnte! Wie hart war es auch für den Sohn, dieser Erwartungsdruck vonseiten des Vaters, sein Wunsch, stolz sein zu dürfen! Wenn es einen Grund vor anderen gab, warum ich ein Ass in der Schule war, dann der, dass ich meinen Eltern, die ein so einsames Leben in diesem fremden Land führten, etwas geben wollte, worauf sie stolz sein konnten.

Sein Englisch – das seines Vaters – war wie gesagt durchaus passabel, aber es war ganz klar nicht seine Muttersprache. Wenn er eine Redewendung benutzte, wie *Das steht außer Zweifel*, dann tat er das mit etwas Nachdruck, als erwarte er Beifall.

Ich fragte ihn, was er denn so mache. (*Machen*: so ein dämliches Wort; aber er wusste, was ich meinte.) Er erzählte mir, er sei Buchhalter und arbeite in der Stadt. »Das muss ja ein Geschlepp, ein weiter Weg, von hier bis in die Stadt sein«, sagte ich. »Wäre es nicht besser für Sie, wenn Sie zentrumsnäher wohnen würden?«

Er murmelte etwas zur Erwiderung, was ich nicht verstand. Schweigen breitete sich aus. Offensichtlich hatte ich einen wunden Punkt berührt. Ich wechselte das Thema, aber es half nichts.

Ich hatte mir nicht viel von dem Abend versprochen, doch die Eintönigkeit der Unterhaltung, die langen Pausen und noch etwas, was in der Luft lag, Zwietracht oder Gereiztheit zwischen den beiden – das zusammen war mehr, als ich zu ertragen bereit war. Das Essen war langweilig gewesen, die Kohlen wurden allmählich grau, ich fröstelte, die Dunkelheit brach herein, Chrissie wurde von Mücken attackiert. Nichts verpflichtete mich dazu, in diesem von Unkraut überwucherten Hinterhof sitzen zu bleiben, nichts verpflichtete mich, an den familiären Spannungen von Leuten, die ich kaum kannte, teilzuhaben, selbst wenn der eine von ihnen, wenn man's genau nimmt, mein Liebhaber war oder gewesen war. Deshalb nahm ich Chrissie hoch und setzte sie wieder in ihren Wagen.

»Geh noch nicht«, sagte John. »Ich mache Kaffee.«

»Ich muss gehen«, sagte ich. »Es ist schon weit über die gewöhnliche Zubettgehzeit für das Kind.«

Am Tor versuchte er, mich zu küssen, aber ich war nicht in der Stimmung dazu.

Die Geschichte, die ich mir nach diesem Abend erzählte, auf die ich mich festlegte, war die, dass Marks Untreue mich so provoziert hatte, dass ich, um ihn zu bestrafen und meine Selbstachtung zu retten, selbst einen Seitensprung gewagt hatte. Da nun klar war, was für ein Fehler das gewesen war, zumindest was die Wahl des Komplizen betraf, erschien die Untreue meines Mannes in einem neuen Licht ebenfalls als Fehler und daher nicht wert, sich darüber aufzuregen.

Über die Wochenenden, an denen mein Mann zu Hause war, will ich an diesem Punkt einen schamhaften Schleier breiten. Ich habe Ihnen genug erzählt. Ich möchte Sie einfach nur daran erinnern, dass sich vor dem Hintergrund jener Wochenenden meine Wochentagsbeziehungen mit John abspielten. Wenn John mehr als nur ein bisschen verliebt und sogar in mich verknallt war, dann deshalb, weil er in mir einer Frau auf dem Gipfel ihres Frauseins begegnet war, die ein gesteigertes Sexualleben führte – ein Leben, das in Wahrheit wenig mit ihm zu tun hatte.

Mr Vincent, mir ist völlig klar, dass sie etwas über John erfahren möchten, nicht über mich. Aber die einzige Geschichte, in der John vorkommt, die ich Ihnen erzählen kann, oder die einzige, die ich zu erzählen bereit bin, ist ebendiese, nämlich die Geschichte meines Lebens und seiner Rolle darin, die sich sehr unterscheidet von der Geschichte seines Lebens und meiner Rolle darin, die einfach etwas ganz anderes ist. Meine Geschichte, die Geschichte von mir, begann Jahre bevor John auf der Bildfläche erschien, und fand ihre jahrelange Fortsetzung, nachdem er abgetreten war. In der Phase, von der ich Ihnen heute berichte, waren Mark und ich genau genommen die Hauptakteure, John und die Frau in Durban gehörten zu den Nebendarstellern. Sie müssen sich also entscheiden. Wollen Sie annehmen, was ich zu bieten habe? Soll ich fortfahren, oder soll ich den Vortrag hier und jetzt abbrechen?

Fahren Sie fort.

Sind Sie sicher? Weil ich eine weitere Feststellung machen will. Und zwar die: Sie begehen einen schweren Fehler, wenn Sie bei sich denken, dass der Unterschied zwischen den beiden Geschichten, der Geschichte, die Sie hören wollten, und der Geschichte, die Sie von mir bekommen, nichts weiter als eine Sache der Perspektive ist – dass Sie, obwohl die Geschichte von John aus meiner Sicht nur eine Episode unter vielen in der langen Erzählung von meiner Ehe gewesen sein mag, sie dennoch durch einen schnellen Dreh, eine schnelle Manipulation der Perspektive, gefolgt von geschickter Bearbeitung, in eine Geschichte über John und eine der Frauen, die durch sein Leben gingen, umwandeln können. Nein und nochmals nein. Ich warne Sie nachdrücklich: Wenn Sie anfangen, an Ihrem Text herumzubasteln, hier etwas auslassen, dort etwas einfügen, wird das Ganze in Ihren Händen zu Asche werden. Ich war *wirklich* die Hauptperson. John hatte *wirklich* eine Nebenrolle. Es tut mir leid, wenn ich Sie auf Ihrem eigenen Fachgebiet belehre, doch Sie werden mir am Ende dankbar sein. Verstehen Sie mich?

Ich höre, was Sie sagen. Ich muss Ihre Meinung nicht teilen, aber ich höre sie mir an.

Nun, man soll nicht behaupten können, ich hätte Sie nicht gewarnt.

Wie schon gesagt, waren das großartige Tage für mich, zweite

Flitterwochen, süßer als die ersten und auch länger anhaltend. Warum sollte ich mich sonst so gut an sie erinnern? *Jetzt zeigt sich wirklich, was in mir steckt!*, sagte ich mir. *Das kann eine Frau sein; das kann eine Frau tun!*

Schockiere ich Sie? Wahrscheinlich nicht. Sie gehören zu einer Generation, die sich nicht schockieren lässt. Aber meine Mutter würde schockieren, was ich Ihnen offenbare, wenn sie es noch hören könnte. Meine Mutter hätte sich im Traum nicht einfallen lassen, vor einem fremden Menschen so zu reden, wie ich es jetzt tue.

Von einer seiner Reisen nach Singapur hatte Mark ein frühes Modell einer Videokamera mitgebracht. Die baute er jetzt im Schlafzimmer auf, um uns beide beim Liebesspiel zu filmen. *Als Dokumentation*, sagte er. *Und zum Antörnen.* Ich hatte nichts dagegen. Ich ließ ihn machen. Vielleicht hat er den Film noch; er könnte ihn sich sogar anschauen, wenn er mit nostalgischen Gefühlen der alten Zeiten gedenkt. Oder vielleicht liegt der Film auch vergessen in einer Schachtel auf dem Dachboden, und man findet ihn erst nach seinem Tod. Was wir so zurücklassen! Stellen Sie sich bloß seine Enkel vor, die sich mit Stielaugen ihren jugendlichen Großvater anschauen, wie er sich im Bett mit seiner ausländischen Frau vergnügt.

Ihr Mann …

Mark und ich wurden 1988 geschieden. Er hat wieder geheiratet, um sich zu trösten. Ich bin meiner Nachfolgerin nie begegnet. Sie leben auf den Bahamas, glaube ich, oder vielleicht auf Bermuda.

Sollen wir es damit bewenden lassen? Sie haben eine Menge gehört, und es ist ein langer Tag gewesen.

Aber das ist doch gewiss noch nicht das Ende der Geschichte.

O doch, das *ist* das Ende der Geschichte. Wenigstens von dem Teil, der wichtig ist.

Aber Sie und Coetzee haben sich weiter getroffen. Jahrelang haben Sie im Briefwechsel gestanden. Selbst wenn also aus Ihrer Sicht die Geschichte hier endet – entschuldigen Sie bitte, selbst wenn der Teil der Geschichte, der Ihnen wichtig ist, hier endet –, muss doch noch ein langes Finale folgen, ein langes Nachspiel. Könnten Sie mir nicht eine Vorstellung vom Finale geben?

Ein kurzes Finale, kein langes. Ich will Ihnen davon berichten, aber nicht heute. Ich muss noch einiges erledigen. Kommen Sie nächste Woche wieder. Lassen Sie sich einen Termin von meiner Sprechstundenhilfe geben.

Nächste Woche bin ich nicht mehr hier. Können wir uns nicht morgen wieder treffen?

Morgen kommt nicht in Frage. Donnerstag. Ich kann Ihnen eine halbe Stunde am Donnerstag geben, nach meinem letzten Termin.

Ja, das Finale. Wo soll ich anfangen? Lassen Sie mich mit Johns Vater anfangen. Eines Vormittags, nicht lange nach jenem tristen Grillabend, fuhr ich die Tokai Road entlang, als ich eine einsame Gestalt an der Bushaltestelle stehen sah. Es war der ältere Coetzee. Ich hatte es eilig, doch es wäre ungehörig gewesen, einfach vorbeizufahren, also hielt ich an und bot ihm an, ihn mitzunehmen.

Er erkundigte sich, wie es Chrissie gehe. Ich sagte, sie vermisse ihren Vater, der sehr viel unterwegs sei. Ich erkundigte mich nach John und dem Betonieren. Er gab eine vage Antwort.

Uns war beiden nicht nach einer Unterhaltung zumute, doch ich zwang mich dazu. Wenn er mir meine Frage nicht übelnehme, sagte ich, wie lange sei es denn her, dass seine Frau verstorben war? Er sagte es mir. Über sein Leben mit ihr, ob es glücklich gewesen war oder nicht, ob er sie vermisste, gab er freiwillig nichts preis.

»Und ist John Ihr einziges Kind?«, fragte ich.

»Nein, nein, er hat einen Bruder, einen jüngeren Bruder.« Er schien überrascht, dass ich das nicht wusste.

»Das ist merkwürdig«, sagte ich, »weil John wie ein Einzelkind wirkt.« Was ich kritisch meinte. Ich meinte, dass er mit sich selbst beschäftigt war und keine Zugeständnisse an die Menschen um ihn herum zu machen schien.

Er sagte darauf nichts – fragte zum Beispiel nicht, woran man ein Einzelkind erkenne.

Ich erkundigte mich nach seinem zweiten Sohn, danach, wo er lebte. In England, antwortete Mr C. Er habe Südafrika schon vor Jahren verlassen und sei nie zurückgekommen. »Sie müssen ihn vermissen«, sagte ich. Er zuckte mit den Schultern. Das war die für ihn typische Antwort: das wortlose Schulterzucken.

Ich muss Ihnen sagen, von Anfang an empfand ich, dass etwas unerträglich Trauriges an diesem Mann war. Wie er so in seinem dunklen Geschäftsanzug neben mir im Auto saß und einen Geruch nach billigem Deodorant ausströmte, mochte er wohl als Verkörperung steifer Rechtschaffenheit erscheinen, doch wenn er plötzlich in Tränen ausgebrochen wäre, hätte mich das nicht überrascht, nicht im mindesten. Ganz allein, abgesehen von jenem kalten Fisch, seinem älteren Sohn, sich jeden Morgen auf den Weg machend zu einer Arbeit, die sich für mich anhörte, als sei sie absolut deprimierend, spätabends in ein schweigendes Haus zurückkehrend – ich empfand mehr als nur ein bisschen Mitleid mit ihm.

»Nun, man vermisst so vieles«, sagte er schließlich, als ich dachte, er würde überhaupt nicht antworten. Er sprach im Flüsterton und schaute dabei geradeaus.

Ich setzte ihn in Wynberg in der Nähe des Bahnhofs ab.

»Vielen Dank, dass Sie mich mitgenommen haben, Julia«, sagte er, »das war sehr nett.«

Es war übrigens das erste Mal, dass er meinen Namen benutzt hatte. Ich hätte antworten können: *Bis bald.* Ich hätte antworten können: *Kommen Sie doch mal mit John rüber zu mir, und wir essen eine Kleinigkeit zusammen.* Ich tat es aber nicht. Ich winkte nur und fuhr weg.

Wie schäbig!, schalt ich mich. *Wie hartherzig!* Warum war ich so hart zu ihm, zu ihnen beiden?

Wirklich, warum stand ich, warum stehe ich John so kritisch gegenüber? Wenigstens kümmerte er sich doch um seinen Vater. Wenigstens würde sein Vater, wenn etwas schiefging, jemanden haben, auf den er sich stützen konnte. Das war mehr, als man von mir sagen konnte. Mein Vater – das interessiert Sie vermutlich nicht, warum auch?, aber ich will es Ihnen trotzdem erzählen – mein Vater war damals in einem privaten Sanatorium in der Nähe von Port Elizabeth. Seine Kleidung war weggeschlossen, er hatte nichts anzuziehen als Tag und Nacht einen Schlafanzug und einen Morgenmantel und Hausschuhe. Und er war bis oben hin mit Beruhigungsmitteln abgefüllt. Warum das? Einfach für die Bequemlichkeit des Pflegepersonals, um ihn gefügig zu halten. Weil er, wenn er seine Pillen einzunehmen vergaß, aufgeregt wurde und zu schreien anfing.

[Schweigen.]

Hat John seinen Vater geliebt, was glauben Sie?

Jungen lieben ihre Mütter, nicht ihre Väter. Kennen Sie Ihren Freud nicht? Jungen hassen ihre Väter und möchten sie bei ihren

Müttern verdrängen. Nein, natürlich liebte John seinen Vater nicht, er liebte niemanden, er war nicht für die Liebe gemacht. Aber er hatte ein schlechtes Gewissen wegen seines Vaters. Er hatte ein schlechtes Gewissen und handelte deswegen pflichtbewusst. Mit gewissen Ausnahmen.

Ich habe Ihnen von meinem eigenen Vater erzählt. Mein Vater wurde 1905 geboren, daher ging er zu der Zeit, über die wir reden, auf die siebzig zu und wurde langsam schwachsinnig. Er hatte vergessen, wer er war, hatte das rudimentäre Englisch vergessen, das er sich angeeignet hatte, als er nach Südafrika kam. Mit den Pflegerinnen sprach er manchmal Deutsch, manchmal Ungarisch, wovon sie kein Wort verstanden. Er war davon überzeugt, dass er in Madagaskar in einem Gefangenenlager war. Die Nazis hatten Madagaskar eingenommen, glaubte er, und hatten es in eine *Strafkolonie* für Juden umgewandelt. Auch mich erkannte er nicht mehr immer. Bei einem meiner Besuche verwechselte er mich mit seiner Schwester Trudi, meiner Tante, die ich nicht kennengelernt hatte, mit der ich aber wohl eine gewisse Ähnlichkeit hatte. Er wollte, dass ich zum Gefängniskommandanten gehen und für ihn bitten sollte. *»Ich bin der Erstgeborene«*, sagte er immer wieder. Wenn *der Erstgeborene* nicht arbeiten durfte (mein Vater war Juwelier und Diamantenschneider von Beruf), wie sollte dann seine Familie überleben?

Deshalb bin ich hier. Deshalb bin ich Therapeutin. Wegen der Zustände, die ich in jenem Sanatorium beobachtete. Um Menschen davor zu bewahren, so behandelt zu werden, wie mein Vater dort behandelt wurde.

Das Geld, das für die Unterbringung meines Vaters im Sanatorium bezahlt wurde, kam von meinem Bruder, seinem Sohn. Mein Bruder war derjenige, der ihn gewissenhaft jede Woche besuchte, obwohl ihn mein Vater nur hin und wieder erkannte. In dem einzigen Sinn, der zählt, hatte mein Bruder die Bürde der Sorge für ihn auf sich genommen. In dem einzigen Sinn, der zählt, hatte ich ihn im Stich gelassen. Und ich war sein Lieblingskind gewesen – ich, seine geliebte Julischka, so hübsch, so klug, so zärtlich!

Wissen Sie, auf was ich vor allem hoffe? Ich hoffe, dass wir im Leben nach dem Tod eine Chance bekommen, den Menschen, denen wir unrecht getan haben, zu bekennen, wie leid es uns tut. Ich werde viel zu bekennen haben, glauben Sie mir.

Genug von Vätern. Ich will zur Geschichte von Julia und ihren ehebrecherischen Aktivitäten zurückkehren, der Geschichte, derentwegen Sie eine so weite Reise gemacht haben.

Eines Tages verkündete mein Mann, dass er zu Verhandlungen mit den Partnern der Firma in Übersee nach Hongkong fliegen müsse.

»Wie lange wirst du weg sein?«, fragte ich.

»Eine Woche«, antwortete er. »Vielleicht ein oder zwei Tage länger, wenn die Verhandlungen gut laufen.«

Ich dachte dann nicht mehr daran, bis ich kurz vor seiner geplanten Abreise einen Anruf von der Frau eines seiner Kollegen bekam: Ob ich ein Abendkleid für die Hongkong-Reise einpacke? Es ist nur Mark, der die Reise macht, antwortete ich, ich begleite ihn nicht. Oh, sagte sie, ich dachte, alle Frauen seien mit eingeladen.

Als Mark nach Hause kam, brachte ich das Thema zur Sprache. »Eben hat June angerufen«, sagte ich. »Sie hat gesagt, dass sie mit Alistair nach Hongkong fliegt. Sie hat gesagt, alle Frauen sind mit eingeladen.«

»Die Frauen sind eingeladen, aber die Firma zahlt nicht für sie«, sagte Mark. »Willst du wirklich die weite Reise nach Hongkong machen, um dort mit einem Haufen Ehefrauen von Firmenmitarbeitern im Hotel herumzusitzen und über das Wetter zu meckern? Zu dieser Jahreszeit ist Hongkong wie ein Dampfbad. Und was willst du mit Chrissie machen? Willst du Chrissie auch mitnehmen?«

»Ich habe nicht den Wunsch, nach Hongkong zu reisen und mit einem heulenden Kind in einem Hotel herumzusitzen«, sagte ich. »Ich möchte nur wissen, was Sache ist. Damit ich mich nicht demütigen lassen muss, wenn deine Freunde anrufen.«

»Na, jetzt weißt du ja, was Sache ist«, sagte er.

Das stimmte nicht. Ich wusste es nicht. Aber ich konnte es mir denken. Insbesondere konnte ich mir denken, dass die Freundin aus Durban auch in Hongkong sein würde. Von dem Moment an war ich eiskalt zu Mark. *Wenn du dir einbilden solltest, dass deine Seitensprünge mich antörnen, du Scheißkerl, dann soll dich das eines Besseren belehren!* Das habe ich bei mir gedacht.

»Ist das alles wegen Hongkong?«, sagte er zu mir, als ihn die Botschaft endlich erreichte. »Wenn du nach Hongkong mitkommen willst, dann sag doch ein Wort, um Gottes willen, statt durchs Haus zu schleichen wie ein Tiger mit Bauchschmerzen.«

»Und was soll das für ein Wort sein?«, fragte ich. »Etwa das Wort *bitte*? Nein, ich möchte dich nicht ausgerechnet nach Hongkong begleiten. Ich würde mich nur langweilen, wie du sagst, wenn ich mit den Frauen herumsitzen und meckern würde, während die Männer anderswo emsig dabei sind, die Zukunft der Welt zu planen. Hier zu Hause, wo ich hingehöre, werde ich mich bei der Betreuung deines Kindes wohler fühlen.«

So standen die Dinge zwischen uns am Tag, als Mark abreiste.

Einen Moment bitte, ich bin verwirrt. Von welcher Zeit sprechen wir? Wann hat diese Reise nach Hongkong stattgefunden?

Das muss irgendwann 1973 gewesen sein, Anfang 1973, ein genaues Datum kann ich Ihnen nicht sagen.

Sie hatten sich also inzwischen mit John Coetzee getroffen ...

Nein. Wir hatten uns inzwischen nicht getroffen. Sie haben mich am Anfang gefragt, wie ich John begegnet bin, und ich habe es Ihnen erzählt. Das war der Anfang der Geschichte. Jetzt kommen wir zum Finale der Geschichte, nämlich wie unsere Beziehung sich weiter hinzog und dann ein Ende fand.

Aber wo ist der Hauptteil der Geschichte?, fragen Sie. Es gibt keinen Hauptteil. Ich kann keinen Hauptteil liefern, weil es keinen gab. Das ist eine Geschichte ohne Hauptteil.

Wir wenden uns wieder Mark zu und dem schicksalsträchtigen Tag, an dem er nach Hongkong abreiste. Kaum war er fort, da sprang ich schon ins Auto, fuhr zur Tokai Road und schob einen Zettel unter der Haustür durch: »Komm heute Nachmittag vorbei, wenn Dir danach ist, gegen 2.«

Als es auf zwei Uhr zuging, spürte ich das Fieber in mir steigen. Das Kind spürte es auch. Es war unruhig, es weinte, es klammerte sich an mich, es wollte nicht schlafen. Fieber, doch was für ein Fieber war das, fragte ich mich? Ein Fieber der Verrücktheit? Ein Fieber der Wut?

Ich wartete, doch John kam nicht, nicht um zwei, nicht um drei. Er kam um halb sechs, und ich war inzwischen mit Chrissie auf dem Sofa eingeschlafen, das Kind lag mir heiß und verschwitzt auf der Schulter. Die Klingel weckte mich; als ich ihm die Tür öffnete, war ich noch groggy und durcheinander.

»Tut mir leid, dass ich nicht eher kommen konnte«, sagte er, »aber ich habe nachmittags Unterricht.«

Es war natürlich zu spät. Chrissie war wach und auf ihre Weise eifersüchtig.

Später kam John, wie vereinbart, zurück, und wir verbrachten die Nacht zusammen. In der Tat verbrachte John, solange Mark in Hongkong war, jede Nacht in meinem Bett und ging in aller Frühe fort, um nicht mit der Haushaltshilfe zusammenzutreffen. Ich glich den verlorenen Schlaf mit einem Nickerchen am Nachmittag aus. Ich habe keine Ahnung, was er machte, um den entgangenen Schlaf zu ersetzen. Vielleicht mussten das seine portugiesischen Mädchen – Sie wissen Bescheid über sie, über seine verstreuten Schäfchen aus den ehemaligen portugiesischen Kolonien? Nein? Erinnern Sie mich daran, dass ich Ihnen davon erzähle –, vielleicht mussten diese Mädchen seine nächtlichen Exzesse ausbaden.

Mein heißer Sommer mit Mark hatte mir eine neue Vorstellung von Sex beschert: als Wettkampf, eine Art Ringkampf, bei dem man sich nach besten Kräften bemüht, sein Gegenüber dem eigenen erotischen Willen zu unterwerfen. Ungeachtet aller seiner Mängel war Mark ein äußerst fähiger Sex-Ringkämpfer, obwohl nicht ganz so raffiniert oder stählern wie ich. Während mein Urteil über John – und hier kommt endlich, *endlich*, der Moment, auf den Sie gewartet haben, Herr Biograph – mein Urteil über John Coetzee nach sieben Nächten der Prüfung war, dass er nicht das gleiche Format hatte wie ich damals.

John hatte, was ich einen sexuellen Modus nennen würde, in den er umschaltete, wenn er sich auszog. Im sexuellen Modus konnte er die männliche Rolle völlig angemessen spielen – angemessen, kompetent, aber – für meinen Geschmack – zu unpersönlich. Ich hatte nie das Gefühl, dass er bei *mir* war, bei mir, wie ich ganz real war. Es wirkte eher, als sei er mit einem erotischen Bild von mir in seinem Kopf beschäftigt; vielleicht sogar mit einem Bild von der Frau als solcher.

Damals war ich einfach enttäuscht. Jetzt würde ich noch weiter gehen. Ich denke jetzt bei mir, wie er die Liebe betrieb, hatte etwas Autistisches. Ich biete das nicht als Kritik an, sondern als Diagnose, wenn es Sie interessiert. Die autistische Persönlichkeit behandelt andere Menschen als Automaten, als geheimnisvolle Automaten. Dafür erwartet sie, auch als geheimnisvoller Automat behandelt zu werden. Wenn man also Autist ist, bedeutet Sich-Verlieben, den anderen Menschen in das unergründliche Objekt der Begierde zu verwandeln; umgekehrt bedeutet Geliebt-Werden, dass man als das unergründliche Objekt der Begierde des anderen behandelt wird. Zwei unergründliche Automaten, deren Körper einen unergründlichen Verkehr miteinander haben: So fühlte es sich an, wenn man mit John im Bett war. Zwei separate Unternehmen liefen ab, seines und meines. Worin sein Unternehmen bestand, kann ich nicht sagen, es war mir nicht klar. Aber um es zusammenzufassen: Dem Sex mit ihm fehlte das Prickelnde.

Ich habe in meiner Praxis nicht viel Erfahrung mit Patienten gehabt, die ich als autistisch im klinischen Sinn klassifizieren würde. Nichtsdestoweniger ist meine Vermutung, was ihr Sexleben angeht, dass sie das Masturbieren befriedigender finden als echten Sex.

Wie ich Ihnen, glaube ich, schon erzählt habe, war John erst der dritte Mann, mit dem ich zusammen gewesen war. Drei Männer, und ich habe sie alle hinter mir gelassen, was den Sex angeht. Eine traurige Geschichte. Nach diesen dreien verlor ich das Interesse an weißen Südafrikanern, an weißen südafrikanischen Männern. Sie hatten alle etwas an sich, was ich nicht exakt benennen konnte, was ich aber mit dem ausweichenden Flackern verband, das ich in den Augen von Marks Kollegen entdeckte, wenn sie von der Zukunft des Landes sprachen – als gäbe es eine Verschwörung, zu der sie alle gehörten, die eine fingierte Zukunft im Stil der Trompe-l'œil-Malerei schaffen würde, wo es vorher so ausgesehen hatte, als sei keine Zukunft möglich. Als würde sich eine Kcamerablende für einen Moment schlagartig öffnen, um die Falschheit in ihrem Inneren zu offenbaren.

Natürlich war auch ich eine Südafrikanerin und so weiß, wie man nur sein konnte. Ich war unter den Weißen geboren und unter ihnen aufgewachsen, ich lebte unter ihnen. Doch ich konnte auf ein zweites Ich zurückgreifen: Julia Kiš oder noch besser Kiš Julia, aus Szombathely. Solange ich Julia Kiš nicht im Stich ließ, solange Julia Kiš mich nicht im Stich ließ, konnte ich Dinge sehen, für die andere Weiße blind waren.

Zum Beispiel hielten sich weiße Südafrikaner in jenen Tagen gern für die Juden Afrikas, oder wenigstens für die Israelis von Afrika: schlau, skrupellos, hart im Nehmen, stets auf der Hut, gehasst und beneidet von den Horden, über die sie herrschten. Das war alles falsch, alles Unsinn. Nur ein Jude weiß, wer ein Jude ist, nur eine Frau weiß, wer ein Mann ist. Diese Leute waren nicht zäh, sie waren nicht einmal schlau oder nicht schlau genug. Und sie waren ganz gewiss keine Juden. Eigentlich waren sie große Kinder. Dafür halte ich sie jetzt: eine große Familie von Kindern, versorgt von Sklaven.

John pflegte im Schlaf zu zucken, so heftig, dass es mich wach hielt. Wenn ich es nicht mehr aushalten konnte, schüttelte ich ihn. »Du hast schlecht geträumt«, sagte ich dann. »Ich träume nie«, murmelte er dann und schlief sofort wieder ein. Bald zuckte und ruckte er wieder. Das ging so weit, dass ich mir wieder Mark in mein Bett wünschte. Wenigstens schlief Mark wie ein Stein.

Genug davon. Sie können es sich ausmalen. Keine Idylle der Sinnenfreude. Weit entfernt davon. Was noch? Was möchten Sie noch wissen?

Ich möchte Ihnen folgende Frage stellen: Sie sind jüdisch, John war es nicht. Gab es jemals Spannungen aus diesem Grund?

Spannungen? Warum hätte es Spannungen geben sollen? Spannungen auf welcher Seite? Ich hatte ja schließlich nicht vor, John zu heiraten. Nein, in dieser Beziehung kamen John und ich bestens miteinander aus. Mit Nordeuropäern kam er nicht gut aus, besonders mit Engländern. Engländer würden ihm die Luft zum Atmen nehmen, sagte er, mit ihren guten Manieren, ihrer wohlerzogenen Zurückhaltung. Er zog Menschen vor, die bereit waren, mehr von sich zu geben; dann fasste er manchmal den Mut, auch ein wenig von sich zu geben.

Weitere Fragen, ehe ich zum Schluss komme?

Nein.

Eines Morgens (ich überspringe manches, ich möchte es hinter mich bringen) stand John vor der Haustür. »Ich bleibe nicht«, sagte er, »aber ich habe gedacht, dir würde das gefallen.« Er hielt mir ein Buch hin. Auf dem Umschlag stand: *Dusklands*, von J. M. Coetzee.

Ich war total überrascht. »Hast du das geschrieben?«, fragte ich. Ich wusste, dass er schrieb, aber es schreiben ja so viele; ich hatte keine Ahnung, dass es in seinem Fall ernst gemeint war.

»Es ist für dich. Ein Korrekturexemplar. Ich habe heute zwei Korrekturexemplare mit der Post bekommen.«

Ich blätterte im Buch. Irgendjemand beklagte sich über seine Frau. Irgendjemand war mit dem Ochsenkarren unterwegs. »Was ist das?«, fragte ich. »Ist das Belletristik?«

»Irgendwie schon.«

Irgendwie schon. »Vielen Dank«, sagte ich. »Ich freue mich aufs Lesen. Wird es dir viel Geld einbringen? Wirst du dann das Unterrichten aufgeben können?«

Das fand er sehr komisch. Er war in fröhlicher Stimmung wegen des Buches. Allzu oft habe ich diese Seite von ihm nicht erlebt.

»Ich wusste gar nicht, dass dein Vater Historiker war«, bemerkte ich, als wir uns das nächste Mal trafen. Ich bezog mich auf das Vorwort seines Buches, in dem der Autor, der Schriftsteller, der Mann da vor mir, behauptete, dass sein Vater, der kleine Mann, der sich jeden Morgen zu seiner Arbeit als Buchhalter in die Stadt aufmachte, auch ein Historiker war, der Archive aufsuchte und alte Dokumente aufstöberte.

»Du sprichst vom Vorwort?«, sagte er. »Oh, das ist alles erfunden.«

»Und was hält dein Vater davon«, fragte ich – »davon, dass über ihn falsche Dinge behauptet werden, dass er zu einer Figur in einem Buch gemacht wird?«

John sah aus, als fühle er sich unbehaglich. Wie ich später herausfand, wollte er nicht sagen, dass sein Vater *Dusklands* nicht zu sehen bekommen hatte.

»Und Jacobus Coetzee?«, fragte ich. »Hast du deinen schätzenswerten Ahnen Jacobus Coetzee auch erfunden?«

»Nein, es hat wirklich einen Jacobus Coetzee gegeben«, sagte er. »Zumindest existiert wirklich ein mit Tinte auf Papier geschriebenes Dokument, das behauptet, nach der mündlichen Aussage von jemandem aufgeschrieben worden zu sein, der sich Jacobus Coetzee nannte. Unter jenem Dokument steht ein X, von dem der Schreiber bezeugt, das es von der Hand ebenjenes Coetzee stamme, ein X, weil er Analphabet war. In diesem Sinn habe ich ihn nicht erfunden.«

»Mir fällt auf, dass dein Jacobus für einen Analphabeten sehr gebildet ist. Zum Beispiel zitiert er Nietzsche, wie ich sehe.«

»Nun, diese Grenzbewohner im 18. Jahrhundert waren erstaunliche Burschen. Man wusste nie, was ihnen als Nächstes einfiel.«

Ich kann nicht behaupten, dass mir *Dusklands* gefällt. Ich weiß, es klingt altmodisch, aber ich ziehe Bücher vor, die Helden und Heldinnen haben, Charaktere, die ich bewundern kann. Ich habe nie Erzählungen geschrieben, ich hatte in dieser Richtung nie Ambitionen, doch ich vermute, dass es viel leichter ist, böse Charaktere zu erfinden – unzuverlässige Charaktere, verachtenswerte Charaktere – als gute. Das ist jedenfalls meine Meinung.

Haben Sie das jemals Coetzee gegenüber geäußert?

Habe ich behauptet, dass er es sich leichtzumachen versuchte? Nein. Ich war einfach überrascht, dass dieser zeitweilige Liebhaber von mir, dieser Amateur-Handwerker und Teilzeit-Lehrer, das Zeug dazu hatte, ein buchlanges Buch zu schreiben und, was noch mehr bedeutet, einen Verlag dafür zu finden, wenn auch nur in Johannesburg. Ich war überrascht, ich habe mich für ihn gefreut, ich war sogar ein wenig stolz. Ich sonnte mich in seinem Ruhm. Während meines Studiums hatte ich mich mit einer Menge Möchtegern-Schriftstellern abgegeben, aber keiner hatte wirklich ein Buch herausgebracht.

Ich habe mich nie erkundigt: Was haben Sie eigentlich studiert? Psychologie?

Nein, etwas ganz anderes. Ich habe deutsche Literatur studiert. Als Vorbereitung auf mein Leben als Hausfrau und Mutter habe ich Novalis und Gottfried Benn gelesen. Ich machte mein Examen in Literatur, und danach, bis Christina erwachsen war und von zu Hause fortging, war ich zwei Jahrzehnte lang – wie soll ich es ausdrücken? – intellektuell untätig. Dann ging ich wieder an die Universität. Das war in Montreal. Ich fing noch einmal von vorn an mit einem naturwissenschaftlichen Grundlagenstudium, gefolgt von einem Medizinstudium und danach einer Ausbildung zur Therapeutin. Ein langer Weg.

Wäre Ihre Beziehung zu Coetzee anders gewesen, was glauben Sie, wenn Sie Psychologie studiert hätten statt Literatur?

Was für eine seltsame Frage! Die Antwort ist nein. Wenn ich in den 1960er Jahren in Südafrika Psychologie studiert hätte, hätte ich mich in die neurologischen Prozesse bei Ratten und Kraken vertiefen müssen, und John war keine Ratte und kein Krake.

Was für ein Tier war er denn?

Was für komische Fragen Sie stellen! Er war überhaupt kein Tier, und zwar aus einem ganz besonderen Grund: Seine geistigen Fähigkeiten, und besonders seine imaginativen Fähigkeiten, waren überentwickelt, auf Kosten seines animalischen Ichs. Er war *Homo sapiens* oder sogar *Homo sapiens sapiens*.

Was mich zurück zu *Dusklands* bringt. Ich sage nicht, dass es *Dusklands* als literarischem Text an Leidenschaft fehlt, doch die Leidenschaft hinter dem Text ist dunkel. Ich lese es als ein Buch über Grausamkeit, ein Aufdecken der Grausamkeit, die mit verschiedenen Formen von Eroberung verbunden ist. Aber was war die wirkliche Quelle dieser Grausamkeit? Sie war im Autor selbst verortet, scheint mir jetzt. Die beste Interpretation, die ich liefern kann, ist die, dass das Schreiben dieses Buches eine Art selbstverordnete Therapie gewesen ist. Was ein gewisses Licht auf unsere gemeinsame Zeit, seine und meine Zeit der Verbundenheit, wirft.

Ich bin nicht sicher, ob ich Sie verstanden habe. Können Sie mehr darüber sagen?

Was verstehen Sie nicht?

Wollen Sie damit sagen, dass er seine Grausamkeit an Ihnen abreagierte?

Nein, überhaupt nicht. John verhielt sich mir gegenüber stets nur mit dem größten Feingefühl. Er war, was ich einen feinen Menschen nennen würde, eine feinsinnige Person. Das war Teil seines Problems. Sein Lebensprojekt war, Feingefühl zu beweisen. Lassen Sie mich noch einmal ansetzen. Bei *Dusklands* muss Ihnen aufgefallen sein, wie viel dort getötet wird – nicht nur Menschen, sondern auch Tiere werden getötet. Nun, ungefähr um die Zeit herum, als das Buch erschien, verkündete mir John, dass er Vegetarier werden würde. Ich weiß nicht, wie lange er daran festgehalten hat, doch ich deutete die Hinwendung zum Vegetarismus als Teil eines größeren Projekts der Selbstreformierung. Er hatte beschlossen, dass er grausame und gewalttätige Impulse in jedem Bereich seines Lebens – einschließlich seines Liebeslebens, könnte ich sagen – unterdrücken und sie in sein Schreiben lenken würde, was folglich eine Art endlose kathartische Übung werden sollte.

Wie viel davon haben Sie damals gesehen, und wie viel verdanken Sie späteren Einsichten als Therapeutin?

Ich habe das alles gesehen – es lag offen zutage, man brauchte nicht tief zu schürfen –, aber damals stand mir nicht die Sprache zur Verfügung, um es zu beschreiben. Außerdem hatte ich eine Affäre mit dem Mann. Man kann mitten in einer Liebesaffäre nicht allzu analytisch sein.

Eine Liebesaffäre. Diesen Ausdruck haben Sie bisher noch nicht benutzt.

Dann will ich mich korrigieren. Eine erotische Verstrickung. Weil es für mich, jung und egoistisch, wie ich damals war, schwer gewesen wäre, jemanden zu lieben, wirklich zu lieben, der so ganz und gar unfertig war wie John. Also war ich mitten in einer erotischen Verstrickung mit zwei Männern; in den einen von ihnen hatte ich viel investiert – ich hatte ihn geheiratet, er war der Vater meines Kindes –, und in den anderen hatte ich überhaupt nichts investiert.

Warum ich nicht mehr in John investierte, hat, so vermute ich jetzt, viel mit seinem Projekt zu tun, das ich Ihnen beschrieben habe, das Projekt, sich in einen feinen Menschen zu verwandeln, in die Art von Mann, der niemandem etwas zuleide täte, nicht einmal Tieren, nicht einmal einer Frau. Ich hätte ihm gegenüber deutlicher werden sollen, denke ich jetzt: *Wenn du dich aus irgendeinem Grund zurückhältst*, hätte ich sagen sollen, *dann hör auf damit, es besteht keine Notwendigkeit dazu!* Wenn ich ihm das gesagt hätte, wenn er das beherzigt hätte, wenn er sich gestattet hätte, ein wenig impulsiver zu sein, ein wenig fordernder, etwas weniger *rücksichtsvoll*, dann hätte er mich vielleicht wirklich aus einer Ehe reißen können, die schon schlecht für mich war und später noch schlechter werden würde. Er hätte mich vielleicht wirklich retten können oder die besten Jahre meines Lebens für mich retten können, die, wie sich herausstellte, vergeudet wurden.

[Schweigen.]

Ich habe den Faden verloren. Worüber haben wir gesprochen?

Über Dusklands.

Ja, über *Dusklands*. Eine Warnung. Das Buch wurde eigentlich geschrieben, ehe er mich kennenlernte. Prüfen Sie die Chronologie. Geraten Sie nicht in Versuchung, es mit uns beiden in Verbindung zu bringen.

Der Gedanke ist mir nicht gekommen.

Ich erinnere mich, dass ich John nach *Dusklands* gefragt habe, an welchem neuen Projekt er arbeite. Seine Antwort war vage.

»Es gibt immer das eine oder andere, woran ich arbeite«, sagte er. »Wenn ich der Verlockung nachgeben würde, nicht zu arbeiten, was würde ich mit mir anfangen? Wofür lohnte es sich dann zu leben? Ich müsste mich erschießen.«

Das überraschte mich – sein Bedürfnis zu schreiben, meine ich. Ich wusste fast gar nichts über seine Angewohnheiten, wie er seine Zeit zubrachte, doch ich hatte nie den Eindruck, dass er ein besessener Arbeiter war.

»Meinst du das ernst?«, fragte ich.

»Ich bekomme Depressionen, wenn ich nicht schreibe«, erwiderte er.

»Warum dann die endlosen Reparaturen am Haus?«, fragte ich. »Du könntest jemanden bezahlen, der die Reparaturen ausführt, und die gewonnene Zeit dem Schreiben widmen.«

»Du verstehst das nicht«, sagte er. »Selbst wenn ich das Geld hätte, um einen Bauarbeiter zu beschäftigen, was ich nicht habe, hätte ich immer noch das Bedürfnis, x Stunden am Tag damit zu verbringen, den Garten umzugraben oder Steine zu entfernen oder Beton zu mischen.« Und er ließ eine weitere seiner Reden über die Notwendigkeit, das Tabu gegen körperliche Arbeit zu überwinden, vom Stapel.

Ich fragte mich, ob nicht Kritik an meiner Person in der Luft liege – zum Beispiel, dass die bezahlte Arbeit meiner schwarzen Haushaltshilfe es mir ermögliche, müßige Affären mit fremden Männern zu haben. Aber ich ignorierte es. »Na ja«, sagte ich, »du verstehst eben nichts von Ökonomie. Das Grundgesetz der Ökonomie ist, dass wir uns immer noch in der Steinzeit befänden, wenn wir alle darauf bestünden, unser eigenes Garn zu spinnen und unsere eigenen Kühe zu melken, statt andere Menschen zu beschäftigen, die das für uns tun. Deshalb haben wir eine auf Austausch gegründete Ökonomie erfunden, die wiederum unsere lange Geschichte des materiellen Fortschritts ermöglicht hat. Du bezahlst einen anderen, damit er für dich betoniert, und im Austausch dafür bekommst du die Zeit, das Buch zu schreiben, das deinen Müßiggang rechtfertigt und deinem Leben Sinn gibt. Das sogar dem Leben des Arbeiters, der für dich betoniert, Sinn geben kann. Damit es uns allen gutgeht.«

»Glaubst du das wirklich?«, fragte er. »Dass Bücher unserem Leben Sinn geben?«

»Ja«, sagte ich. »Ein Buch sollte eine Axt sein, die das gefrorene Meer in uns aufbricht. Was sollte es sonst sein?«

»Eine Geste der Verweigerung angesichts der Zeit. Ein Griff nach der Unsterblichkeit.«

»Niemand ist unsterblich. Bücher sind nicht unsterblich. Der ganze Erdball, auf dem wir stehen, wird in die Sonne stürzen und zu Asche verbrennen. Wonach das Universum selbst implodieren und in ein schwarzes Loch verschwinden wird. Nichts wird überleben, ich nicht, du nicht und ganz gewiss nicht Bücher über erfundene Grenzbewohner im Südafrika des 18. Jahrhunderts, die nur eine kleine Leserschaft ansprechen.«

»Ich habe nicht gemeint, unsterblich im Sinne von außerhalb der Zeit existierend. Ich habe gemeint, über den eigenen Tod hinaus leben.«

»Du möchtest, dass die Menschen dich lesen, nachdem du gestorben bist?«

»Es tröstet mich ein wenig, an dieser Aussicht festzuhalten.«

»Auch wenn du es gar nicht miterleben kannst?«

»Auch wenn ich es nicht miterleben kann.«

»Aber warum sollten die Menschen in der Zukunft das Buch lesen wollen, das du schreibst, wenn es nicht zu ihnen spricht, wenn es ihnen nicht hilft, einen Sinn in ihrem Leben zu entdecken?«

»Vielleicht werden sie ja immer noch gern Bücher lesen, die gut geschrieben sind.«

»Das ist einfältig. Das ist, als würde man behaupten, wenn man richtig gute Musiktruhen konstruieren würde, dann wird man sie noch im 25. Jahrhundert benutzen. Aber so wird es nicht sein. Weil Musiktruhen, ganz egal wie gut konstruiert, dann verschwunden sein werden. Sie werden nicht zu den Menschen im 25. Jahrhundert sprechen.«

»Vielleicht werden sich noch einige wenige auch im 25. Jahrhundert dafür interessieren, wie sich Musiktruhen im späten 20. Jahrhundert angehört haben.«

»Sammler. Leute, die ein Steckenpferd pflegen. Hast du vor, dein Leben so zu verbringen: An deinem Schreibtisch sitzend und ein Ding in Handarbeit herstellend, das als Kuriosität erhalten bleiben wird oder auch nicht?«

Er zuckte mit den Schultern. »Hast du eine bessere Idee?« Sie glauben wohl, ich gebe an. Ich sehe das. Sie glauben, dass ich einen Dialog erfinde, um zu zeigen, wie intelligent ich bin. Aber so waren sie manchmal, die Gespräche zwischen John und mir. Sie haben Spaß gemacht. Ich habe sie genossen; ich habe sie später, als ich mich nicht mehr mit ihm getroffen habe, vermisst. Vielleicht waren ja unsere Gespräche das, was ich am meisten vermisste. Er war der einzige mir bekannte Mann, der es zuließ, dass ich ihn bei einer ehrlichen Diskussion besiegte, der nicht laut wurde oder Nebelkerzen warf oder beleidigt abzog, wenn er sah, dass er verlieren würde. Und ich habe ihn immer besiegt oder beinah immer.

Dafür gab es einen einfachen Grund. Der war nicht etwa, dass er nicht argumentieren konnte; doch er führte sein Leben nach gewissen Prinzipien, während ich stets eine Pragmatikerin gewesen bin. Pragmatismus triumphiert über Prinzipien; das ist der Lauf der Welt. Das Universum bewegt sich, der Boden unter unseren Füßen verändert sich; Prinzipien hinken immer einen Schritt hinterher. Prinzipien sind der Stoff für Komödien. Eine Komödie entsteht, wenn Prinzipien mit der Realität zusammenstoßen. Ich weiß, ihm wird ein sauertöpfisches Wesen nachgesagt, doch John Coetzee war in Wirklichkeit recht komisch. Eine Komödienfigur. Aus einer sauertöpfischen Komödie. Was er dunkel ahnte und sogar akzeptierte. Deshalb erinnere ich mich immer noch mit Wärme an ihn. Wenn Sie es wissen wollen.

[Schweigen.]

Ich konnte schon immer gut argumentieren. In der Schule hatten alle vor mir Bammel, sogar meine Lehrer. *Eine messerscharfe Zunge*, pflegte meine Mutter halb tadelnd zu sagen. *Ein Mädchen sollte nicht so diskutieren, ein Mädchen sollte lernen, sanfter zu sein.* Aber ein andermal sagte sie auch: *Ein Mädchen wie du sollte Rechtsanwältin werden.* Sie war stolz auf mich, auf meine Beherztheit, meine scharfe Zunge. Sie gehörte einer Generation an, als eine Tochter noch vom Haus des Vaters direkt in das des Ehemanns oder des Schwiegervaters verheiratet wurde.

Jedenfalls sagte John: »Hast du eine bessere Idee, eine bessere Idee, was man mit seinem Leben anfangen kann, als Bücher zu schreiben?«

»Nein. Aber ich habe eine Idee, die dich aufrütteln und dir helfen könnte, deinem Leben eine Orientierung zu geben.«

»Und die wäre?«

»Such dir eine gute Frau und heirate sie.«

Er sah mich seltsam an. »Machst du mir einen Antrag?«, fragte er.

Ich lachte. »Nein«, sagte ich, »ich bin schon verheiratet, danke. Such dir eine Frau, die besser zu dir passt, eine, die dich auf andere Gedanken bringt.«

Ich bin schon verheiratet, deshalb würde eine Heirat mit dir Bigamie bedeuten – das war, was ich nicht aussprach. Aber was war denn verkehrt an Bigamie, wenn man es recht bedachte, außer dass sie ungesetzlich war? Was machte Bigamie zu einer Straftat, wo doch Ehebruch nur eine Sünde war oder eine Freizeitgestaltung? Ich war schon eine Ehebrecherin; warum sollte ich nicht auch eine Bigamistin sein? Wir waren ja schließlich in Afrika. Wenn kein Afrikaner vor ein Gericht gezerrt werden würde, weil er zwei Frauen hatte, warum sollte es mir dann verboten sein, zwei Ehemänner zu haben, einen offiziellen und einen privaten?

»Das ist kein, ich betone, *kein* Antrag«, wiederholte ich, »aber –

nur mal angenommen – wenn ich frei wäre, würdest du mich heiraten?«

Es war nur eine Frage, eine müßige Frage. Dennoch nahm er mich, ohne ein Wort zu sagen, in die Arme und hielt mich so fest, dass ich keine Luft bekam. Das war die erste Handlung von ihm, soweit ich mich erinnern konnte, die ihm aus dem Herzen zu kommen schien. Gewiss hatte ich ihn von animalischer Lust ergriffen erlebt – wir verbrachten unsere Zeit im Bett nicht mit Diskussionen über Aristoteles –, doch noch nie vorher hatte ich ihn vom Gefühl überwältigt erlebt. *Hat dieser kalte Fisch also doch Gefühle?*, fragte ich mich verwundert.

»Was ist los?«, erkundigte ich mich, als ich mich aus seiner Umklammerung befreite. »Gibt es etwas, was du mir sagen willst?«

Er schwieg. Weinte er? Ich knipste die Nachttischlampe an und prüfte ihn. Keine Tränen, doch auf seinem Gesicht lag schmerzliche Traurigkeit. »Wenn du mir nicht sagen kannst, was los ist«, sagte ich, »kann ich dir nicht helfen.«

Später, als er sich wieder gefasst hatte, versuchten wir gemeinsam, den Moment näher zu beleuchten. »Für die richtige Frau«, sagte ich, »wärst du ein *prima* Ehemann. Zuverlässig. Hart arbeitend. Intelligent. Wirklich eine gute Partie. Auch gut im Bett«, obwohl das nicht ganz der Wahrheit entsprach.

»Liebevoll«, fügte ich noch hinzu, obwohl auch das nicht der Wahrheit entsprach.

»Und obendrein noch ein Künstler«, sagte er. »Das hast du bei deiner Aufzählung vergessen.«

»Und obendrein noch ein Künstler. Ein Wortkünstler.«

[Schweigen.]

Und?

437

Das ist alles. Ein schwieriger Moment für uns beide, den wir erfolgreich überwanden. Da ahnte ich zum ersten Mal, dass er tiefere Gefühle für mich hegte.

Tiefer als was?

Tiefer als die Gefühle, die jeder Mann für die attraktive Frau seines Nachbarn hegen könnte. Oder für seines Nachbarn Ochsen oder Esel.

Wollen Sie damit sagen, dass er Sie geliebt hat?

Geliebt … Hat er mich oder die Idee von mir geliebt? Ich weiß es nicht. Ich weiß aber, dass er Grund hatte, mir dankbar zu sein. Ich machte es leicht für ihn. Es gibt Männer, denen es schwerfällt, um eine Frau zu werben. Sie haben Angst, ihr Begehren offen zu zeigen, sich unter Umständen eine Abfuhr zu holen. Hinter ihrer Angst steht oft eine Geschichte aus der Kindheit. Ich habe John nie gezwungen, sich zu offenbaren. Ich habe das Werben übernommen. Ich war die Verführerin. Ich habe die Konditionen der Affäre gemanagt. Ich habe sogar die Entscheidung getroffen, wann sie zu Ende war. Wenn Sie also fragen: Hat er mich geliebt?, dann antworte ich: Er war mir dankbar.

[Schweigen.]

Hinterher habe ich mich oft gefragt, was passiert wäre, wenn ich auf seine Gefühlsaufwallung mit einer Gefühlsaufwallung meinerseits reagiert hätte, statt ihn abzuwehren. Wenn ich, statt noch dreizehn oder vierzehn Jahre zu warten, schon damals den Mut gehabt hätte, mich von Mark scheiden zu lassen, und mich mit John zusammenzutun. Hätte ich mehr aus meinem Leben gemacht? Vielleicht. Vielleicht auch nicht. Aber dann wäre es nicht die Exgeliebte, die hier mit Ihnen spricht. Es wäre die trauernde Witwe.

Chrissie war das Problem, das Haar in der Suppe. Chrissie hing sehr an ihrem Vater, und es wurde immer schwerer für mich, mit ihr fertig zu werden. Sie war kein Baby mehr – sie war bald zwei –, und obwohl ihre Fortschritte beim Sprechen beunruhigend langsam waren (wie sich herausstellte, hätte ich mir keine Sorgen machen müssen, sie holte das später bei einem Entwicklungsschub auf), wurde sie jeden Tag unternehmungslustiger – unternehmungslustiger und furchtloser. Sie hatte gelernt, aus ihrem Bettchen zu klettern; ich musste einen Handwerker holen, der oben an der Treppe eine Gittertür anbrachte, damit sie nicht die Treppe hinunterfiel.

Ich erinnere mich, dass Chrissie eines Nachts ohne Vorwarnung verwirrt an meinem Bett erschien, sich die Augen rieb und wimmerte. Ich war so geistesgegenwärtig, sie ruck, zuck wieder in ihr Zimmer zu verfrachten, ehe sie mitbekam, dass nicht Daddy neben mir im Bett lag; doch wenn ich nun das nächste Mal nicht so viel Glück haben sollte?

Ich war nie ganz sicher, welche unterschwellige Wirkung mein Doppelleben möglicherweise auf das Kind hatte. Einerseits sagte ich mir, solange ich körperlich befriedigt und im Reinen mit mir war, sollten die positiven Auswirkungen auch ihr zugutekommen. Wenn Sie meinen, das sei selbstsüchtig, dann darf ich Sie daran erinnern, dass es damals, in den 1970er Jahren, die fortschrittliche Auffassung, die vernünftige Auffassung, war, Sex sei eine positive Energie, in jeglicher Form, mit jedem Partner. Andererseits war klar, dass Chrissie den Wechsel von Daddy und Onkel John im Haushalt verwirrend fand. Was würde passieren, wenn sie zu sprechen anfing? Wenn sie nun die beiden verwechselte und ihren Vater Onkel John nannte? Das würde jede Menge Ärger geben.

Ich habe immer dazu geneigt, Sigmund Freuds Theorien für Stuss zu halten, angefangen vom Ödipus-Komplex bis zu seiner

Weigerung, den routinemäßigen sexuellen Missbrauch von Kindern wahrzunehmen, selbst in den Heimen seiner gutbürgerlichen Klientel. Dennoch stimme ich ihm zu, dass Kinder schon sehr früh viel Zeit darauf verwenden, ihren Platz in der Familie herauszufinden. Im Fall von Chrissie war die Familie bisher eine einfache Sache gewesen: Sie selbst, die Sonne im Mittelpunkt des Universums, plus Mama und Papa, die um sie kreisenden Planeten. Ich hatte einige Mühe darauf verwendet, klarzumachen, dass Maria, die früh um acht erschien und mittags verschwand, nicht zur Familie gehörte. »Maria muss jetzt nach Hause gehen«, sagte ich vor Maria zu ihr. »Mach winke-winke für Maria. Maria muss ihr eigenes kleines Mädchen füttern und versorgen.« (Ich sprach von Marias kleinem Mädchen im Singular, um die Sache nicht zu verkomplizieren. Ich wusste sehr wohl, dass Maria sieben Kinder mit Nahrung und Kleidung zu versorgen hatte, fünf eigene und zwei, die von einer an Tuberkulose verstorbenen Schwester zu ihr gekommen waren.)

Und was Chrissies größere Familie betraf, so war ihre Großmutter meinerseits vor ihrer Geburt gestorben, und ihr Großvater war in einem Sanatorium weggesperrt, wie ich Ihnen erzählt habe. Marks Eltern lebten in der Provinz Ostkap auf dem Land in einem Farmhaus, das von einem zwei Meter hohen Elektrozaun umgeben war. Sie verbrachten nie eine Nacht außer Haus, aus Angst, dass ihre Farm dann ausgeplündert und das Vieh weggetrieben werden würde, daher hätten sie genauso gut im Gefängnis sein können. Marks ältere Schwester lebte tausend Meilen entfernt in Seattle; mein eigener Bruder kam nie zu Besuch nach Kapstadt. Chrissie hatte also eine auf das Elementarste reduzierte Familie. Die einzige Komplikation war der Onkel, der um Mitternacht zur Hintertür herein und in Mamas Bett schlich. Wie war der Onkel einzuordnen? Gehörte er zur Familie, oder war er im Gegenteil ein Wurm, der am Herzen der Familie nagte?

Und Maria – wie viel wusste Maria? Wanderarbeiter waren damals in Südafrika die Norm, Maria musste daher nur allzu vertraut mit dem Phänomen gewesen sein, dass der Mann sich von Frau und Kindern verabschiedet und auf Arbeitssuche in die große Stadt geht. Aber ob Maria es guthieß, wenn Frauen sich in der Abwesenheit ihres Mannes anderweitig vergnügten, war eine andere Sache. Obwohl Maria meinen nächtlichen Besucher nie wirklich zu Gesicht bekam, war es kaum wahrscheinlich, dass sie sich täuschen ließ. Derartige Besucher lassen zu viele Spuren zurück.

Doch was ist das? Ist es wirklich schon sechs Uhr? Ich hatte keine Ahnung, dass es schon so spät ist. Wir müssen Schluss machen. Können Sie morgen wiederkommen?

Leider muss ich morgen die Heimreise antreten. Ich fliege von hier nach Toronto, von Toronto nach London. Es täte mir sehr leid, wenn …

Nun gut, machen wir weiter. Es gibt nicht mehr viel. Ich beeile mich.

Eines Nachts kam John in einem ungewöhnlich erregten Zustand an. Er hatte einen kleinen Kassettenrekorder dabei und schob eine Kassette ein, das Streichquintett von Schubert. Ich würde das nicht gerade als sexy Musik bezeichnen, und ich war auch nicht besonders in der Stimmung dazu, doch er wollte, dass wir uns lieben, und er hatte den speziellen Wunsch – entschuldigen Sie, dass ich so deutlich werde –, dass wir unsere Aktivitäten zur Musik ausführten, zum langsamen Satz.

Nun, der fragliche langsame Satz mag ja sehr schön sein, doch ich fand ihn ganz und gar nicht erregend. Hinzu kam, dass ich das Bild auf dem Kassettenbehälter nicht abschütteln konnte: Franz Schubert, der nicht wie ein gottbegnadeter Musiker aussah, sondern wie ein geplagter Wiener Bürogehilfe mit Schnupfen.

Ich weiß nicht, ob Sie den langsamen Satz im Ohr haben, aber es gibt darin eine lange Violin-Aria mit einer darunter pochenden Violabegleitung, und ich spürte, wie John versuchte, sich diesem Rhythmus anzupassen. Das ganze Unternehmen wirkte auf mich gezwungen und lächerlich. Irgendwie spürte John meine Distanziertheit. »Mach den Kopf frei!«, zischte er mich an. »Fühle durch die Musik!«

Nun ja, nichts ist doch irritierender, als wenn man dir sagt, was du fühlen sollst. Ich wandte mich von ihm ab, und sein kleines erotisches Experiment brach sofort zusammen.

Später versuchte er, sich mir gegenüber zu erklären. Er wollte etwas über die Geschichte des Gefühls beweisen, sagte er. Gefühle hätten ihre eigene Naturgeschichte. Sie entstünden in einer gewissen Zeit, erlebten eine Zeitlang ihre Blüte oder auch nicht und stürben dann ab oder aus. Die Art von Gefühlen, die zu Schuberts Zeit ihre Blüte erlebt hätten, seien inzwischen zum größten Teil tot. Die einzige Möglichkeit für uns, sie wieder zu erleben, führe über die Musik der Zeit. Weil Musik die Spur, die Inschrift sei, die das Gefühl hinterlassen habe.

Gut, sagte ich, aber warum müssen wir ficken, während wir uns die Musik anhören?

Weil der langsame Satz des Quintetts zufälligerweise vom Ficken handelt, erwiderte er. Wenn ich, statt mich zu sträuben, zugelassen hätte, dass die Musik in mich hineinfließt und mich belebt, hätte ich einen Schimmer von etwas Außergewöhnlichem bekommen: Wie es sich angefühlt habe, wenn man sich in der nachnapoleonischen Zeit in Österreich geliebt habe.

»Wie es sich für den nachnapoleonischen Mann anfühlte oder für die nachnapoleonische Frau?«, fragte ich. »Für Herrn Schubert oder für Frau Schubert?«

Das machte ihn richtig ärgerlich. Er mochte es nicht, wenn man seine Lieblingstheorien ins Lächerliche zog.

»Musik handelt nicht vom Ficken«, fuhr ich fort. »Daher ist das Vorhaben gescheitert. Musik handelt vom Vorspiel. Sie handelt vom Werben. Du singst die Maid an, *bevor* du zu ihr ins Bett darfst, nicht während du mit ihr im Bett bist. Du singst sie an, um sie zu umwerben, um ihr Herz zu gewinnen. Wenn du nicht glücklich mit mir im Bett bist, dann vielleicht deshalb, weil du mein Herz nicht gewonnen hast.«

An diesem Punkt hätte ich es gut sein lassen sollen, ich tat es aber nicht, ich machte weiter. Ich sagte: »Der Fehler, den wir beide gemacht haben, war der, dass wir mit dem Vorspiel geknausert haben. Ich gebe nicht dir die Schuld, es lag genauso gut an mir wie an dir, aber es war dennoch ein Fehler. Man bekommt besseren Sex, wenn eine gute, lange Zeit des Werbens vorausgeht. Er ist dann emotional befriedigender. Auch erotisch befriedigender. Wenn du unser Sexleben zu verbessern suchst, wirst du das nicht erreichen, wenn du mich im Rhythmus der Musik ficken lässt.«

Ich war darauf gefasst, dass er sich wehrte, dass er weiter für musikalischen Sex plädierte. Doch er biss nicht an. Stattdessen zeigte er die verdrießliche Miene eines Unterlegenen und drehte mir den Rücken zu.

Ich weiß, das widerspricht dem, was ich früher gesagt habe, dass er kein Spielverderber war und auch verlieren konnte, doch diesmal schien ich wirklich einen wunden Punkt berührt zu haben.

Jedenfalls waren wir jetzt da angelangt. Ich war in die Offensive gegangen und konnte nicht zurück. »Geh nach Hause und übe dich im Werben«, sagte ich. »Los, geh schon. Nimm deinen Schubert mit. Komm wieder, wenn du es besser kannst.«

Das war grausam; doch er verdiente es, weil er sich nicht wehrte.

»Gut – ich gehe«, sagte er schmollend. »Ich habe sowieso noch einiges zu tun.« Und er begann sich anzuziehen.

Ich habe noch einiges zu tun! Ich packte den nächstbesten Gegenstand, und das war zufälligerweise ein hübscher kleiner Tonteller, braun mit einem aufgemalten gelben Rand, einer von sechs Tellern, die Mark und ich in Swaziland gekauft hatten. Eine Sekunde lang konnte ich noch die komische Seite des Ganzen sehen: die dunkelhaarige, barbusige Geliebte, die ihr stürmisches mitteleuropäisches Temperament beweist, indem sie mit Schimpfworten und Geschirr um sich wirft. Dann schleuderte ich den Teller.

Er traf ihn im Nacken, prallte ab und fiel zu Boden, ohne zu zerbrechen. Er zog die Schultern hoch und drehte sich mit einem verblüfften Ausdruck zu mir um. Noch nie hatte jemand einen Teller nach ihm geworfen, da war ich mir sicher. »Verschwinde!«, schrie oder kreischte ich vielleicht sogar und scheuchte ihn fort. Chrissie wachte auf und fing zu weinen an.

Seltsam, doch ich fühlte danach kein Bedauern. Im Gegenteil, ich war aufgeputscht und erregt und stolz auf mich. *Direkt aus dem Herzen!*, sagte ich mir. *Mein erster Teller!*

[Schweigen.]

Sind weitere gefolgt?

Weitere Teller? Viele.

[Schweigen.]

Hat es so geendet, damals, zwischen Ihnen und ihm?

Nicht ganz. Es gab eine Coda. Ich erzähle Ihnen die Coda, und damit ist es gut.

Ein Kondom bedeutete das wahre Ende, ein verknotetes Kondom voll toter Spermien. Mark angelte es unter dem Bett hervor. Ich war platt. Wie konnte es nur passieren, dass ich es übersah? Es war, als hätte ich mir gewünscht, dass es gefunden wird, als hätte ich meine Untreue ausposaunen wollen.

Mark und ich benutzten nie Kondome, daher hatte es keinen Zweck zu lügen. »Wie lange geht das schon?«, wollte er wissen. »Seit letztem Dezember«, sagte ich. »Du Miststück«, sagte er, »du dreckiges Miststück! Und ich habe dir vertraut!«

Er war drauf und dran, aus dem Zimmer zu stürmen, aber dann wandte er sich um, als fiele ihm etwas ein, und – tut mir leid, ich werde einen Schleier über das breiten, was dann geschah, es zu schildern, wäre zu schmachvoll, zu beschämend.

Ich sage einfach, dass ich davon überrascht und schockiert war, aber vor allem wütend. »Mark, das werde ich dir nie verzeihen«, sagte ich, als ich mich gefasst hatte. »Es gibt eine Grenze, und die hast du gerade überschritten. Ich gehe. Zur Abwechslung kümmerst du dich um Chrissie.«

In dem Moment, als ich die Worte aussprach: *Ich gehe, du kümmerst dich um Chrissie*, hatte ich nicht mehr gemeint, als dass ich aus dem Haus ging und er sich an diesem Nachmittag um das Kind kümmern könne. Aber während der fünf Schritte bis zur Haustür wurde mir blitzartig klar, dass dies in Wirklichkeit der Moment der Befreiung sein könnte, der Moment, wo ich aus einer unbefriedigenden Ehe ausbräche und nie zurückkäme. Die Wolken über meinem Kopf, die Wolken in meinem Kopf lichteten sich und lösten sich auf. *Denke nicht weiter nach*, sagte ich mir. *Tue es einfach!* Ohne zu zögern, drehte ich mich um, stürmte die Treppe hinauf, stopfte etwas Unterwäsche in eine Reisetasche und rannte wieder hinunter.

Mark versperrte mir den Weg. »Wo zum Teufel willst du hin?«, wollte er wissen. »Willst du zu *ihm*?«

»Du kannst mich mal«, sagte ich. Ich versuchte, an ihm vorbeizukommen, doch er packte mich beim Arm.

»Lass mich los!«, sagte ich.

Kein Schreien, kein Anfauchen, nur ein einfacher, knapper Befehl, aber es war, als hätten sich aus dem Himmel eine Krone und ein Krönungsmantel auf mich herabgesenkt. Ohne ein Wort ließ er los. Als ich mit dem Auto davonfuhr, stand er immer noch in der Haustür, sprachlos.

So einfach!, frohlockte ich. *So einfach! Warum habe ich es nicht schon eher getan?*

Worüber ich mir den Kopf zerbreche im Zusammenhang mit diesem Augenblick – dem tatsächlich eine Schlüsselrolle in meinem Leben zukommt –, worüber ich mir damals den Kopf zerbrochen habe und was mich bis heute beschäftigt, ist Folgendes: Selbst wenn irgendeine Kraft in mir – nennen wir sie das Unbewusste, um die Sache zu erleichtern, obwohl ich meine Vorbehalte gegen das klassische Unbewusste habe – mich davon abgehalten hat, unter dem Bett nachzuschauen – mich genau deshalb zurückgehalten hat, um diese Ehekrise zu beschleunigen –, warum um Himmels willen hatte Maria dieses belastende Objekt dort liegenlassen – Maria, die ganz gewiss kein Teil meines Unbewussten war, Maria, deren Aufgabe es war, sauberzumachen, aufzuräumen, Dinge wegzuräumen? Hatte Maria das Kondom absichtlich übersehen? Hatte sie sich aufgerichtet, als sie es gesehen hatte, und sich gesagt: *Das geht zu weit! Entweder verteidige ich die Unantastbarkeit des Ehebettes, oder ich werde zur Komplizin bei einer schockierenden Affäre!*

Manchmal stelle ich mir vor, dass ich wieder nach Südafrika fliege, in das neue, ersehnte, demokratische Südafrika, mit dem einzigen Zweck, Maria zu finden, falls sie noch am Leben ist, und es mit ihr zu klären, eine Antwort auf jene irritierende Frage zu finden.

Nun, ich lief bestimmt nicht weg, um zu *ihm*, dem Objekt von Marks eifersüchtiger Wut, zu gehen, doch wo genau wollte ich hin? Denn ich hatte keine Freunde in Kapstadt, keine, die nicht in erster Linie Marks Freunde waren und meine nur in zweiter Linie.

Es gab da ein Etablissement in Wynberg, das ich beim Durchfahren bemerkt hatte, ein weitläufiges altes Haus mit einer Tafel davor: *Canterbury Hotel/Für Dauergäste/Voll oder Halbpension/Wochen und Monatstarife.* Ich beschloss, das Canterbury auszuprobieren.

Ja, sagte die Frau an der Rezeption, zufällig sei ein Zimmer frei, ob ich es für eine Woche oder länger brauche? Für eine Woche, sagte ich, zunächst einmal.

Das fragliche Zimmer – Geduld, das ist nicht unwichtig – war im Erdgeschoss. Es war geräumig, hatte ein nettes kleines Bad und einen kleinen Kühlschrank. Eine Glastür führte auf eine schattige, umrankte Veranda. »Sehr nett«, sagte ich. »Ich nehme es.«

»Und ihr Gepäck?«, fragte die Frau.

»Mein Gepäck kommt nach«, sagte ich, und sie verstand. Ich bin sicher, dass ich nicht die erste weggelaufene Ehefrau war, die im Canterbury auftauchte. Ich bin sicher, dass es hier ein reges Kommen und Gehen von Eheflüchtlingen gab. Und dass es einen netten kleinen Reibach bei denen zu machen gab, die für eine Woche bezahlten, eine Nacht blieben und dann am nächsten Morgen – reuig oder erschöpft oder von Heimweh geplagt – wieder auscheckten.

Nun, ich war nicht reuig, und ich war bestimmt nicht vom Heimweh geplagt. Ich war wirklich bereit, im Canterbury zu bleiben, bis die Bürde der Kinderbetreuung Mark dazu brachte, Friedensverhandlungen aufzunehmen.

Es gab einen Zirkus um das Thema Sicherheit, dem ich kaum Beachtung schenkte – Schlüssel für Türen, Schlüssel für Tore –, dazu Vorschriften fürs Parken, Vorschriften für Besucher, Vorschriften für dies und jenes. Ich würde keine Besucher haben, informierte ich die Frau.

An jenem Abend aß ich im traurigen *salle à manger* des Canterbury und konnte einen ersten Blick auf meine Mitgäste werfen, die direkt aus den Büchern von William Trevor oder Muriel

Spark zu kommen schienen. Aber zweifellos machte ich auf sie den ziemlich gleichen Eindruck: wieder ein aufgescheuchtes flüchtiges Reh aus einer gescheiterten Ehe. Ich ging zeitig zu Bett und schlief gut.

Ich hatte geglaubt, ich würde mein neu entdecktes Alleinsein genießen. Ich fuhr in die Stadt, machte Einkäufe, sah mir eine Ausstellung in der Nationalgalerie an, aß zu Mittag im Botanischen Garten. Doch am zweiten Abend allein in meinem Zimmer nach einer erbärmlichen Mahlzeit, bestehend aus welkem Salat und gedünsteter Seezunge mit Béchamelsauce, packte mich die Einsamkeit und, schlimmer als Einsamkeit, das Selbstmitleid. Vom öffentlichen Telefon in der Halle aus rief ich John an und berichtete ihm, mit leiser Stimme (die Frau an der Rezeption lauschte), von meiner Situation.

»Möchtest du, dass ich vorbeikomme?«, fragte er. »Wir könnten ins Kino in eine Spätvorstellung gehen.«

»Ja«, sagte ich; »ja, ja, ja.«

Ich wiederhole so nachdrücklich, wie ich kann, dass ich nicht von meinem Mann und meinem Kind fortgelaufen war, um mit John zusammen zu sein. Es war keine solche Affäre. Eigentlich war es gar keine richtige Affäre, eher eine Freundschaft, eine außereheliche Freundschaft mit einer sexuellen Komponente, deren Bedeutung, wenigstens was mich betraf, eher symbolisch war. Wenn ich mit John schlief, war das meine Art, die Selbstachtung zu bewahren. Ich hoffe, Sie verstehen das.

Dennoch, *dennoch*, waren wir wenige Minuten nach seiner Ankunft im Canterbury zusammen im Bett, und obendrein war unser Liebesspiel diesmal wirklich bemerkenswert. Ich vergoss am Ende sogar Tränen. »Ich weiß nicht, warum ich weine«, schluchzte ich, »ich bin so glücklich.«

»Das ist, weil du letzte Nacht nicht geschlafen hast«, sagte er, im Glauben, mich trösten zu müssen. »Weil du mit den Nerven am Ende bist.«

Ich starrte ihn an. *Weil du mit den Nerven am Ende bist* – er schien das wirklich zu glauben. Es verschlug mir regelrecht den Atem, wie dumm er doch sein konnte, wie unsensibel. Aber in seiner verdrehten Art hatte er vielleicht recht. Denn mein Tag der Freiheit wurde von einer immer wiederkehrenden Erinnerung getrübt, der Erinnerung an jene demütigende Konfrontation mit Mark, nach der ich mich eher wie ein verprügeltes Kind gefühlt hatte, nicht wie eine bei einem Fehltritt ertappte Gattin. Wenn das nicht gewesen wäre, hätte ich John vielleicht nicht angerufen und wäre daher nun nicht mit ihm im Bett. Also ja: Ich war mitgenommen, warum auch nicht? Meine Welt war völlig auf den Kopf gestellt worden.

Es gab noch eine andere Ursache für mein Unbehagen, mit der ich noch schwerer umgehen konnte: die Scham, erwischt worden zu sein. Denn wirklich, wenn man die Situation leidenschaftslos betrachtete, dann benahm ich mich mit meiner erbärmlichen kleinen Affäre in Constantiaberg, die als Revanche gedacht war, nicht besser als Mark mit seiner erbärmlichen kleinen Liaison in Durban.

Tatsache war, ich hatte eine gewisse moralische Grenze erreicht. Die plötzliche Euphorie über meinen Ausbruch hatte sich verflüchtigt; meine Empörung versickerte; und was das Leben allein anging, so verblasste sein Reiz schnell. Doch wie konnte ich den Schaden anders wiedergutmachen, als mit eingezogenem Schwanz zu Mark zurückzukehren und um Frieden zu bitten und meine Pflichten als zur Einsicht gelangte Frau und Mutter wieder zu erfüllen? Und mittendrin in dieser Verwirrung des Geistes dieses bittersüße Liebesspiel! Was wollte mein Körper mir sagen? Dass, wenn die Widerstandskraft erschöpft ist, sich die Pforten zur Lust öffnen? Dass das Ehebett ein ungeeigneter Ort für den Ehebruch ist und Hotels sich besser eignen? Keine Ahnung, was John empfand, er war nie mitteilsam; doch für mich wusste ich ohne jeden Zweifel, dass die halbe Stunde, die ich eben erlebt hatte, als ein Höhepunkt meines erotischen Lebens überdauern würde. Und so war es auch. Warum sollte ich sonst noch davon erzählen?

[Schweigen.]

Ich bin froh, dass ich Ihnen das erzählt habe. Jetzt fühle ich mich weniger schuldig wegen der Schubert-Geschichte.

[Schweigen.]

Jedenfalls schlief ich in Johns Armen ein. Als ich aufwachte, war es dunkel, und ich hatte nicht die leiseste Ahnung, wo ich war. *Chrissie*, dachte ich – *ich habe völlig vergessen, Chrissie zu füttern!* Ich tastete sogar nach dem Lichtschalter – an der falschen Stelle –, ehe mir alles wieder einfiel. Ich war allein (von John keine Spur); es war sechs Uhr morgens.

Von der Hotelhalle aus rief ich Mark an. »Hallo, ich bin's«, sagte ich mit meiner neutralsten, friedlichsten Stimme. »Entschuldige den frühen Anruf, aber wie geht es Chrissie?«

Mark seinerseits war nicht in der Stimmung für Versöhnung. »Wo bist du?«, wollte er wissen.

»Ich telefoniere von Wynberg aus«, sagte ich. »Ich bin in einem Hotel untergekommen. Ich habe mir gedacht, wir sollten uns eine Pause gönnen, bis sich alles beruhigt hat. Wie geht es Chrissie? Was hast du für Pläne für diese Woche? Fliegst du nach Durban?«

»Was ich mit meiner Zeit anfange, geht dich nichts an«, sagte er. »Wenn du fortbleiben willst, tu es.«

Selbst am Telefon konnte ich hören, das er noch wütend war. Wenn Mark zornig war, ließ er seine Verschlusslaute explodieren: *Tu es*, mit einem zornigen Luftausstoß beim *T*, der dir durch Mark und Bein fuhr. Mit Macht stürzte alles auf mich ein, was ich an ihm verabscheute. »Hab dich nicht so, Mark«, sagte ich, »du weißt doch gar nicht, wie man sich um ein Kind kümmert.«

»Und du auch nicht, du Miststück!«, sagte er und knallte den Hörer hin.

Später am Vormittag, als ich einkaufen ging, stellte ich fest, dass mein Konto gesperrt worden war.

Ich fuhr raus nach Constantiaberg. Mein Schlüssel drehte sich im Schnappschloss, aber die Tür war doppelt abgeschlossen. Ich klopfte und klopfte. Nichts rührte sich. Auch von Maria war nichts zu sehen. Ich umrundete das Haus. Marks Auto war fort, die Fenster waren geschlossen.

Ich rief in seiner Firma an. »Er ist in unserer Abteilung in Durban«, sagte das Fräulein in der Zentrale.

»Bei ihm zu Hause gibt es einen Notfall«, sagte ich. »Könnten Sie bitte Durban anrufen und etwas ausrichten? Er möchte seine Frau so bald wie möglich unter der folgenden Nummer anrufen. Sagen Sie, es ist dringend.« Ich nannte die Telefonnummer des Hotels.

Stundenlang wartete ich. Kein Anruf.

Wo war Chrissie? Das musste ich vor allem wissen. Es schien unglaublich, dass Mark das Kind mit nach Durban genommen hatte. Aber wenn nicht, was hatte er dann mit ihr gemacht?

Ich rief Durban direkt an. Nein, sagte die Sekretärin, Mark sei nicht in Durban, würde diese Woche nicht erwartet. Ob ich es beim Firmenbüro in Kapstadt versucht habe?

Mittlerweile verzweifelt, rief ich John an. »Mein Mann hat das Kind genommen und ist verschwunden, hat sich in Luft aufgelöst«, sagte ich. »Ich habe kein Geld. Ich weiß nicht, was ich machen soll. Kannst du mir einen Tipp geben?«

In der Halle befand sich ein älteres Paar, Gäste, die mir offen zuhörten. Aber ich hatte aufgehört, mich darum zu kümmern, wer meine Probleme mitbekam. Mir war nach Weinen zumute, doch ich glaube, ich habe stattdessen gelacht. »Er ist mit meinem Kind auf und davon, und weswegen?«, sagte ich.

»Werde ich dafür« – ich deutete auf meine Umgebung, das heißt auf die Halle des Canterbury Hotels (für Dauergäste) –, »werde ich dafür bestraft?« Dann fing ich wirklich zu weinen an.

Da John meilenweit weg war, konnte er meine Geste nicht gesehen haben (kam mir später in den Sinn) und musste eine ganz andere Bedeutung mit dem Wort *dafür* verbunden haben. Er hatte wohl geglaubt, dass ich auf meine Affäre mit ihm anspiele – dass ich sagen wollte, sie sei die ganze Aufregung nicht wert.

»Willst du zur Polizei?«, fragte er.

»Mach dich nicht lächerlich«, sagte ich. »Man kann seinem Mann nicht weglaufen und ihn dann beschuldigen, dein Kind zu stehlen.«

»Möchtest du, dass ich dich holen komme?« Ich konnte den vorsichtigen Ton in seiner Stimme hören. Und ich verstand ihn. An seiner Stelle wäre ich auch vorsichtig gewesen, wenn ich eine hysterische Frau am Telefon gehabt hätte. Aber ich wollte keine Vorsicht, ich wollte mein Kind zurück. »Nein, ich möchte nicht abgeholt werden«, fuhr ich ihn an.

»Hast du wenigstens etwas gegessen?«, fragte er.

»Ich möchte nichts essen«, sagte ich. »Es reicht jetzt mit diesem dummen Gespräch. Entschuldigung, ich weiß nicht, warum ich angerufen habe. Auf Wiedersehen.« Und ich legte auf.

Ich wollte nichts essen, doch ich hätte nichts gegen etwas zu trinken gehabt – einen steifen Whisky, zum Beispiel, danach ein tiefer, traumloser Schlaf.

Ich hatte mich gerade in meinem Zimmer aufs Bett geworfen und mir ein Kissen über den Kopf gezogen, als es an der Verandatür klopfte. Es war John. Worte wurden zwischen uns gewechselt, die ich nicht wiederholen werde. Kurz und gut, er nahm mich mit in die Tokai Road und brachte mich in seinem Zimmer unter. Er schlief auf dem Sofa im Wohnzimmer. Ich erwartete halb, dass er in der Nacht zu mir käme, doch er tat es nicht.

Ich wurde durch eine leise Unterhaltung munter. Die Sonne stand am Himmel. Ich hörte, wie die Haustür ins Schloss fiel. Lange Stille. Ich war allein in diesem seltsamen Haus.

Das Bad war primitiv, die Toilette nicht sauber. Es roch unangenehm nach Männerschweiß und feuchten Handtüchern. Ich hatte keine Ahnung, wohin John gegangen war, wann er zurückkommen würde. Ich kochte mir Kaffee und stöberte etwas herum. Die Decken waren in den Zimmern so niedrig, dass ich das Gefühl hatte, ich müsse ersticken. Es war nur ein kleines Farmhaus, das war mir klar, aber warum war es für Zwerge gebaut worden?

Ich schaute in das Zimmer des älteren Coetzee. Man hatte das Licht brennen lassen, eine einsame trübe Glühlampe ohne Schirm in der Mitte der Zimmerdecke. Das Bett war nicht gemacht. Auf dem Tisch neben dem Bett eine Zeitung, auf der Seite mit dem Kreuzworträtsel aufgeschlagen. An der Wand ein Gemälde, dilettantisch, eines weiß getünchten kapholländischen Farmhauses und ein gerahmtes Foto einer streng blickenden Frau. Das Fenster, klein und mit einem Eisengitter versehen, blickte auf eine Veranda, die leer war bis auf ein Paar Liegestühle und eine Reihe vertrockneter Farne in Töpfen.

Johns Zimmer, wo ich geschlafen hatte, war größer und besser beleuchtet. Ein Bücherregal: Wörterbücher, Sprachführer, Anleitung zu diesem, Anleitung zu jenem. Beckett. Kafka. Auf dem Tisch ein Durcheinander von Papieren. Ein Aktenschrank. Ohne mir etwas dabei zu denken, durchsuchte ich die Schubfächer. Im untersten eine Schachtel mit Fotos, in denen ich wühlte. Wonach suchte ich? Ich wusste es nicht. Nach etwas, was ich erst erkennen würde, wenn ich es fand. Aber es war nicht da. Die meisten Fotos waren aus der Schulzeit: Sportmannschaften, Klassenbilder.

Ich hörte Geräusche vor dem Haus und ging hinaus. Ein schöner Tag, der Himmel strahlend blau. John war gerade dabei, galvanisierte Dachbleche von seinem Transporter abzuladen. »Tut mir leid, wenn ich dich allein gelassen habe«, sagte er. »Ich musste die da abholen, und ich wollte dich nicht wecken.«

Ich zog einen Liegestuhl an eine sonnige Stelle, schloss die Augen und gönnte mir eine kleine Tagträumerei. Ich würde mein Kind nicht im Stich lassen. Ich würde nicht aus meiner Ehe ausbrechen. Trotzdem, wenn ich es täte? Wenn ich Mark und Chrissie vergessen, mich in diesem hässlichen kleinen Haus niederlassen und das dritte Mitglied der Coetzee-Familie werden würde, die Gehilfin, Schneewittchen bei den zwei Zwergen, wenn ich das Kochen, das Saubermachen und das Wäschewaschen übernehmen und vielleicht sogar bei der Dachreparatur helfen würde? Wie lange würde es dauern, bis meine Wunden verheilt wären? Und dann wie lange, bis mein wahrer Prinz vorbeigeritten käme, der Prinz meiner Träume, der mich als die erkannte, die ich war, der mich auf seinen Schimmel setzen und mit mir in den Sonnenuntergang reiten würde?

Weil John Coetzee nicht mein Prinz war. Endlich komme ich zur Sache. Wenn das die Frage war, die Sie im Hinterkopf hatten, als Sie nach Kingston kamen – *Ob das wohl wieder eine von diesen Frauen ist, die John Coetzee irrtümlicherweise für ihren heimlichen Prinzen hielten?* –, dann haben Sie jetzt Ihre Antwort. John war nicht mein Prinz. Und nicht nur das: Wenn Sie gut zugehört haben, dann werden Sie mittlerweile verstanden haben, wie hochgradig unwahrscheinlich es war, dass er für irgendeine Maid auf Erden ein Prinz hätte sein können, ein annehmbarer Prinz.

Sie stimmen mir nicht zu? Sie haben eine andere Meinung? Sie glauben, die Schuld hätte bei mir gelegen, nicht bei ihm – die Schuld, der Fehler? Nun, dann denken Sie doch an die Bücher, die er geschrieben hat. Welches Thema kehrt da bei allen Büchern immer wieder? Das Thema, dass die Frau sich nicht in den Mann verliebt. Der Mann mag die Frau lieben oder auch nicht;

aber die Frau liebt den Mann nie. Was spiegelt dieses Thema wohl wider? Meine Vermutung, meine wohlfundierte Vermutung, ist, dass es seine Lebenserfahrung widerspiegelt. Die Frauen verliebten sich nicht in ihn – nicht die Frauen, die bei Trost waren. Sie prüften ihn, sie beschnupperten ihn, vielleicht probierten sie ihn sogar aus. Dann gingen sie weiter.

Sie gingen weiter, wie ich es tat. Ich hätte in Tokai bleiben können, wie ich gesagt habe, in der Rolle von Schneewittchen. Die Vorstellung war nicht ohne Reiz. Letztlich blieb ich nicht. John war mir während eines schwierigen Lebensabschnitts ein Freund, er war eine Krücke, auf die ich mich manchmal stützte, aber er würde nie mein Geliebter sein, nicht im wahren Wortsinn. Denn für die wahre Liebe braucht es zwei vollständige Menschen, und die beiden müssen zusammenpassen, sich ineinanderfügen. Wie Yin und Yang. Wie ein Stecker in eine Steckdose. Wie Mann und Frau. Er und ich passten nicht zusammen.

Glauben Sie mir, über die Jahre hin habe ich viel über John und seinen Typ nachgedacht. Was ich Ihnen jetzt sage, bringe ich wohlüberlegt an und hoffentlich ohne Groll. Weil, wie ich schon sagte, John wichtig für mich war. Er hat mir eine Menge beigebracht. Er war ein Freund, der selbst dann noch ein Freund blieb, als ich mich von ihm getrennt hatte. Wenn ich traurig war, konnte ich immer darauf vertrauen, dass er mit mir scherzte und meine Stimmung hob. Er bescherte mir einmal einen unerwarteten erotischen Höhenflug – leider nur einmal! Aber die Sache ist die, dass John nicht für die Liebe gemacht war, nicht so beschaffen war – er war nicht so beschaffen, dass er sich einfügte oder einfügen ließ. Wie eine Kugel. Wie eine Glaskugel. Es war nicht möglich, eine Verbindung mit ihm einzugehen. Zu diesem Schluss bin ich gekommen, nach reiflicher Überlegung.

Was Sie vielleicht nicht überraschen wird. Sie glauben vielleicht, dass das auf Künstler im Allgemeinen zutrifft, auf männliche Künstler: dass sie nicht gemacht sind für das, was ich Liebe nenne; dass sie sich nicht völlig hingeben können oder wollen aus dem einfachen Grund, dass es einen geheimen Kern ihrer selbst gibt, den sie um ihrer Kunst willen bewahren müssen. Habe ich recht? Glauben Sie das?

Ob ich glaube, dass Künstler nicht für die Liebe gemacht sind? Nein. Nicht unbedingt. Ich versuche, bei dem Thema objektiv zu bleiben, alles offenzulassen.

Nun, Sie können nicht unbegrenzt alles offenlassen, nicht, wenn Sie mit Ihrem Buch fertig werden wollen. Bedenken Sie. Hier haben wir einen Mann, der in der intimsten menschlichen Beziehung keine Verbindung eingehen kann oder nur für kurze Zeit, hin und wieder, eine Verbindung eingehen kann. Doch wie hat er seinen Lebensunterhalt verdient? Indem er Berichte schrieb, fachmännische Berichte, über intime menschliche Erfahrungen. Denn darum geht es bei Romanen – nicht wahr? –, um intime Erfahrungen. Romane im Gegensatz zu Gedichten oder Gemälden. Kommt Ihnen das nicht seltsam vor?

[Schweigen.]

Ich bin sehr offen zu Ihnen gewesen, Mr Vincent. Zum Beispiel die Sache mit Schubert: Das habe ich vor Ihnen noch keinem erzählt. Warum nicht? Weil ich dachte, das würde John zu lächerlich erscheinen lassen. Denn wer, der keine Macke hat, würde die Frau, in die er anscheinend verliebt ist, auffordern, sich von einem toten Komponisten in Sachen Liebe unterweisen zu lassen, von einem Wiener *Bagatellenmeister*? Wenn ein Mann und eine Frau sich lieben, dann schaffen sie ihre eigene Musik, sie entsteht instinktiv, sie brauchen keine Unterweisung. Doch was macht unser Freund John? Er zerrt einen Dritten ins Schlafzimmer. Franz Schubert wird die Nummer eins, der Liebesmeister;

John wird Nummer zwei, der Schüler des Meisters und der Ausführende; und ich werde Nummer drei, das Instrument, auf dem die Sex-Musik gespielt werden soll. Das – scheint mir – sagt Ihnen alles, was Sie über John Coetzee wissen müssen. Der Mann, der seine Geliebte mit einer Violine verwechselte. Der vielleicht dasselbe bei jeder anderen Frau in seinem Leben veranstaltete: sie mit irgendeinem Instrument verwechselte, Violine, Fagott, Pauke. Der so meschugge, so realitätsfremd war, dass er nicht zu unterscheiden wusste zwischen dem Spielen auf einer Frau und dem Lieben einer Frau. Ein Mann, der nach Schema F liebt. Man weiß wirklich nicht, soll man lachen oder weinen!

Deshalb war er nie mein Märchenprinz. Deshalb habe ich mich nicht von ihm auf seinem Schimmel mitnehmen lassen. Weil er kein Prinz war, sondern ein Frosch. Weil er nicht menschlich war, nicht im umfassendsten Sinn.

Ich habe gesagt, dass ich offen zu Ihnen sein würde, und ich habe mein Versprechen gehalten. Ich will Ihnen noch etwas ganz offen sagen, eine Sache, dann höre ich auf, und Schluss.

Es geht um die Nacht, die ich Ihnen zu schildern versucht habe, die Nacht im Canterbury Hotel, als wir zwei nach unserer ganzen Experimentiererei schließlich die richtige Chemie, die richtige Kombination trafen. Wie konnte uns das gelingen, könnten Sie fragen – wie auch ich mich frage –, wenn John ein Frosch war und kein Prinz?

Ich möchte Ihnen sagen, wie ich die entscheidende Nacht jetzt sehe. Wie gesagt, war ich verletzt und verstört und außer mir vor Sorge. John hat gesehen oder geahnt, was in mir vorging, und hat dieses eine Mal sein Herz geöffnet, das Herz, das normalerweise in einer Rüstung steckte. Sein Herz und mein Herz waren geöffnet – so kamen wir zusammen. Für ihn hätte jenes erste Öffnen des Herzens eine große Veränderung bedeuten können und sollen, den Anfang eines neuen Lebens für uns beide gemeinsam. Doch was geschah? Mitten in der Nacht wachte John auf und sah mich neben sich schlafen, bestimmt mit einem Ausdruck des Friedens auf meinem Gesicht, sogar des Glücks, Glück ist auf dieser Welt nicht unerreichbar. Er sah mich – sah mich, wie ich in diesem Moment war –, erschrak, schnallte eilig die Rüstung wieder um sein Herz, sicherte sie mit Ketten und einem doppelten Vorhängeschloss und schlich in die Dunkelheit hinaus.

Glauben Sie, es fällt mir leicht, ihm das zu verzeihen? Ja?

Sie sind ein bisschen hart zu ihm, wenn ich das sagen darf.

Nein, das bin ich nicht. Ich sage nur die Wahrheit. Ohne die Wahrheit, egal wie hart, ist keine Heilung möglich. Das ist alles. Das ist alles, was ich für Ihr Buch bieten kann. Schauen Sie, es ist beinahe acht. Sie müssen jetzt gehen. Ihr Flugzeug geht morgen früh.

Nur noch eine Frage, eine kurze Frage.

Nein, auf keinen Fall, keine Fragen mehr. Sie haben genug Zeit gehabt. Schluss. *Fin*. Gehen Sie.

Das Interview wurde im Mai 2008 in
Kingston, Ontario, geführt.

◆ Margot ◆

Gestatten Sie mir, Mrs Jonker, dass ich Sie auf den neusten Stand bringe und erkläre, was ich seit unserem Treffen im vergangenen Dezember getan habe. Nach meiner Rückkehr nach England habe ich unsere Gespräche von den Tonbändern abgeschrieben. Ich habe einen Kollegen, der aus Südafrika stammt, gebeten zu prüfen, ob ich die Afrikaans-Wörter richtig verwendet habe. Dann habe ich etwas ziemlich Radikales getan, das Sie hoffentlich akzeptieren werden. Ich habe meine eigenen Einwürfe, meine Stichworte und Fragen gestrichen und den Text so arrangiert, dass er sich wie eine nicht unterbrochene Erzählung liest, gesprochen mit Ihrer Stimme.

Ich würde nun gern Folgendes tun: Ich möchte den neuen Text mit Ihnen durchgehen und Ihnen die Gelegenheit geben, kritische Anmerkungen zu machen. Wie finden Sie das?

Einverstanden.

Noch etwas. Weil die Geschichte, die Sie erzählt haben, recht lang war, länger, als ich erwartet hatte, habe ich mich entschieden, sie hier und da zu dramatisieren, um sie abwechslungsreicher zu machen und die Leute mit eigener Stimme sprechen zu lassen. Sie werden sehen, was ich meine, wenn wir anfangen.

Einverstanden.

Dann fange ich an.

Früher gab es in der Weihnachtszeit große Treffen auf der Farm der Familie. Von überall her strömten die Söhne und Töchter von Gerrit und Lenie Coetzee nach Voëlfontein und brachten ihre Ehepartner und Kinder mit, jedes Jahr mehr Kinder, um eine Woche lang miteinander zu lachen und zu scherzen und sich in Erinnerungen zu ergehen, vor allem aber, um zu essen. Für die Männer war es auch eine Gelegenheit, gemeinsam zu jagen: Federwild, Antilopen.

Aber inzwischen, in den 1970er Jahren, haben sich diese Familientreffen auf traurige Weise verkleinert. Gerrit Coetzee ruht schon lange im Grab, Lenie schlurft in einem Pflegeheim in The Strand herum. Von ihren zwölf Söhnen und Töchtern ist der Erstgeborene schon zu den vielköpfigen Schatten gegangen; in stillen Momenten –

Vielköpfigen Schatten?

Klingt das zu hochgestochen? Ich werde es ändern. Der Erstgeborene ist schon aus dem Leben geschieden. In stillen Momenten denken die noch Lebenden an ihr eigenes Ende und schaudern.

Nein, das gefällt mir nicht.

Sie meinen das Schaudern? Kein Problem. Wird gestrichen. Ist schon aus dem Leben geschieden. Bei den noch Lebenden sind die Scherze zahmer geworden, die Erinnerungen trauriger, das Essen gemäßigter. Und was die Jagdausflüge angeht, so gibt es dergleichen gar nicht mehr: Alte Knochen sind müde, und außerdem ist im Veld nach jahrelanger Dürre nichts mehr da, was sich zu schießen lohnen würde.

Von der dritten Generation, den Söhnen und Töchtern der Söhne und Töchter, sind die meisten mittlerweile zu sehr mit ihren eigenen Angelegenheiten beschäftigt, um an den Treffen teilzunehmen, oder der weiteren Familie gegenüber zu gleichgültig. In diesem Jahr sind nur vier aus dieser Generation anwesend: ihr Cousin Michiel, der die Farm geerbt hat; ihr Cousin John aus Kapstadt; ihre Schwester Carol; und sie selbst, Margot. Und von den vieren blickt nur sie allein, vermutet sie, mit so etwas wie nostalgischen Gefühlen auf die alte Zeit zurück.

Das verstehe ich nicht. Warum nennen Sie mich sie?

Und von den vieren blickt nur Margot allein, vermutet sie – Margot –, mit so etwas wie nostalgischen Gefühlen … Sie hören selbst, wie umständlich das klingt. So funktioniert es einfach nicht. Das *sie*, das ich eingeführt habe, ist wie *ich*, ist aber nicht *ich*. Missfällt es Ihnen wirklich so sehr?

Ich finde es verwirrend. Aber Sie werden es besser wissen. Fahren Sie fort.

Johns Anwesenheit auf der Farm verursacht Unbehagen. Nach Jahren in Übersee – so vielen Jahren, dass man zu dem Schluss kam, er bliebe für immer fort – ist er plötzlich wieder bei ihnen aufgetaucht, und irgendein dunkler Verdacht, irgendeine Schande, schwebt über ihm. Eine Geschichte, die man sich tuschelnd erzählt, ist die, dass er in einem amerikanischen Gefängnis gesessen hat.

Die Familie weiß einfach nicht, wie sie sich ihm gegenüber verhalten soll. Noch nie hatten sie einen Verbrecher – wenn er das ist, ein Verbrecher – in ihrer Mitte. Einen Bankrotteur, ja: Der Mann, der ihre Tante Marie geheiratet hat, ein Aufschneider und starker Trinker, der der Familie von Anfang an missfallen hatte, erklärte sich bankrott, um seine Schulden nicht bezahlen zu müssen, und rührte fortan keinen Finger mehr, lag zu Hause auf der faulen Haut und lebte vom Verdienst seiner Frau. Aber ein Bankrott ist, auch wenn er einen schlechten Nachgeschmack hat, kein Verbrechen; während eine Gefängnisstrafe eine Gefängnisstrafe ist.

Sie selbst empfindet, dass die Coetzees sich mehr darum bemühen sollten, dem verlorenen Schaf das Gefühl zu geben, es sei willkommen. Sie hat immer noch eine Schwäche für John. Als Kinder sprachen sie recht freimütig davon, dass sie einander heiraten wollten, wenn sie groß waren. Sie dachten, das wäre erlaubt – warum auch nicht? Sie verstanden nicht, warum die Erwachsenen lächelten, lächelten und den Grund dafür nicht sagen wollten.

Habe ich Ihnen das wirklich erzählt?

Allerdings. Soll ich es streichen? Mir gefällt es. Es ist süß.

Gut, lassen Sie es stehen. [Lacht.] *Fahren Sie fort.*

Ihre Schwester Carol ist ganz anderer Meinung. Carol ist mit einem Deutschen, einem Ingenieur, verheiratet, der schon seit Jahren versucht, sich und seine Frau aus Südafrika heraus und in die Vereinigten Staaten zu bringen. Carol hat klar zu verstehen gegeben, dass sie nicht möchte, dass ihre verwandtschaftliche Beziehung zu einem Mann, der, ob er nun im eigentlichen Sinn ein Verbrecher ist oder nicht, doch irgendwie mit dem Gesetz, dem amerikanischen Gesetz, in Konflikt geraten ist, in ihrem amerikanischen Dossier erscheint. Aber Carols feindselige Haltung John gegenüber geht noch tiefer. Sie findet ihn affektiert und hochnäsig. Von den Höhen seiner *engelse* [englischen] Bildung, sagt Carol, schaue John auf die Coetzees herab, auf alle ohne Ausnahme. Warum er sich entschlossen hat, sie zur Weihnachtszeit mit seiner Anwesenheit zu beglücken, könne sie sich nicht vorstellen.

Sie, Margot, ist erschüttert von der Haltung ihrer Schwester. Ihre Schwester, glaubt sie, ist allmählich immer hartherziger geworden, seit sie geheiratet hat und im Freundeskreis ihres Mannes verkehrt, einem Kreis von Exil-Deutschen und -Schweizern, die in den 1960ern nach Südafrika gekommen waren, um das schnelle Geld zu machen, und die nun Vorbereitungen treffen, das Schiff zu verlassen, jetzt, da das Land stürmische Zeiten erlebt.

Ich weiß nicht. Ich weiß nicht, ob ich Sie das sagen lassen kann.

Gut, was Sie auch entscheiden, ich werde mich danach richten. Aber das haben Sie mir erzählt, Wort für Wort. Und vergessen Sie bitte nicht, es ist doch nicht wahrscheinlich, dass Ihre Schwester ein unbedeutendes Buch aufgabelt, das von einem Universitätsverlag in England veröffentlicht wurde. Wo lebt Ihre Schwester jetzt?

Sie lebt mit Klaus in Florida in einem Ort, der St. Petersburg heißt. Ich bin nie dort gewesen. Was das Buch angeht, so könnte einer ihrer Freunde darauf stoßen und es ihr schicken – man kann nie wissen. Aber das ist nicht der eigentliche Punkt. Als ich Ihnen das letztes Jahr erzählt habe, bin ich davon ausgegangen, dass Sie unser Interview einfach abschreiben. Ich hatte keine Ahnung, dass Sie es völlig umschreiben wollen.

Das ist nicht ganz fair. Ich habe es eigentlich nicht umgeschrieben, ich habe es bloß als Erzählung gestaltet und ihm eine neue Form gegeben. Wenn ich die Form ändere, hat das keine Auswirkung auf den Inhalt. Wenn Sie das Gefühl haben, dass ich zu frei mit dem eigentlichen Inhalt umgehe, ist das eine andere Sache. Haben Sie das Gefühl, dass ich zu frei damit umgehe?

Ich weiß nicht. Irgendetwas klingt falsch in meinen Ohren, doch ich kann noch nicht den Finger darauf legen. Ich kann nur sagen, Ihre Version klingt nicht wie das, was ich Ihnen erzählt habe. Aber ich werde jetzt den Mund halten. Ich will bis zum Schluss warten, um mich zu entscheiden. Also fahren Sie fort.

Gut.

Wenn Carol zu hart ist, ist sie zu weich, das gibt sie zu. Sie ist diejenige, die weint, wenn die neugeborenen Kätzchen ersäuft werden müssen, die sich die Ohren zuhält, wenn das Schlacht-Lamm angstvoll blökt und blökt. Als sie jünger war, hat es ihr etwas ausgemacht, wenn man sie deswegen verspottete; aber nun mit Mitte dreißig weiß sie nicht so genau, ob sie sich dafür schämen muss, dass sie ein weiches Herz hat.

Carol behauptet, sie verstehe nicht, warum John zum Familientreffen gekommen ist, aber für sie liegt die Erklärung auf der Hand. Zu den Stätten seiner Jugend hat er seinen Vater zurückgebracht, der, obwohl er kaum über sechzig ist, wie ein alter Mann aussieht, der wirkt, als würde er es nicht mehr lange machen – hat ihn zurückgebracht, damit er wiederhergestellt werden kann oder, wenn er nicht wiederhergestellt werden kann, sich wenigstens verabschieden kann. Sie findet, das ist ein Akt, der einem Sohn ansteht und ihre ausdrückliche Billigung findet.

Sie spürt John hinter dem Packschuppen auf, wo er an seinem Auto bastelt oder so tut, als ob.

»Ist was kaputt?«, fragt sie.

»Der Motor läuft heiß«, sagt er. »Wir mussten bei der Du-Toits-Schlucht zweimal anhalten, damit er sich abkühlt.«

»Bitte doch Michiel, sich das einmal anzugucken. Er kennt sich mit Autos bestens aus.«

»Michiel muss sich um seine Gäste kümmern. Ich repariere das selbst.«

Sie schätzt, dass Michiel ein Vorwand recht wäre, um seinen

Gästen zu entfliehen, doch sie dringt nicht weiter in ihn. Sie kennt die männliche Sturheit nur zu gut und weiß, dass ein Mann sich lieber endlos mit einem Problem herumschlägt, als die Demütigung zu ertragen,einen anderen Mann um Hilfe zu bitten.

»Fährst du damit in Kapstadt?«, fragt sie. Mit *damit* meint sie den Eintonner-Pick-up der Marke Datsun, die Art von Kleinlaster, die sie mit Farmern und Bauunternehmern in Verbindung bringt. »Wozu brauchst du einen Laster?«

»Er ist praktisch«, antwortet er kurz angebunden und erklärt nicht, welchen praktischen Nutzen er haben könnte.

Sie musste lachen, als er hinter dem Lenkrad ebendieses Lasters auf der Farm ankam, er mit seinem Bart und den wilden Haaren und der Eulenbrille, sein Vater wie eine Mumie neben sich, steif und verlegen. Hätte sie doch nur ein Foto machen können. Sie würde auch gern mit John dezent über seine Frisur reden. Aber das Eis ist noch nicht gebrochen, ein Gespräch über persönliche Dinge muss noch warten.

»Ich habe jedenfalls den Auftrag, dich zum Tee zu rufen«, sagt sie, »Tee und *melktert*, die Tante Joy gebacken hat.«

»Ich komme in einer Minute«, sagt er.

Sie sprechen miteinander Afrikaans. Sein Afrikaans ist stockend; sie vermutet, dass ihr Englisch besser ist als sein Afrikaans, obwohl sie selten Anlass hat, Englisch zu sprechen, da sie im Hinterland, dem *platteland*, lebt. Aber sie haben miteinander Afrikaans gesprochen, seit sie Kinder waren; sie wird ihn nicht verlegen machen, indem sie ihm anbietet, die Sprache zu wechseln.

Für die Verschlechterung seines Afrikaans macht sie seinen Umzug vor Jahren nach Kapstadt verantwortlich, die ›englischen‹ Schulen und eine ›englische‹ Universität, und dann die Welt im Ausland, wo kein Wort Afrikaans zu hören ist. *In 'n minuut*, sagt er: in einer Minute. Es ist die Art Fehler, auf die sich Carol sofort stürzen und ihn verspotten wird. ›*In 'n minuut sal meneer sy tee kom geniet*‹, wird Carol sagen: In einer Minute wird seine Exzellenz kommen und am Tee teilzunehmen geruhen. Sie muss ihn vor Carol beschützen oder wenigstens Carol bitten, während dieser wenigen Tage gnädig mit ihm umzugehen.

Sie sorgt dafür, dass sie an diesem Abend am Tisch neben ihm sitzt. Zum Abendbrot kommt einfach alles auf den Tisch, was vom Mittagessen, der Hauptmahlzeit des Tages, übriggeblieben ist: kaltes Lammfleisch, aufgewärmter Reis, grüne Bohnen mit Essig.

Sie bekommt mit, dass er die Platte mit dem Fleisch weiterreicht, ohne sich zu bedienen.

»Nimmst du kein Fleisch, John?«, ruft Carol vom anderen Tischende in liebevoll besorgtem Ton.

»Heute Abend nicht, danke«, antwortet John. »*Ek het my vanmiddag dik gevreet*«: Ich habe mir heute Nachmittag den Bauch vollgeschlagen.

»Du bist also kein Vegetarier. Du bist im Ausland nicht zum Vegetarier geworden.«

»Kein strenger Vegetarier. *Dis nie 'n woord waarvan ek hou nie. Ass 'n mens verkies om nie so veel vleis te eet nie …*« Das ist kein Wort, das er mag. Wenn einer sich entscheidet, nicht so viel Fleisch zu essen …

»Ja?«, sagt Carol. »*Ass 'n mens so verkies, dan …?*« Wenn man sich so entscheidet, dann – was?

Inzwischen starren ihn alle an. Er wird allmählich rot. Ihm fällt offenbar nichts ein, um die wohlwollende Neugier der Versammelten abzulenken. Und wenn er blasser und magerer ist, als ein guter Südafrikaner sein sollte, könnte die Erklärung dafür nicht nur sein, dass er zu lange in den Schneegebieten Nordamerikas geblieben ist, sondern dass er in der Tat zu lange das gute Lammfleisch der Karoo vermissen musste? *As 'n mens verkies …* – was wird er als Nächstes sagen?

Er ist inzwischen so rot, dass es peinlich ist. Ein erwachsener Mann, doch er errötet wie ein Mädchen! Es ist an der Zeit, sich einzumischen. Sie legt ihm beruhigend die Hand auf den Arm. »*Jy will seker sê, John, ons het almal ons voorkeure*«, wir haben alle unsere Vorlieben.

»*Ons voorkeure*«, sagt er; »*ons fiemies.*« Unsere Vorlieben; unsere kleinen Marotten. Er spießt eine grüne Bohne auf und steckt sie sich in den Mund.

Es ist Dezember, und im Dezember wird es erst weit nach neun dunkel. Und sogar dann – so makellos klar ist die Luft auf der Hochebene – sind Mond und Sterne hell genug, um den Weg zu beleuchten. Daher machen sie und er nach dem Abendbrot einen Spaziergang, schlagen einen weiten Bogen, um die zusammengedrängten Hütten zu umgehen, in denen die Farmarbeiter hausen.

»Danke, dass du mich am Abendbrottisch gerettet hast«, sagt er.

»Du kennst doch Carol«, sagt sie. »Sie hatte schon immer ein scharfes Auge. Ein scharfes Auge und eine scharfe Zunge. Wie geht es deinem Vater?«

»Er ist deprimiert. Wie du sicher weißt, führten er und meine Mutter nicht die glücklichste Ehe. Und dennoch, nach dem Tod meiner Mutter ging es mit ihm bergab – er blies Trübsal und wusste nichts mit sich anzufangen. Männer seiner Generation wurden mehr oder weniger zur Hilflosigkeit erzogen. Wenn keine Frau da ist, um zu kochen und für sie zu sorgen, verkümmern sie einfach. Wenn ich meinem Vater kein Zuhause geboten hätte, wäre er verhungert.«

»Arbeitet er denn noch?«

»Ja, er hat noch seine Stelle bei dem Autoersatzteil-Händler, obwohl man ihm, glaube ich, angedeutet hat, dass es vielleicht Zeit für den Ruhestand wäre. Und seine Sportbegeisterung ist ungebrochen.«

»Ist er nicht Cricket-Schiedsrichter?«

»Das war er einmal, aber jetzt nicht mehr. Sein Sehvermögen hat zu sehr nachgelassen.«

»Und du? Hast du nicht auch Cricket gespielt?«

»Ja. Ich spiele tatsächlich noch in der Sonntagsliga. Das Niveau ist ziemlich amateurhaft, was mir recht ist. Seltsam: er und ich, zwei Afrikaaner, die Anhänger einer englischen Sportart sind, in der wir nicht besonders gut sind. Ich frage mich, was das über uns aussagt.«

Zwei Afrikaaner. Hält er sich wirklich für einen Afrikaaner? Sie kennt nicht viele echte *[egte]* Afrikaaner, die ihn als einen der ihren akzeptieren würden. Nicht einmal sein Vater würde vielleicht die Prüfung überstehen. Um heute als Afrikaaner durchzugehen, muss man mindestens die Nationalpartei wählen und sonntags in die Kirche gehen. Sie kann sich ihren Cousin nicht vorstellen, wie er sich in Anzug und Schlips kleidet und zur Kirche geht. Und eigentlich auch seinen Vater nicht.

Sie sind beim Wasserreservoir angekommen. Das wurde früher einmal von einer Windkraftpumpe gefüllt, aber in den Boom-Jahren hat Michiel eine Pumpe mit Dieselantrieb installiert und die alte Windpumpe vor sich hin rosten lassen, weil das alle so machten. Wo nun der Ölpreis drastisch gestiegen ist, muss es sich Michiel vielleicht neu überlegen. Vielleicht muss er ja zu Gottes Wind zurückkehren.

»Weißt du noch«, sagt sie, »als wir als Kinder immer hierhergekommen sind …«

»Und Kaulquappen in einem Sieb gefangen haben«, nimmt er den Faden der Geschichte auf, »und sie dann in einem Wassereimer mit zum Haus genommen haben, und am nächsten Morgen waren dann alle tot, und wir haben nie herausbekommen, warum.«

»Und Heuschrecken. Wir haben auch Heuschrecken gefangen.«

Als sie die Heuschrecken erwähnt hat, wünscht sie sich, sie hätte es nicht getan. Denn sie erinnert sich an das Schicksal der Heuschrecken oder an das von einer. Aus der Flasche, in der sie das Insekt gesperrt hatten, holte es John hervor, und während sie zusah,

zog er stetig an einem langen Hinterbein, bis es vom Körper ab-
riss, trocken, ohne Blut oder was als Blut bei den Heuschrecken
gilt. Dann ließ er die Heuschrecke los, und sie beobachteten das
Insekt. Jedes Mal wenn es zum Flug ansetzen wollte, kippte es auf
die Seite, seine Flügel wühlten im Staub, das verbliebene Hinterbein zuckte wirkungslos. *Mach es tot!*, schrie sie ihn an. Aber er tö-
tete das Insekt nicht, ging einfach fort, mit angewidertem Gesicht.

»Erinnerst du dich noch daran«, sagt sie, »wie du einmal einer
Heuschrecke ein Bein ausgerissen hast und es mir überlassen
hast, sie zu töten? Ich war so wütend auf dich.«

»Ich erinnere mich jeden Tag meines Lebens daran«, sagt er.

»Jeden Tag bitte ich das arme Wesen um Vergebung. Ich war
bloß ein Kind, sage ich zu ihm, bloß ein törichtes Kind, das es
nicht besser wusste. *Kaggen*, sage ich, verzeih mir.«

»*Kaggen?*«

»*Kaggen.* Der Name der Mantis, des Mantis-Gottes. Vielleicht
keine Heuschrecke, aber die Heuschrecke wird es verstehen. Im
Jenseits gibt es keine Sprachprobleme. Es ist wie ein neues Eden.«
Der Mantis-Gott. Sie kann ihm nicht folgen.

Ein nächtlicher Wind streicht stöhnend durch die Flügel der
stillgelegten Windpumpe. Sie fröstelt. »Wir müssen umkehren«,
sagt sie.

»Gleich. Hast du das Buch von Eugène Marais gelesen über
das Jahr, das er in der Waterberg-Region damit zubrachte, eine
Pavianhorde zu beobachten? Er behauptet, dass er bei Einbruch
der Nacht, wenn die Horde die Futtersuche einstellte und sich
niederließ, um den Sonnenuntergang zu beobachten, in den Augen der Paviane, oder zumindest in denen der älteren Tiere, Regungen von Melancholie entdecken konnte, die Geburt einer Ahnung von der eigenen Sterblichkeit.«

»Lässt der Sonnenuntergang dich daran denken – an die Sterblichkeit?«

»Nein. Doch ich muss immer an das erste Gespräch denken,

das wir beide hatten, das erste bedeutsame Gespräch. Wir müssen damals sechs Jahre alt gewesen sein. An die wirklichen Worte kann ich mich nicht erinnern, aber ich weiß, dass ich dir mein Herz ausgeschüttet habe, dir alles von mir erzählt habe, meine ganzen Hoffnungen und Sehnsüchte. Und dass ich gleichzeitig gedacht habe: *Das bedeutet es also, zu lieben!* Weil – lass es mich gestehen – ich dich damals geliebt habe. Und seitdem hat für mich eine Frau zu lieben bedeutet, frei zu sein, alles zu sagen, was mir auf dem Herzen liegt.«

»Alles, was dir auf dem Herzen liegt … Was hat das mit Eugène Marais zu tun?«

»Einfach, dass ich verstehe, was der alte Pavianmann dachte, als er die Sonne untergehen sah, der Hordenführer, dem Marais am nächsten war. *Nie wieder*, dachte er: *Nur ein Leben und dann nie wieder.* Das macht die Karoo auch mit mir. Sie macht mich melancholisch. Sie verdirbt mich für das Leben.«

Sie versteht noch immer nicht, was Paviane mit der Karoo oder ihren Kindheitsjahren zu tun haben, aber sie wird sich das nicht anmerken lassen.

»Dieser Ort zerreißt mir das Herz«, sagt er. »Er hat mir das Herz zerrissen, als ich ein Kind war, und ich bin seitdem nie wieder heil geworden.«

Er hat ein zerrissenes Herz. Sie hatte keine blasse Ahnung davon. Es war einmal, denkt sie bei sich, dass sie, ohne dass man es ihr sagte, wusste, was im Herzen anderer Menschen vor sich ging. Ihr eignes spezielles Talent: *meegevoel*, Mitgefühl. Aber nun nicht mehr, ach, nun nicht mehr! Sie wurde erwachsen; und als sie erwachsen wurde, wurde sie steif, wie eine Frau, die nie zum Tanzen aufgefordert wird, die ihre Sonntagabende damit zubringt, vergeblich auf einer Bank im Kirchensaal zu warten, die dann, wenn irgendein Mann sich darauf besinnt, was sich gehört, und ihr seine Hand bietet, keinerlei Freude mehr empfindet, sondern nur nach Hause gehen will. Was für ein Schock! Was für eine Offenbarung! Dieser Cousin von ihr bewahrt bei sich Erinnerungen daran, wie er als Kind sie geliebt hat! Hat diese Erinnerungen all die Jahre bewahrt!

[Stöhnt.] Habe ich das alles wirklich gesagt?

[Lacht.] Allerdings.

Wie indiskret von mir! [Lacht.] Egal, machen Sie weiter.

»Verrate nichts davon Carol«, sagt er – John, ihr Cousin. »Erzähl ihr, mit ihrer satirischen Zunge, nicht, was ich gegenüber der Karoo empfinde. Wenn du's tust, werde ich es noch lange zu hören bekommen.«

»Du und die Paviane«, sagt sie. »Auch Carol hat ein Herz, du magst es glauben oder nicht. Doch nein, ich werde ihr dein Geheimnis nicht verraten. Es wird kühl. Wollen wir zurückgehen?«

Sie umrunden die Unterkünfte der Farmarbeiter und halten einen ordentlichen Abstand. Durch die Dunkelheit glühen die Kohlen eines Kochfeuers als grellrote Punkte.

»Wie lange bleibst du?«, fragt sie. »Bleibst du bis zum Neujahrstag?« *Nuwejaar* ist für das *volk*, die Leute, ein Feiertag, der Weihnachten so ziemlich in den Schatten stellt.

»Nein. So lange kann ich nicht bleiben. Ich habe noch einiges in Kapstadt zu erledigen.«

»Warum lässt du dann deinen Vater nicht hier und holst ihn später wieder ab? Gib ihm Zeit, sich zu erholen und zu Kräften zu kommen. Er sieht nicht gut aus.«

»Er wird nicht hierbleiben wollen. Mein Vater hat ein ruheloses Wesen. Wohin es ihn auch verschlägt, er möchte immer woanders sein. Je älter er wird, desto schlimmer wird das. Es ist wie ein Juckreiz. Er kann nicht stillhalten. Außerdem muss er ja zu seiner Arbeit zurück. Er nimmt seine Arbeit sehr ernst.«

Das Farmhaus ist still. Sie schleichen durch die Hintertür hinein. »Gute Nacht«, sagt sie, »schlaf gut.«

In ihrem Zimmer beeilt sie sich mit dem Zubettgehen. Sie würde gern schlafen, wenn ihre Schwester und ihr Schwager hereinkommen, oder wenigstens vorgeben können, dass sie schläft. Sie möchte nicht ausgefragt werden, was während ihres Spaziergangs mit John vorgefallen ist. Wenn sie nicht aufpasst, entlockt ihr Carol die Geschichte. *Ich habe dich geliebt, als ich sechs war; du hast meine Liebe für andere Frauen geprägt.* Was für ein Ausspruch! Ja, was für ein Kompliment! Und sie selbst? Was fand in ihrem sechsjährigen Herzen statt, als diese ganze vorzeitige Leidenschaft in seinem stattfand? Sie willigte ein, ihn zu heiraten, gewiss, aber war sie auch der Meinung, dass sie sich liebten? Wenn ja, kann sie sich nicht daran erinnern. Und wie steht es heute – was empfindet sie heute für ihn? Seine Erklärung hat ihr auf alle Fälle das Herz erwärmt. Was für ein seltsamer Mensch, dieser Cousin! Seine Seltsamkeit stammt nicht von der Coetzee-Seite, da ist sie sich sicher, sie ist schließlich selbst eine halbe Coetzee, sie muss also von der Seite seiner Mutter kommen, von den Meyers oder wie sie hießen, den Meyers vom Ostkap. Meyer oder Meier oder Meiring.

Dann ist sie eingeschlafen.

»Er ist hochnäsig«, sagt Carol. »Er bildet sich zu viel ein. Er bringt es nicht über sich, sich zu einem Gespräch mit einfachen Leuten herabzulassen. Wenn er nicht an seinem Auto herumbastelt, sitzt er mit einem Buch in der Ecke. Und warum lässt er sich nicht mal die Haare schneiden? Jedes Mal wenn ich ihn anschaue, bekomme ich Lust, ihm einen Topf über den Kopf zu stülpen und diese grässlichen fettigen Locken abzuschneiden.«

»Seine Haare sind nicht fettig«, protestiert sie, »sie sind nur zu lang. Ich glaube, er wäscht sie sich mit Seife. Deshalb stehen sie nach allen Seiten. Und er ist schüchtern, nicht hochnäsig. Deshalb hält er sich abseits. Gib ihm eine Chance, er ist eine interessante Persönlichkeit.«

»Er flirtet mit dir. Jeder kann das sehen. Und du flirtest zurück. Du, seine Cousine! Du solltest dich schämen. Warum ist er nicht verheiratet? Ist er schwul, was glaubst du? Ist er ein *moffie*?«

Sie weiß nie, ob Carol wirklich meint, was sie sagt, oder ob sie nur darauf aus ist, sie zu provozieren. Selbst hier auf der Farm läuft Carol in modischen langen weißen Hosen und tief ausgeschnittenen Blusen, mit hochhackigen Sandaletten und schweren Armbändern herum. Sie kauft ihre Garderobe in Frankfurt, sagt sie, auf Geschäftsreisen mit ihrem Mann. Sie schafft es auf jeden Fall, dass alle Übrigen sehr unelegant wirken, sehr spießig, wie die Vettern vom Lande. Sie und Klaus wohnen in Sandton in einer Zwölf-Zimmer-Villa, die der Angloamerikanischen Gesellschaft gehört und für die sie keine Miete zahlen, mit Ställen und Polopferden und einem Reitknecht, obwohl keiner von den beiden reiten kann. Sie haben noch keine Kinder; sie werden Kinder haben, teilt ihr Carol mit, wenn sie sich richtig niedergelassen haben. Richtig niedergelassen heißt, in Amerika niedergelassen.

In der Sandton-Clique, in der sie und Klaus verkehren, passieren ziemlich fortschrittliche Dinge, hat Carol ihr einmal anvertraut. Sie hat nicht näher erläutert, was das für Dinge sein könnten, und sie, Margot, will nicht danach fragen, sie schienen aber mit Sex zu tun zu haben.

Das kann ich Sie nicht schreiben lassen. Sie können das nicht über Carol schreiben.

Das haben Sie mir erzählt.

Ja, aber Sie können nicht jedes Wort aufschreiben, das ich sage, und es in die Welt hinausposaunen. Dazu habe ich nie meine Einwilligung gegeben. Carol wird nie wieder mit mir reden.

Gut, ich streiche es oder mildere es ab, das verspreche ich. Hören Sie mich nur bis zum Schluss an. Kann ich weitermachen?

Bitte.

Carol hat sich völlig von ihren Wurzeln gelöst. Sie hat keine Ähnlichkeit mehr mit der *plattelandse meisie*, dem Landmädchen, das sie einmal war. Sie sieht allenfalls deutsch aus, mit ihrem sonnengebräunten Teint und ihrem kunstvoll frisierten blonden Haar und dem auffälligen Lidstrich. Imposant, vollbusig und kaum dreißig. Frau Dr. Müller. Wenn Frau Dr. Müller sich entschlösse, in der Sandton-Manier mit Cousin John zu flirten, wie lang würde es dauern, bevor Cousin John dem erliegen würde? Liebe bedeutet, dass man dem geliebten Menschen das Herz öffnen kann, sagt John. Was würde Carol dazu sagen? Über die Liebe könnte Carol ihrem Cousin das eine oder andere beibringen, ist sie sicher – wenigstens über die Liebe in ihrer fortschrittlicheren Spielart.

John ist kein *moffie*: Sie kennt die Männer gut genug, um das zu wissen. Aber es ist etwas Kühles oder Kaltes an ihm, etwas, das, wenn nicht asexuell, so doch neutral ist, wie ein kleines Kind in sexueller Hinsicht neutral ist. Es muss Frauen in seinem Leben gegeben haben, wenn nicht in Südafrika, dann in Amerika, obwohl er kein Wort über sie hat fallenlassen. Haben seine amerikanischen Frauen sein Herz zu sehen bekommen? Wenn er es sich zur Gewohnheit gemacht hat, sein Herz zu öffnen, dann ist er außergewöhnlich – nach ihrer Erfahrung fällt Männern nichts schwerer.

Sie selbst ist seit zehn Jahren verheiratet. Vor zehn Jahren hat sie sich von Carnarvon, wo sie eine Stelle als Sekretärin in einem Rechtsanwaltsbüro hatte, verabschiedet und ist auf die Farm ihres Bräutigams östlich von Middelpos im Roggeveld gezogen, wo sie, wenn sie Glück hat, wenn Gott ihr freundlich gesinnt ist, den Rest ihrer Tage verbringen wird.

Die Farm ist für sie beide Zuhause, ihr Zuhause und *Heim*, doch sie kann nicht so oft zu Hause sein, wie sie möchte. Schafzucht bringt nicht mehr genügend Geld, nicht im kargen, von Dürreperioden heimgesuchten Roggeveld. Um zum Lebensunterhalt beizutragen, musste sie sich wieder eine Arbeit suchen, diesmal als Buchhalterin im einzigen Hotel von Calvinia. Vier Nächte der Woche, von Montag bis Donnerstag, verbringt sie im Hotel; freitags kommt ihr Mann mit dem Auto von der Farm und holt sie ab, um sie dann montags darauf bei Tagesanbruch nach Calvinia zurückzubringen.

Trotz dieser wöchentlichen Trennung – sie macht ihr das Herz schwer, sie verabscheut ihr tristes Hotelzimmer, manchmal kann sie die Tränen nicht zurückhalten, legt den Kopf auf die Arme und schluchzt – führen sie und Lukas, was sie eine gute Ehe nennen würde. Mehr als gut: glücklich, gesegnet. Ein guter Ehemann, eine glückliche Ehe, aber keine Kinder. Nicht gewollt, sondern vom Schicksal bestimmt: Es ist ihr Schicksal, es liegt an ihr. Von den beiden Schwestern ist eine unfruchtbar, die andere hat sich *noch nicht richtig niedergelassen*.

Ein guter Ehemann, doch er geizt mit seinen Gefühlen. Leiden Männer im Allgemeinen an verschlossenem Herzen oder nur südafrikanische Männer? Sind Deutsche – zum Beispiel Carols Mann – in dieser Hinsicht besser? Im Moment sitzt Klaus auf der Veranda mit der Schar Coetzee-Verwandter, die er durch seine Ehe erworben hat, raucht einen Stumpen (er bietet seine Stumpen freizügig an, aber sein *rookgoed* ist zu seltsam, zu fremd für die Coetzees) und erheitert sie in seinem lauten Baby-Afrikaans, das ihm nicht im mindesten peinlich ist, mit Geschichten von seinen Skiausflügen mit Carol in Zermatt. Ob Klaus wohl in der Privatsphäre ihres Hauses in Sandton Carol gegenüber hin und wieder sein Herz öffnet – in seiner glatten, ungezwungenen, selbstbewussten europäischen Art? Sie bezweifelt es. Sie bezweifelt, dass Klaus viel Herz aufzuweisen hat. Sie hat nicht viele Anzeichen dafür gesehen. Während man von den Coetzees wenigstens sagen kann, dass sie ein Herz haben, alle Männer und alle Frauen. In der Tat manchmal zu viel Herz, einige von ihnen.

»Nein, er ist kein *moffie*«, sagt sie. »Unterhalte dich mit ihm, und du wirst es selbst merken.«

»Möchtest du vielleicht heute Nachmittag eine Ausfahrt machen?«, bietet John an. »Wir könnten eine große Tour um die Farm machen, nur du und ich.«

»Womit?«, fragt sie. »Mit deinem Datsun?«

»Ja, in meinem Datsun. Er ist repariert.«

»Repariert, dass er nicht am Ende der Welt liegenbleibt?« Das ist natürlich ein Scherz. Voëlfontein ist schon das Ende der Welt. Aber es ist nicht nur ein Scherz. Sie hat keine Ahnung, wie groß die Farm gemessen in Quadratmeilen wirklich ist, aber sie weiß schon, dass man sie nicht an einem einzigen Tag durchqueren kann, wenn man nicht einen Gewaltmarsch unternimmt.

»Er bleibt nicht liegen«, sagt er. »Aber ich nehme zusätzlich Wasser mit, für alle Fälle.«

Voëlfontein liegt in der Koup-Region, und im Koup hat es in den vergangenen zwei Jahren keinen Tropfen geregnet. Was um alles in der Welt Großpapa Coetzee getrieben hat, hier Land zu kaufen, wo jeder Farmer ohne Ausnahme mühsam um das Überleben seines Viehs kämpft?

»Was ist *Koup* für ein Wort?«, fragt sie. »Ist es englisch? Der Ort, wo keiner zurechtkommt – *where no one can cope?*«

»Es ist Khoi«, sagt er. »Hottentottensprache. Koup: trockener Ort. Es ist ein Substantiv, kein Verb. Das erkennt man am End-p.«

»Wo hast du das gelernt?«

»Aus Büchern. Aus Grammatiken, die von Missionaren der alten Zeit zusammengestellt wurden. Es gibt keine Khoi-Sprecher mehr, nicht in Südafrika. Die Khoi-Sprachen sind praktisch ausgestorben. In Südwestafrika gibt es noch einige wenige alte Leute, die Nama sprechen. Das ist alles. Alles, was noch übrig ist.«

»Und Xhosa? Sprichst du Xhosa?«

Er schüttelt den Kopf. »Ich interessiere mich für das, was wir verloren haben, nicht das, was noch vorhanden ist. Warum sollte ich Xhosa sprechen? Es gibt Millionen Menschen, die das schon können. Sie brauchen mich nicht.«

»Ich dachte, Sprachen sind dazu da, damit wir miteinander kommunizieren können«, sagt sie. »Was hat es für einen Sinn, Hottentottisch zu sprechen, wenn es sonst keiner tut?«

Er zeigt ihr, was sie inzwischen bei sich sein verstohlenes kleines Lächeln nennt, womit er andeutet, dass er eine Antwort auf ihre Frage hat, aber weil sie zu dumm ist, sie zu verstehen, wird er nicht seinen Atem verschwenden und sie mitteilen. Vor allem dieses besserwisserische Lächeln ist es, was Carol so wütend macht.

»Wenn du Hottentottisch aus deinen alten Sprachlehrbüchern gelernt hast, mit wem kannst du dann sprechen?«, wiederholt sie.

»Soll ich es dir sagen?«, fragt er. Das kleine Lächeln ist zu etwas anderem geworden, etwas Schmallippigem und nicht sehr Angenehmem.

»Ja, sag es mir. Antworte mir.«

»Mit den Toten. Man kann mit den Toten sprechen. Die sonst« – er zögert, als könnten die Worte zu viel für sie und sogar für ihn sein –, »die sonst ins ewige Schweigen gestoßen werden.«

Sie hat eine Antwort gewollt, und nun hat sie eine. Sie ist mehr als ausreichend, um sie zum Schweigen zu bringen.

Sie fahren eine halbe Stunde, bis zur westlichsten Grenze der Farm. Dort öffnet er zu ihrer Überraschung das Tor, fährt durch, schließt das Tor wieder hinter ihnen und fährt ohne ein Wort auf der holprigen, unbefestigten Straße weiter. Um halb fünf sind sie im Städtchen Merweville angekommen, in das sie seit Jahren keinen Fuß gesetzt hat.

Vor dem Apollo Café hält er an. »Möchtest du eine Tasse Kaffee?«, fragt er.

Sie gehen mit einer Schar barfüßiger Kinder im Schlepptau in das Café, das jüngste ist noch ganz klein. Mevrou, die Eigentümerin, hat das Radio an, das Afrikaans-Popmusik spielt. Sie setzen sich und wedeln die Fliegen fort. Die Kinder drängen sich um ihren Tisch und starren sie mit unverfrorener Neugier an. »*Middag, jongens*«, sagt John. »*Middag, meneer*«, sagt der Älteste.

Sie bestellen Kaffee und bekommen so etwas wie Kaffee: blasser Nescafé mit H-Milch. Sie nimmt einen kleinen Schluck und schiebt ihn beiseite. Er trinkt seinen gedankenverloren.

Eine winzige Hand langt hoch und mopst den Würfelzucker von ihrer Untertasse. »*Toe, loop!*«, sagt sie: Mach dich weg! Das Kind lächelt sie fröhlich an, wickelt den Zucker aus und leckt daran.

Das ist keineswegs der erste Hinweis darauf, den sie bekommen hat, wie weit die alten Barrieren zwischen Weißen und Farbigen schon gefallen sind. Die Anzeichen dafür sind hier deutlicher als in Calvinia. Merweville ist ein kleineres Städtchen, mit dem es bergab geht, so steil bergab, dass die Gefahr bestehen muss, dass es ganz von der Landkarte verschwindet. Es können nicht mehr als ein paar hundert Leute übrig sein. Die Hälfte der Häuser, an denen sie vorbeigefahren sind, wirkte unbewohnt. Das Gebäude mit der Schrift *Volkskas* [Volksbank], die mit weißen Kieseln in den Putz über der Tür gedrückt wurde, beherbergt keine Bank, sondern eine Schweißerei. Obwohl die schlimmste Nachmittagshitze vorbei ist, besteht das einzige Leben, das auf der Hauptstraße zu entdecken ist, aus zwei Männern und einer Frau, die, zusammen mit einem räudigen Hund, im Schatten eines blühenden Jakarandabaums ausgestreckt daliegen.

Habe ich das alles gesagt? Ich kann mich nicht erinnern.

Ich habe vielleicht das eine oder andere Detail hinzugefügt, um die Szene plastischer zu machen. Ich habe Ihnen das nicht erzählt, aber da Merweville eine so große Rolle in Ihrer Geschichte spielt, habe ich das Städtchen tatsächlich besucht, um es mir anzusehen.

Sie sind in Merweville gewesen? Wie fanden Sie es?

Im Wesentlichen so, wie Sie es beschrieben haben. Aber es gibt kein Apollo Café mehr. Überhaupt kein Café. Soll ich fortfahren?

John spricht. »Ist dir bekannt, dass unser Großvater, neben seinen anderen Verdiensten, auch Bürgermeister von Merweville gewesen ist?«

»Ja, das ist mir bekannt.« Ihr gemeinsamer Großvater hatte überall die Finger drin. Er war – ihr fällt das englische Wort ein – ein *go-getter*, ein Tatmensch, in einem Land, wo es wenige davon gab, ein Mann mit viel – wieder ein englisches Wort – *spunk*, Mumm, vielleicht mit mehr davon, als alle seine Kinder zusammen hatten. Aber vielleicht ist dies das Schicksal von Kindern starker Väter: dass sie nicht ihren vollen Anteil an Mumm abbekommen. Wie die Söhne, so auch die Töchter: ein bisschen zu zurückhaltend, die Coetzee-Frauen, mit zu wenig von dem ausgestattet, was das weibliche Äquivalent von Mumm sein könnte.

Sie erinnert sich nur schwach an ihren Großvater, der starb, als sie noch ein Kind war: sie erinnert sich an einen gebeugten, brummigen Alten mit stoppeligem Kinn. Nach dem Mittagessen erstarrte das ganze Haus in Schweigen, erinnert sie sich: Großpapa hielt sein Schläfchen. Sogar in ihrem damaligen Alter überraschte es sie, zu erleben, wie die Furcht vor dem alten Mann erwachsene Leute dazu brachte, wie die Mäuschen herumzuhuschen. Doch ohne den Alten würde sie nicht hier sein, auch John nicht; nicht nur hier auf der Welt, sondern hier in der Karoo, in Voëlfontein oder in Merweville. Wenn ihr eigenes Leben, von der Wiege bis zur Bahre, vom Auf und Ab des Markts für Wolle und Lammfleisch bestimmt wurde und noch wird, dann ist das dem Großvater zuzuschreiben – einem Mann, der als *smous* angefangen hatte, als Hausierer, der bedruckte Baumwollstoffe und Töpfe und Pfannen und Arzneimittel an die Landbevölkerung verkaufte und, als er dann genug Geld gespart hatte, einen Anteil an einem Hotel kaufte, dann das Hotel verkaufte und Land kaufte und sich ausgerechnet als Pferdezüchter und Schaffarmer niederließ.

»Du hast gar nicht gefragt, was wir hier in Merweville machen?«

»Nun gut: Was machen wir hier in Merweville?«

»Ich möchte dir etwas zeigen. Ich trage mich mit dem Gedanken, hier ein Haus zu kaufen.«

Sie traut ihren Ohren nicht. »Du möchtest ein Haus kaufen? Du willst in Merweville wohnen? In *Merweville*? Möchtest du auch Bürgermeister sein?«

»Nein, nicht hier wohnen, nur manchmal hier sein. In Kapstadt wohnen, an den Wochenenden und in den Ferien hierherkommen. Es ist nicht unmöglich. Nach Merweville sind es sieben Stunden von Kapstadt, wenn man ohne Zwischenstopp fährt. Man kann ein Haus für tausend Rand kaufen – ein Haus mit vier Zimmern und einem halben Morgen Land mit Pfirsich- und Aprikosen- und Apfelsinenbäumen. Wo sonst auf der Welt bekommt man ein solches Schnäppchen?«

»Und dein Vater? Was hält dein Vater von deinem Plan?«

»Es ist besser als ein Altenheim.«

»Ich verstehe nicht. Was ist besser als ein Altenheim?«

»In Merweville zu wohnen. Mein Vater kann hierbleiben, hier seinen Wohnsitz nehmen; ich habe meinen Hauptwohnsitz in Kapstadt, doch ich werde regelmäßig herkommen, um zu sehen, ob es ihm gutgeht.«

»Und was wird dein Vater in der Zeit machen, wo er hier ganz allein ist? Auf der Veranda sitzen und auf das eine Auto warten, das pro Tag vorbeifährt? Es gibt einen einfachen Grund, warum du ein Haus in Merweville fast geschenkt bekommst, John: weil hier niemand leben will. Ich verstehe dich nicht. Woher kommt diese plötzliche Begeisterung für Merweville?«

»Es ist in der Karoo.«

Die Karoo is vir skape geskape! Die Karoo ist für Schafe gemacht! Sie muss sich auf die Zunge beißen, um die Worte nicht zu sagen. *Er meint es ernst! Er spricht von der Karoo, als sei sie das Paradies!* Und plötzlich strömen die Erinnerungen an jene längst vergangenen Weihnachtstage auf sie ein, als sie Kinder waren, die so frei wie die wildlebenden Tiere über das Veld streiften. »Wo möchtest du begraben werden?«, hatte er sie eines Tages gefragt und dann, ohne ihre Antwort abzuwarten, geflüstert: »Ich möchte hier begraben werden.« »Für immer?«, hatte sie gefragt, sie, ihr kindliches Ich – »Möchtest du für immer begraben sein?« »Nur, bis ich wieder herauskomme«, hatte er geantwortet.

Bis ich wieder herauskomme. Sie erinnert sich noch an alles, erinnert sich noch an die genauen Worte.

Als Kind kommt man ohne Erklärungen aus. Man verlangt nicht, dass alles einen Sinn ergibt. Doch würde sie sich noch an seine Worte erinnern, wenn diese ihr nicht damals rätselhaft erschienen wären und ihr, tief im Inneren, all die Jahre über weiter ein Rätsel gewesen wären? *Bis ich wieder herauskomme*: Hat ihr Cousin wirklich geglaubt, glaubt er wirklich, dass man aus dem Grab zurückkommt? Für wen hält er sich denn: für Jesus? Und wofür hält er diesen Ort, diese Karoo: für das Heilige Land?

»Wenn du vorhast, deinen Wohnsitz in Merweville zu nehmen, dann musst du dir zuerst die Haare schneiden lassen«, sagt sie. »Die guten Leute dieser Stadt werden nicht zulassen, dass ein wilder Mann sich in ihrer Mitte niederlässt und ihre Söhne und Töchter verdirbt.«

Von der Mevrou hinter der Theke kommen unmissverständliche Zeichen, dass sie schließen möchte. Er bezahlt, und sie fahren los. Auf dem Weg aus der Stadt drosselt er das Tempo vor einem Haus mit dem TE-KOOP-Schild am Tor: Zu verkaufen. »Das ist das Haus, an das ich gedacht habe«, sagt er. »Tausend Rand plus die juristischen Dokumente. Ist das zu glauben?«

Das Haus ist ein unscheinbarer Würfel mit einem Wellblechdach, einer überdachten Veranda über die ganze Breite der Hausfront und einer steilen Holztreppe an der Seite, die auf einen Dachboden führt. Der Anstrich blättert ab. Vor dem Haus kämpfen in einem ungepflegten Steingarten ein paar Aloen ums Überleben. Hat er wirklich vor, seinen Vater hier abzuladen, in diesem traurigen Haus in diesem heruntergewirtschafteten Flecken? Einen alten, zittrigen Mann, der sich aus Büchsen ernährt, in schmutziger Bettwäsche schläft?

»Möchtest du dir's mal anschauen?«, fragt er. »Das Haus ist abgeschlossen, aber wir können hintenherum gehen.«

Sie fröstelt. »Ein andermal«, sagt sie. »Ich bin heute nicht in der Stimmung dazu.«

Wozu sie heute in Stimmung ist, weiß sie nicht. Aber ihre Stimmung spielt zwanzig Kilometer hinter Merweville keine Rolle mehr, als der Motor zu stottern anfängt und John die Stirn runzelt, ihn ausschaltet und im Leerlauf zum Halten kommt. Ein Geruch nach verbranntem Gummi dringt in das Fahrerhaus. »Er läuft schon wieder heiß«, sagt er. »Das haben wir gleich.«

Von hinten holt er einen großen Blechkanister mit Wasser. Er schraubt den Kühlerverschlussdeckel auf, weicht einem Dampfschwall aus und füllt den Kühler. »Das sollte reichen, um uns nach Hause zu bringen«, sagt er. Er versucht, den Motor wieder anzulassen. Er dreht durch, ohne anzuspringen.

Sie kennt die Männer gut genug, um nie ihre Kompetenz im Umgang mit Maschinen in Frage zu stellen. Sie äußert keinen Rat, achtet darauf, nicht ungeduldig zu wirken, nicht einmal zu seufzen. Eine geschlagene Stunde, während er mit Schläuchen und Klemmen hantiert und seine Sachen schmutzig macht und immer wieder versucht, den Motor zum Laufen zu bringen, bewahrt sie ein striktes, gütiges Schweigen.

Die Sonne taucht allmählich hinter den Horizont; er schuftet weiter in beinah völliger Dunkelheit.

»Hast du eine Taschenlampe?«, fragt sie. »Vielleicht kann ich dir mit einer Taschenlampe leuchten.«

Aber nein, er hat keine Taschenlampe dabei. Außerdem hat er, da er nicht raucht, nicht einmal Streichhölzer. Kein Pfadfinder, nur ein Stadtjunge, ein unvorbereiteter Stadtjunge.

»Ich laufe nach Merweville zurück und hole Hilfe«, sagt er schließlich. »Oder wir können zusammen hinlaufen.«

Sie hat leichte Sandalen an. Sie wird nicht in Sandalen zwanzig Kilometer im Dunkeln über das Veld stolpern.

»Wenn du in Merweville ankommst, ist es Mitternacht«, sagt sie. »Du kennst dort niemanden. Es gibt dort nicht mal eine Werkstatt. Wen willst du denn überreden, mit hier rauszukommen und deinen Pick-up zu reparieren?«

»Was sollen wir dann machen, was schlägst du vor?«

»Wir warten hier. Wenn wir Glück haben, kommt jemand vorbei. Andernfalls wird Michiel morgen früh nach uns suchen.«

»Michiel weiß nicht, dass wir nach Merweville gefahren sind. Ich habe es ihm nicht gesagt.«

Er versucht ein letztes Mal, den Motor zu starten. Als er den Zündschlüssel dreht, gibt es ein dumpfes Klicken. Die Batterie ist tot.

Sie steigt aus und erleichtert in dezenter Entfernung ihre Blase. Ein schwacher Wind ist aufgekommen. Es ist kalt und wird noch kälter werden. Im Pick-up befindet sich nichts, womit sie sich zudecken könnten, nicht mal eine Plane. Wenn sie die ganze Nacht lang ausharren müssen, müssen sie das aneinandergeschmiegt im Fahrerhaus tun. Und dann, wenn sie zur Farm zurückkommen, werden sie Erklärungen abgeben müssen.

Noch fühlt sie sich nicht elend; sie hat noch genug Abstand zu ihrer Situation, um sie mit Galgenhumor zu nehmen. Aber das wird sich bald ändern. Sie haben nichts zu essen, nicht einmal etwas zu trinken, außer Wasser aus dem Kanister, das nach Benzin riecht. Kälte und Hunger werden an ihrer labilen guten Laune nagen. Ebenso Schlaflosigkeit, zu gegebener Zeit.

Sie kurbelt das Fenster hoch. »Wollen wir einfach vergessen, dass wir Mann und Frau sind«, sagt sie, »und uns nicht genieren, uns gegenseitig zu wärmen? Weil wir sonst erfrieren.«

In den über dreißig Jahren, die sie sich kennen, haben sie sich hin und wieder geküsst, wie sich Cousin und Cousine zu küssen pflegen, das heißt, auf die Wange. Sie haben sich auch umarmt. Aber heute Nacht ist ein intimes Zusammensein ganz anderer Art angesagt. Irgendwie müssen sie auf diesem harten Sitz, mit dem Schalthebel ungemütlich zwischen ihnen, zusammen liegen oder zusammengesunken hocken und sich gegenseitig wärmen. Wenn Gott ihnen freundlich gesinnt ist und sie es schaffen einzuschlafen, erleben sie möglicherweise obendrein noch die Demütigung, dass sie schnarchen oder angeschnarcht werden. Was für eine Prüfung! Wie unangenehm!

»Und morgen«, sagt sie und gestattet sich einen einzigen sarkastischen Moment, »wenn wir in die Zivilisation zurückkehren, kannst du es vielleicht regeln, dass dieser Pick-up fachmännisch repariert wird. Es gibt einen guten Kfz-Mechaniker in Leeuw Gamka. Michiel geht immer zu ihm. Nur ein gutgemeinter Vorschlag.«

»Es tut mir leid. Es ist meine Schuld. Ich versuche, alles selbst zu machen, wenn ich die Dinge eigentlich kompetenteren Leuten überlassen sollte. Es liegt an dem Land, in dem wir leben.«

»Dem Land, in dem wir leben? Warum ist das Land daran schuld, dass dein Pick-up ständig Pannen hat?«

»Wegen unserer langen Geschichte, andere Leute für uns arbeiten zu lassen, während wir im Schatten sitzen und zuschauen.«

Das ist also der Grund dafür, dass sie hier in der Kälte und Dunkelheit sitzen und auf einen Vorbeifahrenden warten, der ihnen zu Hilfe kommt. Um auf etwas hinzuweisen, nämlich dass die Weißen ihre Autos selbst reparieren sollten. Wie komisch.

»Der Mechaniker in Leeuw Gamka ist weiß«, sagt sie, »ich schlage nicht vor, dass du dein Auto zu einem Eingeborenen bringst.« Sie möchte eigentlich hinzufügen: *Wenn du dein Auto selbst reparieren willst, dann lass dich um Himmels willen zuerst in der Wartung von Autos schulen.* Doch sie hält den Mund.

»Was für Arbeit willst du sonst noch unbedingt selbst tun«, fragt sie stattdessen, »außer Autos zu reparieren?« *Außer Autos zu reparieren und Gedichte zu schreiben.*

»Ich mache Gartenarbeit. Ich mache Reparaturen im Haus. Ich bin gerade dabei, die Abwasserleitung neu zu verlegen. Vielleicht kommt dir das komisch vor, aber für mich ist das kein Scherz. Ich möchte damit ein Zeichen setzen. Ich versuche, körperliche Arbeit, die mit einem Tabu belegt ist, zu enttabuisieren.«

»Mit einem Tabu belegt?«

»Ja. Wie es in Indien für Menschen einer oberen Kaste tabu ist – wie soll ich es nennen? –, Fäkalien zu entsorgen, so wird in diesem Land ein Weißer, wenn er zu Hacke oder Schaufel greift, sofort unrein.«

»Was für Unsinn du redest! Das stimmt einfach nicht! Das ist nur ein Vorurteil gegen die Weißen!«

Sie bereut die Worte, sobald sie ausgesprochen sind. Sie ist zu weit gegangen, hat ihn in die Enge getrieben. Nun muss sie außer Langeweile und Kälte auch noch den Groll dieses Mannes ertragen.

»Aber ich verstehe, was du damit sagen willst«, fährt sie fort und hilft ihm damit aus, da er sich offenbar selbst nicht helfen kann. »Du hast in einem Sinn recht: Wir haben uns zu sehr daran gewöhnt, uns die Hände nicht schmutzig zu machen, unsere weißen Hände. Wir sollten mehr bereit sein, uns die Hände schmutzig zu machen. Ich stimme dir voll und ganz zu. Schluss der Debatte. Bist du schon müde? Ich nicht. Ich habe einen Vorschlag. Warum erzählen wir uns nicht Geschichten, um die Zeit zu vertreiben.«

»Erzähl du eine Geschichte«, sagt er steif. »Ich kenne keine Geschichten.«

»Erzähl mir eine Geschichte aus Amerika«, sagt sie. »Du kannst sie ja erfinden, sie muss nicht wahr sein. Irgendeine Geschichte.«

»Aufgrund der Existenz eines persönlichen Gottes«, sagt er, »mit weißem Bart kwakwakwakwa außerhalb von Zeit und Raum, der aus der Höhe seiner göttlichen Apathie uns liebhat kwakwakwakwa bis auf einige Ausnahmen.«

Er verstummt. Sie hat nicht die leiseste Ahnung, wovon er spricht.

»Kwakwakwakwa«, sagt er.

»Ich gebe auf«, sagt sie. Er schweigt. »Ich bin dran«, sagt sie.

»Hier ist die Geschichte von der Prinzessin auf der Erbse. Es war einmal eine Prinzessin, die so zartbesaitet war, dass sie überzeugt war, eine Erbse zu spüren, selbst wenn sie auf zehn übereinandergetürmten Federmatratzen schlief, eine von den kleinen harten, getrockneten Erbsen, unter der letzten Matratze. Sie jammerte die ganze Nacht – *Wer hat eine Erbse dorthin gelegt? Warum?* – und konnte deshalb kein Auge zutun. Als sie zum Frühstück erschien, sah sie mitgenommen aus. Bei ihren Eltern, dem König und der Königin, beschwerte sie sich:

›Ich konnte nicht schlafen, und daran ist nur diese verfluchte Erbse schuld!‹ Der König schickte eine Dienerin, um die Erbse zu entfernen. Die Frau suchte und suchte, konnte jedoch nichts entdecken.

›Ich will nichts mehr von Erbsen hören‹, sagte der König zu seiner Tochter. ›Da ist keine Erbse. Die Erbse existiert nur in deiner Vorstellung.‹

In dieser Nacht bestieg die Prinzessin wieder ihren Federma-tratzenberg. Sie versuchte zu schlafen, konnte aber nicht, wegen der Erbse, der Erbse, die entweder unter der alleruntersten Ma-tratze oder aber in ihrer Vorstellung war, das spielte keine Rolle, die Wirkung war die gleiche. Bei Tagesanbruch war sie so er-schöpft, dass sie nicht einmal frühstücken konnte.

›Daran ist nur die Erbse schuld!‹, jammerte sie.

Genervt schickte der König einen ganzen Trupp von Dienerin-nen, um nach der Erbse zu fahnden, und als sie zurückkamen und berichteten, dass keine Erbse da war, ließ er sie alle köpfen. ›Bist du jetzt zufrieden?‹, brüllte er seine Tochter an.

›Wirst du jetzt schlafen?‹«

Sie macht eine Atempause. Sie hat keine Ahnung, was in dieser Gutenachtgeschichte als Nächstes passieren wird, ob es der Prin-zessin schließlich gelingt einzuschlafen oder nicht; aber seltsa-merweise ist sie überzeugt, dass die richtigen Worte kommen werden, wenn sie den Mund aufmacht.

Aber es braucht keine Worte mehr. Er schläft. Wie ein Kind, dieser kratzbürstige, rechthaberische, unfähige, lächerliche Cou-sin von ihr ist mit dem Kopf auf ihrer Schulter eingeschlafen. Er schläft ohne Zweifel fest; sie spürt, wie er zuckt. Unter ihm sind keine Erbsen.

Und sie? Wer wird ihr Geschichten erzählen, die sie ins Traumland schicken? Nie ist sie wacher gewesen. Wird sie so die Nacht verbringen müssen: gelangweilt, voller Sorgen, die Last eines schlaftrunkenen Mannes ertragend?

Er behauptet, es gebe ein Tabu für Weiße, körperliche Arbeit zu verrichten, aber wie steht es mit dem Tabu für Cousin und Cousine, die Nacht miteinander zu verbringen? Was werden die Coetzees daheim auf der Farm dazu sagen? Ehrlich, sie spürt John gegenüber nichts, was sinnlich genannt werden könnte, nicht die leiseste weibliche Reaktion. Wird das reichen, um sie freizusprechen? Warum hat er keine männliche Aura? Liegt es an

ihm; oder liegt es im Gegenteil an ihr, die das Tabu so verinner-
licht hat, dass sie nicht an ihn als Mann denken kann? Wenn er
keine Frau hat, ist der Grund dafür, dass er nichts für Frauen
empfindet und daher Frauen, sie eingeschlossen, darauf reagieren, indem sie nichts für ihn empfinden? Ist ihr Cousin, wenn
kein *moffie*, dann ein Eunuch?

Die Luft im Fahrerhaus ist allmählich verbraucht. Vorsichtig,
damit sie ihn nicht aufweckt, öffnet sie das Fenster einen Spalt.
Was dort draußen anwesend ist – Büsche oder Bäume oder vielleicht sogar Tiere –, spürt sie eher auf ihrer Haut, als dass sie es
sieht. Von irgendwo ertönt das Zirpen einer einsamen Grille.
Bleib heute Nacht bei mir, flüstert sie der Grille zu.

Aber vielleicht gibt es einen Frauentyp, der von einem solchen
Mann angezogen wird, der ihm gern, ohne zu widersprechen, zuhört, wenn er seine Ansichten kundtut, um sich seine Ansichten
dann zu eigen zu machen, sogar die offensichtlich einfältigen.
Eine Frau, gleichgültig männlicher Einfalt gegenüber, gleichgültig sogar dem Sex gegenüber, einfach auf der Suche nach einem
Mann, an den sie sich hängen, für den sie sorgen und den sie gegen die Welt beschützen kann. Eine Frau, die handwerkliche
Pfuscharbeit im und um das Haus herum erträgt, weil es nicht
darauf ankommt, dass die Fenster dicht sind und das Türschloss
funktioniert, sondern dass ihr Mann Raum hat, um seine Vorstellung von sich selbst auszuleben. Und die hinterher ohne Aufsehen Hilfe anheuert, jemanden mit praktischem Geschick, damit
er den Pfusch in Ordnung bringt.

Für eine solche Frau könnte die Ehe durchaus leidenschaftslos,
aber deshalb nicht unbedingt kinderlos sein. Dann könnte der gesamte Nachwuchs eines Abends um den Tisch herumsitzen, der
Herr und Meister am Kopfende, seine Gefährtin am Fußende,
ihre gesunden, gesitteten Sprösslinge zu beiden Seiten; und bei
der Vorsuppe könnte sich der Meister über die Heiligkeit körperlicher Arbeit verbreiten. *Was für ein Mann ist doch mein Partner!*,

könnte dann die Frau flüstern. *Was für ein hochentwickeltes Gewissen er hat!*

Warum ist sie so verbittert über John und noch verbitterter über seine Frau, die sie für ihn aus dem Nichts heraus erfunden hat? Die einfache Antwort: weil sie wegen seiner Eitelkeit und Ungeschicklichkeit auf der Landstraße nach Merweville gestrandet ist. Doch die Nacht ist lang, es ist viel Zeit da, um eine großartigere Hypothese zu entwickeln und diese Hypothese dann zu prüfen, um zu sehen, ob sie etwas taugt. Die großartigere Antwort: Sie ist verbittert, weil sie sich so viel von ihrem Cousin erhofft hat und er sie enttäuscht hat.

Was hat sie denn von ihm erwartet? Dass er die Coetzee-Männer erlösen würde.

Warum wünschte sie die Erlösung der Coetzee-Männer? Weil die Coetzee-Männer so *slapgat* sind.

Warum hatte sie ihre Hoffnung besonders auf John gesetzt? Weil er von den Coetzee-Männern derjenige war, der die beste Chance hatte. Er hatte die Chance, und er machte keinen Gebrauch davon.

Slapgat ist ein Wort, mit dem sie und ihre Schwester ziemlich um sich werfen, vielleicht weil sie als Kinder hörten, wie damit herumgeworfen wurde. Erst als sie von zu Hause fortging, bekam sie die schockierten Blicke mit, die das Wort hervorrief, und fing an, es vorsichtiger zu gebrauchen. Ein *slap gat*: ein Rektum, ein Anus, den man nicht voll beherrscht. Daher *slapgat*: träge, ohne Rückgrat.

Ihre Onkel sind *slapgat* geworden, weil ihre Eltern, Margots Großeltern, sie so erzogen haben. Während ihr Vater wetterte und brüllte und ihnen das Fürchten beibrachte, ging ihre Mutter wie ein Mäuschen auf Zehenspitzen umher. Das hatte zur Folge, dass sie in die Welt hinausgingen und ihnen der innere Halt fehlte, es ihnen an Rückgrat mangelte, an Selbstvertrauen, an Mut. Die Lebenswege, die sie für sich wählten, waren ausnahmslos leichte Wege, Wege des geringsten Widerstands. Zaghaft prüften sie den Strom und schwammen dann mit ihm.

Was die Coetzees so unkompliziert und daher so *gesellig* machte, war eben ihre Bevorzugung des leichtesten Weges, der sich ihnen anbot; und ihre *geselligheid* war es, die weihnachtliche Familientreffen so vergnüglich machte. Sie stritten sich nie, zankten sich nie untereinander, kamen alle prächtig miteinander aus. Die nächste Generation, ihre Generation, musste für diese Unkompliziertheit bezahlen, denn sie ging mit der Erwartung in die Welt hinaus, dass die Welt einfach ein weiterer *slap*, *gesellige* Ort sei, ein Voëlfontein im Großen. Und siehe da – es war nicht so!

Sie selbst hat keine Kinder. Sie kann keine Kinder bekommen. Wenn sie jedoch so glücklich wäre, Kinder zu haben, würde sie es als ihre vorderste Pflicht ansehen, das Coetzee-Blut aus ihnen herauszubringen. Wie man *slap* Blut aus den Menschen herausbringt, kann sie auf Anhieb nicht sagen, wenn man sie nicht in ein Krankenhaus bringt, wo man ihnen das Blut abzapft und gegen das Blut eines energischen Spenders austauscht; aber vielleicht würde ein striktes Einüben von Selbstbehauptung, das so früh wie möglich einsetzt, es schaffen. Denn das eine weiß sie von der Welt, in der das Kind in Zukunft aufwachsen muss, dass nämlich in ihr kein Platz für die *slap* sein wird.

Sogar Voëlfontein und die Karoo sind nicht mehr so, wie sie waren. Man sehe sich nur mal diese Kinder im Apollo Café an. Man sehe sich Michiels Trupp von Landarbeitern an, die ganz bestimmt nicht mehr das *plaasvolk* von ehedem sind. In der Haltung der Farbigen Weißen gegenüber im Allgemeinen zeigt sich eine neue, beunruhigende Härte. Die Jüngeren betrachten einen mit kaltem Blick, weigern sich, einen mit *Baas* oder *Miesies* anzureden. Seltsame Männer huschen von einer Siedlung zur anderen übers Land, von *lokasie* zu *lokasie*, und keiner will sie mehr wie früher bei der Polizei anzeigen. Für die Polizei wird es immer schwerer, an verlässliche Informationen zu kommen. Keiner will mehr gesehen werden, wie er mit ihnen spricht; die Quellen sind versiegt. Für die Farmer kommen immer häufiger und für längere Zeitspannen Einberufungen zum Dienst in Kommandotrupps. Lukas klagt die ganze Zeit darüber. Und wenn das so im Roggeveld ist, dann muss es gewiss hier im Koup auch so zugehen.

Auch die Geschäfte nehmen einen anderen Charakter an. Um geschäftlich erfolgreich zu sein, reicht es nicht mehr, aller Welt Freund zu sein, den Leuten Gefälligkeiten zu erweisen und darauf zu vertrauen, dass es vergolten wird. Nein, heutzutage muss man knallhart sein und rücksichtslos noch dazu. Welche Chance haben *slapgat* Männer in einer solchen Welt? Kein Wunder, dass ihre Coetzee-Onkel wirtschaftlich nicht erfolgreich sind: Bankmanager, die ihre Jahre in sterbenden *platteland*-Städtchen vertrödeln, Beamte, die auf der Karriereleiter steckengeblieben sind, arme Farmer, sogar im Fall von Johns Vater ein in Unehre geratener Rechtsanwalt, dem die Lizenz entzogen wurde.

Wenn sie Kinder hätte, würde sie nicht nur ihr Äußerstes tun, um sie vom Coetzee-Erbe zu befreien, sie würde ernsthaft daran denken, das zu tun, was Carol tut: sie aus dem Land zu bringen und ihnen einen neuen Anfang in Amerika oder Australien oder Neuseeland zu ermöglichen, Orten, wo sie eine gute Zukunft erwarten können. Doch als kinderloser Frau bleibt ihr diese Entscheidung erspart. Für sie wurde eine andere Rolle vorgesehen: sich ihrem Mann und der Farm zu widmen; ein Leben zu führen, das so gut ist, wie die Zeit es erlaubt, so gut und so anständig und so gerecht.

Die Unfruchtbarkeit der Zukunft, die sich vor Lukas und ihr gähnend auftut – das ist keine neue Quelle des Schmerzes, nein, der Schmerz kommt periodisch wieder, wie es Zahnschmerzen tun, so dass er sie nun zu langweilen beginnt. Wenn sie ihn doch abschalten und ein wenig Schlaf bekommen könnte. Wie kommt es, dass dieser Cousin von ihr, dessen Körper es schafft, mager und zugleich weich zu sein, die Kälte nicht spürt, während sie, die unstrittig mehr als ein paar Kilo zu viel wiegt, zu frösteln angefangen hat? In kalten Nächten schlafen sie und ihr Mann eng beieinander und wärmen sich. Warum wärmt sie der Körper ihres Cousins nicht? Er wärmt sie nicht nur nicht, er scheint ihr auch noch Körperwärme zu entziehen. Ist er von Natur aus ohne Hitze, wie er ohne Sex ist?

Echter Zorn steigt allmählich in ihr auf; und als spüre er es, regt sich dieses männliche Wesen neben ihr.

»Entschuldigung«, murmelt er und richtet sich auf.

»Entschuldigung wofür?«

»Dass ich den Überblick verloren habe.«

Sie hat keine Ahnung, wovon er spricht, und wird nicht nachfragen. Er sackt zusammen und ist gleich wieder eingeschlafen.

Wo steckt Gott bei alledem? Es fällt ihr immer schwerer, mit Gott, dem Vater, umzugehen. Den Glauben, den sie einst an Ihn und Seine göttliche Vorsehung gehabt hat, hat sie inzwischen verloren. Gottlosigkeit: zweifellos ein Erbe der gottlosen Coetzees. Wenn sie an Gott denkt, kann sie sich nur eine bärtige Gestalt mit dröhnender Stimme und erhabener Art vorstellen, der in einem großen Haus auf einem Hügel wohnt, wo Heerscharen von Dienern ängstlich herumwuseln und ihn bedienen. Wie eine gute Coetzee zieht sie es vor, solchen Leuten aus dem Weg zu gehen. Die Coetzees rümpfen über eingebildete Leute die Nase, reißen mit gedämpfter Stimme Witze über sie. Vielleicht ist sie keine so gute Witze-Erzählerin wie der Rest der Familie, doch sie findet Gott schon etwas anstrengend, etwas langweilig.

Jetzt muss ich aber protestieren. Sie gehen wirklich zu weit. Ich habe nicht im Entferntesten etwas Derartiges gesagt. Sie legen mir Ihre Worte in den Mund.

Tut mir leid, es muss mit mir durchgegangen sein. Ich bringe das in Ordnung. Ich schwäche es ab.

Reißen mit gedämpfter Stimme Witze. Dennoch, hat Gott in Seiner unendlichen Weisheit einen Plan für sie und für Lukas? Für das Roggeveld? Für Südafrika? Werden Zustände, die heute bloß chaotisch aussehen, chaotisch und sinnlos, sich zu einem zukünftigen Zeitpunkt als zu einem großen, gütigen Plan gehörend offenbaren? Zum Beispiel: Gibt es eine umfassende Erklärung dafür, dass eine Frau in der Blüte ihrer Jahre vier Nächte der Woche allein schlafend in einem grässlichen Zimmer in der zweiten Etage des Grand Hotels in Calvinia verbringen muss, Monat um Monat, vielleicht sogar Jahr um Jahr, ohne dass ein Ende abzusehen ist; und dafür, warum ihr Mann, ein geborener Farmer, die meiste Zeit damit zubringen muss, das Vieh anderer Leute in die Schlachthöfe von Paarl und Maitland zu fahren – eine Erklärung, die umfassender als die ist, dass die Farm ohne das Einkommen, das mit diesen deprimierenden Tätigkeiten erzielt wird, untergehen würde? Und gibt es eine umfassendere Erklärung dafür, warum die Farm, die sie beide mit ihrer Schufterei über Wasser halten, zu gegebener Zeit nicht in die Obhut eines Sohnes ihrer Lenden, sondern in die irgendeines ignoranten Neffen ihres Mannes gegeben wird, wenn sie nicht vorher von der Bank geschluckt wird? Wenn es in Gottes großem gütigem Plan nie vorgesehen war, dass dieser Teil der Welt – das Roggeveld, die Karoo – profitabel landwirtschaftlich genutzt wird, was hat Er dann genau damit vor? Soll das Land an das *volk* zurückfallen, das dann wieder mit seinen zottligen Herden, wie in alten, alten Zeiten, auf der Suche nach Weideland von einer Gegend zur anderen zieht und dabei die Zäune niedertrampelt, während Leute wie sie und ihr Mann, enterbt, in einem vergessenen Winkel ihr Leben aushauchen?

Es ist sinnlos, den Coetzees solche Fragen zu stellen. *Die boer saai, God maai, maar waar skuil die papegaai?*, sagen die Coetzees und lachen meckernd. Alberne Worte. Eine alberne Familie, flatterhaft, ohne Substanz; Clowns. *'n Hand vol vere*: eine Handvoll Federn. Sogar der eine Angehörige, für den sie leise Hoffnungen gehegt hatte, der neben ihr schnurstracks wieder ins Traumland gepurzelt ist, entpuppt sich als Leichtgewicht. Der fortgelaufen ist in die große Welt und nun schmählich in die kleine Welt zurückgekrochen kommt. Als Ausreißer ein Versager, auch als Automechaniker ein Versager, wegen dessen Versagen sie im Moment leiden muss. Als Sohn ein Versager. Sitzt in dem staubigen alten Haus in Merweville und schaut auf die leere, sonnendurchglühte Straße hinaus, kaut auf einem Bleistift herum und versucht, Verse zu schmieden. *O droë land, o barre kranse* ... O ausgedörrtes Land, o karge Felsen ... Wie weiter? Ganz bestimmt etwas über *weemoed*, Melancholie.

Sie wacht auf, als sich die ersten malven- und orangefarbenen Streifen am Himmel auszubreiten beginnen. Im Schlaf hat sie sich verdreht und ist auf dem Sitz tiefer gerutscht, so dass ihr Cousin, der immer noch schläft, nicht mehr an ihrer Schulter ruht, sondern auf ihrem Hinterteil. Gereizt befreit sie sich von ihm. Ihre Augen sind verklebt, die Knochen knacken, sie hat schrecklichen Durst. Sie öffnet die Tür und schlüpft hinaus.

Die Luft ist kalt und still. Während sie schaut, tauchen Dornbüsche und Grasbüschel, vom ersten Tageslicht berührt, aus dem Nichts auf. Es ist, als wohne sie dem ersten Schöpfungstag bei. *Mein Gott*, murmelt sie; sie spürt das Verlangen, auf die Knie zu sinken.

Es raschelt ganz in der Nähe. Sie blickt direkt in die dunklen Augen einer Antilope, eines kleinen Steinbocks, keine zwanzig Schritt entfernt, und das Tier blickt sie ebenfalls an, auf der Hut, doch nicht ängstlich, noch nicht. *My kleintjie!*, sagt sie, mein Kleines. So gern möchte sie es umarmen, es mit dieser plötzlichen Liebe überschütten; aber ehe sie den ersten Schritt machen kann, ist das kleine Tier herumgewirbelt und mit donnernden Hufen davongerast. Hundert Meter weiter bleibt es stehen, dreht sich um, beäugt sie wieder und trottet dann in moderaterem Tempo über die Ebene und in ein ausgetrocknetes Flussbett hinunter.

»Was ist das?«, meldet sich die Stimme ihres Cousins. Er ist schließlich aufgewacht; er klettert aus dem Pick-up, gähnt und streckt sich.

»Ein *steenbokkie*«, sagt sie kurz angebunden. »Was wollen wir jetzt machen?«

»Ich gehe zurück nach Merweville«, sagt er. »Warte du hier. Ich müsste gegen zehn zurück sein, spätestens um elf.«

»Wenn ein Auto vorbeikommt und mich mitnimmt, fahre ich mit«, sagt sie. »Egal, welche Richtung, ich fahre mit.«

Er sieht unmöglich aus mit seinen ungekämmten Haaren und dem Bart, alles ganz zerzaust. *Gott sei Dank, dass ich dich nicht jeden Morgen beim Aufwachen in meinem Bett sehen muss*, denkt sie. *Nicht Manns genug. Ein richtiger Mann würde das besser machen*, sowaar!

Die Sonne kommt über den Horizont; schon kann sie die Wärme auf ihrer Haut spüren. Die Welt mag ja Gottes Welt sein, doch die Karoo gehört zuallererst der Sonne. »Du gehst lieber mal los«, sagt sie. »Es wird ein heißer Tag.« Und sieht zu, wie er davontrottet, den leeren Kanister über die Schulter gehängt.

Ein Abenteuer: vielleicht ist es das Beste, wenn man es so betrachtet. Hier am Ende der Welt erleben sie und John ein Abenteuer. Noch jahrelang werden sich die Coetzees daran erinnern. *Weißt du noch, als Margot und John auf dieser gottverlassenen Merweville-Landstraße liegengeblieben sind?* Und was hat sie, womit sie sich inzwischen ablenken kann, während sie auf das Ende ihres Abenteuers wartet? Die zerfledderte Bedienungsanleitung für den Datsun; sonst nichts. Keine Gedichte. Reifenwechsel. Batteriewartung. Tipps für sparsamen Benzinverbrauch.

Im Pick-up, dessen Frontscheibe direkt zur aufgehenden Sonne zeigt, wird es erstickend heiß. Sie sucht Zuflucht im Schatten des Fahrzeugs.

Dort, wo die Straße über eine Anhöhe führt, eine Erscheinung: Aus der flimmernden Hitze taucht zuerst der Torso eines Mannes auf, dann allmählich ein Esel samt Karren. Der Wind trägt sogar das exakte Klipp-klapp der Eselshufe herüber.

Die Gestalt wird deutlicher. Es ist Hendrik aus Voëlfontein und hinter ihm, auf dem Karren sitzend, ist ihr Cousin.

Gelächter und Begrüßung. »Hendrik hat seine Tochter in Merweville besucht«, erklärt John. »Er nimmt uns zur Farm mit, das heißt, wenn sein Esel einverstanden ist. Er sagt, wir können den Datsun an den Karren hängen, und er wird ihn abschleppen.«

Hendrik ist alarmiert. »*Nee, meneer!*«, sagt er.

»*Ek jok maar net*«, sagt ihr Cousin. Ich mache nur Spaß. Hendrik ist ein Mann mittleren Alters. Als Ergebnis einer verpfuschten Augenoperation wegen grauen Stars ist er auf einem Auge blind. Auch mit seiner Lunge stimmt etwas nicht, so dass sein Atem bei der kleinsten körperlichen Anstrengung pfeifend geht. Als Arbeiter nützt er auf der Farm nicht viel, doch ihr Cousin Michiel behält ihn, weil man das hier so macht.

Hendrik hat eine Tochter, die mit ihrem Mann und den Kindern außerhalb von Merweville wohnt. Der Mann hatte früher Arbeit in der Stadt, hat sie aber offenbar verloren; die Tochter arbeitet als Hausangestellte. Hendrik muss noch vor Tagesanbruch vom Haus der Tochter losgefahren sein. Ein leichter Geruch nach süßem Wein umgibt ihn; als er vom Karren klettert, merkt sie es, er stolpert. Beschwipst schon am Vormittag: Was für ein Leben!

Ihr Cousin liest ihre Gedanken. »Ich habe hier Wasser«, sagt er und bietet den vollen Kanister an. »Es ist sauber. Ich habe es an einer Windpumpe gefüllt.«

Sie machen sich also auf den Weg zur Farm, John neben Hendrik sitzend, sie hinten im Karren mit einem alten Jutesack, den sie sich als Schutz vor der Sonne über den Kopf hält. In einer Staubwolke fährt ein Auto an ihnen vorbei in Richtung Merweville. Wenn sie es rechtzeitig gesehen hätte, hätte sie es angehalten – wäre mit nach Merweville gefahren, um von dort Michiel anzurufen und ihn zu bitten, sie abzuholen. Andererseits, obwohl die Landstraße tiefe Rinnen hat und die Fahrt unbequem ist, gefällt ihr der Gedanke, dass sie in Hendriks Eselskarren beim Farmhaus ankommen werden, er gefällt ihr immer mehr: Die Coetzees sitzen beim nachmittäglichen Tee zusammen auf der Veranda, Hendrik zieht grüßend den Hut und bringt Jacks verirrten Sohn zurück, schmutzig und sonnenverbrannt und gedemütigt. »*Ons was so bekommerd!*«, werden sie den Übeltäter auszanken. »*Waar was julle dan? Michiel wou selfs die polisie bel!*« Von ihm kommt nichts als Gemurmel. »*Die arme Margie! En wat het van die bakkie geword?*« Wir haben uns solche Sorgen gemacht! Wo seid ihr denn gewesen? Michiel war drauf und dran, die Polizei anzurufen! Die arme Margie! Und wo ist der Pick-up?

An manchen Stellen steigt die Straße so steil an, dass sie absteigen und laufen müssen. Sonst schafft es der kleine Esel, und es braucht nur hin und wieder eine leichte Berührung mit der Peitsche, um ihn daran zu erinnern, wer der Herr ist. Wie zierlich er gebaut ist, wie zart seine Hufe sind, doch welche Zähigkeit, welche Ausdauer! Kein Wunder, dass Jesus Eseln zugetan war.

Innerhalb der Grenzen von Voëlfontein machen sie an einem Wasserreservoir halt. Während der Esel trinkt, schwatzt sie mit Hendrik über die Tochter in Merweville, dann über die andere Tochter, die in der Küche eines Altenheims in Beaufort West arbeitet. Diskret fragt sie nicht nach Hendriks jüngster Ehefrau, die er geheiratet hat, als sie noch ein Kind war, und die, sobald sie konnte, mit einem Mann aus dem Camp an der Eisenbahn in Leeuw Gamka auf und davon ging.

Hendrik fällt es leichter, sich mit ihr zu unterhalten als mit ihrem Cousin, das sieht sie. Sie und er haben eine gemeinsame Sprache, während Johns Afrikaans steif und angelernt klingt. Die Hälfte von dem, was John sagt, ist für Hendrik zu hoch. *Was ist*

*poetischer, was glaubst du, Hendrik: die aufgehende Sonne oder die un-
tergehende Sonne? Eine Ziege oder ein Schaf?*

»*Het Katryn dan nie vir padkos gesorg nie?*«, neckt sie Hendrik:
Hat deine Tochter denn kein Mittagessen für uns eingepackt?

Hendrik tut so, als sei er verlegen, wendet den Blick ab, weicht
aus. »*Ja-nee, mies*«, sagt er pfeifend. Ein *plashotnot* der alten Zeit,
ein Farm-Hottentotte.

Wie sich herausstellt, hat Hendriks Tochter tatsächlich für *padkos* gesorgt. Aus einer Jackentasche holt Hendrik, in Packpapier
gewickelt, eine Hühnerkeule und zwei Scheiben Weißbrot mit
Butter. Das mit ihnen zu teilen verbietet ihm die Scham, die ihm
aber genauso verbietet, es vor ihnen zu verzehren.

»*In Godsnaam eet, man!*«, befiehlt sie. »*Ons is glad nie honger nie,
ons is ook binnekort tuis*«: Wir haben keinen Hunger, und außerdem sind wir bald zu Hause. Und sie zieht John fort zu einem
Rundgang um das Wasserreservoir, so dass Hendrik, mit dem
Rücken zu ihnen, schnell seine Mahlzeit hinunterschlingen kann.

Ons is glad nie honger nie: Das ist natürlich gelogen. Sie stirbt
vor Hunger. Der bloße Geruch des kalten Hühnerfleischs lässt
ihr den Speichel im Mund zusammenlaufen.

»Setz dich vorn neben den Fahrer«, schlägt John vor. »Für unsere triumphale Rückkehr.« Und das macht sie. Als sie sich den
Coetzees nähern, die, genau wie sie vorausgesehen hat, auf der
Veranda versammelt sind, achtet sie darauf, zu lächeln und sogar
als Parodie hoheitsvoll zu winken. Daraufhin grüßt sie ein leich-
tes Klatschen. Sie steigt ab und sagt: »*Dankie, Hendrik, eerlik dankie*«: Vielen Dank. »*Mies*«, sagt Hendrik. Später am Tag wird sie
zu seinem Haus hinübergehen und etwas Geld dalassen: Für Katryn, wird sie sagen, für Kleidung für ihre Kinder, obwohl sie
weiß, dass das Geld für Alkohol ausgegeben werden wird.

»*En toe?*«, sagt Carol, vor allen Leuten. »*Sê vir ons: waar was
julle?*« Wo bist du gewesen?

Für einen Augenblick herrscht Stille, und in diesem Augenblick wird ihr klar, dass die Frage – anscheinend einfach ein Stich-wort, das sie mit einer schnoddrigen, lustigen Erwiderung parie-ren sollte – einen ernsten Kern hat. Die Coetzees wollen wirklich wissen, wo sie und John gewesen sind; sie wollen beruhigt wer-den, dass nichts wirklich Skandalöses vorgefallen ist. Es ver-schlägt ihr den Atem, so eine Unverschämtheit. Dass Menschen, die sie ihr ganzes Leben lang gekannt und geliebt haben, ihr schlechtes Benehmen zutrauen! »*Vra vir John*«, erwidert sie kurz angebunden – frag John – und marschiert ins Haus.

Als sie eine halbe Stunde danach wieder zu ihnen kommt, ist die Atmosphäre noch immer ungemütlich.

»Wo ist John hin?«, fragt sie.

John und Michiel, stellt sich heraus, sind kurz vorher mit Mi-chiels Pick-up losgefahren, um den Datsun zu holen. Sie wollen ihn nach Leeuw Gamka zum Mechaniker abschleppen, der ihn ordentlich reparieren wird.

»Wir sind gestern bis spät aufgeblieben«, sagt ihre Tante Beth. »Wir haben gewartet und gewartet. Dann haben wir gedacht, dass du mit John wahrscheinlich nach Beaufort gefahren bist und dass ihr dort übernachtet, weil die Nationalstraße zu dieser Jah-reszeit so gefährlich ist. Aber ihr habt nicht angerufen, und das hat uns beunruhigt. Heute Morgen hat dann Michiel das Hotel in Beaufort angerufen, und dort hat man gesagt, dass man euch nicht gesehen hat. Er hat auch in Fraserburg angerufen. Wir sind überhaupt nicht auf die Idee gekommen, dass ihr nach Merwe-ville gefahren seid. Was habt ihr denn in Merweville gemacht?«

Was hatten sie denn in der Tat in Merweville gemacht? Sie wendet sich an Johns Vater. »John sagt, dass du und er daran denkt, ein Haus in Merweville zu kaufen«, sagt sie. »Stimmt das, Onkel Jack?«

Bestürztes Schweigen.

»Stimmt das, Onkel Jack?«, bedrängt sie ihn. »Stimmt es, dass du vom Kap nach Merweville ziehen wirst?«

»Wenn du die Frage so stellst«, sagt Jack – die frotzelnde Art der Coetzees ist verschwunden, er ist ganz auf der Hut –, »nein, niemand wird wirklich nach Merweville ziehen. John hat die Idee – ich weiß nicht, wie realistisch sie ist –, eins dieser verlassenen Häuser zu kaufen und es als Ferienhaus herzurichten. Darüber haben wir geredet.«

Ein Ferienhaus in Merweville! Hat man schon mal so was gehört! Ausgerechnet Merweville, mit seinen herumschnüffelnden Nachbarn und seinem *diaken* [Diakon], der an der Tür klopft und einem in den Ohren liegt, man solle in die Kirche gehen! Wie kann Jack, zu seiner Zeit der Lebhafteste und Respektloseste von ihnen allen, einen Umzug nach Merweville planen?

»Du solltest erst mal Koegenaap ausprobieren, Jack«, sagt sein Bruder Alan. »Oder Pofadder. In Pofadder ist der große Tag des Jahres, wenn der Zahnarzt von Upington kommt, um Zähne zu ziehen. Sie nennen es *die Groot Trek*, den Großen Treck.«

Sobald ihre Gemütsruhe in Gefahr ist, warten die Coetzees mit Scherzen auf. Eine Familie, die sich in einem engen kleinen *laager* verschanzt hat, um sich die Welt und ihre Gefahren vom Leib zu halten. Aber wie lange noch wird der Zauber der Scherze seine Wirkung tun? Eines baldigen Tages wird der große Feind selbst an der Tür klopfen, der grimmige Schnitter, der seine Sense schärft und einen nach dem anderen herausruft. Welche Macht werden dann ihre Scherze haben?

»Laut John ziehst du nach Merweville, während er in Kapstadt bleibt«, lässt sie nicht locker. »Bist du sicher, dass du allein klarkommen wirst, Onkel Jack, ohne Auto?«

Eine ernsthafte Frage. Die Coetzees mögen keine ernsthaften Fragen. »*Margie word 'n bietjie* verbissen«, werden sie unter sich sagen: Margie wird allmählich etwas verbissen. *Plant dein Sohn, dich in die Karoo abzuschieben und dich im Stich zu lassen*, fragt sie, *und wenn das im Gange ist, warum meldest du dann nicht deinen Protest an?*

»Nein, nein«, antwortet Jack. »Es wird nicht so sein, wie du sagst. Merweville wird nur ein ruhiger Ort sein, wo man ausspannen kann. Wenn der Plan durchgeführt wird. Es ist ja nur eine Idee, eine Idee von John. Es ist nichts beschlossen.«

»Es ist ein Komplott, um seinen Vater loszuwerden«, sagt ihre Schwester Carol. »Er möchte ihn mitten in der Karoo abladen und nichts mehr mit ihm zu tun haben. Dann wird sich Michiel um ihn kümmern müssen. Weil Michiel am nächsten sein wird.«

»Armer John!«, erwidert sie. »Du glaubst immer das Schlimmste von ihm. Wenn er nun die Wahrheit sagt? Er verspricht, dass er Merweville jedes Wochenende besuchen und auch die Schulferien dort verbringen wird. Warum nicht im Zweifel für den Angeklagten?«

»Weil ich ihm kein Wort glaube. Der ganze Plan kommt mir verdächtig vor. Er ist mit seinem Vater nie gut ausgekommen.«

»In Kapstadt kümmert er sich um seinen Vater.«

»Er lebt mit seinem Vater, aber nur, weil er kein Geld hat. Er ist über dreißig und hat keine Perspektive. Er ist aus Südafrika abgehauen, um der Armee zu entgehen. Dann wurde er aus Amerika ausgewiesen, weil er straffällig geworden ist. Jetzt gelingt es ihm nicht, eine ordentliche Stelle zu finden, weil er zu eingebildet ist. Die beiden leben von dem kümmerlichen Gehalt, das sein Vater von dem Schrottplatz kriegt, wo er arbeitet.«

»Aber das stimmt nicht!«, protestiert sie. Carol ist jünger als sie. Früher war Carol diejenige, die auf sie hörte, und sie, Margot, war die Anführerin. Jetzt ist Carol diejenige, die vorangeht, und sie trottet ängstlich hinterher. Wie ist das so gekommen? »John unterrichtet in einer Oberschule«, sagt sie. »Er verdient sein eigenes Geld.«

»Da habe ich anderes gehört. Ich habe gehört, dass er Nachhilfestunden für Abiturienten gibt und stundenweise bezahlt wird. Es ist Teilzeitarbeit, wie sie Studenten machen, um sich ein wenig

Taschengeld zu verdienen. Frag ihn geradewegs danach. Frag ihn, an welcher Schule er unterrichtet. Frag ihn, was er verdient.«

»Ein großes Gehalt ist nicht das Einzige, was zählt.«

»Es ist nicht nur eine Frage des Gehalts. Es ist eine Frage, ob man die Wahrheit sagt. Er soll dir die Wahrheit sagen, warum er dieses Haus in Merweville kaufen will. Er soll dir sagen, wer dafür bezahlen wird, er oder sein Vater. Er soll dir seine Pläne für die Zukunft sagen.« Und dann, als sie verständnislos dreinblickt: »Hat er es dir nicht erzählt? Hat er dir nicht von seinen Plänen erzählt?«

»Er hat keine Pläne. Er ist ein Coetzee, die Coetzees haben keine Pläne, sie haben keine Ambitionen, sie haben nur Wunschträume. Er hat den Wunschtraum, in der Karoo zu leben.«

»Er hat die Ambition, Dichter zu sein, Vollzeit-Dichter. Hast du schon mal so etwas gehört? Dieser Merweville-Plan hat nichts mit dem Wohlergehen seines Vaters zu tun. Er möchte einen Ort in der Karoo, zu dem er kommen kann, wenn ihm danach zumute ist, wo er mit aufgestütztem Kinn sitzen und dem Sonnenuntergang nachgrübeln und Gedichte schreiben kann.«

Schon wieder John und seine Gedichte! Sie kann nichts dafür, sie schnaubt vor Lachen. John, wie er auf der Veranda jenes hässlichen kleinen Hauses sitzt und dichtet! Zweifellos mit einer Baskenmütze auf dem Kopf und einem Glas Wein neben sich. Und die kleinen farbigen Kinder drängen sich um ihn und löchern ihn mit Fragen. *Wat maak oom? – Nee, oom maak gedigte. Op sy ou ramkiekie maak oom gedigte. Die wêreld is ons woning nie …* Was macht der Herr? – Der Herr macht Gedichte. Auf seinem alten Banjo macht der Herr Gedichte. Die Welt ist unsre Wohnung nicht …

»Ich werde ihn fragen«, sagt sie, immer noch lachend. »Ich werde ihn bitten, mir seine Gedichte zu zeigen.«

Sie fängt John am nächsten Morgen ab, als er gerade zu einem seiner Spaziergänge aufbricht. »Lass mich mitkommen«, sagt sie.

»Ich will nur noch geeignete Schuhe anziehen, es dauert nur eine Minute.«

Sie gehen auf dem Weg, der von der Farm nach Osten führt, am Ufer des zugewachsenen Flussbettes entlang zum Reservoir, dessen Wand bei den Überflutungen von 1943 geborsten und seither nie repariert worden ist. Im flachen Wasser des Reservoirs schwimmt friedlich ein Trio weißer Gänse. Es ist noch kühl und nicht dunstig, sie haben einen Blick bis zu den Nieuweveld-Bergen.

»God«, sagt sie, »dis darem mooi. Dit raak jou siel aan, nè, dié ou wêreld.« Ist das nicht schön. Sie ergreift deine Seele, diese Landschaft.

Sie beide gehören zu einer Minderheit, einer winzigen Minderheit von Seelen, die von diesen gewaltigen, einsamen Weiten bewegt werden. Wenn sie etwas über die Jahre hin verbunden hat, dann das. Diese Landschaft, diese *kontrei* – sie hat ihr Herz erobert. Wenn sie stirbt und begraben wird, wird sie so natürlich in diese Erde übergehen, als hätte sie nie ein menschliches Leben gehabt.

»Carol sagt, dass du noch immer Gedichte schreibst«, sagt sie. »Stimmt das? Zeigst du sie mir einmal?«

»Tut mir leid, dass ich Carol enttäuschen muss«, antwortet er steif, »aber ich habe seit meiner Teenagerzeit kein Gedicht mehr geschrieben.«

Sie beißt sich auf die Zunge. Sie hat vergessen: Man bittet einen Mann nicht darum, dir seine Gedichte zu zeigen, nicht in Südafrika, nicht ohne ihn vorher zu beruhigen, dass es in Ordnung ist, dass man ihn nicht verspotten wird. Was für ein Land, wo Dichten keine männliche Betätigung ist, sondern ein Hobby für Kinder und *oujongnooiens* [alte Jungfern] – *oujongnooiens* beiderlei Geschlechts! Wie Totius oder Louis Leipoldt zurechtgekommen sind, kann sie sich nicht vorstellen. Kein Wunder, dass Carol sich Johns Verseschmieden zum Angriffspunkt gewählt hat, Carol mit ihrer Nase für die Schwächen anderer Leute.

»Wenn du das schon vor so langer Zeit aufgegeben hast, warum glaubt dann Carol, dass du noch Gedichte schreibst?«

»Keine Ahnung. Vielleicht hat sie mich beim Korrigieren von Schüleraufsätzen gesehen und hat die falschen Schlüsse gezogen.«

Sie glaubt ihm nicht, doch sie wird ihn nicht weiter bedrängen. Wenn er ihr ausweichen will, lass ihn doch. Wenn Dichten zu seinem Leben gehört und er nicht darüber reden will, weil er zu schüchtern ist oder sich schämt, dann soll es so sein.

Sie hält John nicht für einen *moffie*, doch es verwundert sie weiterhin, dass er keine Frau hat. Ein Mann allein, besonders einer von den Coetzee-Männern, scheint ihr wie ein Boot ohne Ruder oder Steuer oder Segel. Und nun leben zwei von ihnen, zwei Coetzee-Männer, als Paar zusammen! Als Jack noch die respekteinflößende Vera hinter sich hatte, steuerte er einen mehr oder weniger geraden Kurs; aber jetzt da sie nicht mehr da ist, wirkt er ganz verloren. Und was Jacks und Veras Sohn angeht, so könnte er etwas vernünftige Lenkung durchaus gebrauchen. Aber welche Frau mit Verstand würde sich dem Pechvogel John widmen wollen?

Carol ist überzeugt, dass John nichts taugt; und der Rest der Coetzee-Familie würde, trotz ihrer Gutherzigkeit, wahrscheinlich zustimmen. Was sie, Margot, anderer Meinung sein lässt, was ihr Vertrauen in John gerade noch so am Leben erhält, ist – seltsam genug – die Art und Weise, wie er und sein Vater miteinander umgehen: wenn nicht mit Zuneigung, das wäre zu viel gesagt, so zumindest mit Respekt.

Die zwei waren einmal die schlimmsten Feinde. Das böse Blut zwischen Jack und seinem älteren Sohn gab Anlass zu manchem Kopfschütteln. Als der Sohn nach Übersee verschwand, blieben die Eltern nach außen hin gefasst, so gut sie konnten. Er sei fortgegangen, um eine Karriere als Wissenschaftler zu machen, behauptete seine Mutter. Jahrelang verbreitete sie, dass John als

Wissenschaftler in England arbeite, auch als klarwurde, dass sie keine Ahnung hatte, für wen er arbeitete oder wie diese Arbeit beschaffen war. *Du weißt ja, wie John ist*, pflegte sein Vater zu sagen: *immer sehr unabhängig. Unabhängig*: Was bedeutete das? Nicht ohne Grund verstanden es die Coetzees so, dass er sich von seinem Land, seiner Familie, sogar seinen Eltern losgesagt hatte.

Dann verbreiteten Jack und Vera eine neue Geschichte: John war nun doch nicht in England, sondern in Amerika und strebte dort einen noch höheren Abschluss an. Die Zeit verging; da es an gesicherten Nachrichten mangelte, schwand das Interesse an John und seinen Unternehmungen. Er und sein jüngerer Bruder wurden einfach zu zwei von Tausenden junger weißer Männer, die fortgelaufen waren, um dem Wehrdienst zu entgehen, und die eine peinlich berührte Familie zurückgelassen hatten. Er war beinah aus ihrem kollektiven Gedächtnis verschwunden, als der Skandal seiner Ausweisung aus den Vereinigten Staaten über sie hereinbrach.

Dieser schreckliche Krieg, sagte sein Vater: Es war alles die Schuld eines Krieges, in dem amerikanische Jungen ihr Leben für Asiaten opferten, die offenbar keinerlei Dankbarkeit empfanden. Kein Wunder, dass normale Amerikaner rebellierten. Kein Wunder, dass sie auf die Straße gingen. John war wahllos bei einer Protestdemonstration aufgegriffen worden, ging die Geschichte weiter; was folgte, war einfach ein schlimmes Missverständnis gewesen.

War es die Schande seines Sohnes und die Unwahrheiten, die er als Folge davon erzählen musste, die Jack in einen zittrigen, vorzeitig gealterten Mann verwandelt hatten? Wie kann sie diese Frage überhaupt stellen?

»Du bist bestimmt froh, die Karoo wiederzusehen«, sagt sie zu John. »Bist du nicht erleichtert, dass du dich entschieden hast, nicht in Amerika zu bleiben?«

»Ich weiß nicht«, erwidert er. »Natürlich, umgeben von dem hier« – er deutet nicht mit der Hand, doch sie weiß, was er meint: von diesem Himmel, diesem weiten Raum und der großen Stille um sie herum –, »fühle ich mich glücklich, als einer von den wenigen Glücklichen. Aber praktisch gedacht, welche Zukunft habe ich in diesem Land, wo ich nie hingepasst habe? Vielleicht wäre eine saubere Trennung schließlich besser gewesen. Reiße dich los von dem, was du liebst, und hoffe darauf, dass die Wunde heilt.«

Eine ehrliche Antwort. Dem Himmel sei gedankt.

»Ich habe mich gestern mit deinem Vater unterhalten, John, während du mit Michiel fort warst. Im Ernst, ich glaube nicht, dass er richtig begriffen hat, was du vorhast. Ich spreche von Merweville. Dein Vater ist nicht mehr jung, und er ist nicht gesund. Du kannst ihn nicht in eine fremde Stadt verfrachten und erwarten, dass er allein klarkommt. Und du kannst nicht erwarten, dass die übrige Familie einspringt und sich um ihn kümmert, wenn es dann schiefgeht. Das ist alles. Das wollte ich dir sagen.«

Er sagt nichts darauf. In der Hand hat er ein Stück alten Zaundraht, den er aufgelesen hat. Verdrießlich lässt er den Draht von links nach rechts sausen und köpft damit die schwankenden Gräser, während er die ausgewaschene Böschung zum Wasserreservoir hinuntersteigt.

»Benimm dich nicht so!«, ruft sie und trottet hinter ihm her. »Sprich mit mir, um Himmels willen! Sag mir, dass ich unrecht habe! Sag mir, dass ich mich irre!«

Er bleibt stehen und wirft einen Blick voll kalter Feindseligkeit auf sie. »Dann will ich dich über die Situation meines Vaters unterrichten«, sagt er. »Mein Vater hat keine Ersparnisse, keinen Cent, und keine Versicherung. Er kann nur mit einer staatlichen Rente rechnen: dreiundvierzig Rand monatlich, als ich es das letzte Mal kontrolliert habe. Er muss also trotz seines Alters, trotz seiner angeschlagenen Gesundheit weiterarbeiten. Wir zwei verdienen in einem Monat, was ein Autoverkäufer in einer Woche verdient. Mein Vater kann seine Arbeit nur aufgeben, wenn er an einen Ort zieht, wo die Lebenshaltungskosten niedriger sind als in der Großstadt.«

»Aber warum muss er überhaupt umziehen? Und warum nach Merweville, in eine heruntergekommene alte Ruine?«

»Mein Vater und ich, wir können nicht ewig zusammenwohnen, Margie. Das macht uns zu unglücklich, uns beide. Es ist unnatürlich. Väter und Söhne sind nicht dafür geschaffen, sich ein Zuhause zu teilen.«

»Dein Vater wirkt auf mich nicht wie ein Mensch, mit dem ein Zusammenleben schwierig ist.«

»Mag sein; aber ich bin ein Mensch, mit dem ein Zusammenleben schwierig ist. Die Schwierigkeit besteht darin, dass ich mir nicht mit anderen Menschen eine Wohnung teilen will.«

»Darum geht es also eigentlich bei dieser Merweville-Geschichte – darum, dass du für dich sein willst?«

»Ja. Ja und nein. Ich möchte allein sein können, wenn ich es will.«

Sie sind auf der Veranda versammelt, alle Coetzees, trinken ihren Morgentee, schwatzen, sehen müßig Michiels drei jungen Söhnen zu, die auf dem offenen *werf* [Hof] Cricket spielen.

Hinten am Horizont taucht eine Staubwolke auf und hängt in der Luft.

»Das muss Lukas sein«, sagt Michiel, der die schärfsten Augen hat. »Margie, es ist Lukas!«

Lukas ist, wie sich herausstellt, seit dem Morgengrauen auf der Straße gewesen. Er ist müde, aber trotzdem guter Laune, voller Elan. Kaum hat er seine Frau und deren Familie begrüßt, da lässt er sich schon in das Spiel der Jungen hineinziehen. Er ist vielleicht kein sehr guter Cricketspieler, doch er ist sehr gern mit Kindern zusammen, und die Kinder bewundern ihn. Er würde der allerbeste Vater sein: Es bricht ihr das Herz, dass er kinderlos bleiben muss.

John macht auch mit beim Spiel. Er ist ein besserer Cricketspieler als Lukas, hat mehr Praxis gehabt, man sieht das sofort, aber die Kinder werden nicht warm mit ihm. Auch die Hunde nicht, hat sie bemerkt. Anders als Lukas hat er keine natürliche Eignung zum Vater. Ein *alleenloper*, wie manche männlichen Tiere: ein Einzelgänger. Vielleicht ist es gut, dass er nicht geheiratet hat.

Anders als Lukas; aber es gibt Dinge, die sie mit John teilt, die sie nie mit Lukas teilen kann. Warum? Wegen der Kindheitstage, die sie gemeinsam verbracht haben, die kostbarsten Tage, als sie einander ihre Herzen öffneten, wie man es später nie mehr tun kann, nicht einmal einem Gatten, nicht einmal einem Gatten, den man mehr als alles auf der Welt liebt.

Das Beste ist, man reißt sich los von dem, was man liebt, hatte er während ihres Spaziergangs gesagt – *man reißt sich los und hofft darauf, dass die Wunde heilt*. Sie versteht ihn sehr gut. Das ist es, was sie vor allem miteinander teilen: nicht nur die Liebe zu dieser Farm, dieser *kontrei*, dieser Karoo, sondern ein Wissen, das mit der Liebe verbunden ist, ein Wissen, dass die Liebe zu viel werden kann. Ihm und ihr war es vergönnt, ihre Kindheitssommer an einem heiligen Ort zu verleben. Diese herrliche Zeit kommt nie wieder; es ist das Beste, wenn man die alten Orte nicht immer wieder aufsucht und dann beim Abschied betrauert, was für immer verschwunden ist.

Sich vor zu viel Liebe zu hüten ist etwas, was Lukas nicht versteht. Für Lukas ist die Liebe einfach, uneingeschränkt. Lukas gibt sich ihr mit seinem ganzen Herzen, und im Gegenzug gibt sie ihm alles von sich: *Mit diesem Körper diene ich dir.* Mit seiner Liebe bringt ihr Gatte bei ihr zum Vorschein, was das Beste an ihr ist: Sogar jetzt, als sie dasitzt und ihren Tee trinkt und ihm beim Spiel zusieht, spürt sie, dass sich ihr Körper für ihn erwärmt. Von

Lukas hat sie gelernt, was Liebe sein kann. Während ihr Cousin ... Sie kann sich nicht vorstellen, dass sich ihr Cousin jemandem mit ganzem Herzen gibt. Immer behält er etwas zurück, hält es in Reserve. Man muss kein Hund sein, um das zu merken.

Es wäre schön, wenn Lukas mal eine Pause machen könnte, wenn sie beide ein oder zwei Nächte hier in Voëlfontein bleiben könnten. Doch nein, morgen ist Montag, sie müssen bei Einbruch der Dunkelheit in Middelpos zurück sein. Daher verabschieden sie sich nach dem Mittagessen von den Tanten und Onkeln. Als John an der Reihe ist, drückt sie ihn fest und spürt seinen Körper angespannt und widerstrebend gegen den ihren. »*Totsiens*«, sagt sie: Auf Wiedersehen. »Ich werde dir einen Brief schreiben, und ich möchte, dass du ihn beantwortest.« »Auf Wiedersehen«, sagt er. »Gute Fahrt.«

Sie beginnt den versprochenen Brief noch am selben Abend, in ihrem Morgenmantel und mit Pantoffeln am Tisch in ihrer eigenen Küche sitzend, der Küche, in die sie eingeheiratet und die sie inzwischen liebgewonnen hat, mit dem riesigen alten Kamin und der stets kühlen, fensterlosen Speisekammer, deren Regale sich noch biegen unter der Last von Marmeladengläsern und Eingewecktem, das sie vergangenen Herbst eingelagert hat.

Lieber John, schreibt sie, *ich war so böse auf dich, als wir auf der Merweville-Landstraße liegengeblieben sind – ich hoffe, es war mir nicht zu sehr anzumerken, ich hoffe, du verzeihst mir. Die ganze schlechte Laune ist jetzt verflogen, keine Spur davon ist zurückgeblieben. Man sagt, dass man einen Menschen erst richtig kennt, wenn man eine Nacht mit ihm (oder ihr) verbracht hat. Ich bin froh, die Gelegenheit gehabt zu haben, eine Nacht mit dir zu verbringen. Im Schlaf fallen unsere Masken ab, und wir zeigen uns, wie wir wirklich sind.*

Die Bibel erwartet den Tag, wenn der Löwe mit dem Lamm liegen wird, wenn wir nicht mehr auf der Hut sein müssen, weil wir keinen Grund zur Furcht mehr haben werden. (Sei beruhigt, du bist nicht der Löwe und ich nicht das Lamm.)

Ich möchte noch ein letztes Mal auf das Thema Merweville zurückkommen.

Wir werden allesamt einmal alt, und so wie wir unsere Eltern behandeln, werden wir sicherlich auch behandelt werden.

Wie man in den Wald hineinruft, so schallt es heraus, sagt man. Ich bin sicher, es ist hart für dich, mit deinem Vater zusammenzuleben, wo du es gewohnt warst, allein zu leben, aber Merweville ist nicht die richtige Lösung.

Nicht nur du hast diese Schwierigkeiten, John. Carol und ich stehen im Hinblick auf unsere Mutter vor demselben Problem. Wenn Klaus und Carol nach Amerika übersiedeln, wird diese Last direkt Lukas und mir zufallen.

Ich weiß, du bist kein gläubiger Mensch, daher schlage ich nicht vor, dass du im Gebet um Rat bitten sollst. Ich bin auch kein sehr gläubiger Mensch, aber das Gebet ist etwas Gutes. Selbst wenn da oben keiner ist, der zuhört, so bringt man doch die Worte heraus, was besser ist, als wenn man alles in sich hineinfrisst.

Ich wünschte, wir hätten mehr Zeit gehabt, miteinander zu reden. Weißt du noch, wie wir miteinander geredet haben, als wir Kinder waren? Die Erinnerung an jene Zeit ist mir so kostbar. Wie traurig ist es doch, dass die Geschichte von dir und mir, wenn es mit uns zum Sterben kommt, auch sterben wird.

Ich kann dir gar nicht sagen, welche Zärtlichkeit ich in diesem Augenblick für dich empfinde. Du bist immer mein Lieblingscousin gewesen, aber es ist mehr als das. Ich möchte dich vor der Welt beschützen, obwohl du es vielleicht gar nicht nötig hast, beschützt zu werden (ich rate bloß). Man weiß gar nicht so recht, was man mit solchen Gefühlen anfangen soll. Das ist inzwischen so eine altmodische Beziehung, nicht wahr, die Beziehung zwischen Cousin und Cousine. Bald werden alle Vorschriften, die wir lernen muss-

ten, wer wen heiraten darf, Cousins und Cousinen ersten Grades und zweiten und dritten Grades, nur noch für Anthropologen interessant sein.

Trotzdem bin ich froh, dass wir nicht unseren Kindheitsschwüren gefolgt sind (weißt du noch?) und geheiratet haben. Du bist vielleicht auch froh. Wir wären ein unmögliches Paar geworden.

John, du brauchst jemanden in deinem Leben, jemanden, der sich um dich kümmert. Selbst wenn du eine Frau wählst, die nicht unbedingt die Liebe deines Lebens ist, das Eheleben wird besser als das sein, was du jetzt hast, nur mit deinem Vater und dir selbst. Es ist nicht gut, Nacht für Nacht allein zu schlafen. Entschuldige, dass ich das sage, aber ich spreche aus bitterer Erfahrung.

Ich sollte diesen Brief zerreißen, er ist so peinlich, aber ich werde es nicht tun. Ich sage mir, wir kennen uns schon so lange, du wirst mir bestimmt verzeihen, wenn ich mich auf ein Gebiet begebe, auf das ich mich lieber nicht begeben sollte.

Lukas und ich sind miteinander glücklich in jeder Beziehung. Ich knie jeden Abend nieder (bildlich gesprochen), um dafür zu danken, dass sein Weg den meinen gekreuzt hat. Wie sehr ich wünsche, du könntest dasselbe haben!

Wie herbeizitiert kommt Lukas in die Küche, beugt sich über sie, drückt seine Lippen auf ihren Kopf, fährt mit den Händen unter ihren Morgenmantel, umfängt ihre Brüste. »*My skat*«, sagt er: mein Schatz.

Das dürfen Sie nicht schreiben. Das geht nicht. Sie erfinden einfach etwas.

Ich lasse es weg. Drückt seine Lippen auf ihren Kopf. »*My skat*«, sagt er, »Wann kommst du ins Bett?« »Jetzt«, sagt sie und legt den Stift hin. »Jetzt.«

Skat: ein Kosewort, das sie nicht mochte, bis sie es von seinen Lippen hörte. Wenn er jetzt dieses Wort flüstert, schmilzt sie dahin. Der Schatz dieses Mannes, an dem er sich erfreuen kann, wann ihm danach ist.

Sie liegen einander in den Armen. Das Bett quietscht, aber das stört sie überhaupt nicht, sie sind zu Hause, sie können das Bett so laut quietschen lassen, wie es ihnen gefällt.

Schon wieder!

Ich verspreche, dass ich Ihnen, wenn ich fertig bin, den Text gebe, den ganzen Text, und Sie wegstreichen lasse, was Sie wollen.

»War das ein Brief an John, was du da geschrieben hast?«, fragt Lukas.

»Ja. Er ist so unglücklich.«

»Vielleicht ist das einfach sein Wesen. Ein melancholischer Typ.«

»Aber früher war er nicht so. Damals war er ein so glücklicher Mensch. Wenn er nur jemanden finden könnte, der ihn auf andere Gedanken bringt!«

Aber Lukas schläft. Das ist sein Wesen, sein Typ: Er schläft sofort ein, wie ein unschuldiges Kind.

Sie würde es ihm gern gleichtun, doch der Schlaf zögert. Als ob der Geist ihres Cousins noch anwesend ist und sie in die Küche zurückruft, damit sie beendet, was sie ihm geschrieben hat. *Vertraue mir*, flüstert sie. *Ich verspreche zurückzukommen.*

Aber als sie aufwacht, ist es Montag, es ist keine Zeit da fürs Schreiben, keine Zeit für Zärtlichkeiten, sie müssen sofort nach Calvinia aufbrechen, sie muss in das Hotel, Lukas zur Spedition. In dem fensterlosen kleinen Büro hinter der Rezeption arbeitet sie sich durch den Berg liegengebliebener Rechnungen; abends ist sie zu erschöpft, um den Brief, den sie geschrieben hat, fortzusetzen, und sie ist sowieso nicht mehr in der Stimmung dazu. *Ich denke an Dich*, schreibt sie unten auf die Seite. Nicht einmal das stimmt, sie hat den ganzen Tag nicht an John gedacht, sie hat keine Zeit gehabt. *Alles Liebe*, schreibt sie, *Margie*. Sie schreibt die Adresse auf den Umschlag und klebt ihn zu. So. Erledigt.

Alles Liebe, aber wie viel Liebe genau? Genug, um John notfalls zu retten? Genug, um ihn auf andere Gedanken zu bringen, weg von der Melancholie seines Typs? Sie bezweifelt es. Und wenn er gar nicht auf andere Gedanken kommen will? Wenn es sein großer Plan ist, die Wochenenden auf der Veranda des Hauses in Merweville zu verbringen und zu dichten, während die Sonne auf das Blechdach herabbrennt und sein Vater in einem Hinterzimmer hustet, dann braucht er vielleicht alle Melancholie, die er aufbieten kann.

Das ist das erste Mal, dass ihr Bedenken kommen. Das zweite Mal, als sie den Brief zum Briefkasten bringt und er am Rand des Einwurfschlitzes balanciert. Ist das, was sie geschrieben hat, was ihrem Cousin zu lesen bestimmt ist, wenn sie den Brief loslässt, wirklich das Beste, was sie ihm bieten kann? *Du brauchst jemanden in deinem Leben.* Welche Hilfe bedeutet es, wenn einem das gesagt wird? *Alles Liebe.*

Doch dann denkt sie: *Er ist ein erwachsener Mann, warum sollte es meine Aufgabe sein, ihn zu retten?*, und sie gibt dem Briefumschlag einen letzten Schubs.

Sie muss zehn Tage warten, bis zum Freitag der folgenden Woche, ehe sie Antwort erhält.

Liebe Margot,
vielen Dank für Deinen Brief, den wir vorfanden, als wir von Voëlfontein zurückkamen, und vielen Dank für den guten, wenn auch nicht umsetzbaren Rat betreffs Heirat.
Die Rückfahrt von Voëlfontein verlief ohne Zwischenfall.

Michiels befreundeter Mechaniker hat ganze Arbeit geleistet. Ich entschuldige mich noch einmal für die Nacht, die Du meinetwegen im Freien verbringen musstest.
Du schreibst über Merweville. Ich stimme Dir zu, unsere Pläne

waren nicht richtig durchdacht und erscheinen jetzt, wo wir zu-
rück in Kapstadt sind, ein wenig verrückt. Es ist eine Sache, eine
Wochenendhütte an der Küste zu kaufen, aber wer möchte, wenn
er bei Trost ist, die Sommerferien in einem heißen Karoo-Städt-
chen verbringen?

Ich hoffe, es läuft alles gut auf der Farm. Alles Liebe für Dich
und Lukas von meinem Vater wie auch von mir.

John

Ist das alles? Die kalte Förmlichkeit seiner Antwort schockiert
sie, bringt ein zorniges Rot auf ihre Wangen.

»Was ist los?«, fragt Lukas.

Sie zuckt mit den Schultern. »Es ist nichts«, sagt sie und reicht
ihm den Brief. »Ein Brief von John.«

Er liest ihn rasch durch. »Sie geben also ihre Merweville-Pläne
auf«, sagt er. »Da bin ich aber erleichtert. Warum bist du so ärgerlich?«

»Es ist nichts«, sagt sie. »Nur der Ton.«

Sie parken vor der Post. Das machen sie so am Freitagnachmit-
tag, es gehört zur Routine, die sie für sich geschaffen haben:
Wenn sie die Einkäufe erledigt haben, bevor sie zur Farm zurückfahren, holen sie als Letztes die Post der Woche ab und sehen sie
nebeneinander im Pick-up sitzend durch. Obwohl sie die Post
selbst an jedem Tag der Woche abholen könnte, tut sie es nicht.
Sie macht es gemeinsam mit Lukas, wie sie alles gemeinsam machen, was sie nur können.

Momentan ist Lukas in einen Brief von der Landbank vertieft,
der einen langen Anhang hat, seitenweise Zahlen, bei weitem
wichtiger als Familienangelegenheiten. »Nimm dir Zeit. Ich
mache einen Spaziergang«, sagt sie, steigt aus und geht über die
Straße.

Die Post ist ein Neubau, kompakt und schwer, mit gläsernen
Ziegeln statt Fenstern und einem schweren Stahlgitter über der

Tür. Das Gebäude gefällt ihr nicht. Auf sie wirkt es wie eine Polizeiwache. Sie denkt mit Wärme an die alte Post zurück, die abgerissen wurde, um der neuen Platz zu machen, und die einmal das Truter-Haus gewesen war.

Sie hat noch nicht einmal die Hälfte des Lebens hinter sich, und schon sehnt sie sich nach der Vergangenheit!

Es ging nie einfach nur um Merweville, um John und seinen Vater, darum, wer wo leben würde, in der Stadt oder auf dem Land. *Was machen wir hier?* Das ist die ganze Zeit über die unausgesprochene Frage gewesen. Er hat es gewusst, und sie hat es gewusst. Ihr eigener Brief hatte, wie zaghaft auch immer, diese Frage angedeutet: *Was machen wir in diesem kargen Teil der Welt? Warum verbringen wir unser Leben mit mühseliger Arbeit, wenn Menschen hier nie leben sollten, wenn das ganze Vorhaben, diesen Ort den menschlichen Bedürfnissen anzupassen, von Anfang an schlecht durchdacht war?*

Dieser Teil der Welt. Der Teil, den sie meint, ist nicht Merweville oder Calvinia, sondern die ganze Karoo, vielleicht das ganze Land. Wessen Idee ist es gewesen, Landstraßen und Bahnlinien anzulegen, Städte zu bauen, Menschen herzubringen und sie an diesen Ort zu binden, sie mit Nieten durch das Herz zu binden, so dass sie nicht fortkönnen? *Es ist besser, wenn man sich losreißt und darauf hofft, dass die Wunde heilt,* hat er gesagt, als sie draußen im Veld spazieren gingen. Aber wie reißt man sich eine solche Niete aus?

Es ist schon längst Ladenschluss. Die Post ist geschlossen, die Läden sind geschlossen, die Straße ist menschenleer. Juwelier Meyerowitz. *Babes in the Wood* – Ratenkauf möglich. Café Cosmos. Foschini Moden.

Meyerowitz (*»Diamonds are Forever«*) ist schon länger hier, als sie sich erinnern kann. *Babes in the Wood* war einmal *Jan Harmse Slagter* [Fleischerei]. Café Cosmos war früher die Milchbar Cosmos. Foschini Moden war einmal *Winterberg Algemene Hande-*

laars. All dieser Wandel, all diese Geschäftigkeit! *O droewige land!* O trauriges Land! Foschini Moden hat genug Zuversicht, um ein neues Geschäft in Calvinia zu eröffnen. Was kann ihr Cousin, der gescheiterte Emigrant, der Dichter der Melancholie, über die Zukunft dieses Landes zu wissen behaupten, was Foschini nicht weiß? Ihr Cousin, der glaubt, dass sogar Paviane, während sie über das Veld blicken, von *weemoed* ergriffen werden.

Lukas ist überzeugt, dass es eine politische Übereinkunft geben wird. John mag behaupten, ein liberal denkender Mensch zu sein, aber Lukas ist in seinem praktischen Handeln liberaler, als es John je sein wird, und dazu noch mutiger. Wenn sie wollten, könnten Lukas und sie, *boer* und *boervrou*, Mann und Frau, mit Müh und Not ihren Lebensunterhalt mit ihrer Farm verdienen. Sie müssten vielleicht ihren Gürtel ein, zwei oder drei Loch enger schnallen, aber sie würden durchkommen. Wenn sich Lukas stattdessen entscheidet, als Kraftfahrer für die Genossenschaft zu arbeiten, wenn sie die Buchhaltung für das Hotel macht, geschieht das nicht, weil die Farm ein dem Untergang geweihtes Unternehmen ist, sondern weil sie und Lukas schon vor langem beschlossen haben, dass sie ihre Arbeiter ordentlich unterbringen und ihnen einen anständigen Lohn zahlen würden, dass sie den Schulbesuch ihrer Kinder absichern und dieselben Arbeiter später unterstützen würden, wenn sie alt und gebrechlich wurden; und weil dieser ganze Anstand und die Unterstützung Geld kosten, mehr Geld, als die Farm als solche einbringt oder jemals in absehbarer Zeit einbringen wird.

Eine Farm ist kein Geschäft: Auf diese Voraussetzung haben sie und Lukas sich vor langem geeinigt. Die Middelpos-Farm ist nicht nur das Zuhause für sie beide mit den Geistern ihrer ungeborenen Kinder, sondern auch für dreizehn weitere Menschen. Um das für den Unterhalt der ganzen kleinen Gemeinde nötige Geld aufzubringen, muss Lukas ganze Tage auf der Landstraße und sie ihre Nächte allein in Calvinia zubringen. Das ist, was *sie* damit meint, wenn sie Lukas einen Liberalen nennt: Er hat ein großzügiges Herz, ein liberales Herz; und durch ihn hat auch sie gelernt, ein liberales Herz zu haben.

Und was ist daran nicht in Ordnung, als Lebensweise? Diese Frage würde sie gern ihrem cleveren Cousin stellen, der erst fortlief aus Südafrika und jetzt davon redet, sich loszureißen. Wovon will er sich denn befreien? Von der Liebe? Von der Pflicht? *Alles Liebe von meinem Vater wie auch von mir.* Was für eine lauwarme Liebe ist das? Nein, sie und John mögen wohl blutsverwandt sein, doch was er auch für sie empfinden mag, Liebe ist es nicht. Und er liebt auch seinen Vater nicht, nicht wirklich. Liebt nicht einmal sich selbst. Und wozu soll das denn gut sein, sich von jedem und allem loszureißen, zu befreien? Was wird er mit seiner Freiheit anfangen? *Love begins at home*, die Liebe beginnt zu Hause – ist das nicht ein englisches Sprichwort? Statt immer nur fortzulaufen, sollte er für sich eine anständige Frau finden, ihr in die Augen sehen und fragen: *Willst du mich heiraten? Willst du mich heiraten und meinen betagten Vater in unser Heim aufnehmen und treu für ihn sorgen, bis er stirbt? Wenn du diese Bürde auf dich nimmst, verpflichte ich mich, dich zu lieben und dir treu zu sein und eine ordentliche Arbeit zu finden und hart zu arbeiten und mein Geld nach Hause zu bringen und frohen Mutes zu sein und aufzuhören, von den* droewige vlaktes, *den traurigen Ebenen, zu faseln.* Wäre er nur jetzt hier, in der Kerkstraat in Calvinia. Dann könnte sie ihn *raas*, ihm die Meinung geigen: Sie ist in der Stimmung dazu.

Ein Pfiff: Sie dreht sich um. Es ist Lukas, der sich aus dem Autofenster beugt. *Skattie, hoe mompel jy dan nou?*, ruft er lachend. Wie kommt es, dass du Selbstgespräche führst?

Keine weiteren Briefe werden zwischen ihr und ihrem Cousin gewechselt. Und es dauert nicht lange, da haben er und seine Probleme keinen Raum mehr in ihren Gedanken. Inzwischen gibt es drängendere Angelegenheiten. Die Visa, auf die Klaus und Carol gewartet haben, sind genehmigt worden, die Visa für das Gelobte Land. Mit flotter Tüchtigkeit bereiten sie sich auf die Ausreise vor. Einer ihrer ersten Schritte ist, ihre Mutter, die bei ihnen gewohnt hat und die Klaus auch *Ma* nennt, obwohl er eine eigene wunderbare Mutter in Düsseldorf hat, zu ihnen auf die Farm zu bringen.

Sie fahren die 1600 km von Johannesburg in zwölf Stunden, indem sie sich am Steuer des BMW abwechseln. Diese Leistung verschafft Klaus große Befriedigung. Er und Carol haben beide Fahrstunden für Fortgeschrittene absolviert und haben das auch bescheinigt bekommen; sie freuen sich schon auf das Fahren in Amerika, wo die Straßen so viel besser sind als in Südafrika, wenn auch natürlich nicht so gut wie die deutschen Autobahnen.

Ma geht es überhaupt nicht gut; sie, Margot, sieht das, sobald man der alten Frau hinten aus dem Wagen hilft. Ihr Gesicht ist aufgedunsen, sie atmet mühsam, sie klagt über wunde Beine. Letzten Endes liegt das Problem beim Herzen, erklärt Carol; sie hat einen Spezialisten in Johannesburg konsultiert, und Ma muss auf jeden Fall dreimal am Tag eine Reihe von Tabletten nehmen.

Klaus und Carol bleiben über Nacht auf der Farm, dann machen sie sich auf die Rückfahrt in die Stadt. »Sobald es ihr bessergeht, müsst ihr, du und Lukas, uns mit Ma in Amerika besuchen«, sagt Carol. »Wir beteiligen uns an den Flugkosten.« Klaus umarmt sie, küsst sie auf beide Wangen (»Es ist herzlicher so«). Lukas schüttelt er die Hand.

Lukas verabscheut seinen Schwager. Es gibt nicht die geringste Chance, dass Lukas sie in Amerika besuchen wird. Und was Klaus angeht, hat er mit seinem Urteil über Südafrika nie hinterm Berg gehalten. »Ein wunderbares Land«, sagt er, »wunderbare Landschaften, reich an Bodenschätzen, aber viele, viele Probleme. Wie ihr die bewältigen wollt, sehe ich nicht. Meiner Meinung nach werden sich die Zustände verschlimmern, ehe sie besser werden. Aber das ist nur meine Meinung.«

Sie würde ihm gern ins Gesicht spucken, tut es jedoch nicht.

Ihre Mutter kann nicht allein auf der Farm bleiben, während sie und Lukas fort sind, das kommt nicht in Frage. Sie sorgt also dafür, dass ein zweites Bett in ihr Zimmer im Hotel gestellt wird. Es ist unbequem, es bedeutet das Ende aller Privatsphäre für sie, aber es gibt keine andere Lösung. Ihr wird Vollpension für ihre Mutter berechnet, obwohl ihre Mutter wie ein Vögelchen isst.

Die zweite Woche dieser neuen Ordnung ist angebrochen, als eine Reinigungskraft des Hotels ihre Mutter entdeckt, auf einer Couch im leeren Hotelfoyer zusammengesackt, bewusstlos und blau im Gesicht. Sie wird eilig ins Bezirkskrankenhaus gebracht und wiederbelebt. Der diensthabende Arzt schüttelt den Kopf. Ihr Puls ist sehr schwach, sagt er, sie braucht intensivere und speziellere medizinische Versorgung, als sie in Calvinia bekommen kann; Upington käme in Frage, dort gibt es ein anständiges Krankenhaus, aber eine Verlegung nach Kapstadt wäre vorzuziehen.

Innerhalb einer Stunde hat sie, Margot, ihr Büro geschlossen und ist auf dem Weg nach Kapstadt, im beengten Inneren des Krankenwagens sitzend und ihrer Mutter die Hand haltend. Bei ihnen ist eine junge farbige Krankenschwester, die Aletta heißt, deren adrette gestärkte Tracht und fröhliche Art sie sofort beruhigen.

Aletta, stellt sich heraus, wurde nicht weit von hier geboren, in Wuppertal in der Cederberg-Region, wo ihre Eltern immer noch leben. Sie kann gar nicht genau sagen, wie oft sie die Fahrt nach Kapstadt schon gemacht hat. Sie erzählt, wie sie erst vergangene Woche einen Mann aus Loeriesfontein auf schnellstem Weg zum Groote-Schuur-Krankenhaus bringen mussten, zusammen mit drei Fingern auf Eis in einer Kühlbox, Finger, die er bei einem Unfall mit einer Bandsäge verloren hatte.

»Ihrer Mutter wird es gutgehen«, sagt Aletta. »Groote Schuur – nur das Beste.«

In Clanwilliam halten sie, um zu tanken. Der Krankenwagenfahrer, der sogar noch jünger als Aletta ist, hat eine Thermosflasche mit Kaffee mitgebracht. Er bietet ihr, Margot, eine Tasse an, aber sie lehnt dankend ab. »Ich trinke nicht mehr so viel Kaffee«, sagt sie (eine Lüge), »weil er mich nicht schlafen lässt.«

Sie hätte den beiden gern eine Tasse Kaffee im Café spendiert, hätte sich gern mit ihnen in normaler, freundlicher Weise dort niedergelassen, aber natürlich war das nicht möglich, ohne Aufsehen zu erregen. *Lass bald die Zeit kommen, o Herr*, betet sie still für sich, *wo dieser ganze Apartheid-Unfug begraben und vergessen ist.*

Sie nehmen wieder ihre Plätze im Krankenwagen ein. Ihre Mutter schläft. Ihre Gesichtsfarbe hat sich verbessert, sie atmet gleichmäßig unter der Sauerstoffmaske.

»Ich muss Ihnen sagen, wie sehr ich schätze, was Sie und Johannes für uns tun«, sagt sie zu Aletta. Aletta lächelt als Antwort auf das Freundlichste, ohne die geringste Spur von Ironie. Sie hofft, dass ihre Worte im weitesten Sinn verstanden werden, mit all der Bedeutung, die sie nicht ausdrücken kann, weil sie sich einfach schämt: *Ich muss Ihnen sagen, wie dankbar ich für das bin, was Sie und Ihr Kollege für eine alte weiße Frau und ihre Tochter tun, zwei Fremde, die nie etwas für Sie getan haben, sondern im Gegenteil an Ihrer Demütigung im Land Ihrer Geburt teilgehabt haben, Tag für Tag für Tag. Ich bin dankbar für die Lektion, die Sie mir durch Ihr Handeln erteilen, worin ich nur Menschenfreundlichkeit erkenne, und vor allem durch dieses reizende Lächeln, das Sie haben.*

Sie erreichen Kapstadt, als der nachmittägliche Berufsverkehr am dichtesten ist. Obwohl es sich bei ihnen, genau genommen, nicht um einen Notfall handelt, lässt Johannes trotzdem seine Sirene ertönen, während er sich ruhig den Weg durch den Verkehr sucht. Im Krankenhaus folgt sie ihrer Mutter, die in die Notaufnahme gerollt wird. Als sie dann zurückkommt, um Aletta und Johannes zu danken, sind sie schon fort, unterwegs auf der langen Fahrt zurück zum Nordkap.

Wenn ich zurückkomme!, verspricht sie sich und meint damit: *Wenn ich nach Calvinia zurückkomme, werde ich mich darum kümmern, dass ich ihnen persönlich danke!*, aber auch: *Wenn ich zurückkomme, werde ich ein besserer Mensch, das schwöre ich!* Sie denkt auch: *Wer war der Mann aus Loeriesfontein, der drei Finger verloren hat? Sind es nur Weiße, die mit dem Krankenwagen auf schnellstem Weg in ein Krankenhaus gebracht werden – nur das Beste! –, wo gutausgebildete Chirurgen uns die Finger wieder annähen oder uns ein neues Herz geben, wie es der Fall erfordert, und alles zum Nulltarif? Lass es nicht so sein, o Gott, lass es nicht so sein!*

Als sie ihre Mutter wiedersieht, ist sie in einem Einzelzimmer, munter, in einem sauberen weißen Bett, und hat das Nachthemd an, das sie, Margot, sinnvollerweise für sie eingepackt hat. Sie hat nicht mehr diese hektische Röte im Gesicht, kann sogar die Sauerstoffmaske beiseiteschieben und ein paar Worte murmeln: »So ein Aufstand!«

Sie hebt die zarte, eigentlich ziemlich babyhafte Hand ihrer Mutter und drückt sie an ihre Lippen. »Unsinn«, sagt sie. »Jetzt muss sich Ma ausruhen. Ich bin da, wenn Ma mich braucht.« Sie hat vor, die Nacht am Bett ihrer Mutter zu verbringen, aber der diensthabende Arzt bringt sie davon ab. Ihre Mutter ist nicht in Gefahr, sagt er; ihr Zustand wird vom Pflegepersonal kontrolliert; sie bekommt eine Schlaftablette und wird bis morgen früh schlafen. Sie, Margot, die pflichtbewusste Tochter, hat genug durchgemacht, das Beste wäre, wenn sie selbst diese Nacht gut schläft. Ob sie bei jemandem unterkommen könne?

Sie hat einen Cousin in Kapstadt, antwortet sie, sie kann bei ihm übernachten.

Der Arzt ist älter als sie, unrasiert, mit dunklen, müden Augen. Man hat ihr seinen Namen gesagt, aber sie hat ihn nicht verstanden. Vielleicht ist er jüdisch, aber er könnte auch vieles andere sein. Er riecht nach Zigarettenrauch; aus seiner Brusttasche guckt eine blaue Zigarettenpackung. Glaubt sie ihm, als er sagt, dass

521

keine Gefahr für ihre Mutter besteht? Ja, sie glaubt ihm; doch sie war immer geneigt, Ärzten zu vertrauen, zu glauben, was sie sagen, auch wenn sie weiß, dass sie bloß raten; daher misstraut sie ihrem Vertrauen.

»Sind Sie absolut sicher, dass keine Gefahr besteht, Herr Doktor?«, fragt sie.

Er nickt müde. Absolut, also wirklich! Was bedeutet *absolut* in menschlichen Angelegenheiten? »Damit Sie sich um Ihre Mutter kümmern können, müssen Sie sich um sich selbst kümmern«, sagt er.

Sie spürt, wie ihr die Tränen in die Augen steigen, auch Selbstmitleid steigt in ihr auf. *Kümmern Sie sich um uns beide!*, möchte sie bitten. Sie würde gern diesem fremden Mann in die Arme fallen, um gehalten und getröstet zu werden. »Ich danke Ihnen, Herr Doktor«, sagt sie.

Lukas ist irgendwo im Nordkap auf der Landstraße, kann nicht erreicht werden. Sie ruft ihren Cousin John von einem öffentlichen Telefon aus an. »Ich komme und hole dich sofort ab«, sagt John. »Bleib bei uns, solange du willst.«

Es ist Jahre her, dass sie das letzte Mal in Kapstadt gewesen ist. Sie ist nie in Tokai gewesen, dem Vorort, wo er mit seinem Vater wohnt. Ihr Haus hockt hinter einem hohen Holzzaun, der stark nach Fäulnis und Maschinenöl riecht. Die Nacht ist dunkel, der Weg vom Tor zum Haus unbeleuchtet; er fasst sie unter, um sie zu führen. »Lass dich warnen«, sagt er, »es ist alles ziemlich unordentlich.«

An der Haustür erwartet sie ihr Onkel. Er begrüßt sie zerstreut; er ist auf eine Art aufgeregt, die sie von den Coetzees gewohnt ist, redet schnell, fährt sich mit den Fingern durchs Haar. »Ma geht es gut«, beruhigt sie ihn, »es war nur ein vorübergehender Anfall.« Aber er will lieber nicht beruhigt werden, ihm ist nach Drama zumute.

John führt sie im Haus herum. Es ist klein und schlecht beleuchtet; es riecht nach feuchter Zeitung und gebratenem Schinkenspeck. Wenn sie hier das Sagen hätte, würde sie die tristen Vorhänge entfernen und sie durch etwas Helleres und Farbenfreudigeres ersetzen; aber natürlich hat sie in dieser Männerwelt nicht das Sagen.

Er zeigt ihr das Zimmer, das für sie gedacht ist. Ihr wird das Herz schwer. Der Teppich ist voller Flecken, die wie Ölflecken aussehen. An der Wand steht ein niedriges Einzelbett, und daneben ist ein Schreibtisch, auf dem sich Bücher und Papiere in wildem Durcheinander türmen. Von der Decke herab kommt das grelle Licht der gleichen Art von Neonlampe, die sie im Hotelbüro hatten, ehe sie dafür sorgte, dass sie wegkam.

Alles hier scheint die gleiche Färbung zu haben: ein Braun, das einerseits zu einem Schmutziggelb tendiert und andererseits zu einem schmuddeligen Grau. Sie bezweifelt, dass im Haus in den letzten Jahren saubergemacht, ordentlich saubergemacht, wurde.

Normalerweise ist das sein Schlafzimmer, erklärt John. Er hat die Bettwäsche gewechselt; er wird für sie zwei Schrankfächer leeren. Auf der anderen Seite des Korridors befinden sich die sanitären Einrichtungen.

Sie erkundet die sanitären Einrichtungen. Das Bad ist schmutzig, die Toilette fleckig und riecht nach altem Urin.

Seit sie in Calvinia losgefahren ist, hat sie nichts gegessen außer einem Schokoriegel. Sie hat großen Hunger. John bietet ihr an, was er französischen Toast nennt, Weißbrot, mit Ei getränkt und gebraten, und sie isst davon drei Scheiben. Er gibt ihr auch Tee mit Milch, die sich als sauer erweist (sie trinkt sie trotzdem).

Ihr Onkel kommt in die Küche geschlichen und trägt ein Pyjama-Oberteil zu seinen Hosen. »Ich sage jetzt gute Nacht, Margie«, sagt er. »Schlaf gut, ohne dass ein Floh dir was tut.« Seinem Sohn sagt er nicht gute Nacht. Seinem Sohn begegnet er merklich vorsichtig. Haben sie sich gestritten?

»Ich bin unruhig«, sagt sie zu John. »Wollen wir einen Spaziergang machen? Ich bin den ganzen Tag hinten in einem Krankenwagen eingesperrt gewesen.«

Er nimmt sie mit auf einen Streifzug durch die hell erleuchteten Straßen des Vororts Tokai. Die Häuser, an denen sie vorbeikommen, sind alle größer und besser als das seine. »Vor nicht allzu langer Zeit war das hier Ackerland«, erklärt er.

»Dann wurde es aufgeteilt und in Parzellen verkauft. Unser Haus war einmal die Behausung eines Landarbeiters. Deshalb ist es so schludrig gebaut. Alles ist undicht: das Dach, die Wände. Ich verbringe meine ganze Freizeit mit Reparaturarbeiten. Ich bin wie der Junge mit dem Finger im Deich.«

»Ja, ich fange an, die Vorzüge von Merweville zu sehen. In Merweville regnet es zumindest nicht. Aber warum willst du nicht hier in der Kapregion ein besseres Haus kaufen? Schreib ein Buch. Schreib einen Bestseller. Verdiene viel Geld.«

Es ist nur ein Scherz, aber er entscheidet sich, es ernst zu nehmen. »Ich wüsste nicht, wie man einen Bestseller schreibt«, sagt er. »Ich weiß nicht genug über die Menschen und das von ihnen erträumte Leben. Und überhaupt bin ich nicht für dieses Schicksal gemacht.«

»Welches Schicksal?«

»Das Schicksal, ein reicher und erfolgreicher Autor zu sein.«

»Und für welches Schicksal bist du gemacht?«

»Für genau das, was ich jetzt habe. Für das Leben mit einem alternden Vater in einem Haus mit undichtem Dach in den weißen Vororten.«

»Das ist nur einfältiges, *slap* Gerede. Aus dir spricht der Coetzee. Du könntest dein Schicksal morgen ändern, wenn du es wirklich wollen würdest.«

Die Hunde in der Nachbarschaft reagieren nicht freundlich auf Fremde, die nachts durch die Straßen streifen und sich streiten. Das vielstimmige Gebell schwillt mächtig an.

»Ich wünschte, du könntest dich selbst hören, John«, macht sie weiter. »Du redest einen solchen Unsinn! Wenn du dich nicht zusammenreißt, wirst du zu einem griesgrämigen Alten, der nur in seinem Winkel allein gelassen werden will. Lass uns umkehren. Ich muss zeitig aufstehen.«

Sie schläft schlecht auf der unbequemen, harten Matratze. Vor dem ersten Tageslicht ist sie auf, kocht Kaffee und macht Toast für sie drei. Um sieben sind sie unterwegs zum Groote-Schuur-Krankenhaus, im Fahrerhaus des Datsun zusammengedrängt.

Sie lässt Jack und seinen Sohn im Wartezimmer zurück, kann aber dann ihre Mutter nicht finden. Ihre Mutter hat während der Nacht einen Anfall gehabt, wird ihr im Schwesternzimmer mitgeteilt, und befindet sich wieder auf der Intensivstation. Sie, Margot, solle sich wieder ins Wartezimmer begeben, wo ein Arzt mit ihr sprechen wird.

Sie kehrt zu Jack und John zurück. Das Wartezimmer füllt sich bereits. Eine fremde Frau sitzt zusammengesunken auf einem Stuhl ihnen gegenüber. Um den Kopf hat sie einen blutgetränkten Wollpullover geknotet, so dass er ein Auge bedeckt. Sie trägt einen knappen Rock und Gummisandalen; sie riecht nach modriger Bettwäsche und süßem Wein; sie stöhnt leise vor sich hin.

Sie versucht ihr Möglichstes, sie nicht anzustarren, doch die Frau ist auf Streit aus. »*Waarna loer jy?*«, faucht sie: Was glotzt du so? »*Jou moer!*«

Sie blickt zu Boden und zieht sich in Schweigen zurück. Ihre Mutter wird, wenn sie es erlebt, nächsten Monat achtundsechzig. Achtundsechzig untadelige Jahre, untadelig und zufrieden. Alles in allem eine gute Frau: eine gute Mutter, eine gute Ehefrau von der zerstreuten, aufgeregten Sorte. Männern fällt es leicht, diese Art von Frauen zu lieben, weil sie so deutlich Schutz nötig haben. Und nun ist sie an diesen scheußlichen Ort geraten! *Jou moer!* – schmutzige Sprache. Sie muss ihre Mutter hier rausholen, sobald es geht, und in ein privates Krankenhaus bringen, koste es, was es wolle.

Mein kleines Vögelchen, so hat sie ihr Vater genannt: *my tortelduifie*, mein kleines Täubchen. Ein Vögelchen von der Art, das seinen Käfig lieber nicht verlässt. Als sie, Margot, heranwuchs, kam sie sich groß und ungraziös neben ihrer Mutter vor. *Wer wird mich jemals lieben?*, hatte sie sich gefragt. *Wer wird mich jemals sein kleines Täubchen nennen?*

Jemand tippt ihr auf die Schulter. »Mrs Jonker?« Eine frische junge Schwester. »Ihre Mutter ist wach, sie fragt nach Ihnen.«

»Kommt«, sagt sie. Jack und John folgen ihr.

Ihre Mutter ist bei Bewusstsein, sie ist ruhig, so ruhig, dass sie etwas entrückt wirkt. Die Sauerstoffmaske ist durch einen Schlauch in die Nase ersetzt worden. Ihre Augen haben ihre Farbe verloren, haben sich in flache graue Kiesel verwandelt.

»Margie?«, flüstert sie.

Sie drückt ihre Lippen auf die Stirn ihrer Mutter. »Ich bin hier, Ma«, sagt sie.

Der Arzt kommt herein, derselbe Arzt wie vorher, mit den dunkel umrandeten Augen. *Kiristany* meldet das Schild an seinem Mantel. Er hatte gestern Nachmittag Dienst, und er hat heute Morgen immer noch Dienst.

Ihre Mutter hat einen Herzanfall gehabt, sagt Doktor Kiristany, ist aber jetzt stabil. Sie ist sehr schwach. Ihr Herz wird elektrisch stimuliert.

»Ich möchte meine Mutter in ein privates Krankenhaus verlegen«, sagt sie zu ihm, »wo es ruhiger ist als hier.«

Er schüttelt den Kopf. Unmöglich, sagt er. Er kann sein Einverständnis dazu nicht geben. Vielleicht in ein paar Tagen, wenn sie Fortschritte macht.

Sie tritt zurück. Jack beugt sich über seine Schwester und murmelt etwas, was sie nicht versteht. Ihre Mutter hat die Augen offen, ihre Lippen bewegen sich, sie scheint etwas zu erwidern.

Zwei alte Leute, zwei Unschuldige, in der alten Zeit geboren, fehl am Platz an dem lauten, zornigen Ort, zu dem dieses Land geworden ist.

»John?«, sagt sie. »Möchtest du mit Ma sprechen?«

Er schüttelt den Kopf. »Sie würde mich nicht erkennen«, sagt er.

[Schweigen.]

Und?

Das ist das Ende.

Das Ende? Aber warum hier aufhören?

Das scheint eine gute Stelle. *Sie würde mich nicht erkennen*: eine gute Zeile.

[Schweigen.]

Nun, wie lautet Ihr Urteil?

Mein Urteil? Ich verstehe immer noch nicht: Wenn das ein Buch über John ist, warum nehmen Sie dann so viel über mich mit auf? Wer will denn etwas über mich lesen – über mich und Lukas und meine Mutter und Carol und Klaus?

Sie gehörten zu Ihrem Cousin. Er gehörte zu Ihnen. Das ist doch ganz offensichtlich. Meine Frage ist, ob es so, wie es ist, stehen bleiben kann?

Nein, nicht so, wie es ist. Ich möchte es noch einmal durchgehen, wie Sie versprochen haben.

Die Interviews wurden in Somerset West, Südafrika, geführt, im Dezember 2007 und Juni 2008.

◆ Adriana ◆

Senhora Nascimento, Sie *sind gebürtige Brasilianerin, doch Sie haben mehrere Jahre in Südafrika verbracht. Wie kam das?*

Wir sind von Angola nach Südafrika gekommen, mein Mann und ich und unsere beiden Töchter. In Angola hat mein Mann für eine Zeitung gearbeitet, und ich hatte eine Stelle beim Nationalballett. Aber 1973 rief die Regierung den Notstand aus und schloss seine Zeitung. Sie wollten ihn auch zur Armee einziehen – sie haben alle Männer unter fünfundvierzig eingezogen, sogar die, die keine Staatsbürger waren. Wir konnten nicht nach Brasilien zurück, es war immer noch zu gefährlich, wir sahen für uns keine Zukunft in Angola, deshalb gingen wir fort, wir fuhren per Schiff nach Südafrika. Wir waren nicht die Ersten, die das taten, oder die Letzten.

Und warum Kapstadt?

Warum Kapstadt? Es gab keinen besonderen Grund außer dem, dass wir dort einen Verwandten hatten, einen Cousin meines Mannes, der ein Obst-und-Gemüse-Geschäft besaß. Nach unserer Ankunft wohnten wir bei ihm und seiner Familie, es war für alle schwierig, neun Menschen in drei Zimmern, während wir auf unsere Aufenthaltserlaubnis warteten. Dann fand mein Mann eine Arbeit als Wachmann, und wir konnten in eine eigene Wohnung ziehen. Das war in einem Ort, der Epping hieß. Einige Monate danach, kurz vor der Katastrophe, die alles zerstörte, zogen wir wieder um, nach Wynberg, um näher an der Schule der Kinder zu sein.

Auf welche Katastrophe spielen Sie an?

Mein Mann arbeitete in der Nachtschicht als Wachmann eines Lagerhauses in Hafennähe. Er war der einzige Wachmann. Es gab einen Raubüberfall – eine Bande brach ein. Sie griffen ihn an, mit einer Axt. Vielleicht war es eine Machete, aber wahrscheinlich war es eher eine Axt. Eine Seite seines Gesichts wurde zertrümmert. Es fällt mir immer noch schwer, darüber zu sprechen. Eine Axt. Einen Mann mit einer Axt ins Gesicht zu schlagen, weil er seine Arbeit macht. Ich kann es nicht begreifen.

Was ist mit ihm geschehen?

Er hatte Gehirnverletzungen. Er ist gestorben. Es hat lange gedauert, beinahe ein Jahr, aber er ist gestorben. Es war furchtbar.

Das tut mir leid.

Ja. Eine gewisse Zeit lang hat die Firma, für die er gearbeitet hat, seinen Lohn weitergezahlt. Dann kam kein Geld mehr. Sie seien nicht mehr für ihn verantwortlich, sagten sie, die Sozialfürsorge sei für ihn verantwortlich. Sozialfürsorge! Die Sozialfürsorge hat uns nie einen Cent gegeben. Meine ältere Tochter musste von der Schule abgehen. Sie nahm einen Job als Verpackerin im Supermarkt an. Sie verdiente 120 Rand pro Woche. Ich sah mich ebenfalls nach Arbeit um, doch ich konnte keine Stelle in einem Ballett finden, man war an meiner Art von Ballett nicht interessiert, deshalb musste ich Unterricht in einem Tanzstudio geben. Lateinamerikanische Tänze. Lateinamerikanische Tänze waren damals in Südafrika populär. Maria Regina ging weiter zur Schule.

Bis zum Abitur musste sie noch das Jahr zu Ende machen und ein weiteres absolvieren. Maria Regina, meine jüngere Tochter. Ich wollte, dass sie ihr Zeugnis bekam und nicht ihrer Schwester in den Supermarkt folgte und für den Rest ihres Lebens Büchsen in Regale stellte. Sie war die Intelligente. Sie liebte Bücher.

In Luanda hatten mein Mann und ich uns bemüht, bei Tisch ein wenig Englisch zu sprechen, auch ein wenig Französisch, nur um den Mädchen nahezubringen, dass Angola nicht die ganze Welt war, doch sie profitierten nicht wirklich davon. In Kapstadt war Englisch das schwächste Schulfach von Maria Regina. Deshalb meldete ich sie für zusätzliche Englischstunden an. Die Schule veranstaltete diese zusätzlichen Unterrichtsstunden an den Nachmittagen für Kinder wie sie, für Neuankömmlinge. Damals hörte ich zum ersten Mal von Mr Coetzee, dem Mann, an dem Sie interessiert sind, der, wie sich herausstellte, nicht einer der fest angestellten Lehrer war, nein, ganz und gar nicht, sondern der von der Schule bezahlt wurde, um diesen zusätzlichen Unterricht zu geben.

Dieser Mr Coetzee hört sich für mich wie ein Afrikaaner an, sagte ich zu Maria Regina. Kann sich deine Schule keinen ordentlichen Englischlehrer leisten? Ich möchte, dass du ein ordentliches Englisch lernst, von einem Engländer.

Afrikaaner konnte ich nie leiden. In Angola sahen wir viele von ihnen, die für die Bergwerke arbeiteten oder als Söldner in der Armee dienten. Sie behandelten die Schwarzen wie Dreck. Das gefiel mir nicht. In Südafrika eignete sich mein Mann etwas Afrikaans an – das musste er, beim Sicherheitsdienst arbeiteten nur Afrikaaner –, aber ich meinerseits mochte mir die Sprache nicht einmal anhören. Gott sei Dank zwang die Schule die Mädchen nicht, Afrikaans zu lernen, das wäre zu viel gewesen.

Mr Coetzee ist kein Afrikaaner, sagte Maria Regina. Er hat einen Bart. Er schreibt Gedichte.

Auch Afrikaaner können Bärte haben, sagte ich ihr, man braucht keinen Bart, um Gedichte zu schreiben. Ich möchte mir diesen Mr Coetzee selbst ansehen, mir gefällt nicht, wie sein Name klingt. Sag ihm, er soll uns besuchen kommen und Tee mit uns trinken und zeigen, dass er ein ordentlicher Lehrer ist. Was sind das für Gedichte, die er schreibt?

Maria Regina begann, unruhig zu werden. Sie war in einem Alter, in dem Kinder nicht möchten, dass man sich in ihr Schulleben einmischt. Doch ich habe ihr gesagt, solange ich für zusätzliche Unterrichtsstunden bezahle, mische ich mich so viel ein, wie ich will. Was für Gedichte schreibt dieser Mann?

Weiß ich nicht, sagte sie. Er lässt uns Gedichte aufsagen. Er lässt sie uns auswendig lernen.

Was lässt er euch auswendig lernen?, fragte ich. Sag es mir.

Keats, sagte sie.

Was ist Keats?, fragte ich (ich hatte noch nie von Keats gehört, ich kannte keinen von jenen alten englischen Dichtern, wir beschäftigten uns nicht mit ihnen, als ich zur Schule ging).

Ein dumpfer Traum verstört den Sinn, deklamierte Maria Regina, als hätt vom Schierling ich getrunken. Schierling ist Gift. Es greift dein Nervensystem an.

Das lässt euch dieser Mr Coetzee lernen?, sagte ich.

Es steht im Buch, sagte sie. Es ist eins von den Gedichten, die wir für die Prüfung lernen müssen.

Meine Töchter beschwerten sich ständig, ich sei zu streng zu ihnen. Doch ich habe nie nachgegeben. Nur indem ich wie ein Habicht über sie wachte, konnte ich sie vor Schwierigkeiten in diesem seltsamen Land bewahren, wo sie nicht zu Hause waren, auf einem Kontinent, in den wir nie hätten kommen sollen. Joana war leichter lenkbar, Joana war das gute Mädchen, die Ruhige. Maria Regina war leichtsinniger, eher bereit, mich herauszufordern. Ich musste bei Maria Regina die Zügel fest in der Hand halten, Maria mit ihren Gedichten und ihren romantischen Träumen.

Es ging um die Einladung, wie man auf korrekte Art für den Lehrer der Tochter eine Einladung formuliert, ihrem Elternhaus einen Besuch abzustatten und Tee zu trinken. Ich sprach mit Marios Cousin, aber er war keine Hilfe. Am Ende musste ich die Empfangsdame im Tanzstudio bitten, den Brief für mich zu schreiben. »Lieber Mr Coetzee«, schrieb sie, »ich bin die Mutter von Maria Regina Nascimento, die Ihren Englischunterricht besucht. Sie werden zum Tee in unserer Wohnung« – nun folgte die Adresse – »an dem und dem Tag zu der und der Stunde gebeten. Für eine Fahrgelegenheit von der Schule wird gesorgt. Um Rückantwort wird gebeten. Adriana Teixeira Nascimento.«

Mit Fahrgelegenheit meinte ich Manuel, den ältesten Sohn von Marios Cousin, der gewöhnlich Maria Regina nachmittags in seinem Lieferwagen mitnahm, wenn er fertig mit seinen Auslieferungen war. Er konnte leicht auch den Lehrer mitnehmen.

Mario war Ihr Mann.

Mario. Mein Mann, der gestorben ist.

Fahren Sie bitte fort. Ich wollte nur sichergehen.

Mr Coetzee war die erste Person, die in unsere Wohnung eingeladen wurde – die erste abgesehen von Marios Familie. Er war nur ein Lehrer – wir kannten viele Lehrer in Luanda und vor Luanda in São Paulo, ich hatte keine besondere Hochachtung vor ihnen –, doch für Maria Regina und sogar für Joana waren Lehrer und Lehrerinnen Götter und Göttinnen, und ich sah keinen Grund, warum ich ihnen die Illusion rauben sollte. Am Abend vor seinem Besuch buken die Mädchen einen Kuchen und überzogen ihn mit Zuckerguss und versahen ihn sogar mit einem Schriftzug (sie wollten »Willkommen, Mr Coetzee« daraufschreiben, doch ich brachte sie dazu, »St. Bonaventure 1974« zu schreiben). Sie buken auch Bleche voll mit den kleinen Keksen, die wir in Brasilien *brevidades* nennen.

Maria Regina war ganz aufgeregt. *Komm, bitte, bitte, früher nach Hause!*, hörte ich sie ihre Schwester bedrängen. *Sag deinem Abteilungsleiter, dass du dich nicht wohl fühlst!* Aber dazu war Joana nicht bereit. Es geht nicht so einfach, dass man sich freinimmt, sagte sie, sie kürzen dir den Lohn, wenn du nicht bis zum Schichtende arbeitest.

Manuel brachte also Mr Coetzee zu uns in die Wohnung, und ich sah sofort, dass er kein Gott war. Er musste Anfang dreißig sein, schätzte ich, schlecht angezogen, mit unvorteilhafter Frisur und einem Bart, den er nicht hätte tragen sollen, sein Bart war zu dünn. Er machte auch sofort auf mich den Eindruck, ich weiß nicht, warum, als sei er *célibataire*. Damit meine ich nicht einfach unverheiratet, sondern auch zur Ehe ungeeignet, wie ein Mann, der sein Leben lang Priester gewesen ist und seine Männlichkeit verloren hat und für Frauen untauglich geworden ist. Seine Haltung war auch nicht gut (ich gebe meine ersten Eindrücke wieder). Er wirkte verlegen, als wolle er gleich wieder fort. Er hatte nicht gelernt, seine Gefühle zu verbergen, was doch der erste Schritt zu zivilisiertem Benehmen ist.

»Wie lange sind Sie schon Lehrer, Mr Coetzee?«, fragte ich. Er wand sich auf seinem Sitz, sagte etwas, an das ich mich nicht erinnere, über Amerika, dass er Lehrer in Amerika gewesen sei. Dann kam nach weiteren Fragen heraus, dass er vor dieser Schule eigentlich noch nie in einer Schule unterrichtet hatte und – was noch schlimmer ist – nicht einmal eine Lehrbefähigung als Lehrer hatte. Natürlich war ich überrascht.

»Wenn Sie keine Lehrbefähigung haben, wie kommt es dann, dass Sie Maria Reginas Lehrer sind?«, sagte ich. »Das verstehe ich nicht.«

Die Antwort, die auch erst mühsam aus ihm herausgeholt werden musste, war, dass es den Schulen gestattet war, für Fächer wie

Musik und Ballett und Fremdsprachen Personen einzustellen, die keinen Abschluss hatten oder zumindest keinen Befähigungsnachweis. Diese Personen ohne Abschluss bekamen kein Gehalt wie richtige Lehrer, stattdessen wurden sie von der Schule mit dem Geld bezahlt, das von Eltern wie mir eingesammelt wurde.

»Aber Sie sind kein Engländer«, sagte ich. Diesmal war es keine Frage, es war eine Anklage. Hier war er, eingestellt, um Englisch zu unterrichten, bezahlt mit meinem Geld und Joanas Geld, doch er war kein Lehrer und obendrein war er Afrikaaner, kein Engländer.

»Ich stimme Ihnen zu, dass ich kein Engländer von Geburt bin«, sagte er. »Dennoch habe ich seit früher Kindheit Englisch gesprochen und habe Hochschulexamen in Englisch abgelegt und glaube daher, dass ich Englisch unterrichten kann. Am Englischen ist nichts Besonderes. Es ist nur eine Sprache unter vielen.«

Das hat er gesagt. Englisch ist nur eine Sprache unter vielen.

»Meine Tochter soll nicht wie ein Papagei sein, der die Sprachen vermischt, Mr Coetzee«, sagte ich. »Ich möchte, dass sie richtig Englisch spricht, mit einem richtigen englischen Akzent.«

Zum Glück für ihn kam in diesem Augenblick Joana nach Hause. Damals war Joana schon zwanzig, doch in der Gegenwart eines Mannes war sie immer noch schüchtern. Verglichen mit ihrer Schwester, war sie keine Schönheit – sehen Sie, hier ist ein Schnappschuss von ihr mit ihrem Mann und ihren kleinen Jungen, er wurde irgendwann gemacht, nachdem wir wieder nach Brasilien gezogen sind, Sie sehen selbst, keine Schönheit, die ganze Schönheit ging an ihre Schwester –, aber sie war ein gutes Mädchen, und ich habe immer gewusst, dass sie einmal eine gute Ehefrau werden würde.

Joana kam in das Zimmer, wo wir saßen, sie trug noch ihren Regenmantel (ich erinnere mich an diesen langen Regenmantel, den sie hatte). »Meine Schwester«, sagte Maria Regina, als wolle sie erklären, wer diese neue Person war, statt sie vorzustellen. Joana sagte nichts, sah nur schüchtern aus, und Mr Coetzee, der Lehrer, warf beinah den Kaffeetisch um beim Versuch, sich zu erheben.

Warum ist Maria Regina verschossen in diesen Tölpel? Was sieht sie in ihm? Diese Frage stellte ich mir. Es war leicht zu erraten, was ein einsamer *célibataire* in meiner Tochter sehen mochte, die sich zu einer echten dunkeläugigen Schönheit entwickelte, obwohl sie noch immer ein Kind war, doch was brachte sie dazu, für diesen Mann Gedichte auswendig zu lernen, etwas, was sie für keinen ihrer anderen Lehrer getan hatte?

Hatte er ihr vielleicht Worte zugeflüstert, die ihr den Kopf verdreht hatten? War das die Erklärung? Ging zwischen den beiden etwas vor, was sie vor mir verborgen hielt?

Wenn sich nun dieser Mann für Joana interessierte, wäre das eine andere Sache. Joana hat vielleicht keinen Sinn für Poesie, doch zumindest steht sie mit beiden Beinen fest auf der Erde.

»Joana arbeitet dieses Jahr bei Clicks«, sagte ich. »Um die Praxis kennenzulernen. Nächstes Jahr wird sie ein Management-Training machen. Um Abteilungsleiterin zu werden.«

Mr Coetzee nickte abwesend. Joana sagte gar nichts.

»Zieh deinen Mantel aus, mein Kind«, sagte ich, »und trink eine Tasse Tee.« Wir tranken normalerweise keinen Tee, wir tranken Kaffee. Joana hatte einen Tag vorher eine Packung Tee für unseren Gast mit nach Hause gebracht, Earl Grey hieß der, sehr englisch, aber nicht sehr angenehm, ich fragte mich, was wir mit dem Rest der Packung machen sollten.

»Mr Coetzee kommt von der Schule«, wiederholte ich für Joana, als ob sie das nicht wüsste. »Er erzählt uns, dass er kein Engländer ist, aber trotzdem der Englischlehrer.«

»Ich bin, um genau zu sein, nicht der Englischlehrer«, schaltete sich Mr Coetzee ein, an Joana gewandt. »Ich bin der Lehrer für zusätzliche Englischstunden. Das heißt, die Schule hat mich angestellt, um Schülern, die Schwierigkeiten mit dem Englischen haben, zu helfen. Ich versuche, ihnen durch die Prüfungen zu helfen. Deshalb bin ich eine Art Vorbereitungslehrer fürs Examen. Das wäre eine bessere Bezeichnung für das, was ich tue, ein besserer Name für mich.«

»Müssen wir über die Schule reden?«, sagte Maria Regina. »Das ist so langweilig.«

Aber worüber wir sprachen, war überhaupt nicht langweilig. Unangenehm vielleicht für Mr Coetzee, aber nicht langweilig. »Fahren Sie fort«, sagte ich zu ihm und ignorierte sie.

»Ich habe nicht vor, für den Rest meines Lebens Vorbereitungslehrer fürs Examen zu sein«, sagte er. »Es ist etwas, was ich gegenwärtig mache, um meinen Lebensunterhalt zu verdienen, und wofür ich zufällig qualifiziert bin. Aber es ist nicht meine Berufung. Es ist nicht das, wozu ich auf die Welt gekommen bin.«

Wozu ich auf die Welt gekommen bin. Es wurde immer seltsamer.

»Wenn Sie möchten, dass ich meine Philosophie des Lehrens erkläre, kann ich das tun«, sagte er. »Sie ist recht kurz, kurz und einfach.«

»Gut«, sagte ich, »lassen Sie uns Ihre kurze Philosophie hören.«

»Was ich meine Philosophie des Lehrens nenne, ist eigentlich eine Philosophie des Lernens. Sie stammt von Platon, etwas abgewandelt. Bevor wahres Lernen stattfinden kann, glaube ich, muss es im Herzen der Schülerin eine gewisse Sehnsucht nach der Wahrheit geben, ein gewisses Feuer. Die wahre Schülerin brennt darauf, zu wissen. Im Lehrer erkennt oder begreift sie denjenigen, der der Wahrheit nähergekommen ist als sie. Es verlangt sie so sehr nach der Wahrheit, die im Lehrer verkörpert ist, dass sie bereit ist, ihr altes Selbst zu verbrennen, um sie zu erlangen. Der Lehrer seinerseits erkennt und ermutigt das Feuer in der Schülerin und reagiert darauf, indem er mit noch hellerem

Licht brennt. So erheben sich die beiden zusammen in eine höhere Sphäre. Sozusagen.«

Er hielt lächelnd inne. Nun hatte er gesagt, was er zu sagen hatte und wirkte entspannter. *Was für ein seltsamer, eitler Mann!*, dachte ich. *Ihr altes Selbst zu verbrennen! Welchen Unfug er von sich gibt! Gefährlichen Unfug noch dazu! Stammt von Platon! Macht er sich über uns lustig?* Aber Maria Regina beugte sich vor, bemerkte ich, und verschlang sein Gesicht mit den Augen. Maria Regina glaubte nicht, dass er scherzte. *Das ist nicht gut!*, sagte ich mir.

»Das klingt für mich nicht wie Philosophie, Mr Coetzee«, sagte ich, »es klingt wie etwas anderes, ich werde nicht sagen, was, weil Sie unser Gast sind. Maria, du kannst jetzt den Kuchen holen. Joana, sei ihr behilflich; und zieh den Regenmantel aus. Meine Töchter haben gestern Abend zu Ehren Ihres Besuchs einen Kuchen gebacken.«

Sobald die Mädchen aus dem Zimmer waren, kam ich zum Kern der Sache und sprach leise, damit sie es nicht hörten.

»Maria ist noch ein Kind, Mr Coetzee. Ich bezahle für sie, damit sie Englisch lernt und ein gutes Zeugnis bekommt. Ich bezahle Sie nicht, damit Sie mit ihren Gefühlen spielen. Verstehen Sie?« Die Mädchen kamen mit ihrem Kuchen wieder.

»Verstehen Sie?«, wiederholte ich.

»Wir lernen, was wir am innigsten zu lernen wünschen«, erwiderte er. »Maria möchte lernen – nicht wahr, Maria?«

Maria errötete und setzte sich.

»Maria möchte lernen«, wiederholte er, »und sie macht gute Fortschritte. Sie hat ein Gespür für Sprachen. Vielleicht wird sie eines Tages Schriftstellerin. Was für ein prachtvoller Kuchen!«

»Es ist gut, wenn ein Mädchen backen kann«, sagte ich, »aber es ist noch besser, wenn sie ein gutes Englisch sprechen kann und gute Zensuren in ihrer Englischprüfung bekommt.«

»Gute Vortragsweise, gute Zensuren«, sagte er. »Ich verstehe Ihre Wünsche vollkommen.«

Als er sich verabschiedet hatte, als die Mädchen zu Bett gegangen waren, setzte ich mich hin und schrieb ihm einen Brief in meinem schlechten Englisch, ich konnte es nicht ändern, es war kein Brief, den meine Freundin im Tanzstudio sehen sollte.

Werter Mr Coetzee, schrieb ich, *ich wiederhole noch einmal, was ich Ihnen bei Ihrem Besuch gesagt habe. Sie sind beauftragt, meine Tochter in Englisch zu unterrichten, nicht, mit ihren Gefühlen zu spielen. Sie ist ein Kind, Sie sind ein erwachsener Mann. Wenn Sie den Wunsch haben, Ihre Gefühle zu offenbaren, dann tun Sie das außerhalb des Klassenzimmers. Hochachtungsvoll, ATN.*

Das habe ich gesagt. Es ist vielleicht nicht das, was Sie auf Englisch sagen, aber so sagen wir auf Portugiesisch – Ihre Übersetzerin wird das verstehen. *Offenbaren Sie Ihre Gefühle außerhalb des Klassenzimmers* – das war keine Einladung an ihn, mir nachzustellen, es war eine Warnung an ihn, er solle nicht meiner Tochter nachstellen.

Ich steckte den Brief in einen Umschlag und klebte ihn zu und schrieb seinen Namen darauf, *Mr Coetzee*, und am Montagmorgen steckte ich ihn in Maria Reginas Tasche. »Gib ihn Mr Coetzee«, sagte ich, »gib ihm den Brief persönlich.«

»Was ist das für ein Brief?«, fragte Maria Regina.

»Es ist eine Mitteilung von einer Mutter an den Lehrer ihrer Tochter, er ist nicht für deine Augen bestimmt. Geh jetzt, oder du verpasst noch deinen Bus.«

Natürlich war das ein Fehler von mir, ich hätte nicht sagen sollen: *Er ist nicht für deine Augen bestimmt.* Maria Regina war über das Alter hinaus, in dem man gehorcht, wenn die Mutter etwas befiehlt. Sie war über das Alter hinaus, aber ich wusste es noch nicht. Ich lebte in der Vergangenheit.

»Hast du Mr Coetzee den Brief gegeben?«, fragte ich, als sie nach Hause kam.

»Ja«, sagte sie, mehr nicht. Ich dachte nicht, dass ich fragen sollte: *Hast du ihn heimlich geöffnet und ihn gelesen, ehe du ihn deinem Lehrer gegeben hast?*

Am nächsten Tag brachte Maria Regina zu meiner Überraschung eine Mitteilung von diesem Lehrer, keine Antwort auf meine Mitteilung, sondern eine Einladung: Ob wir drei Lust hätten, mit ihm und seinem Vater einen Ausflug mit Picknick zu machen? Zuerst wollte ich ablehnen. »Denk doch mal nach«, sagte ich zu Maria Regina: »Möchtest du wirklich, dass deine Schulfreundinnen den Eindruck bekommen, du wärst der Liebling des Lehrers? Möchtest du wirklich, dass sie hinter deinem Rücken tratschen?« Aber das machte ihr nichts aus, sie *wollte* der Liebling des Lehrers sein. Sie bedrängte mich, sie bedrängte mich, die Einladung anzunehmen, und Joana unterstützte sie, da sagte ich schließlich ja.

Es herrschte nun mächtig viel Aufregung zu Hause, es wurde mächtig viel gebacken, und Joana brachte auch Verschiedenes aus dem Geschäft mit, so dass wir, als Mr Coetzee uns am Sonntagmorgen abholte, einen ganzen Korb mit Kuchen und Keksen und Süßigkeiten dabeihatten, genug, um eine Armee zu verköstigen.

Er holte uns nicht mit einem Auto ab, er hatte kein Auto, nein, er kam mit einem Kleinlaster von der Art, die hinten eine offene Ladefläche haben, die wir in Brasilien *caminhonete* nennen. Die Mädchen mussten also in ihren hübschen Sachen hinten beim Feuerholz sitzen, während ich vorn bei ihm und seinem Vater saß.

Das war das einzige Mal, dass ich seinem Vater begegnet bin. Sein Vater war schon ziemlich alt und wackelig, und seine Hände zitterten. Ich dachte, dass er vielleicht zitterte, weil er plötzlich neben einer fremden Frau saß, doch später sah ich, dass seine Hände die ganze Zeit über zitterten. Als er uns vorgestellt wurde, begrüßte er uns sehr freundlich, sehr höflich, aber danach blieb er stumm. Die ganze Fahrt über sprach er nicht, nicht mit mir, auch nicht mit seinem Sohn. Ein sehr stiller Mann, sehr bescheiden oder vielleicht einfach verängstigt.

Wir fuhren in die Berge – wir mussten anhalten, damit die Mädchen ihre Mäntel anziehen konnten, sie froren allmählich – in einen Park, ich kann mich nicht mehr erinnern, wie er hieß, wo es Kiefern gab und Plätze, wo die Leute Picknick machen konnten, nur weiße Leute natürlich – ein netter Ort, fast menschenleer, weil es Winter war. Sobald wir unseren Platz gefunden hatten, lud Mr Coetzee geschäftig aus und bereitete alles für ein Feuer vor. Ich erwartete, dass Maria Regina ihm half, doch sie machte sich davon, sie sagte, sie wolle auf Erkundung gehen. Das war kein gutes Zeichen. Denn wenn die Beziehung zwischen ihnen *comme il faut* gewesen wäre, nur ein Lehrer und eine Schülerin, dann wäre es ihr nicht peinlich gewesen zu helfen. Doch Joana sprang für sie ein, Joana war in dieser Beziehung sehr gut, sehr praktisch veranlagt und tüchtig.

Da war ich also, mit seinem Vater zusammen zurückgelassen, als wenn wir die zwei Alten gewesen wären, die Großeltern! Wie schon gesagt, fiel es mir schwer, mich mit ihm zu unterhalten, er verstand mein Englisch nicht und war auch schüchtern einer Frau gegenüber; oder vielleicht begriff er einfach nicht, wer ich war.

Und dann, noch bevor das Feuer richtig zu brennen begonnen hatte, zogen Wolken auf, und es wurde finster und fing zu regnen an. »Es ist nur ein Schauer, es wird bald vorbei sein«, sagte Mr Coetzee. »Warum geht ihr drei nicht in den Wagen.« Die Mädchen suchten also mit mir Zuflucht im Wagen, und er und sein Vater kauerten sich unter einen Baum, und wir warteten darauf, dass der Regen aufhörte. Aber er hörte natürlich nicht auf, es regnete weiter, und allmählich verloren die Mädchen ihre gute Laune. »Warum muss es ausgerechnet *heute* regnen?«, wimmerte Maria Regina wie ein Baby. »Weil Winter ist«, sagte ich zu ihr: »weil Winter ist und kluge Leute, Leute, die mit beiden Beinen auf der Erde stehen, nicht mitten im Winter Ausflüge mit Picknick veranstalten.«

Das Feuer, das Mr Coetzee und Joana zustande gebracht hatten, erlosch. Das ganze Holz war nun nass, deshalb würden wir unser Fleisch niemals braten können. »Warum bietest du ihnen nicht die Kekse an, die du gebacken hast?«, sagte ich zu Maria Regina. Weil ich nie einen jämmerlicheren Anblick erlebt hatte als die beiden Holländer, Vater und Sohn, die Seite an Seite unter einem Baum saßen und so zu tun versuchten, als wären sie nicht nass und frören nicht. Ein jämmerlicher Anblick, aber auch komisch. »Biete ihnen ein paar Kekse an und frage sie, was wir nun machen wollen. Frage sie, ob sie uns vielleicht an den Strand fahren wollen, damit wir schwimmen können.«

Ich hatte das gesagt, um Maria Regina ein Lächeln zu entlocken, doch ich verstärkte damit nur ihre schlechte Laune; also ging am Ende Joana hinaus in den Regen und sprach mit ihnen und kam mit der Botschaft zurück, dass wir abfahren würden, sobald es zu regnen aufhörte. Wir würden zu ihnen nach Hause fahren, und sie würden Tee für uns kochen.

»Nein«, sagte ich zu Joana. »Geh wieder hin und sage Mr Coetzee, nein, wir können nicht zum Tee kommen, er muss uns direkt in unsere Wohnung zurückbringen, morgen ist Montag, und Maria Regina hat Hausaufgaben zu erledigen, mit denen sie noch nicht einmal angefangen hat.«

Natürlich war das ein unglücklicher Tag für Mr Coetzee. Er hatte gehofft, einen guten Eindruck auf mich zu machen; vielleicht wollte er sich auch vor seinem Vater mit den drei attraktiven brasilianischen Damen brüsten, mit denen er befreundet war; und stattdessen hatte er eine Ladung nasser Leute durch den Regen zu fahren. Aber für mich war gut, dass Maria Regina sah, wie ihr Held im wirklichen Leben war, dieser Dichter, der nicht einmal ein Feuer zustande brachte.

Das ist also die Geschichte von unserem Ausflug in die Berge mit Mr Coetzee. Als wir schließlich wieder zurück in Wynberg waren, sagte ich zu ihm, vor seinem Vater, vor den Mädchen, was ich den ganzen Tag auf dem Herzen gehabt hatte. »Es war sehr freundlich von ihnen, uns zu einer Ausfahrt einzuladen, Mr Coetzee, sehr zuvorkommend«, sagte ich, »aber vielleicht ist es keine gute Idee für einen Lehrer, ein Mädchen in seiner Klasse den anderen vorzuziehen, nur weil sie hübsch ist. Ich tadele Sie nicht, sondern bitte Sie nur, das zu bedenken.«

Das habe ich wirklich gesagt: *nur weil sie hübsch ist*. Maria Regina war wütend auf mich, weil ich das gesagt habe, doch mir machte das nichts aus, solange ich verstanden wurde.

Später an jenem Abend, als Maria Regina schon zu Bett gegangen war, kam Joana in mein Zimmer. »*Mamãe*, musst du so hart zu Maria sein?«, sagte sie. »Es geht wirklich nichts Schlechtes vor.«

»Nichts Schlechtes?«, fragte ich. »Was weißt du schon von der Welt? Was weißt du von der Schlechtigkeit? Was weißt du, was Männer so tun?«

»Er ist kein schlechter Mann, *mamãe*«, sagte sie. »Das siehst du doch bestimmt.«

»Er ist ein schwacher Mann«, sagte ich. »Ein schwacher Mann ist schlimmer als ein schlechter Mann. Ein schwacher Mann weiß nicht, wo er aufhören muss. Ein schwacher Mann ist hilflos seinen spontanen Regungen ausgeliefert, er folgt ihnen, wohin sie ihn führen.«

»*Mamãe*, wir sind alle schwach«, sagte Joana.

»Nein, du irrst dich, ich bin nicht schwach«, sagte ich. »Was würde aus uns, aus dir und Maria Regina und mir, wenn ich mir erlaubte, schwach zu sein? Geh jetzt zu Bett. Und sag nichts davon Maria Regina. Kein Wort. Sie würde es nicht verstehen.«

Ich hoffte, damit würde Schluss mit Mr Coetzee sein. Aber nein, ein oder zwei Tage danach kam ein Brief von ihm, diesmal nicht mit Maria Regina, sondern mit der Post, ein förmlicher Brief, mit Schreibmaschine geschrieben, auch die Adresse auf dem Umschlag. Darin entschuldigte er sich zuerst für das Picknick, das so verunglückt war. Er hatte gehofft, mit mir privat sprechen zu können, hatte aber keine Gelegenheit dazu gehabt. Ob er mich besuchen dürfe? Ob er in die Wohnung kommen könne, oder wäre es mir lieber, ihn anderswo zu treffen, vielleicht mit ihm essen zu gehen? Die Sache, die ihm auf dem Herzen liege, habe nichts mit Maria Regina zu tun, wolle er betonen. Maria sei eine intelligente junge Frau mit einem guten Herzen; es sei eine Ehre, sie zu unterrichten; ich könne versichert sein, dass er niemals, *niemals* das Vertrauen enttäuschen würde, das ich in ihn gesetzt habe. Intelligent und auch schön – er hoffe, ich habe nichts dagegen, wenn er das sage. Denn Schönheit, wahre Schönheit, sei mehr als der äußere Schein, in ihr leuchte die Seele durch das Fleisch; und wo sonst hätte Maria Regina ihre Schönheit her als von mir?

[Schweigen.]

Und?

Das war alles. Das war es im Wesentlichen. Ob er mich allein treffen könne.

Natürlich fragte ich mich, wie er auf die Idee gekommen war, dass ich ihn treffen wolle, dass ich auch nur einen Brief von ihm bekommen wolle. Weil ich ihn mit keinem Wort ermutigt hatte.

Was haben Sie also getan? Haben Sie sich mit ihm getroffen?

Was ich getan habe? Nichts habe ich getan und gehofft, dass er mich in Ruhe lässt. Ich war eine trauernde Frau, obwohl mein Mann nicht tot war, ich wünschte die Aufmerksamkeit anderer Männer nicht, besonders eines Mannes, der der Lehrer meiner Tochter war.

Haben Sie diesen Brief noch?

Ich habe keinen seiner Briefe. Ich habe sie nicht aufgehoben. Als wir Südafrika verließen, habe ich die Wohnung gründlich ausgeräumt und alle alten Briefe und Rechnungen weggeworfen.

Und Sie haben nicht geantwortet?

Nein.

Sie haben nicht geantwortet und nicht zugelassen, dass sich die Beziehungen weiterentwickelten – die Beziehungen zwischen Ihnen und Coetzee?

Was soll das? Warum diese Fragen? Sie machen die weite Reise von England, um mit mir zu reden, Sie erzählen mir, dass Sie die Biographie eines Mannes schreiben, der zufällig vor vielen Jahren der Englischlehrer meiner Tochter gewesen ist, und nun fühlen Sie sich plötzlich berechtigt, mich über meine ›Beziehungen‹ auszufragen? Was für eine Biographie schreiben Sie eigentlich? Ist sie so etwas wie der Klatsch aus Hollywood, wie die Geheimnisse der Reichen und Berühmten? Wenn ich mich weigere, über meine sogenannten Beziehungen mit diesem Mann zu reden, werden Sie dann behaupten, dass ich sie geheim halte? Nein, ich habe keine *Beziehungen*, um ihr Wort zu gebrauchen, mit Mr Coetzee gehabt. Ich werde noch mehr sagen. Für mich war es nicht natürlich, Gefühle für einen solchen Mann zu haben, einen Mann, der so weich war. Ja, weich.

Wollen Sie andeuten, dass er homosexuell war?

Ich deute gar nichts an. Aber ihm fehlte eine Eigenschaft, die eine Frau bei einem Mann sucht, nämlich Stärke, Männlichkeit. Mein

Mann hatte diese Eigenschaft. Er hat sie immer gehabt, aber seine Zeit im Gefängnis hier in Brasilien, unter den *militares*, brachte sie klarer zum Vorschein, auch wenn er nicht lange im Gefängnis war, nur sechs Monate. Nach diesen sechs Monaten konnte ihn nichts, was Menschen anderen Menschen antaten, mehr überraschen, sagte er immer. Coetzee hatte keine solche Erfahrung hinter sich, die seine Männlichkeit auf die Probe stellte und ihm eine Lehre über das Leben erteilte. Deshalb sage ich, dass er weich war. Er war kein Mann, er war noch ein Junge.

[Schweigen.]

Und was die Homosexualität angeht, nein, ich sage nicht, dass er homosexuell war, doch er war, wie ich Ihnen gesagt habe, *célibataire* – ich kenne das englische Wort dafür nicht.

Ein Junggesellentyp? Sexuell desinteressiert? Asexuell?

Nein, nicht sexuell desinteressiert. Ein Einzelgänger. Nicht fürs Eheleben geschaffen. Nicht für das Zusammensein mit Frauen geschaffen.

[Schweigen.]

Sie haben weitere Briefe erwähnt.

Ja, als ich nicht antwortete, schrieb er wieder. Er hat viele Male geschrieben. Vielleicht hat er ja gedacht, wenn er genug Worte schriebe, würden sie mich schließlich zermürben, wie die Meereswellen einen Felsen mürbe machen. Ich steckte seine Briefe weg in meinen Sekretär; manche habe ich nicht einmal gelesen. Aber ich habe bei mir gedacht: *Zu den vielen Dingen, an denen es diesem Mann fehlt, gehört auch ein Lehrer, der ihm Unterricht in Lie-*

besangelegenheiten gibt. Denn wenn man sich in eine Frau verliebt hat, setzt man sich nicht hin und tippt einen langen Brief nach dem anderen und endet stets ›mit freundlichen Grüßen‹. Nein, man schreibt einen Brief eigenhändig, einen richtigen Liebesbrief, und schickt ihn ihr mit einem Strauß roter Rosen. Aber dann habe ich gedacht, vielleicht benehmen sich ja diese holländischen Protestanten so, wenn sie sich verlieben: vorsichtig, langatmig, ohne Feuer, ohne Charme. Und ohne Zweifel würde er als Liebhaber auch so sein, wenn er jemals eine Chance bekäme.

Ich steckte seine Briefe weg und sagte den Kindern nichts von ihnen. Das war ein Fehler. Ich hätte einfach zu Maria Regina sagen können: *Dein Mr Coetzee hat mir geschrieben und sich für Sonntag entschuldigt. Er erwähnt, dass er sich über deine Fortschritte in Englisch freut.* Doch ich schwieg, was am Ende viel Ärger verursachte. Ich glaube, Maria Regina hat auch heute noch nicht vergessen oder vergeben.

Verstehen Sie etwas von solchen Dingen, Mr Vincent? Sind Sie verheiratet? Haben Sie Kinder?

Ja, ich bin verheiratet. Wir haben ein Kind, einen Jungen. Er wird nächsten Monat vier.

Jungen sind anders. Ich weiß nichts über Jungen. Aber ich will Ihnen das eine sagen, *entre nous*, was Sie nicht in Ihrem Buch wiedergeben dürfen. Ich liebe beide Töchter, doch ich habe Maria auf andere Weise geliebt als Joana. Ich habe sie geliebt, doch ich hatte auch viel an ihr als Heranwachsender auszusetzen. An Joana hatte ich nie etwas auszusetzen. Joana war immer sehr einfach, sehr aufrichtig. Aber Maria verdrehte allen den Kopf. Sie konnte – sagt man das so? – einen Mann um den Finger wickeln. Wenn Sie sie gesehen hätten, wüssten Sie, was ich meine.

Was ist aus ihr geworden?

Sie ist jetzt zum zweiten Mal verheiratet. Sie lebt in Nordamerika, in Chicago, mit ihrem amerikanischen Mann. Er ist Rechtsanwalt in einer Kanzlei. Ich glaube, sie ist glücklich mit ihm. Ich glaube, sie hat ihren Frieden mit der Welt gemacht. Davor hatte sie Probleme persönlicher Art, auf die ich nicht eingehen möchte.

Haben Sie ein Foto von ihr, dass ich vielleicht in dem Buch verwenden könnte?

Ich weiß nicht. Ich schaue nach. Mal sehen. Aber es ist schon spät. Ihre Kollegin ist bestimmt erschöpft. Ja, ich weiß, wie das ist, als Übersetzerin zu arbeiten. Von außen sieht das einfach aus, die Wahrheit ist aber, dass man die ganze Zeit aufpassen muss, man kann sich nicht entspannen, das Gehirn ermüdet. Wir hören also hier auf. Schalten Sie Ihr Gerät ab.

Können wir uns morgen wieder unterhalten?

Morgen passt es mir nicht. Am Mittwoch, ja. Es ist keine so lange Geschichte, die Geschichte von mir und Mr Coetzee. Es tut mir leid, wenn das eine Enttäuschung für Sie ist. Sie haben diese weite Reise gemacht, und nun stellen Sie fest, dass es keine großartige Liebesgeschichte mit einer Tänzerin gegeben hat, nur eine kurze Vernarrtheit, so würde ich es bezeichnen, eine kurze, einseitige Vernarrtheit, aus der sich nichts entwickelt hat. Kommen Sie am Mittwoch um dieselbe Zeit wieder. Ich lade Sie zum Tee ein.

Sie haben nach Fotos gefragt, als Sie das letzte Mal hier waren. Ich habe nachgeschaut, aber es ist, wie ich es mir gedacht habe, ich habe keine aus diesen Jahren in Kapstadt. Ich möchte Ihnen aber dieses hier zeigen. Es wurde auf dem Flughafen am Tag unserer Rückkehr nach São Paulo von meiner Schwester aufgenommen, die zu unserer Begrüßung gekommen war. Sehen Sie, da sind wir, wir drei. Das ist Maria Regina. Es war im Jahr 1977, sie war achtzehn, wurde bald neunzehn. Wie Sie sehen können, ein sehr hübsches Mädchen mit einer guten Figur. Und das ist Joana, und das bin ich.

Sie sind recht groß, Ihre Töchter. War ihr Vater groß?

Ja, Mario war ein großer Mann. Die Mädchen sind nicht so groß, sie wirken nur groß, wenn sie neben mir stehen.

Vielen Dank, dass Sie mir das Bild gezeigt haben. Kann ich es mitnehmen und eine Kopie machen lassen?

Für Ihr Buch? Nein, das kann ich nicht erlauben. Wenn Sie Maria Regina in Ihrem Buch wollen, müssen Sie sie selbst fragen, ich kann nicht für sie sprechen.

Ich würde es gern als gemeinsames Bild von Ihnen dreien mit aufnehmen.

Nein. Wenn Sie Fotos von den Mädchen wollen, müssen Sie sie fragen. Und was mich betrifft, nein, ich habe mich dagegen entschieden. Es würde falsch aufgefasst werden. Die Leute würden annehmen, dass ich eine der Frauen in seinem Leben gewesen bin, und das war nie der Fall.

Doch Sie sind wichtig für ihn gewesen. Er hat Sie geliebt.

Das sagen Sie. Aber die Wahrheit ist, wenn er geliebt hat, dann nicht mich, sondern eine Phantasiegestalt, die er sich im eigenen Hirn erträumte und mit meinem Namen versah. Denken Sie, ich sollte mich geschmeichelt fühlen, dass Sie mich in Ihr Buch aufnehmen wollen als seine Geliebte? Sie irren sich. Für mich war der Mann kein berühmter Schriftsteller, er war bloß ein Lehrer, ein Lehrer, der nicht einmal ein Diplom hatte. Deshalb sage ich nein. Kein Foto. Was noch? Was wollen Sie noch von mir hören?

Sie haben mir das letzte Mal von den Briefen erzählt, die er Ihnen geschrieben hat. Ich weiß, Sie haben gesagt, dass Sie diese Briefe nicht immer gelesen haben; trotzdem, können Sie sich zufällig noch an etwas erinnern, was er in ihnen geäußert hat?

In einem Brief ging es um Franz Schubert – Sie kennen doch Schubert, den Musiker. Er sagte, das Hören von Schubert habe ihn eins der großen Geheimnisse der Liebe gelehrt: Auf welche Weise wir Liebe sublimieren können, wie Chemiker früherer Zeiten Grundstoffe sublimiert haben. Ich erinnere mich an den Brief wegen des Wortes *sublimieren*. Grundstoffe sublimieren – das konnte ich mir nicht erklären. Ich schlug *sublimieren* im großen Wörterbuch nach, das ich für die Mädchen gekauft hatte. Sublimieren: etwas erhitzen und seine Essenz extrahieren. Wir haben dasselbe Wort im Portugiesischen, *sublimar*, obwohl es nicht allgemein geläufig ist. Aber was bedeutete das alles? Dass er mit geschlossenen Augen dasaß und Schuberts Musik hörte, während er im Geist seine Liebe für mich erhitzte, seinen *Grundstoff*, und in etwas Höheres, Spirituelleres umwandelte? Es war Unsinn, schlimmer als Unsinn. Es brachte mich nicht dazu, ihn zu lieben, ganz im Gegenteil, es ließ mich zurückschaudern.

Von Schubert habe er gelernt, die Liebe zu sublimieren, hat er gesagt. Erst als er mir begegnete, habe er verstanden, warum Sätze in Musikstücken im Englischen *movements* genannt werden. *Movement in stillness, stillness in movement* – Bewegung in der Stille, Stille in der Bewegung. Das war eine andere Formulierung, über die ich mir den Kopf zerbrach. Was wollte er damit sagen, und warum schrieb er mir diese Dinge?

Sie haben ein gutes Gedächtnis.

Ja, mein Gedächtnis funktioniert tadellos. Bei meinem Körper ist das eine andere Sache. Ich habe Arthritis in den Hüften, deshalb benutze ich einen Stock. Der Fluch des Tänzers, nennt man es. Und der Schmerz – Sie können sich den Schmerz nicht vorstellen! Aber ich erinnere mich sehr gut an Südafrika.

Ich erinnere mich an die Wohnung in Wynberg, wo wir lebten, wo Mr Coetzee zu uns zum Tee kam. Ich erinnere mich an den Berg, den Tafelberg. Die Wohnung war genau unter dem Berg, deshalb hatte sie nachmittags keine Sonne. Ich habe Wynberg gehasst. Ich habe die ganze Zeit, die wir dort verbracht haben, gehasst, zuerst als mein Mann im Krankenhaus war und dann nach seinem Tod. Für mich war es sehr einsam, ich kann gar nicht sagen, wie einsam. Schlimmer als in Luanda, wegen der Einsamkeit. Wenn Ihr Mr Coetzee uns seine Freundschaft angeboten hätte, wäre ich nicht so hart zu ihm gewesen, so kalt. Aber an Liebe war ich nicht interessiert, ich war meinem Mann noch zu nahe, ich trauerte noch um ihn. Und er war bloß ein Junge, dieser Mr Coetzee. Ich war eine Frau, und er war ein Junge. Er war ein Junge, wie ein Priester immer ein Junge ist, bis er eines Tages plötzlich ein alter Mann ist. Die Sublimierung der Liebe! Er bot sich an, mich über die Liebe zu belehren, doch was konnte ein Junge wie er mich lehren, ein Junge, der nichts vom Leben wusste? Ich hätte ihn vielleicht lehren können, aber ich war nicht interessiert an ihm. Ich wollte nur, dass er die Hände von Maria Regina lässt.

Sie sagen, wenn er Ihnen Freundschaft angeboten hätte, wäre es anders gewesen. An was für eine Art Freundschaft hatten Sie denn gedacht?

Was für eine Art Freundschaft? Ich werde es Ihnen sagen. Lange nachdem die Katastrophe über uns gekommen war, die Katastrophe, von der ich Ihnen erzählt habe, musste ich mit der Bürokratie kämpfen, zuerst wegen Entschädigungszahlungen, dann wegen Joanas Papieren – Joana war geboren worden, bevor wir heirateten, daher war sie im juristischen Sinn nicht die Tochter meines Mannes, sie war nicht einmal seine Stieftochter, ich will Sie nicht mit den Einzelheiten langweilen. Ich weiß, die Bürokratie ist in jedem Land ein Labyrinth, ich will nicht behaupten, dass es in Südafrika am schlimmsten auf der ganzen Welt war, aber ich verbrachte ganze Tage in einer Warteschlange, um einen Stempel zu bekommen – einen Stempel für dies, einen Stempel für das –, und immer, *immer* war es das falsche Amt oder die falsche Abteilung oder die falsche Warteschlange.

Wenn wir Portugiesen gewesen wären, wäre es anders gewesen. Es gab viele Portugiesen, die damals nach Südafrika kamen, aus Mosambik und Angola und sogar aus Madeira, und es gab Organisationen, die den Portugiesen halfen. Aber wir stammten aus Brasilien, und es gab keine Bestimmungen für Brasilianer, keine Präzedenzfälle, für die Bürokraten war das, als ob wir vom Mars in ihr Land gekommen wären.

Und da gab es das Problem mit meinem Mann. Sie können das nicht unterschreiben, Ihr Mann muss kommen und unterschreiben, pflegten sie zu mir zu sagen. Mein Mann kann nicht unterschreiben, er ist im Krankenhaus, pflegte ich zu sagen. Dann nehmen Sie es mit ins Krankenhaus und lassen Sie es Ihren Mann unterschreiben und bringen Sie es wieder her. Mein Mann kann nichts unterschreiben, pflegte ich zu sagen, er ist im Stikland-Krankenhaus, kennen Sie das Stikland nicht? Dann soll er drei Kreuze machen, pflegten sie zu sagen. Er kann keine drei Kreuze machen, manchmal kann er nicht einmal atmen, pflegte ich zu sagen. Dann können wir Ihnen nicht helfen, pflegten sie zu sagen. Gehen Sie zu der und der Behörde und erzählen Sie dort Ihre Geschichte – vielleicht kann man Ihnen dort weiterhelfen.

Und all diese Bittgänge und Eingaben musste ich allein, ohne

Hilfe bewerkstelligen, mit meinem schlechten Englisch, das ich in der Schule aus Büchern gelernt hatte. In Brasilien wäre es einfach gewesen, in Brasilien haben wir diese Leute, wir nennen sie *despachantes*, Vermittler: Sie haben Verbindungen zu den Behörden, sie wissen, wie sie deine Papiere durch das Labyrinth leiten müssen, man zahlt ihnen ein Honorar, und sie erledigen das ganze unangenehme Geschäft eins zwei drei für dich. Das hätte ich in Kapstadt gebraucht: einen Vermittler, jemand, der mir gewisse Dinge erleichterte. Mr Coetzee hätte mir anbieten können, mein Vermittler zu sein. Ein Vermittler für mich und ein Beschützer für meine Mädchen. Dann hätte ich mir nur für eine Minute, nur für einen Tag, erlauben können, schwach zu sein, eine normale, schwache Frau. Aber nein, ich wagte nicht, mich zu entspannen, was wäre sonst aus uns geworden, aus meinen Töchtern und mir?

Wissen Sie, manchmal bin ich durch die Straßen dieser hässlichen, windigen Stadt von einer Behörde zur anderen gelaufen, und ich konnte dieses leise Wimmern aus meiner Kehle kommen hören, *ih-ih-ih*, so leise, dass es keiner in meiner Nähe hören konnte. Ich war verzweifelt. Ich war wie ein Tier, das verzweifelt heult.

Ich will Ihnen von meinem armen Mann erzählen. Als man am Morgen nach dem Überfall das Lagerhaus öffnete und ihn dort in seinem Blut liegend fand, war man sicher, dass er tot war. Man wollte ihn direkt ins Leichenschauhaus bringen. Aber er war nicht tot. Er war ein starker Mann, er kämpfte und kämpfte gegen den Tod und hielt den Tod in Schach. Im städtischen Krankenhaus, ich habe den Namen vergessen, das berühmte, führten sie eine Gehirnoperation nach der anderen bei ihm durch. Dann verlegten sie ihn von dort in das Krankenhaus, von dem ich sprach, das Stikland hieß und außerhalb der Stadt gelegen war, eine Stunde mit dem Zug. Sonntag war der einzige Besuchstag im Stikland. Also nahm ich jeden Sonntagmorgen den Zug von Kapstadt und dann nachmittags den Zug zurück. Das ist noch etwas, an das ich mich erinnere, als wäre es gestern: jene traurigen Fahrten hin und zurück.

Bei meinem Mann gab es keine Verbesserung, keine Veränderung. Woche um Woche kam ich dort an, und er lag in exakt der gleichen Position wie zuvor, die Augen geschlossen und die Arme neben dem Körper. Sie sorgten dafür, dass sein Kopf rasiert war, deshalb konnte ich die Naht auf seinem Schädel sehen. Lange war sein Gesicht auch mit einer Drahtmaske bedeckt, wo sie Haut transplantiert hatten.

Während der gesamten Zeit im Stikland öffnete mein Mann nie die Augen, er sah mich nie, hörte mich nie. Er lebte, er atmete, lag jedoch in einem Koma, das so tief war, dass er genauso gut hätte tot sein können. Offiziell war ich wohl noch keine Witwe, doch was mich anging, so trauerte ich schon, um ihn und um uns alle, die wir in diesem grausamen Land gestrandet und hilflos waren.

Ich bat darum, man möge ihn in die Wohnung in Wynberg zurückbringen, damit ich ihn selbst pflegen konnte, doch sie wollten ihn nicht entlassen. Sie hatten noch nicht aufgegeben, sagten sie. Sie hofften, dass der elektrische Strom, der durch sein Hirn geschickt wurde, ganz plötzlich *das Kunststück vollbringen würde* (so drückten sie es aus).

Sie behielten ihn also im Stikland, diese Ärzte, um ihre Kunststücke mit ihm zu machen. Im Übrigen bedeutete er ihnen nichts, ein Fremder, ein Mann vom Mars, der eigentlich hätte sterben sollen, es jedoch nicht tat.

Ich nahm mir fest vor, wenn sie ihre Behandlung mit elektrischem Strom aufgäben, würde ich ihn nach Hause holen. Dann konnte er anständig sterben, wenn es das war, was er wollte. Denn ich wusste, dass er, obwohl bewusstlos, tief im Innern spürte, wie demütigend das war, was mit ihm geschah. Und wenn ihm erlaubt wurde, anständig, in Frieden, zu sterben, dann wären auch wir erlöst, ich und meine Töchter. Dann könnten wir auf diese grässliche Erde von Südafrika spucken und verschwinden. Aber sie entließen ihn nicht, bis zum Schluss.

Daher saß ich Sonntag für Sonntag an seinem Bett. *Nie wieder wird ein Frau mit Liebe dieses verstümmelte Gesicht anschauen*, sagte ich mir, *also will wenigstens ich ihn anschauen, ohne zurückzuzucken.*

Ich erinnere mich, dass im Nachbarbett (man hatte mindestens ein Dutzend Betten in ein Zimmer gezwängt, in dem sechs hätten sein sollen) ein alter Mann lag, der so dürr, so ausgemergelt war, dass seine Handwurzelknochen und das Nasenbein die Haut zu durchstoßen drohten. Obwohl er keine Besucher hatte, war er immer wach, wenn ich kam. Er sah mich dann mit rollenden wässrig blauen Augen an. *Hilf mir, bitte*, schien er zu sagen, *hilf mir sterben!* Doch ich konnte ihm nicht helfen.

Maria Regina besuchte diesen Ort nie, Gott sei Dank. Ein psychiatrisches Krankenhaus ist kein Ort für Kinder. Am ersten Sonntag bat ich Joana, mich zu begleiten, um mir bei den ungewohnten Zügen zu helfen. Sogar Joana war verstört, als sie wieder ging, nicht nur vom Anblick ihres Vaters, sondern auch von Dingen, die sie in jenem Krankenhaus gesehen hatte, Dinge, die kein Mädchen erleben sollte.

Warum muss er hier sein?, fragte ich den Arzt, den, der von den Kunststücken gesprochen hatte. Er ist nicht verrückt – warum muss er unter Verrückten sein? Weil wir die Geräte für einen solchen Fall haben, sagte der Arzt. Ich hätte fragen sollen, welche Geräte er meinte, doch ich war zu mitgenommen. Später habe ich es herausgefunden. Er meinte Geräte für Elektroschock, Geräte, um den Körper meines Mannes in Zuckungen zu versetzen in der Hoffnung, dass das *Kunststück vollbracht* und er ins Leben zurückgeholt würde.

Wenn ich gezwungen gewesen wäre, einen ganzen Sonntag in jenem überfüllten Krankenzimmer zu verbringen, wäre ich selbst verrückt geworden, das schwöre ich. Ich machte gewöhnlich Pausen, wanderte im Krankenhausgelände umher. Ich hatte eine bevorzugte Bank unter einem Baum in einem abgeschiedenen Winkel. Eines Tages kam ich bei meiner Bank an und fand eine Frau dort sitzen, mit ihrem Baby neben sich. An den meisten Orten – in Parks und auf Bahnsteigen und so weiter – waren die Bänke gekennzeichnet mit *Weiße* oder *Nicht-Weiße*; diese jedoch nicht. Ich sagte zu der Frau: *Das ist aber ein hübsches Baby* oder etwas Ähnliches, weil ich freundlich sein wollte. Ein ängstlicher Ausdruck erschien auf ihrem Gesicht. *Dankie, mies*, flüsterte sie, nahm ihr Baby hoch und schlich davon.

Ich bin nicht eine von denen, wollte ich ihr zurufen. Tat es aber natürlich nicht.

Ich wollte, dass die Zeit verging, und ich wollte nicht, dass die Zeit verging. Ich wollte an Marios Seite sein, und ich wollte weg sein, frei von ihm. Anfangs brachte ich ein Buch mit und nahm mir vor, bei ihm zu sitzen und zu lesen. Aber dort konnte ich nicht lesen, konnte mich nicht konzentrieren. Ich dachte bei mir: *Du solltest anfangen zu stricken. Ich könnte ganze Bettdecken stricken, während ich darauf warte, dass diese zähe, schwere Zeit vergeht.*

In meiner Jugend in Brasilien war nie genug Zeit da für alles, was ich tun wollte. Jetzt war die Zeit mein ärgster Feind, Zeit, die nicht vergehen wollte. Wie ich mich danach sehnte, dass alles ein Ende hatte, dieses Leben, dieser Tod, dieser lebendige Tod! Was war es doch für ein tragischer Fehler, als wir das Schiff nach Südafrika bestiegen!

So. Das ist die Geschichte von Mario.

Er ist im Krankenhaus gestorben?

Er ist dort gestorben. Er hätte länger leben können, er hatte eine starke Konstitution, er war wie ein Stier. Als sie sahen, dass ihre Kunststücke nicht funktionierten, hörten sie jedoch auf, ihm Beachtung zu schenken. Vielleicht hörten sie auch auf, ihn künstlich zu ernähren, das kann ich nicht mit Sicherheit sagen, auf mich machte er immer den gleichen Eindruck, er wurde nicht dünner. Aber um die Wahrheit zu sagen, ich hatte nichts dagegen, wir wollten erlöst werden, wir alle, er und ich und auch die Ärzte.

Wir begruben ihn auf einem Friedhof nicht weit vom Krankenhaus, ich habe den Namen des Ortes vergessen. Sein Grab ist also in Afrika. Ich bin nie wieder dort gewesen, doch ich denke manchmal an ihn, der dort ganz allein liegt.

Wie spät ist es? Ich bin plötzlich so müde, so traurig. Ich bin immer deprimiert, wenn ich an damals erinnert werde.

Wollen wir Schluss machen?

Nein, wir können weitermachen. Es gibt nicht mehr viel zu sagen. Ich will Ihnen von meinem Tanzunterricht erzählen, weil er mir dort nachstellte, Ihr Mr Coetzee. Dann können Sie mir vielleicht eine Frage beantworten. Dann sind wir am Ende.

Damals konnte ich keine richtige Arbeit bekommen. Es gab keine beruflichen Möglichkeiten für jemanden wie mich, der vom *balet folclórico* kam. In Südafrika tanzten die Balletttruppen nur *Schwanensee* und *Giselle*, um zu beweisen, wie europäisch sie waren. Ich übernahm also den Job, von dem ich Ihnen erzählt habe, in einem Tanzstudio unterrichtete ich lateinamerikanische Tänze. Die meisten meiner Schüler waren, was sie Farbige nannten. Tagsüber arbeiteten sie in Läden oder Büros, an den Abenden kamen sie dann ins Studio, um die neuesten lateinamerikanischen Tänze zu lernen. Ich mochte sie. Es waren nette Leute, freundlich, höflich. Sie hatten romantische Illusionen über Lateinamerika, vor allem Brasilien. Viele Palmen, viele Strände. In Brasilien würde sich ihresgleichen wohlfühlen, glaubten sie. Ich raubte ihnen ihre Illusionen nicht.

Jeden Monat wurden neue Schüler aufgenommen, das war das System im Studio. Keiner wurde abgewiesen. Solange ein Schüler bezahlte, musste ich ihn unterrichten. Als ich eines Tages meine neue Klasse in Augenschein nahm, war er unter den Schülern, und da war sein Name auf der Liste: *Coetzee, John*.

Nun, ich kann Ihnen gar nicht sagen, wie aufgebracht ich war. Es ist eine Sache, wenn man als Tänzerin, die öffentlich auftritt, von Bewunderern verfolgt wird. Daran war ich gewöhnt. Jetzt war das aber etwas anderes. Ich trat nicht mehr öffentlich auf, ich war jetzt einfach eine Lehrerin, und ich hatte das Recht, nicht belästigt zu werden.

Ich begrüßte ihn nicht. Ich wollte, dass er sofort mitbekam, dass er nicht willkommen war. Was dachte er sich bloß – dass das Eis in meinem Herzen schmelzen würde, wenn er vor mir tanzte? Wie verrückt! Und umso verrückter, weil er kein Gefühl fürs Tanzen hatte, kein Talent. Ich erkannte das sofort, an der Art, wie er sich bewegte. Er fühlte sich nicht wohl in seinem Körper. Er bewegte sich, als wäre sein Körper ein Pferd, das er ritte, ein Pferd, das seinen Reiter nicht mochte und störrisch war. Nur in Südafrika sind mir solche Männer begegnet, steif, unlenksam, denen man nichts beibringen konnte. Warum waren sie denn überhaupt nach Afrika gekommen, fragte ich mich – nach Afrika, dem Geburtsort des Tanzes? Es würde ihnen bessergehen, wenn sie in Holland in ihren Kontoren hinter ihren Deichen geblieben wären und mit kalten Fingern Geld zählen würden.

Ich unterrichtete meine Klasse, wofür ich ja bezahlt wurde, und als dann die Stunde um war, verließ ich das Gebäude sofort durch den Hinterausgang. Ich wollte nicht mit Mr Coetzee sprechen. Ich hoffte, er würde nicht wiederkommen.

Doch am nächsten Abend war er wieder da, folgte verbissen den Anweisungen, führte Schrittfolgen aus, für die er kein Gefühl hatte. Ich sah, dass er bei den anderen Schülern nicht beliebt war. Sie versuchten, ihn als Tanzpartner zu meiden. Und was mich anging, beraubte mich seine Anwesenheit im Raum all meiner Freude. Ich versuchte, ihn zu ignorieren, aber er wollte sich nicht ignorieren lassen, er beobachtete mich, verschlang mein Leben.

Am Ende des Unterrichts rief ich ihm zu, er solle noch dableiben. »Hören Sie bitte damit auf«, sagte ich zu ihm, sobald wir allein waren. Er starrte mich an, ohne zu protestieren, stumm. Ich roch den kalten Schweiß auf seinem Körper. Ich verspürte den Drang, ihn zu schlagen, ihn zu ohrfeigen. »Hören Sie auf damit!«, sagte ich. »Hören Sie auf, mir zu folgen. Ich möchte Sie hier nicht wiedersehen. Und hören Sie auf, mich so anzusehen. Hören Sie auf, mich zu zwingen, Sie zu demütigen.«

Ich hätte noch mehr sagen können, doch ich fürchtete, dass ich die Kontrolle verlieren und zu schreien anfangen könnte.

Danach sprach ich mit dem Besitzer des Studios, einem Mr Anderson. In meiner Klasse ist ein Schüler, der den anderen Schülern den Spaß verdirbt, sagte ich – geben Sie ihm bitte sein Geld zurück, und sagen Sie ihm, er soll gehen. Aber Mr Anderson wollte nicht. Wenn es einen Schüler gibt, der Ihren Unterricht stört, dann ist es Ihre Aufgabe, das zu beenden, sagte er. Dieser Mann tut ja nichts Unrechtes, sagte ich, er hat nur eine schlechte Ausstrahlung. Sie können einen Schüler nicht ausschließen, weil er eine schlechte Ausstrahlung hat, sagte Mr Anderson. Sie müssen eine andere Lösung finden.

Am nächsten Abend hielt ich ihn wieder zurück. Es gab keinen Raum, in den wir uns hätten zurückziehen können, ich musste im Korridor mit ihm sprechen. »Das ist meine Arbeit, Sie stören meine Arbeit«, sagte ich. »Gehen Sie weg von hier. Lassen Sie mich in Ruhe.«

Er antwortete nicht, sondern streckte eine Hand aus und berührte meine Wange. Das war wirklich das einzige Mal, das er mich berührte. Der Zorn in mir kochte über. Ich stieß seine Hand fort. »Das ist kein Liebesspiel!«, zischte ich. »Können Sie denn nicht sehen, dass ich Sie verabscheue? Lassen Sie mich in Ruhe, und lassen Sie auch meine Tochter in Ruhe, oder ich zeige Sie bei der Schule an!«

Es stimmte: Wenn er nicht angefangen hätte, meiner Tochter gefährlichen Unsinn in den Kopf zu setzen, hätte ich ihn nie in unsere Wohnung bestellt, und seine elende Verfolgung meiner Person hätte nie angefangen. Was machte überhaupt ein erwachsener Mann in einer Mädchenschule, Saint Bonaventure, die eigentlich eine Nonnenschule sein sollte, nur dass es dort keine Nonnen gab?

Und es stimmte auch, dass ich ihn verabscheute. Ich hatte keine Hemmung, das zu sagen. Er zwang mich, ihn zu verabscheuen.

Aber als ich das Wort aussprach, *verabscheuen*, starrte er mich fassungslos an, als traue er seinen Ohren nicht – dass eine Frau, der er sich anbot, ihn wirklich abweisen konnte. Er wusste nicht, was er machen sollte, wie er auch auf der Tanzfläche nicht wusste, was er mit sich anfangen sollte. Es machte mir kein Vergnügen, solche Fassungslosigkeit zu sehen, solche Hilflosigkeit. Es war, als tanze er nackt vor mir, dieser Mann, der nicht wusste, wie er tanzen soll. Ich wollte ihn anschreien. Ich wollte ihn schlagen. Ich wollte weinen.

[Schweigen.]

Das ist nicht die Geschichte, die Sie hören wollten, wie? Sie wollten eine andere Geschichte für Ihr Buch. Sie wollten von der Romanze zwischen Ihrem Helden und der schönen fremden Ballerina hören. Nun ja, ich liefere Ihnen die Wahrheit, keine Romanze. Vielleicht zu viel Wahrheit. Vielleicht so viel Wahrheit, dass es für sie keinen Platz in Ihrem Buch gibt. Ich weiß es nicht. Es ist mir gleichgültig.

Fahren Sie fort. Es ist kein sehr würdiges Bild von Coetzee, das sich aus Ihrer Geschichte ergibt, das leugne ich gar nicht, doch ich werde nichts ändern, das verspreche ich.

Nicht würdig, sagen Sie. Ja, vielleicht riskiert man das, wenn man sich verliebt. Man riskiert, seine Würde zu verlieren.

[Schweigen.]

Jedenfalls ging ich wieder zu Mr Anderson. Schaffen Sie diesen Mann aus meinem Unterricht, oder ich kündige, sagte ich. Ich will sehen, was ich tun kann, sagte Mr Anderson. Wir haben alle schwierige Schüler, mit denen wir fertig werden müssen, Sie sind da nicht die Einzige. Er ist nicht schwierig, sagte ich, er ist verrückt.

War er verrückt? Ich weiß nicht. Aber er hatte ganz sicher eine Idée fixe in Bezug auf mich.

Am Tag darauf ging ich in die Schule meiner Tochter, wie ich ihm angedroht hatte, und sagte, ich wolle die Rektorin sprechen. Die Rektorin sei beschäftigt, wurde mir gesagt. Ich würde warten, sagte ich. Eine Stunde wartete ich im Sekretariat. Kein freundliches Wort. Kein >Möchten Sie eine Tasse Tee, Mrs Nascimento?< Dann endlich, als offensichtlich wurde, dass ich nicht fortgehen würde, kapitulierten sie und ließen mich zur Rektorin.

»Ich bin hier, um mit Ihnen über den Englischunterricht meiner Tochter zu sprechen«, sagte ich ihr. »Ich möchte, dass meine Tochter weiter Englischunterricht hat, aber ich wünsche mir für sie einen ordentlichen, qualifizierten Englischlehrer. Wenn ich mehr zahlen muss, werde ich zahlen.«

Die Rektorin holte aus einem Aktenschrank eine Mappe.

»Laut Mr Coetzee macht Maria Regina gute Fortschritte in Englisch«, sagte sie. »Das wird von ihren anderen Lehrern bestätigt. Was ist also genau das Problem?«

»Ich kann Ihnen nicht sagen, was das Problem ist«, sagte ich. »Ich möchte nur, dass sie einen anderen Lehrer hat.«

Diese Rektorin war nicht auf den Kopf gefallen. Als ich zu verstehen gab, ich könne ihr nicht sagen, was das Problem sei, wusste sie sofort, was das Problem war. »Mrs Nascimento«, sagte sie, »wenn ich Sie recht verstehe, erheben Sie eine schwerwiegende Anklage. Aber ich kann nichts unternehmen, wenn Sie nicht bereit sind, Einzelheiten zu nennen. Beschweren Sie sich über das Verhalten von Mr Coetzee Ihrer Tochter gegenüber? Wollen Sie mir sagen, es habe etwas Unziemliches in seinem Verhalten gegeben?«

Sie war nicht auf den Kopf gefallen, doch ich auch nicht. *Unziemlich*: Was bedeutete das? Ob ich eine Anklage gegen Mr Coetzee erheben und sie mit meinem Namen unterzeichnen wolle, worauf ich dann vor einem Gericht erscheinen müsse, wo ich von einem Richter befragt werden würde? Nein.

»Ich erstatte keine Anzeige gegen Mr Coetzee«, sagte ich. »Ich erkundige mich nur bei Ihnen, ob es eine ordentliche Englischlehrerin gibt und ob Maria Regina stattdessen bei ihr Unterricht haben kann.«

Der Rektorin gefiel das nicht. Sie schüttelte den Kopf. »Das ist nicht möglich«, sagte sie. »Mr Coetzee ist der einzige Lehrer, das einzige Mitglied unseres Kollegiums, der zusätzlichen Englischunterricht gibt. Es gibt keine andere Klasse, in die Maria Regina gehen kann. Wir können uns nicht den Luxus leisten, unseren Mädchen eine Reihe von Lehrern anzubieten, aus denen sie auswählen können, Mrs Nascimento. Und darf ich Sie außerdem mit allem nötigen Respekt bitten, sich zu überlegen, ob Sie wirklich in der Lage sind, den Unterricht von Mr Coetzee zu beurteilen, wenn es nur die Qualität seines Unterrichts ist, über die wir heute reden?«

Ich weiß, Sie sind Engländer, Mr Vincent, nehmen Sie das also bitte nicht persönlich, aber es gibt eine gewisse englische Art, die mich zornig macht, die viele zornig macht, bei der die Beleidigung in nette Worte gekleidet wird, wie Zucker auf einer bitteren Pille. *Dago* – Kanake: Glauben Sie, ich kenne das Wort nicht, Mr Vincent? *You Portuguese dago!*, sagte sie – *Wie kannst du es wa-*

gen, herzukommen und meine Schule zu kritisieren! Geh wieder zu-
rück in die Slums, wo du hergekommen bist!

»Ich bin Maria Reginas Mutter«, sagte ich, »und ich allein be-
stimme, was gut für meine Tochter ist und was nicht. Ich komme
nicht, um Ihnen oder Mr Coetzee oder sonst jemandem Ärger zu
machen, aber ich sage Ihnen jetzt, Maria Regina wird nicht weiter
die Klasse dieses Mannes besuchen. Das ist mein Wort, und es ist
endgültig. Ich zahle für meine Tochter, damit sie eine gute Schule
besuchen kann, eine Schule für Mädchen, ich möchte nicht, dass
sie in eine Klasse geht, wo der Lehrer kein ordentlicher Lehrer
ist, er hat keine Qualifikation, er ist nicht einmal Engländer, er ist
ein *Boer*, ein Bure.«

Vielleicht hätte ich dieses Wort nicht benutzen sollen, es war
wie *Dago*, aber ich war zornig, man hatte mich provoziert.

Boer: In ihrem kleinen Büro war es wie eine Bombe. Ein Bomben-
wort. Aber nicht so schlimm wie *verrückt*. Wenn ich gesagt hätte,
Maria Reginas Lehrer, mit seinen unverständlichen Gedichten
und seinem Wunsch, die Schüler dahin zu bringen, dass sie mit
hellerem Licht brennen, sei verrückt, dann wäre der Raum wirklich explodiert.

Das Gesicht der Frau gefror. »Ich und das Schulkomitee haben
zu entscheiden, Mrs Nascimento, wer die Qualifikation hat, hier
zu unterrichten, und wer nicht. Nach meinem Urteil und dem
des Komitees ist Mr Coetzee, der einen Universitätsabschluss in
Englisch hat, ausreichend qualifiziert für die Arbeit, die er tut. Sie
können Ihre Tochter aus seiner Klasse nehmen, wenn Sie das
wünschen, ja, Sie können Sie von der Schule nehmen, das ist Ihr
Recht. Aber vergessen Sie nicht, am Ende ist es Ihre Tochter, die
darunter leidet.«

»Ich werde sie aus der Klasse dieses Mannes nehmen, ich
werde sie nicht von der Schule nehmen«, erwiderte ich. »Ich
möchte, dass sie eine gute Bildung bekommt. Ich werde selbst

eine Englischlehrerin für sie finden. Danke, dass Sie mich angehört haben. Sie glauben, ich sei nur eine arme Flüchtlingsfrau, die von nichts eine Ahnung hat. Sie irren sich. Wenn ich Ihnen die ganze Geschichte unserer Familie erzählen würde, würden Sie sehen, wie sehr Sie sich irren. Auf Wiedersehen.«

Flüchtling. Sie nannten mich immerzu Flüchtling in diesem ihrem Land, wo ich mir doch nichts sehnlicher wünschte, als daraus zu entfliehen.

Als Maria Regina am nächsten Tag von der Schule nach Hause kam, brach ein regelrechter Sturm über mich herein.

»Wie konntest du das nur tun, *mãe*?«, schrie sie mich an. »Wie konntest du das hinter meinem Rücken tun? Warum musst du dich immer in mein Leben einmischen?«

Schon seit Wochen und Monaten, seit Mr Coetzee auf der Bildfläche erschienen war, war das Verhältnis zwischen Maria Regina und mir angespannt. Aber noch nie hatte meine Tochter solche Worte mir gegenüber benutzt. Ich versuchte, sie zu beruhigen. Wir sind nicht wie andere Familien, sagte ich ihr. Andere Mädchen haben keinen Vater im Krankenhaus und keine Mutter, die sich erniedrigen muss, um ein paar Pennys zu verdienen, damit ein Kind, das zu Hause keinen Finger rührt und sich nicht bedankt, zusätzlichen Unterricht für dies und das haben kann.

Das stimmte natürlich nicht. Ich hätte mir keine besseren Töchter wünschen können als Joana und Maria Regina, ernsthafte, fleißige Mädchen. Aber manchmal muss man einfach etwas hart sein, selbst zu denen, die man liebt.

Maria Regina hörte nichts von dem, was ich sagte, sie war so wütend. »Ich hasse dich!«, schrie sie. »Glaubst du, ich weiß nicht, warum du das tust! Du machst das, weil du eifersüchtig bist, weil du nicht willst, dass ich Mr Coetzee treffe, weil du ihn für dich willst!«

»*Ich* bin eifersüchtig auf *dich*? So ein Unsinn! Warum sollte ich diesen Mann für mich wollen, diesen Mann, der nicht einmal ein richtiger Mann ist! Was weißt du von Männern, du, ein Kind? Warum, glaubst du wohl, will dieser Mann unter jungen Mädchen sein? Hältst du das für normal? Warum ermuntert er euch zu Träumen, zu Phantasien? Solche Männer sollte man nicht in die Nähe einer Schule lassen. Und du – du solltest dankbar sein, dass ich dich rette. Doch stattdessen beschimpfst du mich und beschuldigst mich, deine Mutter!«

Ich sah, wie sich ihre Lippen lautlos bewegten, als wären keine Worte bitter genug für das, was ihr Herz bewegte. Dann drehte sie sich um und lief aus dem Zimmer. Kurz darauf war sie wieder da und schwenkte die Briefe, die dieser Mann, ihr Lehrer, mir geschickt hatte, die ich aus keinem besonderen Grund im Sekretär deponiert hatte, sie bedeuteten mir ganz gewiss nichts. »Er schreibt dir Liebesbriefe!«, schrie sie. »Und du schreibst ihm Liebesbriefe zurück! Es ist widerlich! Wenn er nicht normal ist, warum schreibst du ihm dann Liebesbriefe?« Natürlich stimmte nicht, was sie sagte. Ich hatte ihm keine Liebesbriefe geschrieben, nicht einen. Aber wie konnte ich erreichen, dass das arme Kind das glaubte? »Was fällt dir ein!«, sagte ich. »Was fällt dir ein, deine Nase in meine private Post zu stecken!«

Wie sehr ich mir in diesem Augenblick wünschte, dass ich seine Briefe verbrannt hätte, Briefe, um die ich nie gebeten hatte!

Maria Regina weinte jetzt. »Hätte ich nur nie auf dich gehört«, schluchzte sie. »Hätte ich nur nie zugelassen, dass du ihn hierher einlädst. Du verdirbst einfach alles.«

»Mein armes Kind!«, sagte ich und schloss sie in die Arme. »Ich habe nie Briefe an Mr Coetzee geschrieben, das musst du mir glauben. Ja, er hat Briefe an mich geschrieben, ich weiß nicht, warum, aber ich habe nie geantwortet. Ich bin an ihm nicht in dieser Weise interessiert, nicht im mindesten. Lass ihn nicht zwischen uns kommen, mein Liebling. Ich versuche nur, dich zu schützen. Er ist nicht gut für dich. Er ist ein erwachsener Mann, du bist noch ein Kind. Ich besorge einen anderen Lehrer für dich.

Ich werde dir eine Privatlehrerin besorgen, die hier in die Wohnung kommen und dir helfen wird. Wir werden es schaffen. Ein Lehrer ist nicht so teuer. Wir werden jemanden auftreiben, der die richtigen Qualifikationen hat und weiß, wie er dich auf die Prüfungen vorbereitet. Dann können wir diese ganze unglückselige Sache hinter uns lassen.«

Das ist also die Geschichte, die ganze Geschichte, von seinen Briefen und vom Ärger, den seine Briefe mir gebracht haben.

Es kamen keine Briefe mehr?

Einer kam noch, aber ich habe ihn nicht geöffnet. Ich habe ZURÜCK AN ABSENDER auf den Umschlag geschrieben und ihn im Hausflur für den Briefträger liegen lassen. »Siehst du?«, sagte ich zu Maria Regina. »Siehst du, was ich von seinen Briefen halte?«

Und der Tanzunterricht? Was war damit?

Er kam nicht mehr. Mr Anderson sprach mit ihm, und er kam nicht mehr. Vielleicht hat er ihm sogar sein Geld zurückgegeben, ich weiß es nicht.

Haben Sie einen anderen Lehrer für Maria Regina gefunden?

Ja, ich habe einen anderen Lehrer gefunden, eine Dame, eine Lehrerin im Ruhestand. Es hat Geld gekostet, aber was ist Geld, wenn es um die Zukunft deines Kindes geht?

War damit Ihr Umgang mit John Coetzee beendet?

Ja. Vollkommen.

Sie haben ihn nie wiedergesehen, nie von ihm gehört?

Ich habe ihn nie wiedergesehen. Ich sorgte dafür, dass Maria Regina ihn nicht wiedersah. Er mochte ja voller romantischen Unfugs stecken, aber er war zu sehr Holländer, um rücksichtslos zu sein. Als er mitbekam, dass ich es ernst damit meinte, mich auf kein Liebesspiel mit ihm einzulassen, gab er seine Verfolgung auf. Er ließ uns in Ruhe. Seine große Leidenschaft erwies sich am Ende als nicht so groß. Oder vielleicht hatte er ein anderes Objekt für sein Verliebtsein gefunden.

Vielleicht. Vielleicht auch nicht. Vielleicht bewahrte er Sie in seinem Herzen. Oder die Idee von Ihnen.

Warum sagen Sie das?

[Schweigen.]

Gut, mag sein, es war so. Sie haben sich ja mit seinem Leben beschäftigt, Sie werden es besser wissen. Für manche Menschen spielt es keine Rolle, in wen sie verliebt sind, solange sie verliebt sind. Mag sein, dass er so ein Mensch war.

[Schweigen.]

Wie sehen Sie denn die ganze Episode im Rückblick? Sind Sie noch zornig auf ihn?

Zornig? Nein. Ich verstehe, dass ein einsamer und exzentrischer junger Mann wie Mr Coetzee, der seine Tage mit dem Studium alter Philosophen und dem Schreiben von Gedichten zubrachte, sich in Maria Regina verlieben konnte, die eine richtige Schönheit war und viele Herzen brechen würde. Nicht so leicht zu begreifen ist, was Maria Regina in ihm sah; aber sie war ja jung und leicht zu beeindrucken, und er schmeichelte ihr, redete ihr ein, sie sei anders als die anderen Mädchen und habe eine große Zukunft.

Als sie ihn dann mit nach Hause brachte und er mich zu Gesicht bekam, begreife ich, dass er es sich wohl überlegt und beschlossen hat, mich stattdessen zu seiner wahren Liebe zu machen. Ich behaupte nicht, dass ich eine große Schönheit war, und natürlich war ich nicht mehr jung, aber Maria Regina und ich waren der gleiche Typ: die gleiche Figur, das gleiche Haar, die gleichen dunklen Augen. Und es ist doch praktischer – nicht wahr? –, eine Frau zu lieben, als ein Kind zu lieben. Praktischer, weniger gefährlich.

Was hat er von mir gewollt, von einer Frau, bei der er keine Resonanz fand und die ihn nicht ermutigte? Hatte er gehofft, mit mir zu schlafen? Was kann das für ein Vergnügen für einen Mann sein, wenn er mit einer Frau schläft, die ihn nicht will? Weil ich diesen Mann wirklich nicht wollte, für den ich nicht das kleinste Fünkchen Gefühl hatte. Und wie wäre das denn gewesen, wenn ich mich mit dem Lehrer meiner Tochter eingelassen hätte? Hätte ich es geheim halten können? Bestimmt nicht vor Maria Regina. Ich hätte vor meinen Kindern Schande über mich gebracht. Selbst wenn ich allein mit ihm gewesen wäre, hätte ich stets gedacht: *Nicht mich begehrt er, sondern Maria Regina, die jung und schön ist, aber für ihn tabu.*

Aber vielleicht wollte er in Wahrheit uns beide, Maria Regina und mich, Mutter und Tochter – vielleicht war das seine Phantasie, ich weiß es nicht, ich kann nicht in seinen Kopf schauen.

Ich erinnere mich, dass in meiner Studentenzeit der Existentialismus Mode war, wir mussten alle Existentialisten sein. Aber um als Existentialist akzeptiert zu werden, musste man zuerst beweisen, dass man ein Freigeist, ein Extremist war. *Erkenne keine Restriktionen an! Sei frei!* – das wurde uns gepredigt. Aber wie kann ich frei sein, fragte ich mich, wenn ich dem Befehl eines anderen gehorche, frei zu sein?

Coetzee war so beschaffen, glaube ich. Er entschloss sich, Existentialist und Romantiker und Freigeist zu sein. Nur kam das unglücklicherweise nicht aus seinem Inneren, daher wusste er nicht, wie. Freiheit, Sinnlichkeit, erotische Liebe – das war alles nur eine Vorstellung in seinem Kopf, kein in seinem Körper verwurzeltes Bedürfnis. Er hatte kein Talent dafür. Er war kein sinnlicher Mensch. Und ich hege sowieso den Verdacht, dass es ihm gefiel, wenn eine Frau kalt und abweisend war.

Sie sagten, Sie hätten sich entschlossen, seinen letzten Brief nicht zu lesen. Haben Sie diesen Entschluss jemals bereut?

Warum? Warum sollte ich es bereuen?

Weil Coetzee ein Schriftsteller war, der mit Worten umzugehen wusste. Wenn nun der Brief, den Sie nicht gelesen haben, Worte enthielt, die Sie bewegt hätten oder sogar Ihre Gefühle ihm gegenüber geändert hätten?

Mr Vincent, für Sie ist John Coetzee ein großer Schriftsteller und ein Held, das akzeptiere ich, warum sollten Sie sonst hier sein, warum sollten Sie sonst dieses Buch schreiben? Für mich andererseits – verzeihen Sie, dass ich das sage, aber er ist tot, da kann ich seine Gefühle nicht verletzen – für mich bedeutet er nichts. Er bedeutet nichts, bedeutete nichts, nur ein Ärgernis, eine Unannehmlichkeit. Er bedeutete nichts, und seine Worte bedeuteten nichts. Ich sehe, dass Sie verärgert sind, weil ich ihn wie einen Narren aussehen lasse. Trotzdem, für mich war er wirklich ein Narr.

Und was seine Briefe angeht, wenn man einer Frau Briefe schreibt, beweist das nicht, dass man sie liebt. Dieser Mann hat mich nicht geliebt, er hat eine Idee von mir geliebt, die Phantasiegestalt von einer südländischen Geliebten, die er sich ausgedacht hat. Ich wünschte, er hätte sich statt in mich in eine andere Schriftstellerin, eine andere Phantastin, verliebt. Dann hätten die beiden glücklich sein können, sie hätten den ganzen Tag lang ihre Idee vom jeweils anderen lieben können.

Sie glauben, ich bin grausam, wenn ich so rede, doch das bin ich nicht, ich bin nur ein praktischer Mensch. Wenn der Sprachlehrer meiner Tochter, ein völlig fremder Mensch, mir Briefe schickt, voll von seinen Ideen über dies und Ideen über das, über Musik und Chemie und Philosophie und Engel und Götter und ich weiß nicht was noch, Seite um Seite, auch Gedichte, lese ich das nicht alles und präge es mir für kommende Generationen ein, ich will nur eine einfache, praktische Sache wissen, und die ist: *Was geht zwischen diesem Mann und meiner Tochter vor, die bloß ein Kind ist?* Denn – verzeihen Sie mir, wenn ich das sage – hinter all den schönen Worten ist das, was ein Mann von einer Frau will, gewöhnlich sehr primitiv und sehr einfach.

Sie sagen, dass auch Gedichte dabei waren?

Ich verstand sie nicht. Maria Regina war diejenige, die Gedichte liebte.

Sie können sich an nichts daraus erinnern?

Sie waren sehr modernistisch, sehr intellektuell, sehr schwerverständlich. Deshalb sage ich ja, dass das Ganze ein großer Fehler war. Er glaubte, ich sei die Art Frau, mit der man im Dunkeln im Bett liegt und Gedichte bespricht; aber so war ich überhaupt nicht. Ich war Ehefrau und Mutter, die Frau eines Mannes, der in einem Krankenhaus eingesperrt war, das auch ein Gefängnis oder ein Friedhof hätte sein können, und die Mutter zweier Mädchen, die ich irgendwie beschützen musste in einer Welt, in der die Leute, wenn sie dein Geld stehlen wollen, mit einer Axt anrücken. Ich hatte keine Zeit, diesen unwissenden jungen Mann zu bedauern, der sich mir zu Füßen warf und sich vor mir demütigte. Und um offen zu sein, wenn ich einen Mann gewollt hätte, dann wäre es kein Mann wie er gewesen.

Denn ich darf Ihnen versichern – ich halte sie auf, es ist spät, ich entschuldige mich –, ich darf Ihnen versichern, dass ich nicht ohne Gefühl war, ganz und gar nicht. Nehmen Sie keinen falschen Eindruck von mir mit. Ich war nicht tot für die Welt. Vormittags, wenn Joana auf der Arbeit war und Maria Regina in der Schule und die Sonne ihre Strahlen in unsere kleine Wohnung schickte, die gewöhnlich so dunkel und düster war, stand ich manchmal im Sonnenlicht am offenen Fenster und lauschte den Vögeln und spürte die Wärme auf meinem Gesicht und meiner Brust; und in solchen Stunden sehnte ich mich danach, wieder eine Frau zu sein. Ich war nicht zu alt, ich war nur im Wartezustand. So. Genug. Danke, dass Sie mir zugehört haben.

Sie haben das letzte Mal gesagt, Sie hätten eine Frage an mich.

Ja, das habe ich vergessen, ich habe eine Frage. Es ist folgende: Ich irre mich normalerweise nicht in den Menschen; sagen Sie mir also, irre ich mich in John Coetzee? Weil er für mich, offen gesagt, niemand war. Er war kein Mann von Gewicht. Vielleicht konnte er gut schreiben, vielleicht hatte er eine gewisse Begabung für Worte, ich weiß es nicht, ich habe seine Bücher nie gelesen, ich bin nie neugierig auf sie gewesen. Ich weiß, dass er später richtig berühmt geworden ist; aber war er wirklich ein großer Schriftsteller? Denn meiner Ansicht nach reicht eine Begabung für Worte nicht aus, um ein großer Schriftsteller zu sein. Man muss auch ein großer Mann sein. Und er war kein großer Mann. Er war ein kleiner Mann, ein unbedeutender kleiner Mann. Ich kann Ihnen keine Liste von Gründen A-B-C-D geben, warum ich das behaupte, aber das war mein Eindruck von Anfang an, von dem Moment an, als ich ihn zum ersten Mal sah, und danach ist nichts geschehen, was diesen Eindruck verändert hätte. Ich wende mich also an Sie. Sie haben ihn ausführlich studiert, Sie schreiben ein Buch über ihn. Sagen Sie mir: Was halten Sie von ihm? Habe ich mich geirrt?

Was ich von ihm als Schriftsteller halte oder was ich von ihm als Mensch halte?

Als Mensch.

Das kann ich nicht sagen. Ich würde mich hüten, ein Urteil über jeman-den abzugeben, dem ich nie persönlich begegnet bin, sei es Mann oder Frau. Ich glaube aber, dass Coetzee zu der Zeit, als er Sie kennenlernte, einsam gewesen ist, unnatürlich einsam. Vielleicht erklärt das gewisse – wie soll ich es ausdrücken? – gewisse Extravaganzen seines Benehmens.

Woher wissen Sie das?

Aus den Aufzeichnungen, die er hinterlassen hat. Indem ich zwei und zwei zusammenzähle. Er war ein wenig einsam und ein wenig ver-zweifelt.

Ja, aber wir sind alle ein wenig verzweifelt, so ist das Leben. Wenn du stark bist, dann überwindest du die Verzweiflung. Darum frage ich: Wie kann man ein großer Schriftsteller sein, wenn man nur ein einfacher kleiner Mann ist? Man muss doch bestimmt eine ge-wisse Flamme in sich haben, die einen vom Mann auf der Straße unterscheidet. Aber was mich angeht, habe ich während der Zeit, in der ich ihn sah, nie irgendein Feuer gespürt. Im Gegenteil, er wirkte auf mich – wie soll ich es ausdrücken? – lau.

Bis zu einem gewissen Grad würde ich Ihnen zustimmen. Feuer ist nicht das erste Wort, das einem einfällt, wenn man an seine Bücher denkt. Doch er hatte andere Tugenden, andere Stärken. Zum Beispiel würde ich sagen, dass er beständig war. Er hatte einen beständigen Blick. Äußerlichkeiten konnten ihn nicht so leicht täuschen.

Für einen Mann, den Äußerlichkeiten nicht täuschen konnten, verliebte er sich aber ziemlich leicht, finden Sie nicht?

[Lachen.]

Aber vielleicht ließ er sich nicht täuschen, wenn er sich verliebte. Vielleicht sah er Dinge, die andere nicht sehen.

Bei der Frau?

Ja, bei der Frau.

[Schweigen.]

Sie erzählen mir, dass er mich sogar noch geliebt hat, nachdem ich ihn fortgeschickt hatte, sogar nachdem ich vergessen hatte, dass es ihn überhaupt gab. Meinen Sie das mit Beständigkeit? Denn mir erscheint das einfach dumm.

Ich glaube, er konnte nicht loslassen, er war, was die Engländer mit dem Wort dogged *ausdrücken. Ob es ein Äquivalent im Portugiesischen gibt, weiß ich nicht. Wie eine Bulldogge, die einen mit den Zähnen packt und nicht mehr loslässt.*

Wenn Sie das sagen, muss ich Ihnen glauben. Aber wenn man wie ein Hund ist – ist das bewundernswert, im Englischen?

[Lachen.]

Wissen Sie, in meinem Beruf beobachten wir lieber, wie sich die Leute bewegen, welche Haltung sie haben, statt nur darauf zu hören, was sie sagen. Das ist unsere Methode, die Wahrheit herauszufinden, und es ist keine schlechte Methode. Ihr Mr Coetzee hat ja vielleicht ein Talent für Worte gehabt, aber wie ich Ihnen erzählt habe, konnte er nicht tanzen. Er konnte nicht tanzen – und das ist nun ein Ausdruck, an den ich mich aus der Zeit in Südafrika erinnere, Maria Regina brachte ihn mir bei: *he could not dance to save his life* – er konnte beim besten Willen nicht tanzen.

[Lachen]

Aber jetzt einmal im Ernst, Senhora Nascimento, es hat viele große Männer gegeben, die keine guten Tänzer gewesen sind. Wenn man ein guter Tänzer sein muss, ehe man ein großer Mann sein kann, dann war Gandhi kein großer Mann, dann war Tolstoi kein großer Mann.

Nein, Sie hören mir nicht richtig zu. Auch ich meine es ernst. Kennen Sie das Wort entkörpert? Dieser Mann war entkörpert. Er war von seinem Körper getrennt. Für ihn war der Körper wie eine dieser hölzernen Marionetten, die man mit Stricken bewegt. Man zieht an diesem Strick, und der linke Arm bewegt sich, man zieht an jenem Strick, und das rechte Bein bewegt sich. Und das wahre Ich sitzt dort oben, wo man es nicht sehen kann, und zieht wie der Marionettenführer die Stricke.

Dieser Mann kommt also zu mir, zu der Herrin des Tanzes. *Zeig mir, wie man tanzt!*, fleht er. Da zeige ich es ihm, ich zeige ihm, wie wir uns im Tanz bewegen. *So*, sage ich zu ihm – *bewege deine Füße so und dann so.* Und er hört zu und sagt sich: *Aha, sie meint, ich soll den roten Strick ziehen, danach den blauen! – Dreh die*

573

Schulter so, sage ich zu ihm, und er sagt sich: *Aha, sie meint, ich soll den grünen Strick ziehen!*

Aber so tanzt man nicht! So tanzt man nicht! Tanzen ist Verkörperung. Beim Tanzen führt nicht der Marionettenmeister im Kopf, und der Körper folgt, der Körper selbst führt, der Körper mit seiner Seele, seiner Körperseele. Weil der Körper Bescheid weiß! Er weiß Bescheid! Wenn der Körper in sich den Rhythmus fühlt, braucht er nicht zu denken. So sind wir beschaffen, wenn wir menschlich sind. Deshalb kann die hölzerne Marionette nicht tanzen. Das Holz hat keine Seele. Das Holz kann den Rhythmus nicht fühlen.

Deshalb frage ich: Wie konnte dieser Mann, Ihr Mann, ein großer Mann sein, wenn er nicht menschlich war? Das ist eine ernsthafte Frage, kein Scherz mehr. Warum, meinen Sie, konnte ich als Frau nicht auf ihn eingehen? Warum habe ich alles, was ich konnte, getan, um meine Tochter von ihm fernzuhalten, als sie noch jung war und ohne Erfahrung, die sie leiten konnte, was meinen Sie? Weil von einem solchen Mann nichts Gutes kommen kann. Liebe: Wie kann man ein großer Schriftsteller sein, wenn man nichts über die Liebe weiß? Glauben Sie denn, ich fühle als Frau nicht instinktiv, was für ein Liebhaber ein Mann sein wird? Ich sage Ihnen, ich zittere vor Kälte, wenn ich an, hm, Intimitäten mit einem solchen Mann denke. Ich weiß nicht, ob er je geheiratet hat, aber wenn ja, dann zittere ich für die Frau, die ihn geheiratet hat.

Ja. Es wird allmählich spät, es ist ein langer Nachmittag gewesen, meine Kollegin und ich, wir müssen aufbrechen. Ich danke Ihnen, Senhora Nascimento, für die Zeit, die Sie uns so großzügig geopfert haben. Das war sehr freundlich von Ihnen. Senhora Gross wird unsere Unterhaltung abschreiben und die Übersetzung überarbeiten, und danach werde ich sie Ihnen schicken, um zu prüfen, ob Sie etwas ändern oder hinzufügen oder streichen möchten.

Ich verstehe. Natürlich bieten Sie mir an, dass ich den Bericht ändern kann, dass ich etwas hinzufügen oder streichen kann. Aber wie viel kann ich ändern? Kann ich das Schild ändern, das um meinen Hals hängt, auf dem steht, dass ich eine von Coetzees Frauen war? Werden Sie mir gestatten, dieses Schild abzunehmen? Werden Sie es mich zerreißen lassen? Ich glaube nicht. Weil es Ihr Buch zerstören würde, und das würden Sie nicht zulassen.

Doch ich werde geduldig sein. Ich werde abwarten, was Sie mir schicken. Vielleicht – wer weiß? – werden Sie ja ernst nehmen, was ich Ihnen erzählt habe. Ich bin auch neugierig – lassen Sie mich das gestehen – darauf, was die anderen Frauen im Leben dieses Mannes Ihnen erzählt haben, die anderen Frauen mit Schildern um den Hals – ob sie auch fanden, dass dieser Liebhaber aus Holz gemacht ist. Denn ich denke, Sie sollten Ihr Buch so nennen: *Der hölzerne Mann.*

[Lachen.]

Aber sagen Sie mir doch, wieder ernsthaft, hat dieser Mann, der nichts über Frauen wusste, jemals über Frauen geschrieben, oder hat er nur über Männer, die nicht loslassen konnten, wie er selbst, geschrieben? Ich frage deshalb, weil ich ihn, wie schon gesagt, nicht gelesen habe.

Er hat über Männer geschrieben und auch über Frauen. Zum Beispiel – das mag Sie interessieren – gibt es ein Buch mit dem Titel Mr Cruso, Mrs Barton und Mr Foe, *in dem die Heldin ein Jahr als Schiffbrüchige auf einer Insel vor der Küste von Brasilien verbringt. In der endgültigen Version ist sie Engländerin, aber im ersten Entwurf war sie bei ihm eine* Brasileira.

Und was für eine Frau ist diese seine *Brasileira*?

Was soll ich sagen? Sie hat viele gute Eigenschaften. Sie ist attraktiv, sie ist findig, sie hat einen stählernen Willen. Sie forscht überall auf der Welt nach ihrer jungen Tochter, die verschwunden ist. Das ist der Kern des Romans: ihre Suche nach ihrer Tochter, die sich über alle anderen Anliegen hinwegsetzt. Mir erscheint sie als eine bewundernswerte Heldin. Wenn ich die Vorlage zu einer solchen Gestalt wäre, würde ich stolz sein.

Ich werde das Buch lesen und mir selbst ein Urteil bilden. Wie ist noch einmal der Titel?

Mr Cruso, Mrs Barton und Mr Foe. *Es wurde ins Portugiesische übersetzt, aber die Übersetzung ist vielleicht inzwischen nicht mehr erhältlich. Ich kann Ihnen ein Exemplar auf Englisch schicken, wenn Sie möchten.*

Ja, schicken Sie es. Es ist lange her, dass ich ein englisches Buch gelesen habe, aber es interessiert mich, was dieser Mann aus Holz aus mir gemacht hat.

[Lachen.]

Das Interview wurde in São Paulo geführt,
Brasilien, im Dezember 2007.

◆ Martin ◆

In einem seiner späten Notizbücher berichtet Coetzee von der ersten
Begegnung mit Ihnen, an dem Tag im Jahr 1972, als Sie beide ein
Vorstellungsgespräch für eine Stelle an der Universität von Kapstadt
hatten. Der Bericht ist nur ein paar Seiten lang – ich lese ihn Ihnen
vor, wenn Sie mögen. Ich nehme an, dass er für den dritten Memoi-
renband gedacht war, der nie das Licht der Öffentlichkeit erblickte.
Wie Sie hören werden, verfährt er hier genauso wie in Der Junge
und Die frühen Jahre, *wo der Protagonist »er« statt »ich« genannt*
wird.

Er schreibt Folgendes:
»Er hat sich für das Vorstellungsgespräch die Haare schneiden lassen.
Er hat seinen Bart gestutzt. Er hat ein Jackett mit Schlips angezogen.
Wenn er auch noch nicht die Biederkeit in Person ist, so sieht er doch
nicht mehr wie der Wilde Mann aus.

Im Warteraum sind die zwei anderen Bewerber für die Stelle. Sie
stehen nebeneinander am Fenster, von dem aus man in den Garten
blickt, und unterhalten sich leise. Sie scheinen sich zu kennen oder sich
zumindest miteinander bekannt gemacht zu haben.«

Sie erinnern sich wohl nicht daran, wer diese dritte Person war?

Er war von der Universität Stellenbosch, aber ich kann mich
nicht an seinen Namen erinnern.

Er fährt fort: »Das ist die britische Art: die Wettbewerber in den Ring
zu schicken und abzuwarten, was geschieht. Er wird sich wieder an das
britische Vorgehen in all seiner Brutalität gewöhnen müssen. Groß-

britannien, ein beengtes Schiff, vollgestopft bis zum Dollbord. Jeder gegen jeden wie beim Hundekampf, Hunde, die sich anknurren und nach einander schnappen, jeder sein kleines Territorium bewachend. Die amerikanische Art ist im Vergleich dazu manierlich, sogar liebenswürdig. Aber es gibt ja auch mehr Raum in Amerika, mehr Raum für weltgewandte Höflichkeit.

Das Kap ist ja wohl nicht Großbritannien, entfernt sich wohl täglich weiter von Großbritannien, doch was an britischer Art verblieben ist, das drückt es fest an die Brust. Ohne diese rettende Verbindung, was wäre das Kap? Ein unbedeutender Anlegeplatz auf dem Weg ins Nirgendwo; ein Ort des barbarischen Müßiggangs.

Im Ablaufplan, der an die Tür geheftet ist, ist er Nummer zwei in der Reihenfolge des Erscheinens vor der Kommission. Nummer eins erhebt sich ruhig, als er aufgerufen wird, klopft seine Pfeife aus, verstaut sie in etwas, was wohl ein Pfeifenbehälter sein muss, und geht durch die Pforte. Nach zwanzig Minuten taucht er wieder auf, mit undurchdringlichem Gesichtsausdruck.

Jetzt ist er an der Reihe. Er tritt ein, und man bedeutet ihm, dass er am unteren Ende eines langen Tisches Platz nehmen soll. Am anderen Ende sitzen seine Inquisitoren, fünf insgesamt, alles Männer. Weil die Fenster offen stehen, weil sich der Raum über einer Straße mit regem Verkehr befindet, muss er sich anstrengen, um sie zu verstehen, und selbst laut sprechen, um sich verständlich zu machen.

Einige höfliche Finten, dann der erste Vorstoß: Wenn er die Stelle bekäme, welche Autoren würde er am liebsten in seinem Unterricht behandeln?

›Ich kann so ziemlich alles unterrichten‹, antwortet er. ›Ich bin kein Spezialist. Ich halte mich für einen Generalisten.‹

Als Antwort ist das zumindest vertretbar. Ein kleines Institut an einer kleinen Universität könnte froh sein, einen Hansdampf in allen Gassen einzustellen. Aber aus dem Schweigen, das nun eintritt, schließt er, dass seine Antwort nicht gut war. Er hat die Frage zu wörtlich genommen. Das ist schon immer sein Fehler gewesen: Fragen zu wörtlich

zu nehmen, zu knapp zu antworten. Diese Leute wollen keine knappen
Antworten. Sie wollen etwas Bedachteres, Ausführlicheres, etwas, wor-
aus sie sich eine Vorstellung davon machen können, welchen Typ sie vor
sich haben, wie er sich als junger Kollege machen würde, ob er sich in
eine provinzielle Universität einfügen würde, die ihr Bestes tut, um das
Niveau in schwierigen Zeiten zu halten und die Flamme der Zivilisa-
tion nicht verlöschen zu lassen.

In Amerika, wo man die Stellensuche ernst nimmt, machen Leute
wie er, Leute, die nicht in der Lage sind, die Absicht hinter einer Frage
zu erkennen, die nicht in wohlgeformten Paragraphen sprechen können,
denen es nicht gelingt, überzeugend rüberzukommen – kurz, Leute, de-
nen es an Menschenkenntnis fehlt –, Schulungen, bei denen sie lernen,
dem Fragenden ins Auge zu blicken, zu lächeln, Fragen ausführlich und
mit allem Anschein der Ernsthaftigkeit zu beantworten. Selbstdarstel-
lung: So nennen sie das in Amerika, ohne Ironie.

Welche Autoren würde er vorzugsweise behandeln? Mit welchen For-
schungsaufgaben er sich im Moment befasse? Ob er sich zutraue, prak-
tische Übungen in Mittelenglisch anzubieten? Seine Antworten klingen
immer weniger überzeugend. Die Wahrheit ist, dass er diese Stelle nicht
wirklich will. Er will sie nicht, weil er in seinem Innersten weiß, dass er
nicht zum Lehrer geschaffen ist. Dass er von seiner Veranlagung her
nicht geeignet ist. Dass ihm der Eifer fehlt.

Aus dem Vorstellungsgespräch kommt er im Zustand finsterer Nie-
dergeschlagenheit. Er möchte sofort weg von diesem Ort, unverzüglich.
Aber nein, zuerst müssen Formulare ausgefüllt werden, Fahrtkosten
kassiert werden.

›Wie ist es gelaufen?‹

Der Sprecher ist der Kandidat, der als Erster interviewt wurde, der
Pfeifenraucher.« Das sind Sie, wenn ich mich nicht täusche.

Ja. Aber ich habe die Pfeife aufgegeben.

»Er zuckt mit den Schultern. ›Wer weiß?‹, sagt er. ›Nicht gut.‹

›Wollen wir uns eine Tasse Tee holen?‹

Er ist verblüfft. Sollten sie nicht Rivalen sein? Dürfen Rivalen freundschaftlichen Umgang miteinander haben?

*Es ist später Nachmittag, der Campus ist menschenleer. Auf der Suche nach ihrer Tasse Tee gehen sie zur Mensa. Sie ist geschlossen. MJ« –
so nennt er Sie – »holt seine Pfeife heraus. ›Macht nichts‹, sagt er. ›Rauchst du?‹*

Welche Überraschung: Er fängt an, Gefallen an diesem MJ mit seiner unkomplizierten, offenen Art zu finden! Seine düstere Stimmung schwindet schnell. MJ gefällt ihm, und MJ scheint ebenfalls geneigt, Gefallen an ihm zu finden, wenn das alles nicht nur eine Übung in Selbstdarstellung ist. Und dieses Gefallen aneinander ist im Handumdrehen entstanden!

Aber sollte ihn das überraschen? Warum sind denn sie beide (oder sie drei, wenn der schattenhafte Dritte mit berücksichtigt wird) unter den Bewerbern um eine Dozentur für englische Literatur ausgewählt und zu einem Vorstellungsgespräch eingeladen worden, wenn nicht, weil sie derselbe Typ sind, denselben Bildungsweg hinter sich haben; und schließlich und am offensichtlichsten, weil sie beide Südafrikaner sind, weiße Südafrikaner.«

Hier endet das Fragment. Es ist undatiert, aber ich bin ziemlich sicher, dass er es 1999 oder 2000 geschrieben hat. Nun ... einige Fragen, die sich darauf beziehen. Die erste Frage: Sie waren der erfolgreiche Kandidat, derjenige, der die Stelle bekam, während Coetzee übergangen wurde. Warum wurde er übergangen, was glauben Sie? Und haben Sie feststellen können, dass er das auf irgendeine Weise übelgenommen hat?

Überhaupt nicht. Ich kam aus dem System – dem System der kolonialen Universität, wie es damals existierte –, während er von außen kam, weil er nach dem Studium nach Amerika gegangen war. Da es ja in der Natur aller Systeme liegt, sich selbst zu reproduzieren, musste ich ihm auf jeden Fall überlegen sein. Das begriff er, theoretisch und praktisch. Er gab ganz bestimmt nicht mir die Schuld.

Also gut. Eine weitere Frage: Er deutet an, dass er in Ihnen einen neuen Freund gefunden hat, und zählt dann Eigenschaften auf, die Sie und er gemeinsam haben. Aber als er zu Ihrer beider Identität als weiße Südafrikaner kommt, bricht er ab und schreibt nichts mehr. Können Sie sich vorstellen, warum er gerade da abbricht?

Warum er das Thema der Identität von weißen Südafrikanern anspricht und dann fallenlässt? Da kann ich zwei Erklärungen anbieten. Die eine ist, dass es als Thema zu vielschichtig erschienen sein mag, um in Memoiren- oder Tagebuchform erkundet zu werden – zu vielschichtig oder zu sehr unter die Haut gehend. Die andere ist einfacher: dass die Geschichte seiner Abenteuer in der akademischen Welt zu langweilig wurde, um fortgesetzt zu werden, erzählerisch zu wenig interessant war.

Und zu welcher Erklärung tendieren Sie?

Vielleicht zur ersten, mit einer Beimischung der zweiten. John ging in den 1960er Jahren aus Südafrika fort, kam in den 1970er Jahren zurück, wechselte jahrzehntelang zwischen Südafrika und den Vereinigten Staaten hin und her, hat sich dann endgültig nach Australien abgesetzt, wo er starb. Ich verließ Südafrika in den 1970er Jahren und kehrte nie zurück. Ganz allgemein gesprochen, hatten wir eine gemeinsame Haltung zu Südafrika, nämlich dass unsere Anwesenheit dort unrechtmäßig war. Wir hatten vielleicht ein abstraktes Recht, dort zu sein, ein Geburtsrecht, aber die Grundlage dieses Rechts war betrügerisch. Unsere Existenz gründete sich auf ein Verbrechen, genau gesagt die koloniale Eroberung, aufrechterhalten durch die Apartheid. Das

Gegenteil von *einheimisch* oder *verwurzelt*, was auch immer das sein mochte, das waren wir unserem Empfinden nach. Wir hielten uns für vorübergehend dort Verweilende, zeitweilig dort Ansässige und insoweit unbehaust, heimatlos. Ich glaube nicht, dass ich Johns Ansichten falsch wiedergebe. Wir haben viel darüber gesprochen. Ganz bestimmt gebe ich meine Ansichten nicht falsch wieder.

Wollen Sie damit sagen, dass Sie sich gegenseitig bemitleideten?

Bemitleideten ist das falsche Wort. Wir hatten zu viel Positives für uns zu verbuchen, um unser Geschick für bemitleidenswert zu halten. Wir hatten unsere Jugend – ich war damals noch in den Zwanzigern, er war nur etwas älter –, wir hatten eine recht ordentliche Bildung mitbekommen, wir hatten sogar bescheidene materielle Mittel. Wären wir ganz plötzlich an irgendeinen anderen Ort der Welt versetzt worden – der zivilisierten Welt, der ersten Welt –, wir hätten uns bestens behauptet, wir hätten Erfolg gehabt. (In Bezug auf die Dritte Welt bin ich mir nicht so sicher. Wir waren beide keine Robinson Crusoes.)

Also nein, ich sah unser Geschick nicht als tragisch an, und ich bin sicher, er auch nicht. Allenfalls war es komisch. Unsere Vorfahren hatten immerzu geschuftet, die seinen auf ihre Weise, die meinen auf die ihrige, Generation auf Generation, um einen Flecken des wilden Afrika für ihre Nachkommen zu kultivieren, und was war die Frucht all ihrer Mühen? Zweifel im Herzen jener Nachfahren am Rechtsanspruch auf das Land; ein ungutes Gefühl, dass es nicht ihnen gehörte, sondern unveräußerlich seinen ursprünglichen Besitzern.

Glauben Sie, dass er das gesagt haben würde, wenn er die Memoiren weitergeführt, wenn er die Arbeit nicht abgebrochen hätte?

Mehr oder weniger. Lassen Sie mich unsere Haltung zu Südafrika noch etwas näher erläutern: Bei unseren Gefühlen für dieses Land pflegten wir beide eine gewisse provisorische Haltung, er vielleicht mehr noch als ich. Wir zögerten, uns zu tief einzulassen, da früher oder später unsere Bindungen an das Land gelöst werden mussten, und was wir investiert hatten, würde annulliert werden.

Und?

Das ist alles. Wir hatten einen gewissen übereinstimmenden Denkstil, einen Stil, den ich unserer Herkunft zuschreibe, die kolonial und südafrikanisch war. Daher die Übereinstimmung der Ansichten.

Würden Sie in seinem Fall sagen, dass die von Ihnen beschriebene Angewohnheit, Gefühle als provisorisch zu behandeln und sich emotional nicht zu binden, über die Beziehung zum Land seiner Geburt hinausging und sich auch auf persönliche Beziehungen erstreckte?

Dazu kann ich nichts sagen. Sie sind der Biograph. Wenn Sie meinen, es lohnt sich, diesen Gedankengang zu verfolgen, dann tun Sie es.

Können wir jetzt zu seiner Lehrtätigkeit kommen? Er schreibt, dass er zum Lehrer nicht geschaffen war. Würden Sie dem zustimmen?

Ich würde sagen, dass man das am besten lehrt, was man am besten kennt und was einem am meisten am Herzen liegt. John hatte ein ziemlich breites Wissensspektrum, aber keinen besonderen Schwerpunkt. Ich würde das als Nachteil sehen. Zweitens, obwohl es Schriftsteller gab, die ihm sehr wichtig waren – zum Beispiel die russischen Romanciers des 19. Jahrhunderts –, kam in seinem Unterricht nicht zum Ausdruck, welche große Bedeutung das für ihn hatte, zumindest nicht vordergründig. Es wurde immer etwas zurückgehalten. Warum? Ich weiß es nicht. Ich kann nur vermuten, dass ein Hang zur Verschlossenheit, der offenbar tief in ihm angelegt war und zu seinem Charakter gehörte, sich auch auf seine Lehrtätigkeit auswirkte.

Haben Sie also das Gefühl, dass er sein Arbeitsleben, oder die meiste Zeit davon, in einem Beruf verbrachte, für den er kein Talent hatte?

Das ist etwas zu drastisch. John war als Akademiker durchaus qualifiziert. Ein durchaus qualifizierter Akademiker, aber kein bemerkenswerter Lehrer. Wenn er Sanskrit unterrichtet hätte, wäre das vielleicht anders gewesen, Sanskrit oder ein anderes Fach, in dem die Konventionen einem gestatten, ein wenig trocken und reserviert zu sein.

Er hat mir einmal gesagt, dass er seinen Beruf verfehlt habe, dass er Bibliothekar hätte werden sollen. Das leuchtet mir ein.

Es ist mir nicht gelungen, Beschreibungen von Lehrveranstaltungen aus den 1970er Jahren aufzutreiben – die Universität von Kapstadt scheint solche Unterlagen nicht zu archivieren –, aber in Coetzees Papieren habe ich eine Ankündigung eines Kurses gefunden, den Sie gemeinsam mit ihm 1976 für Fernstudenten angeboten haben. Erinnern Sie sich an diesen Kurs?

Ja, allerdings. Es war ein Lyrikkurs. Ich arbeitete damals über Hugh McDiarmid, deshalb benutzte ich die Gelegenheit zum intensiven Textstudium McDiarmids. John ließ die Studenten Pablo Neruda in Übersetzung lesen. Ich hatte Neruda nie gelesen, deshalb hospitierte ich bei ihm.

Eine seltsame Wahl für einen wie ihn, finden Sie nicht: Neruda?

Nein, überhaupt nicht. John hatte eine Vorliebe für üppige, überschwängliche Gedichte: Neruda, Whitman, Stevens. Sie dürfen nicht vergessen, dass er auf seine Weise ein Kind der 1960er Jahre war.

Auf seine Weise – was meinen Sie damit?

Ich meine, in den Grenzen einer gewissen Rechtschaffenheit, einer gewissen Rationalität. Ohne selbst ein dionysischer Mensch zu sein, billigte er im Prinzip das Dionysische. Billigte im Prinzip das Sichgehenlassen, obwohl ich mich nicht daran erinnern kann, dass er sich selbst je gehenließ – vielleicht hätte er gar nicht gewusst, wie man das macht. Er wollte an die Ressourcen des Unbewussten glauben, an die schöpferische Kraft der unbewussten Prozesse. Daher seine Neigung zu den beseelteren Dichtern.

Sie müssen bemerkt haben, wie selten er über die Quellen seiner eigenen Kreativität gesprochen hat. Zum Teil entsprang das der angeborenen Verschlossenheit, die ich erwähnte. Aber zum Teil deutet das auch auf ein Widerstreben, die Quellen seiner Inspiration zu erkunden, als könne zu viel Selbsterkenntnis ihn lähmen.

War der Kurs ein Erfolg – der Kurs, den Sie gemeinsam mit ihm durchführten?

Ich habe auf alle Fälle davon profitiert – zum Beispiel etwas über die Geschichte des Surrealismus in Lateinamerika erfahren. Wie gesagt wusste John über eine Menge Dinge etwas. Inwieweit unsere Studenten davon profitiert haben, weiß ich nicht. Nach meiner Erfahrung finden Studenten schnell heraus, ob das, was man unterrichtet, einem etwas bedeutet. Wenn ja, dann sind sie bereit zu überlegen, ob es auch ihnen etwas bedeuten könnte. Aber wenn sie schließen, zu Recht oder zu Unrecht, dass das nicht so ist, dann fällt der Vorhang, und du kannst genauso gut nach Hause gehen.

Und Neruda bedeutete ihm nichts?

Nein, das behaupte ich nicht. Neruda hat ihm vielleicht sehr viel bedeutet. Neruda ist vielleicht sogar ein Vorbild gewesen – ein unerreichbares Vorbild –, wie ein Dichter auf Ungerechtigkeit und Unterdrückung kreativ reagieren kann. Aber – und das ist es, was ich sagen will – wenn du deine Verbindung zum Dichter als persönliches Geheimnis behandelst, das streng bewacht werden muss, und wenn überdies deine Art als Lehrer etwas steif und förmlich ist, dann wirst du nie eine Anhängerschaft gewinnen.

Sie behaupten, dass er nie eine Anhängerschaft gewonnen hat?

Nicht, soweit mir bewusst ist. Vielleicht hat er sich in späteren Jahren mehr ins Zeug gelegt. Ich weiß es einfach nicht.

Zu der Zeit, als Sie ihn kennenlernten, 1972, hatte er eine ziemlich unsichere Stelle als Lehrkraft an einer Oberschule. Erst etliche Zeit danach bekam er in der Tat eine Stelle an der Universität angeboten. Und dennoch war er fast sein ganzes Arbeitsleben lang, von Mitte zwanzig bis Mitte sechzig, als Lehrer der einen oder anderen Art beschäftigt. Ich komme zu meiner früheren Frage zurück: Erscheint es Ihnen nicht seltsam, dass ein Mann, der kein Talent zum Lehrer hatte, sich den Lehrberuf als Karriere ausgesucht hat?

Ja und nein. Im Lehrberuf sind viele, wie sie sicher wissen, die nur untergeschlüpft oder fehl am Platze sind.

Und was war er: untergeschlüpft oder fehl am Platz?

Er war fehl am Platz. Er war auch ein vorsichtiger Mensch. Er liebte die Sicherheit eines monatlichen Gehalts.

Das hört sich an, als übten Sie Kritik.

Ich weise nur auf das Offensichtliche hin. Wenn er nicht so viel von seinem Leben damit verschwendet hätte, die Grammatik von Studenten zu korrigieren und langweilige Sitzungen mitzumachen, hätte er mehr schreiben können, vielleicht sogar besser schreiben können. Aber er war kein Kind. Er wusste, was er wollte. Er arrangierte sich mit der Gesellschaft und lebte mit den Konsequenzen.

Andererseits gestattete ihm seine Lehrtätigkeit den Kontakt mit einer jüngeren Generation. Den er vielleicht nicht gehabt hätte, wenn er sich von der Welt zurückgezogen und allein dem Schreiben gewidmet hätte.

Das ist wahr.

Hatte er denn spezielle Freundschaften mit Studenten, von denen Sie wissen?

Das klingt jetzt so, als ob Sie auf etwas hinauswollen. Was meinen Sie mit speziellen Freundschaften? Meinen Sie, ob er zu weit gegangen ist? Selbst wenn ich es wüsste, was nicht der Fall ist, würde ich mich dazu nicht äußern.

Aber das Thema älterer Mann und jüngere Frau taucht immer wieder in seinem Schreiben auf.

Es wäre äußerst naiv zu schließen, weil das Thema in seinem Werk vorhanden war, müsse es auch in seinem Leben vorhanden gewesen sein.

Dann also in seinem Innenleben.

Sein Innenleben. Wer kann sagen, was im Inneren von Menschen vor sich geht?

Gibt es noch irgendeine Seite von ihm, die Sie erwähnen möchten? Irgendwelche Geschichten, die es sich zu erzählen lohnt?

Geschichten? Ich glaube nicht. John und ich waren Kollegen. Wir waren befreundet. Wir kamen gut miteinander aus. Doch ich kann nicht behaupten, ihn besonders gut gekannt zu haben. Warum fragen Sie, ob ich Geschichten habe?

Weil man bei einer Biographie das richtige Verhältnis von Erzählung zu Meinung finden muss. An Meinungen mangelt es nicht – die Leute erzählen mir sehr bereitwillig, was sie von Coetzee halten oder hielten – doch man braucht mehr als das, um eine Lebensgeschichte lebendig zu machen.

Es tut mir leid, dass ich Ihnen da nicht weiterhelfen kann. Vielleicht sind Ihre anderen Quellen mitteilsamer. Mit wem werden Sie noch sprechen?

Ich habe fünf Namen auf meiner Liste, einschließlich des Ihren.

Nur fünf? Ist das nicht etwas riskant? Wer sind wir glücklichen fünf? Warum haben Sie uns ausgewählt?

Ich nenne Ihnen die Namen. Von hier reise ich nach Südafrika – es ist mein zweiter Besuch dort –, um mit Coetzees Cousine Margot zu sprechen, zu der er ein enges Verhältnis hatte. Dann weiter nach Brasilien, um eine gewisse Adriana Nascimento zu treffen, die während der 1970er Jahre einige Zeit in Kapstadt lebte. Und dann – aber das genaue Datum steht noch nicht fest – werde ich nach Kanada reisen, um eine gewisse Julia Frankl zu treffen, die in den 1970ern Julia Smith hieß. Und ich werde auch Sophie Denoël in Paris treffen.

Sophie kannte ich, die anderen nicht. Wie sind Sie auf die Namen gestoßen?

Im Grunde ließ ich Coetzee selbst die Wahl treffen. Ich ging Hinweisen nach, die er in seinen Notizbüchern fallenließ – Hinweise darauf, wer für ihn damals in den 1970ern wichtig war.

Das scheint mir eine eigenwillige Methode, biographische Quellen auszuwählen, wenn Sie mir diese Bemerkung gestatten.

Mag sein. Gern hätte ich noch andere Namen von Menschen, die ihn gut kannten, hinzugefügt, aber sie sind leider nicht mehr am Leben. Sie nennen es eine eigenwillige Methode des Herangehens an eine Biographie. Mag sein. Doch ich bin nicht daran interessiert, ein abschließendes Urteil über Coetzee zu liefern. Ein solches Buch schreibe ich nicht. Abschließende Urteile überlasse ich der Nachwelt. Ich erzähle die Geschichte eines Lebensabschnitts von ihm oder, wenn eine einzige Geschichte nicht möglich ist, dann verschiedene Geschichten aus verschiedenen Blickwinkeln.

Und die Quellen, die Sie ausgewählt haben, verfolgen keine eigenen Ziele, haben selbst kein Interesse, ein abschließendes Urteil über Coetzee zu fällen?

[Schweigen.]

Ich frage Sie: Einmal abgesehen von Sophie und abgesehen von seiner Cousine, hat eine der beiden Frauen, die Sie erwähnen, ein emotionales Verhältnis zu Coetzee gehabt?

Ja. Beide.

Sollte Ihnen das nicht zu denken geben? Werden Sie mit Ihren sehr begrenzten Quellen nicht zwangsläufig am Ende einen Bericht oder mehrere Berichte bekommen, die vom Persönlichen und Intimen gefärbt sind, auf Kosten der wirklichen Verdienste des Mannes als Schriftsteller? Schlimmer noch: Laufen Sie nicht in Gefahr, dass Ihr Buch lediglich – verzeihen Sie, wenn ich es so ausdrücke –, lediglich dazu dient, Rechnungen zu begleichen, Rechnungen persönlicher Art?

Warum? Weil meine Informanten Frauen sind?

Weil es bei Liebesgeschichten nicht in der Natur der Sache liegt, dass die Liebenden einander ganz und nüchtern sehen.

[Schweigen.]

Ich wiederhole, es erscheint mir seltsam, die Biographie eines Schriftstellers zu verfassen, die sein Werk unbeachtet lässt. Aber vielleicht irre ich mich. Vielleicht bin ich altmodisch. Vielleicht schreibt man literarische Biographien inzwischen so. Ich muss gehen. Zum Schluss noch etwas: Wenn Sie mich zitieren wollen, würden Sie bitte dafür sorgen, dass ich den Text vorher zum Gegenlesen bekomme?

Selbstverständlich.

Das Interview wurde im September 2007
in Sheffield, England, geführt.

◆ Sophie ◆

Madame Denoël, erzählen Sie mir, wie Sie John Coetzee kennengelernt haben.

Wir waren jahrelang Kollegen an der Universität von Kapstadt. Er war am Englischen Institut, ich am Französischen. Gemeinsam boten wir einen Kurs über afrikanische Literatur an. Das war 1976. Er unterrichtete die englischsprachigen Schriftsteller, ich die französischsprachigen. So begann unsere Bekanntschaft.

Und wie sind Sie selbst nach Kapstadt gekommen?

Mein Mann wurde dorthin geschickt, um die Alliance Française zu leiten. Davor hatten wir in Madagaskar gelebt. Während unserer Zeit in Kapstadt zerbrach unsere Ehe. Mein Mann kehrte nach Frankreich zurück, ich blieb dort. Ich nahm eine Stelle an der Universität an, wo ich die Aufgabe hatte, die unteren Semester in der französischen Sprache zu unterrichten.

Und zusätzlich übernahmen Sie den gemeinsamen Kurs, den Sie erwähnten, den Kurs über afrikanische Literatur.

Ja. Es erscheint vielleicht merkwürdig, zwei Weiße, die einen Kurs über schwarzafrikanische Literatur anbieten, aber so war es in jenen Tagen. Wenn wir zwei ihn nicht angeboten hätten, hätte es keiner getan.

Weil Schwarze an der Universität nicht zugelassen waren?

Nein, nein, mittlerweile hatte das System Risse bekommen. Es gab schwarze Studenten, wenn auch nicht viele; auch einige schwarze Dozenten. Aber sehr wenig Experten für Afrika, das größere Afrika. Das war eine der überraschenden Entdeckungen, die ich in Bezug auf Südafrika machte: Wie isoliert es war. Letztes Jahr bin ich wieder zu Besuch dort gewesen, und es war noch genauso: wenig oder kein Interesse für den Rest von Afrika. Afrika war ein dunkler Kontinent im Norden, der am besten unerforscht bliebe.

Und Sie? Woher rührt Ihr Interesse für Afrika?

Von meiner Erziehung. Von Frankreich. Vergessen Sie nicht, Frankreich war einmal eine wichtige Kolonialmacht. Selbst als die koloniale Ära offiziell vorbei war, hatte Frankreich andere Mittel zur Verfügung, um seinen Einfluss aufrechtzuerhalten – wirtschaftliche Mittel, kulturelle Mittel. *La Francophonie* war der neue Name, den wir für das alte Imperium erfanden. Schriftsteller aus der *Francophonie* wurden gefördert, gefeiert, studiert. Für meine *agrégation* arbeitete ich über Aimé Césaire.

Und der Kurs, den sie gemeinsam mit Coetzee durchführten – würden Sie sagen, dass das ein Erfolg war?

Ja, ich glaube schon. Es war ein Einführungskurs, nichts weiter, doch die Studenten fanden, er sei ein *eye-opener*, wie ihr im Englischen sagt, er öffne die Augen.

Weiße Studenten?

Weiße Studenten und ein paar schwarze. Die radikaleren schwarzen Studenten zogen wir nicht an. Unser Herangehen wäre für sie zu akademisch gewesen, nicht *engagé* genug. Wir glaubten, es sei ausreichend, wenn wir den Studenten einen Eindruck von den Reichtümern des übrigen Afrika vermittelten.

Und Sie und Coetzee waren einer Meinung über dieses Herangehen?

Ich glaube, ja.

Sie waren Expertin für afrikanische Literatur, er nicht. Seine Ausbildung hatte sich auf die Literatur der Metropolen konzentriert. Wie kam er dazu, afrikanische Literatur zu unterrichten?

Es stimmt, er hatte keine offizielle Ausbildung auf dem Gebiet. Aber er hatte ein gutes Allgemeinwissen über Afrika, zugegeben nur Buchwissen, kein praktisches Wissen, er hatte Afrika nicht bereist, aber Buchwissen ist nicht wertlos – oder? Er kannte die anthropologische Literatur besser als ich, einschließlich des französischsprachigen Materials. Er beherrschte die Geschichte, die Politik. Er hatte die wichtigen Schriftsteller gelesen, die in Englisch und Französisch schrieben (natürlich war damals der Korpus der afrikanischen Literatur nicht groß – jetzt ist es anders). Sein Wissen hatte Lücken – der Maghreb, Ägypten und so weiter. Und er kannte die Diaspora nicht, besonders die Karibik, die ich kannte.

Was hielten Sie von ihm als Lehrer?

Er war gut. Nicht spektakulär, aber kompetent. Immer gut vorbereitet.

Ist er gut angekommen bei den Studenten?

Darüber kann ich nichts sagen. Wenn Sie ehemalige Studenten von ihm ausfindig machen können, werden die Ihnen vielleicht weiterhelfen können.

Und Sie selbst? Sind Sie im Vergleich zu ihm gut angekommen bei den Studenten?

[Lacht.] Was wollen Sie von mir hören? Ja, ich vermute, dass ich die Beliebtere war, dass ich mehr Begeisterung aufbrachte. Ich war ja jung, und es war eine Freude für mich, nach den vielen Sprachkursen zur Abwechslung über Bücher zu reden. Wir waren ein gutes Paar, dachte ich, er ernsthafter, zurückhaltender, ich offener, extravaganter.

Er war sehr viel älter als Sie.

Zehn Jahre. Er war zehn Jahre älter als ich.

[Schweigen]

Möchten Sie noch etwas über das Thema sagen? Sich über andere Seiten von ihm äußern?

Wir hatten ein Verhältnis. Ich nehme an, dass Ihnen das bekannt ist. Es hatte keinen Bestand.

Warum nicht?

Es hat nicht gehalten.

Möchten Sie mehr sagen?

Ob ich mehr für Ihr Buch sagen möchte? Nicht ehe Sie mir sagen, was für ein Buch das ist. Ist es ein Buch mit Klatschgeschichten oder ein ernsthaftes Buch? Sind Sie dafür autorisiert? Mit wem sprechen Sie noch außer mir?

Braucht man eine Autorisierung, um ein Buch zu schreiben? Wenn man eine solche haben wollte, bei wem müsste man darum ersuchen? Bei den Nachlassverwaltern Coetzees? Ich glaube, nicht. Aber ich kann Ihnen versichern, dass das Buch, das ich schreibe, ein ernsthaftes Buch ist, eine ernstgemeinte Biographie. Ich konzentriere mich auf die Jahre von Coetzees Rückkehr nach Südafrika 1971/72 bis zu seiner ersten öffentlichen Anerkennung 1977. Das erscheint mir als eine wichtige Periode in seinem Leben, wichtig, jedoch vernachlässigt, eine Periode, während der er sich noch als Schriftsteller etablieren musste.

Auf die Frage hin, wen ich für ein Interview ausgewählt habe, möchte ich Ihnen die Situation offen darlegen. Ich bin zweimal nach Südafrika gereist, letztes Jahr und vorletztes Jahr. Diese Reisen waren insgesamt nicht so erfolgreich, wie ich mir erhofft hatte. Von den Personen, die Coetzee am besten gekannt hatten, waren etliche gestorben. Tatsächlich war die ganze Generation, der er angehörte, am Aussterben. Und den Erinnerungen der noch Lebenden war nicht immer zu trauen. In ein oder zwei Fällen behaupteten sie, ihn gekannt zu haben, aber als ich nachhakte, stellte sich heraus, dass sie den falschen Coetzee meinten (wie Sie wissen, ist Coetzee dort kein seltener Name). Letzten Endes läuft es darauf hinaus, dass die Biographie auf den Interviews mit einer Handvoll Freunde und Kollegen beruhen wird, einschließlich Ihrer Person, hoffe ich. Reicht das, um Sie zu beruhigen?

Nein. Was ist mit seinen Tagebüchern? Seinen Briefen? Seinen Notizbüchern? Warum verlassen Sie sich so sehr auf Interviews?

Madame Denoël, ich habe die Briefe und Tagebücher, die mir zugänglich waren, durchgearbeitet. Was Coetzee dort schreibt, darauf kann man sich nicht verlassen, nicht als Tatsachenbericht – nicht weil er ein Lügner war, sondern weil er ein Erzähler von erfundenen Geschichten war. In seinen Briefen erfindet er eine Geschichte von sich selbst für seine Briefpartner; in seinen Tagebüchern macht er so ziemlich das Gleiche für sich selbst oder vielleicht für die Nachwelt. Als Dokumente haben sie natürlich ihren Wert; aber wenn man die Wahrheit will, die volle Wahrheit, muss man gewiss das Zeugnis von Menschen, die ihn persönlich gekannt und eine Rolle in seinem Leben gespielt haben, danebensetzen.

Ja aber wenn wir nun alle Erzähler von erfundenen Geschichten sind, wie Sie Coetzee nennen? Wenn wir nun alle ständig die Geschichte unseres Lebens erfinden? Warum sollte das, was ich Ihnen über Coetzee erzähle, glaubwürdiger sein als das, was er selbst schreibt?

Natürlich sind wir alle mehr oder weniger Erzähler von erfundenen Geschichten, das leugne ich nicht. Aber was wäre Ihnen lieber: eine Anzahl unabhängiger Berichte aus verschiedenen unabhängigen Perspektiven, aus denen Sie dann ein Ganzes zusammenzufügen versuchen können; oder die massive, einheitliche Selbstdarstellung, bestehend aus seinem Œuvre? Ich weiß, was mir lieber wäre.

Ja, das verstehe ich. Es bleibt die zweite Frage, die ich gestellt habe, die Frage der Diskretion. Ich gehöre nicht zu denen, die meinen, wenn ein Mensch tot ist, erübrige sich alle Zurückhaltung. Was es zwischen mir und John Coetzee gegeben hat, muss ich nicht mit der Welt teilen wollen.

Das akzeptiere ich. Diskretion ist Ihr Privileg, Ihr Recht. Doch ich bitte Sie, es sich noch einmal zu überlegen. Ein großer Schriftsteller gehört der Welt. Sie hatten eine enge Beziehung zu John Coetzee. Eines Tages werden Sie nicht mehr unter uns sein. Finden Sie es gut, wenn Ihre Erinnerungen mit Ihnen verschwinden?

Ein großer Schriftsteller? Wie würde John lachen, wenn er Sie hören könnte! Die Zeit des großen Schriftstellers ist längst vorbei, würde er sagen.

Die Zeit des Schriftstellers als Orakel – ja, da würde ich Ihnen recht geben, jene Zeit ist vorbei. Aber würden Sie nicht zugeben, dass ein bekannter Schriftsteller – wir wollen ihn lieber so nennen –, eine bekannte Persönlichkeit in unserem gemeinsamen Kulturleben, bis zu einem gewissen Grad der Allgemeinheit gehört?

Meine Meinung zu dem Thema ist unwichtig. Wichtig ist, was er selbst glaubte. Und da fällt die Antwort eindeutig aus. Er glaubte, dass unsere Lebensgeschichten uns gehören, damit wir sie so konstruieren, wie wir wünschen, innerhalb der Beschränkungen, die uns die Realität auferlegt, oder sogar gegen diese – wie Sie selbst kurz zuvor eingestanden haben. Deshalb habe ich ganz bewusst den Begriff Autorisierung benutzt. Dabei hatte ich nicht an die Autorisierung durch seine Familie oder seine Testamentsvollstrecker gedacht, sondern die Autorisierung durch ihn selbst. Wenn Sie nicht von ihm autorisiert wurden, die private Seite seines Lebens aufzudecken, dann werde ich Ihnen bestimmt nicht behilflich sein.

Coetzee kann mich nicht autorisiert haben aus dem einfachen Grund, weil wir nie Kontakt miteinander hatten. Lassen Sie uns an diesem Punkt übereinstimmend feststellen, dass wir nicht einer Meinung sind, und fortfahren. Ich komme auf den von Ihnen erwähnten Kurs zurück, den Kurs über afrikanische Literatur, den Sie beide gemeinsam durchführten. Eine Bemerkung Ihrerseits macht mich neugierig. Sie haben gesagt, dass Sie beide nicht die radikaleren afrikanischen Studenten anzogen. Warum war das Ihrer Meinung nach so?

Weil wir selbst keine Radikalen waren, nicht nach ihren Maßstäben. Wir waren offensichtlich beide von 1968 beeinflusst.

1968 war ich noch Studentin an der Sorbonne und beteiligte mich an den Kundgebungen, an den Maitagen. John war damals in den USA und geriet mit der amerikanischen Staatsgewalt in Konflikt, ich erinnere mich nicht mehr an alle Einzelheiten, doch ich weiß, dass es zu einem Wendepunkt in seinem Leben wurde. Doch ich betone, wir waren beide keine Marxisten und ganz bestimmt keine Maoisten. Ich stand vielleicht links von ihm, doch ich konnte mir das leisten, weil ich durch meinen Status in der französischen diplomatischen Enklave geschützt war. Wenn ich Schwierigkeiten mit der südafrikanischen Staatssicherheit bekommen hätte, hätte man mich diskret in ein Flugzeug nach Paris gesetzt, und damit wäre die Sache erledigt gewesen. Ich hätte nicht in einer Gefängniszelle geendet.

Während Coetzee …

Coetzee hätte auch nicht in einer Gefängniszelle geendet. Er war kein Militanter. Seine politischen Ansichten waren dafür zu idealistisch, zu utopisch. Eigentlich war er überhaupt nicht politisch interessiert. Er verachtete die Politik. Er mochte politische Schriftsteller nicht, Schriftsteller, die für ein politisches Programm eintraten.

Aber er veröffentlichte in den 1970er Jahren einige ziemlich linksorientierte Rezensionen. Ich denke da zum Beispiel an seine Essays über Alex La Guma. Er sympathisierte mit La Guma, und La Guma war Kommunist.

La Guma war ein besonderer Fall. Er sympathisierte mit La Guma, weil La Guma aus Kapstadt war, nicht weil er Kommunist war.

Sie sagen, dass er nicht politisch interessiert war. Wollen Sie damit sagen, dass er apolitisch war? Weil manche der Meinung sind, das Apolitische sei nur eine Variante des Politischen.

Nein, nicht apolitisch, ich würde eher sagen, antipolitisch. Er war der Meinung, die Politik bringe das Schlimmste in den Menschen zum Vorschein. Sie bringe das Schlimmste in den Menschen zum Vorschein und spüle auch die übelsten Typen der Gesellschaft an die Oberfläche. Er zog es vor, damit nichts zu tun zu haben.

Predigte er diese antipolitische Politik in seinen Seminaren?

Natürlich nicht. Er achtete sehr gewissenhaft darauf, nicht zu predigen. Seine politischen Anschauungen entdeckte man erst, nachdem man ihn näher kennengelernt hatte.

Sie sagen, seine politischen Ansichten waren utopischer Natur. Wollen Sie damit andeuten, dass sie unrealistisch waren?

Er ersehnte den Tag, an dem die Politik und der Staat dahinschwinden würden. Das würde ich utopisch nennen. Andererseits investierte er nicht viel von sich selbst in diese utopischen Wünsche. Dazu war er zu sehr Calvinist.

Erklären Sie das, bitte.

Sie möchten, dass ich erkläre, was Coetzees politischen Anschauungen zugrunde lag? Das können Sie am besten seinen Büchern entnehmen. Aber lassen Sie es mich dennoch versuchen.

Coetzees Ansicht nach werden wir Menschen die Politik nie aufgeben, weil Politik als ein Theater, in dem wir unseren niederen Emotionen freien Lauf lassen können, zu bequem und zu attraktiv ist. Mit niederen Emotionen sind Hass und Groll, Bosheit, Neid und Lust zu töten und so weiter gemeint. Anders ausgedrückt, ist Politik, wie wir sie kennen, ein Symptom unseres sündigen Zustands und Ausdruck dieses sündigen Zustands.

Selbst die Politik der Befreiungsbewegung?

Wenn Sie damit die Politik des südafrikanischen Befreiungskampfes meinen, dann ist die Antwort ja. Solange Befreiung nationale Befreiung bedeutete, die Befreiung der schwarzen Nation von Südafrika, hatte John kein Interesse daran.

Stand er also dem Befreiungskampf feindselig gegenüber?

Feindselig? Nein, nicht feindselig. Feindselig, wohlwollend – als Biograph sollten Sie sich vor allem davor hüten, die Menschen in sauber etikettierte Schubladen zu stecken.

Ich hoffe, dass ich Coetzee nicht in eine Schublade stecke.

Nun, für mich klingt das so. Nein, er stand dem Befreiungskampf nicht feindselig gegenüber. Wenn man Fatalist ist, wozu er tendierte, hat es keinen Sinn, dem aktuellen Lauf der Geschichte feindselig gegenüberzustehen, wie sehr man ihn auch bedauern mag. Für den Fatalisten ist die Geschichte Fatum, Schicksal.

Also gut, bedauerte er dann den Befreiungskampf? Bedauerte er die Form, die der Befreiungskampf annahm?

Er akzeptierte, dass der Befreiungskampf gerecht war. Der Kampf war gerecht, aber das neue Südafrika, das erkämpft werden sollte, war für ihn nicht utopisch genug.

Was wäre denn utopisch genug für ihn gewesen?

Die Bergwerke zu schließen. Die Weinberge umzupflügen. Die Streitkräfte aufzulösen. Das Auto abzuschaffen. Universaler Vegetarismus. Poesie auf den Straßen. Etwas von der Art.

Mit anderen Worten, für Poesie und Pferdewagen und Vegetarismus lohnt es sich zu kämpfen, aber nicht für die Befreiung von der Apartheid?

Es gibt nichts, wofür es sich zu kämpfen lohnt. Sie zwingen mir die Rolle als Verteidigerin seiner Position auf, einer Position, die ich zufälligerweise nicht teile. Es gibt nichts, wofür es sich zu kämpfen lohnt, weil Kämpfen nur den Kreislauf von Aggression und Vergeltung verlängert. Ich wiederhole nur, was Coetzee laut und deutlich in seinen Büchern sagt, die Sie gelesen zu haben behaupten.

War er unbefangen in der Gesellschaft seiner schwarzen Studenten – von Schwarzen im Allgemeinen?

War er denn unbefangen in der Gesellschaft von irgendjemandem? Er war kein unbefangener Mensch – kann man das so sagen? Er entspannte sich nie. Ich habe das mit eigenen Augen erlebt. War er also unbefangen in der Gesellschaft von Schwarzen? Nein. Er war nicht unbefangen in der Gesellschaft von Menschen, die unbefangen waren. Die Unbefangenheit anderer machte ihn befangen. Was ihn – meiner Ansicht nach – auf die falsche Fährte brachte.

Was wollen Sie damit sagen?

Er betrachtete Afrika durch einen romantischen Nebel. Er hielt Afrikaner für verkörpert, in einer Art und Weise, die in Europa schon längst verlorengegangen war. Was meine ich damit? Ich will versuchen, es zu erklären. Er pflegte zu sagen, dass in Afrika Körper und Seele nicht voneinander zu trennen seien, der Körper sei die Seele. Er hatte eine ganze Philosophie vom Körper, von Musik und Tanz, die ich nicht wiedergeben kann, die mir aber schon damals als – wie soll ich es ausdrücken? – nicht hilfreich erschien. Politisch nicht hilfreich.

Bitte sprechen Sie weiter.

Seine Philosophie wies den Afrikanern die Rolle von Hütern des wahreren, tieferen, primitiveren Wesens der Menschheit zu. Wir beide führten ziemlich heftige Debatten darüber. Ich sagte, seine Position liefe im Wesen auf einen altmodischen romantischen Primitivismus hinaus. Im Kontext der 1970er Jahre, des Befreiungskampfes und des Apartheid-Staates sei es nicht hilfreich, Afrikaner so zu betrachten. Und außerdem sei das eine Rolle, die sie nicht länger zu spielen bereit seien.

War das der Grund, warum schwarze Studenten seinem Kurs, Ihrem gemeinsamen Kurs, über afrikanische Literatur fernblieben?

Es war ein Standpunkt, den er nicht öffentlich propagierte. Er war in dieser Beziehung stets sehr vorsichtig, sehr korrekt. Aber wenn man genau zuhörte, musste man es mitbekommen.

Es gab einen weiteren Umstand, eine weitere einseitige Ausrichtung seines Denkens, die ich erwähnen muss. Wie viele Weiße betrachtete er das Kap, die Provinz Westkap und vielleicht auch noch die Provinz Nordkap, als selbständig gegenüber dem Rest von Südafrika. Das Kap war ein eigenes Land, mit eigener Geographie, eigener Geschichte und Kultur, mit eigenen Sprachen.

In diesem mythischen Kap, heimgesucht von den Geistern der von ihm so genannten Hottentotten, waren die Farbigen verwurzelt und in geringerem Grad auch die Afrikaaner, doch die schwarzen Afrikaner waren Fremde, Spätankömmlinge, Außenseiter, wie die Engländer.

Warum erwähne ich das? Weil das andeutet, wie er die ziemlich abstrakte, ziemlich anthropologische Haltung begründete, die er gegenüber dem schwarzen Südafrika einnahm. Er hatte kein *Gefühl* für die schwarzen Südafrikaner. Das war meine private Einschätzung. Sie mochten seine Mitbürger sein, doch sie waren nicht seine Landsleute. Die Geschichte – oder das Schicksal, was für ihn das Gleiche war – mochte ihnen die Rolle der Erben des Landes zugewiesen haben, doch im Hinterkopf behielt er stets die Vorstellung von ihnen als *sie* im Gegensatz zu *uns*.

Wenn die schwarzen Afrikaner sie *waren, wer waren dann* wir? *Die Afrikaaner?*

Nein. *Wir* waren im Prinzip die *coloured people*, die Farbigen. Es ist eine Bezeichnung, die ich nur ungern benutze, als Kürzel. Er – Coetzee – vermied sie, soweit er konnte. Ich habe seine utopischen Anschauungen erwähnt. Dieses Vermeiden war eine andere Seite seines Utopismus. Er sehnte den Tag herbei, an dem alle Menschen in Südafrika sich nicht mehr als etwas bezeichnen würden, weder als Afrikaner noch als Europäer, weder als Weiße noch als Schwarze oder etwas anderes, an dem die Familiengeschichten sich so miteinander verflochten und vermischt haben würden, dass die Menschen ethnisch nicht mehr zu unterscheiden, das heißt – ich spreche das anrüchige Wort wieder aus –, Farbige sein würden. Er nannte das die brasilianische Zukunft. Er schätzte Brasilien und die Brasilianer. Natürlich war er nie in Brasilien gewesen.

Aber er hatte brasilianische Freunde.

Er war einigen brasilianischen Flüchtlingen in Südafrika begegnet.

[Schweigen.]

Sie erwähnen eine Zukunft der Vermischung. Sprechen wir hier von biologischer Vermischung? Sprechen wir von Mischehen?

Fragen Sie mich nicht. Ich gebe nur etwas wieder.

Warum hatte er dann, statt mit der Zeugung farbiger Kinder zu dieser Zukunft beizutragen – ehelich oder außerehelich –, warum hatte er dann ein Verhältnis mit einer jungen weißen Kollegin aus Frankreich?

[Lacht.] Fragen Sie mich nicht.

Worüber haben Sie beide denn so gesprochen?

Über unseren Unterricht. Über Kollegen und Studenten. Mit anderen Worten, wir haben gefachsimpelt. Wir haben auch über uns geredet.

Erzählen Sie weiter.

Sie möchten, dass ich Ihnen erzähle, ob wir über sein Schreiben gesprochen haben? Die Antwort ist nein. Er hat nie mit mir darüber gesprochen, was er gerade schrieb, und ich habe ihn auch nicht ausgefragt.

Das war um die Zeit, als er Im Herzen des Landes *schrieb. Er war gerade dabei,* Im Herzen des Landes *zu vollenden. Wussten Sie, dass*

Im Herzen des Landes *von Wahnsinn und Vatermord und so weiter handeln würde?*

Ich hatte keine blasse Ahnung.

Haben Sie es vor der Veröffentlichung gelesen?

Ja.

Was haben Sie davon gehalten?

[Lacht.] Ich muss vorsichtig sein. Ich nehme an, Sie meinen nicht, was mein wohlüberlegtes kritisches Urteil war, ich nehme an, Sie meinen, wie ich reagiert habe? Offen gesagt war ich zunächst nervös. Ich war nervös, weil ich befürchtete, mich in einer peinlichen Verkleidung in dem Buch wiederzufinden.

Warum befürchteten Sie das?

Weil – damals erschien mir das so, nun stelle ich fest, wie naiv das war – ich glaubte, dass du nicht mit einem anderen Menschen eng verbunden sein und ihn doch aus deiner Vorstellungswelt ausschließen kannst.

Und haben Sie sich in dem Buch wiedergefunden?

Nein.

Waren Sie gekränkt?

Was meinen Sie denn – ob ich gekränkt war, mich nicht in seinem Buch wiederzufinden?

Waren Sie gekränkt, weil Sie feststellten, dass Sie aus seiner Vorstellungswelt ausgeschlossen waren?

Nein. Ich lernte dazu. Mein Ausschluss war Teil meiner Erziehung. Wollen wir es dabei bewenden lassen? Ich denke, ich habe Ihnen genug geliefert.

Nun, ich bin Ihnen wirklich dankbar. Aber, Madame Denoël, lassen Sie mich nochmals an Sie appellieren. Coetzee ist nie ein populärer Autor gewesen. Damit meine ich nicht einfach, dass seine Bücher nicht gerade Bestseller waren. Ich meine damit auch, dass die Öffentlichkeit ihn nie ans kollektive Herz gedrückt hat. Er galt in der Öffentlichkeit als unnahbar und hochnäsig intellektuell, und er selbst tat nichts, um dieses Image zu korrigieren. Man könnte sogar sagen, dass er es begünstigte.

Nur glaube ich nicht, dass ihm dieses Image gerecht wird. Die Gespräche, die ich mit Personen geführt habe, die ihn sehr gut gekannt haben, offenbaren eine ganz andere Persönlichkeit – nicht unbedingt von wärmerem Naturell, doch weniger selbstsicher, verwirrter, menschlicher, wenn ich dieses Wort benutzen darf.

Ich frage mich, ob Sie nicht vielleicht bereit sind, auf seine menschliche Seite einzugehen. Ich schätze, was Sie über seine politischen Anschauungen gesagt haben, aber gibt es nicht Geschichten persönlicherer Art, die Sie mitzuteilen bereit wären, Geschichten, die vielleicht seinen Charakter besser beleuchten?

Sie meinen Geschichten, die ihn attraktiver und liebenswerter erscheinen lassen? Geschichten davon, wie gut er zum Beispiel zu Tieren gewesen ist – zu Tieren und Frauen? Nein, solche Geschichten spare ich mir für meine eigenen Memoiren auf.

[Lachen.]

Nun gut, ich werde Ihnen eine Geschichte erzählen. Vielleicht erscheint sie nicht allzu persönlich, vielleicht scheint sie wieder politisch zu sein, aber Sie müssen daran denken, dass damals die Politik sich in alles hineindrängte.

Ein Journalist von der *Libération*, der französischen Zeitung, kam mit einem Recherche-Auftrag nach Südafrika und fragte mich, ob ich ihm nicht ein Interview mit John vermitteln könne. Ich ging zu John und überredete ihn einzuwilligen: Ich sagte ihm, die *Libération* sei eine gute Zeitung, ich sagte ihm, französische Journalisten seien nicht wie südafrikanische Journalisten, sie kämen nie zu einem Interview, ohne sich vorbereitet zu haben.

Wir führten das Interview in meinem Büro auf dem Campus durch. Ich dachte, ich könnte behilflich sein, wenn es Sprachprobleme gab, Johns Französisch war nicht gut.

Also, es stellte sich bald heraus, dass der Journalist nicht an John selbst interessiert war, sondern daran, was John ihm über Breyten Breytenbach erzählen konnte, der zu der Zeit Schwierigkeiten mit den südafrikanischen Behörden hatte. Weil es in Frankreich ein lebhaftes Interesse an Breytenbach gab – er war eine romantische Gestalt, er hatte viele Jahre lang in Frankreich gelebt, er hatte Verbindungen zur Welt der französischen Intellektuellen.

Johns Antwort war, dass er nicht helfen könne: Er habe Breytenbach gelesen, doch das sei alles, er kenne ihn nicht persönlich und sei ihm nie begegnet. All das stimmte.

Doch der Journalist, der an das literarische Leben in Frankreich gewöhnt war, wo alles viel inzestuöser ist, wollte ihm nicht glauben. Warum sollte ein Schriftsteller sich weigern, etwas über einen anderen Schriftsteller aus demselben kleinen Stamm, dem Afrikaaner-Stamm, zu sagen, es sei denn, es existierte ein persönlicher Groll zwischen ihnen oder eine politische Animosität?

Er drang also weiter in John, und John versuchte weiter zu erklären, wie schwer es für einen Ausländer, einen Außenstehenden sei, Breytenbachs dichterische Leistung zu würdigen, da seine Lyrik so tief im *volksmond* wurzele, der Sprache des Volkes.

»Sprechen Sie von seinen Dialekt-Gedichten?«, fragte der Journalist. Und dann, als John nicht verstand, bemerkte er, sehr abschätzig: »Sie sind doch bestimmt wie ich der Meinung, dass es keine große Dichtung in Dialekt geben kann.«

Diese Bemerkung machte John so richtig wütend. Aber da sich seine Verärgerung nicht darin äußerte, dass er schrie und eine Szene machte, sondern dass er kalt wurde und sich ins Schweigen zurückzog, war der Mann von der *Libération* einfach ratlos. Er hatte keine Ahnung, was er provoziert hatte.

Hinterher, als John gegangen war, versuchte ich zu erklären, dass Afrikaaner sehr empfindlich reagieren, wenn ihre Sprache beleidigt wird, dass Breytenbach selbst wahrscheinlich genauso reagiert hätte. Doch der Journalist zuckte mit den Schultern. Es sei doch sinnlos, in Dialekt zu schreiben, wenn man eine Weltsprache zur Verfügung habe (tatsächlich sagte er nicht Dialekt, er sagte ein unbedeutender Dialekt, und er sagte nicht eine Weltsprache, er sagte eine richtige Sprache, *une vraie langue*). An dieser Stelle dämmerte mir langsam, dass er Breytenbach und John in dieselbe Kategorie einordnete, als Mundart- oder Dialektdichter.

Nun, John schrieb natürlich überhaupt nicht auf Afrikaans, er schrieb auf Englisch, ein sehr gutes Englisch, und hatte sein ganzes Leben lang auf Englisch geschrieben. Dennoch reagierte er so pikiert, wie ich es beschrieben habe, auf das, was er als Beleidigung der Würde von Afrikaans ansah.

Er übersetzte aus dem Afrikaans, nicht wahr? Ich meine, er übersetzte Afrikaans-Schriftsteller.

Ja. Er beherrschte Afrikaans gut, würde ich sagen, obwohl er es auf so ziemlich die gleiche Weise wie Französisch beherrschte, das heißt besser schriftlich als mündlich. Ich war natürlich nicht kompetent, sein Afrikaans zu beurteilen, aber diesen Eindruck bekam ich.

Wir haben somit den Fall eines Mannes, der die Sprache nicht fehlerfrei beherrschte, der sich nicht zur nationalen Religion oder wenigstens nicht zur Staatsreligion bekannte, dessen Einstellung kosmopolitisch war, dessen politische Ansichten – wie sollen wir es nennen? – regimekritisch waren, der jedoch eine Identität als Afrikaaner für sich beanspruchte. Was meinen Sie, warum das so war?

Meine Meinung ist, dass er das Empfinden hatte, angesichts der Geschichte keine Möglichkeit zu haben, sich von den Afrikaanern abzusondern und gleichzeitig seine Selbstachtung zu bewahren, selbst wenn das bedeutete, mit allem in Verbindung gebracht zu werden, wofür die Afrikaaner politisch verantwortlich waren.

Gab es nichts, was ihn in positiverem Sinn bewegte, eine Identität als Afrikaaner für sich zu beanspruchen – nichts auf einer persönlicheren Ebene zum Beispiel?

Vielleicht gab es da etwas, ich kann es nicht sagen. Ich habe seine Familie nie kennengelernt. Vielleicht könnten seine Angehörigen einen Hinweis geben. Aber er war seinem Wesen nach sehr vorsichtig, ähnelte sehr einer Schildkröte. Wenn er Gefahr witterte, zog er sich in seinen Panzer zurück. Zu oft war er von den Afrikaanern schroff zurückgewiesen worden, zurückgewiesen und gedemütigt – Sie brauchen nur sein Buch mit Kindheitserinnerungen zu lesen, um das zu sehen. Er würde sich nicht dem Risiko aussetzen, noch einmal eine Abfuhr zu bekommen.

Er zog es also vor, Außenseiter zu bleiben.

Ich denke, in der Außenseiterrolle war er am glücklichsten. Er war keiner, der sich leicht anschließt. Kein Teamplayer.

Sie sagen, dass Sie nie seiner Familie vorgestellt wurden. Fanden Sie das nicht seltsam?

Nein, überhaupt nicht. Seine Mutter war schon gestorben, als wir uns kennenlernten, sein Vater war nicht gesund, sein Bruder war im Ausland, sein Verhältnis zur weiteren Verwandtschaft war angespannt. Und ich, ich war eine verheiratete Frau, daher musste unsere Beziehung, solange sie bestand, im Verborgenen bleiben.

Aber wir sprachen natürlich über unsere Familien, unsere Herkunft. Was seine Familie auszeichnete, war, dass sie kulturell Afrikaaner waren, aber nicht politisch, schätze ich. Was will ich damit sagen? Denken Sie einen Augenblick über Europa im 19. Jahrhundert nach. Überall auf dem Kontinent wandeln sich ethnische oder kulturelle Identitäten in politische um. Der Prozess beginnt in Griechenland und wandert dann rasch durch den Balkan und Mitteleuropa. Bald schwappt diese Welle auf die Kolonien über. In der Kapkolonie beginnen holländisch sprechende Kreolen, sich als eigenständige Nation neu zu erfinden, als Nation der Afrikaaner, und sich für die nationale Unabhängigkeit starkzumachen.

Nun, diese Welle der romantischen nationalen Begeisterung ist irgendwie an Johns Familie vorbeigegangen. Oder sie entschieden sich, nicht mitzuschwimmen.

Sie hielten Abstand wegen der Politik, die mit der nationalen Begeisterung verbunden war – will sagen, die antiimperialistische, antienglische Politik?

Ja. Zunächst beunruhigte sie die aufgepeitschte Feindseligkeit gegenüber allem Englischen, die Mystik von *Blut und Boden*; später dann wurden sie abgestoßen vom ideologischen Ballast, den die Nationalisten von den radikal Rechten in Europa übernahmen wissenschaftlich begründeter Rassismus zum Beispiel – und der damit einhergehenden Politik: Überwachung der Kultur, Militarisierung der Jugend, eine Staatsreligion und so weiter.

Alles in allem sehen Sie Coetzee also als Konservativen, als Antiradikalen.

Als Kulturkonservativen, ja, wie viele der Modernisten Kulturkonservative waren – ich meine, die modernistischen Schriftsteller aus Europa, die seine Vorbilder waren. Er war tief verbunden mit dem Südafrika seiner Jugend, einem Südafrika, das 1976 schon allmählich wie eine Traumwelt wirkte. Zum Beweis brauchen Sie sich nur das von mir erwähnte Buch *Der Junge* vorzunehmen, in dem Sie offenkundig nostalgische Gefühle für die alten feudalen Beziehungen zwischen Weißen und Farbigen finden. Für Menschen wie ihn vertrat die Nationalpartei mit ihrer Apartheidpolitik keinen hinterwäldlerischen Konservatismus, sondern im Gegenteil neumodischen Sozialumbau. Er war unbedingt für die alten, komplexen, feudalen sozialen Strukturen, die bei den ordnungsliebenden Geistern der *dirigistes* der Apartheid solchen Anstoß erregten.

Haben Sie einmal in politischen Fragen nicht mit ihm übereingestimmt?

Das ist eine schwierige Frage. Wo hört schließlich der Charakter auf und beginnt die Politik? Auf einer persönlichen Ebene fand ich ihn zu fatalistisch und daher zu passiv. Drückte sich sein Misstrauen gegenüber politischem Aktivismus in Passivität bei seiner Lebensführung aus, oder drückte sich ein angeborener Fatalismus in Misstrauen gegenüber politischem Handeln aus? Ich kann es nicht entscheiden. Doch ja, auf einer persönlichen Ebene gab es gewisse Spannungen zwischen uns. Ich wollte, dass unsere Beziehung wuchs und sich entwickelte, er dagegen wollte, dass sie blieb, wie sie war, unverändert. Das führte am Ende den Bruch herbei. Weil es, meiner Meinung nach, zwischen einem Mann und einer Frau keinen Stillstand gibt. Entweder geht es aufwärts, oder es geht abwärts.

Wann geschah der Bruch?

1980. Ich verließ Kapstadt und kehrte nach Frankreich zurück.

Hatten Sie keinen weiteren Kontakt mit ihm?

Eine Zeitlang hat er mir geschrieben. Er schickte mir seine Bücher, wenn sie erschienen. Dann hörten die Briefe auf. Ich nahm an, dass er eine andere gefunden hatte.

Und wenn Sie die Beziehung von heute aus betrachten, wie beurteilen Sie sie?

Wie ich unsere Beziehung beurteile? John war ausgeprägt frankophil und überzeugt davon, dass ihm höchste Glückseligkeit beschieden sein wird, wenn er nur eine französische Geliebte gewinnen kann. Von der französischen Geliebten wird dann erwartet, dass sie Ronsard rezitiert und Couperin auf dem Cembalo spielt, während sie ihren Liebhaber gleichzeitig in die Mysterien der Liebe im französischen Stil einführt. Ich übertreibe natürlich.

War ich die französische Geliebte seiner Träume? Das bezweifle ich sehr. Von heute aus betrachtet, beurteile ich unsere Beziehung als im Wesentlichen komisch. Komisch-sentimental. Auf eine komische Voraussetzung gegründet. Doch mit einem weiteren Element, das ich nicht kleinreden darf, nämlich, dass er mir aus einer schlechten Ehe zu entkommen half, wofür ich bis heute dankbar bin.

Komisch-sentimental … Bei Ihnen klingt das ziemlich oberflächlich. Hat Coetzee bei Ihnen keine tieferen Spuren hinterlassen und Sie bei ihm?

Was ich für Spuren bei ihm hinterlassen habe, das kann ich nicht beurteilen. Aber im Allgemeinen würde ich sagen, wenn man keine starke Ausstrahlung hat, hinterlässt man keine tiefen Spuren; und John hatte keine starke Ausstrahlung. Ich möchte nicht respektlos klingen. Ich weiß, er hatte viele Verehrer; nicht umsonst wurde ihm der Nobelpreis verliehen; und natürlich wären Sie heute nicht hier und würden diese Nachforschungen betreiben, wenn Sie nicht glauben würden, dass er als Schriftsteller wichtig war. Aber – um einen Moment ernsthaft zu sein – ich hatte während der ganzen Zeit, die ich mit ihm zusammen war, nie das Gefühl, dass ich mit einer außerordentlichen Persönlichkeit, einem wahrhaft außergewöhnlichen Menschen zusammen war. Es ist grausam, das zu sagen, ich weiß, aber leider ist es wahr. Ich habe keinen Blitzstrahl von ihm erlebt, der plötzlich die Welt erleuchtete. Oder wenn es Blitze gegeben hat, dann bin ich blind für sie gewesen.

Für mich war John klug und kenntnisreich, ich bewunderte ihn in vieler Hinsicht. Als Schriftsteller wusste er, was er tat, er hatte einen gewissen Stil, und Stil ist die Voraussetzung für einen erstklassigen Autor. Aber ich konnte keine besondere Sensibilität bei ihm entdecken, keinen originellen Einblick in *la condition humaine*. Er war einfach ein Mensch, ein Mensch seiner Zeit, talentiert, vielleicht sogar begabt, aber offen gesagt kein Riese. Es tut mir leid, wenn ich Sie enttäusche. Von anderen Menschen, die ihn kannten, werden Sie ein anderes Bild bekommen, bin ich sicher.

Um auf sein Werk zu sprechen zu kommen: Wenn Sie es objektiv, als Kritikerin, betrachten, was ist dann Ihre Einschätzung seiner Bücher?

Mir haben die frühen Werke am besten gefallen. Ein Buch wie *Im Herzen des Landes* hat eine gewisse Kühnheit, eine gewisse Wildheit, die ich immer noch bewundern kann. Zu finden auch in *Mr Cruso, Mrs Barton & Mr Foe*, das kein so frühes Werk ist. Aber danach wurde er konventioneller und meiner Meinung nach zahmer. Nach *Schande* habe ich das Interesse verloren. Die späteren Sachen habe ich nicht gelesen. Generell würde ich sagen, dass es seinem Werk an Kühnheit mangelt. Die Kontrolle über die einzelnen Elemente der Erzählung ist zu straff. Man hat nicht das Gefühl, dass er als Schriftsteller sein Medium umgestaltet, um zu sagen, was noch nie gesagt wurde, was für mich das Zeichen großer Literatur ist. Zu kühl, zu ordentlich, würde ich sagen. Zu einfach. Zu leidenschaftslos, es mangelt an kreativer Leidenschaft. Das ist alles.

Das Interview wurde im Januar 2008 in Paris geführt.

◆ Notizbücher: Undatierte Fragmente ◆

Undatiertes Fragment

Es ist ein Sonnabendnachmittag im Winter, rituelle Zeit für Rugby. Er nimmt mit seinem Vater einen Zug nach Newlands, damit sie sich das Vorspiel um 14.15 Uhr ansehen können. Dem Vorspiel folgt um 16.00 Uhr das Hauptspiel. Nach dem Hauptspiel werden sie wieder mit dem Zug nach Hause fahren.

Er fährt mit seinem Vater nach Newlands, weil der Sport – Rugby im Winter, Cricket im Sommer – das stärkste noch existierende Band zwischen ihnen ist und weil es ihm wie ein Messer durchs Herz gefahren ist, als er am ersten Sonnabend nach seiner Rückkehr nach Südafrika seinen Vater den Mantel anziehen und sich wortlos auf den Weg nach Newlands begeben sah, wie ein einsames Kind.

Sein Vater hat keine Freunde. Er auch nicht, wenn auch aus einem anderen Grund. Er hat Freunde gehabt, als er jünger war; aber diese alten Freunde sind nun in der ganzen Welt verstreut, und er hat offenbar das Talent – oder vielleicht den Willen – verloren, neue zu finden. Daher ist er auf seinen Vater zurückgeworfen, wie sein Vater auf ihn. Da sie zusammenwohnen, gehen sie auch sonnabends zusammen ihrem Vergnügen nach. Das ist das Gesetz der Familie.

Als er zurückkam, überraschte ihn die Entdeckung, dass sein Vater keine Bekannten hatte. Er hatte seinen Vater immer für einen geselligen Menschen gehalten. Doch entweder hatte er sich darin getäuscht, oder sein Vater hat sich verändert. Oder vielleicht gehört das einfach zu den Dingen, die mit Männern geschehen, wenn sie älter werden: Sie ziehen sich in sich selbst zurück. Sonnabends sind die Tribünen in Newlands voll von ihnen, von einsamen Männern in grauen Gabardine-Regenmänteln an ihrem Lebensabend, die für sich bleiben, als sei Einsamkeit eine Krankheit, für die man sich schämen müsse.

Er und sein Vater sitzen Seite an Seite auf der Nordtribüne und schauen sich das Vorspiel an. Über der Veranstaltung des Tages liegt eine melancholische Stimmung. Das ist die letzte Saison, in der das Stadion für Club-Rugby genutzt wird. Mit der späten Ankunft des Fernsehens im Land ist das Interesse an Club-Rugby geschwunden. Männer, die früher ihre Sonnabendnachmittage in Newlands verbrachten, bleiben nun lieber zu Hause und sehen sich das Spiel der Woche an. Von den Tausenden Plätzen auf der Nordtribüne sind nicht mehr als ein Dutzend besetzt. Die Eisenbahntribüne ist völlig leer. Auf der Südtribüne gibt es noch einen Block von unermüdlichen farbigen Zuschauern, die gekommen sind, um UCT und die Villagers anzufeuern und Stellenbosch und Van der Stel auszubuhen. Nur die Haupttribüne ist ordentlich besetzt, vielleicht mit tausend Zuschauern.

Vor einem Vierteljahrhundert, in seiner Kindheit, war das anders. Bei einem Großereignis im Clubwettkampf – wenn zum Beispiel Hamiltons gegen Villagers spielte oder UCT gegen Stellenbosch – musste man kämpfen, um einen Stehplatz zu ergattern. Innerhalb einer Stunde nach dem Schlusspfiff rasten *Argus*-Lieferwagen durch die Straßen und lieferten Bündel der Sportausgabe bei den Zeitungsverkäufern an den Straßenecken ab, mit Augenzeugenberichten von allen Spielen der Ersten Liga, sogar den Spielen im fernen Stellenbosch und in Somerset West, dazu den Punktestand der unteren Ligen, 2A und 2B, 3A und 3B.

Die Tage sind vorbei. Club-Rugby liegt in den letzten Zügen. Man kann es heute nicht nur auf den Tribünen, sondern auch auf dem Spielfeld selbst spüren. Deprimiert von dem dröhnenden

Raum des leeren Stadions, scheinen die Spieler nur die Bewegungen mechanisch abzuspulen. Ein Ritual stirbt vor ihren Augen, ein authentisches, kleinbürgerliches südafrikanisches Ritual. Seine letzten Anhänger sind heute hier versammelt: traurige alte Männer wie sein Vater; langweilige, pflichtgetreue Söhne wie er selbst.

Es beginnt zu nieseln. Er spannt einen Schirm über sie beide auf. Auf dem Spielfeld trotten dreißig lustlose junge Männer herum und grapschen nach dem nassen Ball.

Das Vorspiel ist zwischen Union, in Himmelblau, und Gardens, in Kastanienbraun und Schwarz. Union und Gardens bilden den Tabellenschluss der Ersten Liga und sind in Gefahr abzusteigen. Es war einmal ganz anders. Früher war Gardens eine starke Kraft im Rugby der Westprovinz. Zu Hause hängt ein gerahmtes Foto der dritten Mannschaft von Gardens, wie sie 1938 war, und dort sitzt sein Vater in der vorderen Reihe in seinem frisch gewaschenen geringelten Trikot mit dem Gardens-Emblem und dem fesch hochgeschlagenen Kragen. Wären nicht gewisse unvorhergesehene Ereignisse gewesen, insbesondere der Zweite Weltkrieg, dann hätte es sein Vater – wer weiß? – sogar in die zweite Mannschaft schaffen können.

Wenn alte Anhänglichkeit zählte, dann würde sein Vater Gardens gegen Union anfeuern. Aber die Wahrheit ist, dass es seinem Vater gleichgültig ist, wer gewinnt, Gardens oder Union oder der Mann im Mond. Tatsächlich fällt es ihm schwer zu entdecken, was seinem Vater wichtig ist, und das gilt für Rugby wie für alles andere. Wenn er das Geheimnis ergründen könnte, was in aller Welt sein Vater eigentlich will, würde er vielleicht ein besserer Sohn sein.

In Vaters Familie sind alle so – ohne jede Leidenschaft, die man benennen könnte. Nicht einmal Geld scheint ihnen etwas zu bedeuten. Sie wollen nur mit allen gut auskommen und sich dabei amüsieren und ein wenig lachen können.

Im Spaßfach ist er der letzte Partner, den sein Vater gebrauchen kann. Beim Lachen ist er der Klassenletzte. Ein sauertöpfischer Geselle: So muss ihn die Welt sehen, wenn sie ihn überhaupt sieht; ein Spielverderber; ein Muffelkopf.

Und dann ist da die Sache mit den musikalischen Vorlieben seines Vaters. Nachdem Mussolini 1944 kapituliert hatte und die Deutschen nach Norden getrieben wurden, wurde den Truppen der Alliierten, die Italien besetzt hatten, einschließlich der Südafrikaner, gestattet, sich eine Weile zu erholen und zu amüsieren. Unter den für sie geschaffenen Möglichkeiten zur Freizeitgestaltung waren freie Vorstellungen in den großen Opernhäusern. Junge Männer aus Amerika, Großbritannien und den weitläufigen britischen Dominien in aller Welt, die völlig unvertraut mit der italienischen Oper waren, wurden unvorbereitet in das Drama von *Tosca* oder *Der Barbier von Sevilla* oder *Lucia di Lammermoor* geschickt. Nur wenige konnten sich dafür erwärmen, doch sein Vater war unter diesen wenigen. Von Haus aus kannte er die sentimentalen irischen und englischen Balladen, doch nun war er entzückt von der üppigen neuen Musik und überwältigt von dem Schauspiel. Tag für Tag kam er wieder, um mehr zu erleben.

Als Unteroffizier Coetzee dann am Ende der Kampfhandlungen nach Südafrika zurückkehrte, brachte er eine neue Leidenschaft für die Oper mit. »*La donna è mobile*« sang er im Bad. »*Figaro hier, Figaro da*« sang er, »*Figaro, Figaro, Fiiigaro!*« Er ging und kaufte einen Plattenspieler, den ersten der Familie; immer und immer wieder spielte er eine 78er Schallplatte mit Caruso, der »Wie eiskalt ist dies Händchen« sang. Als Langspielplatten erfunden wurden, kaufte er einen neuen und besseren Plattenspieler, dazu ein Album von Renata Tebaldi, die beliebte Arien sang.

Während seiner Pubertät bekriegten sich also zwei Schulen der Vokalmusik bei ihm zu Hause: eine italienische Schule, die seines Vaters, vertreten von Tebaldi und Tito Gobbi mit schmetterndem Gesang; und eine deutsche Schule, seine eigene, gegründet auf Bach. Den ganzen Sonntagnachmittag ertrank der Haushalt in Chören aus der h-Moll-Messe; an den Abenden, wenn Bach endlich zum Schweigen gebracht worden war, goss sich dann sein Vater ein Glas Brandy ein, legte Renata Tebaldi auf und ließ sich nieder, um richtigen Melodien, richtigem Gesang zu lauschen.

Wegen ihrer Sinnlichkeit und Dekadenz – so sah er das mit sechzehn – würde er die italienische Oper für immer hassen und verachten, beschloss er. Dass er sie vielleicht einfach deshalb verachtete, weil sein Vater sie liebte, dass er beschlossen haben würde, alles auf der Welt zu hassen und verachten, was sein Vater liebte, war eine Möglichkeit, die er nicht zugeben wollte.

Eines Tages, als keiner in der Nähe war, nahm er die Tebaldi-Platte aus ihrer Hülle und zog mit einem Rasiermesser einen tiefen Kratzer quer über die Schallplatte.

Am Sonntagabend legte sein Vater die Platte auf. Bei jeder Umdrehung sprang die Nadel. »Wer hat das getan?«, wollte er wissen. Doch offenbar hatte es niemand getan. Es war einfach passiert.

So endete Tebaldi; nun konnte Bach unangefochten herrschen.

Über diese von ihm verübte fiese und kleinliche Tat hat er in den vergangenen zwanzig Jahren die bitterste Reue empfunden, und diese Reue ist mit der Zeit nicht schwächer geworden, sondern im Gegenteil noch gewachsen. Eine seiner ersten Aktionen nach seiner Rückkehr war, die Musikläden nach der Tebaldi-Platte abzugrasen. Obwohl er sie nicht finden konnte, entdeckte er ein Sammelalbum, in dem sie einige dieser Arien sang. Er nahm es mit nach Hause und spielte es von Anfang bis Ende ab in der Hoffnung, seinen Vater aus seinem Zimmer zu locken, wie ein Jäger einen Vogel mit seinen Pfeifen anlocken könnte. Doch sein Vater zeigte kein Interesse.

»Erkennst du die Stimme nicht wieder?«, fragte er.

Sein Vater schüttelte den Kopf.

»Das ist Renata Tebaldi. Weißt du nicht mehr, wie du Tebaldi früher geliebt hast?«

Er weigerte sich, die Niederlage anzuerkennen. Er hoffte weiter darauf, dass sein Vater, wenn er aus dem Haus war, die neue, unversehrte Platte auf den Plattenspieler legen, sich ein Glas Brandy einschenken, sich im Sessel niederlassen und sich entführen lassen würde nach Rom oder Mailand oder wo es gewesen sein mochte, dass ihm als jungem Mann zuerst die Ohren geöffnet wurden für die sinnlichen Schönheiten der menschlichen Stimme. Er wollte, dass seinem Vater wie einst die Brust schwoll vor Freude; er wollte, dass er jene verlorene Jugend noch einmal durchlebte, wenn auch nur für eine Stunde, und sein gegenwärtiges bedrücktes und erniedrigtes Dasein vergaß. Vor allem wollte er, dass ihm sein Vater vergab. *Vergib mir!*, wollte er zu seinem Vater sagen. Dir vergeben? *Du meine Güte, was gibt es denn zu vergeben?*, wollte er seinen Vater antworten hören. Worauf er, falls er den Mut aufbrächte, schließlich ein volles Geständnis ablegen würde: *Vergib mir, dass ich böswillig und vorsätzlich deine Tebaldi-Platte zerkratzt habe. Und mehr noch, so viel mehr, dass die Aufzählung den ganzen Tag dauern würde. Zahllose niederträchtige Taten. Die Niedertracht des Herzens, der diese Taten entsprangen. Kurzum, vergib alles, was ich seit dem Tag meiner Geburt getan habe, und das mit solchem Erfolg, dass ich dir das Leben zur Qual gemacht habe.*

Aber nein, es gab keinen Hinweis darauf, nicht den allerkleinsten, dass Tebaldi während seiner Abwesenheit zum Singen befreit würde. Tebaldi hatte offenbar ihren Zauber verloren; oder aber sein Vater spielte ein schreckliches Spiel mit ihm. *Mein Leben zur Qual gemacht? Warum glaubst du, dass mein Leben eine Qual sei? Warum glaubst du, es hätte jemals in deiner Macht gestanden, mir das Leben zur Qual zu machen?*

Er spielt die Tebaldi-Platte hin und wieder für sich selbst; und beim Zuhören beginnt offenbar allmählich eine Art Wandel in ihm. Wie es seinem Vater 1944 ergangen sein muss, beginnt auch sein Herz im Takt mit dem Mimis zu pochen. Wie der große aufsteigende Bogen ihrer Stimme zur Seele seines Vaters gesprochen haben muss, so spricht er jetzt auch zu seiner Seele und drängt sie, sich mit der ihren im leidenschaftlichen Flug aufzuschwingen.

Was hat mit ihm all die Jahre nicht gestimmt? Warum hat er nicht auf Verdi, auf Puccini gehört? Ist er taub gewesen? Oder ist die Wahrheit noch schlimmer: Hat er, sogar als Jugendlicher, den Ruf der Tebaldi sehr wohl vernommen und sich dann mit schmallippiger Prüderie (»Ich will nicht!«) geweigert, ihm Beachtung zu schenken? *Nieder mit Tebaldi, nieder mit Italien, nieder mit dem Fleisch!* Und wenn auch sein Vater im allgemeinen Schiffbruch untergehen muss, dann sei es so!

Was in seinem Vater vor sich geht, davon hat er keine Ahnung. Sein Vater spricht nicht über sich selbst, er führt kein Tagebuch und schreibt keine Briefe. Nur einmal hat sich durch Zufall die Tür einen Spaltbreit geöffnet. In der Lifestyle-Beilage zur Wochenendzeitung *Argus* ist er auf ein Ja/Nein-Quiz gestoßen, das sein Vater ausgefüllt und liegengelassen hat, ein Quiz unter der Überschrift »Ihr persönlicher Zufriedenheitsindex«. Neben der dritten Frage – »Kannten Sie viele Personen des anderen Geschlechts?« – hat sein Vater das Nein-Kästchen angekreuzt. »Sind Beziehungen zum anderen Geschlecht für Sie eine Quelle der Befriedigung gewesen?«, lautet die vierte Frage. Wieder ist die Antwort: Nein.

Von zwanzig möglichen Punkten erzielt sein Vater sechs. Eine Punktzahl von fünfzehn oder darüber bedeutet, dass der Befragte ein erfülltes Leben gehabt hat, sagt der Schöpfer des Index, ein gewisser Ray Schwarz, Dr. med., Dr. phil., Autor von *Wie man Erfolg im Leben und in der Liebe erreicht*, als Ratgeber für die Entwicklung der Persönlichkeit ein Kassenschlager. Eine Punktzahl unter zehn deutet andererseits darauf hin, dass er oder sie eine positivere Lebensauffassung entwickeln muss, zu welchem Zweck ein erster Schritt sein könnte, sich einem Verein anzuschließen oder mit Gesellschaftstanz anzufangen.

Ein weiter zu verfolgendes Thema: sein Vater und warum er mit ihm zusammenlebt. Die Reaktion der Frauen in seinem Leben (Verwunderung).

Undatiertes Fragment

Über den Äther kommen denunziatorische Verlautbarungen über die kommunistischen Terroristen, einschließlich ihrer Opfer und Spießgesellen im Weltkirchenrat. Die Ausdrücke der Denunziation ändern sich vielleicht von Tag zu Tag, aber der herrische Ton bleibt der gleiche. Es ist ein Ton, der ihm von dem Worcester seiner Schultage vertraut ist, wo einmal wöchentlich alle Kinder, von den jüngsten bis zu den ältesten, in die Schulaula getrieben wurden, um ihnen eine Gehirnwäsche zu verpassen. So vertraut ist die Stimme, dass beim ersten Hauch davon ein Abscheu aus den Eingeweiden aufsteigt und er zum Aus-Schalter springt.

Er ist das Produkt einer beschädigten Kindheit, das hat er vor langem herausgefunden; ihn überrascht nur, dass ihm die schlimmste Beschädigung nicht in der Abgeschiedenheit des eigenen Heims zugefügt wurde, sondern öffentlich, in der Schule.

Er hat Verschiedenes aus dem Bereich der Erziehungswissenschaften gelesen, und in den Schriften der holländischen calvinistischen Schule erkennt er allmählich wieder, was der Pädagogik zugrunde lag, die an ihm vollstreckt wurde. Der Zweck der Erziehung ist, sagen Abraham Kuyper und seine Schüler, das Kind als Gemeindemitglied zu formen, als Bürger und als zukünftigen Vater oder zukünftige Mutter. Es ist das Wort *formen*, das ihm zu denken gibt. Während seiner Schuljahre in Worcester hatten sich seine Lehrer, die selbst von Anhängern Kuypers geformt worden waren, die ganze Zeit über bemüht, ihn und die anderen kleinen Jungen in ihrer Obhut zu formen – sie zu formen, wie ein Handwerker einen Tontopf formt; während er sich ihnen zu widersetzen versucht hatte, indem er benutzte, was er an armseligen, jämmerlichen, sprachlosen Mitteln zur Verfügung hatte – er hatte sich ihnen widersetzt, wie er sich ihnen heute widersetzt.

Aber warum hatte er sich so verbissen widersetzt? Woher kam dieser Widerstand von ihm, diese Weigerung anzuerkennen, dass das Endziel der Erziehung darin bestehen sollte, ihn nach einem vorherbestimmten Bild zu formen, ihn, der sonst keine Form haben würde, sondern sich stattdessen in einem Naturzustand suhlen würde, unerlöst, wild? Es kann nur eine Antwort geben: Der Kern seines Widerstands, seine Gegentheorie zu ihrem Kuyperismus, muss von seiner Mutter gekommen sein. Auf die eine oder andere Weise, entweder durch die eigene Erziehung als Enkelin eines evangelischen Missionars oder wahrscheinlicher durch ihr einziges Jahr auf dem College, ein Jahr, das ihr lediglich eine Lehrbefähigung für die Grundschule einbrachte, musste sie sich ein alternatives Ideal vom Erzieher und der Aufgabe des Erziehers angeeignet und dieses Ideal dann irgendwie ihren Kindern aufgeprägt haben. Die Aufgabe des Erziehers, nach seiner Mutter, sollte es sein, die natürlichen Talente des Kindes zu erkennen und zu fördern, die Talente, mit denen das Kind geboren ist und die es einzigartig machen. Wenn man sich das Kind als Pflanze vorstellt, dann sollte der Erzieher die Wurzeln der Pflanze nähren und über ihren Wuchs wachen, statt dass er – wie die Kuyperianer lehrten – die Zweige stutzt und der Pflanze eine Form gibt.

Aber was für Gründe hat er anzunehmen, dass seine Mutter bei seiner Erziehung – seiner und der seines Bruders – überhaupt irgendeiner Theorie folgte? Warum sollte die Wahrheit nicht lauten, dass seine Mutter sie beide wild aufwachsen ließ, einfach weil sie selbst wild aufgewachsen war – sie und ihre Geschwister auf der Farm in der Provinz Ostkap, wo sie geboren wurden? Die Antwort liegt in Namen, die er aus den Winkeln des Gedächtnisses holt: Montessori; Rudolf Steiner. Die Namen bedeuteten nichts, als er sie als Kind hörte. Aber jetzt stößt er bei seiner Lektüre pädagogischer Schriften wieder auf sie. Montessori, die Montessori-Methode: Deshalb wurden ihm also Bauklötzchen zum Spielen gegeben, Holzklötzchen, die er zuerst hierhin und dahin quer durchs Zimmer schmiss, weil er glaubte, dazu seien sie da, die er dann später aufeinanderstapelte, bis der Turm (immer ein Turm!) zusammenkrachte und er vor Enttäuschung heulte.

Klötzchen, um Burgen zu bauen, und Plastilin, um Tiere damit zu machen (Plastilin, das er zuerst zu essen versuchte); und dann, noch ehe er dafür bereit war, ein Metallbaukasten mit Platten und Stäben und Schrauben und Flaschenzügen und Kurbeln.

Mein kleiner Architekt; mein kleiner Ingenieur. Seine Mutter schied aus dieser Welt, ehe es unwiderruflich klarwurde, dass er nichts dergleichen werden würde und dass daher die Bauklötzchen und der Metallbaukasten ihre Magie nicht entfaltet hatten, vielleicht auch das Plastilin nicht (*mein kleiner Bildhauer*). Fragte sich seine Mutter: *War das alles ein großer Fehler, die Montessori-Methode?* Dachte sie sogar in dunkleren Momenten bei sich: *Ich hätte diesen Calvinisten gestatten sollen, ihn zu formen, ich hätte ihn nie in seinem Widerstand unterstützen sollen?*

Wenn es ihnen, diesen Lehrern in Worcester, geglückt wäre, ihn zu formen, wäre er höchstwahrscheinlich einer ihresgleichen geworden, wäre mit einem Lineal in der Hand Reihen stiller Kinder abgeschritten und hätte im Vorbeigehen auf ihre Pulte geklopft, um sie daran zu erinnern, wer der Boss ist. Und am Ende des Tages hätte zu Hause eine eigene kuyperianische Familie auf ihn gewartet, eine gutgeformte, gehorsame Frau und gutgeformte, gehorsame Kinder – eine Familie und ein Heim in einer Gemeinschaft in einem Heimatland. Stattdessen hat er – was? Einen Vater, um den er sich kümmern muss, einen Vater, der kein Talent hat, sich um sich selbst zu kümmern, der heimlich ein wenig raucht, heimlich ein wenig trinkt und ihre gemeinsame häusliche Situation zweifellos ganz anders sieht als er: zum Beispiel, dass es ihm, dem unglücklichen Vater, zugefallen ist, sich um den erwachsenen Sohn zu kümmern, da der Sohn kein Talent hat, sich um sich selbst zu kümmern, wie durch die jüngsten Ereignisse allzu deutlich geworden ist.

Muss noch ausgeführt werden: Seine eigene, selbstentwickelte Erziehungstheorie, ihre Wurzeln in (a) Plato und (b) Freud, ihre Elemente (a) Jüngerschaft (der Schüler strebt danach, dem Lehrer ähnlich zu werden) und (b) ethischer Idealismus (der Lehrer strebt danach, des Schülers würdig zu sein), ihre Gefahren (a) Eitelkeit (der Lehrer sonnt sich in der Verehrung des Schülers) und (b) Sex (Geschlechtsverkehr, um den Weg zum Wissen abzukürzen).

Seine bewiesene Inkompetenz in Herzensangelegenheiten; Übertragung (im Freud'schen Stil) ins Klassenzimmer und sein wiederholtes Versagen beim Versuch, das in den Griff zu bekommen.

Undatiertes Fragment

Sein Vater arbeitet als Buchhalter für eine Firma, die Ersatzteile für japanische Autos importiert und verkauft. Weil die meisten dieser Teile nicht in Japan hergestellt werden, sondern in Taiwan, Südkorea oder sogar in Thailand, kann man sie nicht als originale Teile bezeichnen. Andererseits handelt es sich auch nicht um Produktpiraterie, weil die Teile nicht in gefälschten Herstellerverpackungen geliefert werden, sondern weil (im Kleingedruckten) ihr Herkunftsland angegeben wird.

Die Eigentümer der Firma sind zwei Brüder, nun im vorgerückten mittleren Alter, die Englisch mit osteuropäischem Tonfall sprechen und vorgeben, mit Afrikaans nicht vertraut zu sein, obwohl sie eigentlich in Port Elizabeth geboren wurden und das auf der Straße gesprochene Afrikaans einwandfrei verstehen. Sie beschäftigen fünf Mitarbeiter: drei Verkaufskräfte, einen Buchhalter und eine Buchhaltergehilfin. Der Buchhalter und seine Gehilfin haben eine kleine Kabine aus Holz und Glas zur Verfügung, um sie von den Aktivitäten um sie herum abzuschirmen. Die Verkaufskräfte verbringen ihrerseits die Zeit damit, zwischen dem Verkaufsschalter und den Regalen mit den Autoersatzteilen, die sich bis in die finsteren Tiefen des Geschäfts erstrecken, geschäftig hin- und herzueilen. Der Chefverkäufer, Cedric, ist von Anfang an dabei. Mag ein Ersatzteil auch noch so ausgefallen sein – ein Ventilatorengehäuse für einen dreirädrigen Suzuki Baujahr 1968, ein Achsschenkelbolzenlager für einen Impact-Fünftonner –, Cedric weiß garantiert, wo es zu finden ist.

Einmal im Jahr führt die Firma eine Inventur durch, während der über jedes gekaufte oder verkaufte Teil, bis hinunter zur letzten Mutter und Schraube, Rechenschaft abgelegt wird. Es ist eine große Sache – die meisten Händler würden schließen, solange sie dauert. Doch »Acme Autoersatzteile« hat erreicht, was es erreicht hat, indem es von acht Uhr morgens bis fünf Uhr nachmittags fünf Tage in der Woche geöffnet hat, plus sonnabends von acht bis eins, komme, was wolle, zweiundfünfzig Wochen im Jahr, Weihnachten und Neujahr ausgenommen. Daher muss die Inventur nach der Öffnungszeit vorgenommen werden.

Als Buchhalter ist sein Vater im Zentrum des Geschehens. Während der Inventur opfert er seine Mittagspause und arbeitet bis spät in den Abend hinein. Er arbeitet allein, ohne Hilfe: Überstunden zu machen und aus diesem Grund einen späteren Zug nach Hause nehmen zu müssen, dazu sind weder Mrs Noerdien, die Gehilfin seines Vaters, noch die Verkaufskräfte bereit. Nach

Einbruch der Dunkelheit mit dem Zug zu fahren ist zu gefährlich geworden, sagen sie: Zu viele Pendler werden angegriffen und ausgeraubt. Deshalb bleiben nach Geschäftsschluss nur die Brüder, in ihrem Büro, und sein Vater, in seiner Kabine, noch da, brüten über Dokumenten und Hauptbüchern.

»Wenn ich Mrs Noerdien nur für eine Zusatzstunde täglich zur Verfügung hätte«, sagt sein Vater, »könnten wir im Handumdrehen fertig werden. Ich könnte die Zahlen vorlesen, und sie könnte kontrollieren. Es ist hoffnungslos, das allein zu machen.«

Sein Vater ist kein ausgebildeter Buchhalter; aber während der Jahre, in denen er seine eigene Anwaltskanzlei geführt hat, hat er sich wenigstens die Grundlagen angeeignet. Er arbeitet seit zwölf Jahren als Buchhalter für die Brüder, seit er nicht mehr als Anwalt praktiziert. Es muss angenommen werden, dass die Brüder von seiner bewegten Vergangenheit als Jurist Kenntnis haben, da Kapstadt keine große Stadt ist. Sie wissen darum und, so muss angenommen werden, beobachten ihn genau, falls er daran denken sollte, sie übers Ohr zu hauen, selbst wenn sein Rückzug in den Ruhestand kurz bevorsteht.

»Wenn du die Bücher mit nach Hause bringen könntest«, schlägt er seinem Vater vor, »könnte ich dir bei der Überprüfung helfen.«

Sein Vater schüttelt den Kopf, und er kann sich denken, warum. Wenn sein Vater von den Büchern spricht, dann senkt er die Stimme, als wären es heilige Bücher, als wäre es eine priesterliche Aufgabe, sie zu führen. Zur Buchführung gehört mehr, scheint sein Verhalten anzudeuten, als Grundrechenarten auf Zahlenkolonnen anzuwenden.

»Ich glaube nicht, dass ich die Bücher mit nach Hause nehmen kann«, sagt sein Vater schließlich. »Nicht im Zug. Das würden die Brüder nie gestatten.«

Das sieht er ein. Was würde aus Acme, wenn man seinen Vater überfallen und die heiligen Bücher stehlen würde?

»Dann lass mich doch abends bei Geschäftsschluss in die Stadt kommen und die Arbeit von Mrs Noerdien übernehmen. Wir könnten, sagen wir, von fünf bis um acht zusammenarbeiten.«

Sein Vater schweigt.

»Ich werde nur bei der Überprüfung helfen«, sagt er. »Wenn etwas Vertrauliches auftaucht, verspreche ich wegzuschauen.« Als er zu seinem ersten Einsatz eintrifft, sind Mrs Noerdien und die Verkaufskräfte schon nach Hause gegangen. Er wird den Brüdern vorgestellt. »Mein Sohn John«, sagt sein Vater, »der sich angeboten hat, bei der Überprüfung zu helfen.«

Er schüttelt ihnen die Hand: Mr Rodney Silverman, Mr Barrett Silverman.

»Ich bin mir nicht sicher, dass wir uns Sie auf der Gehaltsliste leisten können, John«, sagt Mr Rodney. Er wendet sich an seinen Bruder. »Was glaubst du, Barrett, kommt teurer, ein Dr. phil. oder ein Rechnungsprüfer? Vielleicht müssen wir einen Kredit beantragen.«

Sie lachen gemeinsam über den Scherz. Dann bieten sie ihm einen Stundensatz. Es ist exakt der gleiche Stundensatz, den er als Student vor sechzehn Jahren dafür bekommen hat, dass er Haushaltsdaten für die städtische Volkszählung auf Karteikarten übertragen hat.

Er lässt sich mit seinem Vater in der gläsernen Kabine des Buchhalters nieder. Die Aufgabe, die sie zu bewältigen haben, ist einfach. Sie müssen Spalte um Spalte Rechnungen durchgehen und bestätigen, dass die Zahlen korrekt in die Geschäftsbücher und in das Kontobuch übertragen wurden, eine Zahl nach der anderen mit Rotstift abhaken und die Summe unten auf der Seite prüfen.

Sie machen sich an die Arbeit und kommen gut voran. Einmal je tausend Einträge stoßen sie auf einen Fehler, lächerliche fünf Cent zu viel oder zu wenig. Im Übrigen sind die Bücher in vorbildlicher Ordnung. Wie ihres Amtes enthobene Priester die besten Korrektoren abgeben, so scheinen Anwälte, denen die Lizenz entzogen wurde, gute Buchhalter abzugeben – ehemalige Anwälte, die notfalls von ihren überqualifizierten, unterbeschäftigten Söhnen unterstützt werden.

Am nächsten Tag gerät er auf dem Weg zu Acme in einen Regenguss. Er kommt völlig durchweicht an. Das Glas der Kabine ist beschlagen; er geht hinein, ohne anzuklopfen. Sein Vater sitzt über seinen Schreibtisch gebeugt. Es ist noch jemand in der Kabine anwesend, eine Frau, jung, gazellenäugig, mit sanften Rundungen, die gerade dabei ist, ihren Regenmantel anzuziehen.

Er erstarrt und bleibt wie angewurzelt stehen.

Sein Vater steht auf. »Mrs Noerdien, das ist mein Sohn John.«

Mrs Noerdien senkt den Blick, reicht ihm nicht die Hand.

»Ich gehe jetzt«, sagt sie leise, nicht zu ihm, sondern zu seinem Vater.

Eine Stunde später verabschieden sich auch die Brüder. Sein Vater setzt den Wasserkessel auf und macht Kaffee für sie. Seite um Seite, Zahlenkolonne um Zahlenkolonne arbeiten sie sich voran, bis um zehn, bis sein Vater vor Erschöpfung blinzelt.

Der Regen hat aufgehört. Eine menschenleere Riebeeck Street gehen sie zum Bahnhof hinunter: zwei Männer, mehr oder weniger kräftig, sind nachts sicherer als ein einzelner Mann und viel sicherer als eine einzelne Frau.

»Wie lange arbeitet Mrs Noerdien schon für dich?«, fragt er.

»Sie kam letzten Februar.«

Er wartet auf mehr. Es kommt nichts mehr. Er könnte viel fragen. Zum Beispiel: Wie kommt es, dass Mrs Noerdien, die ein Kopftuch trägt und vermutlich eine Muslimin ist, für eine jüdische Firma arbeitet, wo kein männlicher Verwandter da ist, der zu ihrem Schutz ein Auge auf sie hat?

»Ist sie gut bei der Arbeit? Ist sie tüchtig?«

»Sehr gut. Sehr gewissenhaft.«

Wieder wartet er auf mehr. Wieder ist schon Schluss.

Die Frage, die er zu stellen nicht über sich bringt, lautet: Welche Auswirkungen hat es auf das Herz eines einsamen Mannes wie dich, Tag für Tag in einer Kabine, nicht größer als viele Gefängniszellen, neben einer Frau zu sitzen, die nicht nur so gut bei der Arbeit und so gewissenhaft ist wie Mrs Noerdien, sondern auch so feminin?

Denn das ist der hauptsächliche Eindruck, den er aus dem kurzen Zusammentreffen mit Mrs Noerdien gewonnen hat. Er nennt sie feminin, weil ihm kein besseres Wort einfällt: das Feminine, eine Verfeinerung des Weiblichen, bis an die Grenze des Geistigen. Wie würde ein Mann, der mit einer solchen Frau verheiratet ist, jeden Tag von den erhabenen Höhen des Femininen hinübergelangen zum irdischen weiblichen Körper? Mit einem solchen Wesen zu schlafen, sie zu umarmen, zu riechen und zu schmecken – was würde das für die Seele bewirken? Und den ganzen Tag neben ihr zu sein, ihre kleinsten Regungen mitzubekommen – hatte die traurige Antwort seines Vaters auf Dr. Schwarz' Lifestyle-Quiz – »Sind Beziehungen mit dem anderen Geschlecht für Sie eine Quelle der Befriedigung gewesen?« – »Nein« – etwas damit zu tun, dass er im Winter seines Lebens einer Schönheit von Angesicht zu Angesicht begegnet war, wie er sie zuvor nicht erlebt hatte und nie zu besitzen hoffen kann?

Frage: Warum fragen, ob sein Vater Mrs Noerdien liebt, wenn er selbst sich so offensichtlich in sie verliebt hat?

Undatiertes Fragment

Idee für eine Geschichte.

Ein Mann, ein Schriftsteller, führt ein Tagebuch. Darin notiert er Gedanken, Ideen, wichtige Begebenheiten.

Es gibt eine Wendung zum Schlimmeren in seinem Leben.

»Schlechter Tag«, schreibt er in sein Tagebuch, ohne das näher auszuführen. »Schlechter Tag … Schlechter Tag«, schreibt er, Tag für Tag.

Weil es ihn dann ermüdet, jeden Tag einen schlechten Tag zu nennen, beschließt er, schlechte Tage einfach mit einem Sternchen zu kennzeichnen, wie manche Menschen (Frauen) Tage, an denen sie ihre Regelblutung haben, rot ankreuzen oder andere (Männer, Frauenhelden) Tage ankreuzen, an denen sie Erfolg gehabt haben.

Die schlechten Tage wachsen an; die Sternchen vermehren sich wie eine Fliegenplage.

Gedichte, wenn er Gedichte schreiben könnte, würde ihn das vielleicht zur Wurzel seines Unbehagens führen, dieses Unbehagens, das in Gestalt von Sternchen blüht. Doch die Quelle der Poesie in ihm scheint versiegt zu sein.

Er kann ja auf Prosa zurückgreifen. Theoretisch kann Prosa denselben Reinigungseffekt haben wie Poesie. Aber er bezweifelt das. Nach seiner Erfahrung erfordert Prosa viel mehr Worte als Poesie. Es hat keinen Sinn, sich auf ein Prosaabenteuer einzulassen, wenn es einem an Zuversicht mangelt, dass man am nächsten Tag noch am Leben sein wird, um damit fortzufahren.

Er spielt mit dergleichen Gedanken – dem Gedanken an Poesie, dem Gedanken an Prosa – als eine Möglichkeit, nicht zu schreiben.

Auf den hinteren Seiten seines Tagebuchs legt er Listen an. Eine davon trägt die Überschrift *Methoden, sich umzubringen*.

In der linken Spalte führt er *Methoden* auf, in der rechten Spalte *Nachteile*.

Unter den von ihm aufgelisteten Methoden, sich umzubringen, bevorzugt er, nach reiflicher Überlegung, das Ertrinken, das bedeutet, eines Nachts zum Fish Hoek hinausfahren, am einsamen Ende des Strandes parken, sich im Auto ausziehen und seine

Badehose anziehen (aber warum?), über den Sand laufen (es muss eine helle Mondnacht sein), sich den Wellen entgegenwerfen, sich in die Dunkelheit aufmachen, schwimmen, bis die Kräfte erschöpft sind, und dann dem Schicksal seinen Lauf lassen.

Sein ganzer Austausch mit der Welt scheint durch eine Membran stattzufinden. Weil die Membran da ist, wird keine Befruchtung (von ihm, durch die Welt) erfolgen. Das ist eine interessante Metapher, sie hat viel Potential, doch das hilft ihm wohl auch nicht weiter.

Undatiertes Fragment

Sein Vater ist auf einer Farm in der Karoo aufgewachsen, wo er Wasser aus einem artesischen Brunnen getrunken hat, das viel Fluorid enthielt. Das Fluorid färbte bei ihm den Zahnschmelz braun und machte ihn steinhart. Er pflegte sich damit zu brüsten, dass er nie zum Zahnarzt musste. Als er in die mittleren Jahre kam, fingen dann seine Zähne an zu verfaulen, einer nach dem anderen, und er musste sie alle ziehen lassen.

Mit Mitte sechzig hat er nun Probleme mit dem Zahnfleisch. Es bilden sich Abszesse, die nicht heilen wollen. Sein Kehlkopf entzündet sich. Beim Schlucken und Sprechen hat er Schmerzen.

Er geht zunächst zu einem Zahnarzt, dann zu einem Hals-Nasen-Ohren-Spezialisten, der ihn zum Röntgen schickt. Die Röntgenaufnahmen zeigen einen Kehlkopfkrebs. Es wird ihm geraten, sich sofort operieren zu lassen.

Er besucht seinen Vater auf der Männerstation des Groote-Schuur-Krankenhauses. Er steckt in einem Krankenhausschlafanzug, und sein Blick ist verängstigt. In der zu großen Schlafanzugjacke wirkt er wie ein Vogel, nur Haut und Knochen.

»Es ist eine Routineoperation«, beruhigt er seinen Vater. »In ein paar Tagen bist du wieder draußen.«

»Erklärst du das bitte den Brüdern?«, flüstert sein Vater mit schmerzhafter Langsamkeit.

»Ich rufe sie an.«

»Mrs Noerdien ist sehr tüchtig.«

»Ich bin sicher, dass Mrs Noerdien sehr tüchtig ist. Ich bin sicher, dass sie zurechtkommt, bis du wieder da bist.«

Mehr gibt es nicht zu sagen. Er könnte die Hand seines Vaters nehmen und sie in der seinen halten, um ihn zu trösten, um ihm zu sagen, dass er nicht allein ist, dass er geliebt und geachtet wird. Aber er tut nichts dergleichen. Außer im Fall von kleinen Kindern, Kindern, die noch nicht alt genug sind, um geformt zu werden, ist es in ihrer Familie nicht üblich, dass einer den anderen berührt. Und das ist noch nicht das Schlimmste. Wenn er bei diesem einen, außergewöhnlichen Anlass ignorieren würde, was in der Familie üblich ist, und die Hand seines Vaters ergriffe, entspräche das, was die Geste ausdrückte, der Wahrheit? Wird sein Vater wirklich geliebt und geachtet? Ist sein Vater wirklich nicht allein?

Er macht einen langen Spaziergang, vom Krankenhaus zur Hauptstraße, dann auf der Straße bis nach Newlands. Der Südostwind heult und wirbelt Abfall aus dem Rinnstein hoch. Er geht schnell, der Kraft seiner Gliedmaßen, der Gleichmäßigkeit seines Herzschlags bewusst. Die Krankenhausluft steckt ihm noch in den Lungen; er muss sie austreiben, sie loswerden.

Als er am nächsten Tag auf der Krankenstation ankommt, liegt sein Vater flach auf dem Rücken, Brustkorb und Kehlkopf sind mit einem Verband bedeckt, aus dem Schläuche kommen. Er sieht wie ein Leichnam aus, wie der Leichnam eines alten Mannes.

Er ist auf den Anblick vorbereitet worden. Der Kehlkopf, der vom Tumor befallen war, musste herausgeschnitten werden, sagt der Chirurg, das ließ sich nicht vermeiden. Sein Vater wird nicht mehr auf die normale Weise sprechen können. Wenn es jedoch so weit ist, nachdem die Wunde geheilt ist, wird er mit einer Prothese versehen werden, die eine gewisse sprachliche Kommunikation ermöglichen wird. Dringender geboten ist es, abzuklären, dass der Krebs nicht gestreut hat, was weitere Untersuchungen einschließlich Strahlentherapie bedeutet.

»Weiß mein Vater das?«, fragt er den Chirurgen. »Weiß er, was ihn erwartet?«

»Ich habe versucht, ihn aufzuklären«, sagt der Chirurg, »doch ich bin mir nicht sicher, wie viel er aufgenommen hat. Er ist im Schockzustand. Was natürlich zu erwarten ist.«

Er steht vor der Gestalt im Bett. »Ich habe bei Acme angerufen«, sagt er. »Ich habe mit den Brüdern gesprochen und die Situation erklärt.«

Sein Vater öffnet die Augen. Im Allgemeinen ist er skeptisch, was die Fähigkeit der Augäpfel betrifft, komplexe Gefühle auszudrücken, aber diesmal ist er erschüttert. Der Blick, mit dem ihn sein Vater ansieht, spricht von völliger Gleichgültigkeit: Gleichgültigkeit ihm gegenüber, Gleichgültigkeit »Acme Auto« gegenüber, Gleichgültigkeit allem gegenüber außer dem Schicksal seiner eigenen Seele im Angesicht der Ewigkeit.

»Die Brüder senden ihre besten Wünsche für eine schnelle Genesung«, spricht er weiter. »Sie lassen ausrichten, du sollst dir keine Sorgen machen, Mrs Noerdien wird die Stellung halten, bis du so weit bist, dass du zurückkommen kannst.«

Es stimmt. Die Brüder, oder derjenige von den Brüdern, mit dem er gesprochen hat, könnten nicht besorgter sein. Ihr Buchhalter gehört zwar nicht ihrem Glauben an, aber die Brüder sind keine kalten Menschen. »Ein Juwel« – so hat der betreffende Bruder seinen Vater genannt. »Ihr Vater ist ein Juwel, seine Stelle wird ihm immer offenstehen.«

Das ist natürlich eine Fiktion, das Ganze. Sein Vater wird nie wieder an seine Arbeitsstelle zurückkehren. In einer Woche oder zwei oder drei Wochen wird er nach Hause geschickt werden, geheilt oder teilweise geheilt, um die nächste und letzte Phase seines Lebens zu beginnen, in der er für sein tägliches Brot auf die wohltätige Unterstützung des Benefizfonds der Automobilindustrie, des südafrikanischen Staates durch seine Rentenbehörde und seiner noch lebenden Familienangehörigen angewiesen sein wird.

»Gibt es etwas, das ich dir mitbringen kann?«, erkundigt er sich.

Sein Vater macht winzige tastende Bewegungen mit der linken Hand, deren Fingernägel nicht sauber sind, wie er bemerkt. »Möchtest du schreiben?«, fragt er. Er holt seinen Taschenkalender hervor, schlägt ihn auf der Seite mit der Überschrift *Telefonnummern* auf und bietet ihn zusammen mit einem Stift an.

Die Finger hören auf, sich zu bewegen, der Blick verschwimmt.

»Ich weiß nicht, was du möchtest«, sagt er. »Versuch noch einmal, mir mitzuteilen, was du möchtest.«

Langsam schüttelt sein Vater den Kopf, von links nach rechts.

Auf den Tischchen neben den anderen Betten auf der Station befinden sich Vasen mit Blumen, Zeitschriften, in einigen Fällen gerahmte Fotos. Das Tischchen neben dem Bett seines Vaters ist leer, abgesehen von einem Glas Wasser.

»Ich muss jetzt gehen«, sagt er. »Ich habe Unterricht.«

An einem Kiosk neben dem Eingang kauft er eine Schachtel Lutschbonbons und kehrt zum Bett seines Vaters zurück. »Ich habe das für dich gekauft«, sagt er. »Damit du sie in den Mund nehmen kannst, wenn du einen trockenen Mund hast.«

Zwei Wochen danach kommt sein Vater mit einem Krankenwagen nach Hause. Er kann sich mit Hilfe eines Stocks schlurfend bewegen. Er arbeitet sich von der Haustür bis zu seinem Schlafzimmer vor und schließt sich ein.

Einer der Sanitäter händigt ihm ein vervielfältigtes Blatt mit Instruktionen aus, überschrieben *Laryngektomie – Versorgung der Patienten*, und eine Karte mit den Bereitschaftszeiten der Klinik.

Er überfliegt das Blatt. Da ist die Skizze eines Kopfes mit einem dunklen Kreis unten im Hals. *Wundversorgung*, steht dort.

Er weicht zurück. »Ich kann das nicht machen«, sagt er. Die Sanitäter wechseln Blicke miteinander, zucken mit den Schultern. Das ist nicht ihre Aufgabe, die Wunde zu versorgen, den Patienten zu versorgen. Sie haben die Aufgabe, den Patienten, die Patientin an seinen oder ihren Wohnort zu bringen. Danach ist es die Sache des Patienten selbst oder die Sache der Familie des Patienten oder sonst niemandes Sache.

Er, John, hatte einmal zu wenig Beschäftigung. Das wird sich jetzt ändern. Jetzt wird er so viel Beschäftigung haben, wie er nur schaffen kann, so viel und mehr noch. Er wird einige seiner persönlichen Vorhaben aufgeben und Krankenschwester sein müssen. Anderenfalls, wenn er nicht Krankenschwester sein will, muss er seinem Vater verkünden: *Ich kann die Aussicht, mich Tag und Nacht um dich zu kümmern, nicht ertragen. Ich verlasse dich. Auf Wiedersehen.* Das eine oder das andere – einen dritten Weg gibt es nicht.

Anmerkungen zu ›Der Junge‹

Afrikaans-Wörter, die im Text nicht übersetzt sind

Seite 12	(das) *Veld* – subtropisches, sommer-feuchtes Grasland im inneren Hochland Südafrikas
Seite 34	»*Al die veld is vrolik, al die voëltjes sing*« – Das ganze Veld ist fröhlich, alle Vögelchen singen
	»*Uit die blou van onse hemel*« – Aus dem Blau unseres Himmels
Seite 35	»*Ons sal antwoord op jou roepstem, ons sal offer wat jy vra*« – Wir werden deinem Ruf folgen, wir werden opfern, was du verlangst
Seite 70	*fok* – ficken
	piel – Pimmel
	poes – Fotze
	gat – Arsch
	poep-hol – Arschloch
Seite 86	*Voetsek, hotnot! Loop! Loop!* – Verdammt, Hottentotte! Hau ab!
Seite 91	*Jou moer!* – Kurzform des ordinären Fluches: *Jou moer se poes!*
Seite 99	*Asseblief my nooi! Asseblief my basie!* – Bitte, meine Herrin! Bitte, mein Herr!
Seite 101	*jy* – du
Seite 143	*biltong* – getrocknete Fleischstreifen
	Sies! – Pfui!
	velskoen – Halbstiefel aus weichem Rohleder

637

Anmerkungen zu ›Die frühen Jahre‹

Seite 230	PAC – Pan-African Congress, radikaler Flügel des ANC, der sich 1959 abspaltete
Seite 255	Zitat aus T. S. Eliots Aufsatz »Tradition und individuelle Begabung« (1919) in der Übersetzung von Hans Hennecke
Seite 298	»ein toter Albatros um seinen Hals« – Anspielung auf Samuel Taylor Coleridges Gedicht »The Ancient Mariner« (Die Ballade vom alten Seemann). Der tote Albatros, der dem Seemann um den Hals gehängt wird, ist Symbol für Schuld und daraus erwachsendes Unglück.
Seite 331	*aia* oder *ayah* – britisch-indisches Wort für Kindermädchen
Seite 332	*Agenbyte of inwit* – »Gewissensbisse«: Titel einer anonymen mittelenglischen Predigtsammlung
Seite 339	Rydal Mount – Name des Hauses im Lake District, in dem der Dichter William Wordsworth von 1813 bis zu seinem Tod wohnte
Seite 358	*Missa Luba – Die Luba sind ein Bantustamm in Zaire/Kongo. Belgische Missionare schufen aus dem lateinischen Text und afrikanischer Musik eine sehr lebendige, attraktive Version der Messe, die unter dem Titel »Missa Luba« aufgezeichnet wurde.*

Anmerkungen zu ›Sommer des Lebens‹

Seite 376	ruritanische Uniformen – nach dem Phantasieland Ruritanien in Romanen von Anthony Hope.
Seite 403	»Ach wie reizend umfließen sie ihre Kleider.« – Zeile aus Robert Herricks Gedicht »Upon Julia's Clothes« (1648)
Seite 469	Kaggen – Schöpfergott der San in Mantisgestalt
Seite 486	… »Aufgrund der Existenz eines persönlichen Gottes …« –

Zitat aus Becketts »Warten auf Godot«, in der Übersetzung von E. und E. Tophoven

»Ein dumpfer Traum verstört den Sinn, als hätt vom
Schierling ich getrunken.« – Zeile aus Keats' Gedicht
»Ode to a Nightingale«, in der Übersetzung von Uwe
Grüning

»You Portuguese Dago!« – vulgäre Beschimpfung

agrégation – staatliche Prüfung in Frankreich zur
Erlangung der Lehrbefähigung.